北京奥运会残奥会
技术保障服务

大型国际化技术项目管理的成功实践

第 29 届奥林匹克运动会组织委员会技术部

北京日报报业集团

同心出版社

编 委 会

主　　　编：杨义春

副 主 编：侯欣逸　贾胜文　林　融　何志敏　淡　欣　郑　欣

编委会成员（按姓氏笔画排序）：

王定坤　尹宝才　艾有为　白晓颖　刘　云　刘晨虎

李雪云　沈丽霞　张继伟　陆恭超　陈泓婕　陈　樱

林　恒　郑小琴　赵宏志　徐　睿　郭建军　蒋　慧

喻　红　雷　萍　鲍志华

参与编写人员（按姓氏笔画排序）：

马　辉　王　平　王劲松　王　卓　王　欣　王海滨

王　熙　付　飞　刘　洋　汤　军　许　超　孙建新

杨　磊　李　玥　李歆霞　谷　岩　张焱嘉　林森懋

呼　啸　周云峰　周国琳　赵沛丰　赵　娜　赵祥伟

荣秀萍　胡端英　段玉凤　信景瑜　侯　青　姚春虹

贺　晶　晏振宇　郭　华　葛　毅　董文武　韩　锋

廖　军

序

北京奥组委执行副主席、秘书长　王　伟

　　现代奥林匹克运动会举办至今，已从单纯的体育竞技变身为全世界人民的欢乐盛事，承办国不仅要组织好竞赛，更要建立必须的运行机构，人们因此可以看到美轮美奂的开闭幕式、激烈紧张的比赛、及时精彩的媒体报道、美丽舒适的奥运村、井井有条的交通组织、严密有效的安保措施、细致入微的礼宾服务、环环紧扣的火炬接力、活力四射的体育展示、五彩缤纷的文化活动、精确有序的物流服务等等，正是这些看得见的要素构成了奥运会的成功。然而，在这个庞大的机构背后，技术服务保障体系从奥运会筹办伊始就提供服务，并有计划地在京内外奥运会所有场馆区域内构筑起信息网络，就像中枢神经系统，牵一发而动全身，影响着整个奥运会的成败。

　　北京奥运会、残奥会复杂的技术系统覆盖了京内外所有 37 个竞赛场馆和 15 个非竞赛场馆。技术服务贯穿于奥运会筹办和赛时的全过程，内容包括比赛现场计时记分、成绩信息处理和发布、运动会管理信息系统、办公信息系统、奥组委官方网站、固定和移动通信、集群通信、有线电视、无线电频率协调管理、音视频、文件处理、综合布线、不间断电源以及残奥会专用技术服务等，赛时技术保障团队人员总计约 8800 人，支出使用资金达 32 亿元人民币。

　　北京奥组委技术部忠实执行奥组委的战略部署，将奥运会的国际规则与北京的实际紧密结合，从服务目标出发，潜心研究服务对象的运行机制，梳理服务内容，制定服务标准。以成熟技术为基础，以"同一个任务、同一个团队"的理念凝聚全体技术合作伙伴、赞助商、供应商和非持权提供商；设计先进完备的解决方案，制定科学合理的运行规程和各类应急预案，始终坚持岗位责任制的落实与团队内外部的密切合作。通过反复测试、验证和演练，在北京奥运会、残奥会期间，没有发生过一起因技术系统事故导致的竞赛中断、媒体通信服务受阻或观众观赛受影响的事件，确保了赛时技术运行和信息网络安全的万无一失，创造了奥运会历史上最完美的技术保障服务记录。同时也提供了奥运历史上诸多首次使用的技术产品与服务，充分展示了科技奥运的魅力，亦为后届奥运会技术保障服务留下了珍贵的遗产。

　　本书的编著者均工作在北京奥运会、残奥会技术保障服务第一线，他们亲历这一重大系统工程实践，在技术项目规划、项目管理、项目组织实施和运行管理方面均担负过重要职责。本书内容涉及技术规划、服务策略、投资效益、国际合作、人力资源、运行保障、应急策略等诸多方面，是对北京奥运会、残奥会技术保障服务全面真实的总结，也是我国科技发展历程中一次重大实践的翔实记录，是重要的奥运遗产，希望对未来国际国内大型活动组织的技术保障工作有借鉴和参考作用。

2009 年 6 月于北京

前　言

北京奥组委技术部部长　杨义春

　　北京奥运会、残奥会成功落幕，其善后工作到 2009 年 3 月上旬已进入最后阶段，我作为技术部善后留守负责人突然想起似乎还有一件要办的事，这就是作为支撑奥运会、残奥会筹办与赛时运行，为其成功举办提供了庞大、复杂、先进、适用的技术系统，实现了技术运行与信息网络安全"平稳可靠、万无一失"目标的技术保障服务是否应该为这段历史留下点什么记录？此想法与留守的同事们商议后一拍即合，随即由郑欣同志马上拟文向奥组委领导请示：为了给北京奥运会、残奥会技术保障服务留下一份完整、真实的记录，提供给未来社会大型文化、体育赛事及其他活动的技术保障服务作为借鉴，奥运会、残奥会历史遗产研究作为参考，申请编辑出版"北京奥运会、残奥会技术保障服务"一书。该申请当天即获得北京奥组委王伟、刘敬民副主席批准，并得到已经奔赴新岗位工作的技术团队各位部、处领导和同志们的支持。书稿编写工作由编委会负责组织在 3 月中旬正式展开，4 月底原各业务处按照确定的目录分工与要求完成了初稿，5 月份由审核小组进行了三轮审核修改，6 月份完成审核定稿。书稿编写审核过程继续充分表现出技术团队在重要任务面前"攻必克，守必固"齐心协力的团队精神。

　　本书共分为二十一章，一至六章是奥运会、残奥会技术保障服务总体情况的说明，七至十七章是介绍各技术系统的建设与运行情况，十八至二十一章是介绍测试赛与赛时运行情况。为了更好地理解本书的内容，书后附录包括了奥运筹办与运行过程中奥组委技术部部长（数字北京大厦场馆团队主任）办公会议纪要；技术筹备与运行大事记；中英名词对照。参加技术保障服务的主要技术合同商名称与任务，技术团队赛时运行主要岗位及成员名录也一并列出，以志纪念。

　　北京奥运会、残奥会技术保障服务是奥运国际惯例与中国特色相结合，由中国人自己主导，在中国做成的大型国际化项目，是国际大型项目管理的一次重要实践。奥运会来到中国，为我们提供了一次难得的机遇，从技术保障服务的成功，我们不仅可以看到改革开放以来，我国信息系统技术、通信基础设施建设、无线电频率管理和信息安全技术水平的提高，也可以看到我国技术项目管理队伍日趋成熟，在国际化大项目中的沟通和控制能力日益增强。

　　本书是对北京奥运会、残奥会技术保障服务工作从规划到实施组织全过程的描述，是以技术部各业务处赛后总结资料为基础整理编辑而成的，侧重组织过程与方法的介绍。本书对部分数据做了必要的技术处理，同时也涉及参与这个过程的众多国内外单位，因此，本书限于内部发行，读者在引用本书内容和数据时应征得编者和相关单位的同意。

　　本书成果是北京奥运会、残奥会技术保障团队集体智慧和全体成员辛勤劳动的结晶。我愿借此机会向为平稳可靠的技术运行提供优质产品与完美服务做出卓越贡献的技术合同商（包括国际奥委会合作伙伴和北京奥组委合作伙伴、赞助商、供应商及非持权提供商）、志愿者和技术部员工表示衷心的感谢；对国际奥委会技术部从始至终的精心指导和真诚帮助表示衷心的感谢；对各级政府主管部门、北京奥组委各部门给予技术运行的有力支持和协助表示衷心的感谢。同时亦向参加本书编辑出版工作，使本书得以付梓的全体同志表达由衷的谢意。

　　由于我们编辑工作经验和水平有限，加之时间有限，虽经几次审改，仍难免存在缺陷，欢迎读者批评指正。

2009 年 6 月于北京

　　2008年2月15日，中共中央政治局常委、中央书记处书记、国家副主席习近平考察数字北京大厦，听取了北京奥组委技术部部长杨义春关于技术筹备进展情况的汇报。

　　2001年7月12日，时任国务院副总理李岚清、时任北京市市长刘淇、北京市副市长刘敬民在莫斯科北京申奥陈述前夕与奥申委技术部工作人员合影留念。

　　2008年7月9日，中共中央政治局委员、北京市委书记、北京奥组委主席刘淇一行视察位于数字北京大厦的技术运行中心，听取了北京奥组委技术部部长杨义春关于技术筹备进展情况的汇报。

　　2008年7月9日，中共中央政治局委员、北京市委书记、北京奥组委主席刘淇和北京市副市长、北京奥组委执行副主席刘敬民一行正在视察位于北京奥运大厦的北京奥组委信息安全监控中心。

2008年10月23日，在北京会议中心举行的北京奥组委总结大会上，北京市市长、北京奥组委执行主席郭金龙与技术部领导合影留念。

　　2008年8月20日，北京市人大常委会主任、奥运村副村长、运行团队主任杜德印和北京市副市长、奥运村副村长、运行团队副主任程红一行正在视察奥运村技术团队的运行组织工作。

　　北京市副市长、北京奥组委执行副主席刘敬民正在视察北京奥运会集成实验室。摄于2007年3月15日。

　　2008年5月22日，北京市副市长苟仲文正在视察位于数字北京大厦的技术运行中心和集成实验室。

2001年7月13日北京申奥成功后，时任北京奥申委秘书长王伟在莫斯科举行的招待会上与奥申委技术部工作人员合影留念。

　　2008年10月23日，在北京会议中心举行的北京奥组委总结大会上，北京奥组委执行副主席李炳华与技术部领导合影留念。

　　2008年6月21日，北京奥组委技术团队在北京国际会议中心举行誓师动员大会，全体与会代表为实现举办一届"有特色、高水平"奥运会残奥会奋斗目标郑重宣誓。

　　2007年1月19日，北京2008年奥运会集成实验室启动仪式在北京奥运大厦举行，北京奥组委执行副主席王伟出席启动仪式。

2008年7月10日，北京奥运会无线电安全保障誓师大会在北京会议中心
举行，工业和信息化部副部长奚国华、北京市副市长苟仲文和北京奥运会
无线电管理联席会议办公室各成员单位的领导参加会议。

2008年5月20日，北京奥组委技术团队第一次技术演练及2008年4月测
试赛总结会在数字北京大厦举行，技术团队全体成员参加会议。

2008年6月13日，第二次技术演练期总结会在数字北京大厦举行。北京奥组委技术部部长杨义春做了总结发言。

2007年1月15日，第10次技术项目进度评审会在北京奥运大厦举行，国际奥委会技术部部长让·伯努瓦·戈蒂埃先生主持会议。

2007年1月16日，国际奥委会技术部和北京奥组委技术部在北京奥运大厦联合组织了测试赛技术战略专题研讨会，各合作伙伴和北京奥林匹克转播有限公司等相关方面代表参加了会议。

2007年6月4日，第13次技术项目进度评审会在北京朝阳公园沙滩排球场举行，国际奥委会技术部、北京奥组委技术团队和北京奥林匹克转播有限公司等相关方面代表参加了会议。

　　2006年12月15日，北京奥组委技术部与源讯公司的落地协议技术部分的谈判在北京奥运大厦举行，双方项目负责人正在进行讨论。

　　2008年4月30日，北京奥组委信息安全保障团队在北京奥运大厦举行奥运会残奥会信息安全保障誓师大会。

　　2008年5月24日，数字北京大厦志愿者培训启动仪式在北京科技大学举行，数字北京大厦场馆团队全体志愿者参加培训。

　　北京奥组委技术部、源讯公司和北京文化体育科技有限公司正在签署残奥会信息系统服务协议。摄于2006年10月31日。

北京奥组委技术部与松下公司和大恒公司正在签署北京2008年奥运会残奥会复印机采购协议。摄于2006年12月20日。

北京奥组委技术部与歌华有线公司正在签署北京2008年奥运会残奥会有线电视服务协议。摄于2006年11月23日。

北京奥组委技术部与正通公司正在签署北京2008年奥运会残奥会数字集群通信服务协议。摄于2007年12月21日。

奥运会残奥会技术运行和保障的核心设施——数字北京大厦。摄于2008年9月11日。

正处于北京奥运会赛时运行状态的技术运行中心。摄于2008年8月24日。

位于数字北京大厦的北京奥运会残奥会集成实验室。摄于2008年9月12日。

中国网通和中国移动在数字北京大厦技术运行中心的工作区域。摄于2008年8月14日。

位于数字北京大厦的北京奥组委技术团队办公区。摄于2008年4月21日。

位于北京奥运物流中心的PC工厂正在进行奥运会残奥会电脑的预安装和初始化工作。摄于2008年5月7日。

顺义奥林匹克水上公园技术团队正在进行图像大屏幕调整后的安装工作。摄于2008年7月29日。

位于奥林匹克公园北区场馆群射箭赛场的移动图像显示屏。摄于2008年8月13日。

位于奥林匹克公园北区场馆群曲棍球赛场的临时图像显示屏。摄于2008年8月20日。

位于主新闻中心的成绩复印分发室是奥运会期间规模最大的成绩打印、复印和分发工作场所。摄于2008年8月14日。

在主新闻中心媒体工作间部署就绪的INFO 2008服务终端。摄于2008年7月13日。

在主新闻中心媒体工作间部署就绪的各类通信服务终端。摄于2008年7月13日。

第一次好运北京综合测试赛期间，国家无线电管理局副局长谢远生和北京奥组委技术部副部长贾胜文考察老山自行车馆的无线电频率保障情况。摄于2007年8月21日。

　　国际奥委会、国际体操单项联合会、北京奥林匹克转播有限公司和技术团队在集成实验室共同完成了奥运会体操项目的一致性测试工作。摄于2008年1月21日。

　　联想团队的工作人员正在奥体中心现代五项赛场为测试赛进行现场成绩处理机房的设备部署工作。摄于2007年9月3日。

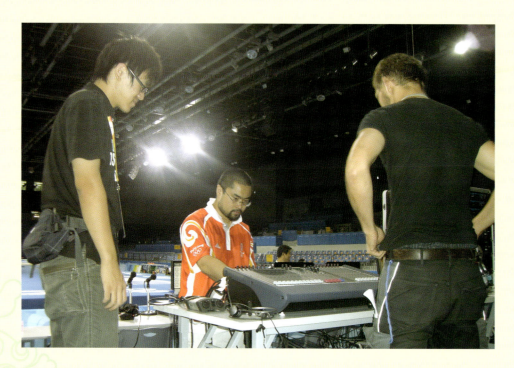

国家会议中心击剑馆技术团队的工作人员正在安装调试场馆音频设备。摄于2008年7月29日。

国家体育馆技术团队的工作人员正在讨论技术系统赛时运行中可能出现的问题。摄于2008年8月3日。

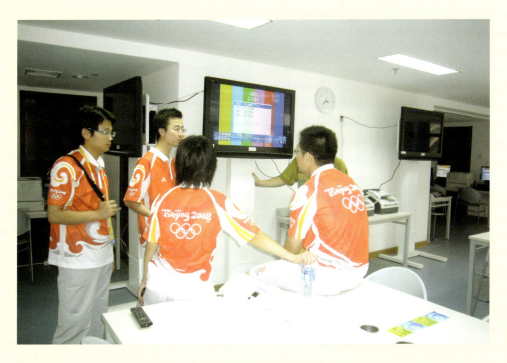

工人体育场技术团队的工作人员正在媒体工作间安装调试有线电视终端。摄于2008年8月6日。

国家游泳中心的游泳项目现场成绩团队在做赛前最后测试。摄于2008年8月5日。

北京航空航天大学体育馆技术团队的工作人员正在现场成绩处理机房进行举重比赛的成绩处理工作。摄于2008年8月11日。

北京科技大学体育馆技术团队的工作人员正在现场成绩处理机房进行柔道比赛的成绩处理工作。摄于2008年8月11日。

顺义奥林匹克水上公园技术团队的成绩经理正在指导志愿者工作。摄于2008年8月17日。

国家游泳中心技术团队的工作人员正在进行残奥会媒体工作间付费电话的部署工作。摄于2008年9月4日。

马拉松技术团队的工作人员正在比赛沿线进行紧张的赛前准备工作。摄于2008年8月24日清晨。

丰台体育中心垒球场技术团队无线电管理人员正在媒体坐席区对保护性频率进行监测。摄于2008年8月2日。

国家体育馆技术团队的工作人员正在进行记分牌的维护工作。摄于2008年
8月21日。

国际广播中心技术副主任正在检查有线电视控制机房的日常运行工作。
摄于2008年8月12日。

　　奥运村技术团队正在进行每日例会，安排各国代表团到达后技术设备的部署和调整工作。摄于2008年7月23日。

　　首都机场技术团队各业务口工作人员的日常工作。摄于2008年8月27日。

国际广播中心技术团队的工作人员和志愿者正在进行业务交流和讨论。摄于2008年8月26日。

中国网通公司的工作人员正在国家体育场媒体工作区监控媒体固定通信服务的系统运行状态。摄于2008年8月17日。

中国移动公司的技术运行中心工作人员正在TOC的移动通信区域紧张工作。摄于2008年9月5日。

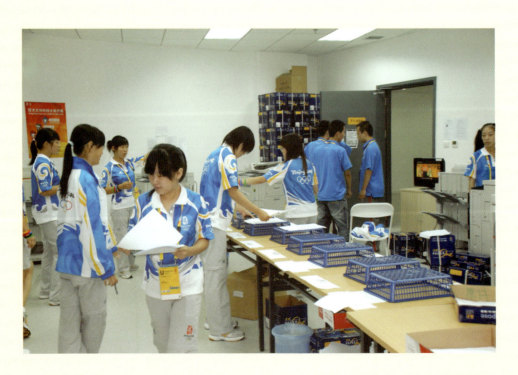

五棵松篮球馆技术团队的志愿者正在成绩打印分发间进行比赛成绩打印分发工作。摄于2008年8月9日。

　　工人体育场技术团队的集群分发志愿者正在进行电池充电和设备维护工作。摄于2008年8月12日。

　　奥运村技术团队的全体成员正在进行紧张的奥运村/残奥村的技术转换工作。摄于2008年8月28日。

　　奥运村技术团队负责人正在为国际奥委会、温哥华奥组委和伦敦奥组委考察团的成员介绍奥运村的技术运行工作。摄于2008年8月15日。

　　奥运会结束后，残奥会大家庭饭店技术团队人员正在为残奥会部署技术设备。摄于2008年8月26日。

国家体育场技术团队的工作人员正在与合作伙伴一起安装调试残奥会田径比赛的计时记分设备。摄于2008年9月8日。

奥运会闭幕后，媒体村技术团队的工作人员正在给志愿者布置技术物资回收工作任务。摄于2008年8月25日。

北京奥运物流中心技术团队的人员正在盘点从场馆返回物流中心的技术物资。摄于2008年9月15日。

源讯公司和欧米茄公司的负责人正在考察建设中的数字北京大厦相关设施。摄于2007年3月12日。

　　北京奥组委技术部与合作伙伴正在奥体中心进行记分牌和图像屏的现场踏勘和方案讨论。摄于2006年6月1日。

　　中国网通副总裁、北京分公司总经理赵继东正在检查位于昌平区的公路自行车终点媒体工作间内的固定通信设施。摄于2008年7月25日。

中国移动北京公司总经理何宁在铁人三项赛场检查移动通信保障工作期间，正在与场馆技术团队工作人员进行交流。摄于2008年9月14日。

北京奥组委官方网站成功搬迁至搜狐机房后，搜狐团队与北京奥组委技术部工作人员合影留念。摄于2006年4月2日凌晨2时。

　　残奥会结束后，为北京奥组委长期提供日常办公技术支持服务的首信公司团队在北京奥运大厦合影留念。摄于2008年9月18日。

　　2008年11月20至22日，北京奥运会技术总结会在伦敦举行，北京奥组委技术部部长杨义春正在进行题目为"北京奥运会技术战略"的主题发言。摄于2008年11月20日。

2008年11月20至22日，北京奥运会技术总结会在伦敦举行。北京奥组委技术部相关负责人正在进行关于竞赛成绩工作的陈述。摄于2008年11月20日。

2006年9月25日，北京奥组委技术团队在北京奥运大厦组织了第一次拔河比赛，技术部各处室和主要合作伙伴都积极参加了比赛。通信处代表队正在激烈的比赛中。

　　2008年9月1日，中国移动北京公司总经理何宁慰问所有以VIK方式参加北京奥组委工作的中国移动工作人员。（40余名来自全国各地的中国移动和中国网通员工通过VIK方式作为北京奥组委付薪人员加入了北京奥运会残奥会技术保障团队）

　　北京奥组委搬迁至北京奥运大厦前夕，技术部全体人员告别原办公地点——青蓝大厦。摄于2006年1月18日。

2007年2月9日，北京奥组委技术团队在北京科技大学会议中心举行了
2007年度新春联欢会。

2008年6月21日，北京奥组委技术团队在北京国际会议中心举行了誓师
动员大会，现场数百位来宾还见证了技术团队14对新人的集体婚礼。

　　北京奥组委技术部领导在北京奥运会残奥会技术保障总结大会后的合影，图为技术部领导杨义春（中）、侯欣逸（右二）、林融（左二）、贾胜文（右一）和淡欣（左一）。摄于2008年9月25日。

数字北京大厦场馆运行团队领导班子的合影。摄于2008年8月28日。

目　录

第九章 通信服务

第十二章 场馆其他技术服务

第十八章　技术配合服务

第十九章　数字北京大厦和技术运行中心

第一章 奥运会、残奥会技术保障服务概述

　　本章阐述了技术保障服务在奥运会、残奥会筹办工作中的地位和作用，同时对技术保障服务的范围、内容、阶段划分、总体工作思路和成果做了概括性描述。最后阐述了科技奥运工作的理念、机制和主要成果。

第一节 技术保障服务的地位和作用

一、技术在现代奥运会中的重要性

　　第一届现代奥运会于1896年在雅典召开，到现在已经走过了百年历程。奥运会的发展史表明，奥运会规模的日益扩大需要各种技术手段的支持以提高举办的效率、质量和水平；而各种技术，尤其是现代信息、通信技术在奥运会中的应用，又为庞大、复杂的奥运会的成功举办提供了现实可能性。采用当代先进、成熟的科学技术成果为奥运会提供技术支撑是每届奥运会的共同特征。从举办城市的奥运设施建设到体育比赛器材、设备的准备，从运动员的训练、装束到奥运比赛的实况转播、安全保证，再到奥运会的组织和管理，以及举办城市的信息、交通、环境支撑等等，无时无处不烙上科技的印记。

　　科技对现代奥林匹克运动会的支持作用主要表现在如下几个方面：

　　首先，体育科技的发展促进体育竞技水平的提高，例如：利用流体动力学原理的连体"鲨鱼皮"泳衣，使流体表面阻力减少3%，从而提高了竞技成绩。计算机与先进传感技术用于对运动员训练的分析和指导，对于准确量化和改进训练效果，开发人的生理和心理极限，不断提高竞技水平都发挥了重要作用。其次，药检技术的发展用于反违禁药物，保证了奥林匹克精神不受破坏。第三，信息技术推动奥运会的影响大幅增长。全球共有47亿观众收看、收听了北京奥运会的实况转播，奥运会已成为全世界规模最大、影响力最强的主题性国际体育文化活动。第四，以现代通信、信息网络为支撑的奥运会组织管理技术保证了奥运会的高效组织和运行。奥运会通信与信息系统已经成为规模庞大、技术复杂、领域广阔、协作接口最多的系统工程。第五，开闭幕式技术带来震撼世界的视觉盛宴。如悉尼奥运会成功实现在水底点燃奥运火炬，雅典奥运会通过激光、水幕和飞行系统等技术手段再现了如梦如幻的希腊文化。第六，信息安全保障技术确保了奥运会的万无一失。如雅典奥运会启动了奥运史上最昂贵的C4I安保信息技术系统，北京奥运会人员入场票证全面使用了RFID射频识别技术。第七，采用先进建造技术的场馆为奥运会提供了一流的比赛场地和活动场

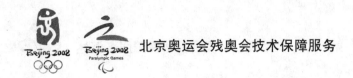
所，并有效提高了主办城市在全世界的知名度、地位和形象。例如北京的"鸟巢"和"水立方"。第八，交通技术保障奥运会举办城市的交通畅通，采用现代科技手段疏导、管控交通，节能减污，综合调度提升效率。

因此，国际奥委会主席罗格先生在《奥林匹克与科技》中说："今天，技术是奥林匹克运动的好伙伴。"

二、技术保障服务的作用

技术在奥运会、残奥会的筹备与运行中无处不在，涉及场馆建设、赛事组织与所有业务活动方面，是所有业务领域筹办活动与赛时运行的支撑平台。

在奥运会、残奥会筹办期间，技术保障服务首先是为奥组委领导和各业务部门的指挥调度、业务办公和各种会议提供技术系统和技术支持，重点包括通信系统、办公信息系统、会议音视频系统与互联网、官方网站等服务。筹办期间技术保障服务的工作状况直接关系到筹办工作的效率和奥组委形象。

技术保障服务在筹办期间同时按技术战略规划高效推进技术系统与队伍建设，完成场馆化阶段的技术工作部署，并承担测试赛全部技术支持工作。

在奥运会、残奥会赛时期间，技术保障服务全面承担赛事运行的技术支持工作，为所有京内外竞赛场馆、非竞赛场馆和指挥调度中心提供技术支持。在竞赛场馆的比赛场地，计时记分系统记录运动员的成绩，现场成绩系统根据国际体育单项协会的规定处理比赛成绩，信息发布系统把成绩传给电视转播商、互联网以及各类媒体，向全世界发布。在奥组委总部和各个场馆中，所有业务部门和工作人员利用内部办公信息系统、各类专门业务信息系统来完成日常工作。在所有的场馆，人们通过拨打技术支持服务台的受理电话及时高效地获得技术支持和服务，确保奥运会和残奥会的成功举办。

赛时期间技术保障的能力和水平，主要通过信息、通信和音视频等系统的运行状态反映出来，直接关系到运动员、媒体记者、奥林匹克大家庭成员和观众对北京奥运会、残奥会的切身感受和评价。因此，可靠的良好的技术保障服务是"有特色、高水平"北京奥运会重要的、基础的组成部分。

第二节　北京奥运会、残奥会的技术保障服务

一、技术保障服务的范围和内容

北京奥组委技术部是承担北京奥运会、残奥会技术保障服务规划、实施和运行保障的主责部门。技术部组织提供的技术保障服务主要包括以下范围和内容：

1. 竞赛成绩服务

内容包括计时记分、现场成绩服务、计时记分牌及控制系统、比赛现场中文信息显示服务、成

绩信息发布服务（包括成绩打印分发服务、互联网成绩数据服务、官方网站成绩结果发布、新闻创建服务、INFO 2008、评论员信息系统、成绩数据输出、无线 INFO、远程评论员信息系统）等。奥运会期间，共为 38 个比赛项目提供了计时记分系统、综合成绩和电视图像数据。共输入成绩数据 2.3 万条；通过互联网为 41 个用户提供赛事和竞赛成绩信息 1400 万条，在各场馆打印分发成绩公报 750 万份；印制成绩公报光盘 13000 张。

2. 信息服务

内容包括运动会管理系统（员工管理、志愿者管理、体育报名、注册、抵离、交通、医疗、住宿、礼仪和报表等 10 个系统）、奥组委办公系统（包括内部办公、短信、制服发放、人事管理、人员招聘、员工之家、体育信息、资料中心、场馆管理、统一认证、技术设备管理、无线电频率管理、物流管理、财务管理、收费卡管理、奥运村规划与资产管理、火炬接力信息管理、注册数据流程管理、体育报名资格审查、主运行中心指挥系统和综合信息服务系统等在内的 22 个系统）、支撑成绩和信息系统所需的所有服务器、计算机和网络设备、北京奥组委官方网站等。北京 2008 年奥运会期间各场馆部署的信息系统设备包括：桌面计算机 12000 余台，用于支持所有信息系统运行的服务器 1000 余台，网络交换机 2100 余台。

3. 通信服务

内容包括固定电话及终端、数据专线、ADSL、付费电话、付费宽带服务、移动电话、移动通信终端、无线局域网（WLAN）、集群通信、有线电视等。奥运会期间，共开通固定电话 24000 部，各类专线将近 700 条，宽带 IC 卡 1800 张，WLAN 上网卡 2550 张，建设电视终端 20000 个，分发使用数字集群终端 14000 部。赛事期间，为奥运会客户和工作人员提供手机约 17000 部。

4. 无线电频率协调与管理

内容包括无线电频率申请和审批、无线电频率设备准入、运行监测与频率协调管理等。奥运会期间，共处理了 9000 余份频率申请，指配了 20000 余条奥运会频率，发放了 1100 余份频率使用许可证，共核发无线电台执照标签 10.5 万余个，检测无线电设备 7800 余台。

5. 其他技术服务

内容包括场馆临时布线、音频系统、视频系统、文件处理（打印、复印设备、传真机）、头戴系统、不间断电源等。奥运会期间，在各场馆共部署永久及临时图像大屏 37 块，场馆主扩声系统 34 套，体育展示系统 46 套，新闻发布厅音响设备 41 套，各类电视机近 13000 台，打印机 2500 余台，复印机 930 余台，传真机 2000 余台以及不间断电源 224 套。

6. 技术基础设施的管理与运行

内容包括奥运会主运行中心、技术运行中心、主数据中心、信息网络安全监控中心、集成实验室、备份技术运行中心、备份数据中心、技术支持呼叫中心在内的技术基础设施的规划、设计、实施管理和运行工作。

7. 对其他业务口技术系统的支持和配合

内容包括对电视转播、安保、票务、火炬接力、交通等相关技术系统建设与运行的协助和协调配合工作。

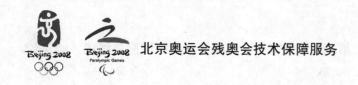

二、技术保障服务的阶段划分

北京奥运会和残奥会的技术工作分为如下五个阶段：

1. 规划阶段

本阶段从 2002 年 2 月至 2004 年 10 月，重点任务是了解并确定北京奥运会的技术需求。具体工作包括：

（1）收集整理各种信息、资料，并进行分析评估，初步了解并确定北京奥运会的技术需求。

（2）确定技术服务目标、对象、范围、内容和标准。

（3）规划技术支持人力资源和组织机构。

（4）制订资源需求和预算。

（5）制订技术战略。

（6）制订技术各业务领域总体规划。

（7）评估潜在技术合作伙伴的技术和服务能力。

（8）与技术合作伙伴签订技术协议。

（9）收集并确认赛时无线电频率使用需求，初步制订无线电频率使用规划。

（10）制订科技奥运总体工作规划。

2. 实施阶段

本阶段从 2004 年 10 月至 2007 年 7 月，重点任务是确认、实施各技术领域项目方案并进行项目管理。具体工作包括：

（1）确认所有为奥运会提供的技术服务和技术解决方案。

（2）技术运行中心和技术支持中心的建设。

（3）各技术项目的管理。

（4）质量监督管理和预算控制。

（5）技术基础设施的场馆部署。

（6）技术系统的测试和验收。

（7）与相关技术合作伙伴一起制订赛时运行规划。

（8）制订收费卡服务内容和流程。

3. 赛前运行阶段

本阶段从 2007 年 7 月至 2008 年 7 月，重点任务是技术系统和技术团队组织结构的场馆化，制订场馆技术运行计划，组织测试赛、技术演练等。具体工作包括：

（1）完成人力资源和组织结构的场馆化。

（2）以场馆为单位，制订场馆运行计划。

（3）技术系统的测试赛场馆运行。

（4）向进入场馆的各个部门提供技术支持服务。

（5）技术运行中心和技术支持中心的运行。

（6）完成各种技术系统的应急预案。

（7）制定技术演练方案并组织实施。

（8）协调组织测试赛。

（9）完成并修订赛时技术运行策略与流程。

（10）收集收费卡技术项目订单并完成收费卡技术服务的准备工作和试运行。

（11）IBC 和 MPC 技术系统的运行。

（12）技术培训。

4. 赛时运行阶段

本阶段从 2008 年 7 月 25 日至 9 月 18 日，重点任务是保证技术系统的正常运行、处理各种技术突发事件、完成奥运会到残奥会的转换等。具体工作包括：

（1）技术运行中心 24 小时运行。

（2）技术支持中心 24 小时运行。

（3）技术系统进入赛时运行。

（4）无线电设备认证中心运行及赛时频率监测。

（5）处理各种技术突发事件和紧急状况。

（6）奥运会与残奥会中各个场馆的问题管理与报告。

（7）实施和管理奥运会到残奥会的迁移与转换。

5. 赛后恢复阶段

本阶段从 2008 年 9 月至 2009 年 6 月，重点任务是拆除临时技术设施并完成赛后总结和报告。具体工作包括：

（1）监督、管理临时技术设施的拆除工作。

（2）奥运会总结会及赛后报告。

（3）国际奥委会技术总结会。

（4）技术资产的赛后回收和处置。

（5）文件资料整理归档。

（6）人员赛后安置。

三、技术保障服务的总体思路

根据往届奥运会的惯例，结合北京筹办工作的特点和实际情况，北京奥运会、残奥会技术保障服务的组织与实施工作遵循以下总体思路。

1. 尊重奥运国际规则与惯例的原则

奥运会的一切权利属于国际奥委会。尊重奥运会的国际规则和往届惯例，就是要认真学习、分析往届技术保障服务的全过程，把握规律，继承和借鉴其成功的经验、模式和方法，接受国际奥委会技术部门的业务指导并保持良好的沟通与合作关系，信守承诺，同心协力办奥运。

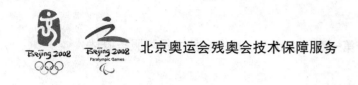

2. 充分发挥我国体制优势的原则

现代奥运会是大型、综合、复杂的世界性体育文化组织活动，我国的体制具有能够集中力量办大事的优势。充分发挥体制优势，将科技奥运立项攻关、无线电频率管理、信息网络安全等工作依托政府主管部门落实，是实现全面可靠的技术保障服务的重要方针。

3. 技术产品与服务选择的先进、可靠与适用的原则

用先进、可靠和适用的技术支撑奥运筹办是科技奥运理念与实践的重要内容。奥运会的惯例和特点充分表明，与奥运会赛事直接相关的信息、通信与音视频服务的提供必须采用成熟、稳定、可靠的技术和产品。展现科技奥运亮点的较为先进的技术产品和服务必须经过充分测试，并落实应急预案。先进、可靠与适用的技术、产品与服务的选择，核心是选好技术合同商或合作单位。

4. 技术系统的统一规划、统一预算、统一项目组织实施、统一赛时运行管理的原则

技术的统一组织管理原则是技术系统建设与运行的自身特点决定的，也是技术保障服务惯例的一部分。

5. 节俭办赛、够用即可；穷尽需求、确保重点的原则

对各业务部门和相关方的技术需求要尽早全面掌握。体育竞赛、媒体服务和指挥调度方面的技术需求要优先保障，一般业务需求参照往届惯例予以落实，够用即可。

6. 技术运行体制与机制的顺畅高效原则

奥运会技术保障服务没有第二次机会的特点，要求赛时技术运行的体制和机制必须顺畅高效。这项原则主要体现在技术运行中心的主任负责制、场馆技术经理负责制和场馆各业务口经理的双向汇报制度上，这些制度可以确保信息的及时沟通和问题的高效决策，使90％以上的技术问题都能在场馆内迅速得到解决。

7. "同一个任务、同一个团队"的原则

奥运会、残奥会的筹办与赛时技术运行团队是由多国籍的几十个合同商和国内外单位组成的。国籍不同、经历不同、文化背景不同的人们在"同一个任务、同一个团队"的旗帜下凝聚在一起，为奥运技术保障成功的共同任务团结奋斗。"同一个任务、同一个团队"的核心是北京奥运会技术保障服务的组织部门要与全体合同商及相关国际组织以制度或非制度方式保持密切沟通，坦诚相待，一视同仁，主动做好服务，为他们完成合同任务创造必要的工作条件。

8. 核心团队建设的"以人为本"原则

北京奥组委技术部是承担技术保障组织管理与协调工作的核心团队，是赛时技术运行的组织者。核心团队成员的素质、能力和水平将直接关系技术运行的成败。坚持核心团队"以人为本"的原则，就是要严格执行奥组委人员招聘选用规则，把好入口关；尊重人，理解人，努力把合适的人用在合适的岗位上；干部以身作则，公平待人，公正处事，积极为员工开展工作创造必要条件。

9. 充分测试，反复演练，全程监控原则

平稳可靠，万无一失的技术保障服务目标是需要一系列科学合理的措施来保证的。借鉴往届充分测试、反复演练的经验，不断优化流程，完善系统，培训人员，进一步强化全程监控，为赛时技术系统和服务的无事故运行打下坚实基础。

第三节 奥运会、残奥会技术工作成果

为实现北京 2008 年奥运会"有特色、高水平"的庄严承诺，在遵循技术保障服务总体思路和原则的基础上，北京奥组委技术部、技术合同商和志愿者组成的奥运技术保障团队，不分肤色国籍、不论来自哪里，都以饱满的热情和认真的态度投入工作。通过精心规划、周密部署、反复测试演练和科学赛时运行组织，实现了成绩发布、信息服务、通信网络和音视频系统等技术平台稳定可靠运行，为竞赛、媒体、国际奥委会、国际残奥委、各体育竞赛单项组织、各国奥委会、北京奥组委和观众等不同的客户群体提供了可靠的技术服务，创造了多项奥运会历史上的"第一次"，实现了"两个奥运，同样精彩"，向全世界展现了科技奥运的魅力。

北京奥运会、残奥会的技术保障服务工作成果主要体现在以下几个方面：

一、全面完成了北京奥运会、残奥会技术保障服务任务

北京奥运会、残奥会技术系统复杂、规模大、服务水平高，各场馆部署的技术设备种类、数量和维护人员数量均创历届奥运会技术系统之最。作为技术核心设施的技术运行中心，无论是技术设备数量、就绪时间、运行时间还是运行保障人员数量，都达到了前所未有的水平。在一个多月的奥运会、残奥会赛程中，没有任何技术系统因素影响赛事进行、媒体服务和观众观赛。

国际奥委会技术部部长戈蒂埃先生在赛后对北京奥组委技术团队的负责人说："你们为北京 2008 奥运会提供了完美的技术服务，从竞赛、媒体、各单项组织、各国奥委会和运动员、国际奥委会等客户群体，我们得到的反馈都是非常积极和正面的，罗格主席在遇到我的时候这样评价说：'技术保障非常优秀。'你们的努力所带来的成功是奥林匹克的重要遗产，希望你们能够将成功的经验传递给今后各届奥运会的组织者，让奥林匹克大家庭成员都能够继续受益于你们的贡献。"

北京奥林匹克转播公司总裁罗梅罗先生在接受电视采访时说："北京奥运会、残奥会技术保障服务非常优秀，是我们完成有史以来最大规模奥运会电视报道获得成功的重要因素。"

二、尊重往届奥运会惯例，结合北京筹办工作实际，制定务实可行的技术战略、计划、运行策略和流程

尊重往届奥运会惯例和经验，充分结合北京奥运的特点，制定了务实可行的计划、策略和流程，是实现技术运行平稳可靠的基本保障。在学习分析往届奥运会知识传递资料的基础上，技术团队坚持科学规划、严格评审，本着"有特色、高水平"的基本原则，与相关功能部门就赛时需求进行了充分细致、具体周密的交流，保持与国际奥委会技术部良好的合作关系，制定北京奥运会的技术战略、各项技术计划、规划和岗位工作流程，确定了各项目规划和技术设计方案。

三、制定高效运行体系，实施技术保障和技术服务

北京奥运会、残奥会技术运行团队由技术运行中心、场馆技术团队和馆外技术支持应急团队三

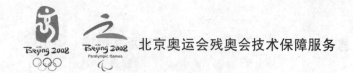

部分组成，确保所有场馆的技术产品和服务按预先规划的种类、数量、标准、时间和地点提供，监控奥运通信、信息、成绩和其他技术系统运行状态，确保问题在规定的时间内解决。

各场馆技术运行团队实行场馆技术经理负责制和双向汇报制度。场馆技术经理就本场馆全部技术运行工作向场馆主任和技术运行中心主任负责；场馆技术团队各业务口经理向场馆技术经理和技术运行中心相关业务口负责。双向汇报机制，确保了责任到位、信息通畅、反应迅速有效。

四、发挥举国体制优势，集合各方资源保障技术服务

各级政府部门和各相关机构对奥运会技术筹办和赛事运行工作的难点突破发挥了决定性的作用。

科技奥运办公室集中了国家科技部、北京市科委和北京奥组委的力量，完成了一大批重点科技奥运项目的立项与攻关，在奥运比赛现场电视转播中文字显示图文系统和关键技术开发、奥运场馆安保指挥系统关键技术开发、虚拟奥运博物馆关键技术研究、残奥会信息系统关键技术研究等一批急难问题上，发挥了关键作用。

针对无线电频率协调管理的重要性和专业特性，2004年底建立了由国家信息产业部、北京市政府、北京奥组委、广电部门及其他相关单位组成的北京奥运会无线电管理联席会议，在联席会议的牵头单位——国家信息产业部的有力协调下，动用全国无线电管理专业技术人员、无线电安全协管人员和各种监测车、监测站以及监测和检测设备等资源，确保了无线电安全保障力量的有效落实。

在信息网络安全工作方面，建立了奥运信息安全监控中心，来自全国各省市公安厅局网络安全专业人员陆续到位，并成立了奥运信息网络安全委员会，将奥运信息网络安全工作纳入到总体奥运安保体系，积极推动奥运网络内部防控系统与外围监控体系的建设，建立联动机制，陆续组建北京奥组委信息网络安全专家顾问组、病毒应急专家组，在赛前编制了完备的应急预案并进行了多层次的演练和信息安全测评，全面整改检测出的问题，使奥运会核心信息网络系统的自身防护水平得到了大幅度的提高，确保了北京奥运会、残奥会期间主要奥运信息网络系统的安全防护能力。

五、充分测试，反复演练，为技术系统赛时平稳运行夯实基础

系统测试、测试赛和技术演练是技术系统赛时平稳运行的前提和基础。

技术系统的测试工作贯穿了奥运会技术筹办工作的始终。所有的信息成绩系统项目都经过了集成测试、单项目测试、多项目测试、一致性测试、冻结测试和第三方测试及监理。反复的、全方位的测试工作造就了奥运会技术系统的平稳运行。

在46项奥运会和残奥会测试赛期间，在保障测试赛正常进行的同时，应用在奥运会的成绩系统、信息系统、通信系统和其他技术系统均投入了测试。测试中发现的问题得到了全面的解决，技术团队在测试赛中得到实战培训，处理问题和突发事件的能力有了明显提高，为奥运会的技术运行工作奠定了坚实的基础。

技术演练是奥运会筹备工作中的关键环节，旨在确保技术团队、系统和程序最为有效地运行

第一次和第二次技术演练所涉及的场馆、系统、人员、场景、演练官员人数规模和组织严密程度，均创历届奥运会之最。国际奥委会技术部部长戈蒂埃先生在第二次演练后评论说："本次技术演练是奥运会筹备过程中一项重要的里程碑，演练结果证明，北京奥运技术团队已经完全具备了保障奥运会技术运行的能力。"

六、按照"同一个任务、同一个团队"的理念建设技术团队，实现了与所有技术合同商的良好合作

在奥运会的整个筹办过程中，奥组委技术部始终与国际奥委会技术部、合作伙伴、赞助商及合同商公司保持着良好的合作关系，各方均以成功的奥运技术保障为目标，以合同与承诺为依据，以坦诚与及时的沟通为手段，以相互之间的支持与服务为补充，建立相互理解、诚实互信、互相支持的伙伴关系。

七、打造"攻必克、守必固"的技术核心团队

任何成功的技术系统都是依靠一支具有顽强战斗力的队伍去具体实现的。技术团队在筹办工作过程中始终注意加强组织建设，形成凝聚力，不论资历辈分，有能力就给予重任和信任，提倡优化工作方法，不打疲劳战，保持旺盛的工作精力和高昂的斗志。平时开展有益活动，增进团队成员之间的理解和沟通，激励圆满完成奥运技术保障工作的使命感和责任感，努力形成团队协同作战的工作局面。

事实证明，北京奥运会、残奥会技术团队是一支"攻必克、守必固"的团队，是北京奥运会、残奥会技术保障服务得以成功的最直接的因素和最宝贵的财富。

八、提供的服务创造了多项奥运会、残奥会历史上的"第一次"，凸显科技奥运精神

第一次推出远程评论员信息系统。奥运会历史上首次实现转播商在本国就可实时访问评论员信息系统，对赛事进行解说。

第一次提供了稳定可靠的无线局域网（WLAN）服务。无线局域网互联网接入服务在往届奥运会上已经有过小规模的应用，但均出现过服务系统瘫痪等情况，引发过大量投诉。北京奥运会、残奥会 WLAN 服务在规划阶段就充分考虑了技术局限性，在技术、服务和运行策略方面采取了必要措施，首次实现了奥运会历史上 WLAN 服务顺利运行。

第一次提供无线 INFO 2008 服务。北京奥运会是奥运会历史上首次媒体可以使用无线上网访问 INFO 2008 的奥运会。用户可以以 WLAN 为载体访问 INFO 2008 的信息，并在媒体看台或工作间方便、快捷地浏览信息与稿件编发工作。

第一次在比赛现场以非英语的举办国文字实时显示成绩信息。本届奥运会在 31 个场馆的 32 个项目上提供了比赛现场中文显示服务，是奥运会历史上的首次，大大方便了本地观众观赛，获得了现场观众认可和国际奥委会的高度评价。

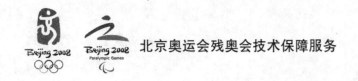
第一次在奥运会场馆间通过光纤直连实现了虚拟局域网（VLAN）高速数据传输服务。首次为美联社、路透社、法新社、盖帝图片社和新华社五大主要通讯社，提供了基于高速光纤网络各场馆间及时传输大容量新闻素材的解决方案。

第一次提供了全部场馆通用的奥运宽带 IC 卡接入服务。媒体客户使用宽带 IC 卡插入设置在媒体工作区域的指定终端，就可以拥有上下行各 1M 带宽的固定互联网服务，这样的终端遍布各竞赛场馆和主要非竞赛场馆的媒体工作区，同时具有固定通信高速稳定和移动通信方便快捷的优点。这个由北京奥运会创造的服务得到了国际奥委会的高度评价，很有可能成为今后奥运会技术服务的"规定动作"。

第一次实现连续 3 年保持正常访问率达到 99.99%，并提供中、英、法、西、阿五种语言的官方网站。官方网站完全按照信息无障碍标准建设，提供了语音读屏和手语动画播报功能，方便残障人士使用；开通了奥运历史上第一个奥运官方网站手机版；奥运历史上第一个采用互动电子地图技术为观众提供综合查询服务；提供了奥运历史上最全面、快速的成绩发布系统。

第一次通过数字电视的方式为全网广播的电视节目提供服务。由于往届奥运会的有线电视专网系统均为模拟系统，因此本次专网系统的全面数字化是奥运会有线电视传输技术应用的一次跨越式的提高。

第一次在专网中提供高清晰度数字电视图像和比赛视频点播（GVOD）服务。在有线电视专网中对部分精彩比赛通过高清晰度数字电视的方式提供服务，受到了奥林匹克大家庭成员和各国媒体记者的广泛好评。

比赛视频点播服务项目为各国教练员、运动员了解对手、研究战术、分析比赛或赛事报道提供了很好的帮助，为媒体提供了重要的赛时信息，受到了极大欢迎。

第一次为残疾人提供信息无障碍服务。残奥会期间，在 24 个竞赛场馆和非竞赛场馆总共部署了信息无障碍服务终端及辅助设备，部分场馆根据实际情况在奥运前即开始提供服务；奥运官方网站完全按照网页无障碍访问标准（W3C－WAI）建设；提供语音播报插件服务，方便视障人士及老年人可以通过语音接受赛事信息；提供手语动画播报插件服务，方便聋人可以通过手语画面接受网站新闻信息；在国家体育场、国家体育馆、国家游泳中心、北科大和北大五个场馆部署了总共 180 套无线助听终端设备，免费提供给听障人士及老年人使用。

第四节　科技奥运的理念与实践

北京在申奥中提出的"绿色奥运、科技奥运、人文奥运"的三大理念，成为奥运筹办过程和赛时运行的指导思想。科学技术与体育赛事的结合为我们提供了一届精彩纷呈的体育盛会，也丰富了人类社会灿烂的文明。北京奥运会的成功证明，"科技奥运"理念的实践是举办一届"有特色、高水平"北京奥运会的重要保障，也是落实"人文奥运、绿色奥运"的重要支撑手段。奥组委技术部在这项实践活动中发挥了积极推动作用，并有力促进了奥运会、残奥会技术保障工作的全面落实。

一、理念——科技奥运工作的灵魂

筹办初期，人们主要强调科技奥运就是要将北京奥运会办成高科技的体育盛会，成为高新技术的应用和展示窗口。在 2006 年 6 月通过调研论证修改，向北京奥组委执委会汇报并进一步完善后，科技奥运的理念和内涵得到明确。

概括起来，"科技奥运"就是以科学思想统领奥运战略，有效集成满足奥运需求的科技资源，为"有特色、高水平"奥运会的成功举办提供先进、可靠、适用的技术保障；通过奥林匹克精神与科学技术的融合，使奥运成为传播科学知识、提高公众科学素质、提升自主创新能力、促进产业发展并惠及社会的平台，达到"科技助奥运、奥运促发展"的目的。其基本内涵包括：

"以科学精神组织奥运"，就是弘扬求真创新的科学精神，用科学发展观统领奥运战略，把奥运会的国际规则、经验与中国的实际相结合，形成务实可行、充满活力的本地化战略；将科学思维、科学管理贯穿于奥运筹办过程中的每一个环节，用科学的态度组织奥运，实现举办一届"有特色、高水平"奥运盛会的目标。

"以先进技术支撑奥运"，就是紧密结合国内外最新科技进展，集成北京和全国的优势科技资源，努力满足奥运场馆建设、赛事组织、交通物流、赛事转播、大型活动、安全保障、信息服务、环境改善等方面的技术需求，以先进、可靠、适用的科学技术提升举办水平和促进运动成绩的提高，为奥运筹办提供强有力的智力支持和技术保障。

"以奥运成果惠及社会"，就是以奥林匹克精神丰富科学思想，促进科学文化传播，提高公众科技素质；通过满足奥运科技需求，促进自主创新能力的提升，带动相关产业的发展；并通过奥林匹克精神与科学技术的高度融合，促进人与自然的和谐发展。

以科技助奥运、以奥运促发展，明确指出了科技奥运工作的方向。

二、机制——科技奥运实施的保障

为有效组织协调科技奥运工作，2002 年 6 月，在时任科技部部长徐冠华同志和时任北京市市长刘淇同志的倡议下，由北京市牵头，联合中央部委及北京奥组委，共同成立了"第二十九届奥林匹克运动会科学技术委员会"，并成为科技奥运建设重要的领导力量。

奥科委由国家科技部等中央 11 个单位（分别是科技部、教育部、国防科工委、国家体育总局、中国科学院、中国工程院、中国科协、国家自然科学基金委员会、中国气象局、信息产业部、国家质量监督检验检疫总局）、北京市政府（市科委、市信息办、市科协、中关村管委会）、奥组委共 13 个部门组成。林文漪同志任奥科委主席，奥科委办公室设在奥组委技术部和北京市科委，由奥组委技术部部长和北京市科委主任担任奥科委办公室主任。

作为奥组委的顾问咨询工作组织，奥科委的职能主要表现在四个方面：一是组织相关领域的专家，为奥组委提供全方位的技术咨询服务；二是组织、协调科技奥运建设项目的实施；三是推动奥运各相关部门的信息沟通与奥运科技宣传；四是促进科技奥运建设的国际交流与合作。

立足于四个职能，奥科委紧紧围绕奥运科技需求，主要通过三种方式实现科技对奥运的全面支

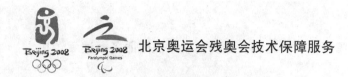

撑。一是围绕奥运筹办过程中关键技术难题和新技术需求，开展科研攻关或实施科技示范应用工程；二是举办专业技术展示交流会，推动国内外先进、成熟、可靠的技术和产品应用在场馆建设等奥运各项筹办工作中；三是应奥组委、市08办的要求，组织专家开展技术咨询和论证。科技奥运的重点领域涉及场馆、大型活动、运动科技、信息通信、能源环保、交通、安保、气象等几大类。

奥组委技术部作为北京奥组委参与科技奥运工作的代表部门，主要职责是全面收集和有效整合北京奥运会筹办过程中的技术需求，在奥组委各业务口和政府科技主管部门之间充分发挥桥梁和纽带作用。通过奥科委这一平台，构建起多部门共同参与、分工协作、高效推进的工作协调机制，实现了奥运科技供给与需求的高效对接。为"有特色、高水平"奥运会的举办提供了有效的技术保障。

2006年6月，北京奥组委在第67次执委会上对科技奥运工作给予了高度评价："在科技部和北京市政府的共同牵头组织下，科技奥运形成了有效的工作机制，成功地组织了全国的科技资源，以满足奥运科技需求为导向，为奥运建设提供了全方位的支持和服务。"

三、成果——科技奥运展现

技术部根据奥运会筹备过程中奥组委各部门提出的科技需求，经过梳理汇总，协调奥科委集中攻克了奥运会火炬珠峰传递、奥运会开闭幕式、奥运会技术系统等方面与奥运会直接相关的若干关键技术难题。

1. 突破了奥运会开闭幕式、火炬传递等大型活动中的关键技术，为打造高科技与中国文化完美结合的开闭幕式和火炬传递仪式提供了科技保障

在现代奥运会中，开闭幕式不断地以创新的表演形式和表演内容展现在世人面前。"科技奥运"建设重点实施了"大型体育活动开闭幕式分析和奥运科技专题研究"、"开闭幕式创新焰火"等项目，建立了大型体育活动开闭幕式数据库，可以采用信息监测及智能化信息处理技术进行开闭幕式的数据采集和分析，为北京奥运会开闭幕式的组织管理、技术选择提供了可操作性的具体指导意见；研制出具有中国特色的创新、安全、环保的焰火产品和发射技术，为一场精彩纷呈的奥运会焰火表演提供高科技保障，并显著提高了我国作为烟火发源地的整个行业技术水平和国际竞争能力。

火炬传递仪式是国际奥林匹克运动最隆重的前奏。通过重点实施"奥运火炬燃烧关键技术研究"攻关项目，解决了奥运火炬在复杂多变天气条件甚至在珠峰极端环境下持续稳定燃烧的难题，不但保证奥运会主火炬塔按照创意要求顺利点火和燃烧，而且保证传递火炬首次登上珠穆朗玛峰，实现中国对奥林匹克运动的独特贡献。

2. 集中攻克了与奥运赛事组织相关的信息、通信、声像等核心技术，为奥运会赛事的顺利组织和高效运行提供了技术服务

奥运会技术工作的总体目标是为有特色、高水平的2008年北京奥运会提供稳定、可靠、全面的技术运行保障服务。

奥运通信服务是各种信息传递流转的基础，从赛事组织、计时记分信息的快速统计到摄影记者图片的发布、文字记者的稿件编辑发送，都离不开通信技术。

为保障媒体宣传奥林匹克精神、报道奥林匹克赛事，北京奥组委根据往届奥运会的惯例、经验和近年来科技进步的成果，为 2008 年北京奥运会期间的广大媒体提供内容丰富的通信服务。奥运会期间，在所有竞赛场馆和部分非竞赛场馆的媒体工作间、新闻发布厅、媒体看台提供 WLAN 网络信号覆盖。同时，北京奥运会提供了无线 INFO 系统。注册媒体可以通过无线上网方式，用自己带的笔记本电脑获得 INFO 系统中的信息服务，并且可以对信息内容进行编辑。

北京奥运会首次推出奥运宽带 IC 卡服务，媒体客户只要将这张奥运宽带 IC 卡插入设置在媒体工作区域的指定终端，就可以拥有属于自己的上下行各 1 兆带宽的固定互联网服务。这样的终端遍布各竞赛场馆和主要非竞赛场馆的媒体工作区，一张 IC 卡可以通行于北京及包括青岛、上海、天津、沈阳、秦皇岛等协办城市在内的各竞赛场馆。

为了弘扬中华民族文化，促进中文传播交流，同时为奥运会比赛现场不懂外文的多数观众提供更便利的服务，体现人文奥运理念，北京奥运会赛事首次开发了现场中文显示系统。系统从现场成绩系统及信息发布系统中获取实时英文信息，转换成中文，并把中文成绩信息显示在公共记分牌或图像大屏上。打破了历届奥运会只以英文作为显示语言的历史，是百年奥运史上第一次在比赛现场屏幕与电视转播中同步实时显示中英文赛事信息，体现了中国奥运特色，增强了国人亲切感与自豪感。

本届奥运会提供了大约 40 路的奥运赛事实况转播和 20 路商业频道。节目以标清信号为主，同时部分节目实现高清信号传输。新型的数字电视系统提供了节目导航、收视指南、节目预订等数字电视功能，还在特定区域向媒体和运动员提供了赛事回放视频点播服务。

本届奥运会首次使用远程评论员信息系统（Remote CIS），专门服务于不能到现场的媒体评论员。该系统基于评论员信息系统，允许转播商通过专线网络，在他们自己的国家，使用自己的计算机设备，远程接收奥运会比赛成绩的实时信息，使这些评论员能和在北京国际广播中心的评论员一样，接收到同样的体育项目和比赛信息，包括开闭幕式的信息，为他们的解说和评论提供现场信号和信息。

3. 积极采用"数字奥运"和智能交通技术，为城市信息化服务和交通服务水平的提高提供了科技支撑

针对奥运会期间到北京旅游、观赛的游客，北京奥运会官方网站首次提供奥运电子地图，即动态电子地图服务，涵盖了与奥运相关的多种信息，如奥运会比赛场馆、奥运特许商品专卖店、公交住宿、北京旅游名胜等，充分地体现了便捷及人性化服务的特点。游客和观众可以通过网络查询上述信息。

同时，奥运呼叫中心提供关于志愿者、火炬接力、票务等内容的信息咨询服务，并在 2008 年 7 月开始向广大观众提供 11 种语言的赛会综合信息服务，以满足世界各地来京观赛者有关奥运方面的信息需求。此外，国产 3G、IPv6 网络接入、数字集群、手机电视等技术的开发应用，满足了众多运动员、奥运官员和记者，以及广大观众获取奥运比赛及城市服务信息的个性化需求。"数字奥运"项目的实施，使北京市的公众信息服务水平和国际化形象得到极大提升。

此外，成功发射了高性能对地观测小卫星"北京一号"，广泛服务于北京城市建设和环境监测

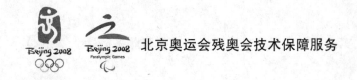

等方面。

"北京市智能交通（ITS）规划及实施研究"等奥运交通车辆领域的项目实施，实现了基于覆盖全市的千兆宽带网和无线集群通信网络为支撑的智能交通管理平台，形成了覆盖市区主要道路的智能化监控系统；数字化执法系统实现了对全市机动车、驾驶员动态和全方位的行政执法管理；开发了停车诱导实用系统，实现市区主干道群体交通诱导80%以上；实现了11条线的控制区域调度和现代化管理，大幅度提高北京市交通运行管理的现代化水平，奥林匹克交通优先路线平均时速不低于60公里。

4. 以奥运需求为动力，促进建筑、信息、环保和新能源等产业的整体提升，有效推动一批新兴行业的快速发展

"科技奥运"建设中通过满足各领域奥运需求，扩大了产品市场规模，加快了清洁汽车、3G技术等一批先进、成熟技术成果的产业化，形成了一批新的行业增长点，同时促进了产业链的完善，实现了建筑、通信等行业的整体突破，推动了下一代互联网、太阳能光伏发电等一批新兴行业的快速发展。例如，通过科技奥运重大项目"电动汽车运行示范、研究开发及产业化"的实施，我国已经开发研制出多种清洁汽车，开发了燃料电池轿车动力平台，电动汽车正在向产业化迈进；北京奥运期间实现的3G服务，不仅为移动终端厂商提供了广阔的市场，也带动了系统、芯片及终端等信息产业集群的整体发展；国家体育馆和五棵松体育中心等奥运场馆通过太阳能光伏示范电站的建设，不仅向公众宣传示范光伏发电技术，同时推动了我国光伏发电产业的发展。

"科技奥运"工作为技术团队积累了丰富的实践经验，在组织机制的建立、奥运项目的实施、科技成果产业化示范等方面都为今后各项大型科技活动的开展提供了良好的借鉴。具体来说主要包括以下四个方面：

一是"需求导向，全面支撑"，围绕奥运建设实际需求，"科技奥运"为其提供全面支撑。北京奥运在赛事组织管理、开闭幕式、火炬传递、奥运基础设施、体育科技、支撑"绿色奥运"、奥运城市建设等领域具有各类科技需求。"科技奥运"正是紧紧围绕奥运建设中的科技需求，才使得各项工作的开展有的放矢，取得的各项重大进展也正是基于对这些科技需求的满足和对重大科技问题的解决。

二是"自主创新，重点跨越"，构建以企业为主体的新型产学研体系，突破奥运建设中的关键技术。"科技奥运"在奥运场馆、体育科技、开闭幕式和火炬传递等领域的建设实践中紧紧围绕自主创新能力建设这个关键环节，注重调动企业、科研院所、大专院校等各类科技创新主体的积极性、主动性、创造性，通过整合多方科技资源，逐渐形成业主牵头、产学研联合的技术创新体系，从而有效地解决了奥运建设中的关键技术难题，形成科技创新与奥运建设紧密结合的机制。

三是"典型示范，引领未来"，实施绿色环保等领域科技创新成果的产业化示范工程，推动技术成果更大范围的产业化进程。"科技奥运"建设重点通过电动汽车、太阳能、建筑节能设计、再生水回用、建筑新材料等一批示范效应明显的"科技奥运"项目的研究开发，既满足了奥运建设的需求、支撑了"绿色奥运"建设，也能充分发挥典型示范的作用。通过以点带面，完善科技创新成果产业链，进而带动产业链上下游企业的整体发展，进一步推动科技成果在更大范围内实现产业化。

四是"集成资源，协同推进"，组织全国科技力量建立多部门共同参与的工作协调机制，保障北京奥运建设顺利高效推进。"科技奥运"建设过程中，"行动计划"和奥科委成员单位根据本部门特点和资源优势，积极探索推进科技奥运建设的工作方式，建立并不断完善多部门共同参与、分工协作、高效推进的工作机制，逐步把"科技奥运"理念落实在奥运建设中，实现了科技奥运技术需求与技术供给的最直接、最快捷、最有效的对接。实践证明，这种不断完善的高效的工作机制，不仅在科技奥运建设中发挥了积极的推动作用，而且对于完善我国科技创新体制具有一定的借鉴作用。

第二章　技术保障服务的任务和要求

　　本章的主要内容是描述北京奥组委的技术团队需要为奥运会提供什么样的
技术服务，以及服务的标准和要求。北京奥组委技术团队的所有工作的内容，
都是围绕着这些任务和标准展开的。

第一节　主办城市合同的要求

　　在确定一届奥运会的举办城市后，国际奥委会（IOC）将与举办城市及举办国的国家奥委会签订一份《主办城市合同》。这份合同具有法律效力，明确了举办城市和国际奥委会双方的权利和义务。在内容上，它主要是保证奥运会主办国家、城市和组委会实现此前在申办报告中做出的规划和承诺，有效地筹备该届奥运会，并遵从《奥林匹克宪章》和国际奥委会的意见。另外，国际奥委会会根据新情况对《主办城市合同》进行更新。本节主要介绍北京奥运会的《主办城市合同》中与技术有关的要求。

一、体育项目的管理

　　北京奥组委承诺遵守每个比赛项目的最低技术要求，提供足够的、装备良好的体育比赛设施和训练场地，以满足奥林匹克水平的比赛准备工作和国际奥委会执行委员会应予批准、由有关国际单项联合会规定的预计参加运动会的运动员人数的需要。

二、赛事媒体服务

1. 电视、广播的设施与服务

北京奥组委承认并接受确保最高质量的转播奥运会和在全世界有最广泛的观众的重要性。

北京奥组委提供的服务是免费的，除非在 IOC 的媒体指南中规定哪些服务是收费卡服务项目。

2. 媒体设施及服务

北京奥组委承担为奥运会文字记者与摄影记者提供设施、服务及其他必要条件的费用。在 IOC 的媒体指南中另有明确规定的服务是收费卡服务项目。

3. 互联网

所有有关奥运会的互联网协议，包括那些与电子商务、在线售票、电子销售、建立网站或其他交互媒体的协议，以及通过数字媒体平台、网络或服务传播有关奥运会的内容的协议，均由 IOC 独

家谈判、签订。

三、技术

技术包括现在或以后存在的信息系统、网络（硬件和软件）、互联网及相似技术、电话及通信、布线、计时、记分及显示系统、公共广播系统、复印机及传真机、图像设备及开发实验室、电视及相关项目。

北京奥组委负责计划和实施所有筹备和顺利举办奥运会所需的技术手段。IOC 可要求北京奥组委在指定的时间内使 IOC 指定的某些人获得某些信息。

北京奥组委和技术合同商应定期向国际奥委会报告技术服务和产品的交付情况。

北京奥组委应与技术合同商合作来制定、开发、实施、测试和操作适当的解决方案。北京奥组委必须完成国际奥委会同这些合同商之间签署这些合同的条款中自己应尽的义务，并根据国际奥委会可能提出的要求，按照国际奥委会正在进行的总体战略，与这些合同商签订适当的合同。

1. 奥运会成绩及信息服务

北京奥组委应提供符合奥运会比赛成绩和信息服务（ORIS）计划所制订的标准的信息技术。ORIS 计划将根据奥运会、各国际单项联合会、奥林匹克大家庭其他成员以及技术发展的要求，更新其内容。北京奥组委将依据 IOC 的规定承担更新该计划内容的部分费用。

2. 未来奥运会组委会

北京奥组委应允许 IOC、未来奥运会组委会和他们的信息技术合同商充分了解奥运会北京奥组委使用的设计、建筑、所有信息技术操作的情况。

3. 信息系统转让

北京奥组委应向 IOC、未来奥运会组委会（按 IOC 的要求）以及 IOC 信息技术合同商转让其拥有的一切现有信息系统。转让工作应在 IOC 的指导下，在这些系统及其后继版本就绪时进行，其中包括最后的版本。转让应在奥运会结束后 6 个月之内完成。北京奥组委应协助转让工作的进行。

第二节　往届奥运会的惯例

尽管体育比赛并非技术比赛，但是要组织出色的运动会，就离不开技术的支持。由于涉及需求的多样性，技术就成为一个复杂且昂贵的领域，同时，技术工作也需要做出仔细的计划并且需要用到大量的专业技术人员。对工作人员和志愿者就如何使用运动会中所需用到的技术进行事先的培训也是非常重要的一个方面。

对于往届奥运会的具体做法，国际奥委会在给北京奥组委技术部提供的指导性文件——《技术手册》中有概括性的介绍。

- 技术部不仅支持赛事体育竞赛，而且也支持北京奥组委赛前的筹备。
- 技术团队不仅在比赛场馆内部提供服务，而且还要支持通过电视转播或互联网向全世界的观众提供服务。

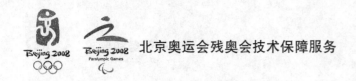

- 技术服务必须准时到位。这就需要进行很好的规划并做出严格的项目管理控制。
- 很多情况下，由于设施没有事先到位，可能需要在最后一分钟不得不在并非事先设计好的位置进行技术安装。因此，这也需要做出很好的计划，对各方的任务、职责以及相互之间的协调做出详细的描述。
- 所有的设备从运动会一开始就必须工作正常；由于赛事的紧张性，我们根本没有时间来修改错误、改进性能。这就需要事先组织尽可能多的完全测试，其中应该包括各种程序和人员等，一定要测试、测试再测试。
- 信息系统有：场馆计时记分系统、现场成绩系统、信息发布系统、互联网、运动会管理系统、北京奥组委内部系统。所有这些系统都必须在准确的时候合适地集成在一起。
- 通信系统是运动会准备阶段和进行期间使用最广泛的系统。通信的范围很广，从用来同各场馆进行连接的中心传输网到各式各样标准的客户外围设备，如电话机等。为了保证运动会的成功举行，通信系统必须做到完全可靠和完全可用。在通信系统方面，悉尼奥运会有如下数据：
  - ◎ 基本的基础设施：为所有奥运场馆之间的广播、电视、数据网络一共铺设了 4800 公里的光缆；为场馆内的通信服务总共铺设了 12 万公里的内部缆线；
  - ◎ 固定电话：专门为悉尼奥组委、奥运官员、运动员、新闻记者以及其他奥林匹克大家庭的成员新铺了 3 万条电话线；
  - ◎ 移动电话：悉尼奥林匹克公园在 1.5 平方公里范围内移动通信网络的设计容量是 30 万用户，在很多建筑物内部和周围一共安装了成百上千个移动通信基站；
  - ◎ 视频：一共有 280 条电视传输线路；
  - ◎ 音频：一共有 3200 条音频线路；
  - ◎ 数据网络：总共铺设了 250 条数据线路，带宽总共达到了 155 兆/秒；
  - ◎ 无线集群系统：场馆管理、竞赛管理、安保、交通管理等部门都需要用到无线集群系统；
  - ◎ 频段需求：对所有可用频段进行清查、分配并对所有频段进行有效管理已经成为保证运动会成功举办所需做的一项重要工作。北京奥组委一定要同主办国主管部门密切合作。
- 不要低估技术的花费。
- 技术必须是幕后的工作。有些赞助商希望将运动会作为他们的技术展示会，从而引入一些不成熟的解决方案。因此，任何未成熟的解决方案一定要经过仔细的评价之后才能运用到运动会中去，特别是对那些一旦出现故障便会对运动会造成重要影响的技术方案更需要小心谨慎。
- 在最初规划阶段，就对能够保证运动会成功举办的技术水平做出决定。
- 选择正确的解决方案，并选择正确的合同商。在决定赞助商的时候，应该优先考虑技术解决方案。好的合同，特别是准确定义了技术职责的合同，可以避免在合同执行过程中产生的争议。因此，达成如此的合同是一个非常耗时的工作，同时很自然需要技术部门对此类合同的深度参与。

- 聘用在管理类似规模运动会这一领域有相关经验的专业人员。只有这样才能够降低风险。如果技术部分的工作主要是外包出去的话，北京奥组委就有必要聘用一个管理机构来对所有项目进程进行控制管理，并同时做好与其他使用部门之间的接口工作。

- 向最终用户提供准确的服务。为了实现这个目的，技术部门就必须理解不同使用部门的业务需求。技术部门还必须参与整个项目实施过程中的主要决策，因为这些决策通常都会对技术有特殊的要求。

- 如前面提到的一样，提前预测不同部门对不同设备的需求，比如电话机、电视机、个人电脑、复印机、传真机、显示大屏等设备。通常都是一种挑战。而且这个过程通常也非常耗时并且也需要高层管理的支持，特别是当预算出现问题的时候。

- 一定要按照既定的规则进行严格的项目管理。

- 制定出严格的测试方案并对测试方案严格执行，其中应包括单元测试、综合测试、验收测试、测试赛和技术演练等。

- 事先做好设备拆除阶段的计划和准备工作，这样才能降低设备丢失的风险，因为技术设备往往都是很贵重的。

- 要成功做好技术团队人员的组织工作，一定需要有优秀的专业人士参与技术工作。

第三节 主要客户群需求

技术保障服务的主要服务对象包括：

一、体育竞赛

体育竞赛方面的服务对象包括北京奥组委体育部、国际体育单项协会、各国体育代表团官员、运动员等。

体育是与技术关系最为密切的服务对象之一，也是技术最重要的服务对象。体育是以竞赛组织为核心，技术与体育的密切合作是关系到奥运会竞赛顺利进行、奥运会竞赛成绩顺利发布的关键因素。

以场馆/竞赛为单位，竞赛的首席代表是该项目的竞赛主任。竞赛主任是组织比赛的主要负责人，是与各单项协会的首席联络人。北京奥运会有1800名单项协会官员、18000名运动员及教练员、2300名技术官员。通过分析，这些体育类服务对象的行为模式具有以下特点：

- 各单项协会对技术的需求是不同的，各单项协会希望技术重点关注本项目的需求。

- 单项协会对竞赛的需求比较主动和明确，但对场馆内办公需求通常都比较晚；单项协会一般不会对竞赛需求提出过多的变更请求，但临近赛时或比赛期间，会对其他技术服务提出相当多的变更请求；一旦技术上对变更表示难以实现，单项协会将会通过竞赛主任向技术施加压力。

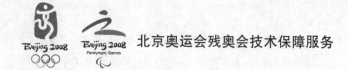

- 单项协会非常了解有关 ORIS 规定的流程。但有可能不遵照流程而直接向计时记分和成绩系统服务提供商提出要求。
- 考虑到对比赛器械的保护，竞赛组织在竞赛场地（FOP）的搭建方面会比较迟，由此造成 FOP 内技术设备的安装调试周期短。这里的技术设备包括计时记分设备、现场成绩处理设备、记分牌控制设备、扩声、头戴、视频控制等。

二、转播商

技术部向转播商提供的服务都以北京奥林匹克转播有限公司（BOB）为依托，并不直接针对具体持权转播商进行需求收集，技术部将通过媒体运行部门和 BOB 搜集转播商的需求。在场馆内和转播商的接洽都通过场馆转播经理进行。技术部将对提供的服务进行技术支持。

转播商的行为模式具有以下特点：

- 转播商通常对技术服务的水平要求很高，在比赛期间，如果技术服务出现问题，转播商常希望马上解决，或者对出现故障的技术设备马上更换。
- BOB 了解技术需求，但通常很晚才能确定，转播商通常会在赛前和赛时频繁地提出增加服务和变更的请求。
- 转播商一般对流程缺乏重视。
- BOB 通常会带来第三方设备接入奥运会网络，给技术安全带来一定风险；由于 BOB 的转播团队具有很强的临时性特点，赛前数天会有相当数量的临时转播布线，尽管事前可能约定，但是 BOB 通常会出现变更。

三、新闻媒体

技术部在场馆内向新闻媒体提供服务是以媒体运行业务口为依托，并不直接针对具体新闻媒体进行需求收集，技术部通过媒体运行部收集新闻媒体的需求。在场馆内和新闻媒体的接洽都通过场馆媒体经理进行。技术部门将对已经提供的服务进行技术支持。

新闻媒体的行为模式具有以下特点：

- 新闻报道是媒体间的战争，技术服务是战争中的"武器"，媒体希望北京奥组委提供技术服务应绝对稳定、可靠，确保报道工作的正常进行。
- 新闻媒体希望技术服务易于使用，通常对技术服务的水平要求很高，如果技术服务出现问题，新闻媒体常希望马上解决，或者对出现故障的技术设备马上更换，如未出现问题，新闻媒体不希望被打扰。
- 新闻媒体了解自身对技术的需求，但通常会在赛前和赛时提出增加服务和变更的请求。
- 媒体一般会遵守有关服务流程。
- 一旦出现问题，媒体服务业务口对媒体的解释说明工作非常重要。

四、场馆运行团队

场馆运行团队是场馆运行期间对场馆进行管理的中枢。场馆技术经理（VTM）是场馆运行团队中的技术代表，在规划、实施和运行阶段与运行团队有着密切的联系。场馆运行团队的行为模式具有以下特点：

- 场馆运行团队对技术服务的要求仅限于办公和运行指挥调度。
- 技术团队需要与场馆运行团队反复沟通才能确认相关需求。
- 场馆运行团队非常了解场馆运行的有关流程。
- 场馆运行团队难以在短时期内掌握技术系统的操作，例如如何使用集群对讲机分组通话、如何进行电话呼叫转移。

五、各业务部门

各业务部门既是技术部的用户，同时技术部也需要各业务部门在各方面的支持。这些部门主要包括注册、物流、人力资源、安保、交通等，在奥运会运行期间为保障各领域的正常运行进行具体业务的实际操作。业务部门的行为特点有：

- 各业务部门一般要求技术服务的水平能满足其在场馆日常办公需求。
- 在需求定义阶段，各业务部门提出的技术设备和服务要求，通常会大大超出往届奥运会的惯例。
- 各业务部门比较了解场馆运行的各种流程和规定。
- 需求定义阶段各业务部门的负责人和运行阶段场馆内具体业务的负责人可能会由于信息沟通遗漏，造成场馆内业务负责人对技术设备/服务分配的不满。
- 场馆内具体业务的操作者可能不能在短时间内掌握对相关技术系统的操作。

六、普通观众

技术团队不为普通观众提供奥运会特殊服务，但负责在场馆区域内提供普遍服务，例如公用电话等。普通观众在技术方面的行为特点有：

- 技术部、观众服务部门、服务合同商将参考往届奥运会以及当地普遍服务水平，共同确认向普通观众所提供服务的服务水平。
- 面向公众使用的技术设备（计时记分显示屏、图像屏、公用电话、公用信息亭等）发生故障后，普通观众通常不知道报告故障的流程，可能会造成相应技术服务的延迟。

七、残奥会不同之处

残疾人对技术设施有特殊的需求。如残疾人电脑、电话等。

第四节　绝对可靠和万无一失的服务要求

一、国际奥委会对奥运会技术工作的服务要求

国际奥委会认为，技术服务要有超常的冗余能力，精准、全面、可靠、不间断，但需要始终保

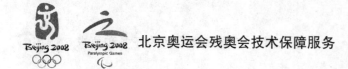

持低调，真诚地将奥运会的舞台奉献给体育竞技，让聚光灯始终照在运动员的身上，让全世界人民都在举世无双的欢乐聚会中分享奥运的快乐，而不是为先进技术的强大而瞠目结舌。

在奥运会筹办过程中，国际奥委会始终强调：奥运会既不是高技术的演示场，也不是新技术的实验场。为奥运会提供的技术系统和技术服务要具有继承性、延续性，要秉承奥运会的传统，为竞赛、媒体和奥林匹克大家庭成员提供服务，技术进步要以成熟、稳定、可靠为基础，任何危及服务对象正常运行的事件都要当作必须防范的灾难。

每一届奥运会的技术进步都是新技术与传统技术相结合的产物，所形成的新技术解决方案要融入奥运会的既定运行模式，这种模式与奥运会的竞赛规程、市场开发、赞助权益、媒体准入、场馆运行等基本规则息息相关，技术服务作为贯穿其中的要素，必须充分考虑非技术因素对技术服务水平的影响，例如在确定 WLAN、VLAN 和奥运宽带 IC 卡等新收费卡服务的 SLA 和价格时即如此。

奥运会作为一项规模庞大的国际性活动，保持外部的正面评价非常重要。完全不出任何问题的技术方案和技术服务是不存在的，因此，所有的技术系统和方案都必须经过反复测试，有充分的冗余和备份，有与之配套的精准的运行规则，有细致全面的风险分析和完备的应急预案，有前瞻性危机预测、防范措施和完善的危机处理流程；技术运行团队要具备科学的运行体系结构，必须经过全面培训和实战演练，具有优秀的专业技能、灵活的合作精神和稳定的心理素质，能够在复杂的情况下忠实执行职责。

上述举措有助于避免技术服务成为负面报道的对象，与此同时，作为提供服务的业务部门，技术业务口也必须具有强烈的全局意识，对任何可能的负面报道采取积极应对的态度。例如国际奥委会从赛前一个月起，即要求北京奥组委持续关注北京市内个别地区手机通话偶尔掉线和地铁内手机信号覆盖不足的问题；赛前一周时要求北京奥组委解决个别媒体和体育代表团抱怨不能成功接入所需网站、质疑互联网带宽和速度等问题。这些问题大都超过了奥组委的工作范围，但是由于可能成为负面报道的热点，国际奥委会还是要求北京奥组委出面处理。事实证明，由于很快查明情况，安抚处理及时得当，非但没有形成负面焦点，而且直到奥运会、残奥会结束，上述问题再也没有出现。

国际奥委会对技术工作的评价是以服务对象的反馈为衡量标准的。奥运会不是技术的舞台，赛时没有针对技术的公开评价就是最好的评价，要达到这个目标，最好的表现是"零失误"。

二、北京奥组委领导对技术工作的总体要求

北京奥组委领导始终对奥运会的技术筹备工作高度重视，并多次做出了明确的指示。北京奥组委领导对技术工作的总体要求归纳如下：

- 技术工作要突出三个重点：一要突出技术保障的可靠性。技术部门负责人作为第一责任人，要采取"双保险"措施，确保技术运行万无一失。二要突出"科技奥运"的理念。千方百计采用成熟、稳定的技术，体现我国科技的飞速发展。三要突出优质服务。强化服务意识，为客户群提供高水平的服务。
- 制定完善的技术运行机制、策略和工作流程，明确岗位职责，抓好全员培训，高标准、严要

求，确保赛时反应灵敏、及时应对、到位准确、安全防险。

- 按时冻结需求，确保技术系统赛时运行的平稳可靠。
- 与国际奥委会及相关合同商沟通，明确提出要求，确保其按照举办一届"有特色、高水平"的奥运会和残奥会的标准，提供稳定、可靠的技术运行保障。
- 做好测试赛和技术演练，从中国国情出发，进行超负荷测试，完善应急预案，为赛时运行打下坚实基础。
- 高度重视信息网络安全工作，不断提高技术系统的性能和稳定性。把最安全的软件用在奥运会，用我国的顶级专家和最权威的机构进行信息网络系统开发的监理和测试。进一步完善保密措施，实现各环节无缝衔接，防止敌对势力干扰破坏，确保信息网络安全不出现重大事故。

第三章 技术战略与实施计划

根据奥运会技术工作的总体任务和标准，技术团队制定了技术战略。技术战略是奥运会技术筹备的纲领性文件，是早期技术团队对自己的目标任务达成共识的记录。技术战略明确了奥运会技术筹备工作的目标、服务范围、不同阶段的任务、里程碑计划、实施策略，以及组织机构（本章略）、资源计划（本章略）等。

北京奥运会的技术战略从2004年3月开始制定，2004年底完成。根据筹办工作的进展，技术部在2007年6月对技术战略进行了最后一次修订。

第一节 职责范围

一、北京奥运会技术服务内容

为实现"为成功举办北京奥运会和残奥会提供必要的技术服务和可靠的技术保障"北京奥运会技术工作这一总体目标，技术部制定了技术战略和规划，并组织、协调和管理技术合作伙伴、赞助商、供应商及志愿者等，提供竞赛成绩、信息、通信和其他技术服务，并负责场馆技术服务的运行。技术服务内容如下：

表3-1　技术服务的类别和内容

技术服务类别	技术服务细分内容
竞赛成绩服务	计时记分系统、记分牌、现场成绩处理、实时显示、中文显示、成绩信息电视图像输出
信息技术服务	组委会管理信息系统、运动会管理信息系统、信息发布系统、互联网、技术基础设施、信息安全
通信技术服务	固定通信、移动通信、有线电视、数字集群通信、无线电频率协调
其他技术系统	公共广播及扩声系统、图像大屏及电视、文件处理（打印、复印、传真）、综合布线系统、音视频会议系统、奥运运行指挥技术系统、奥运多语言服务
技术支持服务	运行维护、技术支持（Helpdesk）
技术管理	场馆技术管理、技术电源需求规划

二、排除的职责

在制定技术战略与实施规划之初，就必须明确那些不属于技术工作范畴的内容。这样有利于确定技术部与其他部门和业务口的职责划分，也有利于北京奥组委各部门和业务口各司其职，消除盲区和盲点。以下工作被排除在技术部工作职责范围之外：

- 供配电系统的建设和运行，包括主供电源、发电机等备份电源以及配电系统。
- 照明系统的建设和运行。
- 建筑基础设施及其工作环境（如接地、避雷、静电防护等）的提供，包括所有场馆内技术用房以及临时技术用房的空间及设施（如地板、天花板、隔断、空调、电源配置等）。
- 属于安保系统的监控电视系统、消防报警系统、安全检测系统的建设和运行，包括与之相关的设备、布线及控制系统等。
- 北京奥运会票务系统的开发、建设和运行。
- 信息系统的业务流程及需求定义由奥组委相关业务口负责，技术部可以根据往届奥运会经验提出建议。
- 技术设备的物流，如运输、出入境、仓储等。
- 技术设施在场馆的安全保卫，如防盗等。
- 体育展示的工作人员。
- 技术演练中所需的食品、交通、人员通行证、物流等后勤保障。

三、法律合同义务

以下内容为技术筹备工作中必须遵从的法律和合同条款：

- 主办城市合同：第 56 章 "技术"，附件 H "国际奥委会信息技术指导原则"。
- 国际奥委会技术手册。
- 国际奥委会与国际奥委会全球合作伙伴（TOP）的协议。
- 北京奥组委与 TOP 的协议。
- 北京奥组委与合作伙伴、赞助商、供应商和其他合同商之间的协议。
- 国家相关法律、法规。
- 相关技术领域的国家标准和行业规范。

四、需澄清的问题

以下内容是在技术战略编制阶段尚未明确的工作内容，这些内容随着奥运筹备工作的推进逐步得到了明确。

- 计算机及配套设备的统一管理和维护。
- 明确互联网的内容、应用、管理、网络和技术平台的责任分工。
- 明确场馆内线缆通道（如桥架、管道、弱电等）的提供部门，包括用于电视转播、技术系统等方面的线缆通道。
- 明确评论员席布线系统的责任分工。
- 明确非技术合作伙伴提供的信息系统（如票务、物流等）的需求和实施方式。

- 明确技术培训的组织方式。
- 合作伙伴员工的工作许可、批准。

五、筹办阶段划分

奥运会和残奥会的技术筹备工作分为如下几个阶段：

- 规划阶段——重点是了解并确定北京奥运会的技术需求。
- 实施阶段——重点是确认技术解决方案并进行项目管理。
- 赛前运行阶段——重点是技术团队组织结构的场馆化并制订场馆技术运行计划，组织测试赛、技术演练。
- 赛时运行阶段——重点是保证技术系统的正常运行、处理各种技术突发事件、完成奥运会到残奥会的转换。
- 赛后恢复阶段——重点是拆除临时技术设施并准备赛后报告。

技术部在以上各阶段的具体角色描述如下：

表 3 - 2　技术筹办阶段划分

规划阶段	• 收集整理各种信息、资料，并进行分析评估，初步了解并确定北京奥运会的技术需求 • 确定技术服务目标、对象、范围、内容和标准 • 规划技术支持人力资源和组织机构 • 制订资源需求和预算 • 制订技术工作计划 • 制订技术战略 • 评估潜在技术合作伙伴的技术和服务能力 • 与技术合同商签订技术协议 • 收集并确认赛时无线电频率使用需求，制订无线电频率工作总体规划 • 制订科技奥运工作总体规划
实施阶段	• 确认所有为奥运会提供的技术服务和技术解决方案 • 技术运行中心和技术支持中心的建设 • 项目管理 • 质量监督和管理 　◎ 预算费用管理和控制 　◎ 管理、控制项目的变更 • 技术系统的场馆部署 • 技术系统的开发、测试和验收 • 与技术合同商一起制订运行规划 • 制订收费卡服务内容

续表

赛前运行阶段	<ul><li>完成人力资源和组织结构的场馆化</li><li>以场馆为单位，制订场馆运行计划</li><li>技术系统的场馆运行</li><li>向进入场馆的各业务口提供技术支持服务</li><li>技术运行中心、奥运公众信息服务中心和技术支持中心的运行</li><li>完成各种技术系统的应急预案</li><li>制定技术演练方案并组织实施</li><li>协调组织测试赛</li><li>完善场馆运行计划</li><li>收集收费卡技术项目订单并完成收费卡技术服务的准备工作和试运行</li><li>技术培训</li></ul>
赛时运行阶段	<ul><li>技术系统进入赛时运行</li><li>技术运行中心 24 小时运行</li><li>技术支持中心 24 小时运行</li><li>无线电设备检测中心运行及赛时频率监测</li><li>处理各种技术突发事件和紧急状况</li><li>奥运会与残奥会中各个场馆的问题管理与报告</li><li>管理奥运会到残奥会的迁移与转换</li></ul>
赛后恢复阶段	<ul><li>监督、管理临时技术设施的拆除工作</li><li>奥运会、残奥会技术工作的总结</li><li>技术资产的赛后处理</li><li>赛后报告</li><li>文件资料整理归档</li><li>伦敦总结会</li></ul>

第二节　服 务

鉴于技术服务工作的复杂性、专业性和特殊性，为了帮助各业务口更好地理解技术部提供的服务内容，依据前述技术任务，以下列出了为奥运会和残奥会提供的技术服务内容、对象和提供者。

一、技术服务的内容

1. 竞赛成绩服务

表 3 - 3　成绩服务类型和描述

服务类型	服务描述
计时记分系统	体育比赛最基本的技术支持系统，它从比赛现场获得各种竞赛信息，同时传送到官员席、裁判席、记分牌和现场成绩处理系统等
记分牌	为所有的竞赛场馆提供公共记分牌和比赛专用记分牌，记分牌用来显示特定的竞赛信息如比赛项目、运动员个人信息、当前比赛成绩等
现场成绩处理	接收计时记分系统所采集到的成绩数据，根据比赛规则，形成竞赛所需的各种表单，计算比赛成绩，并将处理结果传递给信息发布系统

服务类型	服务描述
实时显示	在场馆的有线电视或显示器上，显示关于赛事安排、当前成绩等实时信息
中文显示	在场馆的视频大屏或公共记分牌上，显示关于赛事安排、当前成绩等实时中文信息
电视图像输出	根据商定的信息交换格式，为转播商提供计时记分和实时成绩等信息

2. 信息

表 3-4 信息服务类型和描述

服务类型		服务描述
组委会管理信息系统	北京奥组委内部信息管理系统	为奥组委各个部门、业务口的信息共享、信息交流和协作提供工作平台，包括公文流转、信息发布、邮件系统、日程安排等功能
	短信发送平台	奥组委办公自动化系统的扩展部分，为工作人员提供短信提醒与通知的功能
	统一认证系统	奥组委办公平台的底层支撑平台；为工作人员提供一个统一访问入口，实现统一用户认证
	财务管理信息系统	为财务管理提供工具软件和技术支持，包括预算、会计、外汇、VIK管理，收费卡等
	人事系统	为人事部进行奥组委工作人员及志愿者的管理提供工具软件和技术支持，包括人事计划、招聘、任免、考勤、培训等
	场馆运行管理信息系统	场馆管理部业务系统。实现奥运会赛前与赛时场馆运行管理的信息共享，是场馆日常工作平台，并对场馆工作状态进行监控
	场馆运行管理信息系统非竞赛场馆部分	场馆管理部业务系统，用于非竞赛场馆
	奥组委网上资料中心信息系统	新闻宣传部负责的、对奥组委内部公开的资料共享平台
	体育信息系统	体育部日常办公系统。用于竞赛日程管理、竞赛器材管理、国际单项体育组织来访管理等
	无线电频率管理信息系统	用于收集来自转播商、单项协会、媒体等用户的无限频率使用申请，颁发许可证，并对赛时无线电设备的使用情况监控
	场馆技术设备管理信息系统	对奥运会各场馆需要的技术设备进行统一需求搜集、规划、控制，同时对其上运行的软件进行配置管理、安装实施管理、跟踪管理等
	奥运村空间规划与资产管理信息系统	用于奥运村资产管理
	物流物资管理信息系统	为物流部管理奥组委及奥运会物资物流提供技术平台及支持，其功能包括规划、接收、仓储、运输、配送、分发、领用、回收、监控等
	火炬接力管理信息系统	实现火炬接力的信息化管理
	注册数据流程管理系统	控制注册数据处理工作的进度和状态
	收费卡系统	为媒体、转播商等提供奥运会设备在线提交订单的服务
	运行指挥系统	用于赛时对整体的运行指挥控制

续表

服务类型		服务描述
运动会管理系统	运动员报名和资格审定系统（SEQ）	管理参加奥运会的运动员和代表团的报名过程、报名数据以及运动员的资格信息，审定并登记报名信息
	注册与制证系统（ACR）	管理所有奥运会参与者的注册过程，管理注册人员的职责和权限，生成身份注册卡，并辅助境外运动员进入奥运会的举办国
	住宿信息管理系统（ACM）	向奥运参与者提供住宿服务，包括房屋的申请、供给、预定、分配、支付、撤销、重售等管理服务
	报表生成系统（RGM）	业务口可以依据自身的需求，对运动会管理系统（GMS）子系统的信息数据进行统计，并按照指定的格式进行展示
	交通信息管理系统（TRS）	为交通部向奥运会参与者提供交通服务提供支持，录入和管理车辆信息和预定信息，指派相应的车辆和司机，并对车辆状态和订单状态进行跟踪
	抵离和礼仪信息管理系统（ADP）	为抵离中心团队向奥运会参与者提供客运口岸和机场接送服务提供支持，收集和管理奥运会来宾的抵达和离开信息。收集和管理奥运会贵宾人员的住宿、活动日程、交通等信息，以便为奥运会的贵宾人员提供更好的礼宾接待服务（迎接、行李送达、送别等）
	人事和志愿者信息管理系统（SIS）	用于识别奥组委各业务口的人员需求，为管理工作人员（包括全职工作人员、志愿者等）分派任务，并提供面试、培训等功能支持
	医疗信息管理系统（MED）	登记在奥运会各个场馆发生的医疗事故信息，并生成相应的报表和统计数据
信息发布服务	评论员信息系统（CIS）	向位于各个比赛现场及国际广播中心 IBC 的节目制作人、评论员和比赛现场的成绩公告员等提供比赛前、比赛中以及比赛后的实时信息
	奥运专用信息系统（IN-FO 2008）	为奥林匹克大家庭成员提供直观、可靠的消息发布和检索服务。INFO 2008 系统发布的信息服务，包括比赛成绩、赛事新闻、赛事日程安排、奖牌分布状况、电子邮件系统、运动员传记、历史成绩、交通和天气情况等
	无线 INFO 2008	为新闻媒体单位和记者提供专用的、高质量的通信和多媒体信息服务平台。通过无线方式，使他们及时、便捷完成文字、图像等数字媒体信息的检索和处理，加快新闻的采集、编辑和发送过程。并通过安全可靠的方式连接互联网
	成绩数据输入（RDF）	根据国际奥委会要求，为奥林匹克新闻组织和其他新闻机构提供与比赛成绩相关的信息
	互联网数据输入（IDF）	为互联网用户提供 INFO 系统发布的信息
	打印分发（PRD）	从成绩系统接收报告，分发给指定的打印区域和打印设备，打印报告并发送到最终用户
	成绩册	根据奥林匹克成绩和信息服务（ORIS）的要求，为各国代表团提供每天成绩公告及最终比赛结果信息
互联网	官方网站	首次提供奥运电子地图，即动态电子地图服务，涵盖了与北京奥运会相关的多种信息，如奥运比赛场馆、奥运特许商品专卖店、奥运吉祥物销售点、北京旅游名胜等查询服务，充分地体现了便捷及人性化服务的特点。奥运多语言服务系统是北京奥运会对外提供奥运会和城市运行相关信息的综合服务平台，可以满足观众和赛时来京旅游者随时随地获取奥运会公共信息的需求，方便人们观看奥运会比赛和充分了解北京奥运会

服务类型		服务描述
技术基础设施	系统硬件	为竞赛成绩服务系统、运动会管理系统、组委会管理信息系统和信息发布系统提供必要的台式机、服务器、存储设备和机架等硬件环境支持
	系统软件	为运动会管理系统、成绩处理系统、组委会管理信息系统和信息发布系统提供必要的操作系统、数据库系统、Web 服务器、应用服务器、办公软件、备份系统、安全系统等系统软件环境支持
	数据网络	为管理网和运动会网提供数据网络的支持,包括三层交换、二层交换、远程访问系统、网络管理系统、无线接入等
信息安全		为管理网和运动会网提供信息安全的支持,包括防火墙、网络客户机服务器的防病毒、VPN 设备及远程访问客户端、入侵检测系统、漏洞检查、认证授权审计系统等

3. 通信

表 3-5　通信服务类型和描述

服务类型		服务描述
固定通信	普通电话	提供本地、国内及国际固定语音通话服务
	付费电话	以预付费电话卡方式提供本地、国内及国际固定语音通话数据服务
	奥林匹克 5 位专用电话	提供 5 位拨号功能的内部电话系统,内部通话免费
	传真	在普通电话线上利用传真机发送纸面传真
	综合业务数字网(ISDN)	实现电话、传真和电脑数据传送的数字电话服务
	互联网接入	包括普通电话拨号方式、ISDN 拨号、ADSL 拨号和互联网专线接入等
	数据专线	提供高速、专用、稳定的数据连接线路。可以根据用户的需求实现各种不同速率服务
	呼叫中心	配合相关业务口发布信息,通过电话解答咨询问题
	固定电话终端	提供用户需要的各种固定电话终端
移动通信	移动通信话音服务	用户通过移动电话实现本地、国内和国际通话
	移动数据业务服务	使用移动通信终端通过移动电话网络实现无线数据服务
	移动终端	为用户提供各种移动通信服务的终端设备
	无线局域网(WLAN)	为媒体等用户在场馆相关范围内提供互联网接入和 WIRELESS INFO 服务
有线电视(CATV)		为北京的竞赛场馆和部分关键的非竞赛场馆提供有线电视分配系统以及包括高清电视信号、视频点播的数字电视服务,全部电视节目为 60 套左右
数字集群通信		为奥运会组织、协调和指挥提供专用无线电通信服务
无线电频率协调		为国际奥委会、国家奥委会、国际单项协会、媒体转播商以及奥组委的安保、交通、运动会组织等用户的无线电设备提供不受干扰的频率资源

4. 其他技术服务

表 3 - 6 其他技术服务类型和描述

服务类型		服务描述
其他技术系统	公共广播及扩声系统	为公众提供赛事指南、背景音乐、安全公告等公共广播服务，并为体育及非体育活动提供扩声系统服务
	图像大屏及电视	采用大型电子显示屏、投影或电视显示赛事图像等信息，为观众、参赛人员、媒体提供高质量的体育展示
	文件处理系统	为奥运会提供文件处理系统所需的设备、耗材以及相关服务，包括为运动会管理系统、信息发布系统、现场成绩处理系统或其他用途提供的打印机、传真机、复印机及服务
	综合布线系统	包括语音、数据、计时记分、图像大屏、公共记分牌、公共广播及扩声、有线电视等技术服务在场馆内所需的所有布线系统
	音/视频会议系统	为参加远程会议的各方提供在线图像和声音传送服务
奥运运行指挥系统		全面负责组织、指挥、调度奥运期间各业务口解决奥运期间出现的问题，对突发和紧急事件进行快速的决策，从而保障奥运会顺利、成功的举办
奥运多语言综合信息服务		满足国内外观众公共信息服务以及奥组委各业务口向公众发布奥运综合信息的基本需求，为北京奥运会观众、注册人员和赛时来京的国内外旅游者提供多语言的奥运和城市方面的综合信息，方便人们观看奥运会比赛、了解北京奥运会。信息发布渠道：互联网、呼叫中心、场馆信息亭等

5. 技术支持

表 3 - 7 技术支持服务类型和描述

服务类型		服务描述
技术支持服务	运行维护	为组委会管理信息系统、运动会管理信息系统、通信、其他技术系统的使用提供日常维护服务，如监控、实时更新、数据备份等
	技术支持（Helpdesk）	为保证技术系统的正常使用，记录、跟踪、统计、分析各种技术问题，通过与各个系统提供商之间的配合，及时解答问题，提供及时的技术系统支持服务

6. 场馆技术管理

表 3 - 8 场馆技术管理服务类型和描述

服务类型	服务描述
场馆技术管理	• 组织、协调技术部与场馆建设主管部门、场馆业主及其他奥组委业务口在场馆内的工作，并为其他业务部门提供必需的技术服务 • 协调、管理技术合作伙伴和赞助商在场馆内的工作 • 管理、监督、跟踪所有技术系统在场馆内的实施并为其提供必需的技术基础设施
技术电力规划	• 对所有技术需求区域制定电力规划，包括计算设备机房、通信设备机房、现场成绩处理机房、主数据中心、备份数据中心、技术运行中心等 • 协调业务部门和有关单位的电力实施

二、技术服务的对象

技术服务对象为外部客户和内部用户。外部客户共 12 类。内部用户为奥组委内部员工，包括奥组委内部所有部门。

1. 外部客户

外部客户主要包括：

（1）运动员

（2）国际奥委会（IOC）官员

（3）国际体育单项协会（IF）官员

（4）各国国家奥委会（NOC）官员

（5）持权转播商（RHB）

（6）世界文传电讯联盟（WNPA）

（7）媒体（ONS，文字及摄影记者）

（8）观众

（9）志愿者

（10）合作伙伴和赞助商

（11）政府官员和当地管理机构

（12）医院和公共卫生组织

2. 内部用户

内部用户为奥组委内部员工，包括北京奥组委内部所有部门和业务口。

三、服务提供者

1. 技术服务的外部服务提供者

表 3 - 9　外部服务提供者

服务提供者	服务需求	服务水平
源讯	运动会管理信息系统	满足北京奥组委对相关系统及服务的需求
	信息发布系统	
	信息系统集成	满足北京奥组委对服务的需求
欧米茄	计时记分系统	满足北京奥运会项目对相关系统及服务的需求
	现场成绩处理系统	
	实时显示	
	电视图像输出	应用于所有的北京奥运会项目；满足奥林匹克电视转播机构和其他转播机构的要求
	记分牌	应用于北京奥运会所有的项目；满足奥林匹克成绩信息服务（ORIS）的要求
新奥特	中文显示	现场中文信息显示系统和服务

续表

服务提供者	服务需求	服务水平
三星	移动电话、数字集群电话终端	配合无线通信服务提供商，提供无线通信终端产品
松下	图像大屏及电视机及其相关服务	满足北京奥运会需求
	公共广播扩声系统及其相关服务	提供奥组委负责建设的所有的公共广播及扩声系统及相关服务
	音/视频会议系统	满足北京奥运会需求
联想	桌面电脑及服务器	满足奥组委办公及奥运会需求
	桌面打印机及其相关服务	
中国网通	固定网络基础设施和服务	满足奥运会所有固定通信需求，如固定电话、专用奥林匹克电话网络、数据通信和传输等
	呼叫中心	满足北京奥运会需求
	场馆内的布线及服务	在所有的比赛场馆和部分非比赛场馆，提供满足奥运会技术和通信系统所需要的布线及服务
中国移动	移动网络基础设施和服务	覆盖所有场馆和城市主要干道，容量满足奥运移动通信的话音和数据业务需求
	WLAN	网络覆盖奥运场馆相关区域，提供互联网接入和无线 INFO 服务，满足奥运会媒体等工作需求
北京正通	数字集群服务	网络覆盖北京市所有场馆和场馆间道路，容量满足奥运需求
北京歌华	京内有线电视系统	满足北京奥运会需求
通用电气	与电力和临时电源相关的设施	满足北京奥运会需求
无线电频率政府主管部门	无线电频率资源	与北京奥组委共同制订相应的工作计划，为 IOC、IF、媒体、转播商和北京奥组委等无线频率使用者提供不受干扰的频率资源
奥科委及相关政府部门	科技奥运宣传、组织等	科技奥运项目组织，奥运会技术顾问、咨询服务
松下大恒	其他的文件复印设备及其相关服务	提供其他的文件复印设备，如打印机（桌面打印机除外）、复印机和传真机；提供纸张和其他耗材；提供相关服务
SOHU	互联网服务	满足奥组委对相关系统及服务的需求
中国计算机软件与技术服务总公司	BOCOG 内部信息管理系统	满足奥组委对相关系统及服务的需求
	短信发送平台	
北京北大软件工程发展有限公司	人力资源管理信息系统	满足奥组委对相关系统及服务的需求

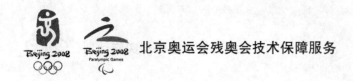

北京奥运会残奥会技术保障服务

续表

服务提供者	服务需求	服务水平
中科软	网上资料中心	满足奥组委对相关系统及服务的需求
	统一认证平台	
	场馆运行管理信息系统	
	场馆运行管理信息系统非竞赛场馆	
UPS	物流物资管理信息系统	满足奥组委对相关系统及服务的需求
欧特克软件（中国）有限公司	奥运村空间规划与资产管理信息系统	满足奥组委对相关系统及服务的需求
首都信息发展股份有限公司	奥运多语言综合信息服务	满足国内外观众公共信息服务以及奥组委各业务部门向公众发布奥运综合信息的基本需求，为北京奥运会观众、注册人员和赛时来京的国内外旅游者提供多语言的奥运和城市方面的综合信息，方便人们观看奥运会比赛、了解北京奥运会。信息发布渠道：互联网、呼叫中心、场馆信息亭等
首都信息科技有限公司	体育报名资格审查系统	满足奥组委对相关系统及服务的需求
	火炬接力管理信息系统	满足奥组委对相关系统及服务的需求
北京体育科技有限公司	残奥会信息系统	满足奥组委对相关系统及服务的需求
中国银行	财务管理信息系统	满足奥组委对相关系统及服务的需求
太极肯思捷	系统监理	满足奥组委对相关服务的需求
国家软件产品质量检测检验中心	系统测试	满足奥组委对相关服务的需求

2. 技术所需服务的提供者

北京奥组委内部各业务部门均需为技术部提供技术服务的需求信息。同时，大部分部门都对技术的筹备工作提供支持，例如在工程、体育、法律、行政、物流、场馆准入、交通、财务、注册、媒体运行等方面。总言之，技术工作需要大多数奥组委业务部门的配合和支持。

第三节　关键里程碑

依据前述任务，技术团队列出了里程碑计划如下：

表 3-10　技术关键里程碑

职责/服务	活动	描述	开始日期	结束日期	责任业务口
总体规划	制定总体技术战略	根据IOC提供的模版，制定初步技术战略	2004.02	2004.12	技术部
	制订总体技术运行计划	制订对所有场馆通用的技术运行计划	2005.12	2006.12	技术部
	制订详细技术运行计划	制订每个场馆的详细技术运行计划	2007.01	2007.12	技术部
	修订总体技术战略	对技术战略进行修正和完善，满足赛时运行需要	2007.01	2007.12	技术部
	测试赛	通过实际赛事，对所有技术系统的运行和管理进行现场测试	2007.04	2008.03	体育部、技术部
	技术演练	通过模拟奥运会赛事日程，对所有技术系统赛时运行进行演练	2008.03	2008.05	技术部、运行部
	总结及移交IOC	所有数据和系统移交给国际奥委会	2008.09	2009.09	技术部
竞赛成绩服务	签署PA协议	与合作伙伴进行合同谈判，并签署合同	2005.01	2006.08	市场部、技术部
	ORIS需求定义	定义每个比赛项目的成绩处理需求	2005.10	2006.12	体育部、技术部、欧米茄公司
	确定公共记分牌需求	确定每个比赛项目公共记分牌的需求	2005.02	2006.12	
	计时记分系统就绪	计时记分系统交付、测试及运行	2007.03	2008.09	
	现场成绩处理系统就绪	现场成绩处理系统交付、测试及运行	2006.09	2008.09	
组委会管理信息系统	一期建设	满足奥组委基本的办公、邮件等需求	2003.01	2004.10	技术部
	二期建设	基本满足奥组委筹办和管理工作的需求	2004.05	2006.08	技术部
运动会管理信息系统	签署PA协议	与合作伙伴进行合同谈判，并签署合同	2005.01	2006.08	市场部、技术部
	住宿系统建设	完成住宿系统的分析、开发、测试及交付使用	2004.11	2006.08	住宿部、技术部
	注册系统建设	完成注册系统的分析、开发、测试及交付使用	2005.04	2006.12	体育部、技术部
	报名系统建设	完成报名系统的分析、开发、测试及交付使用	2005.07	2006.12	
	交通系统建设	完成交通系统的分析、开发、测试及交付使用	2005.04	2007.01	交通部、技术部

北京奥运会残奥会技术保障服务

职责/服务	活动	描述	开始日期	结束日期	责任业务口
运动会管理信息系统	员工信息系统建设	完成员工信息系统的分析、开发、测试及交付使用	2005.01	2006.12	人事部、技术部
	奥运村住宿系统建设	完成系统的分析、开发、测试及交付使用	2005.04	2007.03	奥运村部、技术部
	礼仪系统建设	完成礼仪系统的分析、开发、测试及交付使用	2006.01	2007.03	国际联络部、技术部
	抵离系统建设	完成抵离系统的分析、开发、测试及交付使用	2006.01	2007.03	
	医疗服务系统建设	完成医疗服务系统的分析、开发、测试及交付使用	2006.01	2007.03	医疗服务部、技术部
技术基础设施	确定硬件供应商	硬件提供商合同谈判及签署协议	2004.06	2007.03	市场部、技术部
	集成实验室建设	完成集成实验室的需求分析、选址、工程实施	2005.03	2006.08	技术部
	PC工厂建设	完成PC工厂的需求分析、选址、工程实施	2006.01	2007.03	技术部
	主数据中心建设	完成主数据中心的需求分析、选址、工程实施	2006.01	2007.03	技术部
	备份数据中心建设	完成备份数据中心的需求分析、选址、工程实施	2007.01	2008.04	技术部
	技术运行中心建设	完成技术运行中心的需求分析、选址、工程实施	2006.01	2008.03	技术部
	奥运多语言服务	完成奥运多语言服务的需求分析和实施	2005.07	2008.04	技术部
固定/移动通信合作伙伴	确定通信运营商	与潜在通信合作伙伴谈判并签署赞助协议	2003.09	2004.07	市场部、技术部
通信及视音频传输规划	完成初步通信规划	编写通信战略、完成通信规划大纲、确定与通信合作伙伴的工作机制	2003.09	2005.02	技术部
	完成初步视音频传输规划	完成视音频信号传输总体解决方案	2004.09	2005.02	技术部、媒体运行部
	完成最终的通信规划	确定场馆的通信系统规划，确定网络规划	2005.06	2007.03	技术部、各业务口
	完成最终的视音频传输规划		2006.01	2007.03	技术部、媒体运行部、BOB

续表

职责/服务	活动	描述	开始日期	结束日期	责任业务口
无线电频率协调	确定无线电频率涉及的范围和相关使用者，确定协调机构	成立协调机构，明确工作机制	2003.09	2004.12	技术部
	确定可用的无线电频率资源	清查和整理目前无线电频率的使用情况，收集可用的频率	2005.01	2006.12	无线电频率协调机构
	收集无线电频率使用需求	向无线电频率使用者收集频率需求	2005.16	2007.12	
	完成最终的无线电使用规划	为无线电频率使用者分配频率		2008.04	
	检查无线电频率使用者的使用情况			2008.08	
有线电视系统	有线电视计划与设计		2005.07	2008.02	技术部、媒体运行部
图像大屏	确定图像大屏需求		2005.02	2006.12	技术部、媒体运行部、文化活动部、体育部等
公共广播及扩声	公共广播及扩声系统设计与实施		2005.07	2007.01	
综合布线	布线系统合同签署		2006.10	2007.03	技术部、工程、场馆运行
场馆技术管理	区域场馆技术经理到位		2005.07	2006.01	技术部
	各场馆技术经理到位		2007.03	2008.05	

上述里程碑是在技术战略制定阶段编写的，客观反映了在 2004 年技术团队对各个阶段工作任务的预估。需要特别说明的是，根据奥运会筹办工作的进展，一部分工作并未严格按照上述里程碑完成。本章列出这部分内容，是为了如实反映当时筹备工作的真实情况。

第四节　技术实施策略

技术系统的实施以 IOC 和北京奥组委合作伙伴/赞助商/供应商提供为主，部分系统由技术部按奥组委规定的方式选择提供服务的合同商。

技术方案选择的原则：兼顾可靠性、先进性、易维护性和可扩展性，应采用标准配置。

奥运会的大部分技术系统可在残奥会中应用，部分系统需考虑残疾人的服务需求如盲人电脑等，在奥运会结束后向残奥会转换时作相应的调整。

奥运会赞助商有不同层面，包括：国际奥委会全球合作伙伴、北京奥组委合作伙伴、北京奥组

委赞助商、北京奥组委供应商等。根据国际奥委会和北京奥组委赞助商计划，技术服务实施的战略
选择如下：

表 3－11　技术服务的战略选择

	提供的服务项目	战略选择
竞赛成绩服务	计时记分设备及服务	• 实施：国际奥委会全球合作伙伴欧米茄公司
	现场成绩处理系统及服务	
	记分牌	• 实施：国际奥委会全球合作伙伴欧米茄公司 • 位置及数量由 IOC、BOCOG 和欧米茄公司共同确定
	实时显示	• 实施：国际奥委会全球合作伙伴欧米茄公司
	电视图像输出	
信息系统	组委会管理信息系统及服务	• 实施：北京奥组委选择开发商，直接采购软硬件产品，或选用赞助商的 VIK 产品
	信息发布/运动会管理信息系统及服务	• 实施：国际奥委会全球合作伙伴源讯公司 • 技术部负责组织、协调相关业务口定义需求并负责验收测试 • 部分系统（物流、天气预报等）可根据需要选择外包给其他厂商
	系统硬件、数据网络设备产品及服务	• 实施：国际奥委会全球合作伙伴联想公司 • 部分设备及服务由北京奥组委采购产品
	系统软件、办公软件产品及服务	• 奥组委采购产品
	信息安全产品	• 奥组委采购产品
	信息安全服务	• 运动会网安全实施：国际奥委会全球合作伙伴源讯公司 • 奥组委管理网安全实施：北京奥组委采购
通信	固定网络基础设施和服务	• 实施：北京奥组委合作伙伴中国网通 • 提供端到端服务
	CATV 系统	• 实施：北京歌华 • 采用数字电视技术，提供交互式服务
	移动网络基础设施和服务	• 实施：北京奥组委合作伙伴中国移动 • 提供端到端服务
	移动通信终端	• 实施：国际奥委会全球合作伙伴三星公司
	无线局域网（WLAN）	• 实施：北京奥组委合作伙伴中国移动
	集群通信服务	• 实施：北京正通
	无线电频率协调	• 实施：奥组委负责组织建立无线电频率协调机构，日常工作机构放在技术部 • 参加单位有信息产业部无线电管理局、北京市无线电管理局、各比赛城市的无线电管理局以及其他相关单位

续表

提供的服务项目		战略选择
其他技术系统	公共广播及扩声	• 永久部分实施：尽量由业主提供 • 临时部分实施：国际奥委会全球合作伙伴松下公司
	综合布线	• 临时布线实施：北京奥组委合作伙伴中国网通 • 尽量使用已有布线系统 • 新建场馆的布线系统考虑赛后利用
	文件处理	• 实施：松下大恒公司
	图像大屏及电视	• 实施：国际奥委会全球合作伙伴松下公司 • 位置及数量由 IOC 和 BOCOG 共同确定
	音/视频会议	• 实施：由奥组委或场馆业主提供
技术运行	运行维护	• 实施：通过采购决定服务提供商
	技术支持（Helpdesk）	• 实施：国际奥委会全球合作伙伴源讯公司 • 技术部统一管理技术支持服务
	场馆技术运行	• 实施：由技术部场馆团队提供

第五节　其他

除上述内容之外，技术战略还涵盖了技术部组织机构设置、人员数量需求、赛时运行体系、技术运行中心、场馆技术团队组织结构、技术设备管理和往届奥运会经验、风险与防范等方面的内容。本节将重点介绍往届奥运会经验、风险与防范措施的内容，其他内容在本书的其他章节有详细描述。

一、往届奥运会经验

1. 人才

• 高级技术管理人才难以招聘且易于流失（尤其在赛前1年），是悉尼和雅典奥组委技术部均遇到的问题。

• 技术部应注重技术人才的储备和培养。例如在比赛前三年就着手培养30名左右的场馆技术经理，他们将成为场馆技术运行队伍的核心。

• 与人事部密切合作，及早确定技术志愿者来源，并充分准备相应的培训。

• 考虑人员的备份，尤其是志愿者备份。

2. 技术合同的管理

• 历届奥运会都有大量的技术合同，巨大的数量使得谈判和管理都面临较大的挑战。

• 任务量大可能导致对监督验收程序执行不力，因而部分合同不能严格履行。

• 注意合同内容不要忽略残奥会的需求。

3. 合作伙伴的沟通、协调和管理

• 技术部应强化协调、管理、监督、控制，往届奥组委特别强调建立技术工作团队的重要性，

39

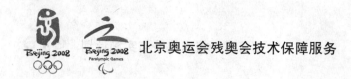

建议技术部应与合同商密切配合。

- 奥组委应提供必要的协助，如办公环境、通信工具、停车、制证等问题。
- 对于合同商提出的要求，要给予及时答复，技术部有责任保证技术合同商之间的有效沟通与交流。

4. 技术项目管理

- 重视、加强技术项目管理，尽早建立和充实项目管理队伍。
- 明确在项目的各个阶段（需求、规划、设计、实施、运行等），项目参与方（技术部、相关业务口、合同商等）的职责，定义业务流程，建立项目评审和检查机制，对项目质量、进度、成本、变更进行控制。
- 保证足够的测试时间，并进行全面充分的测试（包括实验室测试、测试赛及技术演练等）。

5. 保证技术系统的安全性、可靠性、可用性

- 选择成熟可靠的技术方案，建立完整的系统安全评估、防御、监控、报告体系，以及冗余备份、灾难恢复和应急响应等安全保障机制。
- 特别考虑高峰业务流量的需求，如官方网站、赛事网站、移动通信网络等。

6. 落实技术空间需求

- 尽早明确技术运行空间需求，包括场馆内技术用房和集成实验室、数据中心、技术运行中心等技术基础设施。

7. 注重媒体服务

- 媒体是技术系统的一个重要用户，对媒体的服务质量直接体现技术系统的运行质量，因此要提供友好的用户服务界面，尤其是针对媒体的服务如在主新闻中心为媒体用户提供计算机联网的帮助与支持等。

二、风险与防范措施

以下列出了奥运会技术工作的风险和防范措施，内容是在技术战略编制期间经过综合评估制定的。

表 3-12　技术风险与防范措施

风险	防范措施
技术安全风险 • 病毒侵入 • 黑客攻击	• 运动会网采用物理隔离 • 奥组委管理网采用逻辑/物理隔离 • 合理设计和应用网络安全策略 • 加强工作人员技术安全教育及管理
技术管理风险 • 不能有效控制项目进度和质量 • 技术系统涉及多业务口的工作，管理和协调工作量大 • 技术系统数量多、管理复杂度高	• 重视项目管理工作 • 制定项目管理流程并规范实施 • 配备有实际项目管理经验的人员作项目负责人 • 全员项目管理培训 • 尽早明确工作流程

续表

风险	防范措施
技术运行风险 • 技术系统规模庞大，涉及面广，而技术团队缺乏大规模技术系统的运行经验 • 不能将技术系统有效及时部署到场馆 • 场馆基础设施不能及时就位 • 技术系统故障	• 参加有关大型赛事，积累大型综合赛事技术系统组织、管理的经验 • 采用较宽松的人力资源政策 • 研究往届奥运会的文档，充分重视往届奥运会的经验和教训 • 及早培养锻炼场馆技术运行队伍 • 做出全面的场馆技术运行计划 • 聘请有实际经验的场馆技术运行专家作顾问 • 及早提出技术系统对场馆的需求 • 组织责任心强、有技术实力的运行维护队伍 • 引入科学的运行维护管理方式和适用的管理工具 • 合适的应急预案
技术需求风险 • 需求确定时间太晚 • 不能有效控制技术需求（导致技术系统庞大、复杂、工期延误，同时开发成本增大、运行可靠性减小） • 不能有效控制系统开发过程中的需求变更 • 部门之间的工作职责/工作流程不能及时界定	• 尽早确定各业务部门责任人 • 与相关部门责任人紧密配合，尽早明确技术系统需求 • 由技术部统一组织、控制、管理业务需求 • 制定严格的变更控制流程 • 严格按流程报批、审核变更申请，控制需求变更 • 尽早明确各部门的工作流程
技术方案选择风险 • 技术解决方案过于落后或不够成熟	• 合作伙伴能够提供成熟可靠、经过验证的解决方案 • 请专家组充分论证可行性，本着先进且可靠的原则选取技术方案
人才风险 • 不易聘用到大量的、有丰富经验的、不同层次的技术管理人员 • 在短时间内招聘到大量有丰富项目管理经验、能胜任场馆运行管理的技术骨干有一定的难度 • 由于技术领域收入差别，存在人员调离的风险 • 不易招募到合格的技术志愿者	• 与人事部协商制定灵活的用人机制（招聘、选调、临时借用、合作伙伴员工等） • 考虑行业特点，多渠道选拔人才，制定有针对性的人才政策，如特殊行业特殊待遇、用 VIK 支付人员工资 • 考虑必要的人才备份 • 同人事部门密切合作共同挑选技术志愿者
超预算风险 • 技术合作伙伴都倾向于提供更多的 VIK，但不能覆盖所有技术需求，不能覆盖所有的支出 • VIK 不能满足所有技术需求，不得不另付现金购买产品和服务 • 技术设备和服务分散管理导致采购和维护成本增加	• VIK 与现金分开，分别进行计算 • 允许 VIK 计算有一定的弹性 • 与合作伙伴密切合作，尽早确认技术 VIK 的实用性 • 与市场开发部、财务部密切合作确定 VIK 的合理价格 • 对接受的 VIK 采取灵活的处理机制，如寻找合适的用户，变现 • 技术设备及其维护服务统一归口管理
综合布线系统风险 • 综合布线质量不能保证 • 各种缆线分属不同的建设方和所有者，存在管理和运行维护的风险	• 技术部统一负责布线系统的规划、设计和管理 • 加强实施过程的监督、测试、验收的管理 • 尽量减少合同商的数量
时间风险 • 运动会时间确定，前一项任务的延期，直接影响后一项任务的执行，最终影响技术系统按时就位	• 合理计划进度，严格项目管理

　　风险与防范措施的相关内容，在技术团队各业务口制订工作计划、详细技术方案和赛时运行方案的过程中起到了重要的指导和参考作用。

第四章　技术项目管理

　　所有的技术项目都是通过与相关方的密切合作，辅以科学的管理方法，才能按时保质完成。本节的主要内容包括如何确定技术项目的合同商（包括赞助商和非赞助商）、技术项目的管理模式以及与相关方的合作方式。

第一节　技术合同商的确定

　　技术合同商是技术团队的重要组成部分，是完成技术保障服务具体工作的主体。技术合同商包括赞助企业和非赞助企业。选择适合的合同商是技术项目成功的基础。本节主要说明了北京奥组委技术合同商的类别以及确定合同商的工作流程。

一、北京奥运会赞助商的类别和要求

1. 北京 2008 年奥运会全球合作伙伴

　　针对北京 2008 年奥运会的赞助包括国际和国内两个方面：国际奥委会第六期全球合作伙伴计划在国际范围内对整个奥林匹克运动提供支持，包括支持北京奥运会，因此北京奥运会的全球合作伙伴（简称 TOP）是由国际奥委会确定的，与技术项目相关的包括源讯、欧米茄、联想、松下、三星、通用电气等。全球合作伙伴是北京奥运会最早确定的赞助企业，也是奥运会最高级别的赞助商。

　　北京奥组委的市场开发部门负责牵头与 TOP 谈判并签订 TOP 企业服务于北京奥运会的落地协议（简称 PA）。PA 以国际奥委会与 TOP 签订的主赞助协议为基础，同时规定了 TOP 企业服务于北京奥运会的详细内容。技术部负责配合市场开发部门确定 PA 中与技术服务相关的条款。PA 须得到国际奥委会的批准后方可签署。

2. 北京奥运会合作伙伴、赞助商和供应商

　　北京 2008 年奥运会赞助计划在主办国范围内对举办 2008 年奥运会提供支持。北京 2008 年奥运会赞助计划包括三个层次：北京 2008 年奥运会合作伙伴、北京 2008 年奥运会赞助商和北京 2008 年奥运会供应商（以下将上述三个层次的赞助企业统一简称为赞助商）。

　　北京奥组委的各级赞助商通过在技术、产品和服务等方面的赞助，支持北京奥组委的筹办工作，支持 2008 年奥运会的举办，支持中国奥委会以及中国奥运代表团。不同层次的赞助商享有不同的市场营销权。赞助商在主办国地域范围内享有市场开发的排他权。

赞助企业应向北京奥组委、中国奥委会和中国奥运代表团直接提供有力的资金和实物支持。作为回报，赞助企业将享有相应的权益。以下是北京奥组委给予赞助企业的主要回报方式：

- 使用北京奥组委和/或中国奥委会的徽记和称谓进行广告和市场营销活动。
- 享有特定产品/服务类别的排他权利。
- 获得奥运会的接待权益，包括奥运会期间的住宿、证件、开闭幕式及比赛门票，使用赞助商接待中心等。
- 享有奥运会期间电视广告及户外广告的优先购买权。
- 享有赞助文化活动及火炬接力等主题活动的优先选择权。
- 参加北京奥组委组织的赞助商研讨考察活动。
- 北京奥组委实施赞助商识别计划和鸣谢活动。
- 北京奥组委实施防范隐性市场计划，保护赞助商权益。

根据对奥林匹克运动和北京奥运会贡献的价值不同，合作伙伴、赞助商和供应商享有不同的权益回报。

二、北京奥运会技术赞助企业的确定

1. 选定赞助商的方式和步骤

坚持"公开、透明、公平"原则，北京奥组委根据行业的不同情况采取以下不同的销售方式：

- 公开销售：公告销售通知或公开征集企业赞助意向。
- 定向销售：向具备技术条件的企业发出征集赞助邀请。
- 个案销售：直接与符合技术条件的企业进行销售洽谈。

北京奥组委主要采取以下步骤进行销售：

（1）北京奥组委将征集情况知会企业或向企业征集赞助意向；

（2）企业提交赞助意向书；

（3）北京奥组委评估机构进行企业资格评审；

（4）北京奥组委销售机构与企业洽谈赞助方案；

（5）企业提交正式的赞助方案；

（6）北京奥组委评估机构提出赞助商候选人；

（7）北京奥组委确定赞助企业，报国际奥委会批准。

在实际操作中，以上步骤可根据需要增加或减少。

2. 赞助商选择标准

选择赞助企业时，主要参照以下标准：

- 资质因素。赞助企业必须是有实力的企业，是行业内的领先企业；发展前景良好，有充足的资金支付赞助费用。
- 保障因素。能为成功举办奥运会提供充足、先进、可靠的产品、技术或服务。
- 报价因素。企业所报的赞助价格是选择赞助企业最重要的考虑因素之一。

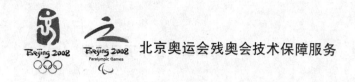

- 品牌因素。企业具有良好的社会形象和企业信誉，企业的品牌和形象与奥林匹克理想和北京奥运会的理念相得益彰，产品符合环保标准。
- 推广因素。企业在市场营销和广告推广方面投入足够的资金和做出其他努力，以充分利用奥运会平台进行市场营销，同时宣传和推广北京 2008 年奥运会。

3. 技术部承担的工作

技术部在技术类赞助企业确定的过程中的任务是配合市场开发部门的工作，具体承担以下方面的工作：

（1）向市场开发部门提供拟选择赞助企业的类别

在市场开发部门向各部征询赞助企业赞助类别的时候，技术部根据奥运会的技术需求和技术预算的情况，向市场开发部门提供拟选择的赞助类别，同时提出赞助企业的级别建议。例如，技术部建议开发固定通信类别的赞助企业，级别为北京 2008 奥运会合作伙伴。

（2）配合市场开发部门编制赞助企业征集书

当市场开发部门确定开发某一赞助类别的赞助商后，继而负责牵头拟订赞助企业征集书。技术部负责配合编写赞助企业征集书的技术需求部分。征集书的技术部分主要包括以下主要内容：

- 对赞助商技术能力的总体要求。
- 赞助领域的服务需求，包括服务范围、服务种类、基础设施要求、技术要求、服务保障等方面的要求。
- 赞助商应承担的责任，包括项目管理、风险管理、变更管理、文档提供等方面的责任。

（3）配合市场开发部门起草赞助协议技术方面的文本

在拟订征集书的同时，市场开发部门继而负责牵头拟定赞助协议书。技术部负责配合编写赞助协议书的技术部分。协议书的技术部分主要包括以下主要内容：

- 技术名词解释。
- 技术服务的详细范围。
- 赞助商在技术方面的责任，包括总体责任、服务责任、基础设施责任、场馆设施责任、人力资源责任、项目文档责任等方面。
- 北京奥组委在技术方面的责任。
- 项目管理模式，包括联系机制、报告机制、检查和验收方面的规定、责任界面、变更管理等。
- 技术工作进度延误和违约发生后的责任认定和解决办法。
- 其他相关附件。

（4）参与评审并配合市场开发部门完成谈判

潜在赞助企业确定后，技术部负责对各个潜在赞助企业提交的征集文件中的技术部分进行分析评审，将结果反馈市场开发部门。市场开发部门经过特定的评议程序后，确定唯一的候选赞助商。

技术部派遣项目负责人参加与候选赞助商的谈判小组，主要负责赞助协议中技术部分的谈判工作。在谈判中，技术部的责任是在市场开发部门统一安排下，就协议中的技术条款与候选赞助商达成一致意见，形成一致的技术条款须确保赞助企业能为奥运会提供平稳可靠的技术保障服务。

赞助协议须得到国际奥委会的批准后方可签署。

三、非赞助技术合同商的确定

对于北京奥运会、残奥会需要的技术产品和服务，因各种原因不能由赞助商提供的，将通过现金采购的方式由非赞助技术合同商提供。技术部在确定非赞助技术合同商的工作中承担主要责任，具体包括以下方面的工作：

1. 申请立项

按照北京奥组委的规定，技术部首先提出立项请示，内容应包括立项的原因、依据、预算科目及预算金额。立项请示应请财务部提出审核意见后报领导批示。

2. 编制需求文档

立项得到批准后，技术部应编写项目的详细需求文档。文档的内容应包括项目的详细需求、技术要求、管理要求和其他需要向合同商明确的要求。

3. 配合招标采购工作

根据北京奥组委的工作制度，项目达到一定金额后，必须通过公开招投标方式选择合同商。技术部的责任是配合物流部门完成招标工作，具体内容包括提交需求文档、对合同商提交的投标文件提出意见等。

4. 准备协议

物流部门完成招投标工作确定合同商后，即开始协议的准备工作。协议的准备工作一般有两种方式，一是由中标合同商提交协议草稿，由技术部、奥组委法律部门、财务部门以及其他相关部门出具意见后定稿；一是由奥组委法律部拟订协议草稿，请技术部、财务部门及其他相关部门出具意见后，提交合同商审议定稿。

5. 完成签约

与合同商就协议内容达成一致意见后，技术部就协议文本报请奥组委领导批准。一般情况下，奥组委领导会授权技术部部长签署协议，完成选择合同商的法律手续。

第二节　技术项目管理模式

无论是赞助商完成的项目，还是普通合同商完成的项目，技术部都以标准的技术项目管理模式进行管理。本节将说明技术项目的管理流程和推进模式。

一、项目依据

技术项目种类繁多，并相互关联，构成奥运会、残奥会技术服务保障体系。技术项目的立项依据主要包括：主办城市合同中承诺提供的服务内容、往届奥运会的惯例、承办过程中应具备的技术条件以及据此制定的北京奥运会、残奥会技术战略等。对于承办内容理解的准确与否，关系到立项依据是否可靠，并将影响整个技术投资的规模和效果，因此，技术部在制定技术战略时就与各业务口开展充分讨论，——落实项目立项的依据。

二、项目管理流程

1. 立项

对于软件开发类项目，项目管理流程主要包括立项、开发、测试、初验、部署和终验等环节，而对于奥运会这样的有限生命周期项目，运行维护通常也被纳入项目范围，工作内容和资金都以合同方式详细定义。

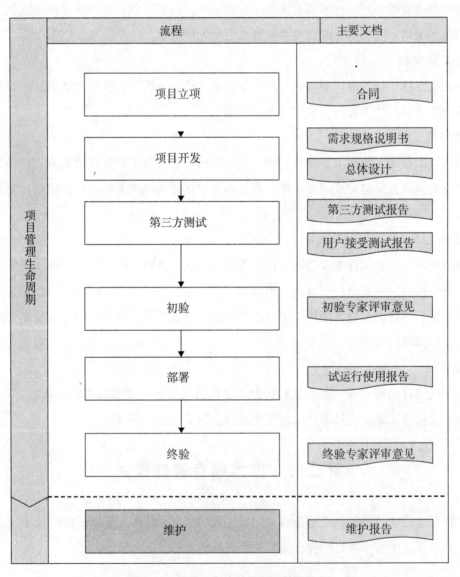

图 4-1 软件开发类技术项目管理流程

对于工程类项目，项目管理流程主要包括立项、方案确定、施工部署、第三方测试和终验等环节，运行维护同样也被纳入项目范围，工作内容和资金都以合同方式详细定义。

在立项环节，各业务口根据项目需要达成的目标将立项依据分解细化为具体需求，提出的需求是否得当、是否确实要予以满足，技术部要与需求方做细致沟通。通常情况下，各业务口的需求会随着筹备工作的进展而逐步准确和具体化，技术部针对这些需求进行技术可行性分析，按照"有限投资、够用即可"的大原则提出立项建议，上报奥组委领导，按照立项流程审批。在获得批准后，对于非赞助门类的项目按照规定启动项目招标采购流程，最终与中标方签订合同。对于赞助门类的项目，免去招标环节，直接与合同商签订合同。

TOP合作伙伴赞助类别范围内的项目，主要有信息系统集成（源讯）、竞赛计时记分（欧米茄）、音视频系统（松下）和计算机、服务器（联想）、不间断电源（通用电气）、移动通信终端（三星）等，技术部依据主办城市合同、往届奥运会惯例等，在TOP合作伙伴与国际奥委会赞助合同的框架下，与各TOP合作伙伴讨论落地协议（又称PA），在协议中明确规定各合作伙伴应当为北京奥运会完成的项目内容、进度、服务水平、测试验收标准、金额等，一并报奥组委领导审批。这类项目都是历届奥运会必有的内容，俗称"规定动作"，需求比较明确，项目的内容、规模、服务标准可参考往届惯例，同时也要结合本届实际情况。

北京奥组委合作伙伴、赞助商赞助类别范围内的项目，主要有固定通信（中国网通）、移动通信（中国移动）、官方网站（搜狐）等，北京奥组委在赞助合同框架下，一方面要严格核查各业务口需求的必要性；另一方面要控制总项目数和费用，同时还要关注各项目之间的关系，逐步确定技术项目内容、服务水平和金额。与一般的项目管理相比，这个过程更为复杂，需要用系统工程的管理方式通盘考虑、关注细节、重视衔接。

2. 实施

在软件开发环节，技术部、项目开发方与监理方一起制订开发计划，提出需求的业务口可在开发前期进一步调整优化需求，并在技术部规定的时间内最终确认需求。项目开发方根据确定的需求进行分析和方案设计，技术部要组织专家对开发方的需求分析结果和总体设计方案进行评审。项目开发方要制定详细的工作进度时间表，定期向技术部通报开发完成进度。技术部在开发过程中有专人负责协调解决开发过程中出现的问题。开发方在软件开发过程中，分阶段对系统进行内部测试，并向技术部和监理方通报测试结果。

在软件基本开发完成后，需进行第三方测试。技术部和监理方首先需评审测试方的测试计划，随后测试方按照评审通过后测试计划进行测试和组织真实用户进行测试，并将最终测试报告提交技术部和监理方评审。

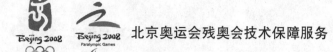

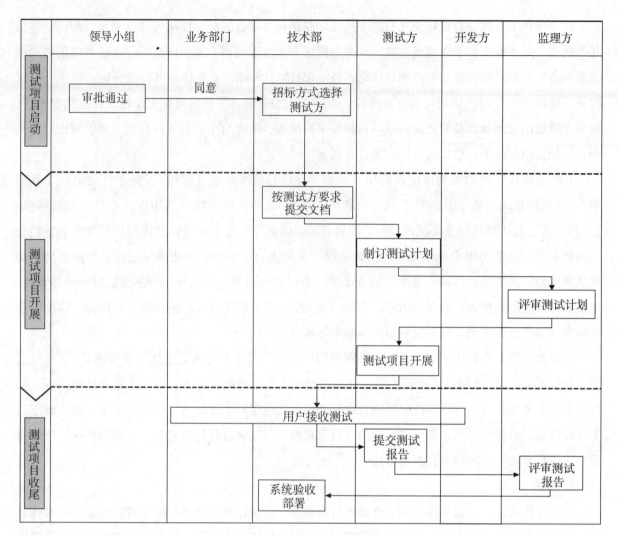

图 4－2　第三方测试流程

经过技术部和监理方评审，确定第三方测试结果达到了预期要求后，可以进入软件初验程序，由监理方组织专家进行初验，并签署初验专家评审意见。初验完成后，进入部署阶段，软件开发方部署系统、移交文档、培训用户，系统进入试运行阶段。根据确定的项目计划，试运行之后由监理方组织专家进行项目终验，并签署终验专家评审意见。终验评审通过后，视为系统正式交付使用。根据合同要求，进入正式使用后，开发方需提供系统维护人员，配合技术部进行系统日常维护。并解决运行期间出现的问题，直到奥运会、残奥会结束。

对于工程类项目，立项完成后，项目承担方要根据需求完成方案设计，经技术部组织审核确认后直接转入工程部署阶段。在此过程中，技术部、监理方共同监督施工进度和质量，工程完成后，由技术部、监理方组织第三方检测和工程终验，之后正式交付使用。施工方按照工程合同提供维护人员，负责运行期间维护和问题处理，直到奥运会、残奥会结束。

对于通信类项目，由于所有需要的服务都依托基础通信系统资源实现，因此，这类项目除了遵循上述项目管理流程之外，还要特别重视时点计划的制订和实时调整，在满足筹办和赛时需要的同时，尽量节约占用的基础通信资源和服务使用时间，从而节约费用。

三、项目推进模式

所有技术项目均纳入技术部总体项目管理计划（Master Plan），分阶段进行时点和进度控制。技术部为每个项目指定专人负责具体管理，对于项目进展中遇到的问题，组织多层次的专家团队予以解决。

1. 技术项目推进策略

技术部对项目推进的总体策略和要求归纳如下：

（1）把握好项目进展时点和里程碑。尽最大可能避免出现项目进展过迟，影响其他重要环节推进的情况；对国际奥委会和组委会重点监控的项目，必须按时推进，如确需调整，应先和奥组委总体策划部商议后再作调整。对于不对其他重要环节产生重大影响相对独立的项目，要实事求是地确定项目进展时点，以确保正常完成为限。项目进展时点与里程碑的把握由技术部总体规划处负责。

（2）做好合作伙伴的利益协调工作。在工作推进中，对涉及合作伙伴权益冲突的项目，要按照"统筹考虑、效率优先、整体打包、大致公平"的思路和方法解决矛盾，有效推进工作的进展。

（3）项目的组织协调要注意分层次地开展工作。业务处室和项目主管层面主要负责从技术角度准备可供选择的多个工作方案和倾向性意见，作为领导决策的参考依据；涉及项目整体方面或经济利益的谈判，主要由部门领导出面根据部办公会确定的框架同合同商主要领导会商拍定原则，再由业务处室与赞助商分管部门按商定的原则做具体落实工作。避免在工作层面的细节上过多纠缠，延误项目的正常进展。

在上述推进策略的基础上，技术部始终对项目的进度监控非常重视。根据国际奥委会、组委会和部门所关注项目的层次不同，对项目监控实行分层管理，按月检查和核报。对未按时完成的项目，项目负责人应说明未完成原因。在监控项目中，除了国际奥委会监控的任务外，应将委、部办公会、专题会认可的项目（包括科技奥运项目）全部列入部门项目监控的重点，确保按计划完成。

技术部总体规划处负责根据战略计划、运行纲要、总体计划和领导指示对项目进展进行监控，确保重点项目不遗漏，不迟延。进入2007年后，技术部对项目进展监控以周为单位，保证每周都有进展。

2. 项目总监

技术部配备有各专业（信息、通信、其他技术系统）常任技术项目总监，负责把握项目总体进展情况，协调各项目之间的配合进度。项目总监的职责包括：

（1）负责本领域的项目的规划指导，立项审查，进度考核和验收测试监督。

（2）负责审查本领域项目的人力资源需求规划与人员资源配置。

（3）负责本领域项目的资金预算审查。

（4）负责本领域项目合同的技术与经济方面的合理性审查。

技术项目总监的职权规定如下：

（1）有权参加本领域业务处室、项目的全部业务活动。

（2）负责组织或主持职责范围内的项目专家评审。

（3）对业务处报出的项目立项、人力资源计划与配置、项目预算与合同文本提出审查意见，没有技术项目总监的审查意见，不得送交部办公会讨论，更不得直接送报委内各部门和奥组委领导。

3. 技术部各级会议

根据技术部定期部办公会和不定期部专题会制度，技术部部办公会议定部内重点工作、重要的项目和涉及人、财、物的重大问题，凡是涉及全局工作，需要各处参与或配合的工作均列入部办公会议题，其他列入专题会议题。部办公会一般由部长主持召开，部领导和各业务处负责人参加。部专题会由部长或主管副部长主持召开，相关处负责人参加。

凡是上报委办公会和秘书长办公会的议题和汇报内容都要经过部办公会讨论通过。项目日常进展情况需在会上进行讨论和汇报，重大问题在会上集体讨论，确定解决方案。遇有需要委领导决策的问题，都在会上讨论提出两种以上的解决方案，每种方案都有详细说明，包括技术途径、利弊风险分析、投资分析等，并说明技术部集体讨论后的建议方案，一并提交委领导决策。

技术部定期召开技术项目进度评审会（Project Review，简称 PR），早期的 PR 会每三个月一次，从 2007 年 8 月开始增加为每三个月两次。PR 会由技术部部长主持，国际奥委会技术部部长、夏季奥运会项目经理和顾问到会，技术部各副部长、技术项目总监、各专业处主要负责人全程参加，重要的媒体代表，如 BOB 也经常列席 PR 会。由各主要技术项目承担方在会上逐一汇报项目进展情况和需要解决的问题，由相应的业务处对汇报内容予以评述和补充说明。PR 会不仅能够促进各合同商严格遵守既定的时间进度和工作质量，更重要的是所有与会方都能够明确整个技术项目的总体进展情况，清楚自己所承担的项目在总体计划中与相关项目的协同关系。这种透明的管理方式有效地减少了信息沟通不畅所可能带来的误会，最大限度地简化了管理层级，降低了管理成本和时间成本。媒体代表等重要用户的参会，有助于重要用户直接了解技术项目进展情况，一旦有问题，可以随时发现，及时解决。

协调工作组会议（简称 COCOM 会议）是国际奥委会与北京奥组委定期召开的最高级别项目协调会议，一般每三个月召开一次。与其临近的 PR 会都安排在前一天举行，技术部在 COCOM 会议上陈述汇报 PR 会的成果。国际奥委会各业务口的负责人对技术项目进展情况的意见会在 COCOM 会议上直接反馈，并在会后迅速落实。

由此可见，技术部在项目推进上采取的工作方式既保留了部内分工负责、集体决策的中国特色，又考虑到了奥运会、残奥会这一国际大型活动的特点，在各参与方之间、各层次之间采取信息共享的透明管理方式。事实证明，这种严格规范而又开放的管理模式，有助于兼听各方意见，能有效利用各方的经验，保持各方在项目进展过程中的相互理解和默契配合。

四、技术需求冻结

依照往届奥运会的经验，越临近赛时，各业务口新的技术需求越多，而可用的技术资源总是有限的，因此历届奥运会、残奥会都在适当时机宣布确定技术需求冻结时间点。在冻结之后，技术部原则上不再接受任何新的需求和新的立项。经奥组委领导批准，技术部确定于 2007 年 2 月，即北京奥运会赛前 18 个月起实行技术需求冻结，并给各部门和业务口留出近两个月的时间提出最后一轮技术需求，在完成立项审批程序后加入到最终技术项目计划中。技术需求冻结后，技术部各业务处集中精力于已确定项目的推进，重点在于梳理和解决问题，全面加强第三方测试，使各项目系统逐步趋于成熟和完善。事实证明，恰当的冻结策略保证了技术系统"安全、稳定、可靠、成熟"的总体目标，为北京奥运会、残奥会技术保障的万无一失奠定了重要基础。从运行保障的效果看，技术冻结规避了仓促上项目而可能导致的风险，同时各业务口的工作并没有因为技术需求冻结而受到负面影响。

1. 背景

雅典和悉尼奥运会都在赛前2年采取了技术冻结措施，在确保满足奥运的基本需求和关键需求的同时，还使各技术系统有足够的时间进行测试，保证其在赛时稳定运行。

当北京奥运技术筹备工作已处在向场馆化过渡的阶段，仍不断有新的技术需求出现。新的需求意味着人力、物力、财力的投入，而随着奥运会的临近，留给技术开发和测试的时间却越来越少。

IOC正式致函北京奥组委，强调了技术冻结的重要性，建议北京奥组委尽快进行技术冻结。

2. 技术冻结目的

技术冻结的目的是为了从整体上确保规划建设的系统能够顺利实施，保证技术系统有合理的建设周期，从而确保为业务部门提供合理且有效的技术服务。

为满足奥运会需求，应用于奥运会的技术首先必须保证其稳定可靠，然后才考虑其先进性。技术的高速发展，使得各种新技术层出不穷，而这些新技术在应用中不可避免会存在一定风险，这与奥运会的高可靠性要求存在矛盾。为此，计划应用于奥运会的新技术，必须进行过实际运行的检验，证明其能够可靠运行。

从技术角度看，技术冻结能够控制技术项目的实施风险，使新开发的技术系统有足够的时间进行测试和联调，确保系统从奥运会第一天起就能稳定运转，确保基本的、关键的需求优先得到落实，避免过多的不必要的需求给技术筹备工作带来进度和运行上的巨大风险。

3. 技术冻结内容和时间

在赛前两年，核心技术系统不再采用新技术；在赛前18个月，即2007年2月1日起不再接受新系统、新项目的开发需求，对所有已立项的系统不再进行重大变更。

核心技术系统包括：计时记分和记分牌系统；现场成绩处理系统；大屏幕显示系统；广播扩声系统；信息发布系统；运动会管理系统；办公信息系统；打印和传真系统；不间断电源系统；头戴通信系统；有线电视系统；固定通信系统；移动通信系统；集群通信系统；无线电设备认证及赛时频率监测；技术支持系统等。以上系统在技术冻结日之后不再采用新技术。

技术冻结开始时已经立项的系统或项目有：网上资料中心和奥运会编码系统；短信移动办公系统；OA升级（公文系统）；财务信息系统；体育信息系统；无线频率管理系统；统一认证平台系统；场馆技术设备规划系统；物资物流管理系统；人事系统升级；电子邮件系统；奥运村资产管理系统；虚拟博物馆系统；奥运综合信息服务系统；奥运会信息安全；互联网第三方监理；互联网安全监测和运营；中文信息显示系统；呼叫中心；有线电视视频点播；无线通信统一覆盖项目等。以上系统在项目冻结日之后不再进行重大变更。

4. 技术冻结要求

在技术冻结日前，技术部正式致函各部门，要求其抓紧分析自身业务特点，提交所有新系统、新项目的开发需求，提交所有已立项系统的重大变更的需求，并按照组委会规定的程序提交项目申请，报委领导批准立项。

第三节　与合同商的合作

合作伙伴、赞助商、供应商以及非赞助技术合同商统称合同商。技术部在与合同商合作的关系上提出了"同一个任务、同一个团队"的口号，并坚持贯彻执行，与所有合同商建立起真诚理解、诚实信任、互相支持的合作关系。

"同一个团队"的原则突出体现在四个方面：一是所有人员不分类别，都在同一工作计划指导下进行工作，既包括时间上的前后配合，也包括各工作岗位之间的配合衔接。二是建立了以技术部为核心的统一组织与调度机制。北京奥运会、残奥会技术类合同商总共有60余家，技术部始终明确自身组织协调的角色，强调要为合同商创造各种有利工作的条件。在确定合同内容之后，技术部始终关注各项目的协同进展，保持与各合同商的密切联系。三是共同制定了全程全网的应急机制与应急预案，并且在自己的领域内按照计划保证完成。应急预案确定了在紧急情况下北京奥组委、国际奥委会和各合同商的协调联动机制，强调迅速解决问题的响应机制，规定了对外发布消息的方式、途径和原则。四是加强沟通，互通有无，深入交流，共享经验。为了确保信息交流通畅，技术部与合同商建立了多渠道多层面沟通机制，其中包括：技术部业务处室项目经理与合同商工作团队的日常沟通；业务处室负责人与合同商项目负责人的定期沟通；技术部主管部长与合同商管理层的定期沟通；技术部部长与合同商总负责人的热线沟通。技术部部长承诺各合同商总负责人，可在他们认为需要的任何时间、地点与之当面交流，沟通问题和困难。同时还特意建立了技术部、国际奥委会技术部与各合同商的三方沟通机制，利用各自的角色协同解决复杂问题，避免了单一沟通渠道可能导致的僵局。在沟通方式上，技术部始终坚持与合同商平等对话，坚持用公正的立场化解问题，在内部要求项目管理人员加强自身专业修养，严格秉公办事，一切以奥运会、残奥会技术保障水平为重，建立了专业化、规范化的良好形象。与此同时，本着"同一个团队"的宗旨，设立了定期团队建设活动制度，定期组织技术部、合同商主要项目人员的团队建设活动，并在条件允许时邀请国际奥委会技术部参加，此举进一步加强了各方人员的交流，彼此建立了友谊，极大地促进了合作中的信任和默契。

奥运会项目与普通项目的重大区别在于项目交付奥组委使用之后，作为使用方的奥组委并不是常设机构，人员数量有限，因此在订立合同时都明确规定，合同商要派一定数量的人员加入到奥组委的技术运行团队，这些人员统称 C 类人员（C：Contractor），历届奥运会都遵此惯例。北京奥运会的技术团队的 C 类注册人员达 5600 余人，从筹办阶段到赛时运行，技术部同时承担着为他们提供工作条件的责任，包括通行许可、办公条件、餐饮等。技术部在按照合同规定提供这些条件的同时，鼓励工作人员设身处地，换位思考，体谅合同商的具体难处，尽力为他们提供便利，例如考虑到这是一支"多国部队"，要求餐饮商尽量准备一些适合外籍人士饮食习惯的食品。这些细微的关心确实收到了合同商的善意回报，他们纷纷聘请专业培训公司为员工讲解中国国情和待人接物注意事项，要求员工主动适应在中国的工作和生活条件。正是在这种和谐的氛围中，技术部的约 590 名付薪员工（又称 P 类人员）、2600 名志愿者（又称 V 类人员）和 5600 余名合同商工作人员（又称 C 类人员），组成了一支约 8800 人的技术保障团队，在"同一个任务、同一个团队"的旗帜下齐心协力，顺利完成了北京奥运会、残奥会技术保障服务的任务。

第四节 与国际奥委会的合作

国际奥委会技术部与北京奥组委技术部之间的关系不是上下级领导关系，而是同一个团队的合作关系。基于这种关系定位，双方在筹办之初就建立了密切的合作机制。

最初的合作，是国际奥委会技术部向北京奥组委技术部传递往届奥运会的经验，又称 TOK（Transfer of Knowledge）。TOK 的方式包括：转交历届奥运会组委会按照规定向国际奥委会提交的各种技术文件、参加上届奥运会技术总结会、派遣工作人员作为实习生参与上届奥运会的运行或观摩。

在熟悉和掌握往届技术文件的基础上，技术部充分了解了奥运会技术系统总体框架，基本确定了人财物的时点计划，据此制定了北京奥运会、残奥会技术战略，这是与国际奥委会技术部合作的重要成果。

按照惯例，每届奥运会结束之后，其总结会应当在下一届奥运会的主办地举行，技术部曾经派人参加过在都灵（2002 年盐湖城冬奥会）、北京（2004 年雅典奥运会）、温哥华（2006 年都灵冬奥会）的技术总结会，派出主要技术骨干参与了 2004 年雅典奥运会、2006 年都灵冬奥会的技术运行。以上活动都是在国际奥委会技术部的大力推动和直接协调下落实的，对于培养北京奥运会的技术规划和技术运行人才起到了重要作用。

技术部总体规划处设专人负责与国际奥委会技术部保持日常联系，联系内容定期向部办公会、部专题会汇报；双方每周一下午召开电话会，相关人员到会，按照事先拟订议题讨论各项目进展中的问题。定期的 PR 会、COCOM 会期间，国际奥委会技术部主要人员都会来北京，参与交流和解决问题，对于技术项目进展起到了良好的推进作用。进入筹备后期，国际奥委会和北京奥组委联合成立了"场馆技术基础设施小组"（VTIG，Venue Technology Infrastructure Group），定期审核各场馆用于竞赛和媒体报道各种技术基础设施的到位情况。国际奥委会技术部和北京奥组委技术部通力合作，联合设计了 VTIG 审核表，并共同参与定期审核工作。在筹办期间，国际奥委会技术部部长多次亲临北京奥运会场馆，了解进度，提出建议，解决问题。在各方合作努力下，创下历届奥运会技术基础设施到位和技术系统就位的最佳纪录。

在北京奥组委与国际奥委会的一系列合作中，双方从一开始就建立起互信关系，并逐渐融合为一个团队，这种关系在奥运会赛时技术运行保障期间更是起到了关键作用。在技术演练、测试赛和赛时运行期间，从运行体系设计之初就明确了国际奥委会技术部人员的位置和职责，每天定时通报全天情况，在保证信息畅通的前提下，国际奥委会技术部协助北京奥组委完成了在国际奥委会内部的有效沟通，一旦遇到问题，能迅速确认解决方案，并通过国际奥委会各业务口贯彻统一策略。

赛后国际奥委会表示，从北京奥运会筹办开始，国际奥委会技术部与北京奥组委技术部相互信任，通力合作，真正成为了一个团队，这一经验也是本届奥运会留下的重要遗产之一。

第五章　技术团队组织架构和人力资源管理

　　北京奥运会、残奥会技术团队组织架构随着赛事筹办阶段的不同而不断变化。在前期筹备阶段，技术部以各业务处室为单位，分工协作开展各项前期准备工作。在测试赛和赛时阶段，大批合同商和志愿者进入场馆工作，形成以技术运行中心团队和各场馆技术团队为单位的工作体制。由付薪人员、合同商和志愿者组成约8800人的技术团队完成了赛时奥运技术保障工作。

第一节　技术部各处室工作职能

　　北京奥组委技术部成立于2001年12月，是北京奥运会技术服务保障体系的核心。在奥运会技术筹备期间，随着工作任务的不断发展，技术部各处相继成立，并于2006年底形成了8个处室组织结构：综合处、总体规划处、信息系统处、通信处、场馆技术处、无线电频率管理处、成绩系统处和信息安全处。各处工作职能如下：

一、综合处

　　综合处（职能原属总体规划处）成立于2004年11月，主要负责本部与奥组委各部门以及本部各处室的综合协调与服务工作；负责部门内部的人事管理、会议管理、文件管理、制度管理、档案管理、印鉴管理、财务报销；负责决策事项的督查落实工作；负责本部行政后勤等服务工作；负责协调党支部、工会组织开展团队建设工作。测试赛和赛时派出人员加入场馆团队，担任部分重要场馆技术团队的综合事务经理。

二、总体规划处

　　总体规划处成立于2001年12月，负责组织制定总体技术战略及各项技术规划编制工作；负责制定项目实施规范和流程，监控和协调重大技术项目的立项、计划、实施及验收；负责技术合作，包括同国际奥委会（IOC）技术部的联络；负责技术部人力资源规划，制订付薪人员和志愿者计划及培训计划并组织实施；负责组织制定技术部预算并进行管理；负责组织制订测试赛期间技术部工作计划并协调实施；负责协调和组织科技奥运相关项目的规划及实施，协助科技奥运理念宣传；负责测试赛技术运行协调工作；负责奥运会和残奥会技术运行中心的规划、建设和运行工作。

三、信息系统处

信息系统处成立于 2001 年 12 月，负责运动会信息系统、奥组委管理信息系统、信息基础设施及互联网技术平台等技术系统的规划、建设、维护和运行；负责残奥会技术规划、项目管理与赛时转换等；负责技术支持中心规划、建设及管理，为奥组委的信息、通信系统提供技术支持服务。

四、场馆技术处

场馆技术处成立于 2001 年 12 月，负责所有竞赛场和非竞赛场馆的音频、视频、文件处理、布线、不间断电源等系统的规划、建设、维护及运行，以及场馆中技术工作的协调管理，组织场馆技术运行队伍；负责提出场馆技术系统（含临时）的功能需求和技术标准，并督促实施、组织审查和验收；负责提出奥运会赛时技术系统的空间、面积及环境需求；负责协调所有技术系统在场馆中的交付、协调在场馆建设过程中各技术相关方的关系；负责测试赛、技术演练、奥运会期间场馆技术系统的运行组织工作。

五、通信处

通信处成立于 2003 年 12 月，负责通信系统的保障及服务。负责确定固定通信、移动通信、集群通信、有线电视等系统的服务需求，制订通信系统总体规划和实施计划；组织协调奥组委的通信合作伙伴、设备供应商等完成奥运会各通信系统的工程建设、实施、集成、测试、验收；组织协调合作伙伴提供奥运会筹办和赛事所需的各项通信保障、媒体及观众通信服务等；负责协调通信系统的运行管理，协调赛时场馆通信系统的运行及通信保障的统一指挥、运行及调度，并制定实施应急通信保障措施。

六、无线电频率管理处

无线电频率管理处（职能原属通信处）成立于 2006 年 12 月，承担奥运会无线电频率管理的具体组织协调工作，奥运会赛时向奥组委技术部和奥运会无线电管理指挥中心负责。负责北京奥运会频率需求和申请的收集，并协调有关部门审核确认；负责与奥组委各部门的工作联系与协调，特别是信息沟通和需求调查；负责制订北京奥运会无线电频率申请代办费的标准和代办费用收取的落实工作；负责经授权的北京奥运会无线电管理信息发布；负责北京奥运无线电管理网站内容的下载、分发、刊登和维护；配合场馆管理部门研究制订奥运会期间场馆无线电管理运行计划，推进计划的落实。

七、成绩系统处

成绩系统处（职能原属信息系统处）成立于 2005 年 5 月，负责成绩系统的规划、测试与集成，主要包括计时记分系统、现场成绩处理系统与信息发布系统以及中文成绩信息显示。负责现场成绩系统的开发、测试和赛时运行工作；负责协调组织成绩信息发布系统相关工作；负责 INFO 2008 和评论员信息系统的开发测试和运行工作；负责场馆成绩打印分发工作；负责北京奥运会成绩册的编制。

八、信息安全处

信息安全处（职能原属信息系统处）成立于 2006 年 11 月，负责奥运会信息系统和奥组委管理信息系统的信息安全规划；负责承担北京奥运会信息网络安全委员会办公室的职能，全面协调并充分利用各方资源为信息系统安全服务；搭建奥运会信息安全平台，监控奥运会信息网络运行情况。

第二节　技术团队组织架构演变

从最初的几个人，发展到赛时约 8800 人的工作团队，北京奥运会技术团队服务体系随着筹办工作的推进而不断变化，以适应不同时期的工作需要。本节主要介绍技术团队组织架构的演变。

一、战略规划阶段

从 2001 年 12 月至 2004 年 12 月期间为战略规划阶段。技术部的主要工作是学习往届奥运会的资料，分析北京奥运会技术需求，制定北京奥运会的各项技术规划，主要包括技术战略、奥组委管理信息系统的规划和建设工作、奥运会信息系统的规划、通信大纲、场馆运行初步设计等。这个阶段技术部由总体规划处、信息系统处、通信处和场馆技术处组成，各处的主要负责人到岗。综合处于 2004 年 11 月从总体规划处分离出来，主要负责公文的流转、会议筹备、人员招募、办公环境安排等后勤服务和行政管理等工作。

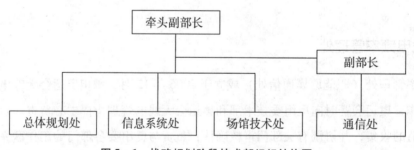

图 5-1　战略规划阶段技术部组织结构图

二、制订运行计划和启动项目阶段

从 2005 年 1 月至 2007 年 7 月，技术筹备工作处于运行计划阶段，各技术系统的立项和开发工作全面展开。2005 年 4 月，技术部部长到位。针对工作中的薄弱环节，技术部重点抓了制度建设和人员管理。为了进一步加强项目规划和管理，做好项目资金支出的审核，在总体规划处设置了各技术领域的项目总监，强化了总体规划管理处在项目规划、协调、监控和服务职能。在这个阶段，根据奥运筹办工作的需要，技术部确定互联网和残奥会工作从总体规划处划分到信息系统处的职责范围，同时成立了成绩系统处、无线电频率管理处和信息安全处。

1. 成绩系统处的成立

以往奥运会成绩服务归于信息系统处负责，特别是在 2000 年悉尼奥运会前所有项目的成绩服务均由技术合作伙伴提供，组委会技术部仅从项目管理角度监控成绩服务。具体操作中，技术合作伙伴与体育部门共同承担奥运会成绩系统的工作责任。这种工作方式存在责任和分工界面模糊的问题，给奥运会成绩系统的建设和运行带来了很大风险。在 2000 年后，国际奥委会的技术合作伙伴及所承担的工作职责范围均发生变化，成绩服务相关工作改由组委会技术部牵头承担。在雅典奥运会上，雅典组委会技术部开始参与成绩经理（当时的岗位命名为成绩协调员）相关工作，从技术运行的角度保障成绩系统的赛时运行，但由于雅典组委会技术部无法在短期内找到适合人选，雅典选择了服务外包的方式，从体育公司和技术合作伙伴中聘用了一批"成绩经理"（岗位命名为成绩协调员）。2006 年的都灵冬奥会组委会的技术部设立了成绩经理岗位，负责全面协调与竞赛成绩相关的工作。

北京奥组委技术部充分认识到成绩系统的专业性和特殊性，认识到成绩工作实行端到端的管理是实现核心技术系统万无一失的重要基础。通过了解往届奥运会举办经验、咨询国际奥委会、相关资深专家及合作伙伴，为提高奥运会筹备和运行的效率，避免不必要的人员浪费，技术部提出设立场馆成绩经理岗位的建议。这一建议得到国际奥委会技术部、体育部和北京奥组委技术部、体育部的一致认可。最终，北京奥组委同意并批准北京奥组委技术部下成立成绩系统处，专项负责成绩系统服务及运行工作。

实践证明，成立成绩系统处是北京奥运会技术保障体制上的创新，是符合北京奥运会筹办工作实际的，克服了往届奥运会存在的问题和风险。

2. 信息安全处的成立

随着 2008 年奥运会的日益临近，奥运相关网络面临严峻挑战。北京奥组委官方网站以及奥运信息网络屡遭恶意攻击；奥组委内部人员使用网络不当导致病毒爆发、泄密的事件时有发生。国家有关机构的外围监控发现奥运会网络存在着一定的安全隐患，为了保证北京奥运会信息网络的安全，加强信息安全管理工作，奥组委于 2006 年底在技术部设立信息安全处，负责奥运网络信息安全工作。信息系统处原有的信息网络安全职能转移到信息安全处负责。为了尽快招募到技术强、政治可靠的工作人员，奥组委从北京市公安局网监处以及全国各地公安局网监部门抽调了 20 多名公安干警加入到信息安全处。

3. 无线电频率处的成立

通信处成立后，于 2003 年 12 月在通信处增设无线电频率办公室，北京市无线电管理局派员参加办公室的工作。2006 年底，设在通信处下的无线电频率管理办公室被剥离出来，成立了无线电频率管理处，其人员主要从北京市无线电管理局抽调组成。

2006 年是奥运筹备的关键年。各项技术项目全面启动、实施，与赛事直接相关的主要项目全面进入验收测试阶段。场馆和通信相关的初步规划与设计将进入详细运行设计阶段；技术运行与测试赛计划得到进一步落实；场馆技术经理、成绩经理的选择和培训工作全面开始，北京奥运会的首场测试赛在丰台垒球场拉开帷幕。2006 年底，技术部的 8 个处全部成立。

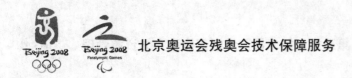

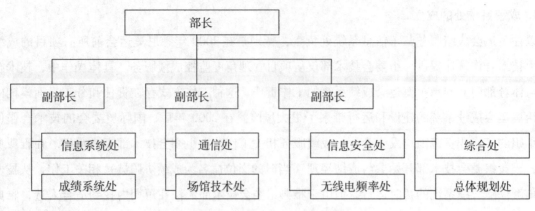

图 5 - 2　技术部组织结构图

三、测试赛和赛时运行阶段

从 2007 年 8 月到奥运会结束是测试赛和赛时运行阶段。在这个阶段完成了从技术部各业务处室到各场馆技术团队的转变。

1. 技术部的场馆化

2007 年是奥运筹备的决战年，也是技术服务体系实现转折的一年。2007 年 7 月 13 日，技术部从奥运大厦迁往数字北京大厦，并成立了数字北京大厦场馆团队。技术运行中心是数字北京大厦团队的核心组成部分，主要负责各场馆技术团队的组织、协调和服务工作。除了技术运行中心团队之外，数字北京大厦场馆团队还包括了场馆运行所必需的其他业务口，包括安保、设施保障、物流、综合事务、交通、志愿者、餐饮、形象景观等，这些业务口都服务于奥运会技术运行保障的总体目标，在场馆主任的领导下开展工作。技术部部长同时兼任数字北京大厦场馆主任和技术运行中心主任。自 2007 年 8 月综合测试赛开始后，技术部各处室大部分人员都被指派到各场馆技术团队和技术运行中心参与测试赛的运行工作。

2007 年也是技术团队人员招募的高峰时期，约 250 名新员工加入技术部，充实到成绩系统处、通信处、场馆技术处和信息系统处等有大量场馆化人员需求的处室，许多同志从加入技术部开始就在场馆技术团队任职。2007 年底，场馆成绩经理、副经理全部到岗，信息经理全部到岗，场馆技术经理和通信经理的核心人员已经到位。鉴于场馆技术经理在场馆技术团队中的关键作用，技术部在内部进行了场馆技术经理的选拔。本着自愿报名、择优选拔的原则，通信处、总体规划处、信息系统处和成绩系统处部分人员被抽调到场馆担任场馆技术经理或副经理。在此期间，场馆技术经理人员不足的矛盾比较突出，在技术部确实无法选派合适人员赴场馆担任技术经理的情况下，个别场馆直接任命了本场馆的技术经理。

2. 赛时技术团队的组建

2008 年是奥运之年，北京奥组委于当年 5 月建立了两层结构的奥运会赛时指挥体制。上层设总指挥部，下层设主运行中心，由北京奥组委和北京市政府相关领导组成。主运行中心内设 11 个工作机构：即调度中心、竞赛指挥组、宣传文化组、外事联络组、安全保卫组、机场协调组、服务协调组、人力资源及志愿者工作组、交通与环境保障组、技术及网络保障组、工程设施保障组。技术及网络保障组对北京奥运会的技术及网络的安全运行负责，技术部（含技术运行中心）隶属于技术及网络保障组下的赛事保障组。赛事保障组职责是：奥运会、残奥会赛事技术运行的组织管理、技术设备、系统与网络部署、赛事技术运行和技术支持服务。奥运会、残奥会赛时，技术运行中心实行多向报告机制，每日运行情况、重要故障同时向主运行中心、技术及网络保障组以及 IOC 报告。赛事保障组包括技术运行中心、各场馆技术团队、技术支持应急团队。

至此，奥运会的技术运行保障体系正式形成，包括数字北京大厦场馆团队（技术运行中心）、场馆技术团队和技术支持应急团队在内的全部付薪人员共 590 人于 2008 年 4 月第二次综合测试赛之前全部到位；合同商人员约 5600 人，大部分在 2008 年 4 月测试赛前到位；志愿者约 2600 人，根据委内统一安排在奥运会赛前一个月至两周内到岗。技术团队员工分布在所有竞赛场馆和非竞赛场馆。

下表列举了 2004 年至 2007 年底前技术部的组织结构演变及人员到位情况（表中的数字为当年年底前该处室的人员总数）：

技术部人员到位情况表

处室 ＼ 年份	2004 年	2005 年	2006 年	2007 年
综合处	3	6	7	11
总体规划处	4	13	16	24
信息系统处	10	21	30	71
成绩系统处	—	10	16	88
通信处	4	8	14	40
场馆技术处	4	10	18	40
无线电频率管理处	—	—	4	7
信息安全处	—	—	2	28
合计	25	68	110	309

第三节　付薪人员招募和管理

技术部是奥组委工作人员数量最多的部门之一，如何在短时间内招募到大批高素质的技术管理人员一直是技术部面临的难题，经与人事部紧密协作，采用了灵活多样的招募方式，确保了人员及时到岗，为奥运技术保障的成功打下了基础。

一、技术部人员的招募

技术部人员招聘，由专业处室根据岗位计划提出需求，通过社会公开招聘或者内部工作人员推荐参加考试合格后进入面试程序。面试工作由综合处负责组织，由需求处室负责人、总体规划处、

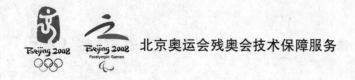

综合处和需求处室主管部门领导组成面试小组对候选人进行面试。通过考试和面试，考查候选人的专业技术水平、英语交流能力和沟通交流能力。面试通过后，按组委会的规定进行定级核岗，报人事部审批。

技术部工作人员的主要来源渠道有 6 个：

1. 社会招聘人员

社会招聘人员是筹备前期阶段最重要的来源。技术部社会招聘人员有 120 人左右，大部分人员都是在 2007 年底之前到岗的。社会招聘人员在加入奥组委技术部前均通过了严格的社会公开招聘考试，属于 P1 人员。

2. 借用人员

在奥运筹备后期，借用人员是奥组委技术部的主要人员来源。2007 年是技术部人员招募的高峰时期。面对大量的人员缺口和赛后人员安置压力之间的矛盾，技术团队领导积极拓展思路，开辟各种渠道充实技术团队的人员。在相关单位的大力支持下，奥组委技术部从北京市市属委办局、各区县信息中心、场馆属地，以及与技术部有合作关系的公司和事业单位借用了大批人员。技术部借用人员的数量为 150 人左右，属于 P2 人员。

3. VIK 付薪人员

VIK 付薪人员主要是北京奥运会通信合作伙伴中国移动和中国网通公司派出的人员。他们的薪酬待遇由原单位负责，计入到付给奥组委的 VIK 赞助额度中，因此被称为 VIK 付薪人员。他们主要在通信处和场馆处工作，总数约 40 人，属于 P1 类人员。

4. 外企人力资源服务公司（FESCO）派遣人员

在 2007 年末，为了在短期内招募到大量合适的技术团队人员，北京奥组委委托外企人力资源服务公司（FESCO）利用其专业的渠道为技术部招募人员。FESCO 根据技术部的要求在其人才库里挑选合适候选人，经技术部面试合格，由 FESCO 与相关人员签订劳动合同后，把他们派遣到奥组委技术部工作。奥组委与 FESCO 签订协助招募人员的服务合同。通过此项措施，在很短的时间内招募到 69 名专业人员加入到奥组委技术部工作，解决了最后阶段人力资源严重不足的问题。FESCO 派遣人员属于 P1 人员。

5. 挂职人员

为了支持奥运会，北京市委组织部在 2007 年 8 月和 2007 年 12 月两次从北京市各区和市委办局抽调了 300 名年轻干部到北京奥组委挂职，其中有 13 名挂职干部加入到了技术部工作，担任部长助理、场馆技术经理、TOC 通信经理等重要岗位，发挥了重要作用。挂职人员属于 P1 人员。

6. 赛时实习生

根据往届奥运会的经验，大批技术人员的招募以及人员流失问题是每届组委会都面临的难题。由于技术团队的人员需求量非常大，因此奥组委技术部在 2004 年就开始考虑如何开拓渠道满足北京奥运会赛时人员的需求。北京工业大学适时提出了为北京奥组委定向培养研究生的意愿，人事部考虑到专门为奥组委定向招募大量的大学生，这些学生的赛后安排将带来极大的负担，另外学生完成学业之后可能不来奥组委工作，因此几经研究，最终决定委托北京工业大学招募赛时实习生。北京工业大学在 2006 年招收了一批三年制研究生，第一年学生在校学习专业课，技术部派出人员参与授课，第二年学生加入技术部实习并直接投入到赛事筹备和赛时保障工作中，第三年回到学校做毕业论文。这种方式既保证了技术部工作人员的稳定性，又为学生增加了实践机会。北京工业大学为技术部提供了 60 名赛时实习生，他们于 2007 年 7 月到岗，其中 30 名在信息系统处，30 名在成绩系统处，主要担任场馆信息副经理和成绩副经理的职务。招募定向赛时实习生的方式是技术部率先发起的，具有开创性和前瞻性，为满足赛时技术人员的需求起到了重要的作用。赛时实习生属于技术团队中的 P3 人员。

二、付薪人员的培训

技术部培训工作的总目标是：根据奥运会和残奥会赛时运行工作对技术提出的要求，通过组织和实施不同种类的培训，使被培训者了解和掌握完成技术岗位职责所必需的知识、技能和技巧、工作流程等，并将其运用在赛时服务当中，从而为所有技术需求方和技术使用方提供可靠、高效、专业的服务。

新员工加入奥组委后，奥组委人事部负责组织统一的新员工培训，内容以北京奥组委各部门的工作职能、奥林匹克知识、北京奥运会基本知识等为主。进入技术部后，综合处负责组织新员工培训，介绍技术部的基本构成、人员情况、相关合作单位、规章制度与公文写作常识等内容。

早期到岗的员工大多参加了国内外大型赛事的观摩培训，每次参加观摩培训的人员要写工作报告，并在部门大会上进行介绍，加强全体人员对运动会技术组织工作的认知水平。针对技术部大部分员工都是技术人员的特点，缺乏管理工作经验，技术部与惠普公司、联想公司、北京行政学院等单位合作组织了多次针对提高员工组织协调能力的培训。

随着赛时的临近，2007 年至 2008 年有大批工作人员加入技术部，各专业处室都加强了对员工的场馆岗位技能培训，编写了技术培训教材。例如，场馆技术处在 2006 年 5 月编制完成了技术经理培训手册，包括奥运会基本知识介绍、比赛日程安排、技术部各处运行概述、技术政策和流程、技术团队组织架构及人员、技术设备管理、技术用房、集群分组、技术用电、音视频系统等内容。凡初入场馆技术处工作的人员，均可以通过阅读此手册，对技术部及场馆技术处工作有初步的了解。其他各业务处也都针对本业务的特点，编写了培训材料，对本业务口工作人员进行专业培训。

从 2007 年 7 月开始，在每个测试赛开始前一个月时，针对测试赛中可能出现的情况，各业务口对本业务口场馆经理进行岗位培训，分析以前发生的问题及可能的对应措施。通过各处室的岗位培训，实现了测试赛各场馆技术团队工作纪律与服务标准的"两个统一"，实现了岗位职责和工作任务"两个明确"，为场馆技术运行工作打下了坚实的基础。

同时，总体规划处也组织所有技术团队付薪人员进行了技术运行策略和流程的专项培训，对场馆运行工作、场馆技术团队与技术运行中心的工作配合提出了要求。通过培训，技术团队每个成员都能做到对工作流程心中有数，出现问题时能够有条不紊、迅速高效地按既定政策和流程工作。

参考往届惯例并结合北京的实际情况，技术团队组织编制了完善的技术战略、技术运行纲要、测试赛战略以及技术运行工作流程等一系列文档，为技术团队的人员培训提供了良好的教材基础。

针对大多数人员是 2008 年 1 月后到岗的情况，技术部开展了技术运行纲要、策略和工作流程的培训。同时还组织员工积极参加奥组委统一组织的通用知识培训以及场馆上岗培训。通过一系列的组织管理培训、专业培训和岗位培训，切实提高了员工的岗位技能和技术支持服务质量和水平，为奥运会技术保障的顺利实施奠定了良好基础。据统计，累计培训技术团队人员约 12000 人次。

三、付薪人员的管理

1. 以制度为基础的日常工作管理

技术部注重以制度为基础建立正常的工作秩序。在 2005 年中期，技术部制定了 13 项基本的工作制度，包括项目管理制度、公文流转制度、会议制度、财务报销制度、人员管理制度、礼品管理制度等。通过这些制度明确了技术部工作人员行为规范，确保了日常工作按照制度规范开展，避免了管理的随意性和不确定性。

2. 民主的领导决策机制

部门领导通过召开部办公会和部专题会，对部门内部的重要决策和工作安排进行充分的讨论，实行领导民主集体决策。部办公会一般每周召开一次，部门负责人以及各处负责人参加，主要传达贯彻组委会的重要决策和奥组委领导的有关批示，结合部门实际工作，研究、制定落实意见；研究审核部门规划与工作计划；审定报奥组委领导的重要工作请示、汇报；研究拟定部门内部机构、岗位设置以及调整意见，研究拟定部门人员招聘、干部任免、员工考核和奖惩意见；研究确定部门年度、季度和月工作计划，听取各处室的重要工作汇报、工作总结。部门专题会根据工作需要召开，部门分管负责人主持会议，相关处负责人和项目总监参加，主要研究涉及技术专项难点问题和项目推进中组织协调的难点问题。

3. 注重工作计划管理，根据计划加强督办落实

根据往届奥运会的经验，技术部制订了里程碑式的工作总体计划。根据总体计划，技术部制定每年、每月和每周的工作计划。总体规划处每个月向部办公会汇报月度工作计划以及上月计划落实情况。综合处制定部门领导的每周工作安排并汇总各处的每周工作计划，向技术部全体人员公布。对于重要工作事项，综合处负责督办检查，定时向领导反馈工作进展。通过周密的工作计划安排，明确了工作目标，提高了工作的预见性和主动性，为工作有效落实打下了基础。

4. 知人善任，把合适的人用在合适的位置上

技术部领导集体非常注意把合适的人放在合适的岗位上，不讲资历，不排辈分，有能力就给予重任和信任。在奥组委人事部的大力支持下，充分利用奥组委组织的竞聘上岗机会，把一批素质好、能力强和业务水平高的同志选用到关键重要岗位上，打下了良好的技术运行的组织结构基础。技术部大部分处级干部都在 35 岁以下，绝大部分场馆技术经理和场馆技术业务口经理都在 30 岁左右。这些年轻同志在各自岗位上发挥了核心作用，他们攻必克、守必固，带领着各自的团队完成了一项又一项艰巨的任务，攻克了一个又一个难关，在各个场馆为技术团队赢得了声誉。

5. 公正待人，公平处事，保持和谐的团队气氛

技术团队领导集体针对奥组委是临时机构、成员来自四面八方的特点，十分注意加强队伍凝聚

力以及和谐团队的建设。在人员招聘、干部选用、级别调整、总结评优和组织发展等工作中，坚持执行会议制度，按组委会规定办事，公开透明、实事求是、民主决定，促进了团队的稳定。

同时，注重党员干部以身作则，在荣誉面前始终做到优先考虑普通员工。在年度评优的过程中，虽然场馆主任及有关处领导的民主测评分数较高，但考虑到评优的目的在于促进工作，积极把获奖名额让给了其他场馆副主任和普通员工。在火炬手的确定过程中，注意控制领导者的比例，充分考虑团队人员的代表性，分别从各群体中选出了代表。团队公正待人、公平处事的作风得到了团队成员的普遍拥护。

技术保障从规划到实施，量大面广，十分繁重。团队领导提倡通过优化方法、提高效率的方式来应对，尽量控制平时加班和周六周日开会，确保场馆团队成员劳逸结合，始终保持旺盛的工作精力和高昂的工作斗志。针对大家在综合测试期间加班加点，较为疲劳的状况，团队决定在测试赛后让长期在场馆一线奋战的同志倒休，并要求优先安排普通员工。

6. 建设交流平台，开展有益活动，不断增强团队活力

技术团队领导注重打造内部交流沟通平台，促进大家的相互理解与协作配合。技术部部长每周开辟半天的恳谈时间，任何员工可以通过恳谈日与部领导直接沟通交流。技术部每个月召开一次部门全体大会，及时传达上级领导指示，组织学习委内重要文件，各处负责人通报工作主要进展等等。党员和入党积极分子根据形势和任务组织有意义的集体活动；除了组织员工进行春游和秋游活动，还举办了两次技术团队拔河比赛，两次摄影大赛和圣诞冷餐会。随着场馆团队人员的增多，还鼓励各业务口组织有意义的团队活动。奥运赛前，技术团队还组织了令人难忘的全体付薪人员与合同商代表参加的赛前动员大会暨员工的集体婚礼仪式，增加了团队成员之间的理解和沟通，激励员工增强了圆满完成奥运技术保障工作的使命感和责任感，努力形成团队协同作战的工作局面。为了加强与合同商的沟通交流，技术部处级以上领导与合同商代表每季度组织一次的联谊交流活动。

以人为本的科学管理理念始终贯穿技术筹备工作进程，打造了一支攻必克、守必固、充满激情和活力的技术团队，为奥运技术的成功奠定了牢固的基础。

第四节　合同商和志愿者的服务与管理

一、合同商的服务与管理

技术合同商是技术团队的重要组成部分。在赛前阶段，源讯公司首批 12 人于 2005 年初入驻技术部办公。随后欧米茄、松下、三星、联想公司先后派遣工作人员进入奥组委，与技术部一起进行前期的筹备工作。源讯公司赛前阶段人员达到 150 人，拥有工位数量为 120 个。欧米茄公司前期有 3－4 人，在赛前一年，需要在总部的工位数量约为 10 个。三星公司前期人员有 3 人，后来增加到 6－7 人。松下公司在总部人员一直保持在 3－4 人。联想公司主要负责赛时奥组委技术支持，工程师人员为 20 人左右。以上合同商人员需要和技术部一起长期办公，为了方便他们的工作，技术部为其提供了与奥组委工作人员同等待遇的办公工位和电脑。

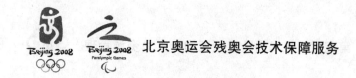
赛时技术合同商人员总数 5600 人，大部分都分散在各场馆工作，这些人员主要包括来自国际奥委会 TOP 合作伙伴，包括 IT 的总集成商源讯公司，计时记分提供商欧米茄公司、计算机硬件提供商联想公司、大屏和音视频提供商松下公司和无线终端服务提供商三星公司；北京奥组委合作伙伴，包括中国网通、中国移动；北京奥组委赞助商搜狐公司；北京奥组委供应商，包括微软公司、新奥特、首信等公司；其他产品与服务提供商，主要包括歌华有线、青岛赛维、北京正通、中科软、中软、松下大恒、启明星辰、趋势科技等公司。根据场馆运行计划，每个场馆技术团队一般包括付薪人员 10 - 20 人，合同商人员 100 - 300 人，志愿者 100 - 200 人，由于场馆大小不同，承担任务各异，人员数量有差异。

作为技术团队的主要组成部分，合同商担负着场馆技术保障的重要任务，但是他们对场馆运行政策和其他业务口运行流程缺乏了解，很可能会导致工作的开展不畅。因此，对于合同商的培训和管理尤为重要。首先，明确各个合同商的负责人和日常工作的联络人，强化责任意识。其次，加强对合同商人员的培训，使他们熟悉技术团队成员，牢记业务流程，清楚汇报途径，落实应急预案的演练等。最后，强调工作纪律，告知后勤保障政策，如用餐、车证借用等信息，以解除他们的后顾之忧。

技术团队拥有 50 家以上的合作伙伴、赞助商及合同商公司，工作人员来自 20 多个国家，如何有效与之相互配合，如何将来自于不同地域、具有不同背景的员工形成一个团队，是奥运成功的道路上必须解决的问题。"同一个任务、同一个团队"（One Task，One Team）的管理理念是技术团队建设的宝贵经验，这句话始终贯穿了技术筹备和运行工作的全过程。例如，场馆成绩团队是由奥组委、源讯、欧米茄以及新奥特等国际国内多个公司共同组成的国际化队伍。技术部在团队成立之初，就与源讯、欧米茄充分融合，聘请组委会有经验的外籍人员和源讯资深专家一起承担小组组长的职位，分组管理、以点带面。不断通过日常的测试工作、测试赛、一致性测试等多种场合的磨炼，在整个团队逐渐形成了有效沟通、互相合作的良好环境。在一致性测试期间，技术团队的良好氛围给国际奥委会的 ORIS 小组留下了深刻的印象，也为日后的平稳运行奠定了良好的基石。

在奥运会的整个筹办过程中，奥组委技术部始终与国际奥委会技术部、合作伙伴、赞助商及合同商公司保持着良好的合作关系，各方均以成功的奥运技术保障为目标，以双方签订的合同与承诺为依据，以坦诚与及时的沟通为手段，以相互之间的支持与服务为补充，建立了相互理解、诚实互信、互相支持的伙伴关系。国际奥委会技术部部长戈蒂埃先生在奥运会结束后评价说，"北京奥组委技术部与各合作伙伴密切合作，真正实现了'同一个任务、同一个团队'的目标。"

二、志愿者的招募和管理

场馆技术团队的岗位分为技术管理、信息、成绩、通信、无线电等类别，志愿者作为付薪人员必要的助手和有益的补充，其岗位设置也相应按此分类。

1. 人员计划

场馆中志愿者的数量一定要合理计划，过多或偏少都不利于工作的开展。志愿者数量过多，会使志愿者的工作不饱满，工作热情降低，工作效率受到影响，从而导致人力资源的浪费。志愿者数量偏少，则会造成人力不足，同样影响工作质量。

志愿者的数量是根据完成岗位工作所需的单班人数乘以每日轮班班次得到的。单班人数由具体岗位工作性质和内容决定，轮班班次是根据场馆赛时每日运行计划来确定的。按技术团队的统一要求，所有工作人员，包括付薪人员、合同商和志愿者应于比赛开始之前 2 个小时到岗，赛后 1 个小时离岗。因此，在制订志愿者排班计划时，要把这部分时间考虑进去，根据志愿者部对志愿者的统一政策，志愿者在场馆中的工作时间每日不得超过 8 个小时，每周不得超过 6 个工作日，因此，在上岗时间超过 8 个小时的工作日，就要安排 2 个或 3 个班次。所以，志愿者人数总需求就要参考班次最多的一天来制定。

2. 招募

场馆技术团队的志愿者分为通用志愿者、专业志愿者和代表性志愿者。专业志愿者主要是指计时记分及成绩处理系统助理岗位的志愿者，其招募工作主要是由技术部成立的专业志愿者组负责，从专门的体育院校专业学生中招募。代表性志愿者是指其他省市或境外的志愿者，一般由志愿者经理直接分配给技术团队。下面着重介绍一下通用志愿者的招募工作。

北京奥运会志愿者的招募工作一般采用的是馆校对接方式，即每个场馆对接相关高校，由高校统一进行管理。为尽早收集志愿者注册信息，使背景审查等工作顺利开展，一般在测试赛开始之前进行场馆志愿者的招募工作。通用志愿者的招募工作一般由场馆志愿者经理主责开展，技术团队工作人员参加由场馆团队内部各业务口经理组成面试小组，分别进行面试。面试的考题可以参考通用题库，也可以结合技术工作本身，重点关注学生的爱好特长。最后，在综合考虑沟通协调能力、服务意识和服从意识、抗压能力与自我情绪控制、耐心细致与责任心、技术专业知识积累程度和应用能力以及外语水平等几个方面后进行评分，参考学生的综合得分，技术团队面试组成员再一起商议，确定相应岗位的人选。同时，为了防止人员流失，在招募的时候要按照 120% 的比例确认拟录用人员名单。对于一些专业性较强岗位，技术团队着重考虑以下几个方面：

- 计时记分及成绩系统处理系统助理：需要英语熟练和较强责任心
- 打印分发助理：需要身体素质过硬和认真细心
- 媒体通信助理：需要较强的英语能力、沟通协调能力和积极热心的工作态度
- 集群分发助理：需要认真负责的态度和细致耐心
- 技术经理助理：需要较强的管理能力和饱满热情

3. 培训

志愿者的培训分为通用培训和岗位培训，通用培训由场馆志愿者经理负责组织，具体内容包括介绍场馆团队成员的组成，各业务口的工作，场馆应知应会等。岗位培训由场馆团队各业务口主责完成。

按要求，技术团队的志愿者是赛前 7 天到岗，赛后 3 天离岗。所以技术岗位培训一般安排在测试赛到岗第一天。由技术经理、信息技术经理、通信经理、成绩经理、打印分发主管、综合事务经理分别介绍各自的工作、团队纪律和其他注意事项。在进行培训时，要尽可能要求所有志愿者都参加全部培训，以便在有的岗位人员紧缺的时候，其他岗位的人可以立即顶替上去。在经过测试赛

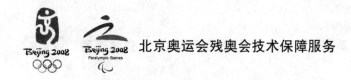

后，更要针对出现的问题，有重点地进行培训。

在专业志愿者的培训过程中，尤其要注意计时记分志愿者的岗位安排和培训，由于他们的工作主要是协助欧米茄公司的成绩系统处理工程师，因此他们的培训工作要与欧米茄工程师充分沟通。

4. 管理

技术团队的综合事务经理在志愿者工作中扮演了重要的协调角色，是技术团队中志愿者的直接管理者。所谓志愿者的管理，就是要让他们在平凡的岗位做不平凡的事，充分体验志愿工作带来的乐趣。志愿者是怀着无比的热情投入到志愿工作中来的，因此对其不能是强硬的管理，而是加以适度疏导和人文关怀。同时，要不断对志愿者进行物质和精神激励，开展丰富的团体活动，挖掘他们潜在的能力，培养他们的团队精神。做好志愿者管理工作主要包括以下几点内容：

- 根据岗位把志愿者分组，并指定每组的负责人，每日工作结束后汇报当日工作情况，同时也方便日后的联系和管理
- 充分发挥技术经理助理（志愿者岗位）的作用，他们在学校一般都担任学生干部，对同学情况也比较了解，有些事情放手让他们去做，有利于工作的开展
- 在不影响正常工作的情况下，经常到志愿者工作地点看看，掌握第一手资料，听取他们的建议和意见

在赛事时间比较长的情况下，志愿者容易产生倦怠的情绪，这时要带领志愿者开展一些有意义的团体活动，并适时给予精神和简单的物质激励。对于志愿者来说，物质形式的奖励不是必需的，可以让他自己去做一件事情（比如办报纸、布置微笑墙、志愿者排班等），让他觉得自己不仅仅只是执行者，一定的自主权对志愿者来说也是一种激励。

志愿者是场馆技术团队的重要组成部分，他们的工作虽然是服务性、辅助性的，但是却是必不可少的。在场馆实际工作中，技术团队的付薪人员始终把志愿者看做是自己的朋友和兄弟姐妹，互相尊重，平等待人，从工作和生活各方面去关心、帮助他们，使场馆技术团队成为了一个充满活力的、能战斗的集体。技术志愿者为场馆技术运行的平稳可靠发挥了特殊的不可替代的作用。

第六章 技术设备分配规划和管理

　　技术设备分配规划是场馆详细运行计划工作中的重要环节，统计各业务口技术设备的需求是场馆化工作的重要步骤，也是控制和落实技术系统预算的手段和安装配置技术系统的依据。

　　根据《第29届奥林匹克运动会组织委员会物资管理办法》、《关于启动技术设备分配规划工作的请示》及往届奥运会惯例，技术部归口负责技术设备的规划和配置工作，在保障场馆运行基本需要的基础上，控制技术物资预算，并为后期技术系统安装实施和维护提供依据。

第一节 技术设备分配规划（TEAP）概述

一、技术设备分配规划（TEAP）工作目标

在保障场馆运行基本需要的前提下控制技术物资预算，并为后期技术系统安装实施和维护提供依据。

二、技术设备分配原则

为合理分配技术设备，保障赛事正常运行，技术部制定了技术设备总体分配原则。具体如下：

- 北京奥运会技术设备分配以往届奥运会的技术设备总量和北京奥运会技术预算作为依据，参考示范场馆成果，按照实际需要，本着节俭、高效的原则进行规划和配置。
- 在场馆中，固定技术设备应分配到区域或房间，移动设备应分配到岗位。
- 技术设备的配备只满足基本的运行需求。各个场馆技术设备的分配应以往届对应场馆对应区域（或岗位）的实际配备数为控制基数，再根据北京的实际情况进行调整。
- 除合同规定的专有设备和保障赛事运行的核心设备外，在场馆内支持运行管理的技术设备应是共享的资源，不专属于任何业务口和岗位。
- 技术设备的配备按照岗位业务需求进行，不以使用人的职位和级别为标准。
- 场馆中支持运动会运行管理的技术设备配备标准在各个竞赛场馆应基本一致，应按照示范场馆的成果向其他场馆推广。
- 体育竞赛的技术设备需求，应按照往届奥运会的对应项目进行控制。对于媒体所需的 INFO 2008 计算机等设备，由于热点项目与往届不同，需求也有所变化。对于这部分设备需求应

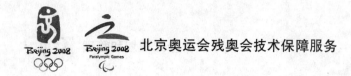

控制总量，在不同竞赛项目之间可以进行调整。

- 移动设备的分配原则和往届基本一致，移动设备根据场馆人员计划、岗位流动性及工作任务配备，有大量移动通信需求的岗位应配备手机。手机原则上只配给付薪员工，以及有合同约定的部分合同商员工。特殊需求通过补贴话费解决。除付薪员工外，集群电话还应配备给部分重要岗位的合同商及志愿者，每岗最多配备一部。

- 流动团队的技术设备应根据流动团队的人员编制与岗位职责配备。流动团队仅配置移动设备，不单独配置固定技术设备，如需使用固定技术设备，应在场馆中与其他团队共享使用。

- 为了提供有保障的服务并确保场馆技术系统的正常运行，技术部承诺对由技术部开发或购买的应用系统和服务提供硬件设备及技术支持服务。

- 残奥会技术设备的配置标准原则上不高于奥运会。为保证转换期的工作，除由于体育项目的改变带来的必要变更外，技术设备的配置与安放位置都应尽量维持原状。残奥会不需要使用的设备立即包装存储。

第二节　工作流程和关键时间点

一、工作流程总述

1. 工作对象描述

技术设备分配规划（TEAP）小组应收集测试赛、奥运会和残奥会所有竞赛和非竞赛场馆固定和移动技术设备的需求，因此涉及各个业务部门。同时，该工作流程将对技术设备的安装与配发进程予以明确。

技术设备需求规划成功的关键在于技术部内各个处室的合作，以及与各业务部门之间的良好沟通。

依据 TEAP 工作流程，TEAP 小组的工作成果是：准确得到北京 2008 年奥运会有效运行所需的所有固定和移动的技术设备需求清单。

固定技术设备需求应按照场馆、业务口和区域进行收集。移动设备的需求应按照岗位进行收集，包括付薪人员、合同商或志愿者。

头戴设备以及与体育展示和场馆相关的音、视频设备应通过另一套独立的程序来收集与确认需求。该流程应由场馆技术处组织并有合同商及特定用户参加。

在 2006 年和 2007 年，设备需求的明确对于场馆空间、环境和弱点布线规划至关重要。而且，设备需求的明确可以帮助技术部明确预算、优化网络设计，并更好地了解场馆运行时客户的实际要求。相关场馆规划于 2007 年完成，技术设备需求在 2008 年初最终确定，技术部根据技术设备需求进行设备分配与安装部署工作。

2. 工作范围

（1）TEAP 工作包括的项目

根据 TEAP 工作流程进行需求收集、需求确认和安装确认的设备种类包括：

信息发布设备：如 INFO 2008，CIS，打印分发等；运动会管理系统 GMS；现场成绩系统处理系统 OVR；管理网设备（不包括京外场馆）；固定电话；移动电话和配件（手机和 SIM 卡）；布线服务；数据通信服务；集群电话（不含京外城市）；有线电视及电视机；传真、复印和打印服务；不间断电源（UPS）；投影仪、摄像机以及录像机等。

（2）排除在 TEAP 工作范围以外的项目

TEAP 流程不收集和确认以下技术设备的需求：

头戴设备；用于体育展示、媒体运行以及观众服务的音、视频系统；计时记分设备和记分牌；其他专用技术设备。

（3）收费卡

收费卡的技术设备需求收集过程，与收费卡的其他流程相互配合，收费卡工作流程由财务部门进行定义。

收费卡中技术设备的需求通过收费卡流程收集，需求收集的时间计划也由收费卡流程定义。收费卡中技术设备的需求总量应纳入场馆技术设备的整体规划，以确保在场馆中能提供足够的技术服务和技术支持。

3. 工具

除收费卡技术设备需求外，其他技术设备的需求收集以及安装确认工作通过场馆技术设备管理信息系统（VEM）软件辅助进行。收费卡的需求收集工作由财务部门使用其他管理系统完成。

二、工作职责

为有效地进行设备需求的规划管理，技术部成立了技术设备分配规划小组（TEAP）。该小组由技术部各个处室以及源讯等技术赞助商的代表组成。该小组对测试赛、奥运会和残奥会中技术设备的规划、分配进行集中管理，并负责技术设备配发的变更管理。该小组应与财务部等相关业务部门密切配合，共同完成技术设备分配规划的工作。

本流程的关键节点与相互关系如图 6 - 1 所示。

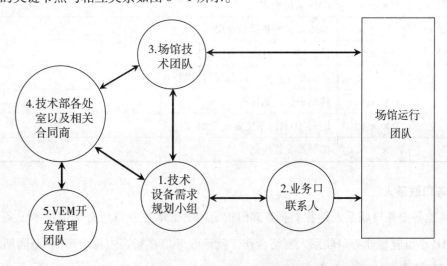

图 6 - 1 TEAP 各节点相互关系图

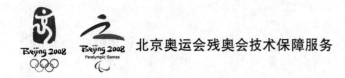

以下是 TEAP 流程中各部分人员的角色和职责，并列举了参与本流程的主要的人员以及联系人。

1. 技术设备分配规划小组

技术设备分配规划小组由技术部各处室以及关系密切的赞助商人员组成，由总体规划处指派专职项目经理作为小组负责人，各个处室指派管理预算和规划的人员作为小组成员。

TEAP 小组的具体职责如下：

- 根据技术系统设计、技术实施要求以及临时设施规划，制定并更新技术设备需求规划流程。
- 作为唯一的接口负责协调技术设备分配规划的相关事宜，总体控制所有技术设备需求规划和部署。
- 根据场馆内不同区域的功能，制订并维护每个功能区/空间的技术设备部署标准。
- 负责技术设备的编码和描述。
- 与测试赛规划小组配合，制订并维护测试赛的设备部署标准及分配规划。
- 确保为奥运会部署的技术设备符合各业务部门的实际运行需求，且不突破技术部预算。
- 作为整个流程中所有关系人的唯一联络点。
- 同场馆技术团队协作，规划技术设备的交付或部署的时间进度计划。
- 向技术部领导和合同商报告或通报相关情况。

技术部参与 TEAP 小组的人员构成如下：

表 6－1 TEAP 组成人员表

技术部门	主管人员	职责范围
总体规划处	×××	组成项目小组，制定工作流程、组织协调项目执行
场馆技术处	×××	场馆技术系统（电视机、打印机、复印机、传真机等）设备及布线协调
信息系统处	×××	IT 服务及重要设备规划协调
信息系统处	×××	ADMIN 系统，VEM 软件
信息系统处	×××	GMS 系统专家
成绩系统处	×××	媒体、成绩和运动专家
成绩系统处	×××	传真/复印/打印设备规划标准
通信处	×××	通信服务及重要设备规划协调
通信处	×××	移动通信规划标准
源讯	×××	IDS，OVR，系统集成规划
源讯	×××	部署及安装规划

2. 各业务口联系人

奥组委其他各业务口联系人是各个业务部门指定的负责本业务口所有场馆技术设备分配规划的负责人。TEAP 小组应与业务口联系人密切合作，就该业务口在场馆内每个房间/空间所需的具体技术设备需求进行协商并达成一致意见。

业务口联系人的要求及具体职责如下：

- 作为该业务口具体技术设备分配规划的唯一联络人。
- 根据业务的情况，与 TEAP 小组具体讨论每个场馆的技术需求。
- 发现该业务口技术设备分配规划的具体问题，并与 TEAP 小组讨论、协调。
- 与场馆技术经理（VTM）和本业务口的场馆代表协同工作，加深对具体场馆运行的理解，评估技术设备需求。

由于部分业务口不是大量技术设备的用户，它们的技术设备配置标准可以在示范场馆工作中达成一致，并推广到所有场馆而无须反复协商，因此这些业务口可不设业务口联系人。

对于奥运村、MPC 和 IBC 等非竞赛场馆，场馆技术团队、TEAP 小组和技术部具体处室应协同工作，制定完成的技术设备分配规划工作。

3. 场馆技术团队

场馆技术团队负责维护每个具体场馆/竞赛项目的详细技术设备分配规划的实施工作。场馆技术处和 VTM，都不具备批准设备申请和变更的权力。

场馆技术团队的具体工作职责如下：

- 对于所有场馆/竞赛项目，都应确定与 TEAP 小组的联系人。
- 评估所有场馆具体设备需求，按要求向设备分配规划小组提出建议。
- 与各个业务口的场馆代表确定技术设备的具体安装位置。
- 维护与更新各场馆技术设备清单。
- 发现由技术部和业务口制订的指导原则不适用的例外情况，并将问题提交到 TEAP 小组解决。
- 负责技术设备的场馆实施计划，包括配送、安装和用户接收。
- 技术设备在用户接收后的安装确认与资产管理。
- 在测试赛后就场馆技术设备分配和使用的实际情况向 TEAP 小组提出本场馆技术设备分配的优化建议。
- 在技术变更阶段确认用户变更并签发变更申请。

4. 技术部各处室以及相关合同商

技术部的信息系统处、通信处和场馆技术处以及各个领域的合同商（源讯、欧米茄、三星、松下、中国网通、中国移动等）负责控制各自服务的服务水平定义、详细系统设计以及基础设施规划，这些都与技术设备分配规划直接相关。任何影响到技术设备分配的服务水平协议或说明的变更，都由技术部的各个处室直接通知给 TEAP 小组。

通信处依据 TEAP 小组最终确认的技术设备清单进行详细的通信网络设计，负责定义所有固定、移动通信设备的类别与编码，并把通信设备和规格的更新或变更及时通知 TEAP 小组。

信息系统处负责所有信息设备的类别定义与编码，并把信息设备规格的更新或变更及时通知TEAP 小组。

场馆技术处负责文件处理设备、视音频设备以及线缆的类别定义与编码，并将更新信息通知TEAP 小组。

5. VEM 开发管理团队

VEM 开发管理团队是信息系统处管理的一个项目团队，它负责技术设备分配规划辅助工具 VEM 的开发与运行管理。VEM 的开发与运行管理应与 TEAP 小组密切合作。具体职责：

- 组织开发并提供 VEM。
- VEM 数据库的技术管理，包括确认系统升级更新和故障管理。
- VEM 用户培训。
- 用户访问权限管理。
- 在 TEAP 小组的指导下对场馆的设备数据库进行整体升级。
- 配合技术部各处、各个业务口以及技术合同商提供技术设备清单报告。

三、需求收集、审核和批准流程

对各业务部门场馆运行时技术设备需求收集的工作开始于 2005 年 9 月，是示范场馆规划的组成部分。在示范场馆规划过程中，TEAP 小组参考了雅典在同类场馆中技术设备的使用情况，形成示范场馆的技术设备基线。通过在示范场馆规划过程中与各业务口的协商，形成了示范场馆的技术设备分配规划清单。结合示范场馆经验以及雅典奥运会技术设备使用情况，TEAP 小组可以形成北京奥运会的技术设备基线。

该基线需要经过正式的审核流程进行修订，这个流程由技术部集中管理和控制。为了得到一个既可以满足各个业务口运行需求，又不超出技术预算的技术解决方案，该流程需要反复多次。这个流程是一个交互式工作流程，包括四个步骤。描述如下：

1. 步骤 1——业务部门技术设备基线的修订

技术设备基线包括大多数场馆所通用的支持某种运行或业务的技术设备需求。该需求是整个技术设备基线中比较稳定的部分，在基线形成之后改动较少。奥运会竞赛项目所特有的需求是指某个场馆或某个竞赛项目特殊的需求，它也是技术设备基线的一部分。

因此通用的技术设备需求可以进行如下的标准化：

- 对于固定设备，根据场馆内的标准空间和房间进行标准化。
- 对于移动设备，根据标准的岗位进行标准化。

通过参与场馆运行规划协调会议，技术部不断修订各业务部门的技术设备基线以便准确地反映每个场馆的功能区域的运行需求。

2. 步骤 2——业务部门技术设备需求会议

技术专家、TEAP 小组的负责人与业务部门联络人之间会组织专门会议，对所有场馆的技术设备基线以及竞赛项目的特有需求进行讨论。需要时，重要的 TEAP 小组的成员会被要求参加会议。业务部门技术设备需求会议有如下的成果：

- 确认该业务部门所有场馆的技术设备基线。根据需要标明修改或特殊的例外。
- 确认竞赛项目的特殊需求。

业务部门技术设备需求会议的形式，计划以及与会者由 TEAP 小组统一协调。

3. 步骤3——数据输入和场馆确认

根据业务部门技术设备需求会议的结论，修改后的技术设备基线（清单）提交给场馆技术团队，并由其更新各自场馆的技术设备数据库。TEAP小组和业务部门联系人会在需要时协助场馆技术团队来确认每个场馆中设备的数量和位置。

- VTM根据场馆的实际空间确认设备的分配。
- 将所有的设备以"Request"状态录入到数据库中。
- VTM应该提出任何可能的缩减技术设备规模的建议，比如在功能区域之间共享设备以降低场馆对技术设备的需求。

4. 步骤4——审核和批准

第一版、第二版以及最终版的技术设备需求报告，由财务部审核预算后，交奥组委领导审批。

审批通过后，TEAP小组会根据审批结果核准场馆/业务部门技术设备的分配，并通知各业务口联系人。

- TEAP小组发布审核结果，管理员将数据库中的设备申请更新到"已审核"状态。
- TEAP小组应通知场馆技术团队和业务部门设备申请状态更新。
- 设备在场馆安装并且用户签收后，VTM或VTM助理负责更新设备状态到"已安装"。

四、关键时间点

北京奥运会、残奥会技术设备分配规划和管理工作的关键时间点如表6-2所示：

表6-2　TEAP工作关键时间点一览表

序号	任务	描述	完成时间	
2005年				
1	技术设备分配规划组（TEAP）成立	接受明确的责任和任务，TEAP小组成立	2005年8月30日	
2	编写项目核心文档	根据雅典的资料，编写《技术设备需求管理流程》及《技术设备通用产品代码》，对VEM系统进行需求分析，形成需求文档	2005年9月10日	
3	形成示范场馆技术设备基线	结合雅典同类场馆技术设备分配情况与北京情况，形成示范场馆技术设备分配规划基线	2005年9月10日	
4	工作流程审批	将《技术设备需求管理流程》报奥组委领导审批	2005年9月	2005年11月
5	形成示范场馆技术设备分配规划	与核心业务口举行会议，讨论示范场馆技术设备基线。更新基线，形成示范场馆技术设备分配规划（与主要业务口达成一致意见）	2005年9月20日	2005年10月26日

序号	任务	描述	完成时间	
2006 年				
6	形成各场馆技术设备基线	结合雅典技术设备分配情况与示范场馆经验，根据场馆规划进度形成北京各主要场馆技术设备分配规划基线，起草竞赛场馆业务口分配标准	2006 年 07 月 15 日	2006 年 9 月 15 日
7	与各业务口的会议	依据具体的场馆规划进度，与各业务口举行会议，讨论技术设备基线	2006 年 9 月 15 日	2006 年 11 月 24 日
8	更新场馆设备计划	更新场馆设备数据库	2006 年 11 月 24 日	2006 年 11 月 30 日
9	形成第一版技术设备分配规划报告（草案）	技术设备分配规划第一版定稿	2006 年 11 月 30 日	
10	审核发布稿	各业务口对第一稿（含分配原则和工作流程）进行研提后报奥组委领导审批	2006 年 12 月 1 日	2006 年 12 月 8 日
11	技术设备分配规划 TEAP1.0 发布	针对场馆的设备数量 1.0 版定稿，通过后，使用变更管理来控制	2006 年 12 月 15 日	
2007 年				
12	测试赛技术设备分配规划审定	根据测试赛的需求与场馆情况，调整技术设备配置计划。根据实际需求、预算以及网络设计确定设备数量	2007 年 2 月	2007 年 4 月
13	测试赛技术设备分配规划批准	与测试赛管理部门以及技术合同商就技术设备的提供与服务达成一致	2007 年 4 月	2007 年 5 月
14	VEM 系统验收	对设备需求规划管理系统 VEM 进行用户验收，并开始试用	2007 年 10 月	
15	完成媒体部门设备规划	根据测试赛，和媒体运行部门确定了媒体在各场馆所需的技术设备规模和分配计划	2007 年 10 月	
16	和国际体育单项协会（IF）签订备忘录	与各 IF 讨论，并基本按照技术部的建议确定了在场馆的技术设备分配规划，各 IF 标准基本一致，个别有所不同	2007 年 12 月	
17	场馆技术设备分配规划 TEAP2.0 发布	第二版场馆设备数量，在第一版的前提下综合新的需求、测试赛的成果和残奥会计划等其他因素修改形成的版本	2007 年 12 月	
2008 年				
18	确认 BOB 设备需求	经与 BOB 谈判，确认了 BOB 在各竞赛场馆和 IBC 的技术设备需求，补充到 TEAP 计划中	2008 年 2 月	

续表

序号	任务	描述	完成时间
19	TEAP3.0 发布	奥运会与残奥会最终技术设备规划的确认。得到所有技术需求，并与业务部门达成一致。所有技术设备准确定义到位置或职位	2008 年 4 月 1 日（受收费卡进度和 BOB 需求变更影响较大）
20	正式实施严格的变更流程	按照领导批准的变更管理流程严格控制技术设备分配规划的变更	2008 年 4 月 1 日后

第三节 变更管理

有效地变更管理是技术设备规划执行过程的重要部分，是需求控制的一个基本要素，确认变更需求必须经过对目前场馆计划和设计的恰当分析。技术上要具体评估变更需求对基础结构和网络设计方面的影响。

变更管理应针对场馆内特定的设备和服务，而不是场馆整体。设备需求的批准是渐进的，任何一个场馆都不会在第一次需求审核之后就确定所有技术设备的清单。因此技术设备需求的变更管理与审批，会同时涉及需求的更改和增加。

业务部门的需求变更流程在第一版技术设备分配规划报告发布之后启动，在第三版技术设备分配规划报告发布之后，技术部必须严格控制技术设备需求的变更。

一、技术需求的变更

业务部门需求变更主要来源于两条途径，从业务部门场馆代表反馈给 VTM，或直接从业务部门反馈给业务口联系人。不管变更需求从哪里来的，所有的需求都应该最终发给 TEAP 小组。以下是需求变更的标准流程（该流程与各个业务部门达成一致）：

- 所有需求变更必须形成书面文件，递交给业务口联系人或 VTM，应书面描述要求变更的内容及其必要性。
- 业务口联系人或 VTM 将需求变更单传真发给 TEAP 小组（赛时发给技术运行中心变更控制经理），并可以补充说明可以供 TEAP 小组评估的背景材料。

二、变更需求的审核

TEAP 小组负责管理变更需求的审查，所有需求的变更都必须由以下人员评估：

- VTM
- 技术部相关处（包括信息系统处、通信处、场馆技术处等）
- 负责该业务的技术合同商

TEAP 小组应充分考虑审查人的评估意见。在必要的时候，需求变更可能由技术部领导做出最

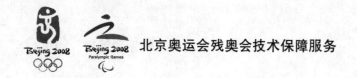
后的结论。TEAP 小组应在综合考虑评估意见、技术预算和时间进度的基础上做出结论。需求的变更应依据以下标准进行评估：

- 评估客户实际需求。
- 考虑给场馆设计方面带来的影响，特别是在机电设计和网络设计方面。
- 终端设备/服务是否能够提供。
- 实现变更的时间限制。
- 给技术运行支持、工作人员、服务水平协议、经费预算等各方面带来的影响。
- 在上述原则基础上，竞赛和媒体服务业务口的需求应予以优先保证。

三、需求变更的批准或驳回

1. 变更审批模式

技术部采取分级管理模式的方式对需求的变更进行批准或驳回。TEAP 小组负责把最后的结果通报给相关申请人。分级管理方式如下：

- 技术设备分配规划小组依据评估意见，在场馆配置标准范围内，可在技术设备分配规划小组层面批准。
- 超出场馆配置标准范围，但在技术预算控制范围之内的部分，由技术部领导审批变更。
- 如变更需求超出技术预算范围，该类变更由技术部审核，奥组委主管领导批准需求变更和调整预算。

2. 赛时实际变更

第三版技术设备分配规划自 2008 年 4 月发布之后，到赛时经历了约 1000 项变更，变更主要出现在 2008 年 5 - 6 月，到了赛时变更数量逐渐减少。

2008 年 6 - 8 月份技术团队处理的变更统计数据如下：

（1）变更数量日分布图（2008 年 7 - 8 月）

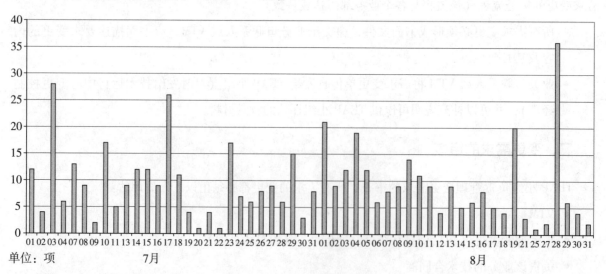

图 6 - 2　变更数量日分布图

（2）变更内容分布图（2008 年 7 - 8 月）

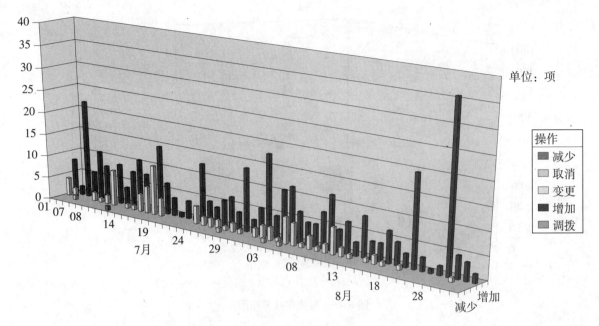

图 6 - 3　变更内容分布图

（3）变更按场馆分布图（2008 年 7 - 8 月）

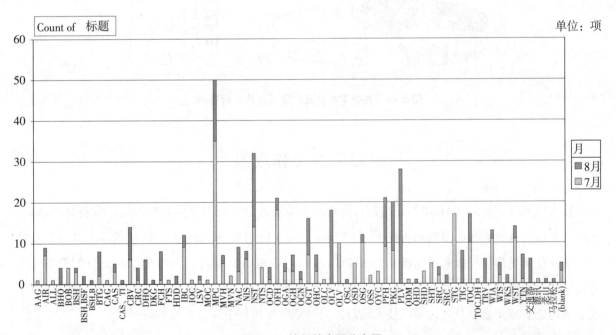

图 6 - 4　按场馆变更分布图

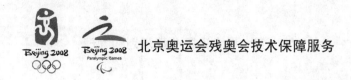
（4）变更审批分布图（2008 年 6 – 8 月）

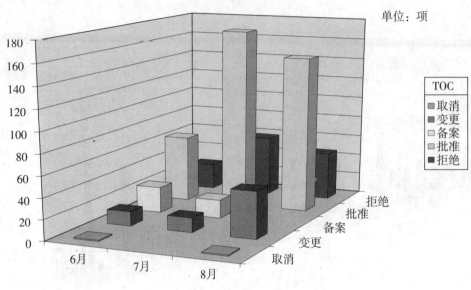

图 6 – 5　变更审批分布图

（5）各处审批变更数量（占比）分布图

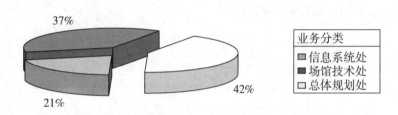

图 6 – 6　各处审批变更数量（占比）分布图

第四节　工作成果

技术设备分配规划（TEAP）小组制订完成了北京奥运会和残奥会赛时场馆技术设备分配规划，共收集奥运会赛时和测试赛期间所有 50 余个场馆、每个场馆近 30 个业务口的技术需求共约 6 万台套。结合往届奥运会经验和国际奥委会的建议，TEAP 小组所制定的合理的技术设备分配策略，成为控制技术预算的有效手段。在工作中，TEAP 小组采取了务实的态度和灵活的策略，不但保障了北京奥运会、残奥会以及测试赛的技术运行，同时成功地控制了技术预算的规模。

一、综述

总体而言，由于技术部 TEAP 项目组在项目开展之初认真研究了往届奥运会各场馆和各业务口的设备配置方案做到了"知其然"，同时也研究了各业务口的运行过程中为什么需要这些设备，还做到了"知其所以然"，因此技术部提出的分配方案基本符合最终奥运会的实际情况。然而在业务部门提出技术设备分配需求的初期，由于对技术设备如何保障本业务口的运行并不是非常了解，所以经常提出一些"天文数字"。经过技术部各个处室负责同志和 TEAP 项目组长期不懈地与各个业务口沟通，通过采用各种有效的方法和策略，最终使大多数业务口的技术需求都向技术部的分配方案靠拢，达到了 TEAP 工作的最终目的。

二、控制重点业务口的需求

在正确指导思想的基础上，经过 TEAP 项目组成员的共同的努力，最终实际分配的设备数量大大少于各业务口最初提出的需求，以办公电脑为例，办公电脑的实际配备数量比各业务口最初需求数量减少一半左右，稍多于雅典的数量。再以国际体育单项协会（IF）的技术设备需求为例，相关业务口提出的 IF 设备配置方案中，为 IF 主席、秘书长、秘书处、技术代表、裁判及国际技术官员等房间都配置了办公电脑和打印机等设备，而技术部的建议方案中的设备总量仅为需求方案的三分之一。在如此巨大的差距下，TEAP 小组与每个 IF 进行了多次反复的沟通，详细介绍设备功能和使用模式。最终技术部的设备分配方案得到了所有 IF 的理解和认可，最终既满足了 IF 的需求，又节约了技术设备预算。

三、根据需求的变化调整策略

技术部根据本届奥运会的特色，适当调整了办公电脑和运动会网电脑的比例。由于信息技术和互联网的发展，2008 年北京奥运会所处的网络技术环境和雅典已发生了很大变化，能接入互联网电脑的需求大大增加，而运动会网电脑（主要为 INFO 2008 终端，能访问奥运专用信息系统，但无法访问互联网）需求数量逐步下降，场馆许多业务口提出希望将 INFO 2008 终端更换为办公上网电脑的需求。技术部根据上述需求的变化，积极调整策略，在电脑总量不变的基础上，将适量的运动会网电脑调整为办公网电脑，适应了当前的新形势和新变化，以务实和灵活的态度满足了更多客户的需求。

四、采用灵活的分配方法

技术部以往届奥运会技术分配数量为基础，结合北京奥运会的实际情况，实施了总量控制基础上的灵活分配原则，即 TEAP 小组确定分配给每个业务口的某种设备的总量，由各业务口在不突破总量的基础上自行指定该种设备在各个场馆的具体分配方案。采用这种策略分配的设备包括：场馆媒体中心的 INFO 2008 终端，大屏幕电视机、付费电话和付费宽带线路；为 ONS（奥林匹克新闻服务）部门的 INFO 2008 内容编辑系统终端、办公电脑和电视机，为 BOB 提供的打印复印设备；为医疗、注册、人事和志愿者等部门提供的 GMS 系统终端计算机。最终，上述业务口的设备分配方案不仅满足了奥运会运行的需要，同时完全将设备总量控制在预算之内，形成了双赢的结局。

第七章　信息服务

　　信息服务的目标是提供符合奥运会、残奥会要求的运动会管理信息系统，提供符合北京奥组委日常办公要求的组委会管理信息系统，并为奥运会所有的信息和成绩系统提供硬件平台和运行测试环境。在奥运会赛前和赛时，信息服务的任务是将所有信息和成绩系统的硬件设施部署到所有场馆，并提供现场运行和技术支持服务。

第一节　概述

一、背景

　　计算机及相关技术的快速发展和应用使信息系统逐渐成为支撑现代奥运会高效运行、保障奥运会成功举办的关键因素之一。科技的发展及其成果在奥运史上已经创造了多个"第一次"。1912 年瑞典奥运会首次采用电子计时器和终点摄影；1936 年柏林奥运会首次实现电视转播；1964 年东京奥运会实现了用通信卫星全球转播比赛实况，并第一次利用计算机和电动装置来协助裁判；1972 年的慕尼黑奥运会实现了电子技术在奥运会上的全面应用；从 1984 年洛杉矶奥运会以来，大型信息系统更是在奥运会系统中开始占据了越来越重要的地位；1996 年亚特兰大奥运会实现了计算机网络系统下的比赛组织管理系统；2000 年的悉尼奥运会更是被称为最"e"化的奥运会，这届奥运会建立了以管理信息服务、竞赛服务、信息检索为核心的奥运会信息服务框架，这一技术服务框架在 2004 年雅典奥运会、2006 年都灵冬奥会及 2008 年北京奥运会中都基本相同。

　　广义来讲，奥运信息技术服务包括在奥运会中所采用的所有信息技术服务，包括运动会管理系统（Games Management System，GMS）、计时记分系统（Timing & Scoring System，T&S）、现场成绩系统处理系统（On Venue Results System，OVR）、信息发布系统（Information Diffusion System，IDS）、组委会管理信息系统（ADMIN）、互联网系统（Internet）、残奥会系统（Paralympics）等。在北京奥运会，其项目管理方式、运行流程、质量控制策略等基本类似，除互联网外的基础架构更是统一设计、统一部署的。因此，在本章中，对所涉及信息系统的项目管理、运行流程、质量控制策略、基础架构做出概要描述。

　　根据系统的合同商、系统特点、在奥组委技术部内业务处室划分的不同，奥运信息技术服务又可分成狭义的奥运信息服务（包括运动会管理系统、组委会管理信息系统）、成绩服务（包括计时记分系统、现场成绩系统处理系统、信息发布系统）、互联网系统和残奥会系统。其中运动会管理系统、组委会管理信息系统（狭义奥运信息服务）在本章中做详细介绍，在本书第八章中对成绩服务做了单独描述，互联网系统的更多内容请参照本书第十三章，残奥会系统的更多内容请参照本书第十五章。

根据项目实施的不同阶段，在第八节给出了三个案例，分别描述了项目规划期、建设期及运行期以及应急事件处理的案例分析。

二、奥运会信息技术服务的风险和应对

根据国际奥委会（IOC）的要求，奥运会信息系统核心系统由 IOC 外包给合作伙伴，主要继承自往届奥运会。主办国则面临以下风险：没有大型运动会组织经验、各部门对需求不明确等需求风险；奥运会系统结构复杂、可靠性要求高、规模大、用户多等技术风险；以及涉及合同商多、周期长等项目管理风险。

为此，技术部在北京奥运会信息系统建设的早期就提出了一系列要求，包括：

- 加强项目管理，严格立项审查、引进项目监理、引进第三方测试。北京奥运信息技术项目主要分为两大类，一类是 IOC 有明确要求和规定、由国际奥委会全球合作伙伴（TOP）完成的项目，如计时记分系统（欧米茄公司）、GMS 系统（源讯公司）等。其主要特点是合作伙伴、服务内容已经确定，主要继承自往届奥运会，并在往届奥运会成果基础上进行本地化变更（即差距分析）。对于这些项目，工作重点是前期的需求分析、差距分析及后期的测试。另一类是由北京奥组委独立承担建设的项目，如组委会办公系统、互联网系统等，这些项目则执行了严格的项目管理流程。

- 提出了"同一个任务、同一个团队"（One Task，One Team）的口号，并始终贯彻在筹办工作的各个阶段中。使为奥运技术服务的所有工作人员、合同商为了同一个目标，真正成为一个团队，互相配合、通力合作。

- 尽早开始需求调研等工作，技术工作先行一步，以适应奥运会信息技术服务的特点。信息技术服务有其自身的建设特点，而国际化项目外包更使得项目后期再进行变更的代价极大，因此在项目早期，技术部就花费了大量的时间、资源，了解、分析奥运会信息服务内容及特点，协助各业务部门理清业务流程，准确的定位服务需求，并确定项目联系人，长期和业务部门及开发商协调，保证服务的连续性。

正是由于这些要求和努力，北京奥运会的信息技术服务团队在北京奥运会筹办到赛时的近 7 年时间里，圆满完成了自己的任务。

三、服务对象

奥组委信息技术服务的对象包括奥组委各业务部门；奥林匹克大家庭成员，包括贵宾、运动员、广播和新闻记者、各级赞助商、现场观众、互联网浏览用户等。

系统的直接用户包括奥组委所有工作人员、相关系统的操作人员、现场评论记者、注册媒体记

者等。

四、信息服务总体架构

如图 7-1 所示，北京奥运会信息系统包括运动会管理系统、计时记分系统、现场成绩处理系统、信息发布系统、组委会管理信息系统、互联网系统、残奥会系统等几大部分。

其中，运动会管理系统面向北京奥组委，帮助组委会在奥运会的筹备和举办过程中，完成赛事相关的组织和管理工作，涉及注册制证、运动员报名和资格审定、住宿管理、付薪人员和志愿者管理、交通及医疗管理，以及奥运会贵宾抵离和礼仪服务等内容。运动会管理系统的开发和集成工作由源讯公司负责。

测试与维护	系统安全	系统集成						系统管理	残奥会信息系统
		计时记分系统	现场成绩处理系统	信息发布系统	互联网系统	运动会管理信息系统	组委会管理信息系统		
		操作系统和软件平台							
		硬件平台							
		网络基础设施							

图 7-1 奥运信息系统总体框架示意图

计时记分系统是赛时系统，由测量和采集比赛成绩的一系列软硬件如计时器、记分牌等，以及专业布线系统组成，是奥运会所有比赛成绩的信息源。

现场成绩处理系统负责接收由计时记分系统以及数据统计系统提供的原始信息，根据竞赛规则进行计算，计算现场综合成绩和排名，形成成绩报表并将结果发送到现场记分牌、电视图像、打印分发系统以及中央信息发布系统等。

信息发布系统将根据所存储的数据，为现场评论员提供实时的成绩信息和竞赛日程等信息，并进行信息的打印和分发，为注册的用户提供信息服务，为其他新闻媒体提供必要的信息。包括评论员信息系统（Commentator Information System，CIS）、INFO 2008 系统、互联网数据输入系统（Internet Data Feed System，IDF）、成绩数据输入系统（Result Date Feed System，RDF）、打印分发系统（Print &Distribute System，PRD）和中央存储系统（Central Result Storage，CRS）等。

计时记分系统、现场成绩处理系统以及信息发布系统在北京奥运会中统称为成绩服务，在第九章中将做详细介绍。欧米茄公司负责计时记分系统、现场成绩系统、成绩字幕电视图像系统、实时显示系统，以及公共记分牌显示等；源讯公司负责信息发布系统；新奥特公司负责提供场馆图像大屏的中文成绩信息图像。

组委会管理信息系统为奥组委各业务部门服务，提供日常办公活动的支持。与大多数奥运服务只支持赛时服务不同，组委会管理信息系统投入运行最早、服务时间最长（第一期项目 2003 年即投入使用，奥运会后系统等仍在使用）。ADMIN 系统由北京奥组委承担建设，涉及国内多家优秀的计算机服务公司，在建设过程中均采用了严格的项目管理过程，取得了很好的效果，除人员招聘及注册数据流程管理两个系统外，其他 22 个系统参与了奥运会及残奥会的赛时运行。

互联网系统主要提供奥运官方网站（www.beijing2008.cn）的建设和服务，搜狐公司在2005年底成为互联网赞助商。

北京残奥会是规模最大的一届残奥会，为此技术部在2005年开始成立了专门的残奥会技术项目团队，各业务处室协调工作，在残奥会历史上首次提供了"信息无障碍"服务，先后有央视等多家媒体进行了信息无障碍服务的相关报道，受到了运动员、观众等多方赞誉。残奥会的信息服务由源讯公司负责，为控制整体预算，并引入国内技术力量参与奥运，为国内体育信息产业发展增添了宝贵经验，指定北京体育科技公司分包部分合同。

操作系统、软硬件平台、网络基础设施等在北京奥组委信息服务中通称为基础设施，是整个信息系统的基础，其服务对象是上层的业务系统，即成绩服务、GMS服务、ADMIN服务、互联网服务、残奥会服务等。主数据中心、备份数据中心、集成实验室等均属于基础设施。

系统集成商源讯公司负责整体架构的规划定义并实现有效集成。

五、奥运信息技术服务合作伙伴

奥运会信息技术服务涉及的主要合同商汇总如下：

表7-1　主要奥运信息技术服务合作伙伴一览表

服务项目	服务提供方	服务范围
系统集成商	源讯	奥运、残奥
运动会管理系统	源讯	奥运、残奥
信息发布系统	源讯	奥运、残奥
计时记分系统	欧米茄	奥运、残奥专用
现场成绩处理系统	欧米茄	奥运、残奥专用
互联网	搜狐	奥运、残奥会专用
中文显示	新奥特	奥运、残奥
组委会管理信息系统	多家国内公司	
残奥会运动员报名资格审查系统	首信公司	残奥
残奥会成绩转换系统/远程打印	北京体育科技公司	残奥会专用系统
系统基础架构硬件	联想、网通	奥运、残奥
桌面电脑及服务器	联想	奥运、残奥
桌面打印机及其相关服务	联想	奥运、残奥
系统软件/办公软件	微软	奥运、残奥
数据库管理系统	甲骨文/SUN/微软	奥运、残奥专用

第二节　基础架构

奥运会信息系统基础架构是整个信息系统的基础，其服务对象是上层的业务系统。信息基础架构主要包括两大部分，一是系统架构及硬件平台，包括运动会网和管理网的架构及其支撑设备，应用系统软硬件设备等；二是信息系统基础设施，包括主数据中心、备份数据中心和集成测试实验室等。

一、网络体系结构设计

1. 网络设计原则

奥运会信息系统所基于的网络包括运动会网（GAMES 网）和管理网（ADMIN 网）。现场成绩处理系统、IDS 和 GMS 等与奥运比赛直接相关的应用系统都位于 GAMES 网；而 ADMIN 网主要承载奥组委办公系统、邮件系统、人事、物流、财务管理等各种管理应用系统。

运动会网承载了奥运会的比赛核心系统，是所有奥运信息网络中最重要的部分，因此它在各个方面的设计、建设、运行都需要得到最可靠的保证，以确保安全、高可用性、高性能、可管理、易操作等特性。

（1）安全

奥运会是向全世界公开的实时赛事，技术环境可能受到恶意攻击。因此，运动会网络将安全作为一个关键的因素加以考虑。

（2）高可用性

运动会网络必须达到 7×24 的服务质量等级并且不能出现瘫痪的情况。因此，运动会网络的设计必须重点考虑以下因素：冗余、备份和故障恢复，经过测试和验证的构架、流程和灾难恢复的解决方案。

（3）高性能

实时的数据分发对于奥运会是一个关键因素，网络设计必须确保足够的网络带宽，同时保证遇到突发的流量拥塞时网络不会出现意外。

（4）可管理性

管理职责明确，以保证在需要的时候有快速的反应，网络设备配置和管理流程标准化可以极大地减少管理过程中的错误、故障和开销。

（5）易操作

运动会网络设计要提供能够简化网络结构，实现易操作和易管理的解决方案。

2. 场馆分类

从网络设计的角度，对场馆要进行分类，因为并非所有的奥运场馆都对数据网络有同样的服务等级要求，因此运动会网络设计将具有相似需求的场馆分成一类。分类的标准如下：

表 7-2　网络体系结构设计——场馆分类

A 类	包括对带宽和可用性有高要求的非竞赛场馆，如 PDC，SDC，MPC，IBC。均用于中央数据处理。每一个场馆的网络设计都是特殊的
B 类	对网络带宽和服务质量有高的要求。将配置冗余的交换机、广域网线路和高冗余性的局域网。所有的竞赛场馆以及一些具有较高公开度的非竞赛场馆都是 B 类

C 类	具有较低公开度的非竞赛场馆。它们需要安装的设备数量比较少，因此对于网络带宽的要求比较低。这些场馆只配置一台交换机，但是有冗余的访问广域网的线路。场馆中的局域网没有高等级的冗余度
D 类	这些场馆是公开度很低的非竞赛场馆。场馆中只安装少量的设备，对于网络带宽的要求也比较低。这些场馆有冗余的访问广域网的线路。场馆中的局域网没有任何的冗余设计

3. 广域网设计

广域网是具有两个主节点的环形网络，两个主节点分别是主数据中心（PDC）和备份数据中心（SDC）。下图 7－2 给出了广域网的设计方案。

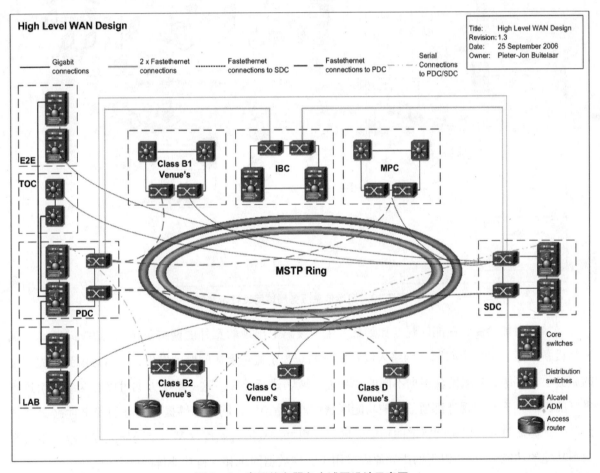

图 7－2　奥运信息服务广域网设计示意图

根据灾难恢复策略，所有的应用都位于主数据中心（PDC），在发生灾难的情况下，所有的服务都使用备份数据中心（SDC）的备份系统。从广域网设计来说，主数据中心和所有场馆的网络交互机都采用冗余设计，中间通过中国网通提供的广域网线路连接。

除主用线路外，各个主要的竞赛和非竞赛场馆分别有两条冗余的线路连接到数据中心，一条到 PDC，一条到 SDC。

4. 局域网设计

局域网设计是指各个场馆内的网络设计，对于所有竞赛场馆和主要非竞赛场馆，网络的设计都是完全冗余的，所有应用系统连接的网络设备都是两条线路，包括上联数据中心的线路也是两条冗余线路。

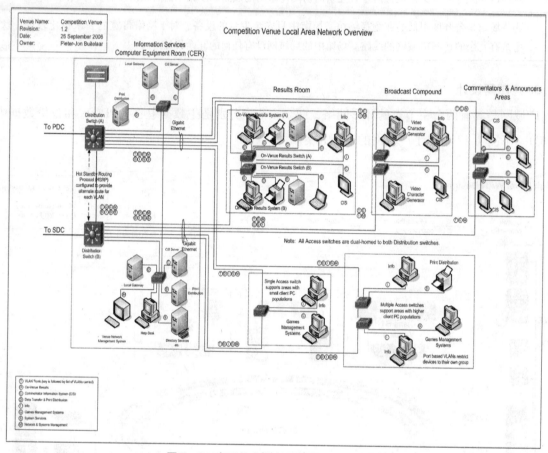

图 7-3　奥运信息服务局域网设计示意图

　　局域网可能会受到性能问题（比如某一主干线路上出现的意外的网络负载），功能问题（比如网络设备故障）和安全问题（网络入侵）的影响。为了避免上述问题的发生，同时考虑到事先定义的服务质量等级，局域网会根据不同的"功能区域"进行分段。这一解决方案可以对网络通信进行更好的控制（避免出现外部通信影响功能区域性能的情况），同时能够提供更好的安全性（只有被认证的数据流量才可以访问特定的功能区域）和更好的故障容忍度（某一个功能区域的故障不会影响到其他的功能区域）。以下的指导原则被用于实现数据网络和支持功能群的概念：

- 在每一个功能组内，某些系统之间需要共同的协调，不同功能组的机器之间不允许有大范围的通信。
- 出于安全性的考虑，功能（安全域）组之间的通信要严格控制。
- 功能组内的通信要进行控制。
- 为了将构建网络所需的设备数量最小化，技术部采用虚拟局域网（VLAN）的技术实现功能组（安全域）。
- 竞赛场馆对于网络的需求是最特殊和复杂的，其他场馆的局域网拓扑一般来说就是竞赛场馆方案的简化。

每个场馆内都通过确保没有单点故障来提供高等级的可用性。比如，如果边界交换机出现了故障，将会影响连接到这一交换机的终端机器的网络访问。当然对于像 OVR 这样的关键系统，都配置了连接到不同交换机的 A 系统和 B 系统来确保连续的运行。

二、应用系统架构设计

1. 运动会管理信息系统架构

根据技术实现方式，GMS 的应用在架构实现上主要分为两类：WEB 应用架构（B/S 架构）和客户及服务器（C/S 架构）架构。

雅典奥运会的 GMS 子系统均为 C/S 结构，本届奥运会 GMS 子系统中，ACM 和 SIS 等子系统为 C/S 结构，其余子系统均为 B/S 结构。采用 B/S 结构，一方面减少了 GMS 计算机终端的类型定义并降低了 GMS 客户端软件部署的复杂性；另一方面，系统的易用性和功能界面的友好性得以大大提高，使得用户在使用系统时更容易上手，提高了工作效率。

GMS 的硬件服务器总体上分为数据库服务器、应用服务器、域名服务器。其中应用服务器包括 WEB 服务器和接口数据传输服务器；域名服务器负责 GMS 网络内的机器名字解析和用户权限、登陆认证等。各子系统根据应用类型和应用负载的不同以及应用之间的逻辑联系，被放置在不同的硬件服务器上。

所有服务器均为双机热备方式，应用服务器使用负载均衡设备，可以有效分担服务器之间的用户访问流量；数据库服务器为集群结构，能够高效、可靠运转。

- C/S 架构基本采用两层系统构架，应用客户端（包含业务规则）访问后台数据库来存取数据，大多数的 SQL 代码都被内嵌在可执行的系统应用程序中。某些业务规则（SQL 代码）以存储过程的形式在服务器端运行，如图 7-4 所示：

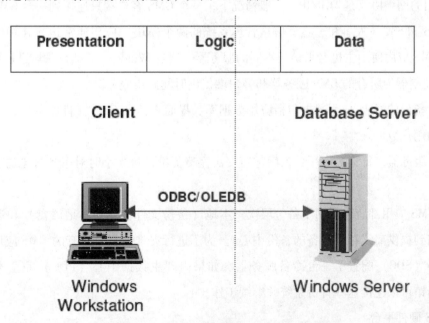

图 7-4　应用系统架构设计——C/S

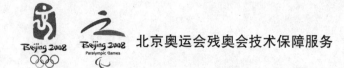

- B/S 架构采用三层构架，客户端和服务器负责功能的执行，而业务逻辑包含在中间层。三层结构将业务功能的每一个主要部分隔离开来，所以表现层独立于运行规则和业务逻辑，而运行规则和业务逻辑则与数据分离。这种模型需要进行大量的前期分析和设计，但是能够降低长期运行时的维护开销并且提高系统的灵活性和可扩展性。WEB 服务器运行于业务层，根据需求生成动态页面并将提交的数据存储在数据库中。图 7－5 为 B/S 应用系统架构设计示意图：

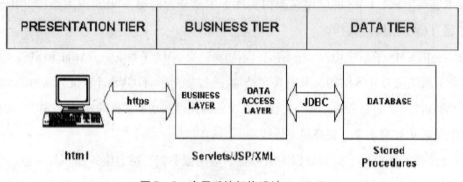

图 7－5　应用系统架构设计——B/S

（1）GMS 监控和系统管理

GMS 应用使用服务器上的 Windows 事件日志来记录错误，可以使用 Windows 的事件查看程序来浏览日志信息。对系统和数据库状态的监控将基于以下的原则进行设计：

- 获得整个系统的全面状态视图。
- 在出现故障的情况下能够自动发出警报。
- 为了实现这些目的，将使用全局监控系统来监控 GMS 中的系统和数据库。

GMS 使用的网络协议是 TCP/IP，一般情况下，一个 GMS 客户端只连接到一台 GMS 服务器，少数的例外。SIS 和 SSC（人事和志愿者信息管理系统的两个模块）应用通常运行在场馆中的同一个客户端上。GMS 应用使用主机名来访问不同的服务器，通过 Windows 活动目录域进行用户认证，通过 PDC 的域控制器为所有的 GMS 服务器和客户端提供时间同步服务。

需要进行备份的 GMS 应用数据包括应用数据库、界面文件及 GMS 文件服务器，以及所有存储在服务器上的用户数据。

对 MSQL 服务器，每天对应用数据库进行一次完整备份，每半小时对事务日志的转储进行一次备份。

每一类 GMS 应用都应包括两个备份层次：本地（备份文件存储在本地磁盘）和远程（备份文件的复制存储到提供离线存储设备的备份中心）。为了进行灾难恢复，所有的 GMS 应用服务器都在备份数据中心（SDC）配置了一台冷备服务器。如果出现主数据中心（PDC）完全不能使用的情况，所有的场馆可以连接这些备份系统并继续工作。

（2）GMS 硬件平台

GMS 的硬件服务器分为数据库服务器、应用服务器、域名服务器，主要采用 PC 服务器。根据应用类型和应用负载的不同以及应用之间的逻辑联系，将各子系统放置在不同的硬件服务器上，如WEB服务器和应用服务器使用低端服务器，数据库服务器则使用中高端服务器。

2. 信息发布系统架构

信息发布系统把场馆成绩信息发送给相关客户，它包括奥运会信息系统中最核心的几个系统，如INFO 2008、CIS和打印分发系统（信息发布系统各系统业务介绍可参见本书"成绩服务"一章），本节对IDS的系统架构进行简单介绍。

（1）CRS，IDF，RDF和PRD架构

CRS，IDF，RDF和PRD应用系统属于基于集中和强化的数据库管理系统的集中型应用，主要设备部署在主数据中心，PRD的打印服务器还分布在不同场馆的打印室里。这些应用要求场馆产生的数据需发送到数据中心区域，因此位于每一个竞赛场馆的本地网关将这些数据通过消息发送给不同的集中型系统（PRD，RDF，CRS和IDF）。

IDF根据事先定义的规则（哪些赛事数据发给哪些客户），将从IDS应用（CRS，INF，LGW）发出的信息路由到不同的网络服务供应商。

RDF使用世界文传电讯联盟（WNPA）的信息格式和通信协议与出版代理进行通信。数据被保存在字符串中，并使用分隔符分隔成数据域。

PRD对将PDF文档分发给分布在不同场馆的打印服务器进行集中管理。PRD接受XML信息并进行分析提取、编码成PDF文档。根据XML消息头中的信息，PRD将把编码好的PDF发送到相应的场馆以进行打印。在这些场馆中，打印服务器会收到报表，然后解码报表并将其发送到本地的打印机。

（2）CIS架构

CIS服务器和CIS客户端被部署在进行不同大项的竞赛场馆以及IBC和TOC（技术运行中心）。综合赛事的信息被发送给位于IBC的称为CIS分发器的集中服务器，CIS分发器将信息路由给已建成的场馆。CIS监视工作站被部署在TOC和所有装有CIS服务器的场馆（竞赛场馆和IBC）。CRS/CIS网关服务器位于IBC，是CRS服务器（位于PDC）和CIS服务器（位于IBC）之间的网关，主要功能是为CIS提供来自CRS的奖牌、天气以及典礼仪式的信息。

（3）INFO 2008架构

INFO 2008是基于WEB的系统，主要显示两类信息：静态信息和动态报表。静态信息存储在INFO 2008的共享文件系统中，而动态报表则根据从中央数据库中获取的信息动态产生。提供WEB访问的前端模块被配置成服务器群，内容交换机在不同的WEB服务器间进行负载均衡，控制着来自客户端的访问。INFO 2008页面生成模块构架在一台独立的服务器上，在生成的网页发布之前对其进行监控。所有的INFO 2008系统都被部署在PDC，提供页面访问的台式终端被部署在有需求的场馆。

3. 现场成绩系统架构

现场成绩系统部署在每个竞赛场馆，用于接收计时记分系统发送来的数据，然后根据相关接口发送给信息发布系统，包括场馆图像大屏、转播商、媒体、INFO 2008和CIS系统等。场馆OVR系

统信息系统数据的来源，在"成绩服务"章节有详细描述，本节简单介绍 OVR 系统的架构。

每一个 OVR 系统都有一个主要配置——称为 A 系统——包括一定数量的服务器、工作站和打印机。每一个 A 系统都有一个备份系统——称为 B 系统，如果 A 系统的关键部件（比如服务器或者计时记分系统的接口计算机）无法工作，B 系统的对应部分会接替它们进行工作。

OVR 基本的技术架构包括 Windows 支持的 C/S 应用，这些应用会访问安装于 Windows 系统的 SQL 数据库服务器。OVR 设备的可用性通过标准监控系统来监控。OVR 系统使用 DNS 进行域名解析，使用活动目录进行用户管理，使用 NTP 进行时钟同步。

除了 A 和 B 系统，OVR 有一个基本应用和计时记分的备份系统，在发生灾难（OVR 的 A 系统和 B 系统都不能工作）的情况下，这一系统能够提供基本的 OVR 数据给图像大屏和记分牌。计时记分设备的提供和支持都由欧米茄公司负责，欧米茄提供公共部件的冷备件，而配置的热备方案满足了对于要求的冗余性（计时设备同时将信息发送给 A 系统和 B 系统）。特定的运动大项会准备多达 3 套的计时记分系统以提供更高的冗余级别。

由于物理条件的限制，除了管理接口的记分牌控制系统，无法为公众记分牌实现冗余设计，记分牌控制系统 PC 采用了冷备的冗余解决方案。

4. 组委会管理信息系统架构

组委会管理信息系统（ADMIN）的体系架构如图 7 − 6 所示：

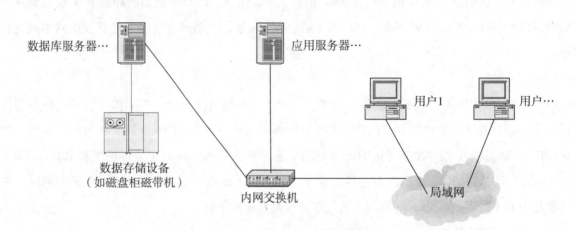

图 7 − 6　组委会管理系统架构图

ADMIN 系统是根据各部门的实际工作需求分别由不同供应商独立开发的辅助办公系统，彼此之间在业务流程及数据上无关联性。对单一系统，部署方式采用两台服务器，一台应用服务器，另一台为数据库服务器，对于服务响应水平要求较高的系统和核心系统则采用两台服务器双机热备，并与磁盘机、阵列等存储设备相连。

根据业务需求与技术规划统一方案，全部系统均采用基于 WEB 的 B/S 结构，除 OA 公文系统操作系统为 LINUX9.0 外，其余系统采用统一软硬件方案，具体如下：

- 操作系统：Windows 2000 Server 或 Windows 2003 Server
- 应用服务器：IIS 或 Tomcat/JBOSS（4.0 版以上）

- 数据库：SQL Server 2000 服务器版
- 客户端：IE 5.5 或其他符合标准的浏览器
- 处理器：Intel Xeon 3.0GHz（800MHz FSB）×2
- 内存：2 GB
- RAID：Hardware Controller SCSI Raid Card（RAID levels0，1，5，10）
- 硬盘：73 GB×4
- 软盘：3.5"
- 网络接口卡：Dual 10/100/1000 Ethernet
- 光盘驱动器
- USB：3×USB 1.0
- I/O ports：1×Serial
- Power Supply：Redundant 1+1 500W
- 机架固定件尺寸：Rack Mount – 2U

三、硬件及配置

奥运会信息系统使用的主要设备包括 PC 服务器、Unix 服务器、台式机和笔记本、网络设备、打印机、复印机等。要保证如此大规模设备的部署和运行工作顺利完成，设备软硬件平台的标准化就显得更为重要。减少设备型号种类并做到标准化，有以下优点：

- 有利于迅速完成硬件测试。硬件设备在选型和投入使用前需要经过严格的测试，这样可以把更多的精力放在软件和应用系统测试方面。
- 减轻资产管理负担。设备部署和运行管理效率得到优化，特别是设备在场馆和物流部门来回运输以及大规模部署的情况下。
- 可以配置合适的设备镜像，用标准化的分发管理软件做好设备的分发和管理。
- 在设备软硬件出现问题时，有助于迅速定位设备，并能很快在几个类型的设备软硬件配置中查找问题，有助于问题的快速解决。

奥运会信息系统使用的硬件设备，数量最大的是基于 IA（Intel Architecture）架构的设备，包括台式机、笔记本和 PC 服务器等。管理网信息系统、运动会网管理系统、现场成绩系统和大多数系统的管理和监控设备都是用 IA 系统设备。

四、系统监控和管理

北京奥运会信息监控系统可以实现对运动会管理系统、信息发布系统及管理网三个信息系统进行监测和管理。

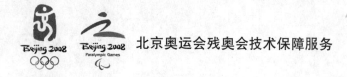

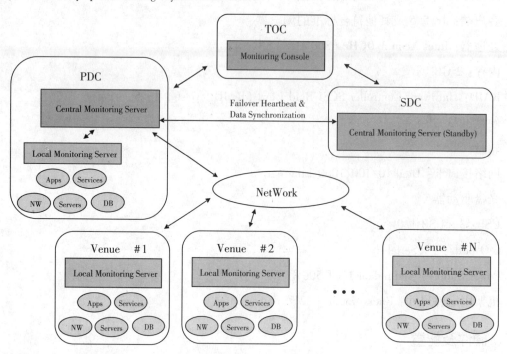

图7－7　信息监控系统体系结构示意图

整个体系结构分成两层：中心管理系统和本地监测系统。两个系统具备不同的展现内容和权限控制，并具备各自的数据存储功能。本地监测系统负责完成主数据中心区域的监测任务。中心管理系统位于PDC，具备冗余能力，保证系统的不间断运行。位于备份数据中心（SDC）区域的备份中心管理系统必须具备双机热备功能。

本地监测系统负责各个场馆和主数据中心区域的本地网络监测和管理，具体表现为：本地监测系统负责对本地网络设备、主机、应用和中间件、业务系统进行监测，并提供本地的数据保存；本地监测系统有独立的管理界面和权限控制，以保证本地管理员在正确获得权限的情况下对本地网络进行管理；场馆信息系统管理人员可根据场馆监控提供关于场馆网络和业务系统运行情况报告。场馆之间从物理网络上是互相隔离的，因此每个场馆都部署一个本地监测系统，并且从管理权限上互相限制，即场馆之间不能互相访问。

中心管理系统负责给技术运行中心提供统一的展现页面，具体表现为，汇总各个场馆被管资源的配置信息、监测性能数据、状态数据和告警数据，并提供所有信息的数据存储；提供了完整的视图来查看和管理所有场馆的网络设备、主机、应用系统和业务系统的运行情况；提供单独的视图来查看和管理各个场馆的网络拓扑情况。

五、数据中心设计

奥运会信息系统全部运行在运动会网上，并位于主数据中心（PDC）。运动会网核心网络设备、GMS系统、IDS系统和系统管理监控等运动网核心设备都位于主数据中心，同时为了保障奥运信息系统的绝对可靠，建设了备份数据中心（SDC），如果在火灾、地震等灾难情况下主数据中心不可用，可以切换到 SDC 恢复业务运行。

1. 主数据中心

数据中心通常是指在一个物理空间内实现对数据信息的集中处理、存储、传输、交换、管理，一般含有计算机设备、服务器设备、网络设备、通信设备、存储设备等关键设备。奥运会主数据中心位于数字北京大厦。

主数据中心由于承载着运动会网的核心网络和系统，是整个奥运会信息系统的心脏。

2007 年 5 月，奥运会赛时规模的主数据中心投入使用，主要设备包括 PC 服务器、INTEL 服务器、UNIX 服务器、网络设备、通信线路接入设备等，各种设备总量两百多台。2008 年 9 月 28 日，北京奥运会和残奥会结束后，主数据中心所有设备被拆卸回收。

机房是主数据中心的基础设施，是为了确保数据中心的关键设备和装置能安全、稳定和可靠运行而设计配置的基础工程。机房工程的建设不仅要为数据中心的系统设备运行管理和数据信息安全提供保障环境，还要为工作人员创造健康适宜的工作环境，因此在设计过程中应考虑的因素包括温度、湿度、洁净度、电磁场强度、噪声干扰、电气安全、电源安全、防水、抗震、防雷击和接地等要求。一般来讲，数据中心建成以后要使用 10－50 年。虽然奥运会主数据中心的全面运行时间实际上只有一年多，而且比赛过后还要拆除，但是机房的各种基础设施要求和条件还是必须做到高标准和严要求。

虽然数据中心建成和全面投入使用是在 2007 年，而实际上由于部分运动会管理系统上线较早，因此小规模的主数据中心从 2005 年初开始就存在了。由于技术团队办公地点的不断变化，数据中心也随之不断搬迁和调整。

（1）早期数据中心

主数据中心的早期设立可追溯到 2005 年。当时运动会管理系统开始测试，住宿系统需要率先投入使用。当时的运动会网主数据中心叫做早期数据中心，只有几台服务器和网络设备。在不到 30 平方米的 ADMIN 机房内安装了一个机柜供运动会网使用，这就是最早的主数据中心。

（2）中期数据中心

2006 年初，技术部的办公地点从青蓝大厦搬迁至奥运大厦，随着系统的逐步建设和测试的逐步展开，主数据中心的规模也在扩大，在奥运大厦按照机房要求建设了一个约 100 平方米的机房，供主数据中心和测试机房共用，这里仍然是早期数据中心，设备量约为赛时运行时的一半。

（3）赛时主数据中心

2007 年 5 月，位于数字北京大厦的数据中心机房建成，所有的设备都从奥运大厦机房搬迁至数字北京大厦，并按照测试赛和赛时的生产环境设备计划进行部署，面积约 300 平方米的赛时主数据中心正式投入使用。

2. 备份数据中心

备份数据中心，又叫奥运会第二数据中心，建设目的是为了在主数据中心发生灾难瘫痪的情况下能正常提供数据服务。对于信息系统而言，灾难是指由于人为或自然的原因，造成信息系统严重故障或瘫痪，使信息系统支持的业务功能停顿或服务水平不可接受且达到一定时间的突发性事件。

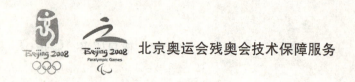

按照往届奥运会惯例，2002 年盐湖城冬奥会、2004 年雅典奥运会和 2006 年都灵冬奥会都建设了备份数据中心。从 2004 年开始，技术部就对备份数据中心的建设进行了论证。从国内的信息产业发展来看，这些年来，国内各级部门越来越重视灾难恢复的重要性，特别是银行、电信和政府核心部门纷纷开始建设灾备数据中心，而奥运会对信息系统的可靠性和实时性要求是最高的，因此北京奥组委技术部和国际奥委会达成共识，确定建设北京奥运会备份数据中心。按照北京奥运会 IT 系统总体计划（Master Plan），备份数据中心要在 2008 年 3 月正式投入运行，随后将进行两次灾备演练。

（1）SDC 选址

灾备分为同城灾备和异地灾备，同城备份数据中心与主数据中心距离一般小于 50 公里，主要是防范与数据中心所在大楼及周边相关的局部灾难，如火灾、断电等；异地灾备与主数据中心距离大于 1000 公里，主要是防范与数据中心所在城市相关的区域灾难，如地震、雪灾、水灾等。从奥运会实际出发，综合考虑成本、可靠性要求和运行维护方便性等因素，技术部决定在北京本地选址建设 SDC。

按照计划，SDC 在 2008 年建成投入使用即可，而实际上 SDC 选址工作从 2005 年就已经开始。SDC 机房的建设有自建、合建和外包几种模式，由于中国网通公司是北京奥运会合作伙伴，数据中心租用是其主营业务之一，因此 SDC 机房就确定从网通租用。从 2005 年开始，技术部和相关合作伙伴考察了不同数据中心地点的备选方案。2007 年 9 月，在技术部与 IOC 技术部第 9 次 PR 会期间，SDC 选址和建设提上讨论议程，会议确定要尽快确定地点并完成建设。技术部经过讨论，认为亦庄数据中心距离主数据中心约 40 公里，地理位置比较适宜，而且机房设施等方面也符合要求，因此最终确定备份数据中心选址在网通亦庄机房。

（2）SDC 建设方案

SDC 机房选址的同时，对 SDC 数据中心的具体架构和建设方案的论证一直在进行中。对于机房设施，由于租用中国网通的数据中心，机房环境、布线、空调、UPS 等基础条件不用过多的考虑。对于数据中心的具体架构和配置方案上，占主流的意见是：沿用往届奥运会惯例，备份数据中心和主数据中心设计完全一样，这就意味建设一个和主数据中心可靠性和冗余性完全相同的数据中心。在技术部领导的推动下，信息系统处基础架构组对此进行了详细论证，对于 SDC 具体架构进行了分析。SDC 作为一个备份中心，只使用不到半年的时间，应尽可能考虑如何在保证可靠运行的情况下节省成本。最终信息系统处建议把备份数据中心设备的冗余性减少，取消备份数据中心内部的双系统方案，只保留和主数据中心配置相同的一套系统。这样在主数据中心发生灾难瘫痪的情况下，备份数据中心仍然保证同样的业务处理性能。作为灾备中心，这样的设计是可以接受的。

最终备份数据中心的网络核心设备只采用了一台设备，用于运动会管理系统的 PC 服务器和用于信息发布系统的 Unix 服务器减少了约一半，这样对机房空间和配套设施的要求也就相应减少。经过这次专业化的评估分析和对设计方案的改进，为组委会节约了数百万元的资金。

（3）灾备演练

备份数据中心工作虽然按照计划展开，但是任何人都不希望备份数据中心真正投入使用。然而建设备份数据中心的目的是为了灾难恢复，是将信息系统从灾难造成的故障或瘫痪状态恢复到可正常运行状态，并将其支持的业务功能从灾难造成的不正常状态恢复到可接受状态。灾难备份是为了灾难恢复而对数据、数据处理系统、网络系统、基础设施、技术支持能力和运行管理能力进行备份的过程。

因此，为了保证灾难发生的时候能够顺利切换到备份数据中心，就必须在奥运会之前进行演练。IT 团队分别在 2008 年 3 月和 5 月各进行了一次灾备演练，主要目的是测试人员和流程，模拟在灾难发生的情况下是否能将业务顺利切换到备份数据中心，经过两次演练，最终成功达到了预期目标：如果主数据中心因灾难瘫痪，能够在两个小时内在备份数据中心将业务全部恢复。

3. 组委会管理网数据中心

组委会管理网数据中心位于北京奥运大厦，和主数据中心类似，它是管理网信息系统的心脏，赛时通过专线连接所有的场馆，主要为场馆的办公电脑提供邮件、互联网访问等服务。

管理网数据中心在奥组委成立之初就开始提供服务，支撑奥运筹办工作。2006 年从青蓝大厦搬迁至奥运大厦的机房中。机房面积约 100 平方米，主要功能是支持 ADMIN 网各子系统的正常运行。

六、集成实验室设计

集成实验室（Integration LAB，简称 LAB）由北京奥组委技术部和源讯公司共同创建，通过在实验室环境中模拟运动会期间信息系统的网络结构和系统运行，提供安装、集成、测试和监测各种奥运会信息系统的运行环境。实验室作为技术系统的一个重要的基础设施，其设计、实施、管理、运行对信息系统的成败至关重要。

集成实验室最早在 2005 年就开始使用，当时只有一个房间，主要用于运动会管理系统早期的基线分析和测试。

2006 年 3 月，集成实验室正式在奥运大厦 19 层投入使用。

2007 年 9 月，集成实验室搬迁至数字北京大厦，紧邻主数据中心以及技术运行中心，最后全面部署的实验室面积为 1280 平方米。

1. 集成实验室主要功能

在系统集成测试过程中，该实验室是工作人员的主要工作场所；在奥运会期间，为应对比赛过程中发现的系统错误，该实验室配置为回归测试所需要的环境，保持运行直至残奥会结束。实验室对集成测试的支持主要体现在以下几个方面：

- 应用系统测试。
- 一致性测试（Homologation Testing）。
- 用户验收测试。
- 运动会期间，如果运行过程中系统发现错误，将在集成测试实验室中进行回归测试、集成测试、软件分发。

2. 集成实验室结构与布局

实验室中按照测试的结构和组织划分为多个测试间（Test Cells），主要包括 GMS 系统测试间、

IDS 系统测试间，以及针对每个竞赛项目的测试间。2006 年在奥运大厦投入使用的集成测试实验室共有 30 多个测试间，搬迁到数字北京大厦后，又增加了部分测试间。测试间样式如图 7 - 8 所示：

图 7 - 8　测试间样式

测试间的划分原则，主要是每个竞赛项目一间，每个主要的应用程序一间。在测试过程中，每个测试间内有 3 - 5 人工作，包括测试人员、提供商人员、专家顾问、IOC 代表和国际单项联合会代表等。为了提供一个高效的测试环境，每个测试间都备有充足的空间放置 4 - 5 把椅子和必要的设备。同时赛事测试间可根据相应场馆场地的布局和形状安放设备。

第三节　运动会管理信息系统

在奥运会的筹备和举办过程中，北京组委会需要完成赛事相关的各项组织和管理工作，运动会管理系统（GMS）直接面向奥组委，为奥运会和残奥会的管理和组织工作的有关活动提供信息技术支持。

运动会管理系统包括注册与制证系统（Accreditation，ACR）、运动员报名和资格审定系统（Sports Entry Qualification，SEQ）、人事和志愿者管理信息系统（SIS、eSIS）、住宿信息管理系统（Accommodation，ACM）、抵离和礼仪信息管理系统（Arrivals Departure and Protocol，ADP）、交通信息管理系统（Transportation Service，TRS）、医疗信息管理系统（Medical Service，MED）、报表生成系统（Report Generation Module，RGM）、权限管理系统（Security Module，SEC）、通用代码管理系统（GMS Core，COR）共 10 个模块。

一、系统特点

GMS 的使用者为组委会内部各职能部门，核心系统均沿用往届奥运会遗产系统，系统的编码开发、集成服务、运行支持等工作均由 IOC 的 TOP 合作伙伴源讯公司负责完成，组委会负责协调、组织项目的实施，管理、控制项目的质量。

GMS 系统的建设过程中，在尽量使业务流程与国际经验接轨的同时，也充分考虑中国国情，包括与交通、安保、海关、旅游等部门的协同工作。

二、系统架构

GMS 各子系统之间是相互关联的，注册子系统（ACR）是整个系统的核心，与其余各个子系统（住宿子系统除外）均存在数据交换。ACR 的子模块之一 ECR（网上注册与制证模块）负责向 ACR 提供来自互联网的奥运会人员注册信息。

SEQ 与 ACR 之间交换运动员的个人数据信息、体育报名信息、资格审定信息等。

SIS 与 ACR 之间交换工作人员和志愿者的个人数据信息、场馆岗位信息等。SIS 的三个子模块之间存在数据交换关系，eSIS 与 SIS 之间交换志愿者的个人数据信息，SSC 与 SIS 之间交换场馆岗位的排班信息。

MED、TRS、ADP 从 ACR 中提取个人数据信息和服务标识信息。

RGM 从各个子系统收集数据，经过统计运算，通过报表将信息展现给用户。

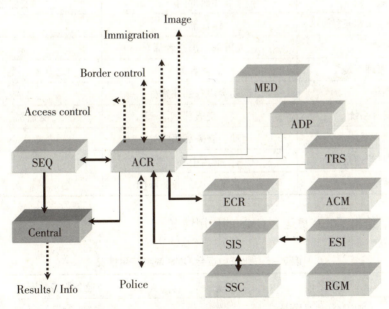

图 7 - 9　GMS 系统子系统关系示意图

三、系统用户

北京奥运会中，GMS 的用户主要包括奥林匹克大家庭成员、合作伙伴、转播和新闻工作者、承包商工作人员、奥组委工作人员和合同人员、志愿者、公众等。另外，北京市的相关政府部门、单位也会和 GMS 系统之间进行数据交换。

如表 7 - 3 所示，表明了 GMS 的主要服务对象。

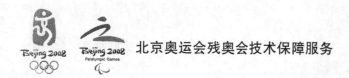

图 7-3　GMS 系统最终用户

	应用系统	IF	NOC	IOC	媒体	公众	BOCOG
1	报名系统（SEQ）	·	·				
2	注册系统（ACR）	·	·	·	·		·
3	员工信息系统（SIS）						·
4	抵离和礼仪系统（ADP）	·	·	·			
5	交通系统（TRS）			·			
6	住宿系统（ACM）			·			
7	医疗服务系统（MED）	·	·	·	·	·	·
8	报表系统（RGM）						·
9	权限管理系统（SEC）	只为系统技术支持人员提供服务					
10	通用代码管理系统（COR）	只为系统技术支持人员提供服务					

如表 7-4 中，则列出了 GMS 与北京市的相关政府部门和单位之间进行数据交换。

表 7-4　GMS 系统与北京其他相关单位的关系

系统名称	使用部门	北京市相关单位
注册系统	注册部门	安保部门等
体育报名与资格审定系统	体育部门	
员工信息管理系统	人事部、志愿者部	
志愿者信息管理系统	志愿者部	北京团市委、共青团中央
住宿系统	运动会服务部住宿处	旅游局
交通信息管理系统	交通部	交通局、交管部门
医疗信息管理系统	运动会服务部医疗处	急救中心、医疗中心
抵离和礼仪信息管理系统	抵离中心	
报表系统	各子系统相关的业务部门	

在表 7-5 中，给出了北京奥运会 GMS 的使用情况。

表 7-5　北京奥运会 GMS 系统使用情况

	应用名称	业务服务情况
1	ACR/注册系统	制证 34 万余人
2	ACM/住宿系统	6000 多个订单
3	SIS/员工信息管理	付薪员工 8000 余人，志愿者近 7 万人
4	SEQ/体育报名系统	近 3 万运动员报名
5	ADP/抵离和礼仪系统	6000 余团体
6	TRS/交通系统	3000 多个预定记录
7	MED/医疗系统	20000 多条记录
8	RGM/报表系统	300 多个报表

四、核心子系统

根据客户服务和信息管理的内容不同，GMS 可分成 8 个业务子系统和 2 个管理子系统，包括：

1. 注册与制证系统

注册和制证（Accreditation，ACR）的目的是根据 IOC 和 IPC 的相关规定，保证所有参与奥运活动的人员能够快捷、安全地出入赛场，参与相关的赛事和工作。注册系统管理所有可能参与者的注册过程（包括奥林匹克大家庭成员、组委会工作人员、合作伙伴员工、志愿者等），管理注册人员的职责和权限，生成通行证，并辅助境外运动员进入奥运会的举办国。注册服务提供的地点主要是位于机场、奥林匹克大家庭旅店、主新闻中心、组委会办公地等场所的注册部门，以及体育场馆、庆典场地、奥运村、奥运大家庭旅馆等地的注册办公室。注册的方式可以是提前报名、现场认证以及通过互联网注册。

ECR 面向 IOC 和 NOC 提供基于互联网上的证件信息注册服务。

注册和制证是运动会管理系统中最为核心的应用，由于受国家出入境管理等各种法律法规的限制，也是各届奥运会中需求变化最大、最为复杂的一个系统。需求的变化和系统的更改对系统的可靠性带来较大的风险。以盐湖城奥运会为例，在所有记录的运动会管理系统 221 个故障中，有近 1/3 的故障与注册系统有关。

2. 运动员报名和资格审定系统

运动员报名和资格审定系统（SEQ）辅助报名部门对参加奥运会的运动员和团体的报名过程、报名数据及运动员的资格信息进行收集和管理，并对报名信息和资格信息进行审定。

3. 人事和志愿者管理信息系统

人事和志愿者管理信息系统包括 eSIS、SIS（Staff Information System）、SSC（Staffing Scheduling）三个子系统，其中 eSIS 中又包含 ESI、ASM、APM、ESIADM 四个子模块。

SIS 模块识别各个业务部门在奥运会中的工作人员需求，为工作人员（包括志愿者、全职工作人员、合作伙伴工作人员等）分派岗位、工作任务，并提供面试、培训等功能支持。

SSC 模块实现对奥运会工作人员的排班和签到考勤功能。

eSIS 提供 Internet 上的志愿者报名注册服务，实现对志愿者信息数据的收集，并根据岗位计划对志愿者进行初步的岗位分配，同时也是志愿者相关信息的发布渠道。

4. 住宿信息管理系统

通过住宿信息管理系统（Accommodation，ACM），住宿管理部门为奥运会参与者提供住宿服务，它作为住户与住房提供商之间的服务接口，提供房屋的申请、供给、预定、分配、支付、撤销、重售等功能。住宿系统服务的对象包括运动员和官员、奥林匹克大家庭人员、赞助商、广播和新闻工作者、承包商工作人员、组委会工作人员和合同人员、志愿者等，不包括在奥运村住宿的人员和自行解决住宿人员。

奥运村住宿为运动员、教练和代表队官员在运动会期间提供在奥运村内的住宿服务（北京奥运会中，奥运村住宿模块没有启用）。

5. 抵离和礼仪信息管理系统

抵离系统（Arrivals and Departures，ADS）为抵离中心团队向奥运会参与者提供客运口岸和机场接送服务支持，收集和管理奥运会来宾的抵达和离开信息。

礼仪系统（Protocol，PRO）又称奥运招待和宾客服务，为 VIP 客户的日程制定和后勤保障服务工作提供信息服务支持，记录 VIP 客户的各种活动安排，如各种赛会前的来访和会议、口译服务、场馆礼仪、庆典礼仪、IOC 会议、礼品程序等，以便为奥运会的贵宾人员提供更好的礼宾接待服务（迎接、行李送达、送别等）。

6. 交通信息管理系统

交通信息管理系统（Transportation Service，TRS）提供对交通工具的使用、交通服务的日程安排及交通路线规划的管理，为交通部门向奥运会参与者提供交通服务提供支持。交通服务的对象包括运动员个人或团体、各界官员、各种媒体、贵宾、组委会员工、志愿者等。交通服务的内容包括叫车服务、班车、专车等。交通服务的地点包括奥运村、比赛场馆、训练场馆、宾馆、MPC、IBC 及会议地点、社交场所等。

7. 医疗信息管理系统

通过医疗信息管理系统（Medical Service，MED），医疗部门收集奥运会期间发生的医疗事件信息，并将对这些信息进行统计分析，报告给 IOC 卫生部、各国代表团、NOC 等部门。

8. 报表生成系统

通过报表生成系统（RGM），业务部门可以根据自身的实际需求，对 GMS 各子系统的数据统计信息进行展现形式的定制，按照指定的格式进行展示。

9. 权限管理系统

权限管理系统（SEC）为 GMS 各子系统中的合法用户账号进行应用访问权限的配置，主要针对所有基于 B/S 类型的 GMS 应用。

SEC 是 GMS 各业务子系统运行相关的管理子系统，使用者为系统技术支持人员，不面向组委会其他业务部门和普通用户。

10. 通用代码管理系统

通用代码管理系统（GMS Core，COR）的作用是：避免 GMS 中信息出现不连贯；简化接口的数据类型交换；避免数据冗余；在运动会期间简化对公有编码和其他共享信息的管理；明确数据拥有权。

GMS Core 信息是指多个 GMS 模块都使用的编码信息，该编码信息代表了信息所描述的事实本体。COR 是 GMS 各业务子系统运行相关的管理子系统，使用者为系统技术支持人员，不面向组委会其他业务部门和普通用户。

五、本地化工作

GMS 系统和成绩系统主要继承自往届奥运会的遗产系统，必须在北京进行本地化工作，以保障其符合北京奥运会的业务流程，从而使系统得到充分利用，给用户以最大支持，这也是 GMS 工作在北京最重要的任务。

针对北京奥运会的实际特点，技术部在2003年底就开始着手对各系统进行调研、分析，并和各业务部门充分沟通、培训。

本节着重对几个关键模块的本地化工作进行描述。

1. 优化注册业务流程

在经过2007年8月的综合测试赛的试运行检验之后，注册部门发现原本设计的注册系统存在两个主要问题：一是采用纸质数据提交方式导致的信息错误比例较大，一方面原因是由于用户自身填写的信息内容和格式错误，另一方面原因是由于工作人员将信息录入系统时操作失误；二是有相当一部分用户提交的电子照片与公布的照片标准要求存在较大差异，并且在照片进入注册系统以及在注册卡打印时，注册系统不能判断照片是否符合标准要求，因此需要注册部门对个人的电子照片进行人工方式的逐个审核，否则就会打印出不符合要求的废弃注册卡。

针对第一个问题，技术部高度重视，与注册部门进行了多次讨论和沟通，并提出了建议的解决方案，即设计标准的EXCEL电子表格来进行注册数据的收集。该电子表格具备两个主要功能：一是根据注册系统的数据格式和限制要求对每一个表格项进行核对检查，只允许填入符合要求的数据；二是能够按照注册系统的数据标准格式生成注册系统批量数据导入文件，可以将电子表格的数据直接生成数据文件导入注册系统，减少人为干预。注册部门同意了这个方案。技术部协调合同商专家配合注册部门设计了该电子表格，并进行注册系统的数据导入测试。随后，在2008年奥运会，主要采用电子表格的方式收集奥林匹克大家庭成员的注册数据，然后直接导入注册系统，大大提高了数据的准确率。

针对第二个问题，由于涉及图像处理的专业技术领域，难度较大，技术部寻求并得到了清华大学图像研究实验室的支持。清华大学图像研究实验室利用已有的图像识别研究成果，并充分考虑注册部门提出的各项功能需求，开发完成了电子照片预处理工具软件。该工具软件可以识别出照片的背景颜色信息、脸部的位置比例信息和分辨率信息，然后根据预先设定的标准要求进行筛选，标记出不合格的照片，实现照片查错工作的自动化。

注册部门对该工具软件进行测试后，即应用于正常的业务工作流程，完全满足了电子照片查错需求，极大地支持并简化了注册部门的注册信息和照片收集流程。

2. 优化体育报名业务流程

体育部门负责奥运会28个体育项目的运动员报名工作，负责收集处理来自200多个国家奥委会的代表团和运动员报名数据（通常为纸质报名表格），并按照运动员报名和资格审定系统的数据规则将报名数据录入系统，再进行资格审定等工作。

体育部门在处理报名数据时遇到的问题与注册部门类似，即采用纸质数据提交方式导致的信息错误比例较大，一方面是用户自身填写的信息内容和格式错误，另一方面是工作人员把信息录入系统时操作失误。

针对该问题，技术部经过与体育部门的多次交流，提出了三种技术方案：一是使用浏览器通过互联网在线提交报名数据；二是使用PDF文件填写报名数据并通过FTP方式提交；三是使用PDF

文件填写报名数据并通过邮件方式提交。技术部邀请相关领域的专家对三种技术方案进行了技术论证。由于运动员报名的时间点限制和业务工作流程的规定要求，技术部和专家最终建议采用第三种方案解决该问题。

体育部门请专业数据处理公司对第三种方案进行改进，开发了 PDF 文件的数据提取工具，该工具可以从 PDF 报名文件中提取出报名文本数据，然后对数据进行加密并打包生成新的数据文件，之后通过电子邮件发送给体育部门，这样就减小了邮件发送时的数据量。同时，技术部协调 PDF 软件提供商，协助体育部门设计了基于 PDF 文件的体育项目报名表格。

体育部门使用该方式从各国家奥委会收集代表团和运动员的电子报名数据，然后录入体育报名和资格审定系统，提高了数据的准确率。

另外，技术部根据体育部门的实际业务需求，开发了运动员资格信息跟踪系统（参见 ADMIN 体育报名资格审查系统）。体育部门在使用体育报名和资格审定系统的同时，配合使用运动员资格信息跟踪系统，大大提高了运动员资格审定的工作效率。

3. 优化志愿者招募工作和人事管理工作业务流程

2007 年，北京奥组委的一项重要工作是于 8 月 8 日正式启动的北京奥运会志愿者招募工作。为保障志愿者招募工作的顺利开展，技术部投入了大量资源给予支撑。

志愿者管理作为人事管理的一部分，决定了志愿者的招募方式和业务流程本身带有很强的本地化色彩。人事系统是往届奥运会遗产系统，虽然系统的开发实施水平很高，但由于缺乏灵活的应变机制，难以满足和适应业务部门本地化的工作流程和业务功能需求。原有的志愿者管理系统（eS-IS），也是基于往届奥运会的技术标准和系统基线，对北京本地实际情况考虑不足。因此，合同商虽然按时交付了系统，但是，在技术部委托第三方测试公司测试系统并组织专家对测试结果进行论证后发现，当大量用户通过互联网在线登录该系统并提交志愿者申请表单时，系统性能会受到很大影响。

鉴于志愿者招募工作启动时间的紧迫性，技术部领导经过多方协调，最后补充开发、建设了符合业务部门实际工作需要的志愿者在线报名系统，承担了志愿者在线申请的压力，保证了志愿者招募工作的顺利完成。

此外，为了使业务部门的最终用户能够更好地使用人事管理系统，技术部提出要加强最终用户的系统使用培训力度。技术部协调相关资源，建立了人事和志愿者管理信息系统的培训教室，以满足人事部门对最终用户的业务和系统操作培训。

场馆员工的人事考勤，相对来说是一项比较繁琐的工作，为提高用户考勤记录的效率，技术部注重用户使用细节，选择和采购符合本地使用习惯的考勤读卡扫描器设备，很好地支持了场馆的人事考勤工作。

4. 优化其他业务部门工作流程

医疗部门在参照往届奥运会的医疗信息管理系统使用情况的基础上，提出了新的要求。一是增加系统使用范围，要求在各竞赛场馆内均使用医疗信息管理系统；二是增强系统实用性，注重在系统使用过程中的数据统计和展示工作，增加相关统计报表。

针对第一项要求，技术部协调内部各处室，在总预算允许的情况下，增加了医疗系统整体的终端部署数量，基本上满足了用户在场馆内的使用需求。同时为了确保在用户数量增加较多的情况下，系统的性能和响应速度能够满足要求，技术部协调合作伙伴对医疗系统进行了大用户量的性能测试，并对测试结果进行评估，保障系统在实际使用过程中能够最大化地支持用户工作。

针对第二项要求，技术部组织由报表开发小组开发完成了医疗系统数据统计报表共计 34 张，满足了用户的实际工作要求。在奥运会赛时运行阶段，医疗部门通常情况下直接使用医疗统计报表向国际奥委会汇报各项相关数据和信息。

抵离中心在使用抵离系统的过程中，对奥运大家庭成员的抵离信息数据提出了高可靠性的要求，希望抵离数据信息能够在单机单系统的环境下运行，以应对机场抵离团队的网络中断问题。

针对这一需求，技术部在调研实际情况后提出解决方案，建议基于 Access 数据库开发单机版的抵离信息存储软件，同时将抵离系统中的奥运大家庭成员抵离数据导入抵离信息存储软件，以便在紧急的情况下进行查询。

技术部协调 Access 专家资源，配合抵离中心完成了抵离信息存储软件的开发，抵离中心定期将 ADP 系统的奥运大家庭成员抵离数据导入抵离信息存储软件。之后，抵离中心与国航信息中心合作，以该软件为基础，引入了实时更新的机场航班动态数据信息，并对比航班动态信息和奥运大家庭成员抵离数据，了解奥运大家庭成员的航班抵达状况，以应对航班抵达的变化。

往届奥运会的交通信息管理系统主要为拥有较高权限的奥林匹克大家庭成员提供小客车的预约交通服务，为了满足运动员等乘坐人员数量较多的大客车预约服务，交通部提出建设大车管理调度系统。

技术部协调专家资源，对大车管理调度系统的建设方案进行了核准和把关，建议将车辆 GPS 定位功能与车辆调度监控系统结合起来，并协调中国移动等对该功能的实现方案进行了技术论证。系统建设完成后，在技术部的建议下，交通部请第三方测试公司对大车管理调度系统进行了功能测试和性能测试，保证了系统的稳定性。

5. 测试赛和用户培训支持工作

GMS 各子系统较早便具备了上线条件，除交通信息管理系统外，其他所有子系统都参加了 2007 年 8 月的综合测试赛，其中人事系统参加了所有的单项测试赛，医疗系统和抵离系统参加了 2008 年 2 月之后的所有测试赛，交通信息管理系统则在 2008 年 5 月的综合测试赛中进行了用户的演练工作。

GMS 各子系统尽可能多的参与测试赛，很好地检验了系统的稳定性以及用户的使用情况。在测试赛中反映出了系统应用缺陷和用户操作失误两大类问题，信息系统处协调源讯公司有针对性地对问题进行分析和解决，一方面通过改进 GMS 各子系统以提高应用的易用性；另一方面加强对业务部门的用户培训，同时深入各场馆了解用户的实际使用情况并进行相应的指导。

6. 数据统计报表业务流程

北京奥运会的报表生成系统（RGM）抛弃了雅典奥运会在业务应用程序中一次性开发、报表格式固定的方式，引入了新的自助式、统一按需定制报表的方式。因此，在业务数据的统计上，业务部门可以根据自身的实际需求出发，自己定义查询条件的输入格式和结果数据的输出样式。

在技术部的主导下，信息系统处和源讯公司各派一名技术人员组成报表开发小组，负责报表开发工作。报表开发小组按照 SLA 的要求对业务部门提出的报表需求进行响应，在完成开发、测试、审核、植入生产环境等一系列过程后，用户即可在报表系统中看到自己定制的报表。这种方式能够最大化地挖掘出 GMS 各子系统的利用效率，为不同业务口的用户提供了直观、个性化的信息数据。

报表开发小组共为 7 个业务部门开发了约 340 个报表，为注册、体育报名、人事考勤、医疗等业务口的运行提供了强大的支持。

第四节　组委会管理信息系统

组委会管理信息服务是通过组委会管理系统（简称 ADMIN 系统）提供的。该系统的需求由奥组委各业务部门提出，技术部信息系统处承担项目建设管理以及运行维护的技术支持，项目的前期规划及建设全部采用公开招标采购的方式确定实施方。整个系统分三期建设，共计 24 个系统，除人员招聘系统和注册数据流程管理系统外，其他 22 个系统全部参与了奥运会及残奥会的运行。其中，在外网（办公管理网）和内网上运行的有 21 个系统，在机房托管的通过互联网访问的有 3 个系统。

组委会管理信息服务的主要目标一是支持全委员工、各场馆团队及合作伙伴日常办公、赛前准备及赛时运行；二是满足各部门在运动会管理系统（GMS）功能以外的业务需求。

一、概述

ADMIN 系统提供的服务主要包括组委会办公管理和运动会管理两大类。其中，邮件系统、域控系统、OA 系统、统一认证平台、网上资料中心和奥运会编码系统、付薪人员及工资管理系统（人事一期）、人事制服系统（人事二期）、短信平台、财务会计系统、财务管理系统、物流系统、多语言综合信息服务系统、人员招聘系统、员工之家提供组委会办公管理服务，运行指挥技术保障系统、场馆管理信息系统、火炬接力信息管理系统、体育报名资格审查系统、场馆设备管理系统、收费卡管理系统、奥运村空间规划与资产管理系统、注册数据流程管理系统提供运动会管理服务。

二、核心子系统

1. 邮件系统

邮件系统为奥组委及合作伙伴共计 7000 多用户提供可靠高效的邮件服务，保障各部门、各场馆团队之间及与委外相关部门的工作沟通。该系统基于 Exchange Server 2003，由微软、首都信息发展股份有限公司、联想等一批实力雄厚、经验丰富的合作伙伴，共同完成系统建设和运行服务。

2. 域控系统

域控系统是一个面向全委的后台系统，它将客户端纳入统一域进行账号、日志等的管理，是组委会管理网核心系统之一。赛会期间共有7577台计算机加入域控系统。该系统由北京首信科技有限公司建设运行。

3. OA系统

OA系统面向全委员工，与付薪人员及工资管理系统同为一期建设的系统。作为组委会内部的综合信息服务、协同工作及知识共享的电子平台，实现了办公的信息化、电子化，促进各种信息及时高效地收集、发布、检索查询和共享，加强了组委会管理信息的交流和沟通，协助了各部门的协作和配合，提高了工作效率和管理水平，是全委使用最频繁的系统之一，注册用户3000多人，日访问量为1500人次，频繁访问的模块为奥组委通信录、发文管理和收文管理等。该系统包括"首页"、"个人办公"、"部门办公"、"公共办公"、"党政工团"、"资料中心"六个页面。该系统由中国软件与技术服务股份有限公司分二期承建，并负责后期的维护支持。

4. 统一认证平台

统一认证平台属组委会管理信息系统二期建设范畴，2006年11月上线运行。该系统面向全委用户，是基于B/S结构的访问控制管理平台，为各应用系统提供API接口，为全委工作人员提供一个管理信息系统的统一访问入口，实现统一用户的登录和权限管理功能，避免出现用户信息不一致，降低对应用系统维护工作量。与统一认证平台接口的业务系统包括：OA办公管理信息系统、网上资料中心和奥运会编码管理系统、体育信息系统、场馆管理信息系统（VMIS）、短信平台系统、员工之家等。该系统由中科软科技股份有限公司承建并负责赛时的维护支持。

5. 短信平台

短信平台的用户为奥组委各部门综合处指定人员。主要功能包括：为奥组委建立一个移动办公短信平台；建立个人短信处理系统；提供与电子公文和会议管理等应用系统的协调办公；短信移动办公平台实现短信收发；以及建立快捷的信息传递通道，提高办公信息传递的时效，提高管理信息系统的利用效率。该系统由中国软件与技术服务股份有限公司承建并负责赛时的维护支持。

6. 人员招聘系统

人员招聘系统基于互联网为人事部的人员招聘工作提供服务。组委会利用该系统向全社会招募人才近千人。该系统由北大软件工程发展有限公司开发及运行维护。

7. 员工之家

该系统服务对象包括全委员工，于2006年5月底正式上线，包括新闻中心、学习园地、团队建设、员工生活、建言献策及员工论坛等多个栏目。该系统由中科软科技股份有限公司免费开发建设。

8. 付薪人员及工资管理系统（人事一期）

本系统运行在组委会内网上，仅限人事部内部各相关业务处室专人使用的系统。该系统包括付薪人员管理和工资查询两大模块。其中付薪人员管理包括党员管理、人力资源规划、出国管理、聘用合同、人事档案管理和任免管理等。工资查询面向全委员工提供工资查询等自助服务。该系统由北大软件工程发展有限公司承建并负责赛时的维护支持。

9. 人事制服系统（人事二期）

人事支付系统专供制服发放中心内部用于赛时付薪人员制服的发放和管理，属于人事二期系统。该系统由北大软件工程发展有限公司承建并负责赛时的维护支持。

10. 财务会计系统

财务会计系统仅限财务部会计相关处室使用，运行在奥组委内网中，是财务业务运行平台，进行奥组委基本户及住宿、票务、收费卡等专项账户的会计核算。该系统直接购买成熟的商业系统，赛时期间由系统服务商提供电话即时响应方式的支持服务。

11. 财务管理系统

财务管理系统仅限财务部相关处室使用，是组委会财务业务运行平台，进行预算编制，控制预算执行，加强会计核算；为各级领导和监察审计部门提供各种财务报表；包括对财务预算、赞助商的 VIK、会计、财务合同、财务报表、档案、收费卡以及外汇的管理。

12. 物流系统

物流系统为物流部门及各竞赛场馆、非竞赛场馆提供物资保障服务，实现全程资产管理，包括采购、仓储、配送、资产管理等，共分为采购管理系统（PMS）、仓储管理系统（WMS）、资产管理系统（AMS）和主配送进度安排（MDS）等四个子系统。该系统于 2008 年上半年投入运行，主要功能包括：对所有采购定单实现全程监控及追踪；对库存情况进行跟踪管理；从供应商、各场馆或专有运输点收集配送需求单，并制定配送时间表以及根据需求的时间和数据针对各场馆形成最终物资配送单。该系统由美国联合包裹运送服务公司开发并负责赛时期间的运行管理。

13. 多语言综合信息服务系统

多语言综合信息服务系统满足国内外观众公共信息服务以及奥组委各业务部门向公众发布奥运综合信息的基本需求，为北京奥运会观众、注册人员和赛时来京的国内外旅游者提供多语言的奥运和城市方面的综合信息，方便人们观看奥运会比赛、了解北京奥运会。

奥运多语言信息系统应用、整合了机器翻译、内容管理等国家 863 计划信息技术领域的众多优秀科研成果，集成完成奥运多语言综合信息服务系统，实现了奥运多语言综合信息的采集、共享、交换和流程自动化等多种功能，制定完成奥运综合信息资源库目录体系及相关规范和标准，推出突出服务奥运特征及无障碍服务特色的地理信息系统等核心功能。系统以信息资源库为基础，建设了平台管理、信息系统处理翻译、数据交换平台、观众服务信息查询、微笑服务联盟五个子系统，通过设在竞赛场馆及机场的 62 个观众服务信息亭、奥运官方呼叫中心、奥运会互联网官方网站、奥运会无线 WAP 官方网站和北京城市信息平台等渠道，向国内外观众提供中文、英语、法语、俄语、德语、日语、韩语、西班牙语、葡萄牙语、阿拉伯语与意大利语等 11 个语种，多达 200 万字的详尽的奥运、残奥和城市信息，让观众在观赏体育健儿精彩表现的同时，获得细致周到的多语言信息服务。该系统由首都信息发展股份有限公司承建并负责赛时运维。

14. 网上资料中心和奥运会编码系统

网上资料中心和奥运会编码系统面向全委服务，2006 年 6 月上线运行。该系统包含网上资料管理、TOK 资料管理、奥运动态管理、奥运编码、物资编码、培训资料、环境资料和新闻中心等功能模块。实现了资料的上传、审批、发布、检索等功能，便于信息的收集和共享，同时还实现了对奥运编码和物资编码的分类管理，实现了奥组委筹备工作中基础编码信息的统一。同时普通用户可通过资料检索功能，实现对资源的浏览和下载功能，从而使资源达到最大程度的共享和利用。用户角色分为普通用户、部门资料管理员、专项信息管理员、二级权限用户和系统管理员等。该系统由中科软科技股份有限公司承建并负责赛时的维护支持。

15. 运行指挥技术保障系统

近几届奥运会以来，各主办城市组委会都要设置主运行中心（Main Operation Center，简称MOC），它是赛事运行的最高指挥机构，负责实施对赛事、重大活动的指挥控制，以及与外部机构（IOC、IF、城市运行指挥机构、安保指挥机构）和客户（NOC、媒体、赞助商等）之间的协调。为此在北京奥运会中建设了"奥运运行指挥技术保障系统"。

该系统实现以下目标：

- 提供赛事掌握手段：通过各种通信设施、计算机网络及软件、视频传输与显示设备，帮助领导及时掌握赛事总体进程、重要活动和意外事件的相关信息。
- 提供辅助决策手段：通过计算机辅助决策工具，提供领导决策所需要的资料、参考预案、地理信息等，辅助各级领导针对意外事件做出合理、完善的决策方案。
- 提供协调控制手段：通过各种通信设施，为领导提供畅通的与外部机构和客户的协调与沟通手段，对各分运行中心、场馆的指令下达手段，保证各级领导对赛事协调顺畅、控制有力。

该系统的服务对象主要包括 MOC 的领导和工作人员，以及各分运行中心、场馆的领导。

该系统的部署范围包括：MOC（调度中心、竞赛指挥组、外事联络组、安全保卫组、宣传文化组、机场协调组、服务协调组、人力资源及志愿者工作组、交通与环境保障组、技术及网络保障组、工程设施保障组）、各分运行中心、各场馆（竞赛场馆、非竞赛场馆、训练场馆）。

该系统的集成商为北京体育科技有限公司，其中，视频会议系统及电话会议系统租用网通公司的服务。

该系统包括：通信系统、视频监视系统、电话会议系统、视频会议系统、事件跟踪系统等。

（1）通信系统

通信系统包括固定电话、移动电话（包括短信平台）、800M 数字集群终端及相关设施，用于MOC、各分运行中心、各场馆之间以及 MOC 与 IOC、IF、安保指挥部、城市运行指挥部之间的即时口头沟通。

（2）视频监视系统

视频监视系统包括视频显示及切换设备、信号传输设施等。主要用于为 MOC、相关分中心的领导及工作人员显示如下图像：

比赛现场视频图像；场馆及其周边地区安保视频图像；场馆及其周边地区交通视频图像；相关城市运行视频图像；世界各大媒体报道奥运会的视频图像；视频会议图像；事件跟踪系统的 VGA 图像。

（3）电话会议系统

利用已有固定、移动通信设施，并租用网通公司的电话会议服务，构成 MOC、各分运行中心、各场馆之间以及 MOC 与 IOC、IF、安保指挥部、城市运行指挥部之间的电话会议系统，用于上述机构之间召开远程电话会议。

（4）视频会议系统

租用网通公司的音、视频设施，并集成视频监视系统相关设备，构成 MOC、各分运行中心、重要场馆之间以及 MOC 与安保指挥部、城市运行指挥部之间的视频会议系统，用于上述机构之间召开远程视频会议。

（5）事件跟踪系统

事件跟踪系统是运行于 ADMIN 网上的应用软件，用于如下方面：

①事件跟踪：各场馆、分中心通过事件跟踪系统向 MOC 上报各类问题事件、日常运行情况的报告等；调度中心通过事件跟踪系统下发 MOC 运行日报、各种通报等。

②事件播报：根据对事件处理权限的不同（MOC 领导、各工作组领导、各场馆领导），将需各级领导处理的事件分为红、黄、绿三色在大屏上滚动显示。

③赛程播报：在大屏上滚动显示 2 小时内、24 小时内竞赛日程。

④气象信息播报：在大屏上滚动显示各场馆常规气象信息及预警气象信息。

⑤常用资料查询：MOC 领导及工作人员可通过系统查询运行指挥程序、竞赛日程、场馆运行计划、应急计划、场馆布局图、各分运行中心和各场馆主要领导联系方式等内容。

16. 场馆管理信息系统

该系统是赛前核心系统之一，分为竞赛及非竞赛两期。服务对象为所有竞赛、非竞赛场馆的场馆团队以及总部大楼的场馆管理部。该系统管理所有场馆的动态信息，跨越场馆管理的全过程（计划、执行、评估和措施），具有覆盖面广（京内外竞赛、非竞赛和独立训练场馆，七类客户群、25个业务口径、100 多种表单）、生存周期长、统计口径多、国际奥委会关注程度高等特点，要求资源较多，协调量较大，容易出现资源短缺和协调困难。在系统开发建设之前，上述工作主要通过手工的方式收集和汇总各场馆的信息，很难实现全局计划的监控，信息更新与维护工作很困难，数据也难以保持一致。

2006 年是奥组委向场馆化工作体制转换的关键一年，京内外 38 个竞赛场馆（含奥运中心区）、39 个独立训练场馆和 16 个非竞赛场馆都要组建运行团队，并参照示范场馆的工作成果初步完成场馆的运行计划。该系统作为统一的工作平台具备以下三个基本功能：

- 建立标准化场馆信息数据库，作为各场馆团队和各业务口的场馆运行信息工作平台，承载场馆运行推广计划的主要桌面工作。

- 以国际奥委会的监控节点和奥组委重点工作计划为控制点，辅助各级领导检查、跟踪了解各场馆运行计划项目的进展情况，监督各场馆运行管理团队的总体工作进度。

- 实时查阅、检索、输出各场馆运行项目（资源配置情况及其变更）的独立表单或汇总表单，根据不同权限掌控信息，向各场馆运行计划团队提供交流参考信息库。

该系统由中科软科技股份有限公司承建并派驻现场工程师负责赛时的维护支持。

17. 火炬接力信息管理系统

火炬接力信息管理系统的主要服务对象是整个奥组委火炬接力运行团队，属三期赛时系统，于2007年2月启动，至2008年初上线运行。该系统是为了保障火炬接力筹备与运行工作，提供参与火炬活动相关人员资料的管理，火炬接力计划安排，火炬接力指挥调度和计划变更管理，为外围相关业务部门或系统提供相关信息的报表输出（如交通、物资等），实现火炬接力的科学化管理，减少不必要的物资和人力资源浪费。该系统由北京首信科技有限公司承建并提供维护支持。

18. 体育报名资格审查系统

体育报名资格审查系统主要服务对象为体育部门员工。该系统的建设主要是为了缓解赛时奥组委体育部门竞赛报名工作压力、保证参赛运动员信息准确性、预估奥运会各 NOC 参赛人数，协助产生每月呈现给国际奥委会所需的各种竞赛报名人数实时统计报表等工作，同时为其他相关职能部门提前做好运动员住宿等各种配套工作提供便利。该系统主要包含资格赛日程表，各运动员报名资格信息的导入、查询、修改、删除、审核，以及报表输出等，实现对参赛运动员席位的动态跟踪和实时统计的业务目标。该系统由北京首信科技有限公司承建并负责维护支持。

19. 无线电频率管理系统

无线电频率管理系统为历届奥运会都必须提供的系统，用户包括北京奥组委、BOB、持权转播商、文字和摄影媒体、IOC、NOC、IF、各国单项体育协会、合作伙伴、供应商以及相关政府机构等，是完成无线电频率管理工作的重要工具。

奥运会和残奥会的筹备阶段和赛事期间，组委会需要收集处理来自转播商、单项组织、媒体以及内部各相关部门等用户的无线电频率使用申请，颁发许可证，并对赛时无线电设备的使用情况进行监控。针对这一需求，技术部设计建设了北京奥运会无线电频率申请网站。经过 2006 年下半年的试运行和调整，该网站于 2007 年 1 月 1 日正式上线。外部用户界面于 2008 年 7 月 30 日关闭，内部管理和查询功能一直延续使用到残奥会结束。该系统实现了以下功能：

- 在互联网上实现无线电频率法规、奥运会频率管理办法、网站使用手册、频率申请指南等信息的发布。
- 从互联网上受理用户的账号注册和无线电频率申请，经无线电主管部门审批后，在线完成对用户的信息反馈，为用户提供许可证文件下载服务。
- 为颁发频率使用许可提供数据库和信息的支持。
- 为赛时无线电频率管理工作提供数据库和信息的支持。

该系统由中国网通集团系统集成有限公司承建，北京国信智能化系统科技有限公司开发完成。

20. 场馆设备管理系统

场馆设备管理系统的用户包括技术部技术设备管理员、场馆技术负责人、技术部 TEAP 小组成员、技术合同商及各业务部门与技术部接口的技术设备负责人；属于一个交互性良好的数据库管理系统。该系统可实现对特定场馆内特定空间所需特定的技术设备的规划，包括设备的数量、设备的配置，以及设备的实施规划；同时，还能够实现技术设备从供应商生产→配置→运输→安装→验收→运行→维护→回收等整个周期的跟踪和管理，为各领域用户提供自己所需设备的查询功能。该系统由中国网通集团系统集成有限公司承建。

21. 收费卡管理系统

收费卡管理系统是一个收费卡预定网站，为 IOC、NOC、NPC、IF、媒体、转播商、赞助商等奥林匹克大家庭成员提供视频、音频、打印、复印、家具、办公用品、IT 设备、互联网接入、固定电话、移动通信、医疗设备、交通工具等产品和服务的在线预定。各客户群的代表或业务部门审批、执行、管理客户提交的订单，并开具发票。该系统注册用户 700 人，共处理订单 2800 个，预订物品 6 万余件。该系统由 IOC 赠与，继承了都灵遗产系统，只是针对北京奥组委实际需求进行了部分改造，非完全自主开发建设系统。

22. 奥运村空间规划与资产管理系统

奥运村空间规划与资产管理系统为奥运村提供图形化的空间信息与固定资产的集成管理体系，共包含 3 个子系统：空间规划、资源管理和问题管理。主要功能如下：

- 确保奥运村资源分配和管理的安全、有序和高效。
- 空间规划采用电脑辅助制图的方式，并对相关信息进行维护管理。
- 根据空间规划进行固定资产的分配管理。

该系统由欧特克软件有限公司承建。

23. 体育信息系统

体育信息系统的用户群限于体育部门相关处室，为体育部门日常办公提供信息化管理工具，包括竞赛日程管理、竞赛器材管理、国际单项体育组织来访管理等功能。该系统由中国网通集团系统集成有限公司承建。

24. 注册数据流程管理系统

该系统是运动会注册系统入口信息的初始化处理系统，进行注册申请表的收集、录入、审核。该系统由中国网通集团系统集成有限公司承建。

第五节　项目管理

北京奥运会在所有技术项目中均成立项目组，由技术部、业务部门、开发商共同组成，真正做到"同一个任务、同一个团队"。

一、概述

北京奥运信息技术项目主要分为两大类，一类是国际奥委会有明确要求和规定、由 TOP 合作伙伴完成的项目，如计时记分系统（欧米茄公司）、GMS 系统（源讯公司）等。其主要特点是合作单位、服务内容已经确定，主要继承自往届奥运会，并在其基础上进行本地化变更（即差距分析），对于此类项目，工作重点是前期的需求分析、差距分析及后期的测试。另一类是由北京奥组委独立承担建设的项目，如组委会办公系统、互联网系统等，这些项目则执行了严格的项目管理流程。

GMS、成绩系统是遗产继承系统，因此没有前期立项过程，开发过程由合作伙伴在国外承担，技术部无法参与。此类项目工作重点是前期的需求分析、差距分析及后期的测试，技术部采用的是典型的项目关键时间点控制，即里程碑式的管理方式，与项目各相关方确定主要的工作任务和完成时间点，然后定期召开例会或者项目汇报会，检查任务的完成情况，同时加强后期测试，以保障项目成功。

ADMIN 全部 24 个项目、互联网系统均采用前期规划及政府公开招标采购的方式，确定开发商，并按照规划、立项、开发、测试、验收、上线与维护的项目管理流程进行。

二、项目管理团队

技术部信息系统处作为信息项目的整体协调人，负责与业务部门、合同商就相关的各项工作进行总体协调和沟通。

以 GMS 项目管理团队为例，GMS 项目团队由技术部信息系统处、业务部门、源讯公司共同组成。信息系统处内设立 GMS 项目组，组内应用系统项目经理具体负责 2 – 3 个 GMS 子系统的项目建设工作。奥组委相关业务部门确定一到两个关键用户，作为该项目业务部门的接口人，主要负责协调本部门内的相关方对业务流程和系统功能进行确认，同时培训使用该系统的具体工作人员，确保用户能够正确使用系统。

源讯公司的项目团队分为集成实施和设计开发两部分。开发团队位于西班牙巴塞罗那，主要负责需求分析、应用系统设计和开发工作；集成实施团队位于北京，主要负责应用系统的集成、测试、部署工作。集成实施团队内每个应用经理具体负责 2 – 3 个 GMS 子系统的集成测试工作。

运动会管理系统项目团队的组织结构如图 7 – 10 所示：

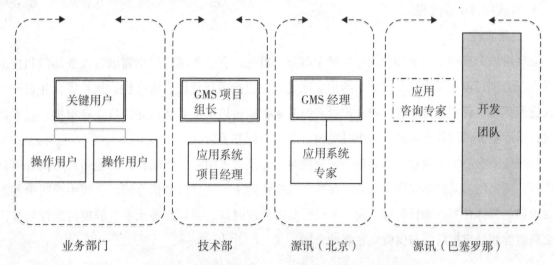

图 7 – 10 运动会管理系统项目团队的组织结构示意图

信息服务其他项目管理团队的组织结构也基本相同。

三、标准项目管理流程

在 ADMIN 项目中，采用标准项目管理流程，包括规划、立项、开发、测试、验收、上线、维护几个典型阶段。总体流程如图 7 – 11 所示：

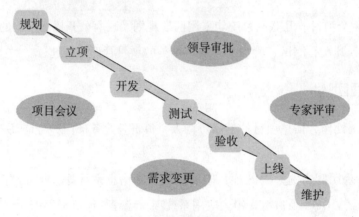

图 7 – 11　项目管理流程示意图

技术部的项目管理流程是在参考一般软件项目管理流程的基础上，结合奥组委软件开发特点，经过几个项目的摸索逐步形成的，有着自己的特点，例如：

- 重视专家评审。软件项目周期长、必须提前开发的特点导致项目要在奥运会筹备的前期阶段就开始启动，因此要面临在短时间启动大量项目的困难，而这时组委会自身的技术人员很少，因此充分借助外力，借助专家力量，从一开始就成了组委会技术项目的一个特点。
- 重视测试，均采用了第三方测试公司辅助进行验收测试。
- 实施项目全程监理。

1. 立项流程

立项阶段分成项目启动和合同签署两个部分。首先，在业务部门提出需求；业务部门和技术部门成立联合项目组，提出立项申请，给出立项建议，包括项目规模、可行性、预算等，并召开专家会议进行评审；评审通过后进行财务审批；财务审批通过后报组委会领导进行立项审批，若审批不通过，退回业务部门补充需求，若审批通过，进入合同签署阶段。

按照组委会要求，项目金额达到一定规模时，必须进入招标采购流程，其他项目可执行项目采购流程。项目招标采购确定供应商后，在法律部的协助下，项目组草拟合同，合同中要明确各方所需要承担的具体任务、项目管理方式、项目分阶段完成时间、项目服务水平、分期付款计划等，在提交奥组委领导审批后，与供应商签署此合同。

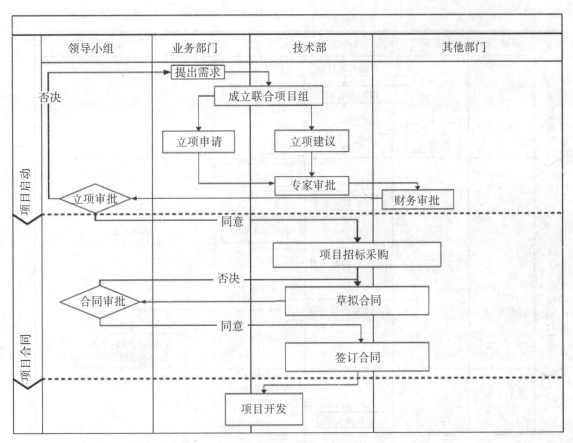

图 7 – 12　项目管理流程示意图——立项

2. 开发流程

开发流程主要包括需求调研和项目开发两个阶段。首先，业务部门（用户）、技术部、开发方和监理方成立项目组，一起明确项目开发计划，并组织进行需求调研，并进行需求评审。评审后的需求和项目开发计划，要作为附件，成为项目合同的一部分。在项目开发阶段，项目组定期召开工作会议，了解项目进度，及时沟通、解决遇到的各种问题。在经过开发方自己的测试后，进入下一阶段——验收测试。

3. 验收测试流程

项目验收测试要有几个前提条件，包括第三方测试公司提交的测试报告（主要是性能测试和部分功能测试）；开发商对用户进行培训后，用户进行试运行，并给出试运行报告；技术部给出初验意见；在此基础上开发商提出验收申请，经项目验收评审，验收通过，进入项目维护（项目运行）阶段。

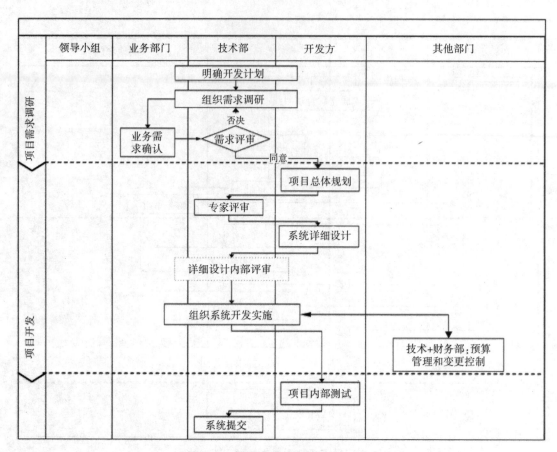

图 7 – 13 项目管理流程示意图——开发

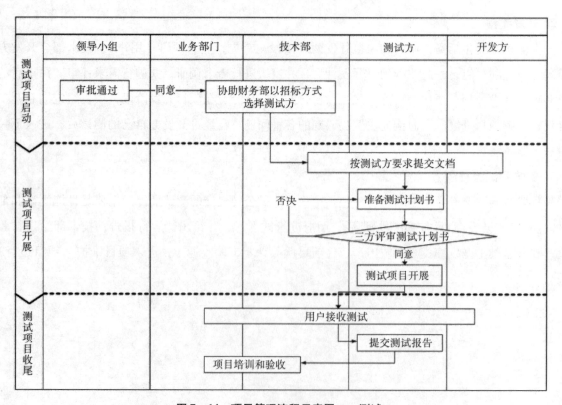

图 7 – 14 项目管理流程示意图——测试

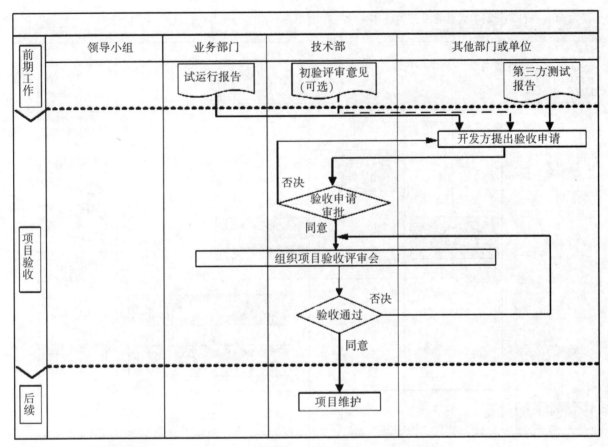

图7－15　项目管理流程示意图——验收

4. 项目上线维护流程

在信息项目正式上线运行后，进入项目维护流程。包括维护系统正常运行、提供用户咨询及帮助、日常备份、错误排除、紧急事件处理等。在项目维护阶段中，最关键的就是系统刚刚上线、大量用户初始使用该系统时，系统压力、大部分的系统问题都将在此时出现，因此在系统上线阶段，开发商包括技术部相关人员要高度注意。

四、里程碑项目管理流程

如前所述，GMS 等系统采用里程碑管理方式。即与项目各相关方确定主要的工作任务和完成时间点，然后定期召开例会或者项目汇报会，检查任务的完成情况。下面以 GMS 系统为例，介绍其项目管理方法。

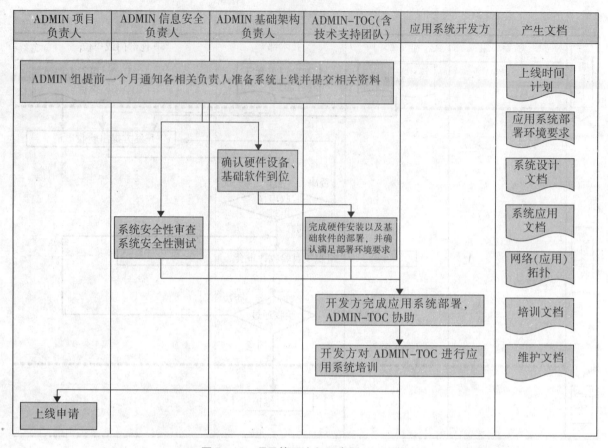

图 7-16 项目管理流程示意图——上线

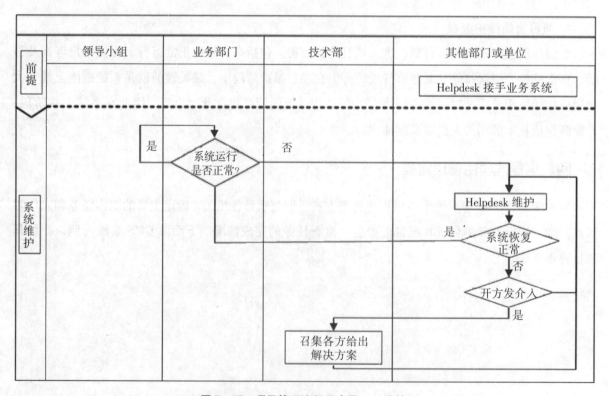

图 7-17 项目管理流程示意图——维护

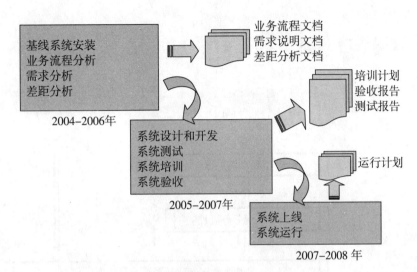

图 7 - 18　里程碑项目管理流程示意图

1. 项目阶段划分

将 GMS 项目建设划分为三个工作阶段：需求和差距分析阶段、设计开发和测试阶段、系统上线和运行阶段。

（1）需求和差距分析阶段

从 2004 年开始，根据各个子系统的实际要求，相应的差距分析工作陆续启动，至 2006 年初全部结束，经过基线系统安装、业务流程分析、需求分析、差距分析等工作过程，最终形成三个工作成果：业务流程文档、需求说明文档、差距分析文档。基线系统是运动会管理系统的原型，是历届奥运会的积累和继承，北京奥运会的 GMS 基线系统是雅典奥运会使用的软件版本。

每一个各子系统的业务流程分析阶段，大约需要 10 个工作日。主要工作内容是，参照往届奥运会的业务流程，对本届奥运会的 GMS 各个子系统对应的业务工作流程和运行方式进行详细、全面的分析和梳理，使业务部门明确其业务流程并与各相关方达成共识。

在业务流程分析的基础上，源讯公司识别、分析系统功能差距，也就是未来北京奥运会系统与现在安装的基线系统（原型系统）之间的区别，并形成正式的文档描述，并在各相关方之间达成一致。

功能需求文档与差距分析文档的确认。开发商在此基础上，综合各方面情况给出需变更部分的内容和详细说明，等待组委会批复。

具体流程图参见图 7 - 19。

（2）开发、测试阶段

从 2005 年开始，根据各个子系需求分析完成的时间点，持续至 2007 年初全部结束，包括开发和测试两项主要工作内容。开发以差距分析阶段的成果为输入，进行信息系统的设计和开发工作，提交符合用户需求的产品。测试是对集成商提交的系统和文档进行验收，提前发现问题、解决问题，测试内容包括用户接收测试和系统测试两部分。整个阶段经过系统设计和开发、系统测试、系统培训、系统验收等工作过程，最终形成三个工作成果：系统测试报告、培训计划、系统验收报告。

流程图如图 7 – 20 所示：

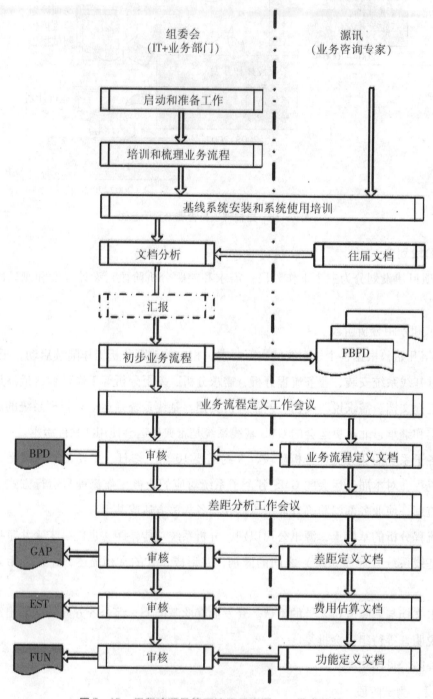

图 7 – 19　里程碑项目管理流程示意图——需求阶段

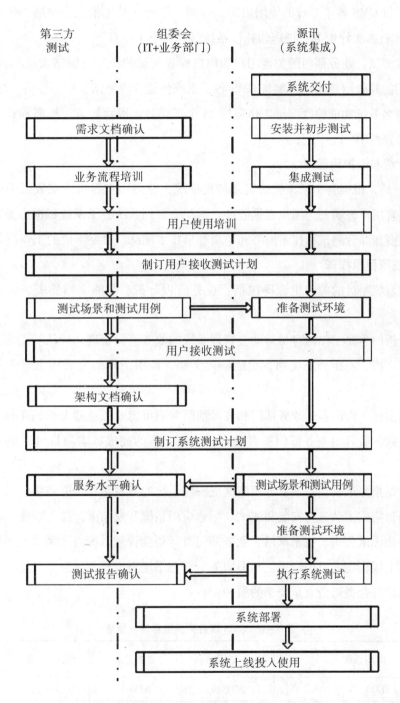

图 7 – 20　里程碑项目管理流程示意图——测试阶段

测试是这个阶段技术部最关注的工作，测试时间和测试内容根据不同系统的具体情况也各不相同：

- 集成测试，指源讯公司集成项目团队在北京集成实验室中对开发完毕的 GMS 各子系统进行集成测试和系统测试（包括性能测试）。住宿、注册、员工信息、交通、体育报名系统需约 60 个工作日，医疗服务、抵离、礼仪需约 30 个工作日。
- 用户培训，源讯公司集成项目团队将面向业务部门的关键用户和用户验收测试的第三方测试人员，提供 GMS 各子系统的使用培训。住宿、注册、员工信息、交通、体育报名系统需约 12 个工作日，医疗服务、抵离和礼仪系统需约 5 个工作日。

- 用户验收测试：业务部门的关键用户和用户验收测试的第三方测试人员共同完成 GMS 各子系统的功能验收测试工作，参与 GMS 各子系统性能验收测试工作。住宿、注册、员工信息、交通、报名系统功能验收测试工作需约 25 个工作日，医疗服务、抵离和礼仪系统功能验收测试工作需约 10 个工作日。

（3）系统上线和维护阶段

从 2007 年开始，根据各个子系统的实际使用情况，按照用户需求，在数据中心生产环境中安装应用系统、部署用户终端，为用户提供服务。运动会管理系统各子系统根据服务需求时间陆续上线投入使用，并参加综合测试赛技术演练和单项赛事技术演练。最终形成的工作成果为运行计划。

2. GMS 系统项目里程碑

运动会管理系统项目的关键里程碑包括：业务流程分析、功能文档签署、第一版交付、系统上线。

业务流程分析的主要工作内容是运动会管理系统的业务流程梳理、确认和差距分析，工作成果为业务流程描述文档、差距分析文档、功能描述文档，该项工作的完成标志着业务需求分析工作结束。

文档签署的主要工作内容是业务部门和技术部门共同审定业务流程分析的工作成果，对该业务流程内容达成一致，最后由业务部门签署确认。该项工作的完成标志项目可以进入应用系统开发阶段。

第一版交付是指源讯公司巴塞罗那团队完成应用系统的开发工作，并将第一版系统正式提交至源讯公司北京项目集成团队进行安装和测试。标志应用系统开发结束，进入系统集成和测试阶段。

系统上线是指源讯公司、技术部门、业务部门对运动会管理系统各子系统经过测试和验收，最终确认系统可以上线，正式对用户提供相关服务。标志系统集成和测试阶段结束，进入系统运行阶段，面向用户提供符合奥运会质量要求的服务。

表 7 – 6　GMS 项目关键里程碑一览表

	应用系统	业务流程分析	文档签署	第一版交付	系统上线
1	报名系统（SEQ）	2005.9	2006.7	2006.12	2008.3
2	注册系统（ACR）	2005.12	2006.4	2006.10	2008.2
3	员工信息系统（SIS）	2005.8	2006.4	2006.10	2007.6
4	抵离和礼仪系统（ADP）	2006.3	2006.12	2007.4	2008.6
5	交通系统（TRS）	2006.6	2006.11	2007.3	2008.6
6	住宿系统（ACM）	2005.2	2005.4	2005.7	2005.10
7	医疗服务系统（MED）	2006.12	2007.3	2007.4	2008.6
8	报表系统（RGM）	2005.9	2005.9	2005.12	2006.1

第六节 运行

一、组织架构

参考往届奥运会经验并结合北京奥运会的实际情况，所有竞赛场馆和主要非竞赛场馆均设有场馆信息经理（Venue Information Technology Manager，VITM）作为场馆信息技术团队的负责人。全面负责场馆内的信息技术服务（包括运动会信息系统和非运动会信息系统）。场馆内信息技术团队的组织结构如下图7-21所示：

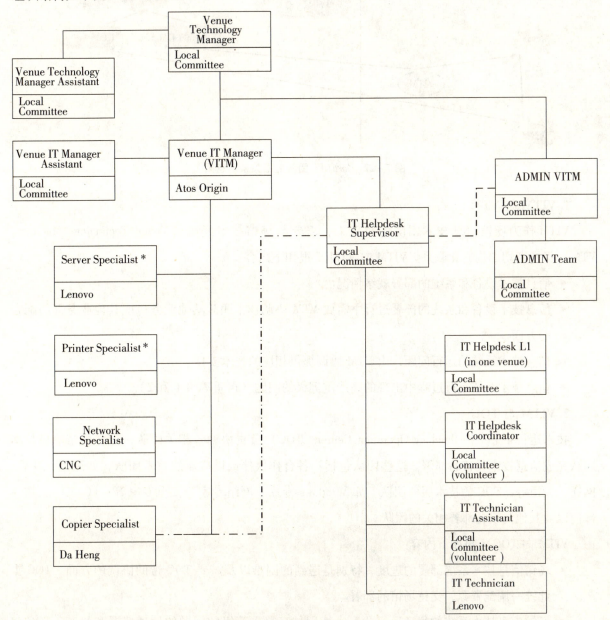

* One of the positions plays the role of Key Intel Specialist in Venue

图7-21 场馆信息技术团队组织机构图

二、主要汇报机制

场馆信息技术团队与场馆技术团队及技术运行中心之间主要有两条汇报机制，如图 7 – 22 所示：

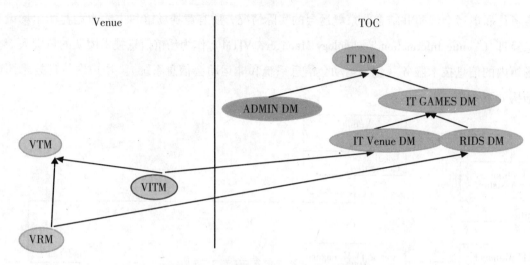

图 7 – 22　场馆 IT 团队汇报关系示意图

1. VITM 与 VTM

VITM 作为场馆信息技术团队的负责人，需要与场馆技术经理（Venue Technology Manager，VTM）保持密切的沟通和联系。VITM 向 VTM 汇报如下内容：

- 信息技术设备和系统的部署就绪情况。
- 信息技术设备和系统的部署过程中需要 VTM 协调技术团队其他业务口或其他业务部门配合的方面。
- 信息技术系统的运行问题，由 VTM 协调提供相应的技术支持。
- 信息技术系统运行过程中出现的高严重等级的问题（严重等级 1 和 2）。

2. VITM 与 TOC

技术运行中心（Technology Operation Center，TOC）负责协调各相关团队，配合场馆信息技术团队完成信息技术设备的部署。这些团队包括：各合作伙伴或供应商的技术团队，如源讯、联想、网通、大恒等；TOC 的技术服务团队，如 Windows 专家、网络专家、安全专家等；PC 工厂及物流部门以及其他与设备部署相关的团队。

VITM 向 TOC 汇报如下内容：

- 场馆信息技术系统部署的进度，特别是遇到的困难以及需要 TOC 帮助协调的方面。TOC 据此统一调配资源，支持场馆的部署。
- 场馆信息技术系统的每日运行状况，特别是高严重等级的问题的处理情况和状态。TOC 将协助场馆信息技术团队诊断和解决问题，必要时派专家到场支持。
- TOC 指导和控制场馆内的变更管理、服务中断请求、灾难恢复等工作。

3. 场馆技术人员和 TOC 技术人员的沟通

场馆内 IT 业务口各技术人员，分别对 TOC 相关业务口的技术专家负责，如场馆的技术支持人员对 TOC 的技术支持经理负责；场馆内负责服务器的人员向 TOC 服务器专家汇报等。

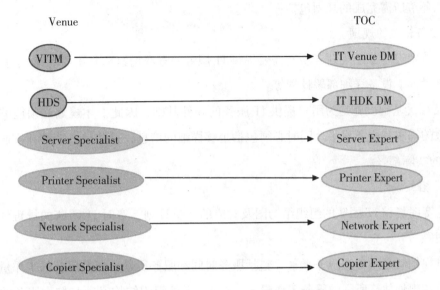

图 7 - 23　场馆 IT 技术人员与 TOC 技术人员的沟通示意图

4. 严重等级问题发生时的汇报流程

当场馆发生高严重等级问题（严重等级为 1 级或 2 级）时，与成绩相关的问题被立刻汇报给 TOC 成绩经理，与其他 IT 相关的问题被立刻汇报给 TOC 信息经理，问题应同时汇报给场馆 VTM，如图 7 - 24 所示。

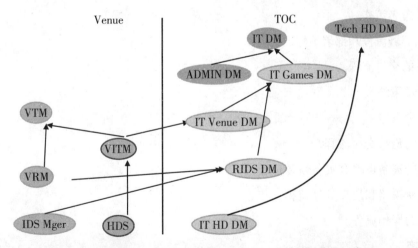

图 7 - 24　场馆发生严重等级问题（s1/s2）时的汇报流线示意图

三、信息总体技术运行

运行是指为保证系统正常运行而提供的相关的技术支持服务，作为奥运技术最重要系统之一的信息系统，在运行时期主要经历了运行规划、实施部署、运行支持三个阶段。

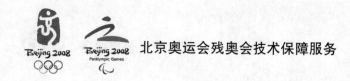

1. 运行规划

运行规划环节所需要完成的主要任务是根据用户需求，定义相关的规划以及策略和流程，作为运行实施和运行支持环节的基础。

运行规划环节所需完成的规划包括：

（1）IT 设备相关的规划

包括确定技术设备分配规划（所有需要提供 IT 服务的竞赛场馆和非竞赛场馆）、技术用房的设备布局、网络设计、设备详细部署计划等。

IT 设备及相关基础设施是为用户提供 IT 服务的硬件基础，因此上述规划必须能够完全满足与用户达成一致的需求和服务水平。同时必须包括足够详细的信息，这些信息能够让实施团队顺利地完成 IT 设备的实际部署。

（2）人员相关规划

包括确定赛时场馆 IT 团队的组织结构图及对应的人员计划；赛时 IT 团队的排班计划；赛时人员的证件计划等。

制定人员规划时必须考虑服务水平（包括服务时间和服务质量）以及服务的工作量（可以根据确定的技术设备规划估算所需的服务工作量）。同时，人员组织结构必须与技术服务的模式和流程一致。

（3）其他相关规划

策略和流程是运行标准化的基础。在运行规划阶段，需要根据 IT 服务的具体需求，结合已有的 IT 服务的最佳实践，制定相关的策略和流程文档，为运行的标准化操作提供规范的指导。这些策略和流程包括：

- IT 设备命名策略。
- IT 设备部署流程和部署策略。
- IT 设备的交付流程。
- 软件分发策略。
- 信息安全策略。
- 各岗位的班次交接流程。
- 各系统的灾备策略和灾备恢复流程。
- 技术支持策略和故障处理流程。
- 各系统的操作流程。

2. 部署实施

在完成运行规划的基础上，各场馆的 IT 实施团队需要根据运行规划完成 IT 服务（主要是 IT 设备）的实施。

从时间上看，奥运会项目的 IT 实施活动会贯穿项目的整个阶段。包括：

- 集成测试实验室的实施。
- GMS 系统生产环境的实施。

- 测试赛的实施。
- 技术演练的实施。
- 奥运会的实施。

对于上述不同阶段的实施活动，均应该遵循统一的实施策略和流程以确保实施的质量和效率。

IT 服务实施环节需要特别强调对实施进度的监控。IT 服务的实施必须在有限的时间内完成；同时，进行 IT 服务实施前，实施地点必须要满足一定的实施条件。由于不同场馆的就绪情况均不相同，因此实际上各个场馆可以用于实施的时间段也不相同。技术运行中心的实施经理需要实时监控各场馆的实施进度，与实施计划进行对比。对于进度严重滞后的场馆，需要调配额外的资源进行支持。

IT 服务实施完成后将直接向客户提供 IT 服务，因此必须重视实施过程中以及实施完成后的质量控制，确保客户获得高质量的 IT 服务。

3. 运行支持

运行支持环节是 IT 服务已经交付给用户之后，为确保用户得到的服务水平所完成的一系列工作。

运行支持环节主要遵循技术支持策略和流程。同时运行支持需要满足根据用户需求和系统特性定义的服务水平协议（Service Level Agreement，SLA）。服务水平协议定义 IT 故障的严重等级以及针对不同严重等级的故障所需要满足的响应时间和修复时间，是奥运会 IT 服务质量的统一定义。

奥运会 IT 服务采用了三级的运行支持结构，即：

- 一级：呼叫中心。
- 二级：场馆 IT 技术团队。
- 三级：技术运行中心的专家团队。

运行支持的主要流程和三级结构的相互关系见图 7 - 25：

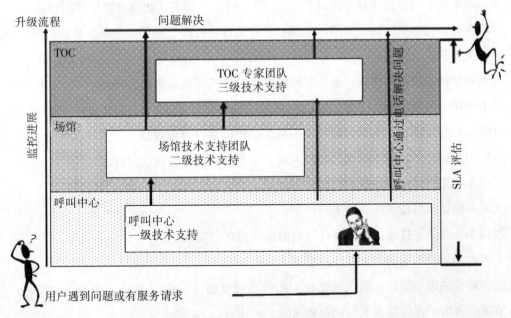

图 7 - 25　技术支持三级结构关系图

运行支持阶段，TOC 需要通过各种监控平台实时监控 IT 服务的运行状态，并根据监控数据对可能出现的问题和风险进行评估，做出主动的预防。同时，对固定时间周期的运行数据需要进行统计和分析，以获取包括主要故障类型以及发展趋势的信息，有针对性地持续改进运行支持。

四、场馆信息技术运行

场馆信息技术是整个信息技术的一部分，因此场馆信息技术的运行也是整个信息技术运行的一部分，但有其独特的地方。

场馆信息技术经理 VITM 和场馆技术经理 VTM 是技术部最先派驻各场馆的人员，场馆信息技术的运行职责可以从 VITM 的职责中充分体现出来。

VITM 总体负责场馆信息技术系统和服务的所有相关工作；与奥组委相关部门（体育部门、媒体运行部门等）、技术合同商（源讯、欧米茄、中文信息供应商等）密切合作，完成本场馆信息技术系统和服务的规划、部署、交付和运行支持工作；确保奥组委、IOC 以及其他客户关于信息技术服务的需求得到满足。

以下从赛前规划阶段，赛前部署阶段和赛时（包括测试赛、技术演练和奥运会期间）运行阶段三个方面，说明 VITM 的主要职责。

1. 赛前规划阶段

（1）规划工作

作为本信息技术团队的负责人，VITM 全面负责本场馆所有与信息技术系统和服务相关技术系统的规划。

- 确认由 TEAP 小组发布的本场馆的信息技术设备分配方案。
- 确认本场馆的技术用房分配规划，包括位置、面积、运行区域等。
- 完成本场馆的信息技术设备的部署请求，并与 PC 工厂确认此请求能够按期运抵。
- 完成本场馆技术用房的布局图，包括：计算机设备机房、现场成绩系统处理机房、网络管理间、场馆技术支持中心。
- 与本场馆的联想技术团队一起，完成计算机设备机房内的机柜布局图。
- 与本场馆的网络工程师一起，完成本场馆的网络设计需求，完成本场馆的网络设计提交给 TOC 的网络专家，并据此完成场馆内各交换机的端口分配规划。
- 根据网络设计，完成本场馆的布线需求，并参与场馆综合布线设计。
- 完成本场馆内计算机设备的打印映射规划，提交给 TOC 的 Windows 团队。
- 完成本场馆信息技术团队的人员计划。
- 确认本场馆信息技术团队的证件计划能够满足运行需求。
- 完成本场馆技术用房的家具和白电需求。
- 进行场馆的现场踏勘，确认场馆技术用房基础设施（强电、弱电、家具、空调等）的就绪情况。及时汇报可能出现的问题和风险。

（2）协调工作

VITM 并作为场馆信息技术的唯一接口人，完成的协调工作还包括：

- 通过 VTM 与场馆技术团队的其他成员及场馆其他业务口进行沟通和协调，确保信息技术系统的需求（强电、弱电、家具、空调）得到落实。
- 与场馆各业务口确认，总体规划阶段完成的本场馆的信息技术系统方面的需求均已得到满足。
- 其他相关工作。

2. 赛前部署阶段

（1）部署工作

作为场馆信息技术团队的负责人，VITM 全面负责本场馆所有与信息技术系统和服务相关技术设备的部署工作：

- 确认场馆的 IT 基础设施能够按时就绪，满足场馆信息技术设备的部署计划。
- 确认本场馆信息技术团队的人员能够按照计划到位支持设备部署工作。
- 接收由 PC 工厂和集成实验室运往本场馆的信息技术设备。
- 根据相关规划，带领场馆信息技术团队完成信息技术设备的部署，包括：
    - ◎ 协调联想技术团队完成服务器、桌面计算机、笔记本电脑、网络打印机及台式打印机的部署；
    - ◎ 协调网通的网络技术工程师完成接入交换机、汇聚交换机的部署；
    - ◎ 协调大恒复印机工程师完成复印机的部署；
    - ◎ 协调信息技术团队配合完成其他信息技术设备的部署。
- 带领信息技术团队，完成对信息技术设备的部署后质量检测，并将设备交付客户。

（2）协调工作

VITM 并作为场馆信息技术的唯一接口人，完成的协调工作还包括：

- 通过 VTM 与场馆技术团队的其他成员及场馆其他业务口进行沟通和协调，落实信息技术设备部署过程中所需的其他技术团队及场馆各业务口的配合条件。
- 与 TOC 密切沟通，为 TOC 提供必要的信息以确保 TOC 能够为场馆的信息技术设备部署提供支持。
- 向 TOC 汇报本场馆的部署进度和存在的问题，为 TOC 提供必要的信息以确保 TOC 能够协调相关各方支持场馆的部署。

3. 赛时运行阶段

（1）管理场馆信息技术团队

作为本场馆信息技术团队的负责人，全面负责本场馆信息技术系统的运行，管理和协调本场馆内信息技术团队，包括：

- 参加场馆管理和场馆技术每日工作会。
- 组织场馆信息技术团队每天早晚的沟通例会。
- 组织信息技术团队进行信息技术设备的巡检。
- 管理场馆信息技术团队的运行。

- 确保场馆信息技术团队遵守相关的策略和流程。
- 及时解决场馆内信息技术系统运行中出现的问题。

（2）与 TOC 协调工作

VITM 同时负责与 TOC 的联系，包括：

- 每天早晚向 TOC 汇报场馆信息技术系统的就绪状态和运行报告。
- TOC 将通知 VITM 相关的重要通知和决定，确保场馆信息技术团队执行 TOC 的决策。
- 按照 TOC 的指挥，完成赛时的服务中断请求、灾难恢复、变更管理等工作。
- 根据 TOC 所做的相关决策，组织本场馆的信息技术团队执行。
- 信息技术经理将向 TOC 汇报场馆内出现的严重问题，并按照 TOC 的决定来解决场馆中出现的严重技术问题。

（3）与场馆技术经理的配合

VITM 与 VTM 的沟通和联系包括：

- VITM 将就信息技术设备、信息技术系统的运行状况向 VTM 汇报。
- VITM 将信息技术系统运行中所出现的问题，以及技术支持的统计状况向 VTM 汇报。
- 在信息技术系统出现问题需要其他团队进行配合时向 VTM 汇报，请 VTM 帮助协调相关资源。
- 信息技术经理将向 VTM 汇报本场馆信息技术系统在运行中出现的高严重等级的问题。

五、TOC 信息技术运行

以下以 GMS 系统赛时运行组织结构为例，说明 TOC 信息服务运行的组织方式。赛时，GMS 系统由 TOC 的 GMS 系统运行团队集中完成。

在 TOC 的 GMS 系统运行团队组织结构如图 7 – 26 所示：

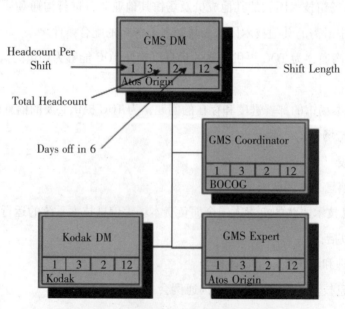

图 7 – 26　GMS 赛时运行组织结构示意图

1. GMS 值班经理

GMS 值班经理（GMS Duty Manager，GMS DM）负责监控 GMS 系统的运行状态和问题处理情况，如果需要相关方共同解决，负责将问题升级给相关方经理；负责记录问题和问题解决的过程，并确保 GMS 系统的运行策略和流程在团队中能够正确执行；在交班时，负责提供统计报告和值班报告。

2. GMS 协调主管

GMS 协调主管（GMS Coordinator）负责将 GMS 系统的使用情况向奥组委领导和相关业务部门进行专题汇报；监控 GMS 所有子系统的运行管理、维护及用户技术支持的情况；负责 GMS 团队的组织和协调，与合作伙伴建立良好的工作关系，及时解决 GMS 系统出现的问题；与 GMS 系统相关的业务部门进行沟通和协调，确保对信息系统服务的需求得到满足。

3. GMS 专家

GMS 专家（GMS Expert）负责跟踪并解决 GMS 系统的各种问题，并与相关方协作配合；按照已制定的策略和流程完成各项工作；支持并评估业务部门提出的系统相关需求。

4. Kodak 值班经理

Kodak 值班经理（Kodak DM）主要负责与柯达公司设备相关的事件响应和协调工作，调度在各竞赛场馆和非竞赛场馆注册办公室值班的 Kodak 工程师。

第七节　质量控制

质量控制是奥运会信息系统项目建设过程中非常重要的一个部分。为确保系统的稳定高效运行，每个项目从立项之初就进行严格的质量控制，采取的主要方式包括：

一、项目监理

通过公开招标采购的方式选择项目监理公司。ADMIN 所有系统建设都通过第三方监理公司对项目进行里程碑式管理和严格的质量把关，对于 MOC、物流系统和综合信息服务等重要项目则采用了全程式监理。

根据与监理的合同约定，ADMIN 系统建设工程项目监理的主要职责是：

- 对工程项目实施过程进行把关，对项目实施过程中的质量、进度、投资进行控制。
- 对合同、信息文档进行管理。
- 召开需求设计的专家评审会并编写评审纪要。
- 对项目建设中出现的问题，发出监理联系单、监理通知等。
- 定期提交监理规划、监理工作细则、监理月报、监理日志、总结等各项监理文件。

监理在项目执行期间共召开 58 次正式的监理会议和项目例会，完成监理文件百余份，为项目的顺利实施提供了有效的保障。

此外，技术部专门聘请业内经验丰富的专家形成专家团对各项目的关键里程碑阶段进行评审，以便及时发现问题，采取措施规避风险。

二、第三方测试

技术部通过公开招标采购选择了第三方测试公司，对包括 ADMIN 全部系统、GMS 系统、成绩系统等进行第三方测试，在及时发现问题、严格质量控制上起到了积极的作用。

一方面，由于测试公司在测试方面的专业性，测试人员能够对业务功能的每个模块功能点都进行细致、深入、多样性的测试；另一方面，由于测试公司的介入，业务部门可以把精力集中在业务流程正确性的测试任务上，能够确保系统在业务流程的细节设计上严格符合业务需求，同时也能够对业务流程进行反复推敲，使业务流程更加符合实际使用和运行情况。

三、实验室测试

信息服务的实验室测试按照测试人员、测试地点、测试目的的不同，分成不同阶段、不同类型的测试。

1. 集成测试

集成测试是技术部的信息项目团队接收到合作伙伴开发完毕的软件包之后进行的测试，按照软件部署手册要求，在集成实验室，按照软件配置要求和数据库结构要求，进行适应性安装，检查应用能否正常启动和提供服务，并简单测试应用软件的各项功能。集成测试工作由源讯北京项目集成团队负责完成，技术部负责提供基础设施环境。

2. 功能测试

功能测试主要完成运动会管理系统各业务子系统的功能点测试和业务流程正确性的测试。功能测试工作由技术部负责组织协调，业务部门主导测试内容，测试公司执行，源讯集成团队提供环境和运行支持。

测试过程中涉及第三方专业测试公司和业务部门，各方的工作内容、分工侧重不同。第三方测试公司工作的重点是系统功能的可用性，测试内容细致、繁琐，业务部门则偏重于业务流程，能否正常运转，运转结果是否符合流程要求。需要双方共同参与完成。

对测试过程中出现的功能缺陷，业务部门、第三方测试公司、源讯公司、技术部各方需要进行充分讨论，以确认缺陷是否需要进行修正以及修正的方式。

在北京奥运会 GMS 系统的功能测试中，测试用例近 5000 个，测试出缺陷总数近 200 个。

3. 性能测试

性能测试需要对运动会管理系统各子系统进行以下四个方面的测试：压力测试、稳定性测试、冗余测试、安全测试。性能测试由技术部负责组织协调，源讯公司北京集成团队主导测试内容和测试过程，第三方测试公司进行观察、核实。

采用第三方监管方式，是根据系统集成方的能力和经验确定的。源讯公司自身具有丰富的奥运会实战经验，并且开发和测试的技术能力强，对系统整体的关键点的把握比较到位，自身有成熟的流程和工具保证。技术部和第三方测试公司全程参与并监督测试的各个环节，必要时进行干预，提出问题和测试要求。

4. 验收测试

在系统最终上线之前，需要进行用户接收测试。为此，技术部与第三方测试团队一起，认真研究测试计划，编写测试用例，在测试执行时，跟踪系统，分析测试数据。用户接收测试是对系统的一个全面检验，关系到系统能否在赛时安全、稳定、高效地工作，能否避免出现系统瘫痪等严重事件。

四、测试赛

测试赛是系统第一次真实运行。在测试赛中，不仅要测试系统的可用性，而且要测试项目组对系统的支持维护能力，及项目组成员之间良好有效的配合机制。同时，通过对实际比赛进程的跟踪监控，可以发现系统在实时显示数据方面存在的问题。然后对这些问题进一步从系统和操作流程上进行调整和加固，保证赛时数据的及时准确。测试赛的更多内容请参见本书第二十章。

五、技术演练

技术演练是由组委会技术部组织，全体技术团队和主要用户参与的实地演练。技术演练使用赛时设施、技术设备和系统，模拟真实的比赛环境，由技术演练官员按编制好的赛程触发模拟场景，通过评价对演练场景的响应，全面测试技术团队的应急处置能力，发现技术运行中存在的问题，检验场馆与 TOC 之间、场馆内不同技术部门之间、TOC 各业务口之间以及 TOC 与其他指挥机构之间的配合协调能力，从而反映出赛前各项技术系统的就绪情况。

在奥运会的技术准备中，为了确保赛时运行正常、服务可靠，所有的技术设备和系统事先都经过了综合测试、压力测试和多项目测试，大部分竞赛项目还分别举办了单项测试赛。但是，技术系统全面运行的水平，技术团队特别是技术运行中心（TOC）在很大压力下执行流程和应对复杂突发情况的能力，却无法得以验证。为此，每一届组委会在奥运会前均安排两次技术演练。北京奥运会在 2008 年 3 月 31 日到 4 月 4 日举行了第一次技术演练，2008 年 6 月 9 日到 13 日举行了第二次技术演练。每次技术演练历时 5 天。

测试赛的更多内容请参见本书第二十章。

六、控制变更

信息服务类项目建设过程中，如何控制变更是保证整个项目质量很重要的一个环节。对用户需求的变更进行严格的评估和审核，并设定需求冻结点，避免无节制的变更拖延项目总体进度计划以及枝节问题的反复变动对系统日后稳定运行埋下隐患。

在整个 GMS 项目管理过程中，采用了严格的变更管理流程，对各种变更进行管理和控制，减小变更带来的消极影响，同时确保批准变更按照要求正常实施。

GMS 变更的类型包括强制性变更、演化性变更、被迫性技术变更、组委会变更。通过技术前期充分和业务部门的沟通，GMS 系统变更的产生，主要产生在需求和差距分析阶段，系统上线和部署阶段变更量不大。

按照往届奥运会的惯例，必须要制定并严格执行变更流程。变更涉及业务部门、技术部、合作伙伴、变更管理委员会等四方。业务部门通常作为变更需求的提出方，技术部门负责对变更内容进行确认和审核，确保其符合奥组委的工作流程和实际业务情况。合作伙伴则需要对变更内容进行详细、全面的分析和评估，并提供分析报告，包括：变更内容分析、影响分析、费用报告。最终的分析结果需要提交到变更管理委员会，由变更管理委员会根据分析报告对变更的影响和费用进行权衡和决策，并形成变更决议，由各方参照变更决议进行实施。

七、文档管理

作为日常工作的主要信息载体，应有效地控制和管理文档，维护文档的一致性，提高工作效率，以方便项目工作人员阅读和查找。由于信息系统项目的复杂性、多方人员参加以及周期比较长等因素的存在，所有信息系统项目在立项、需求、开发、测试、上线和评审等各阶段都严格执行信息系统文档管理的相关流程，最终成为项目成果的有效组成部分。

信息系统的常用文档包括项目开发方、测试方、监理方、使用方及技术部在项目进行过程中产生的文档。项目负责人负责建立、维护、交接本项目进程中产生的各类文档，确保文档的完整性和准确性。文档管理人员负责所有项目文档的管理、归档、文档查阅等工作。

第八节　典型案例分析

一、IDS 场馆架构变更——系统前期方案优化

在北京奥运会信息系统建设过程中，技术部领导始终强调合理规划和方案论证，推动和组织对国际奥委会确定的信息系统平台技术方案进行优化。信息发布系统（IDS）场馆架构变更就是一个典型的通过方案优化取得很好效益的案例。

1. 背景

信息系统发布（IDS）系统是奥运会信息服务的核心系统。为保证系统可靠性和稳定性，初始系统和软件架构设计都是基于 UNIX 平台的。从盐湖城冬奥会开始，包括雅典奥运会和都灵冬奥会，IDS 系统都使用 UNIX 服务器。IDS 的主要系统基本都位于主数据中心，包括 INFO 2008、打印分发系统等，在主数据中心部署的 UNIX 服务器是中档的；评论员信息系统（CIS）是基于场馆的应用，因此，在 20 个有评论员信息系统的场馆部署 CIS 系统和 IDS 网关（LGW）系统的服务器，主要使用低档的 UNIX 服务器。雅典奥运会 IDS 系统使用四个型号 UNIX 服务器共 400 多台。

2. 问题及影响

2006 年，在规划和确定奥运会信息系统整体架构的时候，北京奥组委技术部决定对是否能把 UNIX 服务器换成 PC 服务器展开评估。原因主要基于以下两项考虑：

一是随着技术的发展，基于 Intel 架构（简称 IA 架构）的 PC 服务器技术已经很成熟，目前很

多管理信息系统应用都是基于 IA 架构。北京奥运会用到的 IA 架构 PC 服务器主要由合作伙伴联想公司提供，硬件上也有合作伙伴的大力保障。

二是按照场馆信息系统架构，每个场馆都部署十几台 PC 服务器，按照计划，在赛时联想的服务器工程师也将在所有场馆提供现场保障。对于 20 个有评论员信息系统的场馆，只有 2 台或 4 台服务器，但是往届奥运会也都派驻了专门的 UNIX 服务工程师，如果能够把这些服务器替换为 PC 服务器，就可以统一纳入已有的联想服务器工程师支持范围，不用再单独派驻 UNIX 服务器工程师，这样对组委会来说，可以大大节省人员成本和运行管理成本。

3. 应对处理

2006 年 10 月，技术部与源讯公司以及联想公司共同对 IDS 架构变更的可能性进行分析，初步分析认为位于主数据中心的 IDS 核心系统服务器是集中管理，非常重要，如果变更对整个系统的影响较大。因此技术部和相关方都认可，不在数据中心架构层面这一层面进行变更，而将变更的关注点集中在场馆服务器上。

根据技术部的要求，源讯和联想公司派出专家团队，2006 年 11 月开始在源讯巴塞罗那实验室进行测试，把场馆使用的 CIS 服务器和 LGW 服务器由 UNIX 变更为联想 PC 服务器，进行了概念验证测试（POC 测试）。专家团队制定了详细的测试计划，对硬件平台和软件移植进行充分测试。硬件测试表明联想服务器性能和可靠性是没问题的，而原有 CIS 应用是基于 Java 开发的，将其从 UNIX 服务器迁移到 PC 服务器上，需要测试一些兼容性问题。经过测试团队的努力，解决了测试中的各种问题，测试结果表明应用迁移到 PC 服务器上以后，系统是稳定的。最终测试报告于 2006 年 12 月提交。

经过对北京奥运会评论员信息系统服务器需求进行详细分析，基础架构组提出了场馆服务器的数量和相关费用，并综合各方面因素，节省总费用至少为 200 多万元，经过专家论证，一致认为，该方案不仅经过技术测试证明可行，且与采用 UNIX 的方案相比，具有更优越的技术性能、更简便的运行管理及更低的运行成本等多方面显著的优势，是一种更优的解决方案，建议实施变更。技术部最终批准了这个变更方案。

实际实施中，由于场馆不使用 UNIX 服务器，在 UNIX 设备和服务器采购上节省了很多设备和人员费用。更重要的是，方案变更给技术部的管理和运行带来了很多改进，场馆服务器统一后，运行更简便，管理更高效。在复杂的奥运技术系统中能够做到这一点，给组委会带来的实际收益远远不止于几百万元的费用节省。

二、MOC 系统需求变更——系统建设过程中

此案例在 ADMIN 子系统——运行指挥技术保障系统 MOC 建设过程中出现。

1. 背景

2008 年 6 月 7 日，奥组委相关部门提出新的需求，主要包括：扩建 MOC 的基础设施、增加显示屏数量及工位；事件跟踪系统增加事件播报、赛程播报、气象信息插播报三项功能。

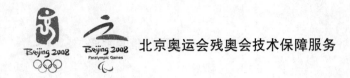

2. 问题及影响

变更需求距离开幕式仅 2 个月时间，技术团队需完成设备采购、综合布线调整、设备安装、软件开发与测试等工作。同时，原有系统已经过测试赛和综合演练的检验，运行稳定，软、硬件在规模及功能方面的增加会带来不可预知的风险。

3. 应对处理

虽然面临上述困难，同时需求提出的时间已经超过技术冻结所规定的最后期限，但满足这些需求对于 MOC 赛时顺利运行有着重要意义，因此技术部必须克服困难，按时完成委领导交给的任务。

（1）充分的预见性

在系统规划之初，技术部就针对 MOC 组建时间晚、领导层次高、运行经验少等特点，在系统的软、硬件扩充方面预留一定冗余，这些冗余在此时发挥了应有的作用。

（2）打破常规

按照常规工作流程，要在这么短的时间内完成上述任务几乎是不可能的。如设备的采购，按常规必须完成财务研提、报委领导批准、公开招标、合同文本报委领导批准、签署合同等流程后才能得到设备，技术部打破常规，采取边报领导批准、边联系供应商提供设备的平行推进措施，大大缩短了常规流程所需要的时间，保证了系统扩建按时完成。

（3）积极请示、协调

在实施系统扩建的过程中，技术部积极向各级领导汇报项目进度以及遇到的困难，得到了各级领导的大力支持，获得了完成任务必需的资源；同时，积极与奥组委相关部门、物业、集成商、设备提供商协调，简化了流程，提供了便利的施工条件，加快了软件开发进度。最终按时保质完成了MOC 扩建任务。

三、奥林匹克大家庭成员注册号更改——系统运行

此案例在 GMS 系统运行过程中出现。

1. 背景

按照安保部的安保策略和人员背景审查流程，注册部门规定当个人的基本注册信息（姓名、身份证件号码或者护照号码等 13 项信息）发生变化时，需要在 ACR 系统中删除旧的注册信息，然后重新录入正确的个人信息，再次进行注册（将会产生新的注册号码），并重新完成个人背景审查。

在该操作过程中，新旧两条注册信息实际上都表示同一个人，但是前后两条信息的个人注册号码发生了变化，只有新的注册号码在系统中有效。

2. 问题及影响

由于奥林匹克大家庭成员个人或者团体提交注册信息时，数据质量存在一些问题，因此在奥运村开村前，当奥林匹克大家庭成员在机场入关时，发现出现了大量的注册卡信息和个人的实际信息不相符的情况，主要错误原因包括：同一个人的姓名截取或拼写错误；同一个人的护照号码前后缀被人为地错误截断；护照到期，更换护照导致信息不一致，并且比例还在持续增加。

这种信息错误的情况反映到实际的注册流程上时，注册部门工作人员首先删除旧信息，然后重

新录入新的注册信息。因此引起了大量的奥林匹克大家庭成员注册号码的更改，导致了体育部门、注册部门等部门以及信息发布系统的部分客户（包括媒体、官方网站、单项组织等）大量数据信息的调整，继而又影响到体育赛事及成绩信息的发布和查询。

具体体现在信息发布系统中的情况是：一个奥林匹克大家庭成员的信息在信息发布系统中已经完成了相关背景等信息的录入，并发布给单项组织，但很快该条信息被系统删除，随后在系统中又出现了不同注册号实际上是同一个人的信息，引起了数据信息混乱。

3. 应对处理

技术部发现该问题后，立即在内部组织相关处室和源讯公司进行讨论，并就该问题向 MOC 领导进行请示，建议当出现上述情况时不要更改奥林匹克大家庭成员的注册号，以降低对竞赛和媒体的影响。

同时，技术部与注册部门就奥林匹克大家庭成员注册号更改问题进行紧急磋商和交流，并提出了切实可行的解决方案，最终注册部门同意采取相应措施保持奥林匹克大家庭成员的注册号不变。

首先，针对同一个人因姓名截取或拼写错误、护照号码前后缀误截断或更换护照的情况，注册部门采取相应的措施，先不删除该人员的旧记录，而是在注册系统中录入新记录，以便对新记录进行背景审查。

其次，为避免因新注册号造成的信息混乱，注册部门延后新记录的录入时间，按照技术部提供的时间点执行录入新记录的操作，该时间点为成绩信息发布系统与注册系统的接口关闭时间点（以体育项目为单元逐个关闭）。在接口关闭后，注册系统的数据修改将不会同步到成绩发布信息系统，因此有效地避免了在成绩发布信息系统出现重复记录的风险。

四、注册信息与安保查验系统信息不一致——应急事件处理

1. 背景

奥运开始前几天，安保部门在注册证件查验过程中，多次出现了注册证件信息与身份查验系统中的数据不一致，导致运动员等相关人员无法进入场馆。

2. 问题及影响

各奥运场馆入口的身份查验系统是由安保部门负责的，其中的个人数据信息来自于前期背景审查时，一次性（或分批）提交给公安部门的背景审查信息。所有持证人员的背景审查信息均来自于 GMS 的注册系统，注册部门根据此系统上的信息制作注册证件。

由于部分人员的注册通行权限在提交或完成背景审查之后发生了改变，因此导致注册卡上的通行权限信息与安保查验系统中的数据不一致。导致运动员等相关人员无法进入场馆，引起不良反映。

3. 应对处理

为确保两个系统中的数据保持一致，技术部长于 2008 年 7 月 30 日下午与源讯公司负责人召开了紧急会议，协调解决该问题。最终确定增加导出数据的频率，减少时间差，尽最大可能保证安保数据的正确性。

安保团队身份查验系统不能自动完成数据更新，需要大量的现场手工作业，完成所有场馆的数据更新约需要 4 个小时。根据这些情况最终确定的解决方案为：按照每天三次的频率从注册系统中导出已更新的权限数据，由安保部门定时派人到技术运行中心取走该数据文件，并导入身份查验系统。在实施此解决方案后，因数据不一致而影响人员进入场馆的问题再没有出现过。

第八章　成绩服务

成绩服务的目标是：完成成绩系统的规划、建设、实施和运行，为 2008 北京奥运会提供高水平、优质的成绩服务。北京奥组委技术部成绩团队以全面负责比赛成绩信息的采集、综合处理和发布为工作主线，重点专注于所有项目的计时记分及现场成绩系统、现场中文显示系统以及信息发布系统三大领域，先后组织参与了所有体育比赛项目的需求制定、超过 20 万小时的测试，经历了所有体育比赛项目的测试赛以及技术演练的检验，最终在北京 2008 年奥运会赛时为不同客户群提供了及时、准确、丰富、可靠的成绩服务。

第一节　成绩服务概述

一、主要服务内容、对象和数量

北京奥运会成绩服务内容主要包括：所有 38 个体育分项的计时记分系统、综合成绩系统、电视图像数据系统；32 个体育分项的中文信息显示系统；10 个体育分项的实时电视显示系统；26 个体育分项的评论员信息系统和远程评论员信息系统；用于成绩信息发布的打印分发系统、INFO 2008 系统和无线 INFO 2008 系统、互联网数据输入系统和成绩数据输入系统、中央存储系统等。此外，还有成绩公报的打印分发服务，赛后成绩册及光盘的制作和分发服务。为在赛时实现上述服务，相关的技术系统组成了一条端到端的成绩信息流（如图 8-1 所示）。即：

- 计时记分系统（T&S）采集基本计时和记分信息。
- 现场成绩系统（OVR）计算出现场的综合成绩和排名。
- 显示系统（包括现场公共记分牌、现场图像大屏、场馆内成绩字幕电视图像系统 TVG、中文信息显示图像系统 CTVG、实时显示系统 RDTS 等）在不同媒质上实时显示成绩信息。
- 信息发布系统的各个子系统（如 INFO 2008、评论员信息系统 CIS、打印分发 PRD、互联网数据输入 IDF、成绩数据输入 RDF 等）以多种方式和手段，把成绩信息发布给不同的服务对象和群体。

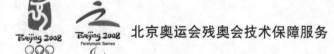
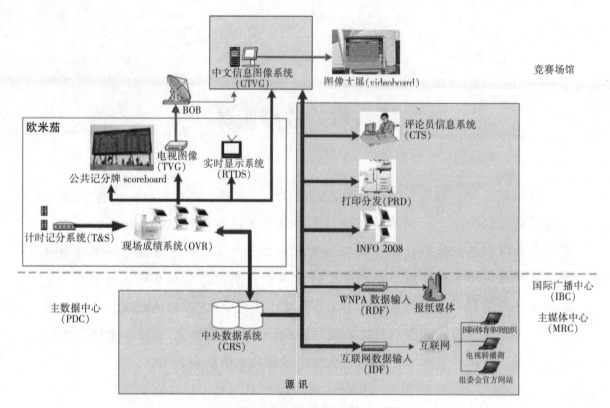

图 8-1　成绩服务系统结构图

　　北京奥运会成绩服务向所有的现场观众、奥林匹克大家庭（包括 IOC、各 IF、各 NOC）、转播商、注册媒体、互联网内容提供商，以及奥组委竞赛团队、体育展示和颁奖团队等提供快捷和高质量的成绩服务，并通过电视转播及互联网等渠道把成绩信息向全世界发布。服务对象覆盖：BOB，美国全国广播公司（NBC）、欧洲广播联盟（EBU）、中央电视台（CCTV）、奥运官方网站、美联社、法新社、路透社、新华社等世界主要电视转播和平面媒体，以及 28 个国际体育单项组织，所有国家和地区奥委会等。各种服务的具体统计数据见表 8-1。

表 8-1　成绩服务数据统计表

	系统和服务	客户总量	现场观众	竞赛场馆	非竞赛场馆	转播商	通讯社	互联网内容提供商（ISP）	国际体育单项组织（IF）	国家和地区奥委会（NOC）
1	计时记分和大屏显示（T&S）	所有 38 个比赛项目	√	全部		√	√	√	√	√
2	现场成绩（OVR）	所有 38 个比赛项目		全部		√				
3	电视图像数据（TVG）	所有 39 个比赛项目		全部	全部	√				

续表

	系统和服务	客户总量	现场观众	竞赛场馆	非竞赛场馆	转播商	通讯社	互联网内容提供商（ISP）	国际体育单项组织（IF）	国家和地区奥委会（NOC）
4	实时成绩显示（RTDS）	10个项目，在所有场馆接收		21		√	√	√	√	√
5	评论员信息系统（CIS）	26个项目，11万条消息，点击量110万次		26	4					
6	中文信息显示（CDS）	31个场馆，32个项目	√	31						
7	打印分发系统（PRD）	37个竞赛场馆，4个非竞赛场馆		全部		4	√	√		√	√
8	INFO 2008	2500个终端，1万多篇稿件，日点击140多万次		全部		4	√	√		√	√
9	无线 INFO 2008（W－INFO 2008）	3500个用户		全部		2	√	√	√	√	√
10	远程评论员信息系统（R－CIS）	15个客户				15				
11	互联网数据输入（IDF）	41个客户，接收140万条消息，发送1400万条消息				24			3	12	2
12	成绩数据输入（RDF）	10个客户，2万3千条消息						8		
13	成绩公报打印分发服务	750万张		全部		√	√		√	√
14	成绩公报手册	38个项目，13000张光盘				√	√		√	√

二、成绩团队组成和数量

北京奥运会成绩服务团队分布在技术运行中心和各个竞赛场馆，由奥组委及合作伙伴共同组成，包括：奥组委（84人）、志愿者（约1800人）、欧米茄（约350人）、源讯（约150人）、新奥特（约240人）、搜狐（11人）、国际奥委会推荐质量保证专家（11人）等，共计约2600人。

根据国际奥委会的合同以及奥组委的工作安排，成绩服务各合作伙伴的分工如下：

● 欧米茄：负责计时记分系统、现场成绩系统、成绩字幕电视图像系统、实时显示系统，以及公共记分牌显示。

● 源讯：负责中央数据库系统及信息发布系统的所有子系统（包括 INFO 2008、CIS、IDF、

RDF、PRD 等）。

- 新奥特：负责图像大屏中文成绩信息图像系统。

三、主要服务特色

1. 新增多项服务

北京奥运会的成绩系统新增了 4 项服务，其中 3 项为奥运会首次：

- 远程评论员信息系统：奥运会上首次实现转播商可在世界各地访问实时评论员信息系统，对赛事进行解说。
- 现场中文信息显示：奥运会上首次实现在比赛现场以举办国（非英语国家）文字实时显示成绩信息，提高服务的水平。
- 无线 INFO 2008：奥运会上首次实现注册媒体通过无线上网访问 INFO 信息，并新增复制粘贴和搜索引擎等功能，方便媒体的使用。
- 新增 8 个体育项目的评论员信息系统：共为 26 个体育项目提供了评论员信息系统服务。

2. 系统可靠性高，服务质量高

从系统运行的角度看，从场馆内的计时记分和成绩系统，到集成的各个信息发布子系统，运行期间没有出现任何功能和性能方面问题。在以往的奥运会中，成绩系统均出现了影响范围广、较严重的技术问题，例如雅典奥运会上第一天 INFO 2004 系统瘫痪，以及在都灵奥委会上 RDF 出现 4 个小时没有发送数据等。相比之下，本届奥运会上成绩相关系统运行稳定，得到了国际奥委会技术部以及 BOB、主要转播商和通讯社等相关用户的高度肯定。

从服务提供的角度看，从场馆内成绩公报的产生、签发、分发，到在技术运行中心内对各种问题的响应，成绩工作做到了以客户服务为中心，对问题响应快，信息发布速度快，信息质量和服务质量都有较好的保证。

3. 贯彻"绿色奥运"的理念

成绩册是国际奥委会规定的服务项目。以往的奥运会成绩册均为纸质文本，北京奥运会首次仅以光盘形式提供奥运成绩册（Results Book）服务，并为每个单项提供网络下载的专项成绩册（Mini Results Book）服务，节约了大量用纸，切实贯彻了"绿色奥运"的理念。

四、主要经验

技术部成绩团队从 2005 年 5 月组建，历经锻炼，并在奥运会期间提供了良好的服务，得到客户群体的认可，主要经验总结如下：

1. 强化成绩团队建设

团队建设上有各级领导的重视和支持，做到了科学规划、优化组建、强化培训。从 2006 年初开始，成绩团队就参考雅典奥运会、都灵冬奥会成绩工作的经验教训，咨询国际奥委会资深专家，与竞赛团队反复沟通达成一致，提出了设置成绩经理岗位及其招募和培训的计划。在人事政策的扶持下，团队很快在 2007 年初发展壮大起来。事实证明，各方面领导的大力支持，以及由竞赛主任推荐成绩经理人选的方式是取得事半功倍效果的重要原因。

另外，由于成绩经理岗位对人员的体育背景、英语水平、管理能力都提出很高的要求。为此，一方面，成绩团队多次聘请具有奥运会体育和技术背景的资深外籍专家给大家培训，同时长期聘请外籍顾问提供相关咨询和培训。另一方面，每位成绩经理都有至少一次机会参加国内的相关项目赛事，不断学习赛事组织经验，为日后的赛时运行打下了良好的基础。

2. 把握成绩服务工作重点

合理定位工作重点，把测试作为工作重心，为高可靠的系统性能奠定基础。经过充分吸取雅典和都灵奥运会成绩工作的经验教训，成绩团队把工作重点定位到系统的测试上来。从2006年11月第一批成绩系统交付到集成测试实验室开始，历经近2年多实验室内的功能测试、端到端测试、2次大型多项目综合测试、每次时长1个月的系统测试，以及按项目的一致性测试和按系统的验收测试；同时，成绩团队引入第三方权威测试机构，测试团队长期与成绩团队共同战斗在测试一线，重点加强对信息发布系统的性能测试。

事实证明，经过上述反复测试，以及测试赛、技术演练的实战，成绩系统日益稳定可靠，成绩团队也在不断地成长和成熟，为奥运会及残奥会的平稳运行，奠定了扎实的基础。

3. 国际化人才引进

引进国外专业人员充实队伍，与合同商充分融合，建立团队内部良好的国际化团队合作氛围。考虑到场馆成绩团队是由源讯、欧米茄以及新奥特等国际国内多个公司共同组成的国际化队伍，前期的团队磨合、团队氛围建设是至关重要的。在技术部"同一个任务、同一个团队"的思想指导下，成绩团队在成立之初，就与源讯、欧米茄充分融合，团队由三方共同组成。并聘请几位有经验的外籍人员和源讯的资深人员一起承担小组长的职位，分组管理、以点带面。不断通过日常的测试工作、测试赛、一致性测试等多种场合的磨炼，在整个团队逐渐形成了有效沟通、互相合作的良好环境。在一致性测试期间，成绩团队的良好氛围给国际奥委会的ORIS小组留下了深刻的印象，也为日后的平稳运行奠定了良好的基石。

4. 坚决贯彻"同一个任务、同一个团队"理念

技术部为更好协调众多技术合作伙伴，提出了"同一个任务、同一个团队"的理念。成绩团队在落实这一方针时重点做到了以下几点：

- 包括合同商在内的所有人员均根据岗位需要确定人选并遵守一致的汇报机制。在成绩经理团队中，源讯公司提供了1名成绩主管及3名成绩经理，与成绩系统处的成绩经理团队统一编组，相互支持，起到了很好的效果。

- 在技术运行中心，所有成绩类重要岗位均有至少一名奥组委员工参与轮班工作。这是以往奥运会所不曾有的。事实证明，奥组委的员工不仅出色地完成了任务，而且多次在重大事故发生前及时发现问题，并及时协调合作伙伴和专家团队解决问题。

第二节　成绩服务的需求——ORIS 及 PRIS

一、奥运会成绩服务需求——ORIS

ORIS 是奥林匹克成绩与信息服务（Olympic Results and Information Service）的简称，对奥运会每一个体育比赛项目的成绩服务标准、流程及服务水平进行定义，是提供奥运会成绩服务的主要依据。

1. ORIS 的目标

让体育竞赛所有方（IF）、组织方（奥组委体育部门）和新闻发布方（奥组委媒体运行部门），对奥运会期间与竞赛相关的所有信息提出要求（包括对信息的格式、内容、发布时间、提交的对象等）。这些要求最终将由技术系统满足（按照规定的时间和格式，生成相关信息，并发布给相关人员）。

2. ORIS 的需求

ORIS 详细描述了在奥运会数据采集到信息发布的全部过程中，信息类型、信息格式、发布方式等各方面的技术需求，包括定义每类成绩公告的表单格式、公共记分牌上每屏显示的内容、每份成绩单在什么时候发送给什么客户等。例如，竞赛相关需求如下：

- 日程信息：竞赛日程，训练日程。
- 竞赛信息：竞赛规程和规则，报名表，抽签，出场序等。
- 运动员/运动队/体育官员信息：历史成绩，个人简历，背景信息。
- 竞赛场馆信息：场馆设施信息，天气信息。
- 竞赛成绩信息：排名，成绩，奖牌数，各种最好成绩信息等。
- 新闻发布信息：新闻发布会，采访，新闻回顾等。

ORIS 需求最终以 ORIS 文档方式体现，为每个单项形成一份文档，最终记录需求，并作为各方工作的依据。ORIS 文档由各方签字后生效，作为各方对文档中规定的义务的承诺，其后的更改将产生费用支出。

3. ORIS 的项目组织

ORIS 由国际奥委会下属的 ORIS 工作组牵头组织制定，由各国际单项体育联合会和媒体共同参与，在信息服务客户、技术合同商和奥组委之间，对奥运会成绩服务的范围、内容和方式达成共识。每届奥运会之前，国际奥委会组织奥组委、各个国际单项体育协会以及技术合作伙伴，召开奥运会成绩与信息服务会议，对奥运会 ORIS 文档进行修改。

ORIS 会议由 ORIS 工作组牵头组织安排，为每个体育单项安排一个星期的会议时间，让相关各方坐到一起，详细讨论每个单项的需求，并达成一致。

经奥组委领导批准，从 2005 年 9 月至 2007 年 1 月，北京奥组委方面由技术部牵头，组织体育部、媒体运行部相关人员对所有体育项目的 ORIS 文档进行讨论、更新、确认并最终批准。IF 的主席、奥组委体育部、媒体运行部和技术部的部长将分别在文档上签字。代表双方分别承诺该文档是北京奥运会成绩服务的最终需求，国际体育单项承诺将履行文档中规定的义务，奥组委方也将按照该文档规定的方式和内容提供服务。各方签字后，将对文档进行变更管理。各方的变更请求需要通过相应的变更管理流程提出，变更还可能产生相应的费用支出。ORIS 项目的成功进行为北京奥运会成绩系统的开发、测试以及最终运行提供指导和依据。

二、残奥会成绩与信息服务需求——PRIS

鉴于国际奥委会的 ORIS 项目取得了良好的效果，国际残奥委（IPC）决定启动残奥会成绩和信息服务（PRIS）项目。通过国际残奥委会及成绩系统处残奥会项目组的努力，最终完成了 21 个残奥会项目的 PRIS 文档。但由于 IPC 投入有限，其中部分项目提供了完整的服务描述的文档，其他项目仅定义了成绩输出部分。PRIS 文档虽然是首次制定，仍不够完善，但对了解单项需求以及为系统开发和测试提供了依据。

第三节 计时记分与现场成绩服务

一、服务概述

计时记分系统是由测量和采集比赛成绩的一系列软硬件以及专业布线系统组成，是成绩系统处理系统的信息源。现场成绩系统处理系统接收由计时记分系统以及数据统计系统提供的原始信息，根据竞赛规则进行计算并将结果发送到现场记分牌、电视图像、打印分发系统以及中央信息系统处理系统等。

图 8 - 2 是计时记分系统工作示意图：

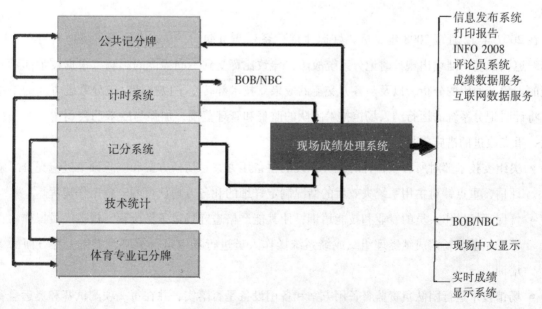

图 8 - 2 计时记分系统工作示意图

欧米茄公司负责计时记分系统和现场成绩系统的设计、开发、调试、安装、运行以及相关人力资源。技术团队遵照 IOC 技术部的计划进度，监督合作伙伴欧米茄公司的各项工作，为满足计时记分和现场成绩系统在奥运场馆和集成实验室的各项需求提供支持。总体而言，技术部将协同合作伙伴向每个体育项目提供如下服务：

- 各项目的计时记分系统及其服务。
- 现场成绩系统处理系统以及实时成绩显示系统 RTDS（Real – time Display System）。根据需求，提供手工数据输入终端。
- 公共记分牌及专用记分牌。
- 按照预先定义的标准接口标准及数据格式，向 IDS（信息发布系统）提供实时成绩数据，包括本地打印、评论员信息系统，INFO 2008 系统，RDF、电视图像和图像屏等。
- A 与 B 两套成绩系统互为备份，以及与转播商之间的备份 C 系统（转播商/IOC 要求的体育项目）。
- 系统的安装、运行、维护、迁移和拆卸。
- 计时记分经理，成绩系统处理经理，及相关的技术支持人员。

计时记分及现场成绩服务所涉及的软硬件环境将根据每个体育项目的竞赛日程表由欧米茄提供到场馆。欧米茄组织在比赛前执行计时记分及成绩系统处理服务的测试和验证。这项工作要与场馆技术、体育、其他合同商（如负责信息发布系统的源讯公司）的合作。

二、服务管理

根据往届奥运会惯例，计时记分服务是由欧米茄负责生成成绩的交钥匙工程，即服务是由欧米茄公司全权负责，自行实施的。技术部对欧米茄等 IOC 全球合作伙伴采取的策略是：通过集成测试和测试赛发现问题及时督促其整改，但并未将计时记分系统纳入场馆技术团队日常管理和监控视野。

在 2007 年 12 月至 2008 年 3 月"好运北京"系列赛事期间，在艺术体操、场地自行车、跳水和跆拳道测试赛中陆续出现计时记分系统故障，导致比赛受到不同程度的影响。根据技术部对问题出现的现象和原因的分析，以及与各方交流的成果，技术部转变了以往计时记分系统方面的工作思路，将计时记分系统的运行纳入场馆技术团队的监督和管理范围，加强与欧米茄公司的沟通和协调力度，重点改进的措施包括：

- 奥组委技术部对所有项目计时记分系统的主备用方案、切换方案和应急预案进行充分了解和评估，重点针对主用系统失效后的情况制定详细的和各方均认可的应急工作流程。
- 督促现场操作人员的专业和技能培训，使其能严格遵守场馆工作流程，规范人员操作。在比赛开始前，场馆成绩经理组织成绩系统操作人员进行场馆运行策略、工作流程方面的重点培训。
- 场馆技术运行团队负责监督备用方案和备用设备是否落实，并在每一项测试赛和奥运会赛事开始前，就计时记分主备用设备的切换进行测试和演练。

- 充分尊重并发挥欧米茄在计时记分工作方面的经验和作用。
- 加强与合作伙伴的沟通、协调与服务。

在定义相关策略后，成绩团队迅速响应，在第二次技术演练期间以及奥运会赛前，对每个场馆的计时记分系统均进行了故障切换演练。一方面检验了关键设备的运行，同时也锻炼了整个成绩团队的应急预案与操作流程，在奥运会赛时取得了良好的效果。

第四节 现场中文成绩服务

一、服务概述

根据奥运会惯例，所有项目的奥运会现场成绩显示均以英文为主，这对到场观赛的中国观众带来一定的难度。北京奥运会上观赛人群中超过70%为中国观众，为能让国内观众更好地欣赏比赛，北京奥组委经过深入分析及反复论证，最终确定将在北京奥运会上尽可能显示中文比赛成绩信息。

中文显示处理系统是计时记分和现场成绩系统的一个子系统，即奥运会各主要场馆的公共记分牌、图像大屏在显示国际通用的英文字符的同时，同步显示中文信息。北京奥运会在奥运会的比赛现场第一次使用举办国（非英语国家）本国文字同步显示了比赛成绩信息，具有以下重要意义：

- 有助于弘扬中华民族文化，促进中文传播交流。
- 能够为奥运会比赛现场不懂外文的多数观众提供更便利的服务，体现人文奥运理念。
- 有利于烘托比赛现场气氛，体现"重在参与"的奥运精神。
- 符合非英语国家举办国际赛事的惯例，最大限度展示本国文字。

奥运会有31个场馆32个比赛项目、残奥会有11个场馆12个体育比赛项目采用了中文成绩显示系统。各个场馆的中文成绩显示方式下表8-2所示：

表8-2 场馆中文成绩显示方式一览表

体育场馆	项目名称	分项名称	中文信息显示方式
国家体育场	田径	田径	公共记分牌
击剑馆	现代五项	击剑、射击	图像大屏
奥体中心体育场	现代五项	马术、跑步	图像大屏
国家体育馆	体操	体操	公共记分牌
		蹦床	
	手球（决赛）		
国家游泳中心	游泳	游泳	图像大屏
		花样	
		跳水	
奥林匹克公园网球中心	网球		公共记分牌
奥林匹克公园曲棍球场	曲棍球		公共记分牌

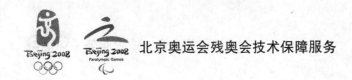

续表

体育场馆	项目名称	分项名称	中文信息显示方式
奥林匹克公园射箭场	射箭		图像大屏
奥体中心体育馆	手球（预赛）		公共记分牌
北京航空航天大学体育馆	举重		图像大屏
北京科技大学体育馆	柔道		公共记分牌
	跆拳道		
中国农业大学体育馆	摔跤		公共记分牌
北京大学体育馆	乒乓球		公共记分牌
北京理工大学体育馆	排球（预赛）	排球	公共记分牌
五棵松篮球馆	篮球		图像大屏
老山自行车馆		场地	图像大屏
小轮车赛场		小轮车	图像大屏
老山山地自行车场	自行车	山地	图像大屏
城区自行车公路赛场		公路	图像大屏
首都体育馆	排球（预决赛）	排球	公共记分牌
顺义奥林匹克水上公园静水场地	赛艇		图像大屏
顺义奥林匹克水上公园激流场地	皮划艇	皮划艇静水	
		皮划艇激流回旋	图像大屏
铁人三项赛场	铁人三项		图像大屏
北京工业大学体育馆	羽毛球		公共记分牌
	体操	艺术体操	
工人体育馆	拳击		图像大屏
朝阳公园沙滩排球场	排球	沙滩排球	公共记分牌
青岛国际帆船中心	帆船		图像大屏
中国香港马术沙田赛场	马术	障碍、盛装舞步	图像大屏
中国香港马术双鱼河赛场		三项赛	图像大屏

二、图像大屏的中文成绩显示

在图像大屏上显示中文成绩信息的项目包括游泳、花样游泳、跳水、篮球、拳击、赛艇、皮划艇静水、皮划艇激流回旋、铁人三项、现代五项、射箭、举重、场地自行车、山地自行车、公路自行车、小轮车、帆船和马术共15个场馆的18个项目。

中文成绩显示系统从OVR及IDS中获取实时英文信息，并把转换的中文成绩信息显示在图像大屏。图像大屏作为公众显示终端，结合竞赛播放多种内容，以叠加中文的现场电视信号作为主要的内容进行播出，所有内容由图像大屏播出导演进行控制和切换。叠加中文的现场电视信号是以BOB制作的干净的（Clean Feed）电视信号为背景，以中文电视字幕机为平台，以现成成绩数据为主要数据源，实时产生与竞赛相关的中文电视字幕作为前景，通过键控制器或切换台进行前后景混合。中文字幕的混合与叠加控制可由有竞赛经验的字幕制作人员根据电视画面控制，也可以通过获取 BOB 字幕输出 ID 消息的方式与 BOB 字幕同步播出的方式。

现场中文成绩系统数据库为电视字幕机提供实时竞赛数据，以便于电视转播使用或现场大屏独立使用。中文数据库相对独立，与英文数据库建立映射关系，并实时刷新数据，保证安全性和准确性。中文字幕的数据库或数据源的访问方式、平面样式、叠加的动态方式、操作流程、与画面的结合点、停留时间、视频格式、制作人员活动区域和沟通的渠道完全等同于或参照 BOB 电视字幕制作。

图像大屏的现场部署如图 8 - 3 所示：

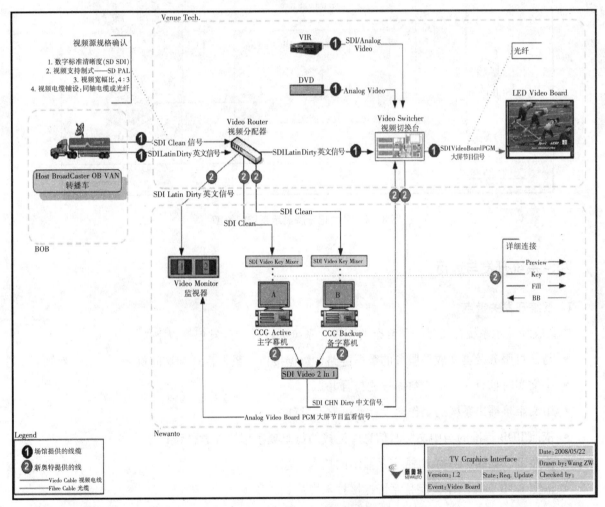

图 8 - 3 图像大屏现场部署图

三、公共记分牌的中文成绩显示

在公共记分牌上显示中文成绩信息的项目包括田径、体操、蹦床、艺术体操、手球、排球、沙滩排球、曲棍球、乒乓球、羽毛球、网球、柔道、跆拳道和摔跤共 12 个场馆的 14 个项目。

由于公共记分牌的内容显示是由欧米茄公司完成，因此公共记分牌的中文显示流程是通过将欧米茄传送来的英文成绩信息转换为中文，再将文件回送给欧米茄处理。主要处理流程如下：中文显示系统从 OVR 获取英文成绩信息，查询信息服务的中央存储系统的中文信息数据库，完成英文成绩信息的翻译，之后将中文信息送到中文记分屏控制器，控制公共记分牌显示中文。

公共记分牌的显示系统部署如图 8 - 4 所示：

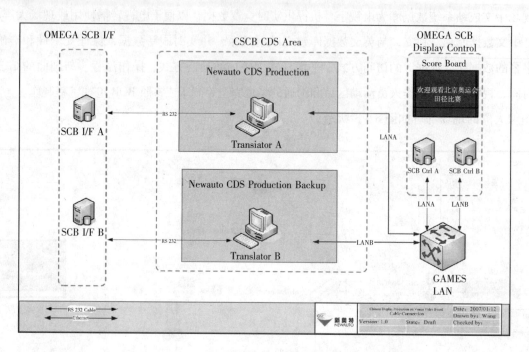

图 8 - 4 公共记分牌显示系统部署图

四、系统开发与运行

1. 系统开发关键点

中文成绩显示系统开发是一项复杂的工程，系统的设计和开发包括以下关键点：

- 与信息服务及英文成绩服务的数据链路、数据接口、数据格式和访问机制。
- 中文实时信息库，负责数据过滤与合并。
- 中文字幕播出系统的工作流设计、可靠性设计。
- 依照 BOB 标准的与中文实时信息库链接的每单项字幕快播软件设计。
- 依照 BOB 每单项中文电视字幕播出的技术规范。
- 依照 BOB 每单项中文字幕系统连接技术规范。
- 中文字幕系统安全播出的设计和应急防灾机制。
- 接收并响应来自 BOB 的播出字幕场景单元 ID，实现与 BOB 字幕同步的系统设计。
- 技术人员对各个竞赛项目体育比赛规则的理解和熟悉。

2. 技术运行关键点

中文成绩显示的运行关键点包括：

（1）各场馆显示屏的差异

各场馆显示屏分辨率有很大差别，对最终显示的可视效果影响重大。为此，每个场馆、每个单项的显示帧模板都经过了精心设计，反复多次修改。在同一显示帧中，根据数据来源字符串的长度和显示规则制定了不同情况下的多个模板。

（2）部署环境的差异

中文显示系统在各场馆的部署场地有很大差别，有的场馆是部署在 OVR（如田径），有的部署在 FOP（如体操），有的部署在体育展示房间（如游泳），有的部署在有线电视工作间（如帆船）。各种不同的环境需要中文显示团队解决 UPS、系统连接等各种问题，以完成奥运会的赛时稳定运行。

（3）运动会网接入与运行

中文显示系统接入运动会网在初期、运行期、项目转换期的连接都非常顺利，各运行团队与场馆技术团队有良好的协作关系，没有出现一例因断网影响制作的事故。

网络安全方面，各系统依照集成策略配置，运行正常，没有受到任何网络攻击和病毒侵害。

（4）IDF 消息接收

各场馆中文显示系统通过分布于各场馆的 IDF 服务器完成来自 CRS 的中文数据接收，其中包括运动员、官员、马匹的名字等信息。

奥运会赛前一天，出现了部分运动员、官员的名字没有中文数据，以及日、韩运动员官员名字涉及原始中文的问题，无法正确翻译。技术运行团队做出如下处理，解决了中文显示可能出现的灾难性后果：

- TOC 值班人员直接参与翻译工作。
- 找到日、韩代表队手册，查到原始中文信息。
- 场馆团队在 TOC 授权下，直接修改本地中文数据库，并与竞赛部门进行了核对。
- 生成 2 级问题记录，强化了处理的紧迫性，有助于整体效率的提升。

（5）竞赛成绩数据接收

通过各项目在集成实验室的测试和测试赛的磨合，各运行单元成绩数据接收顺利，连接可靠。

（6）屏幕显示

成绩团队顺利完成了全部场馆中文显示，正确地完成了所有规定动作，尤其注重了颁奖环节的流程处理，准确执行了多人、多次校验显示数据正确性的要求。

对于突发的国家名称临时变更后，字符过多、显示过长的问题，采取使用多套模板适配不同显示长度的方式优化解决，保证了最佳显示效果。

（7）系统运行环境

总体上系统运行环境在强有力的场馆技术团队支持下得以保证。制作期间没有任何系统级故障，所有中文显示制作工作均由 A 主系统工作站完成，没有出现因主系统故障，启用备用 B 系统和 C 系统的情况。

3. 安全策略

（1）运动会网 VLAN 设置

中文显示系统设置为运动会网上的一个 VLAN。所有信息安全的设置符合运动会网的信息安全的要求；软件架构设计由源讯、欧米茄共同参与及审核；所有硬件接口全部屏蔽；安装防病毒软件。

（2）被动接收数据

用于中文显示的设备全部在场馆内，在每个场馆内，与运动会网的连接主要是被动接收数据，基本没有主动发送数据。

（3）二级显示控制

最终是否上屏，公共记分牌由欧米茄人员进行控制，图像大屏是由体育展示人员进行。两者都有一个预监控。

（4）数据流防篡改

所有数据包括人员姓名、公共代码、比赛成绩信息等均受严格流程控制，由 TOC 来指挥和控制。

（5）专业技术人员

每个场馆均为专业体育转播字幕制作团队，熟悉业务，常年承担与中央电视台、北京以及各省市电视台电视字幕的工作。

第五节 信息发布服务

信息发布系统（Info Diffusion System，IDS）由奥运会合作伙伴源讯公司负责提供，承担着在奥运会期间以多种信息交互方式为奥林匹克大家庭、注册媒体等关键客户提供信息服务的重要任务。以下是主要信息发布服务客户及提供方式：

表 8 – 3　IDS 信息一览表

	INFO	CIS	IDF	RDF	PRD
用户	内部用户：ONS、语言服务；外部用户：OF、注册媒体	评论员、TD	转播商、单项、官网、WOW	WNPA	体育、媒体
服务地点	MPC、VMC、IBC	IBC、评论员席、混合区	IBC、TOC	MPC	场馆、奥运村
服务方式	终端	触摸屏终端	数据传输	数据传输	纸质报告分发

一、INFO 2008

1. 服务概述

INFO 2008 是信息发布的重要系统，规模大，并发用户多，对响应时间和服务连续性要求高。它通过分布在赛场、奥运村、媒体村等地点的 2000 多台 INFO 固定终端或信息亭，为 IOC 官员、各国（地区）运动员、官员、注册媒体记者等关键用户提供信息服务。服务内容主要包含成绩、记录、奖牌、新闻、简历、背景、日程、交通、天气、留言板共十项功能模块。与往届奥运会相比，北京奥运会 INFO 2008 系统在系统架构方面作了较大调整，功能上也有所变动。

根据系统的工作进度计划，INFO 2008 系统由源讯在巴塞罗那的开发团队分批交付，源讯在北京的运行团队负责安装和调试工作。奥组委技术部负责测试、验收及协调工作。

在技术团队一致努力下，INFO 2008 系统在奥运和残奥期间安全、稳定运行，没有发生 2 级及以上的问题，发布信息及时准确，为媒体记者和奥运大家庭提供了信息支持，圆满地完成了奥运会、残奥会技术保障任务。

2. 工作重点与难点

（1）界面及外观确认

网站是本届奥运会形象景观的组成部分，必须符合本届奥运会的主体元素的规定。为此，IDS 团队多次组织奥组委文化活动部、样式设计公司及源讯公司相关人员沟通协调，并且对界面上的菜单、页眉、新闻滚动条、链接、时间条等进行了定义和设计。最终确定了符合"人文奥运、科技奥运、绿色奥运"三大理念的网站样式。

北京 INFO 2008 的用户界面如图 8 – 5 所示：

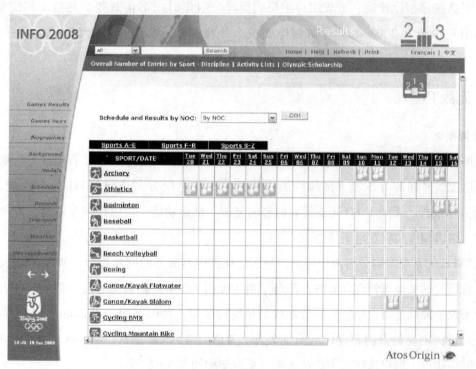

图 8 – 5　INFO 2008 用户界面

（2）增加全文检索功能

根据国际奥委会以及众多国际媒体的要求，希望在本届奥运会 INFO 2008 系统上提供全文检索功能，这也是北京奥运会上首次提供的服务。技术部经过多方比对，特别是对赛时技术支持能力进行综合评估，选定相关公司成功提供了该搜索服务。

（3）系统测试

INFO 2008 系统在场馆分布广，设备终端数量大，因此确保 INFO 2008 系统的稳定可靠运行尤

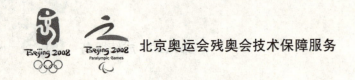

为重要。因为本次 INFO 2008 有较大的系统架构变化，使用的服务器软件、硬件都不同于上届，并且在上两届 INFO 系统都出现了重大问题，因此，技术部对 INFO 2008 的性能、稳定性、安全性等高度重视。在进行第一次系统测试时，发现系统存在 3 个重大问题，其中系统消耗资源严重是关键问题，另外系统丢失数据包，不能产生正确的静态页面，也给使用带来不稳定因素。为此，奥组委技术部、第三方测试团队与源讯公司反复测试，查找、定位，最终在第二次系统测试前解决了上述问题。

（4）用户培训

如前所述，信息内容管理系统是 INFO 2008 的综合管理平台，实现除比赛成绩外的信息录入、编辑功能。该系统的主要用户是赛时分布在各个竞赛场馆及主要非竞赛场馆的媒体服务团队。为此，技术部与媒体运行部门一起制定了用户培训计划，为全体用户作了培训。并且在媒体运行部门办公室部署了多台终端，方便媒体团队练习。

（5）用户手册的撰写、制作和分发

为便于全球媒体用户方便使用 INFO 2008 系统，INFO 2008 的用户手册需要中、英、法三种语言。由于系统定型比较晚，造成用户手册的撰写、制作时间都很紧张。在技术部的努力下，4 万余册的用户手册在 2008 年 7 月初制作完成，并在 MPC 运行前分发到包括香港在内的所有场馆。

二、无线 INFO

1. 服务概述

作为扩展功能，北京增加了无线 INFO 2008 系统，保证注册媒体及 IOC 官员在奥运场馆及媒体酒店的奥运无线专网的有效覆盖区域内通过笔记本无线上网方式访问 INFO 2008 系统。除 INFO 2008 的所有功能外，无线 INFO 还支持对内容的复制、粘贴功能。可以访问互联网，方便记者采集新闻素材、编辑稿件和收发电子稿件。

无线 INFO 的系统架构分为两个部分，分别是提供内容服务的网站部分（WIW）以及提供无线登录用户管理的网络接入管理（WIN）部分。由于无线 INFO 是北京奥运会首创的服务，项目的需求和设计来源于源讯公司根据经验初步形成的系统建议书，其中 WIW（Wireless INFO Website）由源讯公司开发，主要负责内容提供和页面发布；WIN（Wireless INFO Network）由中国移动开发，主要负责网络建设、用户认证、用户接入等。系统架构如图 8-6 所示：

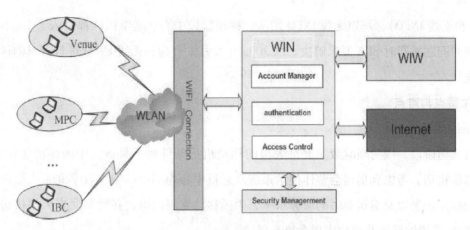

图 8 - 6 无线 INFO 系统结构图

奥运期间，无线 INFO 2008 系统共有 702 个用户。认证系统显示，从 2008 年 8 月 8 日开始，每小时用户在线数持续增长，高峰使用时段是在每天 15 点到 23 点。无线 INFO 网站系统共生成 405207 页面，554372 个文件，809175 点击。

残奥期间，无线 INFO 用户 109 个。高峰时段是在每天 9 点到 24 点。无线 INFO 网站系统共生成 61721 页面，59058 个文件和 112525 次的点击。

从统计数据看，访问主要集中在媒体村、京外赛场和 MPC。无线 INFO 满足了媒体用户不必亲临比赛现场就可以即时、全面地了解奥运赛事信息，实现奥运移动办公的需求。

2. 主要工作进度

从项目管理的角度看，无线 INFO 的建设及运行基本可以分为以下几个阶段：计划阶段、建设阶段、实施阶段、赛时运行维护阶段等。

（1）计划阶段（2006 年 12 月 – 2007 年 3 月）

在项目初期，根据 IDS 的总计划，制定了无线 INFO 项目的工作计划和项目组主要成员。首先确定 WIW 系统在 2007 年 6 月随第三包提交，WIN 系统在 2007 年 10 月开发完成。同时，讨论完成了系统的测试计划。考虑到两部分是分别开发完成的，因此重点讨论了系统的连接测试。

（2）建设阶段（2007 年 4 月 – 8 月）

从 2007 年 4 月开始，项目进入到建设阶段，完成了主要设备的采购、验货。随着源讯公司 IDS 第三包的提交，WIW 部分完成开发。同时，WIN 部分完成主要功能的开发。

技术部在物流部门的协助下，完成无线 INFO 项目 WIN 部分的主要设备验收，之后进入实施阶段。

（3）实施阶段（2007 年 9 月 – 2008 年 7 月）

主要完成系统的部署和实施。从 2008 年 6 月开始，无线 INFO 项目组执行周例会。每周由技术部组织源讯公司、中国移动项目管理人员就项目需要解决的问题讨论、制定解决方案，并由技术部监督执行。周例会确实提高了效率，快速推进了项目。

（4）赛时运行维护阶段（2008 年 7 月 – 9 月）

从 2008 年 7 月 25 日开始，系统进入到 24 小时的赛时运行维护阶段。TOC 的 INFO 团队（同时支持 INFO 和无线 INFO），场馆无线 INFO 团队、移动监控中心、运维团队都进入了 24 小时运行阶段。对出现的问题按赛时 SLA 要求解决。从 2008 年 8 月 1 日起，无线 INFO 进行分时的认证统计和网站访问统计。

3. 工作重点与难点

（1）系统部署

在项目实施阶段，因为当时数字北京大厦的移动机房条件尚不具备，中国移动建议将 WIN 系统部署在其他机房。考虑到奥运会整体技术系统及运行中心均集中部署在数字北京大厦，为了保证系统整个的稳定部署以及奥运赛时的服务水平，中国移动克服困难，在数字北京大厦机房内另辟空间完成了 WIN 系统的部署并成功实现系统互联。

（2）系统测试

包括侧重功能的 2 次集成测试，侧重性能的 2 次系统测试，2 次无线 INFO 压力测试，1 次模拟真实运行场景的全业务第三方测试。系统的每一次测试都是经过反复的讨论、修订、确认，并且对测试结果进行了认真的分析。在不断的讨论沟通过程中，所有的参与人员对测试目标有了统一的认识和理解，使测试工作能够顺利完成。从测试结果看，系统能够满足服务水平标准。

（3）系统安全

无线 INFO 2008 系统的安全问题也是一个核心问题。技术部组织了多次无线 INFO 项目系统安全专家评审会，邀请了安全专家、微软专家、搜狐的专家及技术部信息安全处相关人员参加，会议对无线 INFO 2008 系统安全提出了一些原则和要求。技术部还邀请专业安全评测机构对无线 INFO 的安全性进行测试。

（4）人员培训

除了测试工作，对无线 INFO 2008 系统的支持流程的制定和人员的培训也是一个很重要的工作。经过讨论，确定无线 INFO 2008 系统的支持划分三个层次：第一层是客服人员，第二层是场馆的支持人员，第三层是 TOC 的支持专家。为此，成绩团队针对不同技术服务层级共组织了 4 次培训，参加培训近百名工作人员。通过培训和演练，使得各层级工作人员能够尽快地分析问题，确定解决方案。如果本层级不能解决，要把问题正确地提交给上一级人员。

（5）用户手册的撰写、制作和分发

无线 INFO 2008 手册比 INFO 2008 手册增加了无线接入方面的内容，由于系统应用定型较晚，对用户手册的撰写、制作带来了时间限制。在技术部的多方协调下，与印刷服务单位密切配合，最终确保 5000 余册的无线 INFO 用户手册及时完成制作并于 2008 年 7 月初发放给用户。

三、评论员信息服务

1. 服务概述

评论员信息系统（Commentator Information System，CIS）是信息发布系统中最重要的系统之一，它是实时系统，对响应时间及服务连续性要求高。

评论员信息系统通过分布在场馆评论员席及国际广播中心的近 2000 台 CIS 触摸屏，向用户

（节目制作人、评论员和现场成绩发布人员）提供比赛前、比赛中以及比赛后的实时比赛信息，同时显示奖牌分布和真实天气情况。由于一部分评论员在国际广播中心（IBC）工作，而不在比赛现场，所以他们将通过分布式的 CIS 来获得所有比赛的成绩。北京 2008 年评论员系统的用户界面如图 8 - 7 所示：

图 8 - 7　评论员信息系统的用户界面

与往届奥运会相比，该服务主要有以下几个方面的改变：

- 作为扩展功能，北京增加了远程 CIS 系统，保证转播商可以在奥运网络覆盖以外区域通过自己的网络和设备访问 CIS 系统。
- CIS 系统由原有 UNIX 平台移植到 Windows 平台，同时功能也较以往系统有较大调整。
- 应转播商和国际奥委会要求，北京奥运会新增了 8 个项目的评论员信息系统，使北京奥运会上提供的评论员信息系统的体育项目达到创纪录的 26 个。

CIS 和远程 CIS 在奥运会赛时运行平稳，没有出现任何系统故障或较严重的数据问题，得到了 BOB、转播商客户的一致好评。

2. 工作重点与难点

（1）经费预算

北京奥运会的 CIS 系统新增了 8 个项目，同时新增远程评论员信息系统服务。增加项目就需要增加服务器、增加场馆内的技术支持、场馆的客户端设备、网络设备和布线以及 UPS 供电，需要增加大量的费用。为此，技术部做了细致的成本核算和大量的沟通协调工作，最终在预算范围内完成了工作。

（2）远程评论员信息服务

一个全新的远程评论员信息系统在北京奥运会上首次投入使用。这个系统通过点到点的长途专线，可以将数据发送到转播商自己的办公地点，通过客户自己部署的计算机终端将成绩信息实时展示在评论员面前。这样，评论员就可以在自己的国家和城市，和在 IBC 的用户一样使用评论员信息系统。北京奥运会上，共有 7 家转播商订购并使用了 15 个远程评论员信息系统的客户端。远程评论员信息系统是北京奥运会的一个亮点，充分体现了科技奥运的精神。

（3）性能测试

技术部组织相关方进行了评论员系统性能测试，用大量模拟数据对系统进行稳定性测试、压力测试、容错测试和恢复测试，所测试的消息并发量大大超过了赛时实际可能发生的数据量。

北京奥运会上，CIS 的技术架构做了很大的变更，即从雅典奥运会的 UNIX 架构改变为北京奥运会的 IA 架构，这样的改变减少了系统的硬件成本和技术支持成本，但也需要对系统稳定性进行更严格的测试。在初期的系统性能测试中，当系统接收的消息量达到一定峰值时，出现了客户端数据显示不一致的问题；后来通过更改系统的缓冲池机制解决了此问题。

在测试后期，技术部着重加强对涉及多场馆的项目（比如排球、现代五项等）的测试。现代五项的比赛在三个场馆中进行，数据也在三个场馆中流转，在测试赛中发现数据有延迟的现象，最后通过增加三个场馆之间的网络带宽，保证了系统性能。

（4）用户验收测试

技术部协调 BOB 进行了 CIS 的用户验收测试。BOB 作为各转播商的代表，负责对系统提出变更需求，并作最终的系统验收。

往届奥运会中将所有项目的用户测试都安排在临近赛前一次完成，不仅费时费力，而且用户提出的很多问题来不及进行修正。北京奥运会筹备期间，按照项目所在的软件包的交付顺序，在实验室集成测试完成后，就开始组织对相关项目的用户测试。这样，所有的项目被分成 4 个包，在赛前很早就开始进行用户测试，以便 BOB 可以尽早提出对系统不满意的地方，开发商也有充分的时间和用户进行讨论，进行修改。在赛前，BOB 对所有的项目进行了最后一次用户验收测试，就只需对前期发现的问题进行验证了。最后，BOB 对 CIS 的用户验收测试结果表示非常满意。

远程评论员信息系统的用户测试，需要技术部一对一和转播商客户进行接触。这是由于服务器端和客户端之间的国际线路连接需要客户自己准备，客户端的网络设备和计算机设备也由客户自己提供，每个客户的准备情况各不相同。必须尽早地让所有客户了解和掌握系统的技术架构，和每一个客户进行实际线路和设备上的测试。

远程评论员信息系统的客户分布在全世界不同的国家和地区，在客户沟通和测试过程中，成绩团队利用了各种沟通方法，包括电子邮件、国际长途电话、电话会议，利用客户到北京来时的现场会议和项目简报等方式和客户建立了良好的沟通，比如，成绩团队和 NBC 建立了每周一次电话会议的沟通机制。为了照顾中国和美国的时差，每次会议被安排在北京时间早上 9 点，纽约时间晚上 9 点。通过这些定期的会议，沟通了系统的技术架构，明晰了双方各自应该准备的设备数量和类型，保证了双方各自的准备工作准确无误地对接。

技术部为客户提供了多个测试机会。2006 年末，在北京本地的系统验证测试中，技术部邀请了 BOB 进行现场观察和监督。2007 年中，技术部成功地同主要客户 EBU、NBC 进行了国际线路环境下的测试，增强了转播商对系统的了解和信心。在 2007 年 10 月和 2008 年 1 月的两次多项目测试中，成绩团队都尽量组织所有客户参加。对某些不具备国际线路环境的客户，成绩团队在集成实验室中准备环境，让客户将自己的网络设备和计算机带到实验室，最大限度地测试客户端设备的配置和软件的安装使用。在 2008 年 3 月至 6 月，再次为未能参加测试的客户安排机会，尽量使所有客户在奥运会赛前，都能参加至少一次测试。

测试中遇到的最大的问题是线路问题。远程评论员信息系统的测试要求在国际网络线路的实际环境中进行，以便最大限度地模拟真实环境，通过端到端的测试，验证客户端设备的可用性，并使客户尽早熟悉系统的配置和使用。由于国际专线铺设时间长、协调方多、费用昂贵，客户往往控制租用国际专线的成本。这就要求成绩团队紧盯线路铺设情况，帮助客户协调国内外专线服务提供商，尽量保证专线按照计划到位；同时成绩团队的测试计划也要制定得非常周密，各相关方要做好充分的准备，否则专线到位却无法测试，就会浪费客户的线路租用费。

尽管技术部提供了多次的测试机会，但由于国际专线的费用高等原因，仍有少数客户端一直到赛前都没能完成一次完整的测试。技术部又做了大量的沟通和协调工作，协调所有客户尽早完成赛时线路的铺设和客户端设备的配置（至少确保在 2008 年 7 月 25 日前），然后进行赛前的连接测试。同时，要求各技术合同商增配相关的技术支持人力资源，以便在线路就位后马上开始测试。所以，赛前最后一段时间也是最紧张和最忙碌的一段时间。

（5）系统部署

远程评论员信息系统需要客户将自己订购的国际线路引入国际广播中心，线路的部署工作都集中在赛前完成。为了尽量挤出时间让客户进行最后的连接测试，技术部各方通力合作，全力支持每个客户。本地线路部署完成后，紧接着测试端到端的国际专线是否通畅，远程客户端的网络配置和软件安装是否正确。成绩团队准备了每一个客户的部署情况表，一步一步跟踪、核对和更新各项准备工作的落实情况；由于支持人员众多，成绩团队准备了所有客户的联系方式统计表，发给所有技术支持人员，这样，不管哪个部分有进展，相关人员都能马上联系到客户。在这样的努力下，正式比赛开始前，成绩团队完成了所有客户的连接测试。

四、互联网数据输入

1. 服务概述

互联网数据输入（Internet Data Feed，IDF）系统将 IDS 内部网络上可用的部分 XML 数据传送到北京奥运会官方网站、国际奥委会官方网站、各国际体育单项组织官方网站、各大转播商官方网站等，供其生成网页提供给互联网用户浏览。IDF 系统作为奥运成绩信息给外部客户提供的一个"窗口"，承担着"及时、准确将信息传递给用户"的重任，用户将在赛时使用这些数据在第一时间将成绩信息用于网上发布和视频直播。

IDF 系统主要有以下两个特点：一是 IDF 系统本身只是简单的转发其他子系统产生的信息，但是消息量非常大，对系统处理能力要求比较高；二是 IDF 与各个系统都有接口，用户对消息的时效性和顺序性要求高，系统需要同时对多个用户提供服务等。

2. 工作重点与难点

（1）制定测试策略

根据 IDF 系统的特点，本着"把握重点，抓大放小，明确分工"的原则，技术部确定了相应的测试策略：

- 测试重点：IDF 系统的测试重点在性能测试方面，要重点测试短时间大量数据的处理能力，以及系统可以同时支持客户的数量；而在功能方面则重点考察与各个子系统的接口是否能正确接收转发的消息，以及本届奥运会该系统的一些新增功能。

- 测试分工：在测试分工上，功能测试主要由源讯公司来完成，性能测试则引入专业的软件测试公司作为第三方进行验证，同时奥组委的技术人员通过共同参与和最终决策，确定具体的测试指标和测试通过标准。

（2）用户需求确认

IDF 系统主要是为全球的持权转播商（RHB）、IF 和 NOC 提供服务。客户的性质各不相同，这就决定了客户对信息的需求各不相同，技术部在项目初期通过学习往届经验和与潜在用户的初步沟通，提取共性，分析个性，将 IDF 数据服务形成两个单独的产品，供不同客户按需进行选择。

在距奥运会开幕还有一年半的时间、具体客户尚未确定时，奥组委就通过给所有潜在客户发送项目简报的方式宣传产品内容，了解客户购买意向，一方面使今后的工作更有针对性，另一方面也为产品定价和技术系统性能指标的确定提供依据。

（3）用户接口测试

由于 IDF 客户遍布全球，而 IDF 服务只提供成绩数据，这些数据还需要在客户端进行再加工再处理，如何在赛前确保客户自身系统能与 IDF 系统顺利对接并正确使用这些数据则是 IDF 筹备工作的重中之重。鉴于此种情况，技术部多层次全方位地与客户进行了积极沟通。

项目筹备过程中，通过简报，及时通告客户项目进展及测试计划，将重要的连接测试时间提前一个半月的时间告知客户。在每次重要测试期间，将每日发送数据的统计信息发给客户，得到了客户的积极肯定。在奥组委技术人员的努力督促和协助下，所有客户均参加了第二次技术演练，并在赛前顺利完成了赛时系统的连接测试，保障赛时服务的成功提供。

（4）完善客户服务

成绩团队对于客户中比较有影响力的重点客户以及新用户，在筹备过程中提供了更为完善的服务。

重点客户比如美国 NBC、CCTV 和官方网站。例如，成绩团队与美国 NBC 定期召开电话会议，从两周一次到赛前半年每周一次，双方实时跟踪项目进度，系统问题得到了及时反馈和修正，共同确定了系统结构、测试条件等。奥组委的官方网站作为 IDF 服务的特殊用户，在整个开发过程中，IDF 团队与网站开发团队密切配合，从需求分析到开发验证，IDF 都全力配合和支持，在官方网站测试过程中，奥组委技术部协调成绩团队与官方网站开发赞助商搜狐公司的员工进行了三次全面的功能测试，保障了网站成绩发布的权威性和专业性。

随着互联网日益发展，IDF 的客户数量也达到了新高。部分新客户由于没有使用经验，对系统的运行方式和处理能力不了解，奥组委的技术人员通过电子邮件、电话等方式耐心解答客户的各种问题，帮助客户了解系统，并为客户自主系统提供合理建议，促成客户顺利完成对数据的处理。

五、成绩数据输入

1. 服务概述

成绩数据输入（Results Data Feed，RDF）系统将 WNPA 报告分发到各出版代理处，它的工作范围是接收（日程报告和接收报告）、分发（指定发送和分发报告）、跟踪（跟踪分发）和传送（传送 WNPA 报告）。报告的生成不属于 RDF 系统的工作范围。报告由外部的生成系统（像 OVR，CRS）生成。北京奥运会的 RDF 客户有 10 家。由于在以往奥运会运行时出现了问题，RDF 在北京重新进行了设计和编码，功能和传输方式均有较大调整。

2. 工作重点与难点

（1）用户需求确认—— WNPA

RDF 的开发需求来自国际奥委会组织的世界文传电讯联盟（WNPA），通过 ORIS 组织的 WNPA 会议组织，邀请技术部、媒体运行部门、WNPA 成员、源讯公司、欧米茄公司等参加。WNPA 会议根据体育项目的 ORIS 会议进展分三次举行，旨在确定奥运会 WNPA 服务的总体需求，并落实 WNPA 用户参与一致性测试的工作。通过会议，确定了北京奥运会的成绩与新闻服务需求，保证了系统开发和测试工作的顺利进行，使成绩团队了解他们对测试赛的服务需求，为做好测试赛期间的客户测试计划奠定了基础，为客户参加一致性测试以及赛前部署测试建立了顺畅的沟通渠道。

（2）完善客户服务

本着客户至上、服务客户的原则，成绩团队制定了成绩输入系统的客户联络战略和客户联络计划，详细规划了项目进展各个阶段需要客户参与的活动及技术服务内容。奥运会赛时向用户提供的成绩数据输入服务内容主要包括以下几点：

- 热线支持：在技术运行中心设置专门的 RDF 服务热线，受理时间为技术运行中心的正常运行时间，但也可能随竞赛日程调整。
- 电子邮件支持：受理时间为技术运行中心的正常运行时间，但也可能随竞赛日程调整。
- 按照用户的需要产生并发送特定的 RDF 消息，如参赛者名单。
- 按照用户的需要重新发送任何 RDF 消息。
- 访问消息存储库——备份消息库（BMS 服务器）：用户可以按需下载或重新发送消息。访问 BMS 服务器的用户名和密码由北京奥组委分配。

六、中央存储服务

1. 服务概述

中央存储系统（Central Repository System，CRS）主要用于数据的管理、交换、存储。

2. 工作重点与难点

CRS 和中间件（MDW）部分的应用系统相对专业，其稳定性和可靠性也比较高。因此，技术工作重点在于相关管理和提供必要的支持。

（1）制定统一编码

技术主管主要参与奥组委奥运统一编码的制定，包括体育项目相关的所有编码制定及翻译工作。

（2）数据接口定义

项目主管还参与制定了中央系统与外部的数据接口定义和联络工作，包括天气、交通信息的对外接口工作。

七、成绩打印分发服务

1. 服务概述

成绩打印分发服务是奥运会的一个特殊服务，在一般的单项比赛中很少提供，对技术部成绩团队来说是一个全新的服务领域。

成绩打印分发的内容主要是与赛事相关的重要信息，尤其是成绩相关的信息。比如某项比赛的竞赛日程、各参赛队的报名信息、某些知名运动员的历史战绩、已结束的部分比赛的成绩、即将开始的比赛的出场名单、最新的奖牌榜乃至比赛场馆的天气预告等。有了这些信息，媒体才能更好地履行自己的工作职责。综上所述，通过打印和复印以纸质的形式分发成绩信息，即是成绩打印分发工作，简称 PRD（Printed Results Distribution）。随着信息科技的进步，人们能够以各种各样的电子化的形式实时了解北京奥运会的成绩信息。但是在某些场合，某些特定的客户群体还有对纸质成绩单的需求。成绩打印分发服务就是为了满足各种不同的客户群体在赛前、赛时和赛后对各种成绩信息的不同需求。

2. 服务质量需求

作为奥运会上的一项规定服务，成绩打印分发服务在往届奥运会已经有了一定的经验积累——服务需求和服务流程都已经有了一定的基础可供借鉴。服务需求的了解从参与 ORIS 项目开始，而服务流程的规划是从熟悉雅典奥运会的相关经验开始的。

ORIS 定义的需求中对服务水平要求的典型例子是：一般比赛的官方结果需要在比赛结束的五分钟之内提供给相关的客户。对于成绩打印分发服务来说，这是一个很高的要求。

首先，在这五分钟内需要生成和确认成绩信息。在现场成绩系统处理系统生成比赛成绩信息之后，场馆成绩团队要将该成绩提请对应项目 IF 的技术代表确认，得到批准之后才会开始正式的成绩分发。第二，在成绩打印分发的服务流程中，还需要经历成绩打印、复印和人工交付等多个阶段，有时候客户需求的数量非常庞大（国家体育场的媒体看台的记者数量在高峰时超过了2000人），或者客户的位置相对较远，志愿者将成绩信息送到客户手中也需要一定的时间。

ORIS需求中还定义了给客户提供相关成绩信息的几种方式，包括一对一直接提供、通过公报柜请客户自取及利用公告板张贴等。具体以何种方式向各类客户提供不同类型的成绩信息，在ORIS文档中进行了详细的定义。

根据奥运筹办工作的整体计划和安排，不但需要了解成绩打印分发的服务需求，还需要开展服务的相关规划工作，包括确定在各个场馆的房间、人员、设备等相关资源的需求，以及建立初步的服务运行流程。为完成这些工作，在了解ORIS需求之外，一方面需要尽可能多、尽可能快地了解往届奥运会成绩打印分发服务运行的相关情况；另一方面，也要根据北京奥运会筹办的实际情况探索适合自身特点和情况的解决方案。

3. 工作重点与难点

（1）服务提供策略

服务规划面临的第一个问题是服务提供策略的选择。奥运会成绩打印分发服务的策略可以有两种模式：

第一种是分散打印模式。在每类客户所在地点附近安置一定数量的打印机，待成绩信息生成并确认生效后，直接在客户位置附近的打印机上自动打印，由成绩打印分发志愿者将成绩信息提供给客户。对于信息数量需求特别大的客户，可以配置少量的复印机。这种模式下，人员和设备都是分散部署和管理的。

第二种是集中打印复印模式。在每个场馆集中部署成绩打印分发中心，每个中心集中设置少量打印机和大量的复印机。成绩信息生成并确认生效后，通过中心的打印机自动打印，之后由成绩打印分发志愿者根据不同客户的需求进行复印和分发。这种模式下，人员和设备都是集中管理的。

第一种方式的优点是每个信息提供点距离客户都相对较近，能够缩短信息生成后交付给客户所需的路程和时间。但是缺点也是非常明显的：人员和设备分散部署使得管理变得非常困难。一方面，每个地点部署的设备非常少，一旦出现问题，很难很快找到替代的资源来保证服务水平。另一方面，团队的沟通非常不便，而这种沟通和管理对于一个负责提供高水平的成绩服务的团队来说是至关重要的。一旦发生异常或者正常的变更，团队内部需要迅速了解情况、做出分析和决策并通知每个成员贯彻执行，而在分散模式下却很难做到。在这种模式下，在每个部署地点都需要配备精兵强将，如果经验丰富的志愿者数量有限，则会面临难以分配的问题。

第二种方式的优点是便于管理。一方面设备集中部署使得设备故障的风险和影响得以降低；另一方面人员的管理和应急时间的响应和处理可以迅速有效。此外，便于让经验丰富的志愿者担任主管，管理整个团队。这种方式的缺点是：与第一种方式相比，很难距离每个客户都非常近。由于一般的场馆内客户分散的范围并不会特别大，因此花在给客户送成绩单的路上的时间不会太长，通过将成绩打印分发中心设置在合适的位置（距离最主要的客户较近），可以将影响限制在可以接受的程度。

通过分析，成绩团队选择了第二种方式作为服务策略。在面积比较大、客户分布范围特别广的场馆，通过增设成绩打印分发中心，可以有效地弥补这种方式的不足。事实证明，这种方式能够突出团队管理和沟通的优势，促进了成绩打印分发服务水平的提高。

（2）制定运行流程

成绩团队将服务运行分为打印、复印和分发三个大的阶段，每个阶段明确了具体的工作职责，据此设定三种类型的场馆岗位：成绩打印分发的主管、副主管和助理。在实际运行中，助理对应两个角色：复印机操作员和成绩分发员。复印机操作员负责判断哪些客户需要这种类型的成绩信息，以及每类客户需要的复印数量，并进行复印。成绩分发员按照客户的位置进行分工，拿到负责的客户对应的成绩信息之后，快速地送交客户代表，并记录相关服务信息。副主管负责打印管理，包括监控打印机工作状态，即时分析判断打印出来的成绩信息原件，确定成绩信息的种类后交给复印机操作员。主管则集中精力进行团队管理和客户关系管理，处理客户需求变更请求，即时发现服务流程中的问题并负责改进完善。此外，副主管还要协助主管进行团队内部的管理。由于成绩打印分发团队的人数需求较多，且工作和准备时间一般集中在赛时和赛前较短一段时期内，因此一般由志愿者来担任各个场馆的成绩打印分发的主管、副主管和助理。极个别服务运行工作难度高、业务量大、客户数量多、团队规模大的场馆，则选派奥组委有经验的付薪人员担任打印分发主管，带领整个打印分发志愿者团队。

（3）场馆位置选择

随着场馆功能用房设计的进行，一个重要工作就是根据各个场馆的规划图，确定各个客户所在的位置，从而确定场馆中成绩打印分法中心的面积、位置、数量以及每个房间大概的布局。对于国家体育场、水立方、顺义奥林匹克水上公园等比较大的场馆，客户分布的范围非常广，只设置一个成绩打印分发中心很难同时满足不同客户的需要，这种情况下会选择适当的位置增设成绩打印分发中心。接下来是根据规划的赛时需要的设备量，为每个中心估算需求的面积。再根据位置和面积需求从已经设计好的功能用房中选择合适的房间。在具体的实施过程中，由于整个场馆的房间设计已经基本定型，不可能完全按照成绩系统的需求重新设计，因此有些时候只要能保证满足基本的运行需要即可。

（4）设备选型

打印机、复印机和传真机等服务运行相关的技术设备的型号规格也都在这个阶段得以确定。作为影响成绩打印分发服务水平的最重要的技术设备之一，奥运会的高速复印机基本上都应用在各个场馆的成绩打印分发中心，成为高服务水平的重要保障之一。

打印机的选择还包含了一段小小的插曲。中国在 2006 年提高了对打印机在某些环保参数上的市场准入要求，而根据这一要求，合同商原先供应的打印机在 2008 年将不再被允许生产，因而无法满足奥运会上对打印机的需求。为此，合同商更换了一种符合要求的打印机型号提供给成绩打印分发服务团队使用。经过严格的第三方测试，这种打印机通过了技术部的考察，代替原先型号的打印机，正式加入了北京奥运会成绩打印分发的服务。

（5）通过测试赛积累经验

从 2007 年 8 月到 2008 年 6 月初，40 余项测试赛相继举行。这些测试赛对成绩打印分发服务的就绪起到了更为全面的作用。

首先，几乎所有场馆的成绩打印分发团队都得以了解和熟悉了服务运行的基本流程。不但对具体工作有了直接的体验，而且从实际出发，进而丰富了服务运行的相关细节。

其次，通过测试赛，成绩团队了解到了赛时运行中可能出现的更多可能的异常情况，通过对异常问题的分析、处理和总结，进一步完善了赛时成绩打印分发服务的运行机制。

第三，成绩团队通过测试赛建立了足够丰富的志愿者人才储备。有了足够多的经验丰富的志愿者团队，奥运会赛时的服务运行就有了保障。奥运会期间担任各个场馆成绩打印分发团队主管和副主管岗位的志愿者，几乎都参加过一场或多场的测试赛，他们在奥运会的赛时运行中真正发挥了中流砥柱的作用。

4. 成绩册服务

ORIS 需求中还包含了一项相对独立的需求：成绩册服务需求。它的基本内容是：第一，在奥运会每一个项目比赛全部结束后 24 小时内，需要向国际奥委会、国际单项体育联合会、国家体育单项协会和奥组委竞赛管理团队提供该项目的成绩册，其中需要按照特定的顺序和目录组织整合奥运会比赛过程中产生的一些特定的成绩信息。第二，在奥运会全部比赛结束后 24 小时内，需要将各个项目的成绩册汇总，以光盘形式提供给上述客户、各 NOC 以及注册媒体等其他客户。

对于第一项需求，成绩团队采用网上发布的形式，而不是光盘的形式提供给客户。这样做的好处是增加了维护和更新的灵活性，并且很大程度上节省了服务提供时间（节省了刻盘以及运输的时间）。对于第二项需求，根据惯例，光盘中除了包含赛事成绩信息之外，还要包含场馆介绍和项目历史等新闻类信息。

完整的成绩册服务流程包含赛前准备、赛事更新维护以及赛后集中制作和分发三个阶段，涉及的主要角色包括成绩册服务管理团队、各场馆成绩团队、成绩册文件下载团队（由赛时成绩打印分发应用系统的管理和维护团队兼任）、负责制作成绩册电子版文件的合同商、负责成绩册网上发布的合同商以及负责光盘制作的合同商。赛前由场馆成绩团队初步制定成绩册文件列表，其中包含要放入成绩册中的文件种类及目录结构，当然其中的各个文件要在赛时才能生成；赛时每天将已经生成的各个文件的具体信息更新到成绩册文件列表；赛后场馆成绩团队在第一时间完成成绩册文件列表，交由成绩册服务管理团队进行初步的格式检查，随后交由成绩册文件下载团队将成绩册文件列表中的文件下载下来，由合同商制作成绩册电子文件。该文件经由场馆成绩团队确认后，交由合同商进行网上发布，在奥运会比赛全部结束后，还需交由合同商进行光盘刻录，最后运送到各个客户地点由相关服务人员分发到最终的客户手中。

服务流程涉及多方的工作，成绩册服务管理团队负责整体的协调工作。场馆成绩团队的工作是整个流程中基础的也是最重要的工作：正确提供成绩册文件列表中各个文件的相关信息，比如文件名、版本号等，这些是流程中后面各项工作的信息源和依据。有些项目的成绩册中要包含几百个甚至上千个文件，确认每个文件的信息是一项严峻的挑战。为确保赛时顺利完整该项工作，赛前成绩团队利用测试赛、多项目测试等各种机会对该项工作进行了演练，有效地确保了各场馆成绩团队完成该项工作的质量和效率。

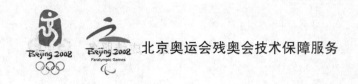

有了合理的规划和充足的测试，奥运会期间，成绩团队一般能够在单个项目结束后 4 小时内完成本项目成绩册的网上发布。在奥运会结束后的 16 小时内，成绩团队即向客户提供成绩册光盘一万余张，提供了高质量的成绩册服务。

第六节 成绩服务测试

通过充分吸取雅典和都灵奥运会成绩工作的经验教训，成绩团队把系统的测试作为工作的重点。只有全面多方位多角度的测试，才能为技术系统"万无一失"地运行奠定基础。为此，从 2006 年 11 月份开始，北京奥运会各个成绩与信息发布系统陆续交付到北京奥组委集成测试实验室，开始了多个不同阶段、多种不同类型的反复测试。各个阶段各种类型的测试相互重叠，交差进行。

一、功能测试

该阶段大致时间是 2006 年 11 月至 2008 年 4 月。主要工作是在集成测试实验室组织相关各方对系统进行初步的功能测试。所有需要测试软件分批交付到北京的集成测试实验室进行测试。针对不同的系统，测试主要包括：

1. 成绩系统

针对 38 个体育项目的每个成绩系统，进行三类测试，包括接收测试、连接测试和日常的端到端测试。这些测试主要是测试每个体育项目的成绩系统，确保现场成绩处理系统能够正确地计算出成绩，并能正确发布到电视图像系统、中文信息显示系统，打印分发系统、INFO 2008、互联网数据输入（IDF）、评论员信息系统（CIS）、成绩数据输入（RDF）等。针对不同的系统，要分别组织相关方单独进行端到端测试，如与 BOB 的电视图像系统、CIS 系统预测试，与新奥特的中文信息显示等。

2. 信息发布系统

针对各个信息发布系统（INFO 2008，打印分发系统，IDF，RDF，CIS 等），进行功能测试。确保这些系统能够完成支持发布比赛成绩信息的功能。

二、场馆测试赛测试

该阶段大致时间是 2007 年 8 月至 2008 年 4 月。主要是在第一阶段功能测试的基础上，进一步通过真实的比赛，在比赛场馆内真实地模拟奥运会，全面地对成绩和信息发布的所有系统进行实地的功能性测试。

三、大规模系统测试

这一阶段是从 2008 年 1 月至 6 月。在这一阶段，主要是针对不同的系统，分别进行以下测试：

1. 多项目测试

针对所有体育项目的每个成绩系统，分两次每次两周进行多项目测试，主要模拟奥运会赛时日程，模拟多个项目并发比赛。主要测试集成的信息发布系统能否支撑大规模多项目的同时并发运行。

2. 系统测试

针对各个信息发布系统（INFO 2008，打印分发系统，IDF，RDF，CIS 等），进行系统测试，主要包括压力测试、性能测试等。测试的目的是检测这些信息发布系统的性能、容错能力、所能承受的压力等能否达到奥运会的标准和要求。针对雅典奥运会上曾经出现的系统问题，北京奥运会项目组和源讯公司共同决定增加系统测试力度，使系统测试时间比雅典增加了一倍。

四、用户验收

这一阶段是从 2007 年 11 月至 2008 年 5 月。在这一阶段，主要由用户方对系统的功能进行验收测试。包括：

1. 一致性测试

38 个成绩系统的一致性测试是由国际奥委会、国际体育单项组织和国际新闻通讯社共同在北京的集成实验室内对系统进行测试，分别确认每个项目的成绩系统是否符合 ORIS 的要求，是每个信息发布系统的用户接收测试，内容包括 INFO，CIS，IDF，RDF，PRD 等。北京奥运会的一致性测试取得圆满成功，得到了所有项目技术代表的肯定。

2. 冻结测试

38 个成绩系统的冻结测试是为了在赛前最后再集中地测试成绩系统是否能够满足奥运会的比赛需求。冻结测试要求以成绩经理为主导，组织各自项目的冻结测试，冻结测试的目的在于最终确认系统可以承担为奥运会可靠服务这一要求。成绩团队组织各方共同定义了达到冻结测试的要求：无 1、2 级的严重问题，各项目系统 3、4 级问题小于 2 个。冻结测试后，任何单位和人员不得擅自对系统做任何修改。

五、技术演练

在系统基本稳定的状态下，利用第一和第二次技术演练的机会，分别在集成实验室和场馆内演练成绩系统在赛时的运行、工作流程、应急响应等。技术演练是通过场馆技术演练官员（TRO）制造的一系列场景（故障）来锻炼技术运行团队对问题的处理流程和能力。通过技术演练使成绩团队做到了系统准备好、人员准备好、应急响应准备好，为转入奥运会场馆化运行做好最后的准备。

六、现场测试

该阶段测试大致时间是 2008 年 5 月至 8 月。主要是在系统部署到场馆后，在场馆内进一步对前期出现的问题做进一步测试，为奥运会运行做最后的准备。

七、故障恢复

主要是在测试赛、技术演练及赛前分别对成绩系统的不同关键节点进行恢复测试，包括现场成绩系统、场馆网关的恢复测试。此外，针对测试赛期间计时记分系统出现的问题，成绩团队在后期也引入了计时记分系统的故障恢复测试。

八、第二方测试

为了进一步提高测试的质量，奥组委通过招标选定了测试机构对信息发布系统进行了第三方测试。测试机构不仅仅帮助成绩进行信息发布系统和中文显示的用户验收测试，还长期与成绩团队共同工作在测试一线，重点加强对信息发布系统的性能测试，为提高信息发布系统的可靠性做出了很大贡献。

九、残奥会测试

残奥会项目测试基本沿用了奥运会测试的模式，特别值得指出的是北京奥运会专门为残奥会项目提供了4个独立的测试单元，后期扩展为8个。成绩团队还专设了一组测试人员负责残奥会成绩系统的测试工作，比以往奥运会都有了显著改进。由于IPC没有条件组织残奥会的一致性测试，因此技术部协调所有残奥会项目技术代表并组织了残奥会的用户接收测试（PVT），通过测试进一步检验了系统并明确了部分PRIS文档中未完全描述清楚的需求。

第七节　成绩服务志愿者管理

成绩服务方面所需志愿者是整个技术团队中最多的，包括计时记分专业志愿者（约600名）和打印分发类志愿者（约1200名）两类。

一、计时记分专业志愿者

1. 志愿者招募

计时记分类志愿者主要承担赛时计时记分设备操作，赛事专业技术统计等相关工作。这类志愿者必须对比赛项目特点、规则以及相关专业设备操作非常熟悉。我国在这方面的人才储备相对不足，特别是具有外语沟通能力的专业志愿者更是不容易招募。有些项目（如沙排、手球、排球和水球项目）通过常规途径无法找到合格的专业志愿者人选。为了能够尽快招募到合格的、足够数量的专业志愿者，技术部主要进行了以下工作：

- 与各个有专业志愿者需求项目的成绩经理沟通，并结合欧米茄公司对志愿者岗位的要求，进行专业志愿者来源分解，明确志愿者的岗位和可能来源。
- 在细化专业志愿者来源的同时，确保关键岗位的志愿者满足所需的专业水平。由于某些项目计时记分专业志愿者需求量大，专业途径招募志愿者无法满足要求，成绩经理和欧米茄团队充分协商，根据实际情况调整招募计划，尽量满足关键岗位专业志愿者需求，并在招募志愿者的人数上保留一定的冗余，以防赛时发生人员缺失。
- 在通过常规途径找不到专业志愿者人选的情况下，充分发挥成绩经理的优势，与竞赛方面

（主要是竞赛主任）密切沟通，在以下几个招募较困难的项目取得了突破：

◎ 沙滩排球项目：通过成绩经理与竞赛主任沟通，使竞赛主任充分了解到志愿者的需求，在安排 NTO（国内技术官员）人员的同时，在体育系统内部为技术部尽可能提供志愿者人选，并在京外志愿者方面提供了必要的保证。

◎ 排球项目：通过正常渠道无法招募到合适的专业志愿者，竞赛方面也无裁判可提供。成绩经理积极协调，从北体大争取到 20 名排球专业本科及研究生作为志愿者，同时通过体育部门推荐，从社会上又招募了 8 名专业志愿者，圆满完成了招募工作。

◎ 水球项目：由于水球项目在国内没有普及，裁判数量仅够竞赛组织使用，以至于在北京无法招到合格的专业志愿者。经竞赛主任推荐，外地某高校有一批正在学习英语专业的水球队员符合要求，成绩经理与校方反复沟通并到外地进行面试后，招募到了满意人选。

- 根据专业志愿者的岗位要求，在进行志愿者面试时，除了考察志愿者的专业技能外，还着重考察英语水平及沟通能力等，以保证志愿者能够满足岗位的要求。

在场馆方面的配合下，奥运会共招募了 600 多名计时记分志愿者（约 300 名专业志愿者），残奥会共招募了近 400 名计时记分志愿者。奥运会结束后，负责计时记分工作的欧米茄团队经理对北京奥运会专业志愿者的专业技能和敬业精神给予了高度评价。

2. 志愿者培训

计时记分岗位对志愿者的专业素质要求较高，除了要求英语的读、听、说能力外，还需要了解熟悉相关竞赛规则。因此，除了组织所有项目的计时记分志愿者参加场馆及竞赛组织的相关培训外，成绩团队还根据一些项目的特殊要求，外请讲师单独组织志愿者进行体育知识的培训，共有水球、足球、盲人柔道等 14 个竞赛项目的约 280 名志愿者参加了培训。

根据前期测试赛的经验，针对大部分志愿者对项目不太熟悉的情况，成绩志愿者管理团队在培训中着重注意了以下几方面：

- 注意培训的规范性。其中包括进行课程评估、讲师简历及教材整理存档。

- 对讲师的培训内容提出建议。由于培训讲师来自不同的单位，大部分是国际裁判，对志愿者培训的特点不太熟悉。而成绩团队虽然并不熟悉项目规则，但在志愿者培训方面积累了一定的经验。例如，为了提高志愿者的学习效果，成绩团队要求培训讲师尽量增加多媒体教学内容，既提高了志愿者的学习兴趣，也有助于体育知识的记忆和巩固。

- 对培训方式提出建议。由于大部分志愿者没有参加过比赛，对赛场情况的不熟悉有可能成为他们做好计时记分工作的障碍。因此，成绩团队提倡讲练结合，在很多项目的培训中，通过成绩经理与竞赛方面沟通，在培训的同时，安排了现场比赛演练，取得了非常好的效果。有的成绩经理为了保证赛前岗位培训的质量，自己准备培训教材，提前给志愿者进行培训，起到了很好的作用。

- 加强专业英语培训。由于各个项目中使用的专业比赛用语在平时很少碰到，成绩团队从各项目成绩经理处汇总整理了通用比赛用语和专业比赛用语词汇表，并在培训时使用。

在奥运会和残奥会中，计时记分志愿者不仅表现了很强的敬业精神，而且展示了很高的专业水准。

二、成绩打印分发志愿者

在赛时，成绩打印分发的志愿者团队是各个场馆成绩打印分发服务真正的主力军，因此，招募和培养一支高素质、精通业务的志愿者团队是实施阶段最重要的工作之一。经过层层选拔，大批有朝气、活力、善于团队合作、善于沟通和协调、肯吃苦能吃苦的年轻志愿者加入到了成绩打印分发团队。为提高培训工作的效果，根据团队规模大的特点和内部岗位的分工，培训工作分成了两个阶段：首先在赛前三个星期左右，核心团队培训各个场馆的核心志愿者，即主管和副主管，他们需要了解和掌握的信息最多，要求也最高，因而培训的时间也最长；而后在赛前一周左右，各个场馆的成绩打印分发主管和副主管对其他志愿者进行培训，保证大家了解必要的工作流程并掌握基本的设备使用方法。为保证人员分配的灵活性，每个打印分发助理都必须具备担任复印机操作员和成绩分发员的能力。这种分阶段的培训方式有效地保证了培训效果。此外，为保证培训质量，成绩打印分发团队对培训材料的编写极为重视，根据每次培训的反馈不断地进行修改和完善。同时对培训的形式，也进行了认真的探索，互动理念和具体培训环节的引入，也较好地提高了培训效果。

在测试赛期间，成绩打印分发的志愿者发明了独特的团队建设方法——利用贴在墙上的"纸质博客"来交流信息，增进感情。这种方法及各种演化版本，在后来被各个场馆的志愿者团队广泛采用，成为增强团队凝聚力的重要手段。

三、场馆志愿者计划及协调

向场馆提交的志愿者计划包括测试赛、奥运会和残奥会的志愿者计划。此项工作往往遇到以下问题：

- 场馆方面对具体志愿者的需求情况不太清楚，曾经发生场馆单方面削减志愿者计划人数的情况，而成绩志愿者管理团队很晚才知道。
- 经过测试赛后，需要临时调整志愿者需求人数，而此时已经超过了志愿者管理部门规定的期限。
- 志愿者管理部门规定的向场馆提交专业志愿者计划的时间，与各场馆规定的期限不符，导致场馆不接受成绩团队的计划。
- 某些通过专业途径招募的志愿者因临时原因，无法参加赛时工作。

发现上述情况后，成绩团队一般先通过场馆技术经理与场馆进行沟通，并将相关情况汇报给技术部各级领导；如果沟通无效，即向场馆领导递交书面报告，促其尽快解决。由于技术部各级领导对成绩工作的大力支持和帮助，使得上述发现的问题均得到有效及时的解决，保证了相关比赛工作的顺利进行。

第八节　成绩服务的运行

一、岗位设置

通过了解往届奥运会举办经验，咨询国际奥委会、相关资深专家及合作伙伴，为提高奥运会筹备和运行的效率，竞赛场馆的技术团队中设置了成绩团队，负责协调管理与成绩相关的技术工作。

成绩团队的组织架构如图8-8所示。其中，场馆成绩经理来自技术部，是成绩团队的领导和对外的唯一接口人。

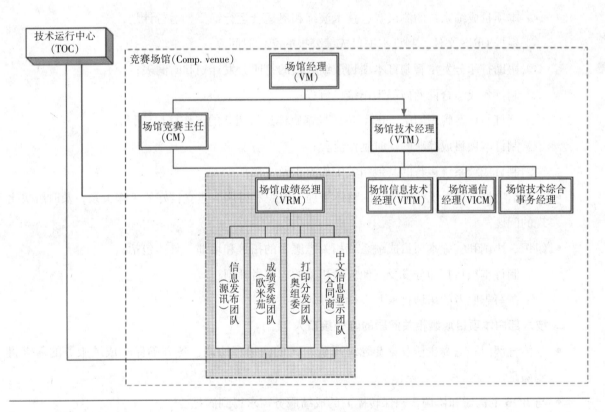

图8-8　场馆成绩团队组织架构方案

二、成绩经理赛前工作职责

场馆成绩经理的岗位目标是：作为技术团队的成员，总体负责本体育项目成绩系统（OVR，IDS，中文信息显示系统）所有相关工作，与奥组委相关部门（体育部门、媒体运行部门等）、技术合同商（源讯、欧米茄、新奥特等）密切合作，确保IOC、IF以及B北京奥组委关于成绩服务的需求得到满足。

1. 本项目成绩系统技术团队的负责人

- 成绩经理全面负责本项目所有成绩相关技术系统的测试工作，负责系统测试的计划、组织、协调和实施。具体包括：
  ◎ 撰写本项目成绩系统的测试计划；
  ◎ 撰写详细测试文档，包括根据 ORIS 文档编写测试用例和测试场景等；
  ◎ 组织所有相关方实施各种测试活动；
  ◎ 测试缺陷管理，负责对测试中发现的系统缺陷进行跟踪和管理，报告缺陷状态。
- 参加本项目 ORIS 相关所有工作，熟悉本项目竞赛相关知识：
  ◎ 阅读和理解本项目 ORIS 需求，熟悉和理解本项目竞赛组织方式、竞赛规则、计分规则以及其他相关知识。
- 全面负责本项目成绩系统赛时技术运行的规划和计划，制订相关策略和流程。具体包括：
  ◎ 本项目成绩系统的测试赛、技术演练和奥运会运行纲要、运行计划；
  ◎ 根据 ORIS 文件，制订本项目成绩公报的交付时间表；
  ◎ 协助打印分发主管制订本项目成绩公报的打印分发计划和时间表；
  ◎ 制订各成绩合同商内部工作接口流程；
  ◎ 制订与竞赛管理团队、IF 官员、场馆媒体运行团队的工作接口流程；
  ◎ 制订本项目成绩册的赛时制作流程；
  ◎ 制订成绩系统运行的其他相关工作流程及文档。
- 负责本项目成绩系统技术团队的整体管理、组织和协调，建立良好的工作关系，及时解决出现的问题。
- 组织、协调和实施本项目成绩系统相关志愿者的招募和培训。具体包括：
  ◎ 制订本项目打印分发及其他成绩相关的志愿者计划；
  ◎ 撰写志愿者的培训材料并进行培训。

2. 技术部内本项目成绩相关问题的唯一接口人

- 与体育部门、竞赛主任及竞赛管理团队、IF 的沟通和协调，各方确保对成绩服务的需求得到满足。
- 与 BOB 的沟通和协调，确保转播商的成绩服务需求得到满足。
- 与媒体运行部门的沟通和协调，确保媒体记者的成绩服务需求得到满足。
- 与奥组委信息管理部门的沟通和协调，确保本项目中文信息显示的正常运行等。

三、成绩经理赛时工作职责

场馆成绩经理全面负责本场馆内成绩系统的运行，管理和协调本场馆内成绩系统技术团队。成绩团队与场馆技术团队、场馆竞赛主任及技术运行中心（TOC）之间存在汇报机制。具体包括：

1. 管理场馆成绩团队

- 参加场馆管理和场馆技术每日工作会。

- 组织场馆成绩团队每天早晚的汇报会。

- 负责系统每天的场馆连接测试。

- 管理打印分发团队的运行。

- 确保成绩团队遵守相关的策略和流程。

- 及时解决场馆内技术系统运行中出现的问题。

2. 向 VTM 汇报工作

- 成绩经理将就技术设备、技术系统正常运行向 VTM 汇报。

- 成绩经理将为解决出现的问题，就相应的技术支持（Helpdesk）需要向 VTM 汇报。

- 成绩经理将向 VTM 汇报场馆内出现的严重问题。

3. 向 TOC 汇报工作

- 每天早晚向 TOC 汇报场馆成绩系统的就绪状态和运行报告。

- TOC 帮助成绩经理协调成绩服务的其他重要客户，如 WNPA、新闻媒体、转播商、国际体育单项组织、互联网内容提供商等。

- 按照 TOC 的要求，完成赛时的系统测试、灾难恢复、变更管理等工作。

- 成绩经理向 TOC 汇报场馆内出现的严重问题，并按照 TOC 的决定来解决场馆中出现的严重技术问题。

- TOC 控制和指挥成绩方面的变更管理，赛时测试、灾难恢复等工作。

4. 向竞赛主任汇报工作

- 参加场馆竞赛团队的相关工作会议。

- 确保赛时公共记分牌和图像大屏显示集成到场馆体育展示中。

- 确保成绩公报的打印分发及数量符合 ORIS 国际体育单项组织需求。

- 在场馆竞赛团队确认竞赛日程变更、抽签、技术会议、运动员姓名确认、报名和资格审查等工作后，负责技术系统的实现。

5. 与其他相关方的沟通和协调

- 与奥组委媒体运行团队沟通和协调，及时了解赛时媒体对成绩服务的需求。

- 奥组委翻译服务团队沟通和协调，确保赛时中文信息显示的准确性等。

- 与 BOB 沟通和协调，确保赛时满足 BOB 对成绩服务的需求，同时确保 BOB 提供中文信息显示所需信号等。

四、成绩质量保证

为确保成绩服务的高质量，根据以往奥运会经验，成绩团队建立了二级质量保证体系以确保成绩服务的准确性。

在场馆层面，成绩质量保证工作由场馆成绩经理牵头负责，与信息发布经理共同对大屏幕显示、所有成绩单内容、INFO 2008 以及 CIS 系统的每屏显示等进行核对，确保在场馆一级的成绩服务质量。

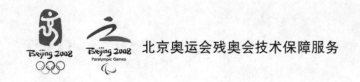

在技术运行中心（TOC），成绩系统处专门设立了中央成绩服务质量控制团队。该团队中的人员组成包括对北京奥运会组织熟悉的成绩系统处工作人员、对奥运会比赛成绩特点熟悉的国际专家、对网站成绩显示熟悉的网站工作人员。这三方人员组成的联合团队负责对所有比赛项目的成绩相关内容进行全面检查。中央成绩质量控制团队除了执行场馆层面的所有检查外，还承担了对官方网站成绩显示部分的全面核对。根据预先定义好的问题处理流程和沟通机制，质量控制团队发现问题后由成绩质量团队带班经理负责与 TOC 相关技术专家团队的沟通，做到及时发现问题并迅速解决，最终确保呈现给所有客户高质量的成绩服务。

第九节　典型案例分析

一、IDF 性能测试——反复测试发现问题

按照 IDS 系统整体测试计划，在完成了 3 轮功能测试后，IDF 系统功能基本趋于稳定。在之后的为期两周的第一次性能测试中，IDF 发现了两个严重的性能问题：当消息量比较大时，系统处理能力下降最终导致系统崩溃；当某个客户终端处理能力不足时会影响其他客户。这两个严重的质量问题将导致系统无法正常提供服务。问题引起了技术部领导的密切关注，由于系统开发人员在西班牙，且当地没有完整的系统能够重现问题，因此需要北京的技术人员做出初步的判断，分析问题可能的原因。奥组委的技术人员与源讯工程师经过反复试验、缜密分析和探讨，最终基本明确了问题的根源是在系统创建线程方面有内存泄露，建立 HTTP 链接长时间占用端口。通过与源讯西班牙工程师的反复沟通，在新版本中两个质量问题都得到了很好的解决，IDF 系统的性能在第二次系统测试时顺利通过了所有测试案例，处理能力达到预定的 SLA 水平。

二、打印分发——根据用户需求动态调整打印量

客户需求的一个重要特点就是需求数量的动态变化，同一场馆的同一类型的客户，对于不同类型的成绩信息的需求数量是不同的；即便是对于同一类型的成绩信息，在不同的时间、不同的比赛对手的条件下，需求的数量也是不同的。如果不能及时了解、掌握这种需求的动态变化情况，并随之进行调整，一方面会造成纸张的大量浪费，另一方面也会降低服务水平（因为每多印一张纸，成绩信息的提供时间就会拖延，由于复印设备的工作量增加导致的高工作压力下的故障概率也会增加）。

根据国际奥委会的要求，北京奥运会、残奥会期间，需要提供大量的纸质的成绩公报。为了节约用纸，实现"绿色奥运"、"节俭办奥运"理念，场馆成绩打印分发团队与所有客户群代表建立了较好的沟通反馈机制，根据客户数量动态实时调整成绩公报的复印数量。奥运会期间累计用纸数量 750 万张左右，只相当于雅典奥运会用纸量的 31%，累计少用纸张 1650 万张。

第九章　通信服务

奥运通信服务的目标是：满足国际奥委会、各国家和地区奥委会代表团、国际体育单项协会、媒体及转播商、赞助商、北京奥组委场馆运行团队以及观众的通信需求，规划、建设并组织实施、运行通信系统和服务，并保障赛时通信系统安全可靠、畅通和高速运转。这一目标要求在预算范围内和既定的时间内，根据奥运会的需求，利用成熟可靠的通信技术，构建一个安全、可靠、高效、灵活且可再利用的通信系统。

第一节　通信服务概述

对于奥运会来说，通信服务的作用非常重要。通信系统是奥运会准备阶段和赛时期间使用最广泛的系统。例如：赛前组织准备阶段的日常办公、各种沟通和电话会议、赛事组织指挥的通信联络、各种媒体对奥运项目的精彩报道、各种突发事件的处理以及紧急救助的实施等都是通过通信系统实现的。此外，火炬接力、开闭幕式等大型活动中，通信的作用更加关键。由此可见，安全、可靠、高效的通信服务是保障奥运会和残奥会顺利进行的重要条件，也是"科技奥运"的重要组成部分。

一、通信服务的内容

奥运会、残奥会的通信服务工作主要由技术部通信处承担。通信服务的工作启动时间较早，服务范围也较为广泛。服务对象重点是奥林匹克大家庭成员，同时也涉及部分公众服务，例如场馆的观赛观众、奥林匹克中心区的游客等。

北京奥运会通信服务按业务种类分，主要由以下几部分组成：固定通信服务、移动通信服务、集群通信服务、有线电视服务。此外，在技术部相关的奥运会媒体服务内容中，媒体通信服务占有十分重要的地位，与奥运会宣传报道和电视转播密切相关，因此，技术部相关的媒体技术服务工作由通信处负责牵头。本章将分节逐一介绍上述各个部分。

二、通信服务的组织方式

回顾往届奥运会可以看出，奥运会的通信服务都是由主办国奥组委征集当地的合作伙伴来提供

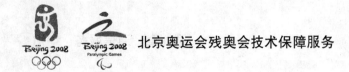

的。因此，通信服务具有本地化的特点，各届奥运会在通信方面的组织架构和岗位设置上各具特色。

1. 通信处

北京奥运会筹办期间通信的组织架构与岗位设置，充分考虑了奥运会通信需求和中国通信产业特点。由于各个国家的通信产业特点不一，而奥运会的通信要求大体相同，为充分借鉴往届奥运会的经验教训，深入了解奥运会各方用户的需求和要求，2004年初，奥组委技术部特聘请了2000年悉尼奥运会的通信合作伙伴——澳大利亚电讯为技术部（重点是通信方面）提供技术咨询服务。

澳大利亚电讯非常重视北京奥运的技术咨询工作，采取每周召开电视会议的方式，分专题回答了技术部提出的各类相关问题，同时派遣了参加过多次奥运会的资深专家到技术部工作，现场进行技术咨询服务，为技术部做好奥运会的通信服务工作提供了十分有益的支持和帮助。

2004年6月，根据工作的需要，通信处设置了固定通信项目主管和移动通信项目主管，随着筹办工作的开展，2005年7月，又先后设置了有线电视项目主管和集群通信项目主管，2005年7月设置了收费卡项目主管，2006年12月设置了媒体服务项目主管，主要的工作职责是负责学习研究往届奥运会的经验，收集、整理和分析北京奥组委的需求，确定相关的技术服务方案，并跟踪项目的实施，协调解决整个过程中出现的矛盾和问题。

通信处前期人员较少，其中一些人员根据技术部工作的需要调整到了别的岗位，而通信服务、媒体服务的工作量大，人员十分紧张。2007年底至2008年4月，通信处招聘了大量人员，占总人数的60%以上，在短时间内完成培训工作，使新招聘的人员尽快适应岗位需求是一项急迫的任务。在其他部门的帮助下，通信处通过多次组织学习培训、参与测试赛的实践、轮流在技术运行中心和场馆技术团队负责不同的通信系统工作、参加技术演练等各种方式，让新聘用的人员尽快熟悉业务，了解奥运会的相关规定和流程，快速完成了培训工作，为做好奥运期间场馆通信服务工作奠定了良好的基础。

2. 场馆通信团队

赛时运行阶段，根据技术部的统一部署，在技术运行中心设置通信经理和通信副经理，负责运行和管理奥运会、残奥会通信系统运行和通信服务工作，按照不同的通信系统，通信副经理的分工各有侧重，以便为场馆通信服务提供良好的技术支持。

在各竞赛场馆和非竞赛场馆设置通信经理岗位，负责场馆层面的通信服务工作，组织协调各场馆的通信合同商共同完成通信保障工作。

奥运赛时，针对通信服务合同商多、设备繁杂的特点，为保证赛时信息畅通，规范各场馆的工作任务、工作流程以及通信经理、合同商的报告内容，通信处设计了各种不同的日报表格，并广泛征求了合作伙伴的意见。赛时日报设计力求简洁、明确、要点突出，细化了每天必做的工作，同时根据各场馆的实际留有了一定的空间，并通过测试赛进行了改进。在技术运行中心，每日由专人收集、整理、分析，便于及时发现问题、及时解决问题。通过实践证明，这种方式明确、高效，达到了良好的效果。

3. 通信服务志愿者

（1）通信服务志愿者的岗位设置

通信服务的志愿者共有三种岗位：集群设备分发助理、技术服务台通信服务助理、媒体通信服务助理。

集群设备分发助理的岗位职责是：负责集群通信终端的分发、更换、充电工作，记录所有集群通信终端及附件设备的发放及库存情况，向使用者提供集群终端使用方法的咨询服务。

技术服务台通信服务助理的岗位职责是：协助通信经理，处理、跟踪和监控场馆通信类和部分非通信类的故障申告，并根据要求派发故障单给相关专业维护人员，跟踪故障的排除进度，及时更改故障状态。

媒体通信服务助理的岗位职责是：在媒体工作区进行现场巡视，解答用户对技术收费卡产品服务方面的咨询类问题；帮助媒体工作人员使用通信服务，负责有关媒体和转播商关于电话、上网等方面的简单通信故障排除工作；负责一些简单故障的跟踪和诊断，对于不能现场处理的故障及时报告，协调相关系统的技术支持人员现场解决问题。

奥运赛时，通信服务志愿者的总人数约600人。

（2）志愿者的招募和培训

通信服务志愿者主要来自于在校大学生。在志愿者招募时，针对各岗位的不同要求进行招募。负责集群分发的志愿者要比较细致、耐心。负责技术服务台的志愿者要熟悉计算机的操作，有一定的英语文字能力。媒体通信服务相对要求较高：一方面，外语口语、听力的能力要求比较强；另一方面须具备一定的通信及计算机等专业知识性，还要有一定的动手能力；此外，对媒体的工作也要有一定的了解。

媒体服务的志愿者是为媒体提供满意通信服务的重要一环。经技术部与志愿者管理部门反复协商，为确保媒体服务水平，最终确定组织通信合作伙伴的专业人员承担部分媒体服务志愿者的工作。在各竞赛场馆和主要的非竞赛场馆，由通信合作伙伴派遣少量外语水平高、经验较为丰富的人员，作为骨干，与大学生们一起承担媒体服务的志愿者的工作，较好地解决了对媒体服务志愿者的需求，为给媒体提供满意的服务奠定了基础。

为了使赛时通信服务志愿者能尽快适应岗位的要求，胜任所承担的工作，通信处根据相关的岗位需要，组织人员编写了通信志愿者培训教材，先后用了一个多月的时间，分六期组织了对志愿者的培训，并在各期培训结束时进行了开卷测试，用以巩固需掌握的基本知识。通过集中培训，提高了志愿者的知识水平，收到了良好的效果。

第二节 固定通信服务

一、概述

1. 固定通信服务的提供者

北京奥运会、残奥会筹办和赛时运行期间，固定通信服务是由固定通信的合作伙伴中国网通集

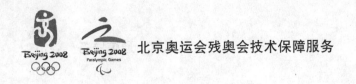

团提供。2004 年 7 月，北京奥组委和中国网通集团签署了《北京 2008 固定通信服务合作伙伴赞助协议》，委托中国网通集团负责整个奥运会、残奥会固定通信系统的总体设计、建设和维护等工作，并承担奥运会、残奥会举办期间对该系统进行运行维护和管理。

2. 固定通信系统规模

（1）固定通信业务

在北京奥运会、残奥会期间，奥运固定通信系统主要提供的业务有：奥运五位电话服务、本地、国内国际长途固定语音通信及其增值服务、ISDN 、智能网及卡类业务、交互式电话会议、AD-SL、互联网专线接入、数字电路、以太网专线等各类专线、管道出租、数据中心、话机终端、奥运宽带 IC 卡服务、VLAN 及呼叫中心服务。大量业务是在奥运会开幕前的三个月内实施完成的。在奥运会期间，共受理各业务口各类紧急业务变更 50 多次、计 120 多项，包括为主新闻中心柯达影像中心紧急提供百兆互联网接入专线、为奥运抵离中心紧急开通光纤通路、为首都机场指挥部开通运动会系统专线、为媒体村紧急增加奥运宽带 IC 卡终端、为国际奥委会紧急开通 2M 互联网专线等。

（2）保障团队规模

本次奥运固定通信保障工作涉及所有竞赛场馆和非竞赛场馆，直接为奥运会固定通信服务的保障团队人数近 2000 人。场馆固定通信保障团队共设置通信经理、固定通信主管、交换工程师、传输工程师、数据工程师、终端工程师、综合布线工程师、虚拟专用网和奥运宽带 IC 卡维护工程师等场馆技术保障岗位。除场馆技术保障团队外，还配置了固定通信流动支撑技术团队、应急支撑技术团队和现场服务团队。

3. 重点客户群

赛时奥运固定通信系统是为北京奥运会及残奥会期间，满足包括国际奥委会、各国家和地区奥委会代表团、国际体育单项协会、媒体及转播商、赞助商及北京奥组委场馆团队在内的奥林匹克大家庭成员的固定通信需求，以及观众的公众通信需求而规划设计的。其中，国际体育单项组织、媒体及转播商、赞助商等新闻机构及企业是奥运固定通信系统的重点客户群。固定通信服务是上述组织、机构和企业在奥运会期间开展工作的重要工具，他们主要通过奥运收费卡服务订购所需的固定通信服务。

二、固定通信系统总体规划

1. 业务量预测

固定通信业务量的预测主要考虑以下几个方面：首先，以悉尼和雅典奥运会的业务量为主要预测基础，适当考虑一定的增长系数；其次，按照各场馆主要业务功能区的面积、各功能区的通信配置标准进行预测（竞赛场馆的主要业务功能区，包括运动员及随队管理、竞赛管理、新闻媒体、安全与保卫、观众服务、贵宾官员、赞助商和场馆管理）；此外，结合场馆团队人员的需求情况进行业务需求预测；最后，对上述结果进行综合分析调整，完成固定通信业务量的预测工作。

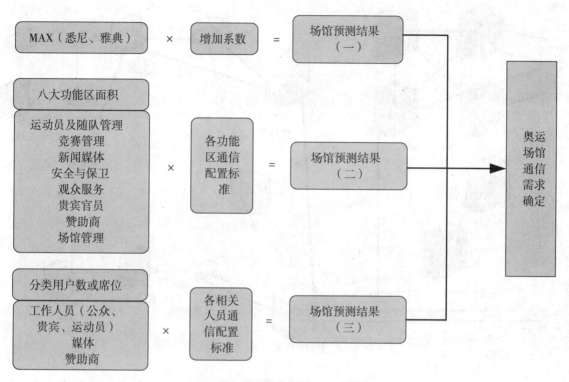

图 9-1 固定通信业务预测流程图

2. 总体规划原则

固定通信系统的总体规划原则是：全面满足奥运赛事及场馆运行通信需求；奥运网络应具有灵活性，能够满足变化的用户需求；选用的设备应具有集成性，支持宽窄带综合接入业务，同时网络应安全、冗余，具有灾难恢复能力。

奥运会要求采用稳定成熟的技术，在以网络安全可靠稳定为第一要素的前提下具有一定的技术前瞻性，符合新技术发展趋势。兼顾近远期发展，保障奥运会后设备的可再利用性。

为保证奥运网络的稳定性，设定奥运技术冻结期。应用于奥运服务的技术必须在冻结期之前实现大规模可靠商用，不满足这一要求的技术不能够应用于奥运服务。

3. 总体建设计划

奥运场馆的通信设备建设进度取决于场馆的建设进度。一般情况下，在场馆竣工前 6 个月提供通信设备的安装设计，并为设备订货。

2006 年 7 月完成通信设施的需求调研工作，完成初步设计；2007 年底前明确全部场馆的通信需求，完成通信设备的安装设计和设备订货。对于具备条件的场馆，在"好运北京"测试赛前完成固定通信设备的安装调测，并通过测试赛进行相关测试。在奥运会开始前 4 个月，即 2008 年 4 月完成全部通信设备的安装、测试，届时所有设备投入运行，为奥运提供服务。

三、系统架构

奥运固定通信系统的整体架构如图 9-2 所示：

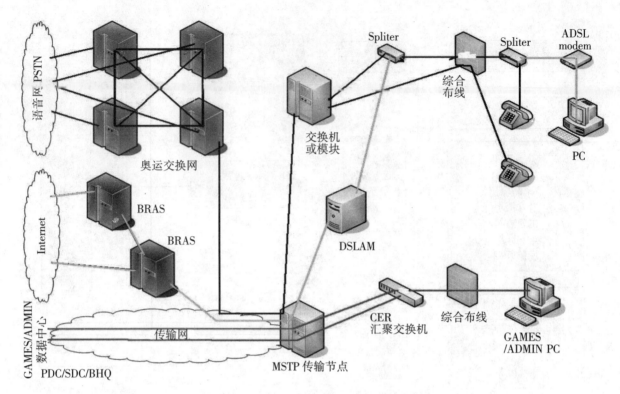

图 9 – 2　固定通信系统结构图

1. 奥运专用电话交换网络

奥运专用电话交换网结构如图 9 – 3 所示：

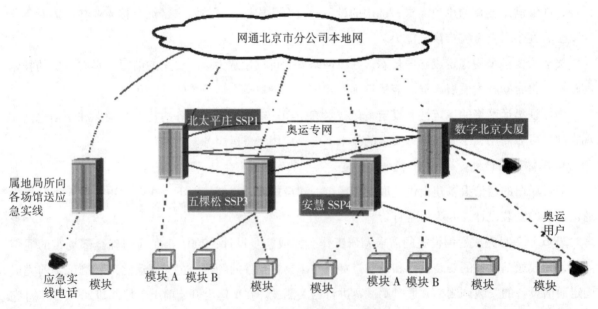

图 9 – 3　奥运交换网结构示意图

（1）组网方案

奥运电话交换网络采用同一制式交换机组网实现。具体的组网方式是通过在北京网通的本地交换机中选择数个同一制式端局交换机作为奥运专用系统，并在奥运场馆新建模块局，模块局连接到专用系统，共同组建奥运专用交换网，以实现 CENTREX 的广域 5 位电话拨号功能。根据奥运场馆的地理位置以及机房的具体情况，距离较近的场馆可以使用同一机房统一建设专用的模块局，模块局上联到所归属的专用交换机系统。

模块局容量的计算参考了往届奥运会的相关数据，并根据北京场馆的实际情况及用户的需求数量综合考虑。同时，奥运专用交换网容量在满足总量需求的基础上，合理预留一定冗余度，以满足突发临时业务需求。

奥运专用交换机系统之间以网状网方式互连，CENTREX网内呼叫仅通过奥运专网络，网外呼叫由专用交换机通过所属汇接局或关口局转接；国内长途呼叫由专用端局通过长途交换机转接；国际长途呼叫由专用端局通过不同汇接局汇接。

奥运专用交换网络的用户从拨号方式上分，可分为普通直拨用户和CENTREX用户。普通直拨电话用户覆盖所有奥运竞赛场馆、非竞赛场馆，为用户提供基本语音业务、补充业务和ISDN等业务；CENTREX用户覆盖主要竞赛和非竞赛场馆，仅对奥运大家庭及相关工作人员开放。网内呼叫采用5位拨号，相互通话免费，并能提供话务员管理、呼叫代答等用户小交换机的功能，对外能够提供与普通用户同样的业务。

奥运交换网络用户从付费方式上分，可分为场馆运行用户、收费卡用户和付费电话用户。场馆运行用户主要指场馆运行团队及少量根据主办城市合同等相关协议，向其提供免费服务的特定客户群。收费卡用户全部是奥林匹克大家庭成员，包括IOC、NOC、IF、媒体及转播商、赞助商等。付费电话则是在媒体区域提供的使用电话卡的服务，用户全部为媒体客户。

符合中国入网规定并经审批合格的用户小交换机可以直接连接到奥运专用交换机系统，但小交换机用户使用奥运专网的功能需要小交换机配合局端交换机实现。

为了确保奥运通信安全，由场馆的属地局或附近局所向模块局送实线提供应急电话。

对于京外场馆，通过在外地设置北京交换系统的远端用户单元，实现广域CENTREX的异地通信，提供奥运专网的固定通信服务，同时利用当地系统提供直线应急电话。

上述不同类别用户之间呼叫路由示意图如图9-4所示：

（2）编号方案

按照奥运通信需求以及组建奥运专用交换网的总体方案，为专用网分配专用号段，按照8位号长编号。

奥运专用交换网服务于两部分用户：普通直拨用户和CENTREX用户，按照二者需求总量建设模块局，混合分配号段。普通直拨用户按照8位号长编号，CENTREX用户对外8位编号，内部按需要组成CENTREX组，采用5位拨号，出组拨"0"。

根据各场馆容量，号段细分到百位，原则上按照容量分配号段，基本上每个模块局占用1个千位以上的号段。为了节约号源，个别容量较小的模块可共用一个千位号段。

当一个场馆设置双模块时，连接一对端局，其号段分别分配。单模块按照划定的区域上联一个端局。

由属地局所或附近局所采用实线，作为应急使用的电话，不再分配专用号段，可以使用现有分散的号码。

179

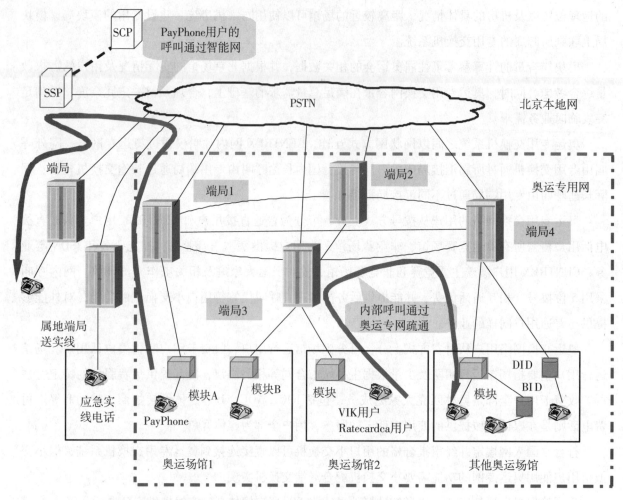

图 9-4　用户呼叫路由示意图

涉及竞赛与非竞赛场馆各功能区的固定电话号码依照要求进行设置。

（3）业务使用

普通商用电话为客户提供一个独立的 8 位直拨电话号码，客户可以拨打市内电话，开通相应权限后可以拨打国内、港澳台及国际长途电话。

奥运五位电话号码均为以"666"开头的 8 位号码 666××××。奥运五位网电话终端为白色。拨号方式如下：

- 拨打其他奥运五位网内用户，只需直接拨打后五位，包括京外赛区的场馆。
- 拨打奥运五位网以外的用户，需先加拨"0"，后续拨号方式与普通八位商用电话相同。
- 奥运五位网外用户拨打网内用户时需要拨完整的电话号码 666××××。

付费电话使用插卡式话终端，安装在媒体工作间，配合使用 201 快捷卡实现公用电话服务。使用付费电话可以拨打市内、国内和国际长途电话，通话时话费从卡内金额自动扣减。

用户可以从中国网通自动售卡机中购买 201 快捷卡，售卡机位于媒体工作间内。

拨号方式和计费标准与普通商用电话相同。

2. 数据网络

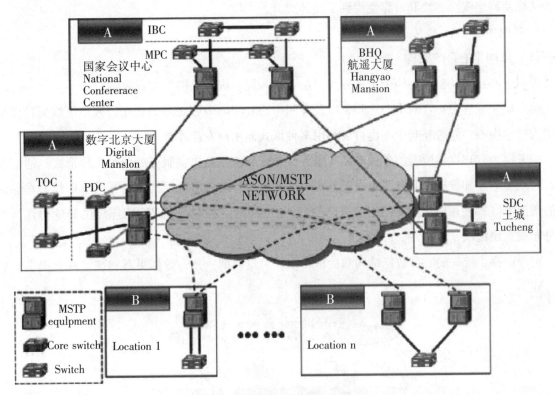

图 9−5 数据网络结构示意图

数据通信网对保证奥运会的成功举办十分重要，因此，必须做到完全可靠。奥运数据通信网是采用自动交换光网络（ASON：Automatically Switched Optical Network）组建的奥运数据网络。在场馆采用物理双路由接入，通过线路自愈功能和光纤备份功能，形成网络自愈能力，可应对紧急突发事件的发生。采用 ASON 网组建奥运数据网络可实现以下功能：

- ASON 技术支持采用标准路由和信令协议实现光网络中的动态端到端连接建立和调度，采用特定功能可快速进行电路配置。
- 采用流量工程将网络资源动态分配给路由，满足网络结构的不断调整和各种临时性业务需求。
- 由于采用网状网结构和分布式智能网络，十分便于节点的增加和网络结构的调整。
- 当传统的环网出现两处光缆断时，业务就会中断，而网状网可寻找多条迂回路由保证业务不中断，使网络的生存性和抗灾难能力大大提高。
- 针对不同的业务提供不同的保护恢复等级，提高网络的利用率，同时可支持各种新型业务，以更好地实现用户定制服务。
- ASON 网络采用分布式智能，减少网管压力，便于网络管理。
- ASON 网可扩展性好，格式透明，便于引入新的业务类型。

同时，奥运数据网确定采用多业务传输协议（MSTP）提供专线服务，可实现多业务综合接入、处理和传送，满足多种用户接入需求。相比于传统方式，采用 MSTP 技术组建奥运数据专网，不但

北京奥运会残奥会技术保障服务

具有灵活、可靠的特性，还降低了网络设备互联时接口转化的复杂性以及转换设备难以维护的风险，从而使网络安全等级和可靠性得到了整体提升。

3. 呼叫中心

（1）呼叫中心系统架构

呼叫中心系统从整体架构上主要分为三层：接入层、服务提供层和资源层。

接入层完成客户和呼叫中心之间，以及呼叫中心和呼叫中心之间的交互。客户可以通过多种形式接入呼叫中心，同时呼叫中心也可以利用多种形式向用户发起外呼。

服务层为客户提供所需的各种产品和服务，录音和座席是提供服务的两种主要形式。通信服务器、应用服务器和数据库服务器完成服务实现的调度和管理。服务层的核心是内部网络，在保证安全的情况下（如使用防火墙等网络安全设备），通过将网络扩展，可以实现座席的异地协作，为创建分布式系统提供基础条件。

资源层提供统一的底层数据结构和接口，维护大量数据，并为数据更新和统计提交提供标准接口方式。

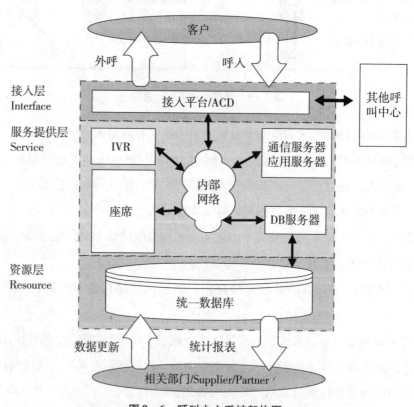

图 9-6 呼叫中心系统架构图

（2）呼叫中心系统服务功能

奥运呼叫中心系统服务功能分为基本功能、座席功能和接入功能三部分。

①基本功能

基本功能在任何接入方式下都必须具备，包括：

● 记录的存储查询：对于以任何方式接入的请求，都能够将请求时间、请求发起者、请求处理

182

者存储至统一的资源数据库。系统能够提供便利的工具对请求记录进行条件检索，支持关键字查询。

- 记录的关联：当呼叫中心系统辨识到与已记录的请求与当前请求的发起者相同时，能够自动提供先前记录的相关内容和处理结果。
- 报表功能：能够生成定制及自定义的各种数据报表，用于呼叫中心管理。

②座席功能

不同的座席应具备不同的座席功能，通过在登录到系统时的口令密码进行身份验证和权限区分。

业务代表座席应能提供查询、信息交流、资料索取、业务咨询、疑问解答、业务报表、查询排队呼入等各种基本业务功能。系统逻辑能够根据呼入座席的呼叫的相关信息，如主叫号码，用户电子信箱等自动将已被记录的相关数据呈现出来。根据不同座席权限，座席本身具有电话接听、挂断、呼叫转移等特殊电话功能，支持收发电子邮件等功能，可以浏览网页、使用互联网公告栏浏览相关信息和回复，并可利用语音播放、电话录音、录音调听等资源实现与用户的全方位的交互，提高业务代表的工作效率。

班长座席除具有一般话务员座席的全部功能外，还具有监控座席/员工的当前状态、响应话务员的服务请求、强插、强拆及强制注销普通员工等功能，能监控话务员桌面当前状态，查看当前服务座席数、空闲数、关闭数等有关数据。班长席支持对呼叫中心数据统计的功能，可以整理有关数据形成规定格式报表。

监察席对业务代表的工作进行监督和考核。应具有录音、动态跟踪呼叫、放音、监视业务代表工作情况等功能。

专家席作为普通业务代表座席的技术支持，应能提供疑问解答、信息查询与交流、业务咨询、业务报表等各种业务功能，同时具备与业务代表座席相同的电话功能。

③接入功能

接入功能应能提供电话、邮件等多种接入方式。

（3）呼叫中心系统管理功能

呼叫中心系统管理功能主要是对性能、安全、故障、设备配置等功能的管理，以保证系统的先进性、稳定性，主要包括：

- 系统提供对自身性能的监控，如对服务器处理器占用率、数据库空间使用情况、内部网络传输情况的监控。
- 系统提供呼入呼出业务的监控，在呼入/呼出量大幅度下降或激增时，应根据预先设定的门限值提供提示性信息或告警。
- 系统模块发生软件或硬件故障时，系统能够提供相应告警信息通知系统维护人员，并提供尽可能准确的故障定位，以便维护人员及时采取措施，修复故障。
- 系统能够提供拓扑结构图，并将告警呈现在拓扑图上，以便于监控。

（4）呼叫中心业务应用

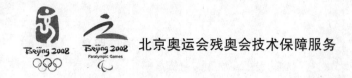

北京奥运会筹备期间，呼叫中心为志愿者服务、特许经营咨询、票务销售服务、火炬接力及观众服务提供了服务。

①志愿者呼叫中心

运行期自 2006 年 8 月至 9 月，设置约 20 个席位。主要用于北京奥运会和残奥会的志愿者工作的宣传、公布招募计划、提供志愿者报名和志愿者招募的咨询以及志愿者的监督等。目的是使公众通过志愿者呼叫中心的服务了解志愿者的工作计划，参加到志愿者工作中并对志愿者的服务进行监督和反馈。

②特许经营呼叫中心

运行期自 2007 年 2 月至 2008 年 12 月，设置约 10 个席位。主要用于北京奥运会和残奥会特许商品、特许加盟计划等信息的查询服务。

③票务呼叫中心

运行期自 2007 年 4 月到 2008 年 9 月，根据票务的工作计划，在门票销售的不同阶段，先后使用了 20 至 100 个席位。主要用于北京奥运会和残奥会赛事票务的宣传、咨询、管理、订购和出售门票等服务。除了电话订购外，公众也可以通过电子邮件、短消息、网站和传真订购门票。

④火炬接力呼叫中心

运行期自 2007 年 4 月至 2008 年 9 月，设置约 10 个席位。主要用于北京奥运会和残奥会火炬接力的信息查询服务，包括接受公众对于火炬接力的咨询和反馈，接受火炬传递者和护卫者的咨询以及解答媒体关于火炬接力活动的疑问。

⑤观众呼叫中心

运行期自 2008 年 6 月至 9 月，设置超过 100 个席位。主要用于为境内外持票观众提供比赛基本情况、场馆情况、奥运文化活动、气象、北京市及其周边旅游、银行等与观看赛事相关的信息查询服务及多语言服务。

四、服务质量保障措施

通过大家的共同努力，技术团队经受住了奥运会的实战考验，顺利完成了固定通信保障工作，其中主要的服务质量保障措施包括：

1. 准备充分

场馆固定通信系统部署基本与场馆建设同期完成，赛时系统全部参与了测试赛的通信保障工作，并根据测试赛经验，修正了前期规划的具体服务数量和策略，完善了应急预案和容灾备份方案。大部分岗位人员到位及时，参与了赛前的服务部署和测试赛保障，锻炼了队伍，为赛时保障积累了经验。

2. TOC 发挥了核心的指挥和调度作用

合作伙伴在 TOC 建立了固定通信指挥中心。该中心从筹办、组建到运行保障，历经 1 年的时间，集中了合作伙伴的各项网络管理资源，结合奥运会的实际保障要求，引入必要的通信系统监控终端，配备了业务娴熟的专业人员，建立了一套特殊的奥运通信保障体系，为奥运通信保障工作打下坚实基础。

3. 流程保障

合作伙伴建立了以 TOC 为核心，场馆团队、流动团队、核心网支撑团队、京外各省指挥中心相互协作的业务受理和故障处理体系，具体特点包括：

- 统一受理、统一调度。TOC 通过固定通信技术支持热线受理所有奥运大家庭固定通信相关的问题，统一服务水平；同时对各类需求和任务，做到同步统一调度，掌控全局。
- 简化，处理及时。低阶故障一经受理，直接派发到场馆工程师，缩短了故障处理的中间环节；高阶故障多管齐下，场馆、TOC、核心网并行排障，效率倍增。
- 汇报及时、调度准确。重大事件和故障，都在第一时间向 TOC 汇报情况，以便最大限度地统筹协调各方资源，掌控故障处理全过程，在重大事件和故障处理过程中保持主动。

4. 系统保障

中国网通先后开发了奥运综合故障单系统、奥运通信运维优化调度系统等专业的奥运综合网管系统，使用这些系统，能够全面监控奥运相关业务网络的运行情况，并具有单独预警单功能，能够先于用户发现问题，提高了奥运专网的监控效率和相应能力，最大限度压缩了修复故障的时间。

实践证明，奥运综合故障单系统、奥运通信运维优化调度系统的使用，大大提高了奥运通信故障在调度处理过程中的效率和准确性，提高了对故障处理过程各环节的过程监控，形成了全程闭环电子化流程管理，同时也为赛后总结和考评提供了依据。

专业网管系统的全面引入，使得高阶故障可迅速得到及时准确的定位，多个专业通力配合、协同工作，极大地提高了调度效率和排障能力。

5. 赛前技术演练

固定通信团队积极参加了技术部组织的第一次和第二次综合技术演练。此外，固定通信系统内部还单独组织了多次大规模的技术演练，范围涵盖了本地、长途、京内外场馆，对各类可能发生的问题进行了模拟。通过演练，检验和优化了奥运专用流程，积累了运行经验，提高了配合效率和协同性。

五、关键里程碑

- 2005 年
    - ◎ 完成固定通信系统的技术战略
    - ◎ 完成固定通信系统初步规划
    - ◎ 完成示范场馆固定通信系统详细运行设计
    - ◎ 完成固定通信系统初步需求确定
- 2006 年
    - ◎ 确定收费卡固定通信产品清单、价格和服务描述
    - ◎ 确定奥运固定通信系统服务类别
    - ◎ 完成场馆固定通信团队岗位清单和岗位职责初稿

◎ 确定固定通信服务配备和部署策略

　　◎ 完成第一次测试赛的固定通信系统保障任务

- 2007 年

　　◎ 完成赛时固定通信运行计划

　　◎ 非收费卡类场馆固定通信服务部署技术冻结

　　◎ 完成年度测试赛固定通信系统保障工作

　　◎ 完成赛时固定通信系统应急预案初稿

　　◎ 技术运行中心固定通信部分投入运行

- 2008 年

　　◎ 完成所有测试赛的固定通信保障工作

　　◎ 参与第一次技术演练

　　◎ 参与第二次技术演练

　　◎ 确定了场馆固定通信团队人员计划

　　◎ 固定通信团队人员全部到位

　　◎ 确定了赛时固定电话码号方案

　　◎ 确定了赛时全部固定通信系统运行流程和策略

六、赛时运行

　　2008 年 7 月 25 日至 8 月 24 日奥运会正式运行期间，共受理固定通信相关问题近 1000 件，其中咨询和变更请求约 800 件，剩余 200 件中除约 50 件为三级故障外，其他全部为四级故障（故障详细定义参见本书第十六章）。

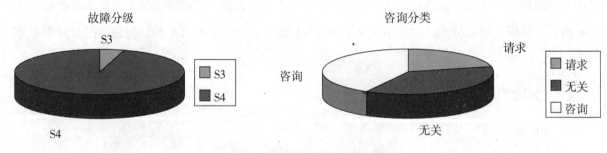

图 9-7　固定通信问题受理统计图

　　通过对故障单分析可以发现，故障呈现的高峰时间出现在开赛前一周左右（2008 年 7 月 31 日至 8 月 7 日），随着奥运赛事开始后，故障数量呈明显下降趋势。

　　奥运会开幕式开始之后至闭幕式结束，未发生由固定通信系统障碍引起的二级以上故障，竞赛、媒体、电视转播和观众服务等主要敏感客户群均未因固定通信系统的运行问题受到影响，赛事通信运行平稳，保障取得成功。

七、典型案例分析

奥运会开幕一周之前，技术运行中心曾收到部分媒体、NOC代表团和IOC官员关于上网速度较慢的反映。经了解，主要是申告ADSL服务的网速慢，包括有用户反映通过测速网站发现ADSL宽带接入的实际性能低于产品的"标称值"，接入服务的实际性能随时间、被访问网站（国际方向）不同存在数据传送速率偏低等现象。

针对用户所反映的情况，技术部紧急协调中国网通进行了网络自查。网络实测数据表明，ADSL用户访问北京本地测试网站的上传和下载速率稳定，接近该产品标称的接入速度；奥运VIP专网的国际出口流量处于较低水平，不存在国际出口"瓶颈"的问题。

通过进一步的用户走访调查和分析，固定通信团队了解到用户所反映的情况确实是客观存在的，但此类现象是由互联网网络自身特点决定的，而不是网络原因（如网络故障、设计缺陷等）而导致的互联网接入产品质量问题。事实上，互联网服务可分为接入服务和应用服务两个层面。互联网接入产品所提供的服务是将用户网络通过TCP/IP协议接入到互联网，从而使该用户能够与全世界的互联网用户相互通信。由于全球互联网用户互不隶属，互联网应用服务的质量，也就是最终用户的直接感受取决于互联网上全体用户及通信运营商的综合因素。比如，用户使用主新闻中心内的ADSL服务登录美国网站进行测速，该测试结果反映的是从主新闻中心到美国该网站之间的互联网通路的整体性能，而非主新闻中心ADSL互联网接入服务的性能；用户反映的使用奥运场馆的互联网产品访问位于日内瓦的网站速度慢的问题，是由于国外段电路性能不佳导致全程电路时延偏大造成的。

正是基于互联网服务的以上特点，我国通信主管部门牵头制定的互联网服务规范中也只对同一运营商的两个业务接入点之间传送IP包的性能指标作出规定，仅要求运营商承诺用户接入线路的品质达标（即达到产品标称的接入速度），并需采取各种措施确保用户在其自营网络范围内获得较高速率和较为稳定的服务品质。为达到以上目的，中国网通优化了网络，并建立了奥运VIP专网，为奥运媒体客户提供了访问国外互联网的专用"绿色通道"。

针对出现的问题和调研结果，通信处积极采取了以下措施：

- 协调中国网通对网络进行充分测试。测试结果表明中国网通提供的互联网接入服务是符合政府相关规范的，用户反映的问题是由于国外段电路性能不佳引起的，包括转接次数多、带宽不够等，此段网络性能由国外运营商建设并经营，中国运营商无法控制。

- 通过走访调查的形式，与客户进行面对面沟通，并做好说明和解释工作。通过努力，在主新闻中心和国际广播中心订购了ADSL服务的绝大部分媒体客户均参与了测试，并对测试结果表示认可；在奥运村，针对NOC代表团的意见，在代表团团长例会上发表了技术澄清报告，并承诺对后续发生的任何类似个案提供跟踪服务，得到了各NOC代表团的认可，收到了满意的效果。

- 协调中国网通利用其业务关系加强与国外互联网提供商的配合，努力提高整个网络性能。

- 加强走访调研，推荐替代方案。针对ADSL上网慢的问题，通信处积极推荐速率较快的宽带

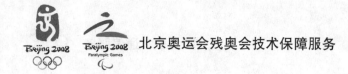

IC 卡和专线备选方案，并扩大绿色家园媒体村无线上网覆盖区域，满足用户多样化的上网需求。

在处理问题的同时，通信处积极与用户保持了沟通，让其看到技术部充分理解用户关注所在，通过耐心向用户解释有关情况及现场测试取得了客户对服务的认可。技术部同时要求中国网通重点加强对互联网接入产品服务质量的监测，以切实做到防患于未然。在实际场馆运行中，技术部与中国网通、场馆媒体服务团队、技术团队保持了密切合作，以共同做好对媒体客户的服务和解释工作。

经过上述工作的努力，媒体机构均对北京奥运会提供的上网服务表示认可。通过这个故障典型案例可以发现，在场馆运行中出现未预期到的问题时，需要与相关各方通力合作，尽快查清问题所在，更重要的是要保持与客户的积极沟通，真正做到对客户反映的技术问题快速响应，有效处置，才可有效避免媒体公共事件的发生，圆满完成通信保障任务。

第三节　移动通信服务

一、概述

1. 奥运移动通信服务目标

在过去的几年中，全球移动通信的用户增长极为迅速，从 2003 年底的全球 13 亿移动用户，发展到 2008 年的 30 多亿用户，平均每两个人中就有一人使用移动电话。同时，随着移动通信技术水平的快速发展，各种新式移动数据业务和增值服务已逐渐成为客户的必备需求。因此，仅提供传统的语音移动通信服务已经难以满足 2008 年北京奥运会的需要。北京奥运会在移动通信服务方面面临着奥运会历史上前所未有的用户规模、需求种类、服务水平的压力和挑战。

充分发挥移动通信的优势，满足用户在奥运会、残奥会筹备和赛时运行期间的各种移动通信需求，提供优质服务，确保赛时移动通信系统安全可靠地运行，是北京奥运移动通信的服务目标。

2. 移动通信合作伙伴

北京奥运会移动通信合作伙伴是中国移动集团。2004 年 7 月，北京奥组委和中国移动集团签署了《北京 2008 移动通信服务合作伙伴赞助协议》，委托中国移动集团负责整个奥运会、残奥会移动通信系统的总体设计、建设和维护等工作，并承担奥运会、残奥会举办期间对该系统进行运行维护和管理。

根据北京奥运会的需求和北京奥组委的统一安排，中国移动将原有通信网络进行了大规模扩充，并在全部场馆实施了无线室内覆盖。

在移动业务方面，中国移动先后推出了一系列奥运特色服务，例如专门服务于北京奥运会的无线局域网、无线 INFO 2008、信息发布、POC 手机对讲等一系列稳定、可靠、实用、便捷的产品，成为赛事运行、新闻报道、观众服务等方面的重要服务内容。

无线移动服务是通过无线终端来实现的。国际奥委会无线终端的合作伙伴是韩国三星电子株式会社（以下简称三星公司）。按照国际奥委会与三星公司签署的赞助协议，同时根据北京奥组委的需求，三星公司设计、研发了 2008 年北京奥运会的专用手机终端。

3. 北京奥运会的特色移动通信服务

与往届奥运会相比，北京奥运会在移动通信方面提供了以下特色服务：

- 第一次在夏季奥运会上提供了无线局域网（WLAN）服务，并列入收费卡项目，获得了圆满成功。

- 第一次提供了无线 INFO 2008 服务，这一服务改变了往届奥运会仅为媒体提供固定 INFO 信息系统的使用方式。固定 INFO 信息系统只能进行信息的查询和打印，不能进行电子拷贝编辑，而北京奥运会期间，注册媒体可以通过 WLAN 进入无线 Info 系统，在读取所需信息的同时，直接复制相关内容编辑稿件并传送，极大地提高了媒体的发稿效率。

- 提供了信息发布、快速数据传输、官方网站手机版、POC 手机对讲等一系列新的移动通信业务，大大提高了奥运会的通信服务效率。

- 三星公司提供了 WOW 2008 业务，使奥运手机终端提供的各类赛事信息服务由往届内容单一的文本信息变为形式多样的多媒体信息，由格式统一的群发信息变为丰富多彩的个性化信息。

二、奥运移动通信系统规划与建设

1. 业务种类

北京奥运会、残奥会期间，移动通信提供的服务主要包括：移动电话、移动数据传输、国际漫游、WLAN、无线 INFO（Wireless INFO）、信息发布、手机对讲、WOW2008。

2. 业务量预测

移动通信业务量的预测工作，在借鉴往届奥运会经验的基础上，充分考虑了中国的话务量模型和北京奥运会的特点，结合了各奥运场馆的基础信息、功能分区、用户情况等各种因素，综合进行了评估和科学计算。业务量预测是网络规划建设的基础，合理准确的预测，为奥运赛时移动通信网络的规划提供了科学依据。

WLAN 专网的业务量预测较为困难，既无往届成功的经验可借鉴，又没有相似的案例可参考。技术部与合作伙伴一起，在大量调查研究、充分访问用户的基础上，通过测试赛、组织人员现场模拟等方式，估算出相关的业务量，以此作为 WLAN 网路规划设计的依据。

3. 系统建设

按照移动网络的规划设计方案，中国移动扩建了原有的移动通信网络，重点加强了人群密集场所的话务承载能力，用以应对集中突发的话务高峰。在移动通信网的建设过程中，场馆的覆盖项目与场馆的建设进度密切配合，实施中力争及时跟进，快速完成。

综合统计，在北京奥运会的筹备建设期，移动通信网新建、扩建基站数百个，增加载频数千个，全网的通信能力得到了极大的提升。

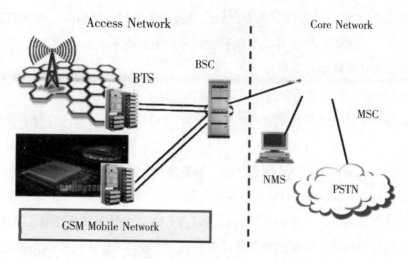

图 9 - 8　移动通信网络结构示意图

关于奥运专用无线局域网 WLAN 网络建设，因最终方案确定较晚，多数场馆的 WLAN 专网建设是在场馆完全建成之后开始建设的，并于奥运开幕前 2 个月左右建成。

为确保建设的无线通信网络满足设计要求和奥运会的需求，技术部、中国移动和相关专业机构对网络能力、安全性等方面进行了反复的测试。此外，中国移动还充分发挥移动通信的优势，合理配置资源，组建了灵活的移动应急系统。应急系统既可以替代移动通信网中的故障基站子系统，又可以按需增加移动通信网的容量和覆盖范围，以满足各种不同的需求。灵活、高效的应急系统，为赛时移动通信网的安全可靠运行提供了有力的保障。

三、网络架构

1. 移动通信网

（1）网络特点

参考往届奥运会移动通信的经验，结合我国的具体情况，综合分析奥运会移动通信网络的特点，可以看出，北京奥运会移动通信网具有业务种类多、需求容量大、话务量流动性强、安全可靠性要求高等特点。

（2）网络架构

对移动通信网络而言，奥运网络是公众网络的一部分，其通信保障功能的实现与现有的本地网络密切相关。因此，在奥运移动通信项目的建设过程中，须考虑两者的有机结合。一方面通过奥运网络的建设，从总体上带动公众网络能力的提升，满足奥运赛时的各种需求；另一方面在奥运会结束之后，奥运通信网络和设备可重复利用，以最大限度地节约投资。

奥运移动通信网络结构共分为五层：无线接入层、核心网络层、骨干传输层、网络支撑层和业务提供层。

（3）网络覆盖

奥运无线网络的覆盖采用多系统共存体系，在设计方案上统筹考虑覆盖的范围和承载的容量。室外覆盖方案中兼顾道路规划、照明系统建设、绿化方案、景观设置等方面；室内覆盖采用综合室内分布系统，能够同时满足 2G 和 3G 的需要。

2. 无线局域网

（1）奥运专用无线局域网（WLAN 专网）

WLAN 专网是为了满足奥运会、残奥会赛时注册媒体的需求建设的。媒体用户通过收费卡购买 WLAN 服务。在 WLAN 专网的基础上，北京奥组委还提供了通过无线方式访问 INFO 2008 系统的服务（无线 INFO）。用户可通过 WLAN 接入互联网，购买无线 INFO 的用户还可以通过 WLAN 专网直接进入 INFO 系统。为保障网络系统的安全可靠，WLAN 专网设计成一个完全独立的网络，在一些主要场馆如国家体育场、国家游泳中心、国家体育馆、北京大学体育馆等场馆中，WLAN 专网建有主用和备用两套网络，以确保奥运赛时满足用户的需求。WLAN 专网使用 802.11b/g 和 802.11a 标准。网络覆盖 31 个竞赛场馆和 5 个非竞赛场馆中与媒体工作相关的区域，具体区域见表 9－1。

表 9-1　无线局域网服务分布表

场馆	覆盖区域	
主新闻中心（MPC）	文字记者工作区	
	摄影记者工作区	
	新闻发布厅	
	三层室外餐饮区	
国际广播中心（IBC）	咖啡厅、大堂、大会议室	
媒体村	绿色家园	媒体工作间
	汇园公寓	媒体工作间
奥运村	媒体中心	记者工作间
		新闻发布厅
IOC 总部饭店	媒体工作间	
	新闻发布厅	
竞赛场馆（北京、青岛、上海、秦皇岛、沈阳、天津）	文字记者工作间	
	摄影记者工作间	
	新闻发布厅	
	媒体看台及评论员席	

WLAN 专网的网络拓扑如下：

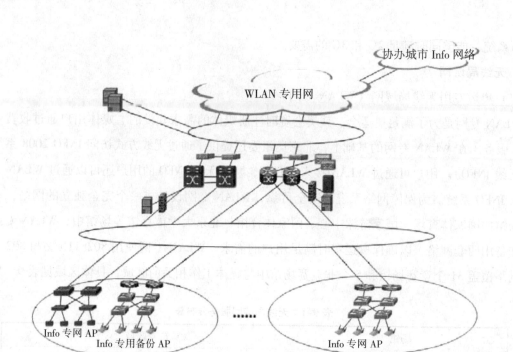

图 9 - 9　无线局域网服务结构示意图

（2）运动员村 WLAN 网络

运动员 WLAN 网络采用 802.11b/g 标准，主要覆盖运动员村的国际区咖啡厅及茶馆、居民服务中心、居住区村俱乐部等区域。用于满足奥运赛时居住在运动员村的运动员通过无线方式访问互联网，在网络覆盖的区域，运动员可以通过带有无线网卡的笔记本电脑或掌上电脑免费接入网络并访问互联网。

网络拓扑如下：

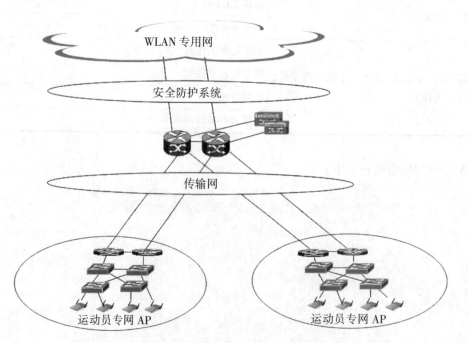

图 9 - 10　运动员村 WLAN 网络结构图

3. WOW 2008 服务网络

三星公司提供的 WOW 服务全称是：Wireless Olympic Works，中文名称为：北京 2008 无线奥林匹克工程。这个服务由 mINFO2008 和 OCM 两部分组成，向不同的客户群提供服务。

WOW 结构如图 9 - 11 所示：

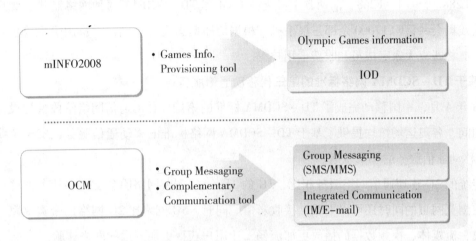

图 9 - 11　WOW 结构示意图

（1）mINFO2008

mINFO2008（我的信息 2008）是一个提供奥运竞赛信息的服务。用户能随时随地通过装有 mINFO2008 系统的手机查询最新的奥运竞赛新闻、赛程表、竞赛结果、奖牌榜等信息。当 WOW 系统从 IDF 接收到多种竞赛信息时，会自动把这些信息转换成手机数据，然后传递到手机上。

（2）OCM

OCM（奥运社区信息服务）是一个能进行个人之间、群体之间交流的服务。用户可以通过多种途径（短信、彩信、电子邮件、即时信息）向另一个用户（一对一）或某个用户群（一对多）发送信息或进行交流。

网络拓扑图如下：

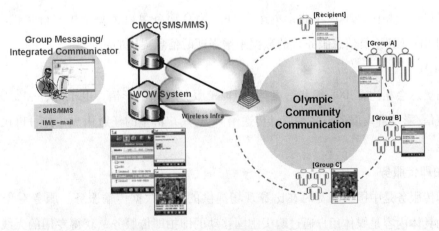

图 9 - 12　OCM 结构示意图

四、移动通信产品和服务

1. 奥运会、残奥会专用手机

2008 年北京奥运会的手机终端由三星公司提供，共有三种型号：智能手机 SGH－I688、普通手机 SGH－L288 和 SGH－F268，前两款手机支持 GSM 和 TD－SCDMA 两种网络制式。北京奥组委为奥运会及残奥会共订购 17000 余部三星手机。根据历届奥运会的惯例，手机用户主要包括奥组委工作人员、奥林匹克大家庭成员和收费卡用户等。

2. 基于 TD－SCDMA 网络标准的第三代移动通信服务

2008 年 4 月，中国移动完成了 TD－SCDMA 标准的第三代移动通信网络阶段性建设工作。北京奥运会期间，各奥运场馆均提供了基于 TD－SCDMA 网络标准的移动通信服务，实现了我国申奥时关于 3G 移动通信服务的郑重承诺。

与传统的 2G 移动通信网络服务相比，3G 的 TD－SCDMA 网络服务支持多业务的并发使用，比如用户在浏览网页的同时还可以下载、接收彩信。同时，3G 网络比 2G 网络的带宽更宽，无线传输速度更快，流媒体、视频数据的播放更加流畅，让用户获得更加舒适的网络体验。

3. 短消息发布

信息发布服务是北京奥组委定制的无线通信服务。提供的方式是以各场馆团队为单位，通过设置独立的账号和权限，实现对特定群体发布信息。信息发布服务的使用，极大地提高了场馆团队的组织管理效率，在场馆工作的组织、管理和沟通交流中发挥了极大的作用。

4. 手机对讲业务（POC）

手机对讲业务（PTT OVER CELLULAR）业务是承载在 GPRS 网络下的半双工群组通信方式，用户只需按动手机上的一个按键就可以与某个人或某个通话群组进行通话，适合各场馆团队进行群组调度通信。手机对讲业务具有通信效率高、可靠性高、应用范围广、使用成本低廉等特点，赛时作为集群通信服务的有效备用手段。

5. mINFO2008 和 OCM 服务

（1）mINFO2008

与往届奥运会相比，2008 年北京奥运会的 mINFO 服务可以为每个用户群提供个性化的信息，并可以利用 CIS（评论员信息服务）的数据来增强即时信息提供的功能。

（2）OCM

与往届奥运会相比，2008 年北京奥运会 OCM 服务增加了彩信、电子邮件和纪实消息的功能，能够通过短信/彩信群发服务把多种信息传送给 OCM 用户群中的任意用户，并可以用于整合电脑和收集的功能。

6. 即拍即传服务

即拍即传服务是中国移动赛时在比赛现场提供的一种数据传输服务。服务对象主要是摄影媒体，服务的具体内容是媒体用户通过购买中国移动的即拍即传服务，获得专用的无线传输模块，通过模块将其摄影相机和笔记本电脑进行无线连接，在摄影记者拍摄照片的同时将照片传送至笔记本电脑中，便于进行图片编辑。为保证服务质量，即拍即传服务在各个场馆实行限量销售。即拍即传为媒体服务提供了多项选择，满足了部分媒体的特殊需求。

五、服务质量保障措施

1. 移动手机终端的服务保障

奥运会、残奥会期间，移动终端的合作伙伴三星公司组织了60余人的技术服务保障团队，包括场馆现场技术支持人员和流动团队工程师。对手机终端发生的各类问题，三星公司快速响应，积极解决，及时对手机终端进行软件版本升级。在重要的非竞赛场馆，三星公司设置了服务咨询台，用于解答手机终端使用中用户遇到的各种硬件和软件问题。在北京奥运会、残奥会运行期间，奥组委技术支持呼叫中心共受理关于手机终端的问题申告200余个，全部予以妥善解决。

2. 移动通信的服务保障

（1）核心团队

北京奥运移动通信保障工作涉及全部竞赛场馆和非竞赛场馆，包括京外的各种场馆。中国移动建立了以TOC为核心，场馆团队、流动团队、核心网支撑团队、京外各省中心相互协作的业务受理和故障处理体系。在场馆的移动通信保障团队设有移动通信经理、移动通信运行主管、移动基站传输维护工程师、移动应急通信维护工程师、移动通信服务工程师等多个专业岗位。各场馆移动通信现场维护人员总计注册约600人，TOC设置的移动通信运行中心注册人员约100人，移动应急团队注册约300人。并制定了较为完善的服务保障流程。

为提高技术团队人员的服务水平，中国移动对技术支持人员组织了多次培训，同时组织人员参加"好运北京"测试赛的技术保障工作，从中锻炼了队伍，并为赛时保障工作积累了经验。

（2）保障机制

中国移动在TOC建立了移动通信指挥中心。该中心集中了合作伙伴的各种相关资源，依靠场馆移动通信团队，实时监控北京全网、6个奥运城市的竞赛及非竞赛场馆、运动员驻地、新闻中心等区域的通信网络设备及相关业务的运行情况，并通过信息发布的方式及时向技术团队发布网络运行的各种信息。此外，中国移动还在TOC部署了奥运地理信息系统，该系统能够以非常直观的方式监测全部奥运场馆的网络状态和场馆设备的运行情况，及时发现基站和小区故障，便于快速诊断故障，缩短障碍历时，使TOC能够准确、及时地获取各场馆移动通信网络的运行信息。

结合奥运会的实际保障要求，移动通信保障团队引入了必要的通信系统监控终端，配备了业务娴熟的专业人员，建立了一套较为完善的奥运通信保障体系，为奥运通信保障工作打下坚实基础。

各场馆移动通信赛时系统全部参与了测试赛的通信保障工作，根据测试赛经验，移动通信团队补充了前期规划中存在的网络盲点，优化了网络数据传输的服务质量，完善了应急预案和容灾备份方案。

在奥运会、残奥会保障过程中，TOC和中国移动保障团队默契配合，从容应对各种网络异常情况和突发情况，赛事期间出现的140张问题记录全部都在规定时间内完成故障响应、故障处理和用户反馈工作，没有发生排障失败或故障升级事件，总体保障工作经受住了实战检验。

（3）应急预案

针对赛时移动通信可能发生的重大故障，移动通信保障团队制定了多项应急预案，明确了各种紧急情况下的处理预案、需要动用的资源和恢复手段，并落实到具体责任人。完善的应急预案保障了重大故障发生时能以最快的速度解决，使损失和影响降至最低。

（4）技术演练

在技术部的统一组织下，移动通信服务保障团队参加了在北京举办的两次技术演练，通过技术演练积累了经验，也进一步完善了相关流程和应急预案，为奥运会移动通信系统的稳定运行奠定了基础。

六、关键里程碑

2004 年 7 月 21 日，北京奥组委和中国移动签订了《北京 2008 移动通信服务合作伙伴赞助协议》。

2005 年 10 月，2008 北京奥运会官方网站手机版上线，域名为 wap. beijing2008. cn 和 wap. beijing2008. com。

2006 年 8 月 7 日，三星公司完成《无线奥林匹克工程立项建议书 1.0 版》。

2007 年 11 月 26 日，北京奥组委和三星公司签订 2008 年北京残奥会赞助合同。

2008 年 2 月至 7 月，中国移动开始进行各奥运场馆 WLAN 专网的压力测试工作。

2008 年 4 月至 6 月，三星公司完成 2008 年北京奥运会专用手机的生产工作，并将手机按批次运入奥林匹克物流中心。

2008 年 7 月 20 日，奥运 WLAN 专网完成第三方测试工作。

七、典型案例

1. 测试案例

北京奥运会 WLAN 服务是奥运历史上第一次通过收费卡正式提供的服务，由于 WLAN 网络受资源和环境的影响较大，为保证服务质量，技术部组织各方一起，先后进行了多次测试。

首先，中国移动根据测试赛的安排，对具备条件场馆的 WLAN 网络质量进行了逐一测试，包括传输测试和压力测试。

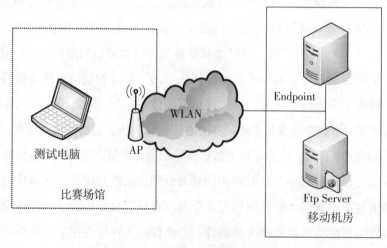

图 9 - 13　WLAN 传输测试示意图

压力测试示意图：

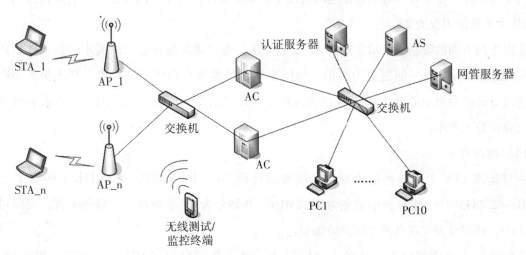

图 9 – 14　WLAN 压力测试示意图

在中国移动测试的基础上，2007 年 11 月，技术部组织人员成立了测试小组，测试主要集中在北京理工大学体育馆和丰台垒球馆等经历过测试赛的场馆。

测试情况表明，从场馆层面到中国移动骨干数据网的带宽基本达到设计要求，但国际出口附近的节点路由工作负荷较大，存在一定程度的丢包情况，还需深入优化、调整。同时，测试还发现 WLAN 网络并发接入用户数量有限，当 WLAN 信号受到干扰时影响用户对网络的访问速度。

根据测试发现的问题，技术部组织中国移动和国内专家多次研讨，调整方案，寻找解决办法。中国移动根据调整后的方案重新建设实施，并进行了复测。最后，技术部特邀请国家权威部门于 2008 年 6 月对奥运 WLAN 专网系统性能、网络稳定性、可靠性、安全性等方面进行了全面测试。测试针对不同的组网方案，在 5 个场馆分别对室内封闭空间、室内开放空间、室外开放空间的边缘区域场强电平、主要覆盖区域场强、均匀覆盖程度、网络传输性能、网络压力性能、网络切换、端口扫描、网络隔离、登录认证等多个指标进行了严格测试。

测试结果肯定了奥运 WLAN 专网的建设成果，认可了网络的服务能力和服务质量。同时，提出了网络管理和安全防范等方面的建议，使奥运 WLAN 专网得到了进一步的优化和完善。

2. 网络优化案例

根据奥运 WLAN 专网的前期规划方案，各奥运场馆媒体看台均采用看台顶部悬挂 AP 的方式提供 WLAN 网络的接入服务。这种安装方法是 WLAN 网络 AP 的常规安装方法之一，具有信号覆盖范围广、结构可靠、安装简便、易于维护等特点。

根据业务量的预测，在反复分析媒体需求并进行一系列性能测试、压力测试后，移动团队逐渐发现在竞赛场馆看台顶部悬挂 AP 提供接入服务的方式存在一些问题：

首先，看台顶部悬挂 AP 是一种自上而下提供网络信号的方式，AP 的悬挂点受场馆建筑所限，一般都很高，AP 越高，信号向下覆盖的范围越大。因此，在保证频率互不干扰的情况下覆盖一个目标区域，能够同时提供有效信号的 AP 数量就越少。

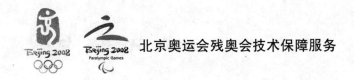

其次，在用户正常的网络行为下，单个 AP 最大并发接入用户数量约为 35 人；而在所有接入用户同时上传图片、视频等大容量数据包的情况下，如果要保证每用户网速浮动在合理范围内，单个 AP 的最大承载能力仅为 20 人。

受以上两方面的限制，采用常规的 AP 安装方法，难以满足媒体看台的需求。在一些媒体看台座席密集的场馆中，这一问题更为突出。如国家体育场媒体看台可容纳媒体工作人员约 2000 人，采用传统方式在看台顶部悬挂 AP，仅能满足约 200 用户的安全使用。用户的需求数量和网络的接入能力存在较大差距。

（1）增加频率

在奥运 WLAN 专网的初期规划中，仅考虑使用 802.11b/g 频段，802.11b/g 的频率范围是 2.4GHz～2.4835GHz，工作频率带宽为 83.5MHz，共划分为 13 个频点，为避免干扰，实际可用的只有 3 个。频率成为实现高密度覆盖的瓶颈之一。

为解决频率的资源问题，经各方共同努力，奥运赛时启用了 802.11a 频段。相比较而言，802.11a 标准的 5.150～5.350GHz 共有 8 个频点，频率资源较为充足。增加 802.11a 频率后，相同区域中可以共享的网络频率大幅度扩大。

（2）采用小增益天线提供网络接入信号

为解决传统 AP 覆盖用户容量有限的问题，北京奥组委和中国移动邀请国内网络方面的专家，多次召开项目研讨会，积极寻找解决方案。中国移动也投入了大量的人力物力，进行了大量的试验、测试，最终找到了一种全新的解决方案——采用安装小增益天线进行无线覆盖，这一方案的主要优点如下：

- 无线频率利用程度较高，可以实现区域密集覆盖。
- 可以根据看台座席数灵活调整后台带宽，满足用户高负荷数据传输需求。

该方案面临的问题是工程实施较为复杂，覆盖精细度和准确度要求较高，且成本较高，维护难度大。

经过相关各方反复进行综合分析比较，采用小增益天线的方法能够有效地避免用户密集、负荷量高所带来的众多风险。因此，WLAN 专网的最终方案确定为媒体人员工作密集的区域，采用安装小增益天线的方案，以增大用户容量，避免网络拥塞。

实践证明，北京奥运会、残奥会期间，奥运 WLAN 专网经受住了用户量突发、高负荷、流量激增等多种考验。基于 WLAN 专网的各项无线网络服务受到了来自各国媒体记者、国际奥委会的一致好评，成为大型体育比赛中集中承载用户数最多、网络规模最大、服务效果最好的 WLAN 服务。

第四节　有线电视服务

一、概述

每届奥运会上，奥组委都为注册人员（包括奥运大家庭成员以及媒体记者）提供专门的有线电视服务，方便奥运会的参与者了解比赛现场的情况。

根据这一惯例，北京奥组委建设了奥运有线电视专网系统，在北京奥运会、残奥会期间为指定区域内的用户提供了有线电视服务。奥运专网是独立于北京市公众有线电视网络的奥运专用服务网络，覆盖了奥运会、残奥会的各个竞赛和非竞赛场馆。

2006年11月23日，北京奥组委与北京地区唯一的有线电视网络运营商——北京歌华有线电视网络股份有限公司（以下简称歌华有线）正式签署了《北京奥运会有线电视服务协议》，委托歌华有线负责整个奥运会、残奥会有线电视专网系统的总体设计、建设、运行维护和管理工作。

北京奥运会有线电视专网共建设管道和敷设光缆近300公里，建设电视终端20000个（其中临时终端约3300个），建设奥运总前端、IBC前端各一个，传输机房27个；共安装标准清晰度机顶盒14500台，高清晰度机顶盒1400台，同时还安装了一批双向高清机顶盒供用户使用赛事视频点播（GVOD）服务。

奥运有线电视专网的服务对象主要为IOC、NOC、参加奥运会报道的新闻记者、场馆工作人员等，服务地点包括全部竞赛场馆和主要的非竞赛场馆。专网系统共提供40套（残奥会为14套）标清赛事实况转播节目，4套高清赛事实况转播节目。

专网的全部电视节目均通过数字电视的方式提供实况转播服务，对精彩赛事通过数字高清晰度电视的方式提供实况转播服务，同时提供电子节目收视指南（EPG）服务。在MPC及奥运村中的指定区域还提供了赛事视频点播（GVOD）服务。

本届奥运会的有线电视专网与往届奥运会相比，有三个"第一次"：

第一，是奥运会历史上第一次对全网播出的电视节目通过端到端的数字电视的方式来提供服务。由于往届奥运会的有线电视专网系统均为模拟系统，因此本次专网系统的全面数字化可以说是有线电视传输技术在奥运会上的一次历史性的提高，体现了"科技奥运"的理念。

第二，第一次在专网中提供高清晰度数字电视服务。部分精彩比赛通过高清晰度数字电视的方式进行播出，用户在画面和音质上都得到了更高层次的享受，受到了各国媒体记者和代表团的广泛好评。

第三，第一次提供赛事视频点播（GVOD）服务。赛事视频点播是一项全新的服务项目。这个服务在奥运村一经推出，就成为最受欢迎、接待人数最多的项目之一。由于各国代表团都可以随时通过双向点播系统及时查看所有已经或正在进行的比赛影像，为他们了解对手、研究战术、分析比赛提供了很好的帮助，因此受到了各国运动员和教练员的欢迎。在MPC，GVOD服务也为媒体记者进行赛事报道提供了极大的便利，受到了记者们的普遍称赞。

二、系统架构

1. 系统总体描述

奥运有线电视系统作为独立于北京市公众有线电视系统的奥运会专用服务系统，在奥运会赛时把指定的信号传输至奥运会的各主要场馆，为奥运大家庭成员及媒体记者提供服务。该系统传输的信号包括：

- 从国际广播中心（IBC）得到的由BOB提供的本届奥运会比赛转播的国际标准电视信号，即ITVR信号（ITVR：International Television and Radio）。该信号是BOB拍摄并制作的奥运比赛公共转播电视节目，是完全中立、无倾向性的电视转播，它没有解说，只有现场声。

- 若干国内、外有影响力的广播电视机构的商业电视节目，如 CCTV - 5、CNN、BBC 等。
- 竞赛场馆本地插入的现场比赛转播 ITVR 信号（BOB 在现场提供）。
- 某些竞赛场馆内插入的实时比赛信息（RTDS：Real Time Display System）。

需要指出的是，除上述北京奥组委负责的有线电视系统外，奥运会当中还存在两套独立的场馆本地有线电视系统，这两套系统均由 BOB 负责，不在奥组委的负责范围。其一是各竞赛场馆中覆盖评论员席、评论员控制室、转播信息办公室、场馆外转播区（Compound）等与转播相关区域的有线电视系统。其二是 IBC 内为授权转播商（RHB）及 BOB 区域提供服务的有线电视系统（IBC 内公共区域的有线电视系统由北京奥组委负责）。

上述 BOB 负责的有线电视系统不在本书描述范围内。

2. 系统介绍

奥运有线电视专网的系统示意图 9 - 15 所示：

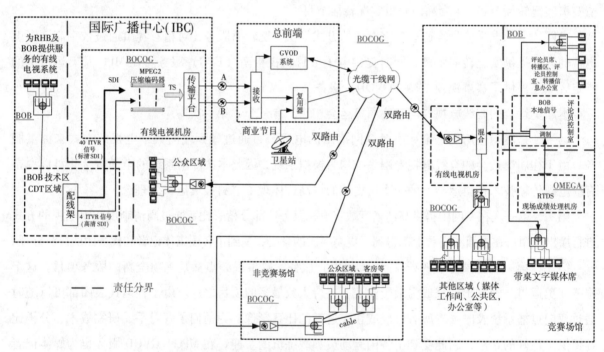

图 9 - 15　2008 年奥运会北京赛区有线电视系统示意图

在 IBC 中 BOB 的技术区内（位于 IBC 首层），设置有 CDT（Contribution/Distribution/Transmission）区域，从各个竞赛场馆传来的 ITVR 信号在这一区域汇聚、分配并传输给 IBC 中的各个授权转播商。北京奥组委在有线电视系统中使用的 ITVR 信号源也取自这一区域。

在该区域的某一配线架上，BOB 提供了 40 路（残奥会为 14 路）来自各场馆的 ITVR 节目信号，信号格式为高清或标清 AES/EBU 数字基带 SDI 信号。

北京奥组委把所有标清信号及选择的部分高清信号引至同样位于 IBC 首层的有线电视机房。在该机房内，信号进行 MPEG - 2 压缩编码后通过传输平台双路由传输至有线电视系统总前端。在总前端，该数字信号接收下来后被分成两路，第一路与卫星地面站送来的 21 套商业节目进行复用并经 QAM 调制后，传输至各个场馆。第二路上载到服务器中供 GVOD 系统使用。

在非竞赛场馆中，信号经光站转变为电信号后送入电缆分配网，用户使用机顶盒即可在电视机上观看。

在竞赛场馆中，信号经光站转变为电信号并与场馆内需插入的模拟信号混合后送入电缆分配网。用户既可通过机顶盒收看来自各个场馆的比赛信号，又可收看本场馆无延时的模拟信号。根据需求，带桌文字媒体席上的电视都不配机顶盒，只收看本场馆的模拟信号。

3. 竞赛场馆内系统介绍

竞赛场馆内的有线电视系统示意图如 9 - 16 所示：

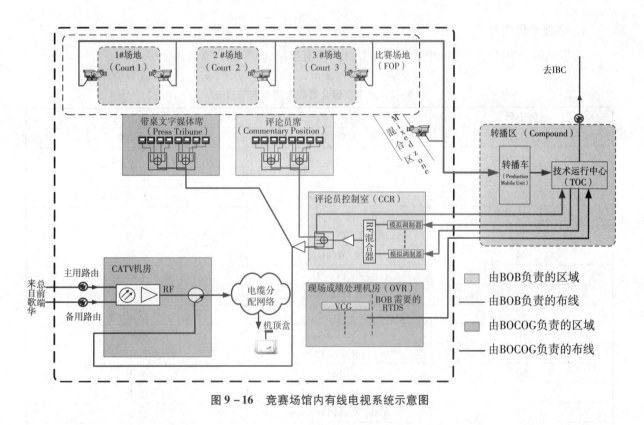

图 9 - 16 竞赛场馆内有线电视系统示意图

在场馆中的各个比赛场地，BOB 架设多台摄像机同时从不同角度拍摄比赛实况，并把这些摄像机的信号全部传送到位于场馆外转播区（Compound）内的转播车。在转播车上，导演对不同机位的信号进行切换，制作出的信号从转播车送至转播区内的 BOB 技术运行中心（BOB TOC）。BOB TOC 是场馆内 BOB 所有线缆的汇集点，也是信号汇聚、分配、传输的地方。BOB 从 BOB TOC 把转播信号送至 IBC，同时转播信号的基带模拟信号被送至场馆内的评论员控制室（CCR：Commentary Control Room）。在 CCR 中，BOB 搭建自己的场馆有线电视小前端，一些模拟调制器、放大器等被安装在这里，信号经调制、混合、放大后送入分配系统，覆盖评论员席、转播信息办公室和场馆外的转播区。

在部分竞赛场馆中，BOB 的有线电视系统中还提供了欧米茄公司生成的实时赛况信息 RTDS 信号。欧米茄公司在这些场馆的现场成绩处理机房（OVR）中通过视频发生器（VCG）生成该信号的视频，北京奥组委负责将其送至场馆外 BOB 转播区的 TOC，BOB 将该信号再送入 CCR 调制后混入有线电视系统。

北京奥组委在 CCR 机房从 BOB 有线电视系统的分支口拿到混合、调制好的一路射频信号，将其放大后分成两路，一路直接覆盖带桌文字媒体席，一路送至有线电视机房与从光站输出的总前端传来的数字信号混合后送入场馆内的电缆分配网传输。

在各竞赛场馆的看台上都设置有带桌文字媒体席区域（紧邻评论员席区域）。在此区域内，每三个座位配置一张桌子，每张桌子上放置一台电视机，供文字记者现场观看比赛同时编写新闻稿。该区域的有线电视信号与评论员席的信号相同，仅为本场馆的 BOB 赛事 ITVR 信号及 RTDS 信号。

三、服务内容

1. 电视节目内容

北京奥运会有线电视专网中数字电视节目的频道数量为 65 套。节目表如下：

表 9 - 2　北京奥运会有线电视专网节目表

频道号	频道名称	语言
1	DX - 1	国际声
……	……	……
40	DX - 40	国际声
41	CCTV - 1	汉语
42	CNN	英语
43	CCTV - 4	汉语
44	BBC WORLD	英语
45	CCTV - 9	英语
46	Euro Sport News	英语
47	CCTV - 5	汉语
48	CNBC Asia	英语
49	BTV - 1	汉语
50	HBO	英语
51	MTV Music Channel	汉语
52	NHK World Premium	日语
53	KBS world	韩语
54	TV5 MONDE Asia	法语
55	CCTV - French	法语
56	TVE	西班牙语
57	CCTV - Spanish	西班牙语
58	RTR Planeta	俄语
59	RAI	意大利语
60	Deutsche Welle	德语
61	Al Jazeera	阿拉伯语
62	DX - *HD	国际声
63	DX - *HD	国际声
64	DX - *HD	国际声
65	DX - *HD	国际声

表 9－2 中，频道 1 至 40 为 BOB 提供的标清 ITVR 节目，频道 41 至 61 为商业节目，频道 62 至 65 为 BOB 提供的高清 ITVR 节目。

2. 比赛场馆实时赛况信息（RTDS）服务

在某些竞赛场馆内将比赛时间安排和计时记分系统信息（RTDS 信号）通过电视收看的方式在本场馆的奥运有线电视系统中进行转播，使在比赛现场的参赛代表团、官员及记者能够及时了解比赛的进程和比赛结果。

欧米茄公司提供的 RTDS 信号分布情况如表 9－3 所示：

表 9－3　RTDS 信号分布表

序号	项目名称	比赛场馆	RTDS 频道数
1	羽毛球	北京工业大学体育馆	1
2	柔道	北京科技大学体育馆	2
3	网球	奥林匹克公园网球中心	2
4	乒乓球	北京大学体育馆	2
5	举重	北京航空航天大学体育馆	2
6	摔跤	中国农业大学体育馆	3
7	田径	国家体育场	8
8	体操	国家体育馆	4
9	帆船	青岛帆船赛场	11

3. 电子节目指南（EPG）服务

在奥运有线电视系统服务期间，借助电子节目指南服务，用户通过使用机顶盒可在电视上浏览各赛事转播频道将要转播的节目时间表，使用赛事视频点播服务的用户通过使用机顶盒还可浏览赛事节目的点播清单。

4. 赛事视频点播（GVOD）服务

为方便新闻记者更好地报道奥运会赛事，方便各国代表团更好地了解已发生的赛事，奥运 CATV 系统对所有已转播的赛事进行存储后，向两个场馆中限定区域内的用户提供赛事视频点播（GVOD）服务。比赛节目的信号形式为标清格式，开幕式为高清格式。

提供视频点播服务的区域为：

- 主新闻中心内的图书馆，点播终端数量为一个。
- 奥运村图书馆内的音像中心，点播终端数量为 30 个左右。在这里，用户点播收看并可根据需要申请刻盘服务。

据统计，奥运会期间共存储赛事转播视频 3700 余小时，奥运村中共有 1994 人次使用过赛事视频点播服务，接受了 5093 人次的刻录申请，共刻录光盘 26239 张。

GVOD 服务的主页如下：

图 9-17　GVOP 服务的主页

按比赛项目点播的界面如下：

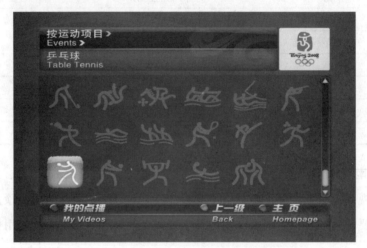

图 9-18　按比赛项点播的界面

按比赛日期点播的界面如下：

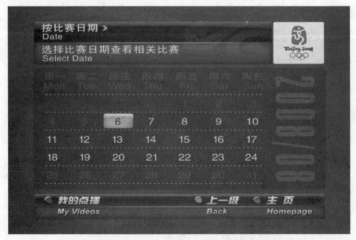

图 9-19　按比赛日期点播的界面

5. 节目内容分布

不同区域提供的节目内容分布如下：

（1）竞赛场馆

表 9 - 4 竞赛场馆节目内容分布表

区域	类型	节目内容	信号形式	是否提供机顶盒
带桌文字媒体席，热身场地，混合区	1	本场馆 ITVR 信号	模拟	否
	2	本场馆 RTDS 信号	模拟	
媒体工作间，新闻发布厅	1	来自 IBC 的 ITVR 信号	数字	是
	2	同带桌文字媒体席	模拟	
其他区域	1	同媒体工作间		是
	2	商业节目	数字	

（2）非竞赛场馆

表 9 - 5 非竞赛场馆节目内容分布表

类型	节目内容	信号形式	是否提供机顶盒
1	来自 IBC 由 BOB 提供的 ITVR 信号	数字	是
2	商业节目	数字	

6. 用户终端规模

北京奥运会有线电视系统的用户终端总数中，非竞赛场馆用户终端数约占69%，竞赛场馆用户终端数约占31%，收费卡用户终端数约占总数的13%。

四、服务质量保障措施

北京奥运会、残奥会有线电视的服务质量保障措施如下：

1. 周密设计

前端播出机房包括位于国际广播中心（IBC）信源机房和歌华有线奥运专网总前端机房。这两个播出机房互为灾备播出。从信源机房向歌华有线奥运专网总前端机房的信号传输采用两个不同的传输路由，确保信号传输安全。

为了确保奥运节点的光传输系统的安全性，全部场馆的信号传输采用冗余设计，场馆接收光站的信号均来自两个不同的传输机房，物理传输路由为完全不同的双路由。从场馆设备前端到光站都设有独立网管系统，可随时监控整个网络。此外，场馆内的光站均采用带 UPS 的供电方式，所有机房设备均采用 1:1 或 N:1 冗余备份。

2. 层层把关

为检验各项工程的施工质量，歌华有线分三个层次对工程质量进行检测：首先是监理公司对

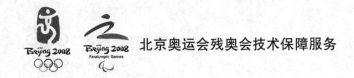

各项工程进行初验；再由该公司相关部门及场馆维护人员组成的联合验收小组，对各场馆有线电视网络进行逐端的检测，确保每个终端都符合建设标准；最后，歌华有线聘请国家广电总局质量检测中心，对全网进行了系统检测，整个网络的各个系统完全满足国家标准。另外，北京奥组委于奥运会前从用户使用角度对各个场馆的有线电视系统进行了全面验收，结果完全满足使用要求。

3. 演练队伍

歌华有线参加了在北京举办的全部测试赛以及两次技术演练，通过测试和演练，歌华有线锻炼了队伍、积累了经验，熟悉了故障处理流程，与相关方进行了磨合，为圆满完成奥运会、残奥会的技术保障任务打下了坚实的基础。

4. 维护团队

歌华有线抽调技术骨干，组建了230人的场馆维护队伍，分布在各场馆昼夜为场馆提供运维保障服务；组建了60人的应急流动团队，随时待命，对场馆进行技术、人力支持，对突发事件进行紧急处理；组建了300余人的外围保障队伍，对场馆外的传输机房、光缆、管道等基础设施进行保障。赛前，场馆通信经理和歌华有线对维护团队成员组织了多次培训和演练，确保队伍能应付任何可能出现的问题。

五、关键里程碑

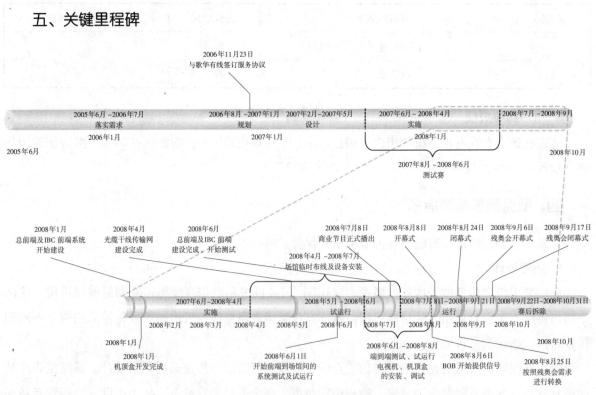

图 9-20　有线电视工作关键里程碑示意图

六、典型案例分析

2008 年 4 月 18 日，在国际剑联世界锦标赛（好运北京测试赛）的第一天，作为比赛场馆的国家会议中心击剑馆发生了有线电视信号中断故障。

1. 故障描述

当天 17 点 15 分，场馆有线电视机房值班工程师发现机房光接收设备报警，同时现场晚巡检工程师发现比赛现场大屏的现场直播信号中断。根据赛程，当日第三单元比赛将于 18 点 30 分正式开始。

2. 处理过程

场馆 VTCM 接到有线电视主管故障报告后，在第一时间报告了 VTM 和 TOC 值班通信经理。经综合分析，问题可能是由于转播车至有线电视机房的临时线缆故障引起。

VTM、VTCM 以及有线电视工程师立即开始检查沿转播车至有线电视机房的临时线缆路由，巡检到国家会议中心击剑馆与 IBC 之间的共有机动车通道时发现，此临时光缆已被切断，旁边不远处 IBC 的燃气施工作业仍在进行。

根据故障的影响及紧急程度，VTCM 将本故障定义为一级故障，并立刻向 TOC 报告了情况，同时申请有线电视应急团队紧急救援。此时正值周五下班高峰，道路上车辆拥堵严重。场馆 VTM 一方面通过集群系统与场馆交通经理取得了联系，希望交通系统能采取措施确保应急团队尽快抵达现场，另一方面通过场馆安保主任，协调场馆外围安保，尽快做好应急团队人员的安检接待准备，开辟专用通道等待救援人员。

18 点左右，有线电视应急团队在各方的通力配合下顺利抵达故障地点，开始进行光缆熔接。18 点 15 分，光缆顺利接通，接着进行了快速测试，测试结果现场信号恢复正常。10 分钟后，比赛正式开始，没有受这个故障的任何影响。

3. 经验总结

通过这个故障的处理过程，可以总结出如下经验：

- 赛前巡检机制是及时发现问题的有效措施。
- 制定并强化应急预案是确保问题发生后在第一时间得到快速处理，并获得相关支持的重要手段。
- 场馆建设过程中，要加强与场馆内各业务口、场馆周边相关单位的沟通与协调，赛前确保相关设施设备安全就位，并在赛时加强安全巡检，避免因其他业务口或外围单位的工程建设影响比赛。
- 在等待应急团队过程中，要多方考虑可能影响应急处理速度的因素，并争取其他相关业务口的支持。如此案例中的交通团队通过交通指挥中心的调度，指派最近的交通警察一路护送应急车辆快速到达场馆；安保团队通过协调专用安检口并加派安检人员，大大缩减了应急人员和车辆的安检时间，这些措施都有力地确保了应急团队的快速到位。
- 集群系统在此次应急处理中发挥了重要的沟通、指挥和调度作用。

● 随时记录及更新 TOC 的故障管理系统中的信息，可以确保故障情况及时通达相关人员。

第五节　集群通信服务

一、概述

集群通信系统是一种专用的无线通信指挥调度系统。在往届奥运会上，集群通信广泛应用于火炬接力、开闭幕式等活动中，并在赛时指挥通信系统中发挥了关键作用，特别是在危机和紧急突发事件发生时，集群通信更是进行指挥调度、组织抢险救急的重要无线通信手段。

集群通信系统与公众移动通信系统不同，集群通信是以群组用户为单位，以一呼多应的群组呼叫和一键通话为主；公众用移动通信以个人用户为单位，以一对一的呼叫和拨号通话为主。

集群通信主要提供的功能有组呼、个呼、紧急呼叫、广播呼叫、直通功能、短信发送、数据传输等。集群通信是通过建立无线基站完成信号覆盖并通过网络进行连接，其覆盖面积和容量主要取决于交换机容量和基站信号覆盖范围以及载频的数量。

集群通信服务的主要用户是赛时组织运行的奥组委工作人员和奥林匹克大家庭成员，主要应用于竞赛组织、观众服务、安全保卫、交通运输、医疗救护等方面。在北京奥运会上，北京奥组委还通过收费卡项目为媒体、NOC 等大家庭成员提供了集群通信服务，这在夏季奥运会的历史上是第一次。

应用在北京奥运会的集群系统是 800 兆数字集群通信系统，该系统在承担奥运赛事相关通信服务的同时，还承担了安保、交通、城市管理、应急指挥等城市运行工作的指挥调度通信保障任务。

北京奥运会的集群通信服务分为集群网络和集群终端两个部分，其中集群终端是由奥运会全球合作伙伴韩国三星公司提供的。通过招标，在 2007 年 5 月确定了集群网络服务合同商为北京正通网络通信有限公司（简称正通公司）；集群终端的服务合同商是北京维信通广电子有限公司（简称维信公司）。

二、北京集群通信网络系统架构

北京集群通信网络始建于 2003 年，采用 TETRA 技术，由正通公司承建。到 2004 年，北京已建成比较完善的集群通信网络，其用户主要是安保、交通、城市管理等部门。

为做好北京奥运会的集群通信保障工作，从 2005 年开始，北京奥组委依据往届惯例和我国的实际，先后组织各领域的专家学者、市信息办相关人员及正通公司的技术人员一起，多次分析需求，商讨 2008 年集群通信服务的相关方案。针对奥运会期间奥组委运行的需求和城市安保、交通、急救等方面的需求，往届奥运会的城市中（悉尼、雅典、都灵）均采用了两个集群通信网，一个网用于城市管理，另一个网专门服务于奥运会。对于使用一个集群网络能否满足奥运会期间整个北京的集群通信需求以及网络的安全可靠性等问题，各方人员进行了反复的深入细致研究，综合考虑北京数字集群网的现状和奥林匹克公共区场馆密集、赛事集中的特点，制定了北京奥组委用户与其他用户在奥林匹克公共区各自使用专用无线资源的原则，最终于2006年中确定了组建网中网的方案，专为奥运会服务的集群通信网络叠加在已建成的集群通信网上，即在奥林匹克公园公共区建立网中网，周边地区进行基站扩容，以满足奥运赛时集群通信的要求。

奥林匹克公园公共区基站归属划分示意图9-21所示：

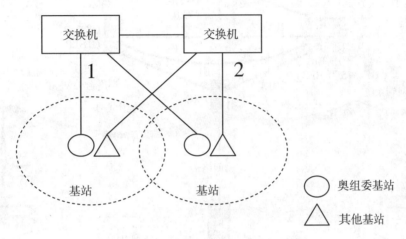

图9-21　集群通信基站归属划分示意图

根据上述方案，在奥林匹克公园公共区设置的基站均是共站址的双基站，具有同样的覆盖区，将奥运中心区奥组委基站和其他基站分别接至不同的交换机，共站址的两套基站设置互为备份。该方案在奥林匹克公园公共区形成了两张互为备份的双层覆盖网，网络安全性高，跨交换机间的切换少，利于网络的平稳运行。使用网中网方案，北京奥组委在奥运赛时位于奥林匹克公园公共区的集群通信使用专用的网络，并与原已建成网络互为备份，这极大地提高了奥运会集群通信网的安全可靠性。

在北京市政府的大力支持下，2006年底，北京集群通信网三期网络扩容工程开始启动，包括集群网中网建设项目和基站扩建项目。历经前后一年多的艰苦努力，经各方通力合作，在奥运会开幕前，正通公司全面完成了数字集群通信网三期奥运扩容工程建设。新建交换机3套，网络能力大幅度提升；完成了竞赛场馆、非竞赛场馆、训练场馆，以及签约酒店等相关地区的室内覆盖，新增室内覆盖面积约630万平方米；同时对于室外项目，例如公路自行车、马拉松等比赛场地，重点进行无线信号覆盖的建设，为满足奥运期间集群通信的需求打下了良好的基础。

扩容后的数字集群网络结构图9-22所示：

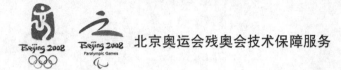

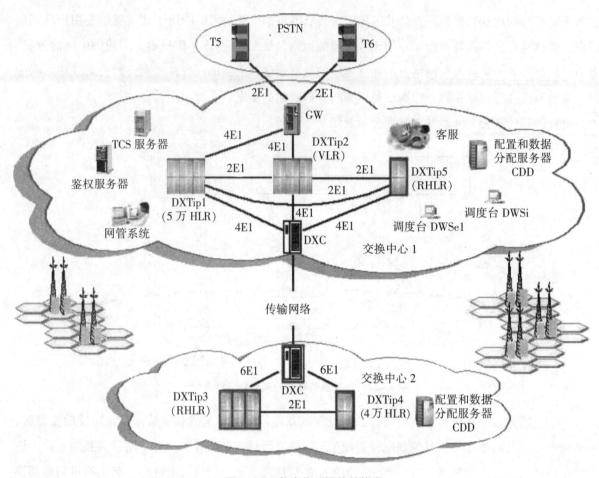

图 9－22　数字集群网络结构图

三、集群终端

TETRA 网络的终端有多种品牌、型号，为确保奥运赛时集群通信的安全稳定可靠，北京奥组委选择了已在北京数字集群通信网中大量使用、使用时间较长且使用性能稳定的终端作为北京奥组委使用的集群终端。

北京奥组委集群终端的需求分为两类：车载终端和手持终端。经统一招投标，最终确定使用维信公司提供的车载终端 Motorola MTM800 和手持终端 Motorola MTP850。这两类终端的功能基本一致，它们的区别在于使用方式和条件不同，其中车载终端使用外接电源（220V 市电或汽车的电池），且使用前需要进行安装调试。奥运会期间，北京奥组委共使用数字集群终端 14000 余部。

手持终端 Motorola MTP850　　　　　　　　车载终端 Motorola MTM800

图 9 - 23　集群终端示例

四、项目计划、管理和实施进度

早在 2003 年，技术部就开始学习了解往届奥运会集群通信服务的模式和特点。随着北京奥运会筹备工作的进展，从 2005 年开始，技术部逐步收集、整理和分析北京奥组委的需求，同时结合北京数字集群网络现状，与当时的北京市信息化工作办公室、正通公司、网络设备提供商及国内集群通信的专家一起商讨数字集群通信的服务方案。

北京 2008 年奥运会的数字集群通信项目实施大体经过如下几个阶段：

1. 需求收集、整理、分析阶段

时间为 2003 年至 2005 年 10 月。本阶段的任务是研究往届奥运会的集群通信网络和服务模式，用户的使用情况以及分组情况，收集各业务口的需求，研究北京奥运会集群通信的用户群、规模，整理、分析各方需求的必要性等。

2. 初步规划阶段

时间为 2005 年 11 月至 12 月。本阶段的任务是初步确定北京奥运会、残奥会数字集群通信的用户群、使用地点、规模和功能等需求，结合网络现状，与正通公司一起，编制北京奥运会集群通信初步规划，完成示范场馆集群通信规划。

3. 详细规划阶段

时间为 2006 年 1 月至 12 月。在本阶段，技术部与北京市信息办、正通公司一起，举行专家论证会，邀请各方对奥运及城市数字集群需求进行研究，确定了"网中网"的奥运集群网络方案。

4. 网络建设及测试阶段

时间为 2007 年 1 月至 2008 年 5 月。本阶段的主要任务是：

- 根据确定的网中网建设方案，正通公司开始各奥运场所的网络新建及扩容工作。
- 通过招投标，确定北京奥组委的数字集群网络服务合同商和终端服务合同商。

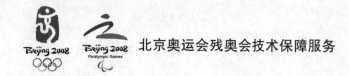
- 配合从 2007 年 8 月开始的各项测试赛，协调网络、终端提供商进行集群网络和终端的测试工作，包括功能测试和兼容性测试，并根据测试情况进行网络优化。
- 制定各场馆集群通信分组表，通过测试赛进行测试，根据实际需求进行修改和调整，协调各场馆团队制定奥运赛时各场馆的集群通信分组计划。
- 制定集群终端使用的相关规定，并根据测试赛中发现的问题及时进行修改补充。
- 进行各种演练，特别是对开闭幕式有针对性地进行技术演练，及时发现问题及时解决。
- 确定赛事运行方案、技术保障方案和应急预案。

5. 赛前准备阶段

时间为 2008 年 5 月至 7 月。本阶段的主要任务是：

- 根据编制好的计划，逐步向服务合同商下订单。
- 组织赛时集群通信服务志愿者的培训。
- 根据奥运会期间使用人群的实际情况，对各场馆数字集群用户进行培训，明确集群的使用要求。
- 处理变更需求。

6. 赛时运行阶段

时间为 2008 年 7 月至 9 月。本阶段开始各场馆的数字集群服务运行工作，每天收集日报，及时处理故障申告和变更，协调解决赛时出现的各种问题。

7. 赛后回收阶段

时间为 2008 年 8 月至 10 月。奥运会和残奥会需求存在差异，因此，奥运会结束后，需要及时收回终端，进行终端和配件清查及维护工作，根据残奥会的方案调整后重新发放。残奥会结束后快速回收全部设备，并及时拆除车载终端。

五、集群通信服务内容

北京奥运会期间，数字集群通信服务内容如下：

1. 服务范围

所有的竞赛场馆（包括公路自行车、马拉松等长距离赛事的场馆）、非竞赛场馆和使用场地遍布全城的交通车辆。

2. 主要功能

北京奥运会使用的集群通信服务主要功能有组呼、个呼、紧急呼叫、广播呼叫等。

3. 培训

针对场馆使用人员的特点，利用终端现场操作，有针对性地逐一场馆进行培训，以达到良好的培训效果。

4. 终端的管理

技术团队负责集群终端和配件的分发、回收和充电保养，做好记录，解决使用中出现的问题。

5. 仓储、配送等物流服务

在发生紧急变更时进行编程写频并马上送达现场。

六、测试和演练

1. 测试

（1）网络测试

正通公司的技术人员对所有场馆逐一进行了测试，主要测试信号在场馆的覆盖范围和信号的强弱程度，根据测试报告的结果查找问题并进行优化。其后再与奥组委各场馆团队的技术人员一起进行验收测试。

（2）兼容性测试

针对集群网络和终端是由不同厂家生产的现状，为确保奥运会期间集群通信绝对安全可靠，技术部组织正通公司、维信公司、网络设备制造商和终端设备制造商一起，对终端的功能和兼容性进行了较为全面的测试，对发现的问题进行分析，找出解决方案，为赛事集群通信安全可靠运行打下了良好的基础。

（3）通过测试赛进行测试

集群通信服务参与了所有的测试赛。测试赛期间，除终端数量外，技术部提供了与奥运会赛时服务水平和技术支持水平相同的集群通信服务。通过测试赛，先后发现了若干问题。由于场馆团队绝大部分成员都是首次使用集群终端，使用方式不规范，而数字集群网络的话务承载能力与使用方式密切相关，如果不加规范地随意使用，不仅集群通信的优势难以体现，还会导致网络拥塞甚至瘫痪。为此，技术部制定了集群电话使用的相关规定，主要内容有：

- 明确集群终端的使用区域和使用要求——在场馆内使用，专机专用，值守主通话组。
- 每天工作结束后集群终端要交回集群分发间进行充电保养。
- 使用时要用简洁规范的语言。
- 使用者承担终端设备的保全责任，丢失损坏要承担相关责任。
- 明确紧急变更的流程。

测试赛检验了集群网络覆盖范围和网络能力，测试了集群服务运行的流程，使场馆团队成员熟悉了集群终端使用方法。

2. 演练

为确保集群通信服务的万无一失，除参加技术部组织的两次统一的技术演练外，在集群通信方面还单独组织了有针对性的技术演练。

集群通信的技术演练分为常规演练和非常规演练，常规演练主要针对日常例行工作、场馆层面应解决的技术问题、常规流程及出现问题时终端与网络间的协调配合等；非常规演练重点演练发生重大通信事故的应急处理、抢修人员和设备仪器的进入、现场抢修、应急车现场架设、升级卡使用流程、话务量拥塞时优先用户的通话保障及重大故障排除后的各项恢复工作等。为使演练获得真实的效果，演练场地选择了奥运会主场馆——国家体育场。演练对应急车的覆盖范围和承载能力进行了测试，对部分应急预案、现场抢修流程、升级卡使用流程等进行了测试。通过演练和总结，进一步提高了技术人员的技能，更加完善和明确了各项流程。

七、服务保障

在集群通信服务的招标文件中，北京奥组委明确提出了奥运会集群通信服务水平的要求，并在后续的工作中依据往届惯例与中标商签订了服务水平协议（SLA），使合同商了解北京奥组委的要求，以便提供合乎要求的数字集群通信服务。

1. 数字集群网络通信保障

数字集群网络提供商正通公司采取了多种措施，包括网中网技术、载频扩容、网络优化、应急通信车等，极大提高了网络容量和覆盖。此外，还开发了基站时隙监测和网管辅助系统，使正通800M数字集群的网络管理能力大幅度提升，通过网管可以立即了解到网络的工作状态、话务繁忙的发生区域、用户的构成和使用的行为模式，对无线网络的繁忙区域进行有效的预警，以便于采取及时有力的措施，保障网络安全运行，以满足奥运赛时的要求。同时，正通公司结合网络的实际运行现状，与北京奥组委、市信息办等各方一起制定切实可行的完备的应急方案，包括在紧急情况下限制用户数量等措施，以应对可能出现的突发紧急情况。

与此同时，在每次测试和技术演练结束后，各方参与人员经常在一起认真进行总结分析，从中发现存在的问题和风险，寻找解决问题和化解风险的方法。对于风险的化解方法，主要从调整网络参数优化网络和规范使用人员行为以减轻不必要的网络负荷两方面着手，经各方人员的共同努力，有效地化解了风险，确保了数字集群网络运行安全。

奥运赛期间，正通公司组织了强大的集群通信保障团队，场馆团队110人，应急流动团队30人，此外还有外籍专家、机房设备值机人员等。人员的合理安排和精心组织为网络的安全可靠运行提供了有力的保障。

2. 集群终端服务保障

终端提供商维信公司主要负责集群终端设备的分发、更换、日常维护、电池充电、回收和资产保全工作以及车载集群设备的安装调测，对出现故障的设备进行现场检测与维修，同时对紧急需求进行编程写频并送达现场，对于场馆现场无法排除的故障采用备用设备替代以及协调应急支持团队尽快予以解决。维信公司为此制定专门的计划，公司组成了114人的技术支持团队，其中场馆技术支持工程师共91人，技术应急保障团队23人，承担了集群终端的仓储、运输的一系列工作，圆满完成了奥运场馆团队的集群终端服务。

八、京外赛区的集群通信

京外赛区包括青岛、香港和四个足球赛区。由于京外赛区各城市集群网建设情况各异，需求也不尽相同，技术部决定将京外赛区集群通信服务的具体实施方案交由各地的筹办机构自行确定。

青岛奥帆委根据帆船赛的具体要求，对不同的系统进行了反复测试，最终选择了专用的常规对讲系统，并通过两次测试赛进行了现场测试，既降低了成本，又满足了海上赛事的特殊需求。香港马术公司考虑到香港集群网络的现状，结合自身的需求，采取招投标的方式采购了集群通信服务，奥赛办也分别根据四个足球赛区（天津、沈阳、上海、秦皇岛）城市的实际情况，选择了满足自身需求的实施方案。

九、典型案例分析

1. 故障描述

2008 年 8 月 23 日 17 点 50 分，在老山场馆群，离山地自行车比赛结束还有半个小时左右，有工作人员反映集群终端没有信号了。现场 VTCM 与正通公司值班人员一起马上核实故障现象和故障影响范围。

2. 处理过程

- 现场人员立即通知了正通公司区域负责人，并上报 TOC。
- 同时，正通公司机房值班人员发现基站出现中断告警，机房值班人员迅速联系负责传输、基站维护的相关技术人员查找故障。
- 鉴于故障查找、排除需要时间，而比赛仍在进行中，在派出应急流动团队前往抢修的同时，启动应急预案，紧急出动应急通信车到老山场馆。
- 由于基站故障，注册在此基站的部分用户不能和注册在其他基站下的用户正常通信，于是现场集群通信主管在 17 点 58 分关掉了故障基站，这样用户可以暂时使用其他基站进行正常通信，保障了竞赛组织的正常使用，使赛事得以顺利进行。
- 18 点 12 分，应急通信车赶到现场，马上投入使用，使现场网络通信能力增强，缓解了现场的压力。
- 18 点 24 分，故障排除。故障是由于传输线路出现问题而引发。18 点 29 分该基站恢复正常工作。

3. 经验总结

在通信系统出现故障又一时难以解决的情况下，在排除故障的同时应立即采取应急手段，可以将故障的影响降至最小。

第六节 媒体服务

一、概述

奥运会是全世界规模最大的综合性体育盛会，奥运会上应用的技术服务也都在不断地演进之中。从亚特兰大奥运会到雅典奥运会，随着视频技术从模拟到数字，从标清到高清的发展，传输带宽需求不断增大，卫星传输逐渐被光纤传输所取代。而在互联网接入层面上，也从巴塞罗那、亚特兰大的拨号接入，悉尼的 ISDN，雅典的 ADSL，发展到北京奥运会的奥运宽带 IC 卡服务，不只在服务的带宽和品质上不断得到提高，产品的用户亲和度和易用程度也在不断升级，真正体现了人性化的特点。

二、本届奥运会媒体技术服务的特色

2008 年北京奥运会期间，为保障媒体宣传奥林匹克精神、报道奥林匹克赛事，北京奥组委结合往届奥运会的经验和近年来技术发展的成果，为广大媒体提供了内容丰富的技术服务，其中包括媒体通信服务、互联网数据输入系统、评论员信息系统、INFO 2008 系统、无线 INFO 系统、成绩现场打印分发服务、无线电频率协调服务、技术支持服务等。

INFO 系统主要面向注册媒体，提供竞赛结果、竞赛日程安排、新闻、运动员信息、历史信息及交通天气信息等。本届奥运会 INFO 系统不但增加了全局搜索功能、优化了留言板设计、提供中文支持，媒体还可以通过无线方式访问这一系统，根据需要对所选内容进行复制粘贴，这些都是往届奥运会所没有的。

通过向客户提供一个数据端口，外部用户可以从远程方便地获得包括 CIS 和 INFO 系统消息在内的实时成绩信息，使 IF、媒体和转播商非常方便地编辑生成自己的网站。

本届奥运会互联网数据系统在用户使用界面、消息接收方式和测试方式上，进行了很大改进。例如：运动员、马匹的名字将在消息中以实际名称而不是以前的 ID 号出现。此外，通过提供实时消息发送方式、消息下载方式及预压缩文件下载等多种接收消息方式，客户可以选择在集成实验室进行现场测试或远程连接服务器测试等，极大地方便了用户使用。

三、媒体通信服务内容

在上述为媒体提供的技术服务中，通信服务与媒体的报道工作密切相关。媒体通信服务主要在各竞赛场馆、IBC 和 MPC 等主要非竞赛场馆的媒体工作区域提供。本届奥运会，为媒体客户提供的通信服务既有近几届奥运会媒体客户熟悉的内容，也有首次推出的项目。

1. 公共通信服务

公共通信服务主要包括：付费电话、付费传真和公众移动通信等。

2. 专属通信服务

媒体客户可以从北京奥组委收费卡服务目录项下订购多种独享的专属通信服务：

- 语音类：固定电话、移动电话等。
- 数据类：ISDN、ADSL、数据专线、奥运宽带 IC 卡、GPRS、无线局域网（WLAN）等。

其中，固定电话和 ISDN 拨号上网服务适用于已经申请了固定电话或 ISDN 服务，并且互联网接入需求量较少的文字媒体记者使用；ADSL 则是目前较为成熟且普遍使用的宽带互联网接入方式，其上传带宽相对较小，适用于对下载速率有一定要求，但上传需求不高的用户独立使用；数据专线互联网接入能提供更大的带宽，同时服务价格也比较高，适合团体客户订购。上述服务均采取有线接入方式，提供从 56Kbp/s 到上百兆各种不同的接入带宽，能够保证用户稳定接入互联网。

无线互联网接入服务中，GPRS 基于公网提供，只要在手机信号覆盖的区域都可使用。WLAN 是基于一个为本届奥运会定制的专网，覆盖特定媒体区域。

3. 定制服务

虚拟局域网（VLAN）服务是本届奥运会首次为五大主要通讯社提供，基于高速光纤网络，实现各场馆之间及时传输大量新闻素材的解决方案。

四、媒体通信服务的策略

在上述通信服务中，各种互联网接入服务是广大媒体用户关注的焦点。固定电话拨号、移动电话 GPRS、ISDN、ADSL、数据专线、奥运宽带 IC 卡和无线局域网（WLAN）均可接入互联网。

通过固定通信网络提供的互联网接入服务，如 ADSL，专线接入服务等，技术系统架构、网络结构和技术实现方式相对比较成熟，受环境和外界干扰的影响很小，带宽基本独享，具有较高的可靠性和稳定性。但由于这些服务均依靠固定通信网络实现，提供的位置都是固定的，一旦安装完成就无法更改，用户使用时，位置的自由性在一定程度上受到限制。

通过移动通信网络提供的互联网接入服务，如 GPRS，WLAN 等，因基于无线通信网络提供，用户使用时位置上有较大的灵活性，但与固定通信服务相比，移动通信服务的接入速度较低，稳定性相对较差。例如，WLAN 无线接入技术采用公共无线电频段和带宽共享机制，在指定服务区内同时可服务的用户数量有限。在出现流动用户大量聚集、无线电频率干扰等情况时，会导致 WLAN 服务不稳定，网络安全方面也有一定风险。

为北京奥运会提供优质的技术服务是通信工作的目标，因此技术部也致力于提供能够结合固定和移动优点的新型服务，更好地满足媒体需求，突出科技奥运理念。在北京奥运会上首次投入使用的奥运宽带 IC 卡，正是针对以上要求设计的代表产品。

根据技术发展的成熟度和各项技术自身的特点，北京奥组委确定了媒体通信服务的基本策略是：固定方式为主、移动方式为辅。以 ADSL、奥运宽带 IC 卡服务为代表的固定通信手段作为奥运会媒体通信服务的基础业务，用于满足大部分用户的通信需求；以 WLAN 为代表的移动通信服务作为必要的补充和辅助手段提供服务。明确了媒体通信服务策略后，技术部通信处通过赛前的媒体来访、世界媒体大会、世界转播商大会等各种机会，反复介绍奥运会的技术服务，积极引导媒体客户按照各自的工作模式，结合服务的特点，选择最佳配置方案。

根据往届奥运会惯例和北京申奥承诺，以及媒体服务部门提出的需求，结合近年来世界大型体育赛事媒体通信服务的应用情况，技术部本着以固定网络为基础、移动网络为补充的原则，以为媒体提供"可靠、充足、便利的通信服务"为目标，根据委领导对网络通信服务要"绝对可靠，万无一失"的要求，经商委内相关部门并征询 IOC 媒体部和技术部意见，最终确定了本届奥运会媒体通信服务方案。

通过跟踪收费卡服务的预定情况，通信处了解了媒体客户需求动态。当技术部通过调查得知媒体客户对无线互联网接入方式更感兴趣时，意识到很有可能会对移动通信接入网络产生很大的负载，进而降低服务质量，造成负面影响。奥运会开幕前 1 个月时，各国媒体已纷纷到达北京。技术部于 2008 年 7 月 17 日及时在 MPC 组织召开了媒体技术服务通气会，向广大媒体介绍北京奥运会的技术服务，讲解技术方案和特点。建议媒体用户根据奥运会报道工作的特点，认真分析自身需求，结合固定和移动通信服务的自身特点，确定所需的服务种类，很好地完成了北京奥运会的宣传报道工作。发布会后，媒体技术服务使用需求导向发生了明显改变，大大降低了移动通信网络的压力和风险。

五、媒体通信服务方案

1. 满足五大通讯社的通信需求，提供 VLAN 服务

以美联社为首，包括路透社、法新社、盖帝图片社及新华社在内的五大通讯社是 IOC 认可的奥运会赛事报道的权威机构，为世界各国主要新闻机构提供信息源。为了满足他们的赛时通信服务需求，技术部为其提供了虚拟局域网（VLAN）服务，即通过在竞赛场馆和主新闻中心之间建立高速的虚拟局域网，实现文字稿件及照片的高效实时传输。

2. 普遍改善媒体通信服务质量，提供宽带 IC 卡服务

奥运宽带 IC 卡服务可以通过插卡式宽带接入终端，在主新闻中心和各竞赛场馆媒体工作间，以及部分场馆带桌文字媒体看台上，为持卡用户提供奥运期间不限流量的互联网接入服务。此项服务基于有线通信网络，具有高速、稳定和使用方便的特点，可在各场馆媒体工作区域通用。与往届奥运会相比，这项首次提供的服务极大地提升了媒体通信服务质量。本届奥运会中，根据场馆重要程度不同，按不同比例配置了宽带 IC 卡接入终端。

3. 满足媒体通信灵活便利的需求，提供 WLAN 服务

鉴于国际奥委会和北京奥组委的媒体服务部门提出了明确的需求，且近年来的重要国际大型赛事中均提供了 WLAN 服务，北京奥组委于 2007 年 10 月通过收费卡网站正式对外发布了北京奥运会 WLAN 互联网接入和基于 WLAN 的无线 INFO 服务产品。

为尽可能降低赛时运行风险，技术部协调中国移动围绕提高 WLAN 并发用户容量做了大量测试。为重点保障关键场馆的 WLAN 服务质量，技术部在部分场馆媒体看台及评论员席按小增益天线方案提供 WLAN 服务，其他竞赛场馆按原技术方案覆盖媒体看台及评论员席、媒体工作间和新闻发布厅。

此外，为方便媒体报道奥运会马术赛事，在香港也提供了本地 WLAN 服务。

4. 按照奥运会惯例提供的其他媒体通信服务

遵循往届惯例，技术部仍向媒体提供了付费电话、付费传真等传统通信服务。

由于移动电话的日益普及和使用成本的减低，固定付费电话的电话使用需求在日益下降，同时往届奥运会很大一部分付费电话是用来拨号上网的。北京奥运会新增了奥运宽带 IC 卡和 WLAN 等服务，替代付费电话更好地满足了媒体上网需求。因此综合考虑以上原因，技术部适当核减了各场馆媒体工作间付费电话数量。

六、总结

由于做到了需求了解清晰，方针策略正确，方案确定合理，技术部为奥运会和残奥会提供的媒体通信服务获得了很大的成功，受到了媒体客户和 IOC 的一致好评。实践证明，北京奥运会、残奥会的媒体通信服务方案很好地满足了媒体通信服务需求，提供了可靠的媒体通信服务，服务种类和保障水平均优于往届，实现了申奥承诺，体现了媒体服务的有特色和高水平。

第十章 信息安全

本章将要讲述的是在奥运信息安全领域中，实现技术"平安奥运"方面的工作。

第一节 组织结构

2007年4月北京奥组委成立了奥运信息网络安全委员会（简称"安委会"），安委会主任由负责奥组委安保、人事工作的一名副主席担任，成员单位不仅包括了奥组委秘书行政部、人事部、财务部、安保部、监察审计部、新闻宣传部、注册中心等委内相关部门，而且还吸纳进了原信息产业部电信管理局、北京市公安局、中国网通（集团）有限公司等单位，安委会办公室设在奥组委技术部信息安全管理处，办公室主任由技术部一名负责信息安全和无线电频率管理的副部长担任。

安委会是奥组委信息安全工作核心机构。安委会成立以来共召开了6次全会（所有成员单位以及30多个奥运主要场馆团队参加），8次专题会（所有成员单位参加），充分发挥了其统筹、协调、督促落实，检查完善的职责，多方面、分阶段、分重点逐步推进奥组委的信息安全工作，将奥运信息安全工作纳入到总体奥运安保体系，积极推动奥运网络内围防控系统与外围监控体系的建设，整合资源，建立联动机制。

北京奥组委信息安全团队由四部分组成：

一、安全运行管理团队

安全运行管理团队编制5人。具体职责如下：

- 组织制定、落实涉及奥运信息安全的相关规章制度、信息安全技术措施等，协调奥组委工作人员、志愿者、合作伙伴、合同商贯彻执行信息安全相关策略。
- 协调奥组委内部各部门及场馆团队、国家及北京市有关单位、社会团体、专家顾问做好奥运信息安全的相关工作。
- 负责信息安全相关项目的规划、立项、招标、实施、验收等工作。
- 对出现的安全问题或事件进行初步分析研判，提出指导意见。
- 负责安委会办公室日常工作。
- 负责奥运信息安全宣传、教育和培训工作。

二、监控团队

监控团队编制 10 人。负责监控平台 7×24 小时专人值守，采取四班三运转模式，具体职责如下：

- 制定信息安全监控系统报警级别及应急响应机制。
- 对奥运核心信息网络系统实时进行 7×24 小时实时监控。
- 发现奥运信息安全事件时，按应急响应机制开展工作。
- 配合国家有关部门对进出奥运网络边界的信息进行保密检查。
- 编写每日、每周、每月奥组委信息安全监控情况通报，报安委会各成员单位。

三、巡检处置团队

巡检处置团队编制 12 人。负责监管、指导奥组委各部门、各场馆团队按自身特点和职责开展信息安全工作，督促信息安全防范措施及管理制度的落实；现场处置信息安全事件。具体职责如下：

- 定期对奥组委各部门、各场馆信息网络、应用系统及相关安全管理制度的落实情况进行安全检查，编写安全巡检报告，并根据检查的情况通报相关部门进行整改完善。
- 配合有关部门，使用涉密计算机信息系统保密检查工具，对奥组委管辖范围内的信息网络系统进行保密检查。
- 协助奥组委其他部门完成奥运信息网络和应用系统的信息管理规划、系统安全建设。
- 根据信息安全事件应急处置预案负责奥组委管辖范围内网络的信息安全事件处置工作。

四、专家顾问团队

奥运会的信息安全工作涉及面广，受关注度高，奥运会的信息安全工作需要广泛吸纳和借鉴政府、学术、企业各行业的信息安全实践经验。为此奥组委专门将 23 位在信息安全领域享有非常高知名度的德才兼备的专家组成奥运信息安全专家顾问团队，他们是奥运会信息安全的智囊团。这 23 位专家中有来自政府部门的高级管理人员，也有高等学府的知名学者，还有企事业单位具有较深造诣和研究成果的专家以及科研领域的学科带头人。奥运信息安全顾问们定期召开奥运信息安全专题会，研究讨论奥运信息安全工作中的问题，为北京奥运会信息安全工作提供大量的咨询和服务。他们作为奥运会信息安全顾问，服务于北京奥运会，使中国在奥运会的信息安全工作上也留下一份珍贵的奥运遗产。

第二节　工作职能

北京奥运会的核心信息网络系统主要包括奥运官方网站、奥运会运动会网、奥组委办公网、奥运票务网站。维护这些网络系统的安全是北京奥运会信息安全工作的主要任务。

一、奥运官方网站

北京奥运官方网站是公众最熟悉的奥运会信息网络系统，官方网站在奥运会筹办阶段承载着奥运会会徽、吉祥物发布、志愿者招募、重大事件报道等大家关注度极高的活动，在赛时阶段负责向互联网用户发布比赛成绩信息，是 2008 年北京奥运会最新、最快、最全面的奥运比赛成绩的官方发布渠道。奥运官方网站作为北京奥运会的重要窗口和平台，面向全世界不同国家、种族的用户，一直是各方瞩目的焦点。

为了保证官方网站的绝对安全，奥组委与北京奥运会互联网内容服务提供商，即官方网站的承建与运营单位搜狐公司一起为官方网站的安全稳定运行付诸了大量的努力。技术方面，官方网站在网通、电信、铁通、教育网等多个运营商建立访问节点，同时，为了保证全球用户都能够得到较高的访问速度，官方网站还在国内几十个城市、世界范围多个城市部署了镜像 CDN 服务（内容推送服务）。并且，除了北京主节点外，官方网站在国内多个城市同时部署网络分支节点和灾备中心，使网站在出现故障后的恢复时间短到 15 分钟。奥运会赛前，奥组委参考往届经验，结合中国的实际情况，初步估计了北京奥运会赛时官方网站的访问量，大约是每日平均数亿次。为了保证官方网站访问链路的畅通，并使其能够抵御一定规模的拒绝服务攻击（网络世界里一种类似于洪水猛兽的恶意破坏手段），还在它的主用机房及备用机房的互联网出口架设了抗大规模网络攻击的设备。采用疏堵结合的办法，官方网站可以抵御大部分的风险和信息安全事件。

为了实时掌握官方网站的安全状况，还在上述一整套的安全技术防护措施的基础上还建成了官方网站综合安全监控系统。通过这个监控系统，信息安全团队能够对官方网站的服务器、网络设备、网络带宽使用状况，网站访问量、机房物理状况进行实时的"全方位监控"，出现问题能够做到"第一时间发现、第一时间处置"。

为了使所采取的安全策略、技术防范措施切实起到作用，官方网站建立了严格的内容审批制度、网络与信息系统安全配置标准、设备巡检流程、数据备份与恢复流程、机房管理办法等一系列规章制度。为了保证这些规章制度的有效执行，官方网站还设立了独立的内部审察部门进行检查。

官方网站的内容安全非常重要，任何信息的发布都必须经过关键字检查、编辑校对、内容审核等三个步骤，以保证官方网站的内容安全。技术手段上，主要从三个方面来保障官方网站的内容安全。首先，官方网站的内容发布系统具有强制内容审查机制，网站编辑对文章内容编辑校对后，提交给责任编辑进行审核。责任编辑审核确认无误后，文章方可发布，否则发回编辑重新修改。普通编辑只有新闻发布的权限，主编和责任编辑只有新闻审核的权限，从而消除了主编或责任编辑可以自编自审发布新闻的可能，保证了网站内容编辑和审核角色的独立性。此外，内容发布系统还能够对所发内容做关键字检查，发现问题会自动提示。其次，发布系统的用户登录认证采用动态口令验证的方式保证编辑账号的安全性；最后，内容经审核发布后，网站的内容监控团队以及奥组委新闻宣传部的相关处室都将对官方网站发布的信息进行实时监控，发现错误及时修改。

为了防止网站页面被恶意篡改，官方网站计划使用页面防篡改系统。然而，当时市场上的此类系统多为中小网站设计，不能适应奥运官方网站赛时数亿级的日访问量。因此，官方网站就有了由人组成的一套高智商人工内容防篡改系统，日夜守卫着官方网站每一个板块里每一个字、每一张图片的内容安全。

根据国内、国际权威第三方评测机构的评测结果，北京奥运会官方网站性能极为优良，与国际顶级商业信息服务网站相比，其在响应时间、可靠性及稳定性方面远远领先于其他网站。

虽然对官方网站采取了如此严密的安全措施，然而随着北京奥运会一天天地临近，奥运官方网站的受关注程度也越来越高。奥组委在 2008 年对官方网站进行了一次风险评估的结果显示官方网站所面临的风险还是"高"等级的。

二、运动会网

奥运会 development 运动会网是奥运会的核心比赛网络，运行有现场计时记分系统、成绩发布系统、运动员管理系统等信息系统，是很久以前体育比赛中使用的秒表、成绩牌、运动员注册本等物件进化到信息技术时代的产物。运动会网由国际奥委会的合作伙伴源讯公司（Atos Origin）承建并负责其运行。运动会网数据中心通过网通专线将北京奥运会的所有竞赛和非竞赛场馆与主备数据中心连接在一起，组成了一个奥运会的专用网络。

基于运动会网对于奥运会不可动摇的核心地位，它一直都是网络攻击者的热门攻击目标。北京奥运会比以往的夏季奥运会规模更大、覆盖范围更广，为了防止竞赛信息网络灾难性事件发生，运动会网从设计之初就遵循高安全性、高性能和高可用性的原则，网络中的每个端口都设置了端口准入安全策略，并且所有计算机都是经过统一灌装、统一配置，只允许特定的授权设备接入，没有授权的计算机无法接入。为了保障高可用性，所有网络设备和链路都采取了双重热备份的策略，并且场馆计时记分系统可以独立运行，这样就形成了计时记分主、备、手动三套方案。因此，即使场馆连接主数据中心的两条链路都出现故障，甚至场馆网络出现故障时，比赛也能正常进行。

2008 年 6 月对运动会网进行的风险评估结果显示，运动会网的安全防范措施比较到位，网络监控较为严格，网络整体防护能力较为完备，风险主要来自于网络内部。因此，运动会网信息安全工作的重点是要不断检查安全策略是否落实到位，防止内部操作失误，确保系统运行稳定及成绩信息的完整性。

三、奥组委办公网

奥组委办公网是奥组委的日常办公网络，运行有奥组委电子邮件、办公自动化系统等奥运会组织筹办需要用到的办公系统。由于奥运会作为国际赛事的特点，奥组委办公网继承往届与互联网连接的特点，为奥组委工作人员、驻会合作伙伴工作人员提供互联网访问、收发邮件的服务，这种使用方式为工作带来便利的同时，也带来了病毒传播、知识产权保护、敏感信息泄露等安全问题。为了解决这些问题，奥组委在其办公网上建立起了一套包括网络边界防护、入侵检测、内容审计、防病毒、反垃圾邮件、网络安全监控等措施在内的一整套内部安全防护体系。

从 2008 年 5 月开展的办公网风险评估情况来看，办公网的安全防护状况和网络安全监控已经比较到位。作为奥运会期间唯一一个不为媒体或公众服务的核心信息系统，办公网信息安全工作的重点在内部，即要保证内部管理和技术毫无妥协地严格落实到位。

四、奥运票务系统

奥运票务系统是为北京奥运会的比赛门票运行而建设的专用信息系统。票务系统由北京歌华特玛捷公司负责承建、运行。2007 年 12 月针对奥运票务系统阶段性的测试发现，在管理方面和技术措施方面，票务系统仍存在着一些问题，这些问题使得票务网站在用户大规模访问时，存在较大的风险。因此，票务系统的工作重点在于防止系统瘫痪。为此，信息安全团队从 2007 年 11 月开始对奥运票务系统采取 7×24 小时的监控策略。同时，票务系统还在上海建成了灾备中心，租用中国网通与中国电信的网络带宽形成数据及链路的实时双重备份。

第三节　管理规定

北京奥运会的各大信息网络将由 10000 余台 PC 机和 1000 余台服务器组成，分布在北京等 7 个城市的 60 多个竞赛和非竞赛场馆，这使得北京奥运会的信息网络系统成为举办奥运会以来最庞大而复杂的信息网络系统。

一、潜在威胁

由于信息网络系统的脆弱性与其自身的复杂程度成正比，北京奥运信息网络存在以下诸多潜在的威胁。

1. 来自外部网络的安全隐患和攻击

主要就是来自各种"僵尸网络"的分布式拒绝服务攻击，造成网络阻塞或服务器资源耗尽而导致正常访问被拒绝服务。此种攻击实施难度低，防御成本高，多为网络恶意攻击者采用，也是奥运网络安全防护的重中之重。

2. 内部局域网的安全隐患

据调查，在已有的网络安全攻击事件中约 70% 是来自内部网络的侵犯。来自内部局域网的安全隐患包括：传播病毒；内部人员泄密；内部员工对内部应用系统及终端的扫描和入侵；内部人员盗取他人信息等。如果有人蓄意将病毒带入内部网络，或不小心使其感染病毒，就可能殃及其他计算机甚至整个网络，最终影响奥运会安全运行。

3. 网络软硬件本身的安全隐患

如操作系统、应用系统及应用程序的安全漏洞、硬件设备的硬件故障及安全漏斗等，都可能造成整个网络的瘫痪。

奥运会应用系统的用户来自世界各地，如何很好地沟通信息安全这样专业的问题，无疑是很大的挑战。这一特点也就是大型活动信息安全工作的最大难点。从这方面看，新型的大型活动信息安全保障工作与较为老到的大型活动传统安全保卫工作其实是有很多相通之处的。信息安全团队先知先觉地认识到了这一点，以北京奥运会的实际情况为出发点，充分借鉴大型活动传统安全保卫工作

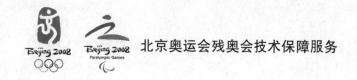 北京奥运会残奥会技术保障服务

的精华，结合信息网络系统这一新生事物自身的特点，探索出了一条运转高效、执行有力的信息安全保障工作道路。

二、应对策略

借鉴传统安全保卫工作，管理规定成了奥运信息安全工作的头等大事，奥组委为此先后制定了八项与保密及信息网络安全有关的管理制度。奥运会的信息安全管理规定和安全策略摘录如下：

- 技术部负责对计算机设备进行安装、调试、维护和维修，其他部门及工作人员不得私自移动、拆卸、维修，不得擅自改变其配置现状。
- 禁止奥组委工作人员以外的单位或个人（外部人员）使用奥组委计算机网络。确因工作需要必须使用的，使用部门须向技术部提出申请，并根据其要求提供相关证明材料后，由技术部提出使用方案，相关部门负责监督。
- 技术部负责统一规划、安装所需桌面软件。奥组委工作人员若因工作需要使用技术部已安装软件之外的其他软件，须向技术部提出申请，由技术部负责提供和安装。严禁使用盗版软件。
- 未经批准，禁止用一个邮箱同时向 10 人以上发送与工作无关的电子邮件。
- 奥组委工作区域内计算机设备由技术部统一设置网络浏览器主页；未经批准，不得擅自更改浏览器安全选项设置。
- 禁止奥组委工作人员以外的单位或个人使用奥组委管理信息系统。确因工作需要必须使用的，须经奥组委领导批准。
- 技术部负责统一规划、分配和维护奥组委管理网，禁止私自更改计算机、网络打印机等设备的网络设置。
- 严禁使用网络进行聊天、玩游戏、查询股票信息等与工作无关的活动。
- 涉及国家秘密的信息不得在奥组委管理网络、运动会管理网络以及与国际网络联网的计算机上储存、处理和传递。
- 计算机信息系统的访问应按照权限控制，不得越权操作。
- 严禁制造、传输计算机病毒。奥组委工作人员一旦发现病毒，应立即通知技术部技术支持中心。禁止继续使用已经感染病毒的计算机。
- 因工作需要，使用与奥组委外部计算机有过接触的软盘、U 盘等移动存储设备时，必须首先查毒。
- 未经本部门领导批准，禁止将储存秘密（涉及国家秘密的信息）工作信息的计算机、移动存储设备等带出工作区域。经批准的，计算机、移动存储设备持有者应保证这些设备及存储信息的安全，严禁对外泄露相关信息。
- 未经批准，禁止使用包括固定电话、移动电话和无线网卡在内的相关技术设备将计算机接入互联网。
- 计算机内存储的重要工作信息必须备份。

- 工作人员长时间离开座位时必须对计算机锁屏，或者设置带密码的屏幕保护，屏幕保护等待时间不得超过 5 分钟。

- 未经批准，禁止使用任何程序、工具对奥组委计算机网络进行扫描、修改信息。严禁对奥组委计算机网络进行侦听、直接攻击奥组委计算机网络。

- 任何人在奥组委工作区域内浏览互联网，必须遵守《中华人民共和国保守国家秘密法》和国家保密局《计算机信息系统国际互联网保密管理规定》等有关法律、行政法规的相关规定。

- 未经奥组委领导批准，不得以奥组委名义进行任何互联网操作；在访问互联网或第三方网络时，不得故意或因重大过失打开来路不明的邮件、可执行文件，而给奥组委计算机信息系统造成严重影响。

- 奥组委工作人员应参加信息安全培训。

- 奥组委工作人员在被辞退、辞职或因其他原因离开奥组委后，其所在部门应在 1 个工作日内书面通知技术部停止其技术系统的使用权限。

- 对于共用的办公计算机，用户不得利用他人的用户名和口令进行越权访问和窥探他人文档数据及其他违法违规活动。

- 当用户发现办公计算机出现以下问题时，须立即报告本单位主管领导、安保部，并通报技术部：
  - ◎ 计算机机箱封条破损；
  - ◎ 计算机设备丢失；
  - ◎ 计算机发生信息泄漏等信息安全事件。

- 当用户发现办公计算机出现以下问题时，须立即报告技术支持中心：
  - ◎ 用户将计算机系统登录用户名和口令丢失；
  - ◎ 计算机系统发生故障；
  - ◎ 用户发现计算机系统中存在木马或病毒。

- 用户要妥善使用、保管和维护办公计算机，并保持计算机及其周边设备的整洁。用户在长时间离开或准备下班时，务必将计算机主机及周边设备关闭并断电。

这些条款与绝大多数单位的计算机网络使用管理规定基本一致，然而最重要的是让这些普通的条款得到"切实"的执行。以下是一个真实的例子。

熟悉网络攻击步骤的人可能都会知道，攻击者常通过猜测、口令破解工具等手段获得比较大的系统访问权限。因此为了防患于未然，就产生了上面列举的第一条规矩，"不得越权操作"，所有越权的行为，甚至只是一点点的企图都会被追查到底。北京奥运会赛时的一天，青岛奥林匹克帆船中心风平浪静，由于没有风，比赛只能向后延期。已经辛苦一些天的志愿者们也只好进屋待着。上午11 点多，远在北京技术运行中心（TOC）的安全监控平台上突然出现了一个三级预警，具体情况是在 11 点 15 分到 11 点 17 分这三分钟的时间内，青岛奥帆场馆的一台竞赛用计算机终端上连续出现了 150 多次失败的登录尝试。与此同时，同在青岛奥林匹克帆船中心的另一台竞赛用计算机终端也

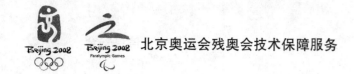

出现了类似的尝试登录。在 TOC 现场值班的值班人员丝毫不敢大意，一切尝试性的非法登录都有可能是攻击者攻击行为的开始。值班员立即打电话给青岛奥林匹克帆船中心的技术经理，要求调查此事。大约半小时后，技术经理反馈了他的调查结果，将当时青岛奥林匹克帆船中心里出现的这一起三级预警场景再现到了 TOC。现场的情况是这样的：因为天气太好没法比赛，志愿者们回到室内休息时就找了几个空的工位，将随身携带的腰包摘下丢在桌子上，不凑巧一个志愿者的腰包压在了键盘回车键上，而另一个志愿者在休息时胳膊也压在了键盘上，这样，在计算机终端的登录界面上就出现了连续以空口令尝试他人账号的情况。

从这个例子可以看出，奥运会信息安全的出发点及所奉行的原则是"零容忍"。这一理念是纽约警察局前局长威廉·布拉顿提出的，"零容忍"作为一种警察在具体执法活动中贯彻的政策，在美国已经得到广泛认可和推行，它主张警务工作应当以强硬的姿态和积极主动的策略，扫荡一切影响社会生活质量的轻微犯罪和街头犯罪。"零容忍"实际上就是"防微杜渐"，在坏事情萌芽的时候就加以制止，不让它发展。这一理念同样适用于与传统安全保卫工作相通的信息安全保障，这一理念确保了奥运信息安全工作的严格和有效。

第四节　测试演练

北京奥运会所使用的信息系统技术设备的种类、数量和操作人员均创历届奥运会之最。面对如此复杂的信息网络系统，保证其安全可靠运行的难度也是前所未有的。

一、内部演练

本着"对奥运信息网络进行百分之百的安全检测和评估，将最好的技术用在奥运信息网络中"的原则，奥组委针对奥运会核心信息网络系统，全面开展功能、性能测试和安全隐患排查。从 2006 年 9 月到 2008 年 7 月，针对奥运核心信息系统仅全面的信息安全测试就开展了 9 次，在此期间，还邀请国内最权威的检测机构对奥运核心信息系统进行不间断的测试，并对检测出的问题立即进行整改。通过全体技术团队不懈的努力和艰苦的工作，奥运会核心信息系统的自身防护水平得到了较大幅度的提高，同等安全威胁下的安全风险明显减小，信息安全团队已经能够对奥运信息网络系统的防护能力做到心中有数。

二、测试赛

2007 年 8 月至 2008 年 6 月，信息安全团队积极参与了 46 项"好运北京"综合测试赛。奥运核心信息系统大部分全程参与了测试。

结合前期对奥运信息四个核心系统进行反复检测和风险评估结果，以及一年多来"好运北京"综合测试赛的运行，信息安全团队在全面掌握奥运信息系统所面临的风险的基础上，总结以往信息安全工作的重点、规律和处置经验，制定了针对四个核心奥运信息网络系统可能发生的信息安全事件的应急处置预案。在预案中对奥运核心信息系统可能发生的信息安全事件进行了穷举和分类、分级，明确了应急处置工作中各相关部门的职责分工，明确了事件发生后从发出预警、到事件处置、到事件升级、直到应急状态结束的整个过程。为进一步提高应急处置的效率和效果，信息安全团队还在总体应急处置预案的基础上制定了 6 个细化预案，根据不同的信息系统的特点，明确了处置事项要点，梳理了安全事件处置过程中多方协调配合的处置流程。

三、技术演练

技术演练是奥运会技术筹备工作中的关键环节，旨在确保技术系统和技术团队在"养兵千日"之后能够真正做到"用兵一时"。这对于信息安全团队来说真是练兵的最好机会。

2008 年 4 月 1 日至 3 日，信息安全团队参加了第一次技术演练（TR1）。演练共设有 100 多项场景，除技术运行中心外，有 4 个奥运场馆也参加了技术演练。专门针对信息安全的几项场景一一通过测试。然而，就在这次演练结束前的最后半天，发生了这样一件事。4 月 3 日下午 1 点多，一名攻击者成功渗透运动会网防火墙，在获得防火墙管理员权限后，篡改了比赛成绩信息。事发之后，负责运动会网防火墙的安全管理员以及负责成绩信息的数据库管理员分别开始检查自己的系统。两小时后，截至下午 3 点多，数据仍未得到恢复，数据库日志记录里没有发现可疑的记录，所有的操作都是正常的。由于运动会网是封闭系统，因此，攻击者很有可能就在身边。但是，为了保证数据库的高效运行，比赛成绩数据库的日志系统只记录非授权操作的信息，而对合法操作不做记录。因此，攻击者很有可能就是一名拥有成绩数据库访问权限的管理员。然而，就在值班信息安全经理对拥有数据库访问权限的人员名单逐一排查时，之前还在数据库和网络设备上查找攻击者蛛丝马迹的数据库管理员和安全管理员突然报告，比赛成绩数据库被远程关机了。就在这时，演练官员走到值班信息安全经理身边，声明此次攻击是一个演练场景，并且表达了对这个场景的处置情况的担忧。其实，攻击者就是利用一个桌面系统和一个合法的成绩数据库账号，一步一步地模仿攻击者，直至进入成绩数据库。如果安全团队提前获知，由于桌面系统升级，本来应该早就关闭的桌面远程控制端口仍然处于开放状态的话，应该就不会在事件调查过程中非常自信地将桌面维护人员首先排除；如果参与事件的调查人员能够及时得到桌面系统的日志信息，就会在很短的时间内发现攻击者。

这件事对信息安全团队的触动很大，大家开始意识到，信息安全事件应急处置分秒必争的真正含义。信息安全工作是对抗性的，没有最快，只有更快。事件发生的时间虽然不长，但瞬间决定成败。

大家根据这个场景，认真总结了原有应急处置流程的缺陷，明确了如果一个安全事件在一定时间处置无果时，应毫不犹豫地提高事件的严重级别，从而引起更高层面指挥人员的关注，从而扩大参与事件处置的人员的范围，进而为事件处置调动更多的资源。信息安全团队必须时刻掌握信息系统动态的配置情况。

2008 年 6 月 10 日至 12 日，信息安全团队参加了赛前第二次技术演练。这次演练模拟奥运会最为忙碌的三天（8 月 13 日、16 日及 21 日）的赛事进程。预先设计好的演练 500 多个场景由近 100 多名技术演练官员在各个场馆触发。这一次的演练场景除了包含通常的信息安全事件外，特别加入了类似于上次演练中最后出现的带有实战对抗性特点的攻击事件场景。这一次，信息安全团队很好地完成了这个场景的测试。

从第二次技术演练结束到 2008 年 7 月 20 日，针对赛时可能发生的信息安全事件，信息安全团队又组织了 10 余次信息安全事件专项演练，反复锻炼队伍。

通过不断的测试赛和演练，信息安全团队获得了宝贵的运行经验，处理各种问题和突发安全事件的能力有了明显提高，为奥运会赛时的信息安全保障工作奠定了良好的基础。

第五节　赛时保障

2008 年 7 月 25 日，北京奥运会信息安全保障工作进入赛时状态。为了保证所有核心信息系统平稳、安全地运行，所有的变更申请，如果不是必需，一般都不予批准。奥运四个核心信息系统在信息安全团队的严密监控之下。

一、数据统计

2008 年 8 月 8 日，举世瞩目的北京奥运会即将拉开序幕，下午 3 点，来自世界各地的信息安全管理人员 20 余人，分别驻守北京奥运大厦、数字北京大厦、搜狐公司、中国网通数据机房、国家体育场，护航北京奥运会开幕式。晚上 19 点多，奥运官方网站的访问量曲线图反映出全世界人民对北京奥运会的热情。信息安全团队在这时更加保持警惕，因为任何疏忽都会酿成重大事件。

北京奥运会期间，奥组委办公网共接收信息安全报警 24 万余起，其中口令猜测 2000 余起，扫描探测 1000 余起，人工清除病毒 50 余起，木马 3 起；奥运官方网站北京奥运官方网站可统计的网络攻击、扫描共计 60 余万次，其中安全扫描 10 余万次、拒绝服务攻击近 10 万次、蠕虫病毒 1 万余次、分布式拒绝服务（DDOS）攻击 3000 余次、网络数据库攻击百余次、木马后门 10 余次；运动会网共接收信息安全报警 4 万余起，由于尝试登录、口令猜测、违规上传文件、端口违规等行为引起的需要人工处置的事件 500 余起；由于在比赛开始之前，售票工作已经基本结束，票务网站未发现安全事件，运行正常。官方网站在 8 月 8 日开幕式当天，日页面访问量达到了 2000 万，8 月 12 日，访问量首次突破 1 亿，北京奥运会官方网站赛时峰值日页面访问量达到了 3 亿多次，这一数字大幅度地刷新了奥林匹克历史的纪录，是雅典奥运会官方网站的 6 倍，是都灵冬奥会官方网站的 5 倍。其中，来自国外的访问量占到了百分之七十多。

二、结论

第 29 届奥林匹克运动会完美落幕，信息安全团队胜利地完成了奥运信息安全保卫任务，真正做到了"第一时间发现问题，第一时间解决问题"。

奥运会期间，官方网站、运动会网、办公网、票务网站运行正常，未出现影响比赛正常进行的安全事件，发现的信息安全事件均在第一时间得到有效处置，圆满完成了奥运信息安全保卫工作。信息安全团队用满腔热情兑现了"全力冲刺北京奥运赛前最后一百天，勇夺奥运信息安全保障工作的最终胜利"的庄严承诺，实现了信息网络领域的"平安奥运"。

第十一章 无线电频率服务

　　无线电频率是北京奥组委技术部为奥运会各参与方提供的服务，涉及奥运会组织工作的所有领域，对体育竞赛、新闻媒体的工作有重要影响。

　　北京奥运会的无线电频率服务与保障工作是发挥举国办奥运体制的典范。北京奥运会和残奥会无线电频率保障工作是按照国际奥委会的要求开展的，在用频设备数量庞大、部署密集交织、频率需求巨大、赛区电磁环境十分复杂、保障任务极为艰巨繁重的情况下，通过北京奥运会无线电管理联席会议办公室的协调和各成员单位的努力，出色地完成了奥运会和残奥会无线电频率服务和保障任务。本次无线电频率服务和保障工作完全满足了北京奥运会和残奥会的所有用频需求，没有发生一起影响各项赛事和广播电视播出的有害电磁干扰，实现了零投诉，创造了奥运史上无线电服务和保障工作的奇迹。

第一节 北京奥运会无线电管理筹备工作纲要

　　在北京申办奥运会时，国际奥委会根据历届奥运会举办的经验和奥运会组织工作的实际需求，对申办国在无线电管理方面提出了严格的要求。国际奥委会规定，申办国必须明确申明本国政府和申办城市在无线电管理方面的能力和承诺。北京的申办报告中无线电频率管理部分由当时的国家无线电管理委员会和邮电部负责，申办报告庄严承诺将为北京奥运会提供频率资源和技术措施，保证北京举办奥运会的需要。

　　北京奥组委成立后，技术部负责与无线电频率相关的服务协调工作。从2003年底开始，北京奥组委技术部与中国国家无线电管理部门、北京市无线电管理局开始接触，对北京奥运会的无线电频率服务和管理工作进行研究，逐步开展实质性工作。

　　2004年12月，按照国际奥委会的要求，经过北京奥组委与国家、北京市无线电管理等部门近一年时间的认真研究和反复协商，确定成立"北京奥运会无线电管理联席会议"，集中各方面力量，全面负责北京奥运会无线电管理工作。联席会议第一次会议决定了以北京奥组委、北京市领导作为联席会议共同召集人，由北京无线电管理部门和北京奥组委技术部具体承担联席会议办公室工作的方式，奠定了北京奥运会无线电频率服务和管理工作的基础。实践证明，这种组织形式和机构对奥运会无线电频率共组的成功起到了决定性的作用。

一、确定总体工作规划

通过对 2004 年雅典奥运会和以往奥运会无线电频率服务和管理工作的总结，以及对 2008 年北京奥运会需求的预测，经过对北京无线电频率管理的实际状况分析评估后，由北京奥组委技术部、北京市无线电管理局奥运工作组牵头研究起草了《北京奥运会无线电管理工作纲要》，纲要在 2006 年 5 月 31 日联席会议第二次会议上得到正式批准，并成为北京奥运会无线电频率服务和管理工作的指导大纲。

纲要中明确指出：奥运会无线电管理联席会议办公室（以下简易称联席会议办公室）将与北京奥组委相关部门、各级政府主管部门以及相关单位密切沟通和协调，构建完备、高效的奥运会无线电频率服务和管理体系，保障运动会正常运行的指挥调度、比赛、安保、交通、文化活动等部门所使用的各种专用无线电设备；新闻报道、电视转播、信号传输等活动所使用的多种无线电设备；以及国外贵宾在北京的通信需求等。在举办有特色、高水平奥运会的原则指导下，以满足奥运会频率需求为核心，用科学、严谨的工作态度完成奥运会的无线电频率协调和管理工作。为北京奥运会、残奥会期间合法无线电频率使用者提供必需的频率资源，保障合法无线电台站设备正常使用，不受有害干扰。

纲要还明确了北京奥运会无线电保障工作的目标：

- 通过科学、高效、严格的管理和协调，为北京奥运会、残奥会提供必需的频率资源。
- 通过严格、迅速的设备检测、无线电监测和干扰排查，为北京奥运会、残奥会各种无线电业务的正常使用提供安全可靠的保障体系和应急处理能力。

在北京奥运会、残奥会期间，还必须保证政府机关、重要行业和相关部门等合法用户的正常无线电使用。

纲要要求，联席会议办公室将认真做好频率规划工作，全面提高频率规划工作的科学性和前瞻性，探索并建立频率资源动态管理机制，统筹协调频率资源的使用；强化奥运会、残奥会期间无线电台站管理，详细制定临时设台管理方案，加快技术基础设施建设，提高无线电监测和设备检测水平，逐步建立奥运会无线电监测和检测体系，为赛时无线电管理提供有力的技术保障和支撑。

联席会议办公室要对奥运会无线电管理的各个环节进行周详考虑，充分开展风险评估，做好预警和应急预案，构建切实可行、迅速有效的应急体系。

针对北京奥运会的需要，以及北京地区无线电管理队伍的实际状况，将采取积极措施加快队伍建设，做好岗位培训和技术培训，通过各种渠道引进人才，培养和造就一支管理水平高、技术能力强的奥运会无线电管理队伍。必要时将调集全国无线电管理力量支持北京奥运会。

纲要对北京奥运会无线电安全保障工作的主要任务做了整体规划，包括前期准备、频率管理、无线电监测、设备检测、应急计划和京外赛区频率协调工作。

1. 前期准备

（1）法规准备

法律法规准备工作是奥运会无线电管理工作的基础，相关法律、法规、管理规定和技术标准是奥运会无线电管理的依据。政府主管部门和奥运会无线电管理联席会议办公室共同负责该项任务。北京市无线电管理局负责整理法律法规资料，协助北京市政府法制部门拟定《北京市无线电管理办法》，联席会议办公室协调和促进相关工作。

（2）宣传工作

充分利用各类新闻媒体、专题网站、工作简报、宣传手册等多种渠道，加强对奥运会无线电管理工作的目的、意义、目标、方法的宣传和国家无线电管理法规、规章和规定的普及，主动与北京奥组委相关部门、政府主管部门、重要合作伙伴及赞助商等交流无线电管理工作，取得理解和支持，扩大工作影响。

2. 频率服务与管理

频率管理是奥运会无线电管理的重要工作，其目的是为奥运会、残奥会提供必需的频率资源。此项工作由联席会议办公室和政府主管部门共同完成。

（1）需求初步调研

针对北京地区无线电频率的使用现状和历届奥运会无线电频率需求进行调查和整理，为后续工作打下基础。

主要工作包括调研北京地区现有无线电频率资源使用现状和悉尼奥运会、雅典奥运会无线电频率使用情况。并在此基础上提出北京奥运会、残奥会频率需求草案。

（2）频率资源准备

在频率资源现状调研和频率需求初步调查的基础上形成频率指配的基本规划，根据此规划为奥运会、残奥会准备必需的频率资源。

主要包括以下两个方面工作：第一是对合法用户的频率使用情况进行清理整合；第二是对非法占用频率加大查处力度，以保障有更多的频率资源提供给奥运会使用。

（3）频率需求征集和许可证颁发

北京奥运会将通过接收传真、电子邮件、网上申请和举行专题交流会议等多种方式收集奥运会无线电频率申请。

工作主要包括制定需求收集、申请处理的规范和流程，建设频率申请数据库和网站，制定许可证颁发程序和设备标识发放方案等几个方面。

3. 无线电监测

无线电监测的目的是查找违法使用无线电频率及其他无线电干扰，确保奥运会、残奥会期间的各种无线电通信畅通。

该项工作分为两个阶段：赛前，政府主管部门和相关单位共同完成监测网络的规划、建设和运行，逐步构建统一指挥体系，并制定整体人力资源计划，完成监测培训任务；赛时，政府主管部门组建固定和移动的监测分队完成无线电监测任务。

监测网络、指挥体系和工作流程将在测试比赛和技术演练中进行检验。赛时监测和干扰处理的流程应与北京奥组委技术部整体的障碍处理流程相结合，纳入奥运会技术运行中心的工作范畴。

4. 设备检测

设备检测的目的是确保在奥运会、残奥会期间使用的无线电通信设备符合国家标准和国际惯例，保证正常工作，避免相互产生干扰。

该项工作包括设备检测流程的制定、公示和赛前设备检测的具体实施等，主要由政府主管部门负责。

原则上所有获得频率使用许可的无线电设备在进入奥运赛场区域前必须经过技术检测并进行标识，未经标识的设备禁止使用。

设备测试项目、检测中心地点等具体问题由政府主管部门和联席会议办公室协商确定，赛前提前公示。

5. 应急计划

北京市无线电管理局在联席会议办公室的协助下制定全面的应急计划，充分估计可能出现的各种风险并制定应对措施。主要从频率资源、通信系统、设备和技术人员等多个角度考虑预警机制和应急预案。

6. 京外赛区的频率协调工作

联席会议办公室将与京外赛区无线电主管部门共同制定京外赛区的无线电频率协调工作计划。

各赛区以及周边相关地区无线电主管部门应成立无线电管理协调小组，与联席会议办公室紧密协作，明确工作责任，确立工作机制和流程。

二、明确工作阶段和里程碑

联席会议办公室根据《北京奥运会无线电管理工作纲要》制订了整体计划，明确了工作阶段和里程碑。

1. 工作阶段

表 11 – 1　工作阶段表

阶段	任务	时间
准备阶段	频率需求调研及制订使用规划，开展电磁兼容分析等有关工作的基础研究，完善监测网建设，完成频率申请网站建设，开始制定各项工作方案	2006 年 12 月底前
实施阶段	正式接受频率申请，进行频率规划及指配，完善赛时监测、检测和应急等各项工作方案，开展场馆电磁环境实测和人员培训	2007 年 1 月 – 2008 年 3 月
赛前阶段	开始设备检测、认证和准入。进行赛前的所有准备，全体工作人员到位	2008 年 3 月 – 赛时
赛时阶段	赛时频率监测，设备检查，干扰排除和应急处理等。	赛时（2008 年 7 月 – 9 月）

2. 里程碑

2005 年 4 月，北京奥运会无线电管理联席会议办公室成立。

2005 年 12 月，制定工作纲要。

2006 年 1 月，奥运会无线电频率申请网站开通。

2007 年 1 月，开始接受频率申请。

2007 年 6 月，开始审批。

2008 年 3 月，开始设备检测。

2008 年 8 月，开闭幕式。

三、确定工作机制

1. 领导机构

北京奥运会无线电管理和协调工作的决策机构是北京奥运会无线电管理联席会议，通过不定期会议的形式决定具体工作机构的任务，以及奥运会无线电管理工作中的资源调配、统一协调等重大事项和重大问题。

联席会议的成员单位包括：北京奥组委技术部、信息产业部无线电管理局、北京市无线电管理局。联席会议由北京奥组委执行副主席和北京市主管副市长、信息产业部主管部长负责召集。信息产业部无线电管理局局长任秘书长，北京市无线电管理局局长任副秘书长（实践中，联席会议秘书长在 2008 年北京奥运会期间担任了办公室主任，直接指挥各项工作的开展）。

各成员单位应设专职联络人员，负责具体工作层面的信息交流和及时沟通。

随着工作的进展，国家广播电影电视总局、海关、奥林匹克转播协调委员会等单位以及有奥运比赛任务的外省市无线电管理机构将根据实际需要逐步作为成员单位加入联席会议。

2. 日常工作机构

北京奥运会无线电管理联席会议办公室作为奥运会无线电频率管理和协调的日常工作机构开展工作。奥组委技术部无线电频率管理处是北京奥组委常设的专职工作机构，负责奥运会频率需求的收集，以及无线电频率工作与各场馆运行工作的衔接，该处同时承担联席会议办公室的部分工作职能。无线电频率处的大部分工作人员均来自北京市无线电管理局。

实践中，随工作的进展，联席会议办公室的工作职能不断扩展，在北京奥运会的筹办、组织、运行工作中，发挥了重要作用，是北京奥运会无线电管理工作的核心和指挥中心。

3. 保障措施

北京地区无线电管理工作使用的监测、检测硬件以及基础设施建设资金由政府无线电主管部门负责。

北京奥组委对直接为奥运会提供赛前准备和赛时运行服务所发生的人力资源费用、联席会议办公室日常支出费用等提供适当补助。

4. 人力资源规划

北京奥组委技术部与北京市无线电管理局协作制定了全面的人力资源规划，其总目标是：通过构建符合举办奥运会、残奥会需要的组织体系，建立一支素质优良、结构合理的工作人员队伍，为奥运会无线电管理工作提供坚实的组织保障和人力资源支持。

（1）奥组委无线电频率工作年度人力资源初步规划

在规划阶段，无线电频率管理处（联席会议办公室）的人力资源规划为高峰期 8 人，如表 11-2所示：

表 11-2　无线电频率管理处人力资源规划表

年度人力资源计划					奥运会期间人员分布	
2004 年	2005 年	2006 年	2007 年	2008 年	场馆	TOC
1	2	4	7	8	4	4

（2）北京奥运会无线电管理赛会人力资源初步规划

表 11-3　赛会无线电管理人力资源规划表

服务阶段	人员数量	岗位任务	条件要求	工作时限	备注
奥运会	100	设备检测	无线电检测专业技术人员	6 个月	从全国无线电管理专业技术队伍中选调
	200	无线电监测	无线电监测专业技术人员	3 个月	
残奥会	20	设备检测	无线电检测专业技术人员	1 个月	从参加过奥运会的志愿者中挑选
	50	无线电监测	无线电监测专业技术人员	1 个月	

四、制定赛时运行机制

在借鉴历届奥运会经验的基础上，按照北京奥组委技术部的统一部署，无线电频率处和联席会议办公室制定了详细赛时运行管理机制。

随着赛事的临近，奥运会无线电管理办公室的功能逐步强化和扩展，职责也得到细化和分解：

技术部无线电频率处（联席会议办公室）的工作人员，作为奥运会技术运行中心的组成部分纳入奥运场馆整体技术运行工作。

负责总体指挥工作的人员力量进一步增强，在联席会议秘书长和副秘书长的领导下形成无线电管理指挥中心，根据赛时需要和北京奥组委统一要求建立完整的组织指挥体系，承担奥运会北京地区无线电管理的全面指挥调度任务。

第二节　北京奥运会、残奥会无线电政策法规

无线电管理是维护国家安全，促进科技发展，保护用户合法利益的工作，代表国家主权，是国际通行的管理措施。

一、制定发布《北京奥运会及其筹备期间无线电管理暂行规定》

根据《北京奥运会无线电管理工作纲要》，按照符合国际惯例，本着依法行政，树立中国的良好形象，为北京奥运会各用户群提供公开、透明、规范、方便操作的优质服务的原则，根据中国无

线电管理法律法规和工作的现状，原信息产业部和北京奥组委专门于2007年6月制定发布了《北京奥运会及其筹备期间无线电管理暂行规定》（原信息产业部、北京奥组委 信部联无〔2007〕305号），该规定作为中国在北京奥运会期间无线电管理方面的法规性文件，规范了有关工作和管理的原则和规定。

《北京奥运会及其筹备期间无线电管理暂行规定》中规定在北京奥运会及其筹备期间由北京奥运会无线电管理联席会议负责无线电管理工作，联席会议办公室代表中国无线电管理部门具体承办所有无线电管理事宜，依法行使中国无线电管理法规确定的法定职能。

规定自公布之日起施行，2008年10月17日自行废止。

二、北京市人民政府专门修订地方人民政府法规

经北京市无线电管理局提请，北京市人民政府2006年12月1日发布第175号令，从2006年12月1日起施行新的《北京市无线电管理办法》，废止了原有的《北京市无线电台设置使用管理规定》以及《北京市研制、生产、进口无线电发射设备管理规定》。

在奥运会筹办期间，以上法规通过信息产业部、北京奥组委、北京奥运会无线电频率申请网站和各种形式媒介公开发布，并专门印制宣传册向用户宣传。

依照《中华人民共和国无线电管理条例》和上述法规，在北京奥运会期间，无线电管理部门对国内外用户进行了有效的管理，对违背法律规定的行为和产生的干扰，进行了制止和处罚。2008年8月，北京市人民政府还依法发布了无线电管制令，采取了无线电管制措施，保障了北京奥运会期间无线电秩序，保证了北京奥运会的顺利举办。

第三节 赛时保障计划和工作队伍的组织

奥运会无线电频率服务和管理工作包括场馆无线电管理、赛时统一指挥调度、频率审批、无线监测、设备检测、监督检查、综合信息和后勤保障等方面。

北京奥运会无线电频率服务和管理工作保障范围：北京奥运会期间所有在北京地区与奥运会相关的合法无线电业务。为了突出工作重点，按照用户重要性，无线电管理保障分为四个等级：

第一级：极重点保障。主要包括：奥运会的竞赛、安保、消防、医疗、交通（民航）等业务的指挥调度和通信；开闭幕式等重大活动的无线电指挥调度和通信；竞赛部门直接应用于比赛的计时记分、测速测距等数据传输业务；防范敌对分子无线插播和恶意干扰。

第二级：重点保障。主要包括媒体、指挥、贵宾、裁判、运动队、国际奥委会和北京奥组委等部门用户。媒体主要包括北京奥林匹克转播公司、授权转播商和新闻媒体等用户的转播和通信。

第三级：次重点保障。主要包括各国家和地区奥委会、国际体育单项组织，以及直接服务奥运会的公众移动通信、水、电、气、热等部门的无线电用户。

第四级：一般保障。主要包括奥运会的后勤保障部门和其他无线电用户。

在奥运会无线电管理中，按照保障等级的重要程度来开展工作。当遇到重大突发事件时，启动

相关应急预案，迅速处置和应对。

一、组织架构和工作机制

1. 组织架构和工作队伍

为达到工作目标，在中国现有无线电管理体制的基础上，建立统一领导、全国选调、"志愿"配合、团队负责的工作组织框架和工作队伍。在北京奥运会无线电管理联席会议的领导下，集全国无线电管理骨干，配合少量志愿者，组建北京奥运会无线电管理队伍。在人力资源、技术装备和经费上予以保障，具体工作由北京奥运会无线电管理联席会议办公室负责组织实施。

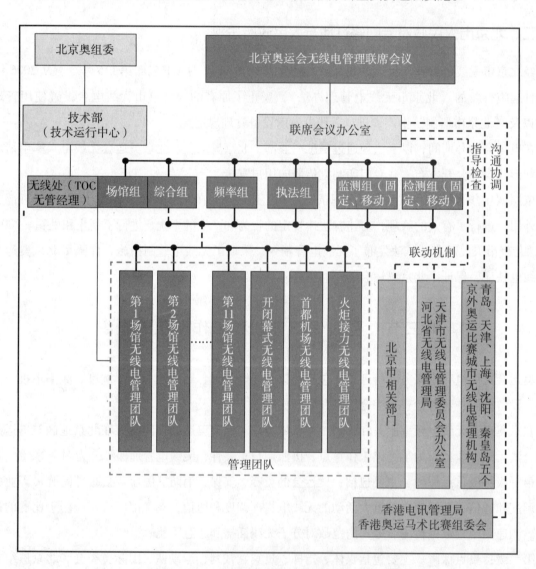

图 11−1　北京奥运会无线电管理组织架构图

注：①无线处：北京奥组委技术部无线电频率管理处，赛时为北京奥组委技术运行中心（TOC）无线电管理经理；

②场馆无线电管理团队由场馆第 1 团队至场馆第 11 团队组成；

③场馆无线电管理团队、开闭幕式无线电管理团队、首都机场无线电管理团队和火炬接力无线电管理团队，统称管理团队；

④监测组下设固定监测小组和移动监测小组；检测组下设固定检测小组和移动检测小组。

场馆无线电管理是北京奥运会无线电管理工作的基础，是体育赛事平稳运行的直接保障。各场馆良好的电波秩序、畅通的无线通信是奥运会无线电管理的最基本要求。为此，建立专门的无线电管理团队，确保北京奥运会各项无线电管理工作落到实处。

为使工作科学、高效、有序地开展，结合实际情况，联席会议办公室设立综合组、场馆组、频率组、监测组、检测组、执法组和14个管理团队，派人参加国际贵宾接待中心及对外媒体"一站式"服务办公室，以奥组委技术部无线电频率管理处为主，组成北京奥运会无线电管理工作队伍。青岛、天津、上海、沈阳、秦皇岛五个京外奥运比赛城市无线电管理工作由当地无线电管理机构具体负责，联席会议办公室对其工作予以指导，香港地区无线电管理工作按照"一国两制"的原则，由香港无线电管理部门按照北京奥组委的要求具体负责。联席会议办公室与北京奥组委相关部门、各级政府管理部门以及相关单位密切沟通和协调，构建统一指挥、团队主责、相互配合、优质高效的北京奥运会无线电管理体系。

2. 相关工作机制

（1）与周边省市的工作机制

联席会议办公室与河北省无线电管理局和天津市无线电管理委员会办公室建立工作联动机制。在频率资源协调、保护性监测、干扰定位和查处等方面密切配合，确保北京周边省市为奥运会提供良好的空中电波秩序。

（2）与其他部门的工作机制

联席会议办公室与中央和北京市委有关部门建立应急联动机制。对敌对分子无线插播和恶意干扰，按照工作预案，快速反应、准确定位，协助相关部门查处。

（3）其他奥运赛区无线电管理工作

青岛、天津、上海、沈阳和秦皇岛五个京外城市的奥运无线电管理工作在联席会议办公室的指导下，由当地无线电管理机构会同当地奥运组织部门负责开展工作，定期向联席会议办公室报告相关工作进展情况，必要时联席会议办公室对其工作进行督促和检查。香港特别行政区作为奥运马术举办城市，根据一国两制原则，由特区政府电讯管理局具体负责无线电管理工作，定期与联席会议办公室沟通情况。

二、工作部门和领导分工

1. 工作部门结构和分工

联席会议办公室综合组、场馆组、频率组、监测组、检测组和执法组，以及无线处（同时直接接受奥组委技术部领导）分别负责办公文秘、后勤信息、频率管理、无线电监测、无线电设备检测、干扰查处、监督检查等方面工作，制定相应工作制度、流程、标准和规范，向管理团队传达工作任务，监督、检查和指导管理团队工作。

表11-4 联席会议办公室领导和工作任务一览表

部门	职务	分管工作
办公室领导	主任	负责全面工作
	常务副主任	负责协助主任工作、频率、开闭幕式、火炬、贵宾
	副主任	负责无线处、协调奥组委解决相关工作条件
	副主任	负责日常工作、综合、场馆、执法
	副主任	负责协调广电
	副主任	负责监测、检测
	主任助理	协助执法、值班、台站清理和监督检查
	主任助理	协助执法
综合组	组长	综合组全面工作、后勤
	副组长	综合组无线电业务相关工作,联系奥组委
	副组长	无线电管理信息化保障工作
场馆组	组长	联系和服务场馆团队工作;督促落实场馆无线电管理业务工作
	副组长	协助组长工作
	副组长	协助组长工作
无线处	处长	无线处全面工作
频率组	组长	频率组全面工作;频率审批;联系开闭幕式
	副组长	协调广电频率
	副组长	电磁兼容分析
	副组长	频占费收取
	副组长	频率调换
监测组	组长	监测组全面工作
	副组长	协助监测组长工作,分管国家监测中心监测工作
	副组长	协助监测组长工作,分管北京监测工作
执法组	组长	执法组全面工作
	副组长	协助执法组长工作
检测组	组长	检测组全面工作
	副组长	协助检测组长工作,分管北京检测工作
	副组长	协助检测组长工作,分管国家监测中心检测工作
场馆第1团队	队长	负责场馆第1团队无线电管理工作
场馆第2团队	队长	负责场馆第2团队无线电管理工作
场馆第3团队	队长	负责场馆第3团队无线电管理工作
场馆第4团队	队长	负责场馆第4团队无线电管理工作
场馆第5团队	队长	负责场馆第5团队无线电管理工作
场馆第6团队	队长	负责场馆第6团队无线电管理工作

续表

部门	职务	分管工作
场馆第7团队	队长	负责场馆第7团队无线电管理工作
场馆第8团队	队长	负责场馆第8团队无线电管理工作
场馆第9团队	队长	负责场馆第9团队无线电管理工作
场馆第10团队	队长	负责场馆第10团队无线电管理工作
场馆第11团队	队长	负责场馆第11区域无线电管理工作
开闭幕式团队	队长	负责开闭幕式活动及演练中无线电管理具体工作组织、安排和落实
机场团队	队长	负责机场团队无线电管理工作
火炬团队	队长	负责火炬接力无线电管理协调和保障服务工作

场馆管理团队是奥运会无线电管理各项工作的具体落实部门，负责本团队职责范围内的频率管理、监测检测、监督检查、干扰查处等具体工作。在管理团队队长领导下，由场馆无线电频率管理经理和场馆无线电频率管理工程师及场馆外频率监测工程师等共同组成。

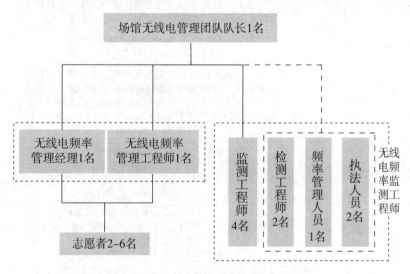

图11-2　场馆无线电管理团队组织结构图

每个场馆无线电管理团队一般由12人组成，其中作为场馆团队付薪人员专职工作的2人（国家体育场、MPC/IBC/OLV增加人员），视场馆情况另行配备志愿者：

- 无线电频率管理经理（兼职执法人员）、无线电频率管理工程师（兼职执法人员）各1名，均为奥组委P2类人员。
- 每个区域团队共设无线电频率监测工程师共10名（合同商C类人员）：其中包括1名场馆无线电管理团队队长，4名无线电监测工程师（其中2人为兼职执法人员），2名无线电检测工程师（检测组指派），1名无线电频率管理人员（频率组指派），2名执法人员（执法组指派）。
- 参与场馆无线电频率保障工作的志愿者，根据场馆具体情况配备2-6名V类人员。

2. 各工作组详细任务

联席会议办公室各部门主要任务分工：

管理团队组成

开闭幕式团队	开闭幕式场馆无线电频率管理经理、工程师 开闭幕式场馆无线电监测工程师
机场团队	首都国际机场场馆无线电频率管理经理、工程师 首都国际机场场馆无线电监测工程师
火炬团队	火炬接力团队无线电频率管理经理
场馆第1团队	国家体育场馆无线电频率管理经理、工程师 国家游泳馆场馆无线电频率管理经理、工程师 击剑馆场馆无线电频率管理经理、工程师 MPC、IBC场馆无线电频率管理经理、检测工程师 第1区域场馆无线电监测工程师
场馆第2团队	国家体育场场馆无线电频率管理经理、工程师 奥林匹克公园射箭场和奥林匹克公园曲棍球场场馆无线电频率管理经理、工程师 奥林匹克公园网球中心场馆无线电频率管理经理、工程师 马拉松赛场无线电频率管理经理 OLV场馆无线电频率管理经理、检测工程师 第2区域场馆无线电监测工程师
场馆第3团队	奥体中心体育场场馆无线电频率管理经理、工程师 奥体中心体育馆场馆无线电频率管理经理、工程师 英东游泳馆场馆无线电频率管理经理、工程师 第3区域场馆无线电监测工程师
场馆第4团队	顺义奥林匹克水上公园场馆无线电频率管理经理、工程师 第4区域场馆无线电监测工程师
场馆第5团队	北京工人体育场场馆无线电频率管理经理、工程师 北京工人体育馆场馆无线电频率管理经理、工程师 北京工业大学体育馆场馆无线电频率管理经理、工程师 朝阳公园沙滩排球场场馆无线电频率管理经理、工程师 第5区域场馆无线电监测工程师
场馆第6团队	五棵松篮球馆场馆无线电频率管理经理、工程师 五棵松棒球场场馆无线电频率管理经理、工程师 丰台垒球场场馆无线电频率管理经理、工程师 第6区域场馆无线电监测工程师
场馆第7团队	老山山地自行车场场馆无线电频率管理经理、工程师 老山小轮车赛场场馆无线电频率管理经理、工程师 老山自行车馆场馆无线电频率管理经理、工程师 第7区域场馆无线电监测工程师
场馆第8团队	北京射击馆场馆无线电频率管理经理、工程师 北京射击场飞碟靶场馆无线电频率管理经理、工程师 第8区域场馆无线电监测工程师
场馆第9团队	首都体育馆场馆无线电频率管理经理、工程师 北京理工大学体育馆场馆无线电频率管理经理、工程师 北京航空航天大学体育馆场馆无线电频率管理经理、工程师 第9区域场馆无线电监测工程师
场馆第10团队	中国农业大学体育馆场馆无线电频率管理经理、工程师 北京科技大学体育馆场馆无线电频率管理经理、工程师 北京大学体育馆场馆无线电频率管理经理、工程师 第10区域场馆无线电监测工程师
场馆第11团队	城市公路自行车赛场场馆无线电频率管理经理、工程师 铁人三项赛场场馆无线电频率管理经理、工程师 第11区域场馆无线电监测工程师

图11-3 无线电管理团队分布图

（1）综合组任务

• 综合文秘

任务：负责联席会议办公室的文秘、档案、会议、值班、办公运行等工作；负责编制奥运会无线电管理工作的情况通报，协助做好新闻报道工作；负责奥运会无线电频率保障队伍的人事管理工作。

• 信息系统建设

任务：负责组织落实北京奥运会无线电管理信息系统建设、应用开发、系统集成和运行维护保障等工作；负责各相关部门和人员的信息系统安装、开通和培训工作。

• 人员培训

任务：负责北京奥运会无线电频率管理队伍的培训组织和实施。

• 后勤保障

任务：负责北京奥运会无线电频率管理队伍的后勤保障工作；负责联席会议办公室的财务工作。

• 总结表彰

任务：负责联席会议办公室总结材料准备和会议安排；制定表彰、奖励标准等工作。

（2）场馆组任务

任务：制定场馆团队的工作规范，进行相应的进度检查和考核等工作；掌握场馆工作情况，及时发现和解决问题；协调场馆内各业务口，落实场馆团队必要的工作条件；协助综合组做好场馆团队的人员到岗、培训和后勤保障等工作。联系各场馆团队，指导工作，向联办汇报工作进展并检查联办工作部署完成情况。

（3）无线处任务

• 对外协调

任务：代表联席会议办公室负责涉外工作协调；协调与奥组委相关部门的工作。

• 网站管理

任务：负责北京奥运会无线电频率申请网站用户身份确认，申请的受理、结果发布和用户沟通等工作；网站内容的登载、修改和删除。

• TOC 值班

任务：根据北京奥组委技术部的统一部署和工作职责完成 TOC 值班任务。

• 具体落实场馆无线电频率管理工作条件

任务：在奥组委技术部领导下，具体落实联席会议办公室人员证件、车辆证件和场馆相应工作条件。

（4）频率组任务

• 频率资源筹集

任务：负责整合国家、北京所管理的频率资源，协调广电和有关部门频率，为奥运会筹集必要的频率资源。

• 频率规划

任务：负责在频率资源筹集和电磁环境测试的基础上，根据奥运会实际频率需求，科学规划频率资源，制定详细的频率指配规划。

- 电磁兼容分析

任务：负责频率审批的电磁兼容分析工作，必要时进行相关的仿真测试或现场测试。

- 频率审批

任务：负责了解奥运用户频率申请具体情况，根据频率规划，在无线电监测、电磁环境测试和电磁兼容分析的基础上，按时完成奥运频率审批工作；负责频率占用费收取工作。

- 频率调换

任务：负责"规划备用频率调换"工作；协助场馆团队进行"场馆备用频率调换"工作。

（5）监测组任务

- 电磁环境测试

任务：负责全市电磁环境测试，以及奥运重点区域电磁环境测试。

- 保护性监测

任务：负责全市保护性监测；协助各管理团队进行奥运重点区域保护性监测。

- 场馆管理区域外干扰查处

任务：负责奥运场馆和特定区域外的干扰信号的定位和查处；协助各管理团队进行其区域内干扰信号的查处；对非法使用无线电台（站）的单位或个人依据《北京奥运会及其筹备期间无线电管理暂行规定》和相关法规予以处罚。

（6）检测组任务

设备检测原则和数量要求：每用户每类设备至少检测 1 台；监听系统、翻译系统、无线麦克风、遥控遥测设备按申请设备总数 50%－80% 的比例抽样检测，其他类设备按申请设备总数 10%－20% 的比例抽样检测。

- 设备检测

任务：负责对奥运场馆及其特定区域内设置使用的无线电发射设备，以及在其他地区使用与奥运活动直接相关的无线电发射设备进行检测；为不便于搬运或由于时间紧急不能到固定检测点进行设备检测的已获得频率许可证的无线电设备，提供现场设备检测和发放标签服务工作。

- 执照标签制作和发放

任务：负责"北京奥运会无线电台执照标签"（以下简称标签）的制作，落实标签打印和检查设备；负责标签的发放工作。

- 设备管理平台建设

任务：负责奥运会无线电设备管理平台以及数据库建设。

（7）执法组任务

- 无线电管制任务

任务：协助北京奥运会无线电管制指挥部完成北京奥运会无线电管制任务。

协助部门和任务：北京奥运会无线电管制指挥部办公室、联席会议办公室；原信息产业部无线电管理局负责管制令（通告）在京国家和中央单位的落实工作；北京市无线电管理局负责管制令（通告）在北京市属单位的落实工作；联席会议办公室各部门协助完成相关任务。

• 检查和行政执法

北京奥运会无线电管理的检查和行政执法工作以北京市无线电管理局的名义进行。

任务：执法组负责奥运期间无线电管理行政执法和监督检查的全面工作。

• 奥运会无线电管理宣传

任务：执法组负责北京奥运会无线电管理工作的新闻报道、政策法规宣传、宣传品制作等工作。

（8）场馆团队任务

• 管理区域的划分

根据北京市奥运场馆分布，以及奥运无线电管理工作需要，将管理区域划分为 11 个区域。如表 11-5 所示：

表 11-5 无线电管理区域分布一览表

区域	场馆名称	负责的场馆团队	场馆无线电频率管理经理和工程师主要来源	场馆无线电监测工程师主要来源
第 1 区域	国家体育馆 * 国家游泳中心 * 会议中心击剑馆 * MPC** IBC**	场馆第 1 团队	国家无线电监测中心	国家无线电监测中心
第 2 区域	国家体育场 * 马拉松赛场 奥林匹克射箭场 * 奥林匹克曲棍球场 * 奥林匹克网球场 * OLV**	场馆第 2 团队	北京市	北京市
第 3 区域	奥体中心体育场 奥体中心体育馆 英东游泳馆	场馆第 3 团队	江西省	江西省
第 4 区域	顺义奥林匹克水上公园 *	场馆第 4 团队	辽宁省	辽宁省
第 5 区域	北京工人体育馆 * 北京工人体育场 朝阳公园沙滩排球场 北京工业大学体育馆	场馆第 5 团队	江苏省	江苏省
第 6 区域	五棵松篮球馆 五棵松棒球场 丰台垒球赛	场馆第 6 团队	安徽省	安徽省
第 7 区域	老山山地自行车场 老山山地自行车馆 * 老山小轮车场	场馆第 7 团队	广西壮族自治区	山东省
第 8 区域	北京射击馆 * 北京射击场	场馆第 8 团队	河南省	河南省

243

续表

区域	场馆名称	负责的 场馆团队	场馆无线电频率管理 经理和工程师主要来源	场馆无线电监测工程 师主要来源
第9区域	首都体育馆 北京理工大学体育馆* 北京航空航天大学体育馆*	场馆第9团队	贵州省	贵州省
第10区域	中国农业大学体育馆* 北京科技大学体育馆* 北京大学体育馆*	场馆第10团队	湖北省	湖北省
第11区域	城区公路自行车赛场 铁人三项赛场*	场馆第11团队	山西省	山西省

注：①＊为残奥会场馆；

②＊＊为非竞赛场馆和区域。表中仅列出 MPC（主新闻中心）、IBC（国际广播中心）和 OLV（奥运村），其他非竞赛场馆未列入。

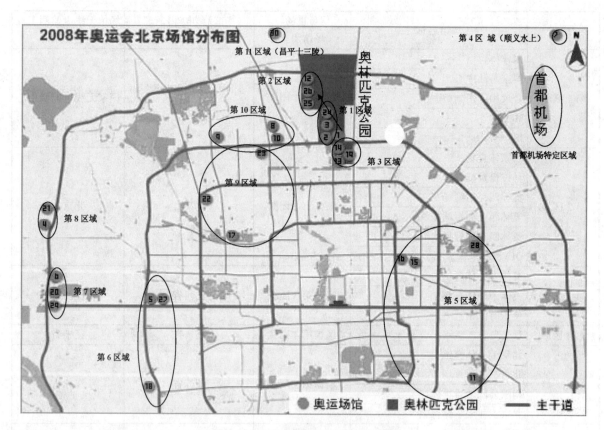

图 11-4　无线电管理区域划分示意图

注：上图不包括开闭幕式封闭区域。

场馆团队管理区域范围：奥运竞赛场馆（区域）内及竞赛场馆周边一定区域为管理区域范围。

- 具体工作任务

场馆无线电频率管理基本任务：场馆无线电频率管理经理、场馆无线电频率管理工程师和场馆无线电监测工程师在场馆团队队长的领导下，管理本区域内设置使用的无线电台（站），完成场馆频率调换、电磁环境测试、保护性监测、干扰查处、监督检查以及场馆周边无线电台站的清理等相关无线电管理工作任务，协助临时设备入场检测和标签发放。

①竞赛场馆频率管理（含 MPC、IBC、OLV 和首都国际机场）

责任人：相应场馆无线电频率管理经理。

任务：负责竞赛场馆的频率管理相关工作。负责权限内的"应急频率审批"和"频率调换"；协助进行权限外的场馆"应急频率审批"和"频率调换"工作。

协助部门和任务：频率组协助场馆进行其权限内的"应急频率审批"和"频率调换"工作。

②场馆管理区域监测任务

责任人：相应场馆团队队长。

任务：按照监测组要求的区域监测任务，完成相关无线电监测。按照用户重要性等级，重点监测场馆使用的重要频率，及时发现和消除干扰隐患；完成场馆电磁环境测试任务。

协助部门和任务：监测组负责区域监测任务传达和提出技术要求；频率组提供奥运使用和备用频率；奥组委技术部负责为区域监测工作落实相关工作条件。

③场馆管理区域内干扰查处

责任人：相应场馆团队队长。

任务：区域内的干扰查处，对违法设置使用无线电台站（设备）的单位或个人依照《北京奥运会及其筹备期间无线电管理暂行规定》和相关法规进行查处。

协助部门和任务：监测组负责提供相关监测和测向数据，必要时配合进行干扰查处；执法组负责指导和提供相关执法文书。

④协助临时入场设备检测任务

责任人：相应场馆团队检测人员。

任务：协助检测组完成临时无线电发射设备（未经检测和贴标）进入场馆的检测和标签发放工作。

⑤场馆管理区域无线电发射设备的核查和监管

责任人：相应场馆团队队长。

任务：掌握场馆内无线电设备设置和使用方式情况，并进行监督管理；配合安保部门进行无线电发射设备入场检查；负责将场馆管理区域内无线电设备使用等信息上报联席会议办公室，并通报相关部门；配合所在地的区政府无线电管理部门负责区域内（场馆外）无线电发射设备的核查和监管；对非法使用的无线电台（站）用户，依据《北京奥运会及其筹备期间无线电管理暂行规定》和相关法规进行查处。

协助部门和任务：国家无线电监测中心和北京市无线电管理局负责提供相关台站数据；执法组指导和提供相关执法文书。

（9）开闭幕式无线电管理团队任务

任务：制定开闭幕式无线电频率安全保障工作方案，并组织实施。

在开闭幕式筹备和演练期间，负责与奥组委开闭幕式部门的工作协调、频率需求收集、重点用户协调和保障，以及与国家体育场团队、场馆第 2 团队的衔接等工作。

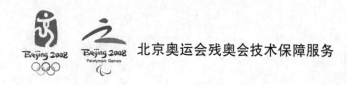

在开闭幕式时，负责封闭区域内的保护性监测、临时入场设备检测、干扰查处、监督检查和执法等工作。

（10）首都机场无线电管理团队任务

任务：配合海关保障重点用户携带无线电设备顺利通关；协助奥运用户进行无线电频率申请；开展相关设备检测和标签发放等工作；协助保障机场地区奥运工作部门的用频安全。

（11）火炬接力无线电管理团队任务

任务：负责境内火炬接力活动期间无线电频率的协调、保障以及接力团队中无线电设备的日常维护和管理；协调接力路线上各地无线电管理机构，为相关的合法奥运用户提供无线电管理保障和服务。

（12）其他非竞赛场馆和训练场馆管理任务

除 MPC、IBC、OLV 和首都国际机场以外的非竞赛场馆和训练场馆，原则上不派驻场馆无线电频率管理人员，相关的无线电频率管理事项，由联席会议办公室根据其要求统筹安排解决。

三、人员队伍组织

1. 北京奥运会无线电管理人员组织

（1）奥运会无线电管理队伍组织计划

北京奥运会无线电管理队伍共有 390 名工作人员，其中包括：原信息产业部无线电管理局 13 名，国家无线电监测中心 94 名，北京市无线电管理局 64 名，国家广电总局 2 名，民航总局 3 名，京外人员 101 名以及其他管理和辅助人员若干。

（2）志愿者人员组织

志愿者的配置以场馆为基础，以缓解无线电管理人员不足和监管薄弱的矛盾，降低发生有害干扰的风险。原则上每场馆配备 2–4 名志愿者，协助开展无线电保障服务工作。

2. 北京残奥会无线电管理人员组织

北京奥运会结束后，根据残奥会无线电工作任务的需要，本着保障赛事、略有余地的原则对无线电管理队伍进行必要的调整：

- 联席会议办公室各工作组工作人员原则上平均压缩 30%。
- 场馆团队原则上保留残奥会竞赛场馆的场馆无线电频率管理经理，其他人员撤离。
- MPC、IBC、OLV 的无线电管理人员原则上保留场馆无线电频率管理经理和工程师，根据具体工作任务保留少量场馆无线电监测工程师。
- 保留开闭幕式团队，其中京外人员撤离。
- 保留机场团队。
- 保留 TOC 无线电频率管理经理人员。
- 每竞赛场馆保留 2 名志愿者。

残奥会无线电管理保障工作人员 178 名，其中在京人员 122 名，京外人员 56 名。

3. 人员撤离

- 仅参加奥运会无线电管理保障的工作人员，于 2008 年 8 月 28 日前撤离归建。
- 参加残奥会无线电管理保障的工作人员，于 2008 年 9 月 20 日前撤离归建。

四、工作保障

1. 人员证件

人员证件是无线电频率管理队伍在奥运场馆和特定区域开展工作的最基本要件。联席会议办公室领导的证件，应满足到各场馆现场指挥、检查的工作需要；管理团队队长的证件应当适应其在本区域场馆和特定区域内通行的需求；场馆无线电频率管理经理、工程师和场馆无线电监测工程师的证件要能够进入所在场馆的无线电台设置区域。若个别电台设置区域不能随时进入，也应有相应办法使其具备监测监管能力，以切实保证其履行职责。

2. 车辆证件

车辆证件是无线电管理队伍在奥运场馆和特定区域开展工作的基本条件。

北京奥运会无线电管理工作车辆证件：

表 11-6 无线电管理车辆证件需求表

车辆类别	车辆用途	车证要求	数量	保障要求
现场指挥	现场指挥调度和监督检查	进入场馆区域	5	重点保障
移动监测	执行监测和紧急干扰查处任务	进入场馆区域	23	重点保障
移动检测	现场无线电设备检测和发放执照标签	进入场馆区域	15	重点保障
现场执法	场馆区域内的无线电执法工作	进入场馆区域	3	重点保障
综合用车	领导、综合组、频率组，以及无线电管理队伍后勤保障共用	不受单双号限制，进行奥运会无线电管理队伍保障	6	一般保障

车辆证件共计：52 个，其中重点保障车辆证件 46 个，一般保障车辆证件 6 个。

3. 现场条件

为保障奥运会场馆无线电安全和提供优质服务，场馆现场工作条件一般具备相对独立办公环境和电话、网线接口，专用保存监测、检测仪器和文件的坚固储物柜，在场馆内有监测设备部署点，场馆周边有监测车辆的固定工作停放地点并有符合容量要求的电源，在场馆入口处张贴通告提示，有临时存放不允许进入场馆的无线电物品存放柜。

在 MPC/IBC/OLV 设备检测点，独立工作地点的面积具备检测大量设备的条件（>30 平方米）；在国家体育场看台上，有专门用于开闭幕式保障的监测人员工作位置；中心区专门建设一独立房屋用于监测工作。

4. 无线电监测检测设备配置

北京奥运会无线电管理所使用的主要监测和检测设备配置如下：

- 固定监测设备以北京市无线电管理局 10 个固定监测站组成的网络为主，并与国家无线电监

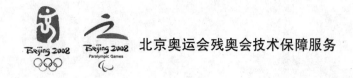

测中心在京固定监测站联网，构成对主城区的无线电监测覆盖，进行电磁环境测试和干扰源定位。

- 调集 23 个移动监测车，配装北京地区无线电台站数据库，并与北京固定监测网联网，对奥运场馆实施重点区域监测和干扰定位。
- 场馆团队配备 48 套便携式监测设备，对场馆内进行保护性监测和干扰处理。
- 设置 3 个固定检测站、15 个移动检测车对奥运会使用的各类无线电发射设备按照《北京奥运会及其筹备期间无线电管理暂行规定》进行检测。

五、经费预算和使用

北京奥运会无线电管理预算是根据工作计划，在充分利用现有各种资源的基础上，本着勤俭节约的原则，参照北京奥组委标准和北京市财政相关规定测算产生的。联席会议办公室组成人员的工资、办公费用、奥运无线电管理信息系统开发建设费用、监测检测设备的使用购置及运行维护费用、外省市赴京人员的往返交通费用等，均由联席会议办公室各组成人员的原单位自行解决，不列入预算。

2008 年 1 月 1 日至 8 月 26 日期间，奥运会无线电管理联席会议办公室参加"好运北京"测试赛及北京奥运会无线电管理工作的相关费用列入预算。2008 年残奥会无线电管理工作费用未列入预算。

具体预算包括：人员补助、服装购置、外地人员住宿、餐费补助、宣传通信、学习培训等项目。

第四节　奥运会无线电频率申请渠道和频率资源规划准备

奥运会无线电频率服务与保障工作的主要目标是为用户提供必需的频率资源，同时以最方便用户申请的方式，为用户提供服务。国际奥委会、BOB 及国际主要新闻媒体对奥运会举办国无线电频率服务的要求非常严格和细致，在北京奥运会筹办工作刚刚开始就明确提出，在筹办组织的相关时间节点，应实现的具体任务和目标，特别是应为用户提供公开、规范、明确、全面的用户指南和可用资源情况，帮助用户了解中国政府的法律法规，北京奥运会无线电管理工作相关信息，快速、方便地完成申请程序，获得许可。

一、设计建立北京奥运会无线电频率申请网站

奥组委技术部与联席会议办公室全面合作，按照对国际奥委会的承诺，参照 2004 年雅典奥运会的内容形式，设计制作了《北京奥运会无线电频率申请网站》，经国家无线电管理部门审查确定后，于 2006 年建成上线。作为北京奥组委官方网站的组成部分，该网站使用中英文，向全世界全面公示中国（包括香港特别行政区）无线电管理的政策法规、频率划分规定、用户申请和设备使用指南，解答用户问题，直接受理用户的在线账号注册和频率申请，对用户公布审批进度和结果，提

供可下载的许可证文件。涉及香港马术赛区的频率申请，根据"一国两制"原则，由北京奥运会无线电频率申请网站作为唯一入口引导至香港电讯管理局网站，香港方面在其原频率申请系统的基础上专门制作的奥运频率申请网站处理。

网站从 2006 年 6 月试运行，提供"好运北京"系列测试赛的频率申请受理服务，并根据实践需求、用户建议和奥组委官方网站的统一要求进行了多次调整和改版。2006 年 12 月 31 日，原信息产业部领导和北京奥组委领导共同召开北京奥运会无线电频率申请网站正式启动仪式，从 2007 年 1 月 1 日开始正式接受北京奥运会和残奥会的频率申请。

根据工作计划，网站原定于 2007 年 12 月 31 日停止受理申请，但由于不少用户表示需要补交申请，根据北京奥运会无线电管理联席会议办公室领导指示，本着为用户服务的原则，网站一直提供服务，申请受理截止日期延长至 2008 年 7 月 31 日。网站关闭以后，奥运会无线电管理团队开通了特殊申请受理流程和应急申请受理流程用于紧急的重要频率申请。

在申请审批的各个环节，奥组委技术部无线电管理处都根据频率组的意见，通过邮件、电话、直接交流等多种方式与用户保持紧密联系并提供全方位服务。例如，帮助用户明确频率需求、对重要用频单位提出合理化建议、协助用户填写申请表格、向用户通报即将指配的频点并征求意见、根据用户需要提供许可证或收费单的传真和快递、紧急调整频率或许可证时间地点、帮助用户与相关部门的进行联系等。上述良好的服务，在赢得用户赞誉的同时，有效地加强了奥运会无线电频率管理工作的效率和质量。

该网站的建立和运行，在中国第一次全面实现无线电频率的在线用户注册和申请审批，极大地方便了国际国内用户，在北京奥运会无线电管理工作中发挥了重要作用，产生了良好影响。

二、制定频率申请指南

为方便主要国外新闻媒体，在国际奥委会和 BOB 的要求以及北京奥组委技术部大力推进下，根据《中华人民共和国无线电频率划分规定》（信息产业部第 40 号令），无线电管理部门根据北京奥运会的无线电设备使用情况和北京地区无线电环境制定了《北京奥运会、残奥会及其筹备期间各类无线电设备使用频段的申请指南》。无线电管理、发改委、物价等相关管理部门研究确定，严格按照中国现行法规标准要求，由国家无线电管理部门行使法定职责，对北京奥运会期间使用的无线电设备收取法定费用，标准在网站进行了公示。

三、积极协调、统筹频率资源

由于无线电技术在奥运会各个层面中得到广泛应用，北京奥运会用频需求为历届奥运会之最。保障赛事、境内外媒体用户和奥运安保的用频需求，是奥运会无线电安全保障中一项非常重要的基础工作。

北京奥运会无线电管理联席会议办公室积极协调各有关部门，整合出部分频率资源供奥运会临时使用；同时也打破常规，启用大量尚未规划和多种业务公用的频率，科学分析、精心安排，确保了奥运会用频。

第五节　无线电频率审批和认证

频率审批工作是北京奥运会无线电管理工作的关键环节，科学、合理、充分地确定频率资源的使用，是频率审批的原则。

一、频率组工作组织框架和职责

1. 频率组组织框架

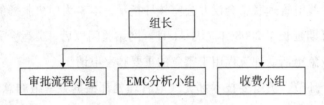

图 11 - 5　频率组组织结构图

频率组在组长领导下，由审批流程小组、EMC（电磁兼容）分析小组和收费小组组成。

2. 频率组工作职责

（1）频率组工作职责

- 审核奥运会无线电频率申请。
- 筹备北京地区奥运会必要频率资源。
- 协调北京地区奥运会与其他部门、周边省市频率资源。
- 制定北京地区奥运会的"频率资源分配规划"。
- 协助完成北京地区奥运会无线电干扰申诉处理的相关工作。
- 组织落实北京地区奥运会拟用频率电磁兼容分析工作。
- 负责相关频率占用费的收取工作。
- 完成联席会议办公室交办的其他工作。

（2）频率组组长职责

- 负责频率组全面工作，组织、督办和指挥频率组的各项工作。
- 协调北京地区奥运会和测试赛与其他部门、周边省市频率资源。
- 负责频率审批中的复审工作。
- 完成联席会议办公室交办的其他工作。

（3）审批流程小组职责

- 负责具体审核奥运会无线电频率申请。
- 具体负责频率申请的签收、录入、分发、受理和初审（北京赛区）工作，以及频率审批相关文书、批件的制作、分发和归档。
- 负责北京地区无线电频率正常审批、快速审批、应急审批和频率调换，以及频率占用费收取工作的流程制定和各工作环节的督办。

- 负责京外赛区频率审批的工作协调和衔接。
- 协助完成北京地区无线电干扰申诉处理的相关工作。
- 完成组长交办的其他工作。

（4）EMC分析小组职责

- 负责频率审批中的EMC分析工作。
- 负责北京地区奥运会所需频率资源的筹备。
- 制定北京地区奥运会的"频率资源分配规划"。
- 协助北京地区奥运会与其他部门、周边省市频率协调。
- 协助完成北京地区无线电干扰申诉处理的相关工作。
- 完成组长交办的其他工作。

（5）收费小组职责

- 计算、核定奥运会频率占用费。
- 负责频率占用费缴费通知单的制作和分发。
- 负责收取频率占用费，协调财务、银行、奥组委等部门落实具体工作。
- 完成组长交办的其他工作。

二、频率组主要工作任务

1. 频率资源筹集

- 工作任务：
  ◎ 筹集、整理国家和北京市可用频率资源；
  ◎ 根据奥运会具体频率需求，协调广电和相关部门频率资源。
- 工作目标：满足奥运会必要的无线电频率使用需求。

2. 频率申请审批

- 工作任务：
  ◎ 确立与联席会议办公室其他部门的频率审批工作关系；
  ◎ 建立与奥组委、广电和京外赛区无线电管理部门频率审批工作机制；
  ◎ 制定并落实正常、快速、应急频率审批和场馆频率调换、规划频率调换工作流程；
  ◎ 按照频率审批和频率调换工作流程，开展奥运会频率审批和频率调换工作；
  ◎ 为每个无线电管理团队和监测组提供测试赛"场馆使用和备用频率表"。
- 工作目标：完成奥运会必要的频率申请审批和频率调换工作。

3. 频率资源规划

- 工作任务：
  ◎ 统计、整理北京地区可用频率资源；
  ◎ 根据北京奥运会频率需求预计，按照区域、业务、用户保障等级和电磁环境测试结果，

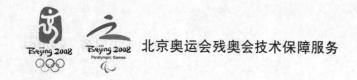
以及应对突发事件的考虑，制定详细的"频率资源分配规划"；

◎ 必要时，进行电磁兼容试验。

- 工作目标：确保"频率资源分配规划"全面、科学、实用。

4. 频率占用费收取

- 工作任务：

◎ 制定收取频率占用费工作流程；

◎ 协调相关部门落实频率占用费工作；

◎ 收取奥运会频率占用费。

- 工作目标：按规定及时完成频率占用费收取工作。

三、频率管理工作流程

频率管理工作包括正常频率审批、快速频率审批、应急频率审批、场馆频率调换、规划频率调换以及收缴频率占用费等多个严格细致的流程。

1. 正常频率审批工作流程

适用原则：在频率资源和电磁兼容容许的条件下，经奥组委技术部无线电管理处转来的网站申请或申请表格，以及因特殊原因直接向联席会议办公室提出的频率申请，无特殊时限要求，按照正常频率审批工作流程进行审批。

规定完成时限：90个自然日。

2. 快速频率审批工作流程

适用原则：在频率资源和电磁兼容容许的条件下，按照无线电管理保障等级，符合第1、2、3级保障的用户提出的频率申请，需要尽快审批的，按照快速频率审批工作流程进行审批。

规定完成时限：8个工作日。

3. 应急频率审批工作流程

适用原则：一般情况下不进行应急频率审批。在频率资源和电磁兼容容许的条件下，只有以下两种情况发生时方可进行应急频率审批：

- 有应急事件发生，需要紧急指配频率时。"应急事件"是指：北京市重大公共突发事件，以及奥运会和测试赛赛事重大突发事件。

- 有重要临时频率申请时。该临时频率申请是赛事所必需的，如不批准赛事难以进行，包括在场馆现场和不在场馆现场两种情况；有外国贵宾需要进入场馆区域时提出的临时频率申请。

规定完成时限：90分钟。

特别指出：对于场馆应急频率申请，如果申请频率在场馆备用频率范围内，由场馆无线电管理经理进行应急频率审批；如果申请超出场馆备用频率范围，报联席会议办公室进行应急频率审批。

4. 场馆频率调换工作流程

适用原则：当竞赛场馆、非竞赛场馆和开闭幕式（以下简称场馆）已指配频率受到有害干扰，或场馆合法无线电设备因技术原因无法在已指配频率工作时，场馆无线电管理经理可依据频率组提供的"场馆使用和备用频率表"，并根据现场情况可在备用频率内调换频率，并将结果及时报联席会议办公室、场馆无线电管理团队队长和TOC。

如超出场馆备用频率范围，按照规划频率调换工作流程进行频率调换。

规定完成时限：60分钟。

5. 规划频率调换工作流程

适用原则：场馆频率调换超出场馆备用频率范围，或场馆以外区域的合法奥运无线电频率受到有害干扰，或场馆区域外合法奥运无线电设备因技术原因无法在已指配频率工作时，现场无线电管理人员将情况报联席会议办公室，频率组进行在奥运规划频率范围内的频率调换。

规定完成时限：90分钟。

6. 收缴频率占用费工作流程

适用原则：除国家有关文件规定和奥组委承诺可以免缴频率占用费的奥运用户外，其他频率用户应按照规定缴纳频率占用费。

申请使用频率"不予保护"和免交费的用户不收取频率占用费；承诺交费的可暂不交费，频率占用费事后收取。

规定完成时限：适时。

四、频率组赛时值班安排

1. 频率组赛时值班地点

根据联席会议办公室要求，频率组被安排在联席会议办公室集中办公地点值班和奥运主媒体中心（MPC）现场办公。频率组值班将根据联席会议办公室值班方案，完成频率组值班任务，主要包括相关频率审批和频率调换工作；MPC现场办公主要完成现场的频率申请受理、频率占用费收取和频率许可证发放等工作。

联席会议办公室集中办公地点按照"三组两班倒"完成值班任务。

MPC现场办公时间为每工作日的8：30至17：30，工作日期根据联席会议办公室要求确定。

2. 值班人员要求

- 按照联席会议办公室的值班各项要求进行值班。
- 听从联席会议办公室值班领导和值班员指挥，完成相关工作任务。
- 熟悉频率组工作职责、频率管理各种工作流程和要求，熟悉频率资源情况，熟悉与其他部门的工作关系和联络方式。
- 能够独立完成正常和快速频率审批的受理和频率选择，以及应急频率审批和规划频率调换的相关工作。
- 随时做好频率管理情况登记，按要求每日向联席会议办公室值班员和频率组组长报告情况。
- 对不能处理的情况及时向联席会议办公室值班员，或频率组领导报告，必要时向联席会议办公室领导报告。

3. 现场办公人员要求

- 听从联席会议办公室值班和频率组值班的指挥，及时向频率组值班报告现场工作情况。
- 熟悉频率组工作职责、频率管理各种工作流程和要求，做好现场和频率组值班的工作衔接工作。
- 熟悉频率受理条件和应办理的手续。
- 熟练掌握频率占用费的计算。
- 能够完成频率许可证的制作和发放工作。

五、频率审批工作总结

截止到北京奥运会、残奥会结束，联席会议办公室共收到9037份频率申请（雅典奥运会为7600份），其中大部分为境外用户在奥运会期间临时使用。

在频率审批过程中，频率组开展了大量的工作，采用时间复用和空间复用的方法，指配了20000余个奥运频率，发放了1100余份频率使用许可证，满足了360余家境内外用户的频率需求。对开闭幕式、国际贵宾、火炬接力、欧米茄（OMEGA）公司，北京奥林匹克转播公司（BOB）、美国全国广播公司（NBC）、日本广播协会（JC）、欧洲广播联盟（EBU）、中国中央电视台、中国国际广播电台，以及安保、气象、指挥调度、医疗急救、公众移动通信运营商等重要部门和用户的用频需求采取了重点协调措施给予保障，为保证奥运指挥调度集群网的正常工作，多次与相关部门协调，为正通公司指配了近100对临时频点；为满足境外媒体卫星电视的直播需要，审批了326份境内外媒体的卫星新闻采集设备（SNG）申请；为保障奥组委无线局域网业务的正常运行，临时分配了尚未规划的频段以满足奥运业务需求。

频率组还根据中国移动和中国联通的网络建设情况，将所有可用的GSM移动通信频率临时分配给这两家运营商，为有效解决移动用户通话拥塞提供了资源保障。中国移动话务高峰达到预测容量的80%左右，网络没有出现拥塞现象，通话质量良好，接通率为100%。

此外，针对比赛中的一些突发情况或收到干扰影响赛事用频的情况，频率组还及时对赛事频率进行局部调整，并为各场馆准备了备用频率，将审批权限下放到各场馆，方便用户在必要的情况下申请和调换频率。

实践证明，科学规划、合理分配频率资源，奥运会各类无线电设备才能够正常开展工作。在整个奥运会期间，频率组指配的2万多个频率有序、顺畅的使用，没有发生一起因频率指配错误而互相产生有害干扰或自扰的事件。

第六节　无线电设备检测和场馆准入

一、检测组组织框架和职责

1. 检测组组织框架

检测组领导层由检测组组长和两位副组长组成。检测组执行层由固定检测分组（MPC，IBC，

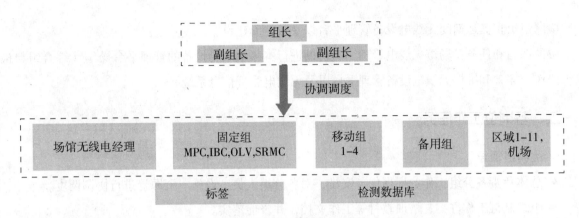

图 11-6 检测组组织结构图

OLV，SRMC)、移动检测分组（1-4 队）、备用检测分组、区域检测分组（1-11 区域、机场区域）组成，设备标签制作、数据库管理构成检测工作的支撑。

2. 工作职责

检测组的总体工作职责包括无线电检测队伍培训和演练；无线电设备检测工作；无线电台执照标签制作和发放；建设检测设备管理平台。

（1）检测队伍培训和演练

检测组负责对参与奥运无线电设备检测工作的人员进行培训，并在测试赛和综合测试赛中进行队伍演练。

培训内容主要包括：

- 无线电管理工作人员的主要职责
- 新型仪器仪表使用方法
- 新型受检设备的工作原理及使用场合
- 设备检测方法和检测标准
- 设备检测受理方法和流程
- 测试软件及自动测试系统的使用
- 常见测试问题的解决方法

（2）设备检测

检测组负责对奥运场馆及其特定区域内设置使用的无线电发射设备，以及在其他地区使用与奥运活动直接相关的无线电发射设备进行检测。

场馆无线电管理团队协助本区域临时入场设备检测工作；检测组负责提出检测和执照标签管理要求，提供执照标签、打印设备，以及相关设备信息的沟通和咨询；频率组提供频率审批信息；奥组委技术部负责为检测工作协调必要的工作条件。

（3）执照标签制作和发放

检测组负责执照标签的制作，落实标签打印和检查设备；负责执照标签的发放工作。

场馆无线电管理团队协助本区域内临时入场设备的标签发放工作。

（4）设备管理平台建设

检测组负责奥运期间无线电设备管理平台以及数据库建设。

协助部门和任务：场馆无线电管理团队协助进行本区域入场设备的管理平台操作（综合组与检测组协作，完善和维护无线电设备管理平台以及无线电管理信息系统）。

二、各岗位工作任务

1. 检测组领导

- 总体负责各分组工作，根据任务安排，对各分组人员、设施、资源等进行协调调度。
- 组织制订工作方案、培训教材等工作文档，并督促落实。
- 组织检测设施、设备管理平台建设。
- 赛时检测组内部问题处理，根据需求与其他组协调。

2. 协调调度人员

- 根据任务需要，协调调度各分组工作。包括各分组人员、设施、资源等调度工作。

3. 数据库管理员

- 负责数据库使用、维护、更新等。
- 负责检测管理平台开发、使用、维护、更新等。

4. 各分组

- 固定检测分组负责在 MPC，IBC，OLV，SRMC（国家无线电监测中心）的用户受理、设备检测、标签发放、数据更新、设备检查等工作。
- 机场分组负责在机场区域的用户受理、设备检测、标签发放、数据更新、设备检查等工作。
- 移动检测分组根据需要，对用户设备上门检测。
- 区域分组负责在区域场馆内的用户受理、设备检测、标签发放、数据更新、设备检查等工作。

5. 场馆团队

在区域分组人员不在场的情况下，协助检测组进行用户受理、设备检测、标签发放、数据更新、设备检查等工作。

三、检测工作流程

正常情况下，奥运期间，大量的无线电设备测试要在频率申请受理之后、赛事开始之前完成，其设备检测流程如图 11-7 所示：

某些特殊设备不需要频率申请，如经批准建立的专用网络使用的数字集群终端，正通网数字集群终端和运营商在用网络设备等。

对通过应急方式完成频率审批的设备，其检测流程也须从检测受理开始。

1. 检测受理

（1）检测受理程序

- 在用户获得频率许可证后，频率组将许可证复印件转到检测组，检测组接收人员进行签收登

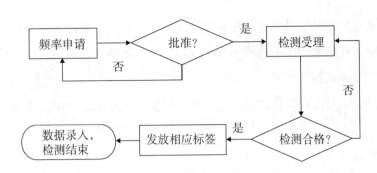

图 11 - 7　无线电设备检测工作流程图

记后，将频率许可证复印件交给检测组数据库管理员。

- 检测组数据库管理员应将用户联系方式、信息、设备技术信息、频率许可信息录入检测组数据库。数据库管理员可以通过频率申请网站将所有已经获得频率批准的设备信息录入检测组数据库。对于某些用户，其频率申请信息不会出现在频率申请网站上，检测组工作人员应与奥组委技术部项目经理取得联系以获取上述信息。

- 用户获得频率许可证后，可能会主动联系检测组（检测组值班人员）；或者检测组主动与用户取得联系（检测组调度员）；或者用户通过 TOC/场馆组/无线处联系检测组（区域分组人员或检测组值班人员），此时，通过与用户的沟通进行检测受理。检测受理中，检测组工作人员（检测组值班人员、检测组调度员或者区域分组人员）应与用户确定检测时间、地点、方式、联系人等信息，并更新数据库相关信息。

- 不需要频率许可的设备或者应急频率许可设备用户可能会主动联系检测组（检测组值班人员、区域分组人员）；或者检测组主动与用户取得联系（检测组调度员、区域分组人员）；或者用户通过 TOC/场馆组/无线处联系检测组（区域分组人员或检测组值班人员），此时，通过与用户的沟通进行检测受理。检测受理中，检测组工作人员（检测组值班人员、检测组调度员或区域分组人员）应与用户确定检测时间、地点、方式、联系人等信息，并更新数据库相关信息。

- 根据设备受理情况安排检测工作。根据检测设备的种类和规模确定不同级别的客户群（大转播商、媒体记者、运动员代表团、观众代表团等），实施灵活的检测手段，包括现场检测、上门检测、移动检测等。个别设备因特殊原因无法测试时，客户应提供技术备案文件。

（2）检测受理工作责任人

检测受理工作责任人包括数据库管理员、检测组值班人员、检测组调度员、区域分组人员。

（3）完成检测受理的工作时限

- 收到频率许可证后的四个小时内（接收频率许可证和数据录入在同一个工作日）。
- 接到用户、场馆组、TOC 咨询电话 10 分钟内。

注：检测工作和数据录入工作可以同时进行。

2. 设备检测

奥运检测系统具有自动测试功能，平均一个型号的设备正常测试时间控制在 10 分钟左右，检

257

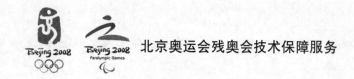

测时间短于往届奥运会。测试结果除可以在本地机器上存储外，还可以通过互联网传回检测数据库存储。检测数据库存放在国家无线电监测中心大楼内数据服务器上，移动、固定检测点和各区域的数据传输通过有线网或无线网络实现。

京外赛场城市的测试点也同北京的测试点联网。原则上只要经过频率批准的设备，在多个适用城市设备检测只进行一次，所有测试结果都要适时传到北京的服务器上。各个检测点的终端都能根据相应权限查询服务器的内容。

（1）设备检测程序

- 用户到固定检测点检测：正常情况下，申请用户携带设备及相关附件到测试赛固定检测点进行检测（固定分组人员、备用分组人员配合）；如设备可进行传导连接测试，在屏蔽室内进行；如设备无法进行传导测试，根据设备尺寸，可选择在 GTEM（吉赫兹横电磁波）小室、电波暗室内或通过耦合天线进行。

- 检测组上门移动检测：特殊情况下，安排移动检测车到设备现场进行测试（移动分组人员，场馆分组配合）；如设备可进行传导连接测试，在检测车内或用户设备所在地点进行；如设备无法进行传导测试，根据设备尺寸，在 GTEM 小室内或耦合连接进行测试。

- 现场测试：原则上所有设备都要在奥运会开幕之前完成检测，如因特殊原因无法提前检测，则需要在奥运场馆进行现场测试，现场测试须具备机动测试人员（区域分组人员，场馆分组配合）和测试设备。

（2）设备检测工作时限

检测受理后的 5 个工作日内。

（3）设备工作责任人

检测组调度员、设备检测工程师。

（4）设备检测数量

固定微波链路、移动微波链路、卫星新闻采集、固定卫星链路按申请设备总数 5%–10% 的比例抽样。

陆地移动无线通信业务，专业对讲系统，手持无线电台、无线摄像机、无线麦克风、无线局域网设备按申请设备总数 10%–20% 的比例抽样。

（5）设备检测项目

检测项目以用户频率许可证上规定的发射频率、功率、带宽为限值，限值的上下限根据检验依据的技术规范确定。分为必测和选测两类，前者包括发射频率（频率容限）、占用带宽；后者包括发射功率和杂散发射。选测项目可视情况而定。

（6）设备检测地点

在国际广播电视中心（IBC）、主新闻中心（MPC）、奥运村（OLV）和国家无线电监测中心设备检测处（SRMC）各设置 1 个固定检测中心，用于对大型的、不宜搬运的设备或在大量设备集中存放地点进行检测。

在专用奥运检测地点（IBC，MPC，OLV）启用之前，需要提前检测的设备可以在国家无线电监测中心或北京市无线电检测中心检测；北京市无线电检测中心可作为备用检测点。

设置4个移动检测组，承担没有固定检测点的奥运场馆的设备检测和应急检测。

3. 标签发放及信息录入

（1）标签样式

"无线电台执照"标签是设备管理的主要体现方式，其涉及样式和实施方案将大大简化管理工作，提高工作效率。检测组在进行充分调研的基础上，考虑到奥运期间可能出现的无线电设备数量，经联席会议领导层批准，决定借助成熟的二维条码技术实现奥运无线电设备管理系统。同时，考虑系统的安全可靠，辅助以人眼可识别的基本信息。

无线电台执照有中英文两种版式，所有执照标签各有3cm×5cm和4cm×6cm两种规格。标签类别和样式如下：

蓝色：测试赛期间场馆及特殊控制区域。

图11-8 蓝色中英文标签

黄色：奥运会期间奥运场馆及特殊控制区域以外。

图11-9 黄色中英文标签

红色：禁止使用。

图11-10 红色中英文标签

绿色：奥运会期间场馆及特殊控制区域。

图 11 - 11　绿色中英文标签

二维条形码包含信息：设备编号、频率、功率、带宽。

（2）标签发放及信息录入工作程序

● 设备检测完成后，需要将设备检测信息、标签信息录入检测组数据库中。

● 进行技术备案后信息录入。

对于需要进行技术备案的设备，其技术资料中的相关信息录入数据库（保密信息可以不录入数据库），同时，在数据库中注明技术备案。

● 发放标签

经检测合格的设备，根据设备使用情况，将被贴上蓝色或黄色的测试赛"无线电台执照"标签。设备用户信息、使用时间、使用城市、区域、场馆、编号以及设备实际技术指标将被打印在标签上。其中设备实际技术指标和编码将以二维条码的形式出现在标签上，编号将以明文和条码两种方式出现。

检测不合格的设备将被贴上"禁止使用"的红色禁用标签，设备不得使用。特殊情况下，需要使用检测不合格的设备时，需联席会议办公室领导批准。

（3）标签发放及信息录入工作负责人

信息录入：数据库管理员。

标签发放：固定分组人员、移动分组人员、区域分组人员（场馆分组人员配合）、备用分组人员。

（4）标签发放及信息录入工作时限

设备检测后的 1 个工作日内。

四、人员安排

1. 人员组成

由国家无线电监测中心、北京市无线电检测中心、广东省无线电监测站 4 人及内蒙古自治区无线电监测站 1 人组成。

检测组下设固定检测分组、移动检测分组、机场分组、区域分组。部分固定检测分组人员兼任移动分组工作，部分固定检测分组人员在奥运比赛开始后转入区域分组工作。

2. 岗位设置

检测组领导成员为 3 人（分别来自国家无线电监测中心和北京市无线电监测站）。每个固定检测分组、移动检测分组、区域分组和备用检测分组设置分组长 1 名，除负责本分组的管理、标签发放工作，还兼任现场检测人员。

检测组岗位共计 121 个，实际人员为 65 人。

备用检测组为北京市无线电发射设备检测中心。

3. 备用人员及车辆

由于奥运期间检测任务集中，考虑到疾病或不可预知因素等突发情况的影响，同时，考虑到奥运场馆工作证件的限制，检测备用人员主要以兼职为主。除 P 类人员和机场分组人员外，四个固定检测点的人员兼任移动组、区域分组和备用分组人员。

另外，由于奥运期间可能存在临时搬运检测设备的情况，移动检测三组兼任后勤保障。

五、设备检测工作总结

奥运期间，检测组通过周密准备，对各检测点、场馆区域一线的 21 个工作组进行了任务调度，科学分配人力、设备资源，保证在短时间内圆满完成了大量的、集中的设备检测任务。同时，本着服务用户的原则，对重要媒体用户、赛事相关部门、安保部门、国际贵宾等重要用户采取提前联系、预约服务、主动上门等措施，保障这些用户的无线电设备正常使用。协助 52 家用户、328 台设备申请应急审批频率；在发现用户使用频率与审批频率不符后，为保证媒体用户正常赛事转播和新闻采访，帮助 59 家用户的 257 台设备修改工作频点或调换工作频率；排除干扰 28 起。

据统计，在奥运会和残奥会期间，共检测无线电设备 7831 台，核发无线电执照标签 105887 张。调动检测人员 2790 人次、使用检测设备 5762 台次；上门检测 106 次。检测组服务用户包括奥组委、安保部门、各运营商、正通网用户、BOB、NBC、EBU、各 NOC、美联社、法新社等新闻社、国际体育单项组织、OMEGA、阿迪达斯、松下、联想等 293 个用户，并为 59 个贵宾代表团核发执照标签 985 张。

京外赛区无线电设备检测工作也有序开展。其中，上海发放执照标签 10218 个；天津发放执照标签 3995 个；河北（秦皇岛）发放执照标签 3716 个，辽宁（沈阳）发放执照标签 2994 个，山东（青岛）发放执照标签 5027 个。

在服务用户的同时，检测组坚持通过技术手段严格把关，奥运会、残奥会期间，核发禁止使用标签（红色）21 张，将不合格的无线电设备拒之于场馆及特殊控制区域之外。通过监测组认真、细致的设备检测工作，保证了场馆内的合法无线电设备能够在批准的工作技术参数下正常使用，确保了场馆及特殊控制区域内的电磁环境安全，做到了从源头上减少并杜绝奥运无线电干扰的产生。

第七节　无线电监测和赛事无线电安全保障

一、监测组组织框架和职责

1. 监测组组织框架

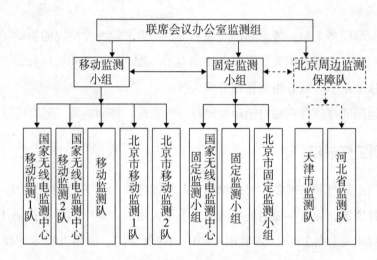

图 11 – 12　监测组组织结构图

2. 监测组工作职责

（1）监测组组织工作职责

- 统筹组织、协调奥运会北京地区无线电管理监测保障电磁大环境测试、频率保护性监测、干扰查找工作。
- 为奥运会北京地区频率的指配和协调提供技术支持。
- 配合执法组进行奥运会北京地区场馆管理团队负责区域以外的行政执法。

（2）固定监测小组工作职责

- 负责奥运会北京地区无线电管理监测保障的电磁大环境测试。
- 负责市区重点使用频段（点）的保护性监测；奥运会北京地区特定区域使用频率、备用频率的保护性监测。
- 负责受理日常的无线电干扰报告、干扰源定位，协助干扰查找。
- 负责市区突发事件无线电干扰定位，协助无线电干扰查找。
- 负责协调所属单位移动监测队无线电干扰查找。
- 协助场馆无线电管理团队无线电干扰查找。
- 负责向联席会议办公室（监测组）报告固定监测小组工作情况。

（3）移动监测小组工作职责

- 协助进行奥运会北京地区特定区域的电磁大环境测试。
- 负责场馆团队管理区域以外的市区无线电干扰定位、查找。

- 查找市区突发事件的无线电干扰。
- 协助场馆无线电管理团队查找应急性无线电干扰。
- 配合执法组进行奥运会北京地区场馆无线电管理团队负责区域以外的行政执法。
- 负责向联席会议办公室报告机动监测小组工作情况。

二、监测组主要任务和工作要求

1. 监测区域划分
- 固定监测组负责场馆无线电管理团队负责区域以外的市区无线电监测。
- 移动监测小组负责场馆无线电管理团队负责区域以外的市区无线电监测。

2. 监测组工作任务

组织市区电磁大环境测试以及奥运特定区域电磁环境测试；组织市区大环境频率保护性监测；组织场馆无线电管理团队和奥运特定区域负责区域以外的干扰查处；组织协助奥运特定区域内干扰查处。

（1）固定监测小组任务
- 维护监测网络、控制系统、监测设备、仪表等，使之始终处于最佳工作状态。
- 实施市区电磁大环境测试和保护性监测，分析、整理监测数据。
- 重点频率以及按照业务优先等级划分的频率保护性监测，并向联席会议办公室（监测组）报告监测结果。
- 协助场馆无线电管理团队和奥运特定区域无线电干扰定位；协助移动监测小组进行应急无线电干扰定位、查找。
- 收集、分析、整理监测日志，向联席会议办公室（监测组）汇报。

（2）移动监测小组任务
- 维护监测车辆、监测测向系统、监测设备等，使之始终处于最佳工作状态。
- 必要时，协助和支持场馆管理团队进行无线电干扰查找。
- 在固定监测小组的协调下，具体实施奥运会北京地区场馆无线电管理团队负责区域以外的电磁环境测试。
- 在监测组的协调下，进行场馆无线电管理团队和奥运特定区域负责区域以外的无线电干扰查找；市区突发事件无线电干扰的应急查找和处理；配合行政执法工作。
- 做好监测日志，向联席会议办公室（监测组）汇报。

3. 监测业务要求

奥运会期间，利用无线电监测网络，重点保障北京地区涉及国家安全和人民生命财产安全、重点区域、机场以及公共通信（广播电视）和各种专用通信网的无线通信业务的无线电安全，对其频段（点）实施保护性监测。

4. 监测区域范围要求

固定监测网所能覆盖的北京地区以及奥运会北京地区场馆及其周边区域；国家安全和人民生命

财产安全的重点区域、重点业务以及保障奥运会召开的重要部门所使用的无线电频率保护性监测。

5. 工作制度

- 按照工作职责和工作任务完成相应工作。
- 认真做好监测日志，详细记录每天的监测工作情况，并做好监测日志存档。
- 认真做好监测网络、监测设备、监测车辆以及后勤保障车辆的维护工作，随时处于工作的良好状态。
- 及时向联席会办公室（监测组）反映工作中存在的问题，提出解决处理意见及上报处理结果。

三、无线电干扰查处预案

1. 无线电干扰查处等级

依据突发事件无线电干扰的类型、严重程度，应对突发无线电干扰所需应急监测资源等因素，无线电干扰由高到低划分为 Ⅰ、Ⅱ、Ⅲ、Ⅳ 四个等级。

（1）Ⅰ 级无线电干扰

设置使用的无线电台（站）、无线电发射设备，以及辐射无线电电波的非无线电设备，产生的有害干扰对奥运会举办、奥运会开闭幕式等重大活动的指挥调度及非奥运会生命安全服务（主要包括奥运会安保、消防、医疗、交通、民航等）无线电通信、无线电业务产生重大影响或危及国家安全和人民生命财产安全；恶意造成较大政治影响的无线电插播干扰。使用的无线电频率受到干扰造成如下重大影响：

- 举办奥运会重大活动或奥运会开闭幕式受到严重影响。
- 奥运会比赛活动被严重影响。
- 核心应用（安保、消防、医疗、交通、民航等指挥调度和无线电通信；竞赛部门直接应用的无线电通信）受到严重影响，核心服务受干扰全部阻断，完全瘫痪，没有临时解决方案。
- 重要媒体转播服务受到严重影响。
- 恶意无线插播和故意捣乱破坏干扰，造成较大的政治影响的干扰。

（2）Ⅱ 级无线电干扰

设置使用的无线电台（站）、无线电发射设备，以及辐射无线电电波的非无线电设备，产生的有害干扰对奥运会举办以及奥运会举办涉及的主媒体、竞赛、指挥、贵宾、国际奥委会和北京奥组委等部门用户的无线电业务造成比较严重的影响；恶意造成政治影响的干扰。使用的无线电频率受到干扰造成如下严重影响：

- 奥运会比赛活动受到影响。
- 核心应用（安保、消防、医疗、交通、民航等指挥调度和无线电通信；竞赛部门直接应用的无线电通信）受到较大影响，大量无线电用户应用不正常，已经采取暂时解决方案，核心服务受干扰，不能正常工作或处于半阻断、半瘫痪状态。
- 媒体转播服务受到较大影响。
- 恶意无线插播和故意捣乱破坏造成的干扰，引起政治影响。

- 干扰存在被媒体或公众获知。

（3）Ⅲ级无线电干扰

设置使用的无线电台（站）、无线电发射设备，以及辐射无线电电波的非无线电设备，产生的有害干扰对各 NOC、IF，以及直接服务奥运的水、电、气、热等保障部门无线电业务造成如下较大影响：

- 重要部门（主要包括各 NOC、IF，以及直接服务奥运的水、电、气、热等）受保护无线电频率及关键业务系统受到干扰，但不影响服务的提供。
- 单一用户的受保护无线电频率受到干扰，工作无法继续，没有临时解决方案。

（4）Ⅳ级无线电干扰

设置使用的无线电台（站）、无线电发射设备，以及辐射无线电电波的非无线电设备，产生的有害干扰对参与奥运会后勤保障部门和其他无线通信用户无线电业务造成如下影响：

- 非核心（主要包括奥运会的后勤保障部门和其他无线用户）受保护无线电频率受到干扰。
- 单一用户的受保护无线电频率受到干扰，有应急解决方案。

2. 干扰查处响应过程

（1）分级响应

- 突发无线电干扰事件发生时，在联席会议办公室的指挥下，监测组及有关各组、场馆管理团队，按照无线电干扰查处应急监测响应工作流程、无线电干扰查找工作流程，实施无线电干扰查处工作。
- 突发Ⅰ级和Ⅱ级无线电干扰事件时，监测组值班人员应及时将监测情况向联席会议办公室值班领导报告，同时通知监测组固定监测小组、移动监测小组相关监测有关负责人应同时赶赴现场指挥。
- 突发无线电干扰事件发生时，暂时不能确定干扰查处等级时，先行启动Ⅲ级无线电干扰查处预案，并根据突发无线电干扰事态发展和监测保障情况，经请示联席会议办公室值班领导批准，适时调整应急监测保障响应级别。

（2）响应结束

无线电干扰查处应急监测保障工作结束时，参与干扰查处各有关监测单位应做好监测资源的恢复工作，同时做好应急监测设备的检修和维护工作，监测网络运行维护转入日常管理。

3. 分级响应要求

（1）时效要求

- Ⅰ级无线电干扰

  赛前响应时限：1 小时；赛前解决时限：根据具体干扰情况确定。

  赛时响应时限：5 分钟；赛时解决时限：根据具体干扰情况确定。

- Ⅱ级无线电干扰

  赛前响应时限：2 小时；赛前解决时限：根据具体干扰情况确定。

  赛时响应时限：5 分钟；赛时解决时限：根据具体干扰情况确定。

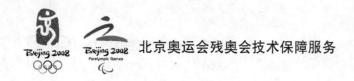
- Ⅲ级无线电干扰

  赛前响应时限：4 小时；赛前解决时限：24 小时。

  赛时响应时限：30 分钟；赛时解决时限：4 小时。

- Ⅳ级无线电干扰

  赛前响应时限：8 小时；赛前解决时限：40 小时。

  赛时响应时限：60 分钟；赛时解决时限：8 小时。

（2）处理原则

- 对涉及Ⅰ、Ⅱ级无线电干扰，监测人员应要求造成干扰的设备使用单位（个人）立即停止使用，并采取有效措施消除干扰，然后再提出进一步的处理意见，如造成政治影响的，发射阻断信号。

- 对涉及Ⅲ、Ⅳ级无线电干扰，监测人员在确定干扰源后，按照干扰处理和行政执法程序办理。

各场馆无线电管理团队应将干扰查处情况及时向申诉单位通报，并向联席会议办公室提交干扰处理报告。

四、监测工作具体阶段安排

1. 整体安排

表 11-7　2009 年监测工作安排表

序号	时间	具体工作任务	配合部门
1	5 月	1. 市电磁大环境测试，数据整理、总结； 2. 奥运会预指配频率技术支持； 3. "好运北京"系列赛保障； 4. 奥运中心区周边 400MHz 频谱监测，为清理非法台站做好准备； 5. 制定干扰仿真技术方案，主要针对移动通信、集群通信指挥调度、微波、对讲机、无线麦克、数传等的无线电干扰和查处； 6. 联席会议办公室交办其他工作。	奥组委技术部 中国移动北京公司 北京正通公司 频率组 执法组 检测组 场馆组 管理团队
2	6 月	1. 奥运中心区域电磁环境，数据整理、总结； 2. 奥运会预指配频率技术支持； 3. 奥运中心区周边 400MHz 频谱监测，清理非法台站； 4. 监测组培训，明确工作职责和任务； 5. 干扰模拟及演练，主要针对移动通信、集群通信指挥调度、微波、对讲机、无线麦克、数传等的无线电干扰和查处； 6. 奥运会使用、备用频率保护性监测，干扰查处； 7. 联席会议办公室交办其他工作。	奥组委技术部 中国移动北京公司 北京正通公司 综合组 频率组 执法组 检测组 场馆组 管理团队

续表

序号	时间	具体工作任务	配合部门
3	7月	1. 奥运会预指配频率技术支持； 2. 奥运中心区周边400MHz频谱监测，清理非法台站； 3. 有关重点区域电磁环境测试； 4. 奥运会使用、备用频率保护性监测，干扰查处； 5. 联席会议办公室交办其他工作。	奥组委技术部 中国移动北京公司 北京正通公司 频率组 执法组 检测组 场馆组 管理团队
4	8月	1. 奥运会预指配应急频率技术支持； 2. 有关重点区域电磁环境测试； 3. 奥运会使用、备用频率保护性监测，干扰查处； 4. 联席会议办公室交办其他工作。	奥组委技术部 中国移动北京公司 北京正通公司 频率组 执法组 检测组 场馆组 管理团队
5	9月	1. 残奥会预指配应急频率技术支持； 2. 有关重点区域电磁环境测试； 3. 残奥会使用、备用频率保护性监测，干扰查处； 4. 工作总结准备； 5. 联席会议办公室交办其他工作。	奥组委技术部 中国移动北京公司 北京正通公司 频率组 执法组 检测组 场馆组 管理团队
6	10月	1. 工作总结； 2. 联席会议办公室交办其他工作。	综合组

2. 监测工作阶段划分

场馆无线电管理团队工作时间按照工作要求分为以下六个阶段：

- 规划阶段：赛前60天—赛前30天
- 部署阶段：赛前30天—赛前7天
- 赛前准备阶段：赛前7天—赛事开始
- 赛时运行阶段：赛事开始—某项赛事结束
- 转场阶段：本场馆内某项赛事结束—新赛事开始—赛事结束
- 赛后总结阶段：赛事结束后3日内

3. 各阶段具体工作任务

无线电频率管理经理的各阶段工作任务，均在场馆无线电管理团队队长领导下实施和落实。如需无线电监测工程师协助完成的工作，需由无线电频率管理经理报场馆无线电管理团队队长，由队

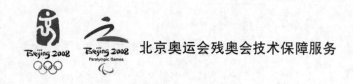

长负责协调、部署和落实。

（1）规划阶段主要工作任务

- 熟悉场馆人员、房间、环境和竞赛组织机构部署，了解场馆相关部门工作进度，参加奥组委场馆团队的相关培训。
- 联系奥组委场馆技术经理，收集场馆区域图等资料，了解场馆各部门经理的联系方式，与场馆主任、安保、媒体、业主、物流、体育展示等部门负责人建立联系渠道。
- 积极宣传《北京奥运会及其筹备期间无线电管理暂行规定》等无线电政策法规，使场馆各相关部门了解无线电管理工作的内容和重要性。
- 对场馆内的无线电设备进行全面细致的摸底，掌握无线电频率和设备的使用情况。
- 了解场馆无线电频率需求，督促和协助未提交频率申请或未办理专用执照标签的用户尽快办理相关手续。
- 协助办理无线电监测、检测车辆的场馆通行证件，并落实车辆停放、充电、场内固定监测点等具体事宜。
- 制订安保人员及志愿者培训计划，编写培训材料并进行培训。
- 每周提交一次《场馆无线电管理工作日志》。
- 清理场馆区域内非法使用频率、台站，查清所有不明信号，并作相应记录。
- 完成场馆无线电管理团队队长交办的其他工作。

（2）部署阶段主要工作任务

- 进行场馆内无线电使用频率、备用频率保护性监测并掌握场馆内电磁环境情况；受理场馆内无线电干扰申诉并查处有关干扰。
- 协助完成场馆内无线电设备的检测、核发标签、数据统计工作。
- 在媒体和观众入口处粘贴《关于北京奥运会及残奥会期间无线电管理的通告》。
- 了解场馆无线电频率需求，督促和协助未取得频率执照或未办理专用执照标签的部门尽快办理相关手续。
- 每周提交两次《场馆无线电管理工作日志》
- 完成场馆无线电管理团队交办的其他工作。

（3）赛前准备阶段主要工作任务

- 掌握场馆频率使用和申请情况，督促和协助未提交频率申请或未办理专用执照标签的用户尽快办理相关手续。
- 进行场馆内无线电设备使用频率、备用频率保护性监测并掌握场馆内电磁环境情况；受理场馆内无线电干扰申诉并查处有关干扰。
- 协助完成场馆内无线电设备的检测、核发标签、数据统计工作。负责临时标签核发。
- 对无线电设备的使用情况进行监督检查，并记录检查结果。
- 协助安检人员核准入场无线电设备的标签。
- 制定场馆无线电管理工作人员的工作日程表，按要求做好每日的汇报并填写《场馆技术运行每日报告》。

- 协调落实场外技术保障人员进场工作的车辆及人员证件。
- 每天监测拟在本场馆使用的无线电频率，排除不明信号或非法干扰信号。
- 清理场馆区域内非法使用的无线电频率、台站，查清所有不明信号。查处非法使用设备。
- 每天提交《场馆无线电管理工作日志》。
- 完成场馆无线电管理团队交办的其他工作。

（4）赛时运行阶段主要工作任务

- 完成权限内的应急无线电频率审批和场馆频率调换等场馆频率管理相关工作。
- 协助完成场馆内无线电设备的检测、核发标签、数据统计工作。负责临时标签核发。
- 进行场馆内无线电设备使用频率、备用频率保护性监测并掌握场馆内电磁环境情况；受理场馆内无线电干扰申诉并查处有关干扰。如解决不了报联席会议办公室（指挥中心）。
- 协助安检人员对入场的无线电设备进行标签核准。
- 对无线电设备的使用情况监督检查，并记录检查结果。
- 协调落实场外技术保障人员进场工作的车辆及人员证件。
- 掌握当日重点用户无线电频率使用情况，提前一天对其进行保护性监测。
- 对未经批准使用的无线电设备进行协调处理。
- 制定场馆无线电管理工作人员的工作日程表，按要求做好每日的汇报并填写《场馆技术运行每日报告》。
- 每天提交《场馆无线电管理工作日志》。
- 完成场馆无线电管理团队交办的其他工作。

（5）转场阶段主要工作任务

- 掌握场馆无线电频率和设备的使用情况。
- 负责应急无线电频率审批和场馆频率调换等场馆频率管理相关工作。
- 协助完成场馆内无线电设备的检测、核发标签、数据统计工作。负责临时标签核发。
- 场馆内无线电设备使用频率、备用频率保护性监测并掌握场馆内电磁环境情况；受理场馆内无线电干扰申诉并查处有关干扰。
- 对无线电设备的使用情况进行监督检查，并记录检查结果。
- 每天提交《场馆无线电管理工作日志》。
- 完成场馆无线电管理团队交办的其他工作。

（6）赛后总结阶段主要工作任务

- 对场馆无线电管理工作进行总结，向场馆无线电管理团队和奥组委场馆团队汇报。
- 完成设备清理和撤离工作。
- 向联席会议办公室提交场馆无线电管理工作总结报告和《场馆在用各类无线电设备统计表》和《场馆使用和备用频率表》。
- 完成场馆无线电管理团队交办的其他工作。

五、监测工作总结

北京无线电安全保障队伍开展了全面监测和干扰查处工作，有效地保障了各场馆赛区的无线电用频安全，对保障奥运赛事各类无线电系统的正常运行起到了重要作用。

截至残奥会结束，共排查轻微干扰或干扰隐患百余起。其中，经过多次反复监测和定位查找，排除了16起BOB在国家体育场、铁人三项赛场、国家游泳中心、公路自行车赛场、马拉松比赛等场馆区域用于转播的无线摄像机、无线话筒等受干扰事宜，有效地保障了奥运赛事节目的转播；协调中国网通，排除工人体育场内国际足球联盟（FIFA）裁判员使用的无线系统受干扰事宜；查处了7起中国移动WLAN受干扰事宜；及时排除了公路自行车赛OMEGA计时记分系统受干扰事件。

整个奥运赛事期间，无线电设备工作正常，没有发生一起影响奥运会赛事顺利进行的有害干扰，绝大部分干扰在赛事和媒体转播开始前得到了查处和协调解决，无线电监测工作得到了奥组委、重要用户的一致肯定。

270

第十二章　场馆其他技术服务

　　场馆其他技术服务为奥运会、残奥会所有竞赛场馆（包括京外场馆）和重要的非竞赛场馆提供了音视频服务、不间断电源服务、文件处理服务、头戴系统服务和综合布线服务。这些服务是奥运会技术服务系统的重要组成部分，由于它们不属于信息、成绩和通信服务的范畴，因此在北京奥组委技术管理的范畴内被称为场馆其他技术服务。

　　在奥运赛事进行期间场馆的大屏幕图像回放、体育展示和赛事转播等关键环节上，音视频服务起到了不可替代的作用。在为赛事组织官员、裁判员、转播商和后台成绩系统处理团队之间的沟通建立桥梁，保证每一个指令和信息都准确无误传递的过程中，头戴系统服务功不可没。奥运会不仅是各国运动员拼搏的赛场，更是各大媒体记者们没有硝烟的战场，为了能更快更准确地在第一时间提供给媒体记者们第一手的赛事信息和比赛成绩单，文件处理服务充当了最关键的角色。而不间断电源服务和综合布线服务则作为所有这些技术服务系统的最基础的支撑结构，保证了所有技术系统设备的正常运行。在北京奥运会中，所有技术系统的线缆服务均归入其他技术系统的范畴，包括数据、语音、音视频、CATV、头戴线缆以及为仲裁录像等系统服务的特殊线缆。其他技术系统由技术部场馆技术处负责规划、建设与运行。

　　以下将分节详细介绍各个场馆其他技术服务的具体实施情况。

第一节　音视频服务

一、概述

　　音视频服务按照系统类别可分为音频、大屏幕视频、体育展示视频、仲裁录像、视频播放（电视机、投影仪）和音视频特殊布线等系统。技术部根据国际奥委会对奥运场馆的建设要求，参考历届奥运会系统的建设经验并结合北京奥运会的特点，以满足奥运会赛事需求为出发点，仔细研究了每个系统在系统架构和系统建设之间的共性与差异。在认真分析了各系统的特点后，制定了详细的系统实施方案，使各系统间达到了有机的结合。根据部分系统技术设备功能接近、系统结构相似的特点，技术部利用同一个现场维护团队进行赛时维护，这样既满足了奥运会的要求，又节约了预算与大量人力物力。

二、系统架构与设计

1. VIK 供货合同

松下公司作为国际奥委会 TOP 合作伙伴，享有音视频产品的权益，并提供了约定数额的 VIK 赞助。然而松下公司的 VIK 赞助额并不足以满足北京奥运会的全部音视频需求，因此，与松下公司确认其提供的音视频设备的品种、数量、指标与服务范围是音视频系统设计的关键环节。在谈判之前，技术部与松下公司就北京奥运会的音视频需求进行了调研和方案设计，即可行性研究；从 2007 年 6 月开始，技术部会同财务部门与松下公司就 VIK 分配方案以及大屏、音响、电视机、投影仪的设备清单进行了多次谈判。在谈判过程中，双方充分尊重可行性研究报告成果以各场馆的实际建设情况，就 VIK 供货协议中涉及的产品以及系统进行了详细规划，各系统设备的详细清单列为合同附件。在合同主体谈判完成后，为保证奥组委的需求能够得到最大限度的满足，同时避免不必要的浪费，双方同意设备详单暂不定稿，约定在保证合同总金额不变的前提下，于 2007 年 12 月底前最终确定各系统的所有设备总量，最终在 2008 年 5 月底以前确定具体安装方案。该合同最终于 2008 年 4 月签署，设备总量调整和安装方案确定均按照约定时限进行。

由于松下公司的 VIK 金额有限，技术部与松下公司对奥运会音视频系统 VIK 涵盖的设备系统范围和服务达成共识，在不出现其他设备提供厂商标示的前提下，部分音视频系统技术设备和服务由技术部通过招标采购程序确定提供商。这种方式既弥补了松下 VIK 金额的不足，也保护了其市场权益，符合奥运会市场开发规则。单独招标的音视频系统包括媒体看台的小型号电视机、仲裁录像系统、体育展示视频系统、音视频特殊布线系统和会议同传翻译系统。

2. 可行性研究

2006 年 4 月至 10 月，技术部会同松下公司进行了音视频系统的可行性研究，这是奥运会音视频系统建设过程中的重要一环，研究涵盖了京内、京外以及非竞赛奥运场馆的所有音视频系统。双方根据《2008 年奥运会场馆主扩声系统指标参数》对场馆现有扩声系统进行了评估，对场馆图纸进行分析设计，同时又对场馆的视频系统进行分析和测试，确认是否达到了奥运会要求。在研究同时，还就其他业务口对音视频系统的需求进行了调查和收集，在整理分析已收集信息数据的基础上，对流动扩声系统在场馆的竞赛区域、运动员休息区、竞赛官员会议室、新闻发布厅、文字记者工作间、体育展示、观众安检口和主席台等区域的系统数量和使用设备型号等进行了统一设计，对已建设音视频系统场馆的设计方案进行评估，提出修改意见，对没有音视频系统的场馆提出建设方案和建议。可行性研究报告于 2006 年 10 月 31 日第一版完成，在形成的最终报告中，对没有达到奥运会要求的场馆提出了补充建设意见。

报告共分为六卷，主要内容包括临时设施、赛后遗产设施、场馆视频系统设计和图像大屏幕方案等。

3. 音频系统

音频系统主要包括：主扩声系统和流动扩声系统。流动扩声系统又包括体育展示系统、新闻发布厅系统、热身检录系统、安检检票系统、会议室系统以及其他流动扩声系统。

主扩声系统大部分场馆利用了业主建设的永久系统；体育展示系统全部是松下公司提供的临时系统；新闻发布厅大部分都是临时系统，部分使用永久系统；安检检票、会议室系统以及流动扩声系统均为临时系统。

公共广播系统原则上由场馆业主单位负责建设以及运行，只有4个热身检录系统利用了公共广播系统的部分分区满足需求。

音频系统使用永久或临时系统的原则是：尽量使用业主已有音频系统满足奥运需求，对于不能满足奥运需求的场馆使用松下设备进行补充。表12－1是奥运会音频系统使用的数量（套）。

表12－1　音频系统使用数量表

序号	设备名称	数量
1	永久主扩声	24
2	临时主扩声	10
3	体育展示	46
4	永久新闻发布厅	4
5	临时新闻发布厅	37
6	永久运动员检录和热身	4
7	临时运动员检录和热身	11
8	会议室音响	32
9	观众入口与检票口	60
10	其他流动扩声系统	77

（1）主扩声系统

2005年10月，技术部结合历届奥运会经验与国内体育场馆建设标准，组织国内音频领域内的专家进行论证，制定了《2008年奥运会场馆主扩声系统指标参数》。该参数量化了主扩声系统的技术建设标准，为奥运会新建场馆和改建、临建场馆的主扩声系统建设提供了建设依据，该指标既满足奥运会的需求，又从合理性和可行性上对场馆投资的性价比进行了量化界定。

（2）流动扩声系统

流动扩声系统在场馆中的分布比较分散，为不同的业务口提供音频扩声服务。流动扩声系统的构架基本相同，一般由声音输入和输出设备、声音处理设备和周边设备组成，并根据不同业务口的需求差别进行了相应的调整。

①体育展示系统

体育展示音频系统承担着播报出场运动员名单、比赛成绩，提示观众留在座位欣赏颁奖仪式，根据场地内竞赛需要组织烘托气氛的现场表演，以及在颁奖升国旗过程中播放冠军运动员或运动队

273

国歌等重要工作任务。

该系统通过在竞赛区域设置的体育展示席调音台与场馆主扩音系统相连接，利用 CD 播放器、MD 播放器和硬盘播放器等音源设备播放国歌和各种主题音乐音效，同时体育展示播音员利用头戴式麦克风进行播音并和体育展示导演和体育展示经理保持沟通。根据要求，体育展示音频系统与转播系统连接系统的设计充分考虑了永久与临时系统的共用、系统应急方案等问题。

除了体育展示音频系统外，体育展示系统还包括体育展示视频系统，内容在本节有详细介绍。

②新闻发布厅系统

新闻发布厅系统满足比赛结束后新闻发布会的扩声需求，该系统包括调音台、功放、音箱、音分器、有线麦克风和无线麦克风等设备。根据各奥运场馆新闻发布厅的面积和数量的不同，该系统的实际使用设备数量也随之有所变化。

③热身检录系统

热身检录系统满足在场馆中运动员热身和检录区域的扩声需求，体育竞赛官员通过该系统对运动员下达热身检录命令。该系统由功放、音箱、有线麦克风和无线麦克风等设备组成。

④安检检票系统

安检检票系统为观赛观众疏导和信息发布等提供服务，一般安装在场馆外围的观众安检口，由功放、音箱和有线麦克风等设备组成。

⑤会议室系统

会议室系统为奥运会竞赛场馆的竞赛官员会议室、体育组织官员会议室和裁判员会议室等区域提供扩声服务。该系统在大部分竞赛场馆的设备比较简单。

会议室系统在部分奥运场馆还包括了同声传译系统。根据往届奥运会的运行经验，同声传译系统主要服务于各国媒体，是奥运会必不可少的系统。经过与相关业务部门洽商，奥运会赛时为国家体育场、国家体育馆、国家游泳中心、五棵松篮球馆、MPC 和奥运村等场馆提供同声传译设备，以满足各国媒体对赛事报道的需求。同声传译系统包括能实现最多 7＋1 路语言的同声传译功能的主机和模块、数字红外接收机、同声传译房间、无线麦克风以及同传耳机等设备，红外接收机的数量由媒体运行部门根据新闻发布厅的大小等因素确定。

⑥其他流动扩声系统

其他流动扩声系统主要是超小型的移动式有源音箱以及麦克风，该系统用于志愿者培训以及其他需要灵活移动、简便、易安装的扩声系统的领域。

4. 大屏幕视频系统

大屏幕视频系统是各场馆的重要展示窗口，并且充当了奥运会比赛与观众体验奥运会现场气氛的桥梁。松下公司为北京奥运会提供了彩色 LED 图像大屏幕系统和 DLP 数字投影系统的方案设计、施工建设和设备维护等专业服务。

（1）LED 图像大屏系统

①系统介绍

LED 图像大屏系统部署在竞赛场馆，是用于向观众、媒体及场馆工作人员展示比赛精彩瞬间回放、体育展示动画等视频节目的大型图像显示系统。图像大屏系统包括前端 LED 模组，后端控制设备以及视频及电源连接线等设备（系统见图 12 - 1、图 12 - 2）。

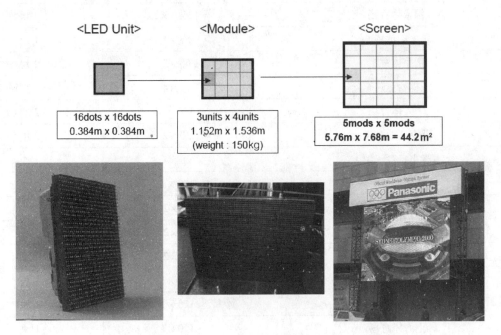

图 12 - 1　LED 图像大屏模组简介

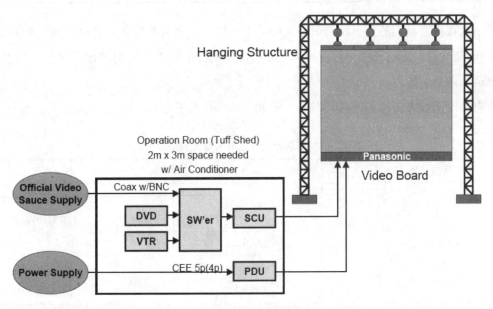

图 12 - 2　松下公司图像大屏系统连接图

②系统分布

北京奥运会所有场馆图像大屏系统的总面积为 2150 平方米，是雅典奥运会的近 3 倍，分布在京内外 36 个竞赛场馆中。北京奥运会所使用的图像大屏系统分为两部分：一部分是场馆业主自己建设的永久图像大屏系统，另一部分是需要临时租用的临时图像大屏系统。图像屏大小的设定需要结合屏长宽比例、设计惯例和场馆实际情况等综合考虑。

安装有永久图像大屏的场馆列表 12 - 2 如下：

表 12 - 2　北京奥运会永久图像大屏系统分布列表

场馆	面积（m²）	备注
国家体育场	126.5 ×2	2 块
国家游泳中心	53 ×1	1 块
国家体育馆	66 ×2	2 块
五棵松篮球馆	13 ×4	4 块斗型屏幕
工人体育场	120 ×2	2 块
北京工业大学	30 ×2	2 块
老山自行车馆	28 ×1	1 块
奥体中心体育场	120 ×1	1 块
北京大学体育馆	28 ×2	2 块
首都体育馆	35 ×2	2 块
北京理工大学体育馆	24 ×2	2 块
沈阳体育场	120 ×1	1 块
秦皇岛体育场	120 ×1	1 块
上海体育场	120 ×1	1 块
天津体育场	120 ×1	1 块

在各永久屏所在场馆的业主和场馆团队的大力支持下，永久屏的安装进展顺利，所有永久图像大屏在 2008 年 6 月份之前都已交付使用。安装有图像大屏的场馆对各自图像屏进行了保养和维护，保障了奥运会的顺利进行。

安装有临时图像大屏的场馆列表 12 - 3 如下：

表 12 - 3　北京奥运会临时图像大屏场馆列表

场馆名称	尺寸（m²）×数量	备注
国家体育场	25.7 ×1	与永久图像屏组合成两块 152 平方米的图像屏
国家游泳中心	28.3 ×1	吊装
顺义奥林匹克公园（赛艇）	86.7 ×1 16 ×1	位于静水区，吊装
顺义奥林匹克公园（皮划艇静水）	64 ×1	位于动水区，吊装
奥林匹克公园曲棍球场	28.3 ×1	吊装
奥运村	20	位于升旗广场，吊装
北区射箭场 小轮车赛场	28.3 平方米移动车载大屏	—
老山山地自行车场	28 ×1	吊装
城区自行车赛场	20 ×2	座装

续表

场馆名称	尺寸（m²）×数量	备注
铁人三项赛场	40×2	座装
朝阳公园沙滩排球场	28.3×2	吊装
香港马术场	44.2×1 15.9×1	吊装
青岛帆船赛场	28.3×1	吊装

在临时图像大屏场馆中，由于需求的增加，松下公司 VIK 不足，技术部最终为公路自行车终点（居庸关）、铁人三项赛场和老山山地自行车赛场配置了国产图像大屏系统。

（2）DLP 数字投影系统

部分室内竞赛场馆的建筑结构无法满足安装 LED 图像屏的要求。为节约资金，在比赛和转播灯光照明能够满足投影使用要求的前提下，部分场馆采用了 DLP 数字投影系统。DLP 数字投影系统与 LED 图像大屏系统类似，都是播放视频信号和展示精彩瞬间等功能的视频系统，所不同的是 DLP 仅适合在环境亮度较低的室内使用。DLP 系统的全称是 Digital Large Projection System，基本原理是通过数字处理技术，利用高亮度的灯泡来将图像投影到白色幕布上。北京奥运会的 DLP 系统使用了松下公司的投影机。为了提高亮度，在每个 DLP 投影位置部署了 2 台叠加的 DLP 投影机，达到了 20000 流明的照度。

图 12 - 3　DLP 数字投影

应用 DLP 数字投影系统的场馆列表 12 - 4 如下：

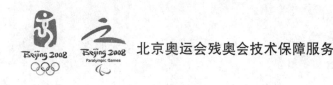
表 12 - 4　DLP 数字投影系统分配表

场馆名称	规格×数量
工人体育馆	10000 流明×4，300 英寸×2
农大体育馆	10000 流明×4，300 英寸×2
北航体育馆	10000 流明×2，210 英寸×1
会议中心击剑馆	10000 流明×2，300 英寸×1
北科大体育馆	10000 流明×4，300 英寸×2
奥体中心体育馆	10000 流明×2，240 英寸×1
老山射击场	10000 流明×2，300 英寸×1
英东游泳馆	10000 流明×2，210 英寸×1

5. 仲裁录像系统

根据奥运会和残奥会的总体规划，技术部须为竞赛提供仲裁录像系统设备和技术支持服务。仲裁录像系统对于保证比赛公平、公正地进行起着举足轻重的作用。

奥运会需要仲裁录像系统服务的比赛项目共计 23 个，其中由技术部负责提供技术设备与技术支持服务的有 14 个；由技术部和欧米茄公司共同提供技术设备与服务的有 1 个（静水皮划艇）；由技术部和 IF 共同提供技术设备与服务的有 1 个（摔跤）。其他项目的仲裁录像系统设备和技术支持服务均由欧米茄公司提供。

仲裁摄录像系统由 4 部分组成：

- 摄像系统：由各种不同规格的摄像机构成。
- 录像系统：磁带录像机和硬盘/光盘录像机。
- 监视系统：大型或小型监视器。
- 系统连接：将以上三个系统组成整个输入输出链路的特殊摄录像系统。

6. 视频播放（电视机、投影仪）系统

根据总体规划，奥运会期间需为各场馆部署电视机、投影机、DVD 播放机和投影幕等视频播放设备，电视机包括等离子、液晶和显像管（CRT）电视等品种，总数约为 15000 台（其中约 2000 台为通过收费卡服务出租的付费电视），电视墙 6 个，投影机和 DVD 播放机各约 200 台。

（1）电视机

由松下公司提供的电视机型号包括 50 英寸等离子、42 英寸等离子、36 英寸液晶、29 英寸 CRT 和 21 英寸 CRT。奥组委通过招标采购了 19 英寸液晶电视。

50 英寸系统等离子用于电视拼接屏，一般使用 4 台 50 英寸系统等离子组成电视拼接屏。奥运会技术运行中心使用 20 台 50 英寸系统等离子组成了可同时播放 100 路视频信号的大型电视墙。42 英寸等离子一般用于场馆中的媒体工作区，为文字媒体记者提供较好的视频服务。36 英寸液晶和 29 英寸 CRT 为奥组委内部用户提供服务，一般放置于场馆的 VIP 区域；21 英寸 CRT 主要集中放置在媒体村中；19 英寸液晶集中摆放在竞赛场馆媒体看台区域，为看台的文字记者和电视解说员提供视频服务。

北京奥运会场馆的视频转播信号全部使用 16∶9 的高清信号，与往届奥运会相比有了很大的提升，同时随着电视机价格的降低，北京奥运会提供了比往届奥运会更加先进的电视机设备。

（2）投影仪

由松下公司提供的投影仪规格包括 2000 流明和 3000 流明两种。技术部通过招标采购的投影仪规格为 4000 流明。2000 流明的投影仪一般作为场馆体育单项组织和场馆团队前期办公使用；3000流明带双灯备份功能投影仪主要为场馆团队赛时办公、会议、竞赛抽签等功能业务使用；4000 流明的大型投影仪作为大型会议使用的专业投影设备，在奥运会开幕前期奥组委与国际奥委会定期举行的协调会议和国际性奥委会大会上使用。通过招标，技术部同时确定了大型投影仪的维护服务商，为奥运会赛前和赛时的投影仪设备提供现场维护服务。

（3）DVD 播放机等其他配套设备

技术部通过招标采购的方式，选择 DVD 播放机、与投影仪配套使用的投影幕和耳机的设备提供商和场馆维护服务提供商。DVD 播放机提供给场馆内的国际单项组织办公使用，投影幕则根据2000 流明和 3000 流明投影机的摆放位置配合使用。

表 12 – 5　视频播放系统数量表

项目名称	产品型号	规格	数量
投影仪	PT – FD400	松下公司 4000 流明 DLP 投影仪	161 台
投影幕	100 英寸支架幕	2440 × 2830（mm）	120 块
DVD 播放机	DVP – 891	DVD 音视频播放系统	194 台
耳机	H800	立体声耳机	37 个

（4）收费卡项目

收费卡项目是奥组委为满足外部客户在奥运会举办期间的生活和办公需求而制定的特殊租赁服务，技术部参考往届奥运会收费卡项目的技术设备分类和数量制定了北京奥运会收费卡项目技术设备的类型、型号和参考数量。收费卡项目的设备租赁价格由奥组委财务部门制定，技术部与财务部门共同确定各类技术设备订单的关门时间，确保设备供应商有充足的时间备货。

音视频系统中的视频播放系统涉及了收费卡项目的需求，在奥组委提供的收费卡目录中为奥组委外部客户提供了 21 英寸 CRT 电视机、29 英寸 CRT 电视机、32 英寸液晶电视机和 DVD 播放机等设备。

收费卡项目租赁给客户的电视机和 DVD 播放机等设备在赛时由技术部的服务提供商统一进行维护管理，并且纳入技术运行中心的技术支持管理流程，根据贴在收费卡设备上的标签编码与其他非收费卡设备的标签编码的不同加以区分。收费卡设备的交货和验收方式与其他技术设备相同，赛后和场馆其他技术设备统一回收。

7. 音视频特殊布线系统

北京奥运会赛时的临时音视频系统设备之间需要连接线缆和接插件等辅材，从各场馆到电视转播综合区也需要敷设音视频线缆用于传送图像大屏与音频系统的信号。这些线缆由技术部负责实施

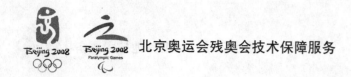

及安装。根据测试赛的经验，音视频布线系统是一个涉及范围广、难度大、不可预见因素较多的项目，对各相关系统提出的变更需快速反应，及时解决。由于此系统不属于赞助范围，因此技术部通过招标采购流程确定了该系统的服务提供商。

音视频特殊布线系统构成如下：

- 体育展示和主扩声设备之间的连接线缆和接插件。
- 各场馆与转播综合区之间的音视频布线。
- 松下公司提供的音频设备之间的音频布线。

8. 体育展示视频系统

体育展示视频系统是北京奥组委为满足奥运会比赛现场大屏幕显示需要，将电视转播信号、宣传片、摄像机等视频信号进行收集、切换、存储、编辑、制作和播出的数字化现场处理系统，该系统和体育展示音频系统共同配合被应用于北京奥运会相关场馆体育展示和颁奖活动。

应用该系统的场馆活动包括：国家体育场、国家体育馆、国家游泳中心等 30 个场馆，同时该系统还承担了北京奥运会开、闭幕式的部分工作。

三、系统实施

1. 音频系统

（1）音频系统深化设计

音频系统需要的电力以及支撑结构均由奥组委工程部门提供。为了配合工程部门的总体计划，2008 年 3 月松下提出了主扩声系统支撑结构需求，由工程部门进行深化设计。

主扩声系统的电力需求于 2008 年 6 月最终确认，主扩声系统的用电基本上为 16AMP、32AMP 三项电的组合，体育展示、新闻发布厅以及流动扩声用电均为 16AMP 单项电。

根据日益清晰的场馆层面的需求，设备清单也逐渐趋于实际，较合同签署的清单相比，最终奥运会使用的设备，主要变化在于主扩声系统音箱的摆放位置、无线话筒、有线话筒、硬盘录音机的数量。

主扩声系统最终在老山山地车场、小轮车赛场、铁人三项、顺义水上公园、沙滩排球、首都体育馆、五棵松棒球场、飞碟靶场 BSF、天安门马拉松起点进行了安装。除了天安门外，其余场馆的音箱位置均因结构承重不足、FOP 空间不足、遮挡 BOB 转播机位以及大屏幕等原因进行了多次调整。

音频系统无线话筒、有线话筒和硬盘播放器的数量也根据需求进行了多次调整。

（2）音频系统安装

音响系统的安装分为两个阶段，第一阶段是第二次技术演练前夕（2008 年 6 月初），安装了国家场、国家馆、国家游泳中心的体育展示系统。第二阶段为 2008 年 6 月 30 日至 7 月 24 日，大多数系统均在此期间安装完毕，一些特殊场馆的特殊系统考虑到设备保全以及场地就位的问题，在赛前才进行安装，比如国家场的热身检录系统以及中心区地铁站附近的安检检票系统等。

音响系统安装前期，对 VTM（场馆技术经理）的培训工作至关重要，需要让 VTM 充分了解音响系统的安装施工进场条件和进度，以便能提前准备并调动场馆中有限的人力物力资源，并协调业主配合施工。

在安装施工过程中如有任何方案与现场情况不符或无法依照原始方案顺利进行系统的安装施工，需要方案设计方、安装人员、设备提供方、系统用户、场馆业主方和场馆技术经理共同到场确认方案修改意见，待达成共识并形成新的施工方案后方可继续进行施工。在系统安装施工阶段还要保持与场馆临时设施经理和场馆电源经理的顺畅沟通，以确保各类施工保障资源及时到位。

总体而言，各场馆音频系统均按照关键时间点顺利完成了安装的任务。

2. 大屏幕视频系统

（1）图像大屏幕系统

图像大屏幕的系统安装实施工程由松下公司负责，在可行性研究的基础上，技术部会同松下公司与场馆业主方共同对系统安装方案讨论研究，最终形成施工方案，视频图像大屏的施工从 2008 年 6 月到 7 月之间全部完成。大屏幕的安装是一项复杂的系统工程，需要在各项安装施工条件具备的条件下才能进行安装，比如大屏幕的安装平台是否搭建完成，场馆的强电条件是否具备，从大屏幕到视频控制室的布线路由是否通畅，弱电竖井房间是否可以进入布线，场馆的安保条件是否完善等。在大屏幕安装完毕后，还需要和体育展示视频系统的工程师配合对视频信号进行调试并与音频系统进行联调。

为节约资金，根据竞赛计划，北京奥运会只使用了一台移动车载大屏幕，该屏幕由拖车牵引到场馆指定地点后可自动展开。移动车载大屏幕不需要大量的人力进行安装，但必要的进场条件与永久图像大屏幕的条件相似，需要场馆的强电和弱电系统配合，并且对放置车载屏的场地环境有较高要求。

图像大屏体积庞大，根据不同的环境需要用不同的辅助支撑结构和安装方式来部署。由于奥运会各竞赛同时并发，而且松下公司的大屏设备无法提前抵达北京，因此需要在有限的时间内集中部署临时图像大屏系统。根据合同规定，奥组委负责临时图像大屏的支撑结构、电源及线缆、视频连接等工作。在大屏选址、承重及视线分析等方面曾遇到很多挑战，最终在各方通力配合下均一一化解。

（2）DLP 数字投影系统

DLP 数字投影系统的安装方式比较特殊：一是要将投影机和投影幕尽量悬挂在场馆的屋顶，以保证更多的观众可以看到；二是需要尽可能地保证投影机和投影幕之间相对静止（保证两台投影机叠加的画面的显示质量）。为解决此问题，松下公司提出了用 T 型支架的方案。在场馆的屋顶桁架上安装电动悬吊马达（电葫芦）链接 T 型架，在 T 型架的两端固定投影幕和 DLP 投影机（如下图 12-4）。

安装 DLP 的 T 型架和悬吊马达以及脚手架等工作由奥组委工程部门负责。由于各场馆建筑结构和建成时间不同，在某些场馆无法使用 T 型架吊装方式。因此技术部会同松下公司对各个场馆多次考察，逐步确定每个场馆的安装方式：

- 工人体育馆：没有使用 T 型架，利用场馆顶层的房间及窗户，将投影机放置在桌子上，打开窗户向外投影。将投影幕用钢丝绳吊装在屋顶桁架上，与竖直面成一定角度，采用背投的方式进行投影。
- 农大体育馆、会议中心击剑馆和北科大体育馆：使用 T 型架和悬吊马达吊装在场馆对角线

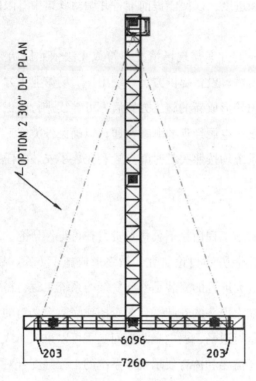

图 12 - 4　T 型架示意图

上，以保证场馆四面观众都能看到投影。

- 北航体育馆：在场馆二层一间房间内座装 DLP 投影机，按照 210 英寸投影幕的尺寸将窗口扩大悬吊屏幕背投。此场馆没有使用 T 型架和悬吊马达。

- 奥体中心体育馆：由于奥体中心建成时间较长，场馆的屋顶基础结构对于吊装设备的承重容量有限，现有合同商可提供的 T 型架悬吊系统总重量超过奥体馆屋顶钢结构最大承重量。就此问题技术部会同工程部门、松下公司及其合作商东方中原公司、奥体馆团队、业主和场馆结构设计师进行多次研究和协商，最终确定采用演出用轻质铝合金案吊装 DLP。

- 射击场：没有使用 T 型架，在场馆一侧的二层看台廊檐下吊装投影机，在对面的墙壁上吊装投影幕。在相间 20 米的距离下进行投影，并取得了很好的效果。

- 英东游泳馆：受限于场馆建筑结构，无法使用 T 型架。在场馆一侧的马道上利用马道平台进行座装 DLP 投影机，在距平台 5 米距离的桁架上吊装投影幕。

DLP 数字投影系统的安装时间从 2008 年 6 月开始，持续到 7 月底全部完成。

3. 仲裁录像系统

仲裁录像系统的实施方案一般需要在奥运会比赛开始前竞赛场地设施安装完毕后才能最后确定，根据不同的竞赛项目仲裁录像系统的安装方案也略有不同。由技术部负责提供仲裁录像系统设备和服务的场馆由国家体育总局体育信息中心负责建设和运行。技术部对各竞赛项目的仲裁录像系统进行了深度测试。

仲裁录像系统的场馆分配列表 12 - 6 如下：

表 12 - 6　仲裁录像系统的场馆分配列表

竞赛项目	需求	提供者	备注
FB 足球	10 Cameras	技术部	
RO 赛艇	2 finish cam, 1 start cam	欧米茄公司	
HO 曲棍球	2 cam, 4 mon, 1 DMR	技术部	
CS 激流皮划艇	5 cam, 3 mon, 2 DMR	技术部	1 cam backup
AR 射箭	4 cam, 4 mon	技术部	
WR 摔跤	4 mon from TEAP	IF	
CF 静水皮划艇	2 finish cam, 3 cam, 1 VTR	欧米茄公司 + 技术部	
MP 现代五项	1 finish cam	欧米茄公司	
SO 垒球	2 cam, 2 mon	技术部	1 cam backup
JU 柔道	2 cam, 6 mon, 1 DMR	技术部	
BX 拳击	1 spy cam	欧米茄公司	
GA 竞技体操	7 cam	欧米茄公司	
GT 蹦床	1 cam	欧米茄公司	
GR 艺术体操	2 cam	欧米茄公司	
CT 场地自行车	2 cam, 2 mon, 1 DMR	技术部	
TT 乒乓球	2 mon, 2 DMR	技术部	
HB 手球	4 mon, 2 DMR	技术部	
WL 举重	1 cam, 2 mon	技术部	
TK 跆拳道	2 mon, 1 DMR	技术部	
SY 花样游泳	2 cam, 1 mon, 2 DMR + 1 player	技术部	
FH 击剑	5 cam	欧米茄公司	
BK 篮球	2 cam, 2 mon, 2 DMR	技术部	
AT 田径	6 mon, 6 DMR	技术部	

注：cam：摄像机，mon：监视器，DMR：录像机（磁带/光盘/硬盘）

奥运会的仲裁录像系统增加了光盘刻录机、高清摄录像机等应急保障设备，以满足体育竞赛单项组织对特殊摄录像的需求。

仲裁录像系统的实施从 2008 年 7 月开始，赛前完成部署。

4. 视频播放（电视机、投影仪）系统

（1）电视机

视频播放系统的实施范围比较广泛并且设备数量庞大，在实施过程中对设备提供商的实施效率和进度要求较高。技术部对松下和其他提供商运输到场馆指定位置的设备进行验收，并从确认接收后，开始承担所有设备保全责任。

由于电视机数量庞大且型号较多，尤其是在媒体村，电视机部署区域集中，需要设备提供商提前进入场馆配合 VTM 确定、细化安装方案，包括：安装位置、适用型号和安装方式。与场馆物流

283

团队的配合也非常重要，多数情况下场馆内的物流工作无法由设备提供商单独完成，需要借助场馆物流团队的人员和物流设备，协助完成电视机的部署任务。

由于电视机等设备在场馆中的数量较大，场馆没有足够的空间保存设备包装箱，因此所有视频播放设备的包装箱必须于安装当日运出场馆，这就加大了设备部署的难度。

（2）投影仪等其他设备

投影仪和配套使用的投影幕、DVD 播放机等设备的部署实施与电视机同步开始，与电视机相比数量较少，安装实施比较容易。收费卡项目租用的电视机、投影仪等设备的部署需要等租用客户达到场馆后，技术团队才可以为其安装设备，并且需要客户当场对设备进行验收并签署交接单，进行保全责任交接。

视频播放系统的从 2008 年 5 月开始部署，历时 3 个月部署完毕。

5. 音视频特殊布线系统

音视频特殊布线系统的部署随着场馆音视频系统的部署同时进行，实施的范围包括场馆内布线和从场馆到 BOB 转播综合区的场馆外布线。由于该部分音频布线均为临时需求，因此大部分场馆的布线路由都需要做现场勘察和设计，部分场馆到 BOB 转播综合区间的物理距离较远，还需要协调场馆的临时设施业务口搭建金属槽道以便穿线。

（1）体育展示和主扩声设备之间的连接线缆和接插件

在大部分竞赛场馆中，业主已经进行了永久扩声系统建设，技术部的工作是把松下公司提供的体育展示设备和业主的扩声系统进行连接。主要设备技术指标如下表 12 - 7：

表 12 - 7　连接线缆插件技术指标

线缆类型	外直径（英寸）	护套厚度（英寸）	标称电容（皮法/英尺）	额定电容（皮法/英尺）	重量/100 英尺（磅）
电缆	0.561	0.045	31	58	12.9

（2）各场馆与转播综合区之间的音视频布线

该部分布线主要用于竞赛场馆。主要包括以下内容：

- 由体育展示位置按要求将音频信号传输至转播综合区中的综合配线间，该部分应采用光信号传输方式，每个竞赛场馆需传输音频信号。
- 由转播综合区中的综合配线间将信号传输至转播综合区中的 BOB 技术运行中心，该部分应采用电信号传输方式，根据各场馆情况不同，距离由 30 米至 100 米不等。
- 由转播综合区中的技术运行中心按要求将视频信号传输至转播综合区中的综合配线间，该部分应采用电信号传输方式，根据各场馆情况不同，距离由 30 米至 100 米不等。
- 由转播综合区中的综合配线间将信号传输至该场馆中的体育展示位置，并将所有视频信号以 BNC 接口箱的形式提供给相关单位，该部分应采用光信号传输方式。国家体育场使用 HD - SDI 信号，其余场馆均使用 SDI 信号。在转换器使用量较多的场馆，应考虑集中供电的方案。
- RTDS 信号：由成绩系统处理机房按要求将视频信号传输至转播综合区中的综合配线间，该

284

部分应采用光信号传输方式。

- 由转播综合区中的综合配线间将信号传输至转播综合区中的 BOB 技术运行中心，该部分应采用电信号传输方式，根据各场馆情况不同，距离由 30 米至 100 米不等。该部分信号为模拟基带复合视频信号。

（3）松下公司提供的音频设备之间的音频布线

在所有竞赛场馆以及部分非竞赛场馆中，都有松下公司提供的音频设备，其中凡是设备之间的连线及其接插件，均需提供并部署。

主要设备技术指标如下表 12 – 8：

表12 – 8　音频布线设备技术指标

型号	导体和绞合标准	外径（英寸）	外护套材质和厚度	绝缘层和厚度	重量/100 英尺（磅）
音箱到 FOP 电缆	14/41 × 30	0.415	.050″ Neoprene	.032″ EPDM	12.5
音箱到 BOH 电缆	12/65 × 30	0.5	.050″ Neoprene	.032″ EPDM	18
音箱到主扩声电缆	13/52 × 30	0.59	.055″ PVC	.026″ PVC	25.4

音视频特殊布线从 2008 年 6 月开始，7 月部署实施完毕。

6. 体育展示视频系统

体育展示视频系统实施阶段从 2008 年 6 月开始至 7 月结束，主要工作内容包括各场馆的系统搭建、施工和人员培训等。

由于前期工作准备充分，在项目实施阶段，基本上均按照项目实施时间表顺利进展，按时、按质、按量地完成了系统安装调试和人员培训的相关工作，为奥运会的实际应用做好了充分的准备。

图 12 – 5 以国家游泳中心为例，展示了体育展示视频系统与场馆大屏幕视频系统连接情况。

四、赛时运行

场馆运行分为各场馆层面的运行以及技术运行中心（TOC）运行两方面。各场馆均从 2008 年 8 月 3 日起开始正式运行。

技术团队在 TOC 设立了音视频主管与音视频的流动团队。音视频主管负责所有音视频问题的处理、跟踪与汇报，并负责调动相关的流动团队解决问题。在奥运会历史上，北京奥组委技术部首次将音视频系统纳入整个技术体系的故障处理流程，并使用统一的问题管理系统进行故障处理和跟踪记录，同时松下公司也是首次加入奥运会 TOC 技术运行团队。

场馆层面各子系统均设置了技术工程师，由于子系统较多、提供方复杂，场馆层面主要由场馆技术副经理与松下工程师共同负责音视频团队的运行。

1. 音频系统

奥运会场馆层面的音频系统工程师负责操作和维护场馆中由松下公司提供的音频系统，并且在工作中和场馆业主的音频工程师共同配合，确保场馆主扩声系统运行平稳。在系统前期的项目规划

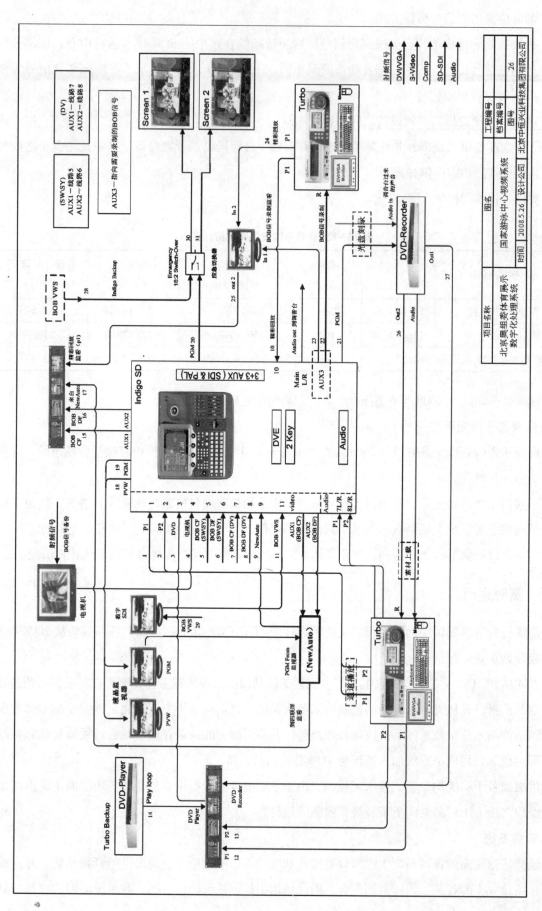

图12-5 国家游泳中心体育展示视频系统

286

中，已就各音频系统间的责任矩阵与场馆业主达成共识，避免了在运行期间发生问题与业主产生责任划定不清的情况。TOC 的音视频主管由松下公司派出，负责每日问题汇报、重大问题的处理及协调和变更需求的审批工作。

奥运赛时运行阶段开始后，场馆遇到的问题以变更和故障为主，变更主要发生在无线话筒以及有线话筒数量以及位置的调整上。

运行期间没有发生一级故障，有两个上报为二级故障，但都在开赛前处理完毕并立刻降级，没有影响比赛，其余均为三级和四级故障。所有故障都是在场馆层面解决的同时上报 TOC，使得 TOC 可以监控场馆层面的所有问题。

（1）主要问题

- 2008 年 8 月 9 日，飞碟靶场赛前 40 分钟，TOC 接到报告，得知主扩声系统没有声音。TOC 立即协调应急团队的音频专家排查故障，赛前半小时解决了问题，比赛顺利开始。

- 有关国歌播放的问题。赛前技术部已经明确表示，不建议场馆团队使用业主单位提供的升旗和国歌一体机，应采用技术部统一提供的硬盘录音机进行国歌播放。然而某场馆赛时仍采用一体机进行国歌播放，在某颁奖中，最后两小节的音乐没有出声。事后经过紧急会议，决定依然采用技术部提供的硬盘录音机进行播放，从而保证了后续的比赛和颁奖仪式的顺利进行。

（2）主要变更

- 麦克风调整

  ◎ 北大主裁要求增加 1 只无线头戴麦克风；

  ◎ 北工大需将裁判使用的 3 只无线话筒改为有线话筒且配备支架；

  ◎ 网球的三个场地均需要增加 1 只主裁用有线话筒且配备支架；

  ◎ 沙滩排球主裁要求增加 1 只无线头戴麦克风。

- 音箱位置调整

  ◎ 在铁人三项和小轮车开赛之前，BOB 到场之后对主扩声扬声器的位置不满意，TOC 立即协调松下公司现场调整，保证了比赛和转播的顺利进行；

  ◎ 游泳中心体育展示团队对 FOP 音箱位置不满意，TOC 立即协调松下公司调整了位置，保证了比赛和颁奖仪式的顺利进行。

2. 大屏幕视频系统

（1）图像大屏系统的运行

在奥运会比赛进程中，图像大屏系统运行稳定，没有出现重大故障。图像大屏系统的存在，为体育展示团队提供了一个广阔的舞台，为观众奉献了一场又一场精彩的演出。根据技术部的赛时运行要求，松下公司和其他图像大屏系统供应商的视频现场维护工程师需要在比赛开始前 2 个小时到达场馆进行设备使用前的检查和调试工作。在调试期间，视频工程师需要和体育展示团队、场馆的 BOB 转播团队密切配合沟通，确保视频信号清晰稳定地在图像大屏上显示，发现的问题要在赛前排除，保证比赛能够顺利进行。场馆视屏工程师直接向 VTM 汇报。

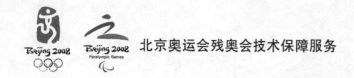

TOC 音视频主管负责赛时重大问题的协调解决，同时还负责奥运赛时各场馆视频工程师的人力资源计划的安排和组织工作。根据技术部的要求，TOC 音视频主管岗位的人员由松下公司派出，除了负责松下公司在场馆的图像大屏外，还同时负责非松下公司的大屏幕系统的问题上报和处理工作，单一的问题汇报流程保证重大问题可以在最短的时间内解决。

（2）DLP 投影系统的运行

DLP 投影系统的赛时运行流程与结构和图像大屏幕系统完全一致，安装 DLP 投影系统的场馆视频工程师负责该系统的维护和调试工作，并直接向场馆技术经理汇报。

3. 仲裁录像系统

仲裁录像系统的运行组织方面，由体育总局相关部门负责提供场馆维护工作，由于该系统涉及的比赛场地周边仲裁摄像机的操作是由奥运志愿者完成的，因此对志愿者的培训和设备维护等工作由场馆的仲裁录像工程师完成。除了场地周边的摄像机外，该系统的其他部分设备由体育部门工作人员负责操作。

由于该系统不会对比赛的正常进行产生重大影响，因此在 TOC 中没有单独设置针对该系统的岗位，发生的重大问题由 TOC 的场馆技术经理和副经理进行处理。

4. 视频播放（电视机、投影仪）系统

（1）电视机

场馆电视机的维护由赛维公司负责。由于电视机设备比较特殊，如果出现问题无法马上在现场进行修理，因此技术部制定了使用备用机直接更换的策略，即在场馆存放一定比例的电视机备机，一旦出现问题，直接用备机更换，将问题电视机调回到奥运物流中心进行集中修理。

（2）投影仪等其他设备

场馆中的投影仪和 DVD 播放机等设备也由电视机工程师负责维护，出现问题后执行与电视机相同的直接更换策略。

5. 音视频特殊布线系统

为保证运行期间正常传输信号，尤其是与电视转播系统之间的信号正常传输，该系统竣工验收后各场馆中也分别指派了 1～2 名专职工程师进行维护。

6. 体育展示视频系统

技术运行团队为赛时体育展示视频系统运行提供现场结束保障。在国家体育场，不但顺利完成了竞赛体育展示保障任务，更为奥运会、残奥会的开、闭幕式现场提供了现场技术支持。其他场馆的视频系统在赛时大都运行顺利，个别场馆曾发生工作人员误操作、因极端恶劣天气曾造成部分设备故障等情况，但这些问题都在开赛前及时排除，未影响比赛的正常进行。

7. 残奥会运行

没有残奥会比赛任务场馆的音视频系统按技术设备拆除计划统一撤离，有残奥会项目的场馆仍沿用奥运会音视频系统，场馆运行支持与奥运会基本相同，个别场馆由于残奥会比赛项目对竞赛场地的要求有所不同，需要对竞赛场地的布局进行转换，因此在竞赛场地周围的音视频系统，如体育展示席上的音视频系统、竞赛场地上的音箱、流动扩声设备等需要做相应的调整，这些调整在奥运会比赛结束就马上开始了。整个奥运会、残奥会转换期期间，共有十几个场馆的音视频系统根据残奥会的需求做出了调整和重新设计。

8. 移除

音视频设备均为租用，奥运会与残奥会结束后均由各提供方自行撤离场馆，奥组委提供配合。

9. 案例分析

（1）国歌播放

奥运会比赛阶段的升国旗和国歌播放是整个赛事中最严肃和敏感的环节。这一环节要求国歌的播放和国旗的升起保持同步并且不能有任何的中断，必须在国旗升到顶端的时候完整连贯地播放完整首国歌歌曲。为了确保音频系统在这个环节中不出现任何问题，技术部根据松下公司往届奥运会的经验和对系统设备技术性能特点的把握，在系统设计中统一采用硬盘录音机作为场馆国歌播放设备。一些场馆业主在场馆建设初期考虑到减少升国旗和国歌播放的环节，安装了升旗和国歌播放一体机以满足此项功能要求。从技术角度分析，场馆安装的升旗和国歌播放一体机的可靠性低于硬盘录音机，为保证万无一失，技术部在赛前实地测试了该一体机后明确表示不建议使用该一体机，应采用统一提供的硬盘录音机进行国歌播放。但在奥运赛时，个别场馆仍采用一体机进行国歌播放，在一次颁奖仪式播放国歌过程中，国歌歌曲的最后两小节的音乐没有播放出来，国旗在无音伴奏情况下缓缓升到了顶端。该事件引起了有关方面的高度重视。根据技术部制定的突发事件汇报流程，场馆的音频工程师在第一时间将该事件报告给 TOC 的音视频主管，音视频主管马上向 TOC 场馆技术经理和值班主任进行了汇报，经过简短的磋商，TOC 场馆技术经理带领松下音频专家紧急赶赴现场，与场馆团队相关人员召开紧急会议。在了解了详细情况并同场馆业主的音频工程师共同对问题进行了调查后，技术部和场馆团队共同确认该问题是由业主提供的升旗和国歌播放一体机故障造成的，解决方案是在接下来的国歌播放环节使用技术部提供的硬盘录音机播放国歌。方案落实后，后续的比赛和颁奖仪式均进行顺利。

（2）车载图像大屏幕的部署

奥运会期间，射箭场、山地自行车场需要使用移动的车载图像大屏提供体育展示视频回放服务。在原计划中，该车载图像屏使用场馆提供 380V 动力电源做赛时保障用。由于此大屏是从国外进口，而且需要在中国上路行驶，因此涉及货品的海关清关问题和中国道路通行许可证问题。由于准备的材料不够充分，并且在运输计划上有延迟，给图像屏系统在场馆的部署带来了一定困难。经过技术部场馆技术处的协调，以及物流部门、海关和交管部门的大力配合下，在最短的时间内将大屏部署进场馆。在进入射箭场馆时，由于车辆超高，被场馆敷设的线缆挡住，大家群策群力，调用了叉车、竹竿等所有可以利用的资源最终将车载大屏安置在指定位置。接下来又遇到了大屏的电源问题，由于该车载大屏是美国电源制式（60Hz），而合同商制订计划时并没有通知技术部，因此导致场馆提供的动力电源无法使用，唯一的备用方案是使用车载柴油机发电。技术部又协调合作伙伴中石化临时指定了车载图像大屏的加油方案，经过多方努力，突破重重困难，终于使图像大屏按期、按服务标准顺利完成了奥运会保障任务。

（3）大型数字投影仪的安装

北京奥运会技术部场馆技术处需要在 8 个竞赛场馆安装 DLP 系统。其中奥体中心体育馆、英东游泳馆遇到的问题是场馆设备部署中的一个经典案例。技术部在部属投影系统时，需要协调松下公司对场馆建设条件进行前期考察，绘制投影仪安装悬吊图纸（包括 T 型悬吊支架与场馆屋顶的连接点图）。经过协商，确定由奥组委工程部门提供投影仪的悬吊支架，场馆业主提供安装基础条件，松下公司负责投影系统和工程安装工作。由于奥体馆和英东体育馆属于改建场馆，落成时间较早，场馆屋顶的设计承重能力有限，而工程部提供的 T 型支架重量过大，场馆先有的基础结构无法承担 T 型架及投影机的重量。施工必须改用轻质铝合金支架来施工，否则将严重影响场馆其他设施的部署工作。

经过技术部要求，松下公司工程师根据技术部提供的现场条件说明连夜在日本绘制新的吊装方案图，各部门紧密配合，寻找新的 T 型架供应商，加快施工进度，并最终在规定时间内成功完成投影机的吊装工作。

五、项目管理

1. 项目准备阶段

音视频系统项目管理团队由技术部项目团队和各设备系统服务提供商项目团队组成，分别由技术部和设备系统服务提供商各指派一名项目经理，协调各自团队的工作。为了能更好地控制项目进度，制定了项目例会制度，每周定期与各提供商召开例会，讨论工作计划和项目进展情况，时刻监控项目进度。技术部在签订合同时与各提供商均签订了明确的责任矩阵。

2. 项目测试阶段

该阶段从 2007 年 10 月至 2008 年 3 月，主要工作是利用"好运北京"测试赛，在实际应用中检测各个系统产品是否可以满足北京奥运会各业务口的实际需求。

在此阶段，各系统合同商均参与了在北京和京外城市举办的测试赛。通过这些测试赛的练兵，技术部系统地考察了各系统设备的性能、集成能力和人员现场服务水平，使音视频系统得到了充分的测试与考验，各系统团队工程师与场馆其他业务口之间进行了充分的磨合与沟通，对各个业务口的需求做了进一步了解，为进一步细化奥运会系统设计方案和项目推进起到了良好的参考和借鉴作用。

3. 项目最终设计和实施阶段

该阶段从 2008 年 3 月至 7 月，主要工作是根据各部门和业务口对音视频系统的实际要求进行详细的系统设计并通过一系列的测试来完善系统设计。测试赛后，技术部组建了音视频系统现场技术团队和应急核心团队，分阶段对技术团队人员开展细致的技术培训和操作培训，满足了所有场馆现场技术服务的要求。

奥运会对音视频系统的要求，尤其是在系统的安全可靠性方面，远远高于一般大型活动。因此，在系统设计中既要考虑到操作的方便性，更要考虑到安全可靠性。技术部为此在系统设计中增加了很多硬件保障措施，以确保操作可靠性和系统可靠性。

各竞赛场馆因应用方式不同，系统设计有所差别。通过测试赛，技术部明确了各场馆的最终方案，弥补了测试赛中发现的不足和遗漏，确保了系统满足既定的技术要求，能够胜任奥运会的保障任务。在项目实施阶段，各团队密切配合，严格遵守进度和施工标准，对遇到的问题及时上报项目团队并通过例会制度加以讨论解决，按时、保质、圆满地完成了音视频系统工程。

六、关键里程碑

- 音视频系统征集需求：2005 年 12 月—2007 年 7 月
- 音视频系统可行性研究：2006 年 6 月—2007 年 12 月
- 音视频系统确定实施方案：2008 年 3 月—7 月
- 签署各个音视频系统合同：2008 年 3 月—5 月
- 各合同商检查进场施工条件：2008 年 6 月—7 月
- 移入期计划：2008 年 4 月—7 月
- 所有系统就绪：2008 年 8 月 3 日之前
- 奥运会残奥会转换期：2008 年 8 月 24 日—9 月 6 日
- 残奥会设备撤出：2008 年 9 月 16 日

第二节　文件处理服务

一、概述

奥运会文件处理系统包括奥运会、残奥会比赛期间场馆日常办公所需要的终端，以及满足制作文字成绩单需求的终端。主要终端类型包括连接组委会管理信息系统（ADMIN）网络和运动会（GAMES）网络的网络中速打印机联想 LJ7800N、单一连接办公网络的松下中速复印机（35 页/分钟，含网络打印功能）DP－3530/8035、只用于单机打印使用的独立打印机联想 LJ3500、可以作为单机打印使用的传真机（多功能一体机）联想 M3220 和只在竞赛场馆和个别非竞赛场馆成绩打印复印分发室（PRD）使用的高速复印机（60 页/分钟）松下 DP－6030/8060。

文件处理系统还包括少量彩色复印机、彩色打印机、特殊用途打印机和数据输入终端，如针式打印机、条码打印机、条码扫描仪等，用于满足委内赛前和赛时办公需求和物流中心物资管理需求。

北京奥运会不同于往届奥运会，没有国际奥委会规定的文件处理服务赞助商，在文件处理终端的赞助目录中只有桌面打印机是联想的赞助权益，其他产品需要北京奥组委通过自身市场开发或其他形式获得。

二、系统架构与设计

1. 系统架构

由于没有复印机设备的合作伙伴，技术部最终通过公开招标的方式确定了松下大恒联合体作为

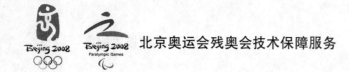

北京奥运会、残奥会复印机服务的合同商。该合同分为购买和租赁两部分，包含了技术部负责分配的用于测试赛、奥运会与残奥会的全部复印机、赛前办公用复印机和收费卡项目使用的复印机。复印机设备总量约1200台，其中，中速复印机800余台（含总部大楼办公使用22台，收费卡使用130台），高速复印机400余台（含总部大楼办公使用2台，收费卡使用70台），彩色复印机3台（总部大楼办公使用）。以上数量的确定，是技术部通过参考往届奥运会设备分配表以及对照北京奥运会场馆列表，完成对各业务口赛时复印设备需求的初步调研后做出的设备分配数量，此数量在后期实际项目实施中根据更加细化的需求进行了调整。

提供传真机的合同商同样由招标方式确定，最终确定联想公司作为传真机设备提供商，合同在2007年8月签署，提供方式是购买和租赁相结合。招标数量约为2500台（含收费卡设备360台，总部大楼办公用设备70台）。

联想公司以赞助形式提供桌面打印机，其中网络中速打印机（LJ7800N）1500台左右，独立低速打印机（LJ3500）950台左右。

2. 成绩打印分发系统

文件处理系统中，场馆成绩打印分发系统（PRD）处于最重要的位置，成绩打印分发系统保证奥运会比赛成绩在第一时间到达客户手中。为达到这一目标，技术部在复印机项目前期规划设计中，通过对往届奥运会文件处理系统资料的分析，制订了两种文件处理系统实施策略，即打印复印策略和单独打印策略。打印复印策略是指当成绩单从成绩系统打印机打印出来后，打印机只打印一份，以这一份成绩单为原始稿，通过一定规模数量的高速复印机（60页/分钟），按照场馆客户群对成绩单的需求数量进行复印得到成绩单复印件，最后通过场馆志愿者送到客户手中。单独打印策略是指客户群对成绩单的需求数量全部由连接到成绩系统的打印机打印，不通过复印机的复印过程直接得到需求数量的成绩单。

这两种策略均可以满足奥运会需求，往届奥运会均采用了打印复印策略，而单独打印的策略在志愿者的培训与流程管理上要更加简单。如果采用单独打印的策略，为满足奥运会成绩打印系统开发的要求，高速打印机必须提前定型，以满足打印机的软件驱动针对性开发以及相关接口的充分测试。由于没有找到复印机或高速打印机的赞助厂商，高速复印机设备型号确定较晚，来不及做针对性开发和充分测试，因此最终使用了打印复印策略构建成绩打印分发系统。根据此策略，由连接到成绩系统的联想网络中速打印机打印一份成绩单原稿，通过高速复印机进行批量复印，高速复印机不接入成绩系统网络。

在确定使用打印复印策略之前，需要为联想中速打印机与成绩系统连接，以及独立低速打印机与INFO 2008系统连接做准备。为此，技术部于2006年8月将测试用打印机运往源讯西班牙的研发中心和欧米茄瑞士研发中心，完成了成绩打印分发系统和成绩传输系统的打印测试，并于2006年11月同联想公司共同确认了这两个型号的打印机作为奥运会赛时打印机型号。根据测试结果又确定了在奥运场馆成绩打印分发系统使用的网络打印机上全部增加一倍内存容量，作为特殊配置网络打印机在成绩打印复印分发室使用。

3. 奥运会运行和办公系统

为满足奥运会赛时场馆各功能业务口的赛事组织办公需求，技术部参考往届奥运会设备型号技术标准和分配原则，确定了办公用复印机使用复印速度为 35 页每分钟的中速复印机，该型号复印机具备网络打印功能，可以为多台办公电脑提供网络打印服务。复印速度为 60 页每分钟的高速复印机除少量用于奥运大厦办公之外，在奥运会赛时只在场馆 PRD 部署，作为成绩复印专用。

奥运赛时办公用网络中速打印机选择打印速度为 35 页每分钟的打印机，满足奥运会网络打印的办公需求，同时还选择了打印速度为 20 页每分钟的独立打印机作为不具备网络打印条件的电脑打印使用。

作为奥运办公系统最后一款设备的定型，传真机在型号选择上考虑了部分业务口的特殊办公需求，技术部在对几款传真机产品进行了使用测试后，确定了带有打印、复印和文件扫描等多功能用途的传真一体机以满足需求。

4. 其他设备终端

由于没有赞助商提供彩色打印机，因此彩色打印机基本由市场招标采购获得。同时技术部还采购了针式打印机、条码打印机及条码扫描仪等终端设备用于满足赛前办公及奥运物流中心物资管理需求。

三、系统实施

1. 复印机项目

测试赛及奥运赛时的复印机物流由松下大恒团队自行解决，物流车辆的证件申请及时且审批数量可以满足需求数量，因此在复印机物流方面没有发生重大问题。

2007 年 8 月"好运北京"测试赛的全面展开标志着奥运会复印服务进入全面实施阶段，由于前期规划比较细致，在测试赛的实施中没有发生重大问题。但由于在复印机入场后没有及时在设备上标明不可随意移动复印机，造成个别场馆由于随意移动复印机造成设备损坏的情况。情况发生后管理团队制作了警示标签贴并贴于设备明显位置，并进一步加强对用户的培训教育工作。复印机团队同时制作了复印机使用及卡纸问题处理快速查询手册并张贴于靠近复印机的明显位置，以便用户快速自行处理问题。

在项目实施阶段，复印机团队克服了场馆环境恶劣、安装条件不到位、时间紧、任务重等不利因素，用优质的服务完成了测试赛的运行保障工作，积累了丰富经验，并与场馆团队技术团队各业务口及其他合同商进行了充分的合作，熟悉了各类客户的行为习惯，增强了团队凝聚力和信心，为奥运会的服务运行保障任务奠定了良好的基础。

2. 传真机项目

在前期规划中，技术部和联想共同确认了奥运会赛时设备提供数量与部署时间，并经双方确认。传真机以购买与租用两种方式提供，购买的传真机需要循环使用，以满足所有场馆前期办公和测试赛需求。奥运会时购买与租用设备均需同时部署到场馆以满足峰值需求。购买设备由奥组委送入场馆，租用设备由合同商直接送到场馆，因此仔细规划设备计划与物流计划非常重要。

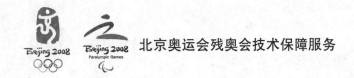

在相关方面的大力配合下，技术团队克服了到货计划变更的影响，按时完成了传真机的场馆部署。

3. 打印机项目

打印机项目的实施阶段，由场馆 VITM 按照前期确认的 TEAP 数量通过 EDR/EAR 系统进行调拨部署。测试赛及奥运期间打印机的部署实施和回收阶段都进行得比较顺利。

4. 其他设备终端

其他设备终端的实施与复印机等设备相同，一般由设备提供商负责实施，但由于各业务口对彩色打印机、条码打印机等设备的需求比较零散，需求场馆也很分散，因此在实际设备部署上遵循需求分散收集，设备集中部署的原则，尽量减少分散部署给设备提供商带来重复工作量。

四、赛时运行

1. 系统运行整体情况

赛时运行阶段文件处理系统团队根据技术部统一要求在 TOC 设置值班岗位，及时处理复印机、传真机和打印机设备故障。TOC 文件处理系统岗位包括复印机供应主管、复印机专家、打印机专家和打印机主管等岗位，分别负责调度设备及流动团队，并负责严重问题的技术支持，传真机的问题解决由打印机专家和主管负责。由于驻场工程师到位情况良好，人员配置充足并且工程师专业素质较高，因此没有发生严重等级为 2 级的故障，文件处理系统问题 90% 以上在场馆层面解决。个别场馆曾因工作排班计划不尽合理，导致局部人力资源调配紧张，人员工作压力过大，后经管理团队调整解决。

奥运会赛时运行阶段相对比较平稳，根据运行方案和问题处理流程，所有问题都在奥运会 SLA 规定的时间内解决。比较突出的问题是场馆层面临时需求变更，如突发的打印机或传真机的需求、要求增加设备使用地点和数量、变更使用地点等。这种需求变更大幅度增加了场馆维护团队的工作量，在资源相对紧张、需求比较紧急的情况下问题尤为突出。

2. 复印机项目

由于在场馆运行期间主场复印机工程师直接由场馆信息经理（VITM）进行管理。由于在项目规划阶段 VITM 没有参与复印机项目的工作，造成在测试赛实施阶段个别场馆发生 VITM 无法有力协调复印机进场、安装及调试的情况。经过测试赛的磨合，奥运赛时实施阶段此类情况极少发生。

场馆 PRD 高速复印机的维护及保养情况良好，每个场馆 PRD 房间的复印机工程师尽职尽责，除了做好维护工作外，还能帮助 PRD 主管规划复印机摆放位置，优化 PRD 志愿者工作流线，为成绩打印复印分发工作作出了贡献。

在奥运会结束物资回收阶段，驻场复印机工程师及时和场馆技术团队沟通，确认设备回收时间计划，保证了复印机的及时回收，没有严重的设备损坏或配件丢失的情况发生。

松下大恒复印机服务团队共向北京奥组委提供租赁复印机 1195 台/套，参与奥运会服务人员 317 人，全面保证了奥运会各场馆成绩打印复印分发系统、场馆团队办公的文件打印复印需求，圆满完成了设备部署、安装、调试、培训、保障、维修及回收等一系列工作，得到了各方面用户的好评。

3. 传真机项目

场馆技术业务口由 VITM 负责传真机的运行及管理，经过测试赛的磨合，奥运赛时基本没有出现运行上的问题。根据技术部文件处理系统配置策略和方案，传真机在场馆中可以接电脑作为单机打印使用，但从成本控制和可维护管理工作量方面考虑，对允许在传真机开通打印功能的业务口进行了定义，规定以下业务口可以不通过申请直接开通打印功能：

- IF 用房内的传真机。
- 场馆礼宾经理办公室的传真机。
- 场馆财务经理办公室的传真机。
- 车辆调度室的传真机。

其他业务口如有开通打印功能的需求需通过 TOC 审批。

在奥运会结束物资回收过程中，通过吸取部署阶段得到的经验，技术团队要求联想申请了移出期及残奥会车辆证件，基本解决了车辆进出场馆难的问题。

4. 打印机项目

联想打印机场馆维护团队由 VITM 进行管理。VITM 在项目实施阶段同联想 PC 维护团队配合工作，负责安装和调试与联想电脑相连的网络中速打印机和独立低速打印机，并在赛时运行阶段负责处理解决用户的打印机报修问题。

5. 其他设备终端

由于其他设备终端的提供商无法完全统一，因此技术部与大恒公司协商，利用大恒公司在场馆的复印机工程师负责维护场馆中使用的其他品牌的打印机设备。技术部根据场馆使用其他品牌打印机设备数量，提前采购相同型号的备机存放在场馆中，如有设备故障发生直接更换备机。

6. 残奥会运行

在奥运会、残奥会转换期，对于没有残奥会比赛项目的奥运会场馆，由驻场工程师将所有复印机、传真机和打印机设备拆除并恢复到原始的设备包装箱中统一运出场馆。对于继续举办残奥会比赛项目的场馆，则由技术团队根据残奥会设备分配表对场馆中的设备使用地点和数量进行调整，并且检查设备状况是否良好，墨粉、硒鼓等耗材是否需要更换，完成赛前设备就绪工作。

经过了转换期，文件处理系统的残奥会运行阶段从 2008 年 9 月 6 日开始。残奥会赛时运行模式和奥运会运行模式相同，由驻场工程师对设备进行维护，TOC 主管和专家对突发紧急事件进行处理。

7. 案例分析——纸张防潮

文件处理系统设备都是以打印纸为介质将信息传递给用户的，因此打印纸张的品质和质量对系统运行的影响尤其明显。为给使用者提供高质量的服务，减少设备故障率，降低人员、设备的维护成本，松下大恒复印机团队和联想打印机团队共同对北京市场上质量较好的几个品牌的纸张进行了测试，根据测试结果提出了奥运会赛时场馆使用的打印复印纸张厚度要求和场馆纸张储存环境标准。根据北京奥运会打印纸张采购和供应由各场馆团队自行采购解决的运行策略，技术部向包括京内、京外的所有竞赛、非竞赛场馆团队提出了统一的用纸标准规范，规范中对纸张的厚度提出了明确要求，并选择了几款在测试中效果较好的纸张作为推荐品牌。各场馆团队根据技术部的要求自行采购纸张，由于此项工作各场馆团队重视程度较高部署落实到位，在奥运会场馆锁闭期前各场馆就将足够量的纸张储存到场馆，因此在奥运会运行期间文件处理系统设备在纸张的环节上没有出现问题。

松下大恒复印机团队在测试赛期间发现个别场馆纸张的存放环境比较潮湿，造成纸张含水量较大，在运行过程中导致复印机、打印机等设备频繁卡纸，故障率较高，客户反映比较强烈。针对这种情况，复印机团队认真分析了原因，根据场馆设备数量的比率，配备了一定数量的防潮箱，并制定了每日纸张使用规范，确保在每天的比赛结束后清空复印机、打印机、传真机等设备纸盒内的剩余纸张，将剩余纸张存放在防潮箱中。在奥运会赛时运行期间，防潮箱的使用收到了明显的效果，设备的卡纸率大幅度下降，节约了大量纸张和维护成本，得到了客户的好评。

五、项目管理

1. 复印机项目

技术部于 2006 年 11 月同松下电器（中国）有限公司－中国大恒（集团）有限公司联合体签署《奥运会文件复印服务采购合同》，随即松下大恒联合体组成项目团队，与技术部紧密合作进行前期项目规划和复印机服务团队的组建工作。项目团队由技术部项目负责人和松下大恒联合体项目团队组成，定期召开项目例会对项目的进展情况和近期重点工作等内容进行交流沟通。此项目以"企业联合体"的方式进行运作，松下公司作为设备提供方提供复印机设备和技术专家进行技术指导（京外赛区场馆由松下当地认定店提供人力进行本地技术支持），大恒公司作为服务提供方组织人力资源，作为奥运会前期办公与赛时场馆服务的主要力量提供技术支持（京外赛区除外）。

在项目前期规划中，技术部的主要工作集中于对设备需求的分析和数量的调整，松下大恒的主要工作着重于对复印机工程师的专业技能培训，制定耗材、物流等规划。技术部定期与松下大恒项目团队召开例会，对项目进展进行沟通，确认最新设备需求数量并对项目进度进行跟踪。

根据奥运会关键时间点，复印机项目管理团队首先明确项目重要时间点，每项工作都力求有明确的时间计划，围绕里程碑逐渐展开，使资源配置有序，既避免了浪费又有效地保证了项目顺利进行。

为提高赛前办公复印机的服务水平，随着部分购买复印机配置到位，大恒公司启动复印服务呼叫中心服务，用户通过拨打贴于复印机明显位置处的呼叫中心热线可以得到及时的问题故障处理服务，呼叫中心根据问题级别及时派遣复印机工程师前往问题现场进行处理，问题处理时间满足奥组委规定的 SLA 响应及处理时间。

在项目规划阶段，复印项目团队同时编写了复印机使用客户培训大纲，在每次设备安装的同时对使用客户进行复印机基本使用及简单故障排除培训，尽量在用户层面解决简单的取卡纸问题。

在前期规划中，根据技术部的设备实施方案及策略，松下 DP－3530/8035 型号中速复印机可以接入奥组委办公网络作为网络打印机使用，但需要联想工程师配合安装复印机打印驱动程序。在前期办公期间，由于需要安装打印驱动的电脑数量较少，此项工作没有造成较大困难，后来项目团队预测到赛时将有大量办公电脑需要安装此驱动，因此提前和信息系统处协商，将复印机打印驱动作

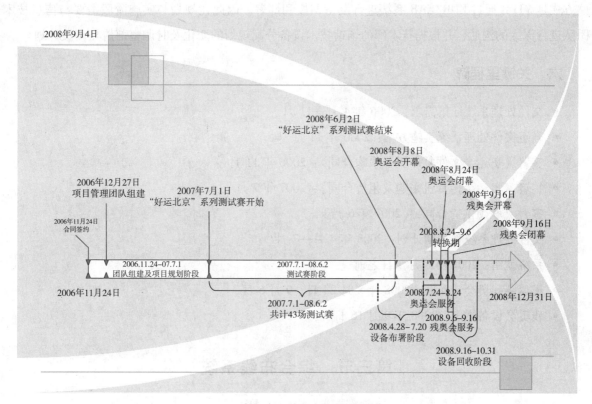

图12-6 奥运会文件服务项目进度管理图

为镜像文件在物流中心 PC 工厂电脑初始化设置时即安装到电脑中。

前期规划中对复印打印用纸的需求也是重点关注的问题，由于往届奥运会文件处理系统和纸张均由赞助商提供，因此纸张品牌及质量统一，有利于用纸设备的维护及保养。针对北京奥运会没有纸张赞助商的情况，为保证设备良好运转，技术部经过调研后下发了正式文件对北京奥运会赛时用纸规格做了统一要求，尽量降低了纸张品质问题对设备运行及维护的影响程度。

2. 打印机项目

打印机项目组由技术部项目负责人和联想打印机团队组成，技术部与联想公司的例会制度为项目进展和重大问题的沟通起到了良好的推进作用。根据协议，联想打印机设备分批运往奥运物流中心存放并由 VITM 进行统一调拨。打印机项目团队和信息项目团队通力合作，在项目前期规划阶段即对场馆各业务口的需求数量进行了调整和优化，因此在打印机的前期规划中没有遇到大的困难。

3. 传真机项目

传真机项目组由技术部项目负责人和联想传真机项目团队组成，共同对设备需求数量及技术支持、耗材提供及物流运输等细节进行讨论及调整。

联想公司是 TOP 赞助商，桌面打印机属于赞助类别，因此联想公司提出整合联想打印机、传真机技术支持团队，以同一个团队的人员提供传真机的支持及维护工作，以节约人员与资金。技术部最终接受了这一建议。

技术部所有 IT 设备包括打印机与传真机的部署及调拨是由信息技术团队进行运行管理的，具体方式是 VITM 通过 EDR/EAR 系统进行设备调拨和部署。因此在规划与实施阶段需要与信息技术团队进行深入的沟通，并根据技术部的场馆技术设备分配规划的变化及时调整部署与调拨计划。

六、关键里程碑

- 文件处理系统征集需求：2006 年 4 月—11 月
- 确定文件处理系统实施方案：2006 年 11 月
- 签署《奥运会文件复印服务采购合同》：2006 年 11 月
- 签署《奥运会传真机采购及租赁合同》：2007 年 7 月
- 签署《联想供货合同》：2007 年 6 月
- 文件处理系统移入期计划：2008 年 4 月—7 月
- 系统就绪：2008 年 8 月 3 日之前
- 奥运会残奥会转换期：2008 年 8 月 24 日—9 月 6 日
- 残奥会设备撤出：2008 年 9 月 16 日

第三节　综合布线系统

一、概述

综合布线是指为信息、成绩和固定通信服务所需的数据语音布线，项目包括了日常办公、测试赛、奥运会和残奥会期间所涉及的所有奥组委负责运行区域的数据、语音线缆。

奥运会时场馆范围包括：北京本地竞赛场馆（含马拉松起点）和所有非竞赛场馆，京外场馆布线由当地筹办机构负责。

综合布线项目分为永久部分与临时部分，永久布线部分是场馆业主为场馆长期运行而建设的布线系统，奥组委仅在赛时临时使用。临时布线部分是奥运会所需的、奥组委为赛事专门建设的、业主永久布线不能满足的布线系统。永久部分由各场馆业主结合奥组委需求自行建设，临时综合布线部分由奥组委委托中国网通负责设计、实施和维护。

下表 12－9 为综合布线奥运会和残奥会实施规模统计，单位为信息点个数。

表 12－9　综合布线规模统计表

	竞赛场馆							非竞赛场馆		
	设备需求			媒体区需求				设备需求		
	数据	语音	总计	数据	语音	水晶头	总计	数据	语音	总计
奥运会所需信息点	5979	5877	11856	1210	11394	3215	15819	3397	6599	9996
奥运会新增信息点（去除业主已完成和测试赛已完成部分）	2232	1775	4007	1210	11394	3215	15819	3355	5431	8786

注：非竞赛场馆语音点需求不包括总部饭店、媒体村房间内标准电话需求。

二、系统架构与设计

1. 系统架构

结构化综合布线系统是一套完整而标准的集成化、高品质、开放的通用传输分布式布线系统，它通过非屏蔽双绞线（UTP）将语音、数据、图像等信号集成于单一的介质中传输，并提供标准的信息插座和组合式卡接方式，以连接各种不同类型的设备终端。

综合布线系统一般由六个独立的子系统组成，采用星型结构布放线缆，可使任何一个子系统独立地进入综合布线系统中。六个子系统分别为：工作区子系统、水平子系统、管理区子系统、垂直子系统、设备间子系统和建筑群子系统。综合布线系统所要求遵循的国际标准为 ISO/IEC11801 及北美标准 TIA/EIA－568－B，国内综合布线系统标准为原邮电部于 2000 年 12 月 30 日正式颁布、2001 年 1 月 1 日正式执行实施的中华人民共和国通信行业标准《大楼通信综合布线系统规范》。

奥运会综合布线系统在场馆内架构如下图 12 - 7 所示：

其中，工作区子系统由配线（水平）布线系统的信息插座、延伸到工作站终端设备处的连接电缆及适配器组成；水平子系统由工作区用的信息插座、每层配线设备至信息插座的配线电缆、楼层配线设备和跳线等组成；垂直子系统由设备间的配线设备和跳线以及设备间至各楼层配线间的连接电缆组成；建筑群子系统根据各场馆实际情况确定。

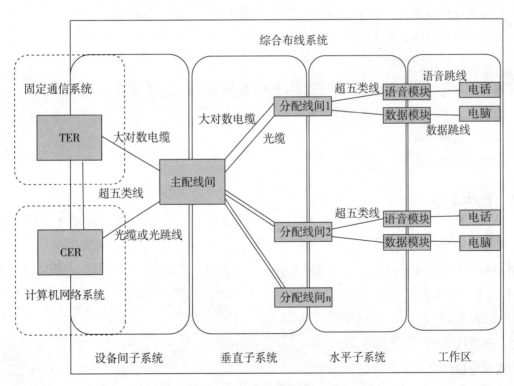

图 12 - 7　奥运会场馆综合布线系统结构图

2. 责任分割

根据前期奥组委与场馆业主协商明确的分工原则，业主负责完成永久布线，奥组委将负责布放专为奥运会使用的临时布线。具体如下：

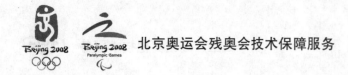

北京奥运会残奥会技术保障服务

- 在场馆红线范围内综合布线系统的骨干（垂直）部分由业主负责出资建设，奥组委提出赛时需求。

- 由奥组委出资的临时建筑内和临时设施综合布线系统的水平部分由奥组委负责出资，网通建设。由业主出资的建筑内和设施上综合布线系统的水平部分由业主建设。

- 场馆内综合布线主槽道（覆盖场馆）和分支槽道（进入房间吊顶以下）由业主负责出资和建设，辅槽道（从分支槽道至工位）由奥组委出资，网通建设。

- 场馆外综合布线所需的地下管道（也称小市政管道，建筑内竖井至馆外红线范围内弱电井）由业主负责建设，奥组委可以在征得业主同意的情况下使用，并承担损坏后的修复及赛后恢复原状的责任；场馆主槽道（弱电井至临时设施外）由奥组委工程部门负责出资建设；场馆辅槽道（临时设施内）由奥组委技术部负责出资，网通建设。

3. 设计原则

经技术部场馆技术处与信息系统处、媒体运行部以及电视转播方的多次确认，结合场馆情况与测试赛情况，制定了综合布线的设计原则，对设计流程与目标进行了规定，包括通用区域、媒体区域、BOB 区域、FOP 区域、非竞赛场馆注意事项以及工艺要求，具体内容如下：

- 规定了使用业主永久信息点与测试赛已建信息点的使用原则。

- 规定设计院辅助奥组委确定临时布线需求。

- 结合测试赛进度与奥运会场馆设施的到位进度安排奥运会布线施工。

- 规定了需要物理双路由的区域。

- 规定了材料使用规范。

- 规定了文字记者工作间、摄影记者工作间与媒体看台信息点布放原则。

- 规定了 BOB 与 RHB 信息点布放原则与责任分工。

- 规定了机柜布局。

- 规定了特殊区域工艺要求。

三、系统实施

1. 前期准备和测试赛阶段

该阶段从 2007 年 7 月开始，通过测试赛的磨合和锻炼，各方面吸取经验，为奥运会临时综合布线工作的顺利开展进行准备。随着好运北京测试赛在所有竞赛场馆展开，综合布线项目也同步实施，最终完成了 29 项临时综合布线项目，共完成 3116 个信息点，其中语音点 1498 个，数据点1629 个，光跳线 2864 根。

2. 需求分析阶段

该阶段从 2008 年 1 月开始，主要工作包括确定设计人员、取得业主图纸、取得奥组委运行图纸、取得 TEAP 数据、确定综合布线原则等。奥运会赛时运行图纸经过若干次变更，最终综合布线的设计依据是 2008 年 3 月 7 日发布的图纸。

根据测试赛经验，综合布线小组完成了奥运会临时布线原则，规定了设计要求，包括用料、工艺、需求、时间计划。特别是考虑到尚没有明确的收费卡需求，对于奥运会有大量收费卡项目的媒体工作区域（包括带桌文字记者席、评论员席、媒体工作间、BOB 综合区）做了明确的说明和规定。

2008 年 1 月底，技术部将业主图纸、奥组委运行图纸、TEAP 数据和设计原则提供给网通，项目进入"设计阶段"。

3. 设计阶段

该阶段为 2008 年 2 月到 3 月，主要工作是根据奥运会需求和图纸完成奥运会临时布线设计。

4. 会审阶段

该阶段为 2008 年 3 月中旬到 4 月，主要工作是签字确认需求、对综合布线原则进行讲解、审核设计方案的合理性等。参与方包括场馆 VTM、场馆 VITM、场馆 VTCM、综合布线项目、网通设计人员和网通场馆经理。

根据会审过程中发现的问题，项目小组于 2008 年 3 月 26 日与网通召开了"摄影位置等媒体区域收费卡产品分工界面和临时综合布线变更处理方式专题会"，会上明确了摄影位置等媒体区域收费卡产品的分工界面，并基本明确了综合布线垂直部分发生变更时的处理方式。

为保证施工和系统调试的时间，保证技术系统的稳定运行，综合布线项目小组于 2008 年 3 月 25 日向各竞赛场馆团队和非竞赛场馆团队下发《关于临时综合布线需求冻结的函》，明确规定"临时布线方案已冻结（收费卡及技术部批准的变更除外）。即日起因团队调整功能用房而导致临时布线点数量增加或者位置变更，原则上将不予考虑，不纳入奥运会施工范围内。"

5. 实施阶段

2008 年 4 月底，媒体工作间桌子形式确定，项目小组协调网通完成了老山自行车馆媒体工作间样板。2008 年 5 月初，媒体看台桌子形式确定，项目小组协调网通完成了北理工体育媒体看台样板。其他场馆的媒体工作间、媒体看台的综合布线实施均参照上述两个示范场馆的标准进行施工。

2008 年 5 月项目小组陆续收到网通提交的业主永久综合布线部分、奥组委测试赛临时增加部分的测试报告。各场馆分别开始交底实施，考虑到第二次技术演练，首先对技术用房和奥林匹克新闻服务（ONS）工作室进行交底施工。随后，考虑到 BOB 工作区域的交付时间要求，项目小组启动了评论员控制室（CCR）和转播信息办公室（BIO）交底施工。最后，根据 BOB 综合区的搭建进度、看台桌子的搭建进度以及媒体工作间桌子的安装进度，对上述区域又进行了一到两次交底与施工，完成了综合布线工程实施。

6. 验收阶段

2008 年 7 月底，陆续收到网通提交的奥运会新增部分测试报告，并提交给场馆技术团队。

四、赛时运行

1. 赛时保障体系

综合布线赛时运行阶段的架构如下：

整个综合布线维护体系由 TOC 综合布线应急主管、竞赛和非竞赛场馆技术经理以及场馆综合布线维护团队组成。综合布线维护体系和人员配置确保了赛前综合布线项目顺利实施和奥运会期间场

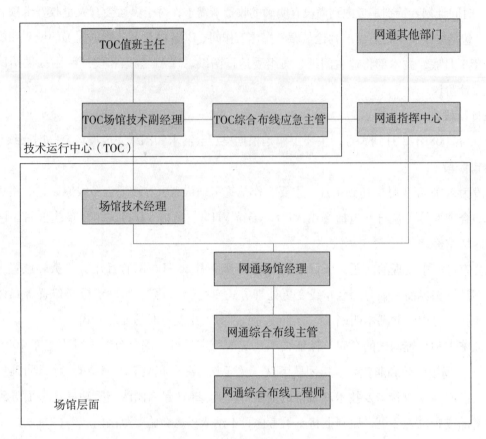

图 12 - 8　综合布线赛时运行组织结构图

馆的平稳运行。

根据前期协商结果，网通负责赛时所有场馆的综合布线维护工作，含临时布线和永久布线。

场馆综合布线维护团队由综合布线主管和综合布线工程师组成，综合布线主管和部分综合布线工程师由网通指派。根据前期与业主沟通的结果，业主单位也派出 1 至 2 名工程师配合完成永久部分的综合布线维护工作，这部分人员统一纳入综合布线维护团队管理。

网通共指派了综合布线主管 78 人，综合布线工程师 206 人，业主共指派了综合布线工程师 47 人。

2. 赛时运行情况与变更

（1）运行情况

为了防止比赛期间发生诸如光缆中断等突发事件，运动会网所用光缆在有条件情况下均使用物理双路由实现，或者采用通路由双缆方式实现。赛时各数据网络均未发生由于光缆和水平布线造成的重大故障，语音业务方面也未收到由于布线导致的重大故障投诉。

（2）赛时变更

综合布线项目需求冻结于 2008 年 5 月，之后的变更主要来自三个方面：领导批示、收费卡需求和场馆团队。

布线的变更按"垂直资源控制，水平变更配合下放"的原则执行，即变更如果导致垂直资源不足而需要补足，不予批准；变更如果只是增加水平信息点，在本场馆水平信息点变更配额中解决，并授权 VTM 批准。每个场馆的变更配额按照本场馆奥运会信息点需求总量的 10% 配置。除了主新闻中心超出配额外，其他场馆均未超出配额。因此，这种原则对于控制变更、加快变更处理，起到了非常有效的作用。

（3）转换期

为减小奥运会到残奥会转化期的工作量，绝大多数残奥会需要的信息点均在奥运会前随奥运会工程同时完工。

五、项目管理

1. 项目管理组织机构

综合布线项目小组的组成包括：

（1）技术部场馆技术处

负责编写项目规划，制订项目计划，制定并解决项目预算，制定综合布线原则，汇总项目用户需求，组织评审，监督项目进度，赛时运行协调，组织项目验收，完成项目付款，奥组委内部协调。

（2）中国网通项目团队

负责协调设计院完成方案设计，负责组织网通内部进行项目实施，赛时运行保障。

其中奥组委场馆技术处和中国网通均指定一名项目经理作为接口，另一名项目经理配合。

2. 预算管理与变更管理

奥运会临时综合布线需求包括三部分，测试赛、奥运会和残奥会。根据项目规划，测试赛完成的综合布线信息点会尽量在奥运会和残奥会时重复使用。因此，三阶段工作具有连续性和继承性。鉴于此，在预算管理中，三部分预算在一个预算科目中，并没有严格分开。

2007 年初，由于各业务部门需求尚未明确，测试赛尚未开始，根据往届奥运会经验和北京奥运会特点，依据"尽量复用，兼顾赛时"的原则，初步统计了各场馆测试赛所需的信息点数量。按照信息点单价乘以信息点数量的方式，初步核定了测试赛项目预算。

2007 年底，结合测试赛综合布线经验和与奥组委各业务部门沟通的结果，初步核定奥运会项目预算总额，并在征求各业务部门意见后，报奥组委领导审批通过。

测试赛中，由于需求变更频繁，项目预算执行过程中遇到了很多困难。考虑到奥运会规模远大于测试赛，需求变更不可避免而且会更加频繁，经多部门的协调与财务专家的评审会，确定采用"基本服务包价格＋单点价格"方式采购，单点价格仅适用于水平布线单点变更。

2008 年 3 月，中国网通根据前期需求，完成了设计方案和基本服务包报价。

2008 年 4 月，确定变更原则为"垂直资源控制，水平变更配合下放"，将信息点配额下发至所有场馆，除国家体育场、主新闻中心和奥运村由于开闭幕式和收费卡需求尚未冻结，需要较多变更配额外，其余场馆均按照信息点需求总量的 10％配置。

3. 进度管理

在项目规划阶段，每月完成项目月报，汇报项目在前期规划方面的工作进展。

在项目需求分析和实施阶段，由中国网通每周完成项目进度周报，定期汇报项目进展以及需要双方协调沟通的事宜；项目组每月召开项目协调会，汇报项目进展，沟通协商处理项目过程中发生的问题，会议纪要作为双方下一步工作的执行依据；项目组不定期召开重大问题专项会议，协商解决影响项目进展的重大问题，会议纪要作为双方下一步工作的执行依据。

通过报告、定期会议和不定期会议的方式，项目组对项目进度有了统一的认识，在资源协调和重大问题协调方面提高了效率，确保项目基本按计划开展。

4. 质量管理

综合布线的项目质量是通过"设计前明确综合布线原则"和"实施完成后验收测试"两方面的工作来保证的。

设计前明确综合布线原则是指在中国网通收到测试赛和奥运会综合布线需求的同时，奥组委技术部同时提供了临时布线原则，在用料、工艺、需求、时间计划等方面规定设计要求。

实施完成后验收测试是指对"对所有京内竞赛场馆和有布线需求的非竞赛场馆的综合布线系统进行测试"。测试范围是所有奥运会赛时将要用到的光缆和水平布线，包括业主永久部分、测试赛增加部分和奥运会增加部分。

六、关键里程碑

- 2007 年 8 月开始，"好运北京"测试赛在所有竞赛场馆展开，综合布线项目也同步实施。
- 2008 年 2 月，确认综合布线需求，包括技术设备分配表（TEAP 表）2.22 版和 2008 年 3 月 7 日发布奥运会赛时运行图纸；确定综合布线原则。
- 2008 年 2 月底，陆续将业主图纸、奥组委运行图纸、TEAP 和设计原则提供给网通，进入"设计阶段"。
- 2008 年 1 月 9 日，召开了"临时布线工程（奥运赛时部分）采购与结算方式协商会"，明确项目实施计划。
- 2008 年 3 月 10 日至 17 日，共安排竞赛场馆综合布线会审 32 场，每天 6 场；2008 年 3 月 18 日至 19 日，共安排非竞赛场馆综合布线会审 8 场，每天 4 场。
- 2008 年 3 月 25 日，向各竞赛场馆团队和非竞赛场馆团队下发"关于临时综合布线需求冻结的函"，明确"临时布线方案已冻结"（收费卡及技术部批准的变更除外）。
- 2008 年 4 月底邀请技术专家和财务专家召开了针对单点价格的评审会。
- 2008 年 4 月网通完成设计方案，并提供了基本服务包报价。
- 2008 年 5 月陆续收到网通提交的业主永久综合布线部分、奥组委测试赛临时增加部分的测试报告。
- 2008 年 6 月参加第二次技术演练 TR2。
- 2008 年 7 月底，陆续收到网通提交的奥运会新增部分测试报告，并提交给场馆技术团队。
- 2008 年 8 月 8 日，进入奥运会赛时运行阶段。
- 2008 年 8 月 24 日，进入转换期。
- 2008 年 9 月 6 日，进入残奥会赛时运行阶段。
- 2008 年 9 月 17 日，进入赛后总结阶段。

第四节　不间断电源（UPS）系统

一、概述

不间断电源（Uninterruptible Power Supply，UPS）主要功能是保障计算机系统在紧急停电之后一段时间内供电不中断，不致因突然停电而影响工作，避免停电引起的业务流程中断、设备损坏和数据丢失。它在计算机系统和网络应用中，主要起到两个作用：一是应急使用，防止突然断电而影响正常业务流程，防止断电给设备造成损害；二是消除市电上的电涌、瞬间高电压、瞬间低电压、电线噪声和频率偏移等"电源污染"，改善电源质量，为计算机系统提供高质量的电源。

北京奥运会 UPS 主要服务于技术、注册、安保、票务与媒体等重要客户。赛时在计算机领域共使用 UPS 设备 2000 多台，容量范围从 1 千伏安到 400 千伏安；配置的蓄电池 10000 多块，容量范围从 17AH 到 120AH；网管中心同时在线监控 300 多台 UPS 设备的运行状态。在国际奥委会全球合作伙伴美国通用电气公司（GE）的配合下，如此大规模和复杂的电源保障系统得以成功完成，为未来大型体育项目提供了宝贵经验。

二、系统架构与设计

1. 设计原则

UPS 方案是整个技术电力方案的重要组成部分，技术设备供电方式见下图 12 - 9。

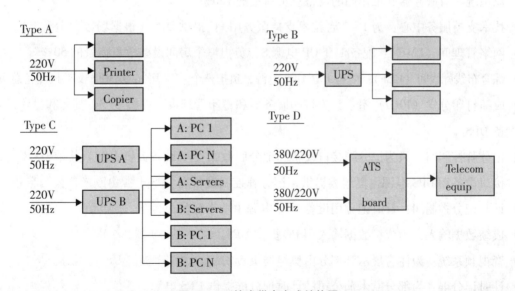

图 12 - 9　技术供电方式结构图

在最终设计方案中，只有当作为负载的系统设备需要存储、处理赛事重要数据且流程不可中断时，才提供 UPS 或直流电池电源。具体原则如下：

- 提供主用电源和备用电源双重电源系统的地方，如运行时要同时使用两类电源，则必须提供双重 UPS，即每种电源配备一套 UPS，即 Type C。
- 提供主用电源和备用电源双重电源系统的地方，但主用电源和备用电源不同时运行，则只需配备一套 UPS 电源，用以满足可能发生的电源更换，即 Type B。

- UPS 电源通用技术条件要满足以下标准：

  ◎ 计算机系统的备份 UPS 电源持续时间根据备份电源的情况确定，如负载系统具备备份电源，则 UPS 提供备份时间 20 分钟，如不具备备份电源，则 UPS 提供的备份时间应保证 1 个单元场比赛的正常进行；

  ◎ 所有 UPS 电源采用在线式；

  ◎ 部分 UPS 电源（根据重要场合划分）具有联网监控功能；

  ◎ 所有 UPS 电源具有在线调节装置，以满足电涌和尖峰保护功能；

  ◎ 通信系统所需直流电池电源根据通信行业标准自备，时间 3 小时。

2. 供应原则

2005 年初，技术部开始收集并确认 UPS 需求。经过与多个业务部口的讨论，技术部于 2005 年底确认了奥运会 UPS 供应原则和基本方案。

（1）场馆技术设备需求

以下场馆技术用房要求配备 UPS 电源以支持其房间内的所有技术设备或特殊设备负载：

- 计算机设备机房（CER）：每路电源配备 1 套 UPS，共配 2 套。每套 UPS 负担 A、B 双系统所有服务器、交换机和路由器设备的总负荷量的 100%。
- 现场成绩处理系统机房（OVR）：每路电源配备 1 套 UPS，共配 2 套。每套 UPS 负担 A、B 双系统所有服务器和工作站的设备总负荷量的 100%。
- 技术支持服务中心：为 1 - 2 台技术支持服务用 PC 提供 UPS（根据场馆大小确定）。
- 网络管理间（LMR）：配备 1 套 UP 电源 S，负担整个房间设备总负荷量的 50%。
- 综合布线配线间（CCF）：配备 1 套 UPS 电源，负担整个 CCF 房间 GAMES 交换机设备总负荷量。
- 成绩打印分发（PRD）室：只为打印服务器和打印管理设备提供 UPS，复印和打印设备不配备 UPS。
- 记分牌控制间：只为记分牌接口设备和记分牌数据交换设备提供 UPS。其中 OVR 内记分牌接口设备用 UPS 电源由奥组委提供，记分牌控制设备用 UPS 电源由欧米茄公司自备。
- 计时记分控制间：计时记分用设备 UPS 电源由欧米茄公司自备。
- 成绩数据输入：为成绩数据输入用 PC 提供 UPS。
- 音视频系统：为体育展示和部分由奥组委负责安装的主扩声提供 UPS 电源。
- 计时记分屏：为部分欧米茄公司的计时记分屏提供 UPS 电源。

（2）职能部门需求

以下是为场馆内除技术以外的其他职能部门运行提供的 UPS 支持：

- 注册：为所有制证用电脑提供 UPS 电源保障。
- 安保：为每个场馆数据上传的设备提供 UPS 电源保障。
- 票务：为每个票务亭的一半负载提供 UPS 电源保障。

- ONS：为 ONS 办公室一半电脑提供 UPS 电源保障。

3. 系统设计

依据奥组委所有功能口电源要求的需求统计，经过 1 年的设计，技术部于 2007 年初完成了 UPS 系统架构的设计，整个系统分为两部分，第一部分为 UPS 设备系统，第二部分为 IRIS 监控系统。

（1）UPS 设备系统

①系统组成

每个 UPS 系统均由 UPS 主机、蓄电池组、电池柜、输入输出电缆、输出分配（含外部旁路系统）组成。所有的 UPS 主机均采用在线双转换技术，符合 IEC 62040 标准。

每套 UPS 均配置铅酸全封闭免维护蓄电池，为 UPS 主机所带负载提供相应的后备保护时间，其容量和块数因 UPS 的容量不同而不同。所有电池均装于专用柜中，节省占地面积并保证人身安全。

所有 UPS 的输入输出电缆及蓄电池组直流电缆均按 UPS 制造厂商规范要求配置，所有电缆均为阻燃性产品，并采用套管保护。

②设备定型

根据 UPS 配置的位置与所带负载的不同，技术部选用了不同的设备。涉及 1 千伏安（KVA）到 400 千伏安等多种型号。

- 对于 1 KVA – 6 KVA 的 UPS，采用输入电缆引至 UPS 输入端口/端子，在 UPS 输出端口/端子连接输出电缆并根据 UPS 容量配备电源插板，当存在一台以上 UPS 为同一个数据架供电时，每个 UPS 及其相应的输出电源插板均会标以颜色符号，避免混淆，酿成事故。

- 对于 10 KVA – 20 KVA 的 UPS，采用专门的配电箱对 UPS 的输入和输出进行合理安排，具体做法是：将输入电缆引至配电箱内，为 UPS 安排相应的输入开关并接至 UPS 输入端子，然后将输出电缆接至配电箱内的输出母排并通过若干路开关进行分配，最终通过布线将电源送至各用电单位。具体布线方式因系统不同而不同，对于所有 OVR 系统，均根据房间的办公布局进行电力综合布线，其余系统则根据设备容量配置相应数量的电源插线板及分配电缆。

- 20KVA 以上的 UPS 均配有输入输出配电柜，UPS 设备依据电力设计接入其中。此类大型 UPS 主要配置在主数据中心、技术运行中心、IBC 和国家体育场等奥运会核心场所，确保服务器设备、网络设备、图像大屏和电视转播系统等关键设备在奥运会时运行平稳。大型 UPS 配置情况如下：

表 12 – 10　大型 UPS 配置情况表

序号	UPS 型号	数量	供应对象
1	Sp60	2	国家体育场大屏供电保障
2	Sp80	2	ADMIN 网络中心
3	Sp200	2	集成试验室
4	Sp300	1	技术运行中心
5	Sp400	2	主数据中心
6	Sp400	1	IBC 转播系统

③UPS 外部旁路系统

为保证在 UPS 出现严重故障时可随时将其更换（尤其对 6KVA 以下容量 UPS），同时保证负载供电不中断，每一个 UPS 系统均配备了外部旁路系统，对于 6KVA 以下 UPS，采用一个单独的箱体附于电池柜上；对于 10KVA 以上 UPS，旁路系统安装在配电箱中。

（2）IRIS 监控系统

UPS 是为保障所有成绩技术系统、网络技术系统和音视频系统等核心负载供电安全平稳的设备，因此被配置在所有的奥运会竞赛场馆和非竞赛场馆重要位置。在第一时间了解 UPS 以及电源的状况，及时做出正确的反应是保证赛事不间断运行的关键任务。因此技术部建立了网络监控系统用于监控关键区域的 UPS 状态。

整个远程监控系统方案如图 12 - 10，主要原理是依托奥组委自身的网络系统，通过对不同场馆的 UPS 设备做数据采集，所有数据汇入到监控中心的 2 台服务器中，通过服务器把所有采集到的数据发布到指定的网页上，在监控中心配置的 2 台终端电脑通过 IP 协议对所有的 UPS 进行配置管理、数据的实时采集和故障报警管理。通过此套监控系统可以有效地集中监视不同场馆的 UPS 工作、告警状态进行，还可以远程采集 UPS 市电输入、负载输出，以及电池的实时状态信息与测量值。通过这些信息与测量参数，可以对 UPS 状态进行远程诊断，对现场服务人员进行预先通知，对现场 UPS 进行有效的预防性维护。通过安装于 TOC 的监控终端，可以及时与各部门进行协调支持，以确保 UPS 系统及赛事期间服务保障的顺利运行。

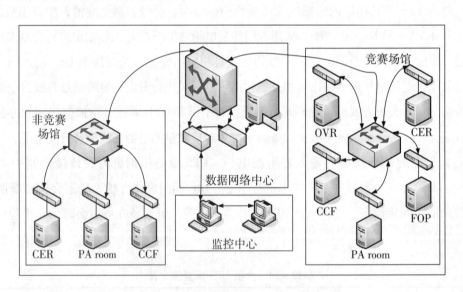

图 12 - 10   UPS 监控系统网络结构图

为此，作为监控对象的关键 UPS 都配置 1 块 SNMP 网卡。在数据中心内配有 2 台监控服务器，互为热备份，保证当 1 台服务器出现故障时，数据传输不会中断。在 TOC 中心配置有 2 台监控终端，通过网页直接访问服务器，实现对 UPS 设备的远程监控和管理。同时配置 NTP 服务器，使得所有现场 UPS 的告警信息能通过 SNMP 网络，按正确的时间显示在日志文件中。

监控的内容可以通过电子邮件服务器、外部手机短信网关、外部传真网关的连接，在任意时间随时自动转发告警信息给指定对象。

整个系统共监控 UPS 224 台，其中大型 UPS 设备（SP、SG80KVA 以上）8 台，LP 系列 132 台，EP 系列 84 台。

三、系统实施

1. 物流分工

北京奥运会所需的全部 UPS 设备及工程材料均由通用电气负责运至相应场馆的安装现场，并在比赛结束后拆卸打包移交给奥组委物流中心。所有 UPS 设备和电池首先运送到通用电气的北京库房，经过开机验收后，再统一配送到各个场馆。

2. 实施计划

奥运会 UPS 系统项目计划表严格遵循往届奥运会项目管理模式来操作，采用完全倒计时的安装计划，以奥运会开始日为整个实施截止日。由于 UPS 设备是所有 IT 设备的基础，因此 UPS 设备完全安装调试完成时间定在奥运会开始日提前 20 天，根据此设定时间规划整个奥运会 UPS 项目的实施。

UPS 设备整体供货与安装计划如表 12 - 11 所示：

表 12 - 11　UPS 供货与安装计划表

序号	事项	完成日期（年月日）
1	产品定型 从 1K - 20K 产品完成安装定型工作，每种产品所需的安装材料的详细清单并附图	2007 - 11 - 30
2	EP 系列 UPS 旁路开通	
3	香港电池柜重新定型	2007 - 12 - 31
4	赛时电池柜改进定型出图	2007 - 11 - 30
5	10K 以上配电箱制作	2008 - 02 - 28
6	EP 系列配电接线板制作	2008 - 03 - 31
7	电池连接电缆制作	2008 - 01 - 31
8	电池柜	2008 - 03 - 31
9	每种电缆的订货（在产品定型后）即可开始此工作，A 是部分要事先在库房加工的电缆，B 是场馆安装时使用的电缆	2007 - 12 - 31（A） 2008 - 03 - 31（B）
10	各种走线槽订货（到货期为 1 个月）	2008 - 03 - 20
11	各种开关的订货（产品定型后）	2007 - 12 - 31
12	插座及接线板订货（到货期前三个月）	2007 - 03 - 20
13	各种辅料的购买	2007 - 12 - 30
14	制作赛时安装明细表	2008 - 02 - 28
15	各种标示制作（警示标识，A、B 插座区分标示）	2008 - 02 - 28
16	电池容量检查充电	2008 - 02 - 28
17	配电箱固定在电池柜上	2007 - 12 - 31
18	UPS 设备安装	2008 - 6 - 30
19	输出输入电缆安装	2008 - 6 - 30

　　由于各个场馆均需要安装大量的 UPS，整个 UPS 实施团队人员仅有 50 人左右，面临人员少，工作量大的困难，因此落实到具体项目进度规划时，是以天为单位，以 5 至 10 人为一个团队，分阶段的安排到各个竞赛场馆和非竞赛场馆实施 UPS 设备安装（下图 12 – 11 为部分整个项目计划截取的一部分）。

图 12 – 11　UPS 安装计划表（部分）

序号	安装团队	场馆名称	英文代码	比赛项目	安装日期1（设备用房）	安装日期2（FOP内）	2008年4月
1	team1	国家体育场	NST	AT	3月	5月20-25	
				FB			
2	team1	国家游泳中心	NAC	SW	3月	5月16-20	
				SY			
				DV			
3	team1	国家体育馆	NIS	GA	4月11-15	5月11-15	
				GT			
				HB			
4	team1	奥林匹克曲棍球场	OGH	HO	4月1-5	5月26-30	
5	team1	奥林匹克网球场	OGT	TE	4月16-20		
6	team1	奥林匹克射箭场	OGA	AR	4月6-10	5月6-10	
7	team1	会议中心击剑馆	FCH	FE	3月	5月16-20	
				MP			
				FE&SH			
8	team1	奥林中心体育馆	OSG	HBP	4月1-5	5月26-30	
9	team1	奥林中心体育场	OSS	MP	4月6-10	5月6-10	
				R&R			
10	team1	英东游泳馆	YTN	WP	4月11-15	5月11-15 5月21-25	
11	team3	顺义奥林匹克水上公园	SRC	RO	4月1-5	5月6-10	
				CF			
				CS			
				OW			

　　最早的 UPS 设备安装在数字北京大厦，于 2005 年投入使用，最后一台 UPS 在 2008 年 7 月 31 日投入使用，安装共历时 3 年。其中，三分之一的 UPS 设备在 2007 年"好运北京"测试赛期间曾经使用过，并经历过两次安装拆卸。所有 UPS 设备的安装工作均经历 4 个步骤：设备运输、设备安装、设备调试和最终设备验收。

3. 转换期

　　奥运会到残奥会的设备转换期从 2008 年 8 月 26 日开始至 9 月 5 日残奥会开幕式前。所有需要调整的 UPS 设备都需要在此期间完成。因为残奥会的场馆数量缩减到 25 个，整个系统构架基本延续奥运会的形式，因此大部分场馆内的 UPS 没有做任何调整，仅仅对个别场馆内服务于 FOP 的 UPS 设备因为残奥项目的特殊性做了相应的局部移机。

四、赛时运行

　　UPS 系统的赛时运行包括奥运会运行和残奥会运行。对于 UPS 项目而言，奥运会与残奥会运行方式基本一致，以下从服务体系、服务水平以及服务程序等方面对运行工作进行描述。

1. 运行服务体系

　　奥运会赛时运行服务保障体系由：TOC 的 UPS 项目管理与保障团队、现场服务团队、应急支持流动团队三部分组成，所有赛时 UPS 技术保障由 TOC 项目经理统一协调、统一调度。

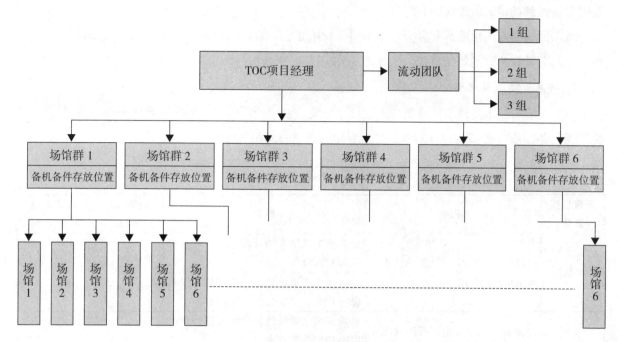

图 12 – 12　UPS 赛事服务体系结构简略图

（1）TOC UPS 项目管理与保障团队

在奥运会赛事期间，可以实现在 TOC 对整个 UPS 系统进行监控和管理。TOC 的 UPS 项目管理与保障团队由 UPS 值班经理、专家以及监控 3 个岗位人员组成。其中监控岗位要求 24 小时在岗。

UPS 值班经理会在 TOC 对各种 UPS 事件、问题进行分析、协调，并根据情况安排现场服务团队、应急团队或专家进行技术支持。UPS 值班经理每日向 TOC 场馆技术经理进行早、晚汇报。

（2）现场服务团队

在测试赛、技术演练和奥运会期间，根据奥组委技术部要求，通用电气在各个场馆均配置了相应数量的现场服务工程师，负责 UPS 的使用、维护、管理。

根据运行流程，现场服务工程师必须在赛前 3 小时到场，其工作内容包括：确保所有 UPS 处于开启状态，检查 UPS 各项数据，使其处于正常供电状态；对 UPS 进行定期巡视（有关巡视频率视场馆设备分布情况而定），以便有问题及时发现解决；一旦接到故障报警必须在最短的时间内赶到现场，采取紧急措施保证赛事正常供电；对每个场馆所存储的备机及备件进行管理，定期清点并通知相关人员做必要的补充；当天赛事结束以后，现场人员要将 UPS 设备巡检一遍并做好相应记录，如发现问题应立即解决，确保正常供电。

各个场馆的值班服务工程师，每天要将设备运行情况向本场馆 VT 和 TOC 的 UPS 值班经理汇报。正常情况时要把设备运行情况表以电子邮件方式发至 TOC UPS 值班经理。如出现异常情况，应立即以电话形式向 TOC UPS 值班经理报告，遇紧急故障时按故障应急方案流程进行。

（3）应急支持流动团队

为进一步加大保障力度，提高应急处理能力，需要根据赛事安排配备一支场馆外的应急支持流动团队，以应付复杂的技术问题以及其他突发事件，并根据场馆群进行分布，保证从馆群备品存放地携带备件到场馆的最短时间和距离。

流动团队由 6 人组成，并分为三个小组，每组 2 人，赛事时以场馆群备品存放地为主要集中地点，每组分散在不同的场馆群待命，等待 TOC 项目经理的指令。

2. 技术支持服务水平

UPS 系统的技术支持工作遵循技术运行中心统一制定的故障定义策略及处理流程。现场 UPS 系统出现问题，依据表 12-12，对事故进行界定并提供技术服务支持。

表 12-12 UPS 故障分级定义表

严重级别评估	描述	影响	故障响应时限(分钟)	故障解决时限(小时)
1 级故障	关键系统运行不正常,影响比赛或大量用户的使用	全部场馆成绩系统处理机房与计算机机房 UPS 故障	5	1
		某场馆成绩系统处理机房或计算机机房的 UPS 后端配电系统全部故障		
2 级故障	关键系统部分完全不可用或部分不可以(减低服务标准运行)运行面临风险,可能会影响比赛或大量用户使用	某场馆成绩系统处理机房或计算机机房的 UPS 全部故障	5	2
		成绩系统处理机房或计算机机房 1 台 UPS 后端配电系统全部故障		
		UPS 监控系统故障		
3 级故障	部分用户的使用受到影响,无法继续工作	某场馆成绩系统处理机房或计算机机房 1 台 UPS 故障	10	4
		与成绩系统相关的小型 UPS 故障		
		成绩系统处理机房或计算机机房 UPS 后端配电系统部分故障		
4 级故障	部分用户的使用受到影响,但是还可以继续其工作	场馆某个 UPS 故障	10	4
		场馆某个 UPS 后端插座故障		

通用电气的赛时服务运行支持时间从 2008 年 4 月 1 日开始至残奥会比赛结束。在此期间，UPS 监控系统总共收到告警 2000 余条，在奥运会期间共处理 UPS 问题 6 条，所有问题都在第一时间解决，没有对比赛造成任何影响。在服务期间，每个岗位人员都能按要求完成工作，做好工作记录，避免交接班造成的工作遗漏，从而保证了工作的一致性、连续性、规范性和系统性。

3. 技术支持服务程序

一旦现场 UPS 电源系统/设备出现问题，现场值班工程师将会立刻到达现场并对所发生的故障进行适当的处理，同时根据要求向 VTM 报告事故情况，必要时会与 TOC 的 UPS 值班经理及应急流动团队联系，以确定对疑难问题进行进一步处理的意见。根据对事故严重性等级的界定，系统恢复运行的时间将控制在 30 分钟至 4 小时。

根据设备故障情况划分等级，UPS 支持团队制定了不同情况时值班工程师的处理程序，并要求值班工程师严格按处理程序执行。具体如下：

● 出现一般告警，但不影响设备正常使用，且主机仍工作在逆变器供电状况。

处理程序：工程师直接可以解决，但需将情况和处理办法向 TOC UPS 值班经理汇报。

● 出现异常，主机已转至旁路但仍向负载供电。

处理程序：需马上向 TOC UPS 值班经理汇报，由 TOC UPS 值班经理通知流动团队对 UPS 采取措施恢复状况，如仍不能恢复正常运行，流动小组应立即赶赴现场处理，此时值班工程师不得离开。

● UPS 出现严重故障，已停止向负载供电。

处理程序：值班工程师应立即将外部手动维修开关闭合，由市电直接向负载供电并立即通知场馆技术经理和 TOC UPS 值班经理，并在原地等待流动小组人员。

● 出现负载短路造成 UPS 无法正常工作（必须确认是负载短路，不是 UPS 故障）。

处理程序：立即通知场馆技术经理处理故障，并向 TOC 通报情况。

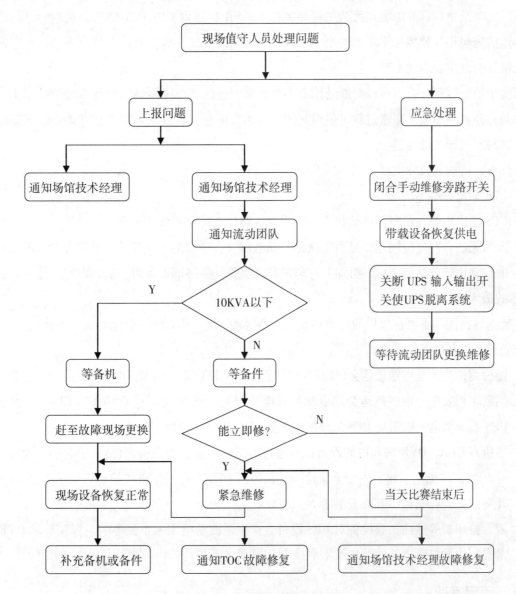

图 12－13 UPS 故障处理流程图

4. 案例分析

2008 年 2 月 1 日 15：15 分，TOC 收到 2 级故障报警，水立方 OVR 房间出现断电现象。水立方场馆 UPS 现场工程师赶到事故现场检查发现，OVR 房间内 UPS 输出配线盘的一路空开跳闸，人工复位无法成功，UPS 现场工程师依据流程向 TOC 求助，TOC 当即指派 UPS 流动团队赶赴现场，15 分钟后流动团队到达国家游泳中心 OVR 内，开始全面检查配电系统。

经过现场检查，发现该路的实际带载量过大，通过该路的带载电流过大，达到 20 多安培，已经超过上端空气开关标称最大工作电流。同时发现 UPS 输出电缆的端点有接触不实的现象。

因为此故障发生的时间是在两场比赛的间隙时间内，为保证下面的比赛正常进行，UPS 流动团队经过慎重研究，决定此故障处理分两步执行。

首先 UPS 工程师配合 VITM 及成绩经理将过载回路上的部分负载转移到其他几个回路上，保证 UPS 各个输出回路的负载平均降到 13A 以下。对 UPS 输出电缆做临时紧固处理。派专人值守。

当天比赛结束后，故障处理团队工程师关掉了 OVR 房间内 UPS 供电的所有负载，进行全面整改。具体措施包括换掉接触不实的输出电缆，更换该路的空气开关，对所有接点重新进行紧固。经检查无误后合闸重新启动 UPS。

从整个检查过程分析，可以判断处掉电不是短路引起的，否则强制闭合此开关会导致上 1 级的开关跳断；还可判断不是正常过载过量引起的，因为在所有负载进入正常工作状态下，该路电流并未超过该路空气开关的容量。

经分析，造成此故障主要是三个原因导致：

- UPS 输出负载不均衡。
- UPS 输出电缆在长时间带载状态下，出现线路接头接触不实的现象。
- 人为无法合闸复位问题，是由于该路启动电流过大造成的，在仅带载欧米茄公司两台设备瞬时启动电流就达到 20A，再加上打印机和电脑等其他终端设备时，启动电流必然会超过空开的最大负载电流。

为确保该类问题不再在以后的比赛中出现，技术部 UPS 团队对各个比赛场馆技术用房 UPS 供电系统进行了局部整改，方案如下：

- 因为测试赛不是按照奥运会供电标准执行，OVR 和 CER 为单路 UPS 系统供电。为保证该类问题不再发生，依照奥运会供电标准，重新配置 UPS 电源，在 OVR 和 CER 房间安装两套 UPS 系统供电，以避免 UPS 末端配电故障对 A/B 系统产生同时影响。
- 当所有 CER、OVR 房间内的设备投入运行后（欧米茄公司设备到位较晚），UPS 现场工程师对 UPS 末端配电系统做一个全面检查，保障所有分路的工作负载均衡，OVR 中此项工作在开赛前 2 天完成，CER 在开赛前 5 天完成。
- 因为打印机等感性负载设备对 UPS 设备会产生强波动电流的不良影响，强制要求 OVR 等技术房间内的打印机等感性负载不准接入 UPS 供电系统内，由一般性供电系统供电。

五、项目管理

1. 项目管理组织机构

奥运会 UPS 项目管理组织机构见图 12-14 所示：

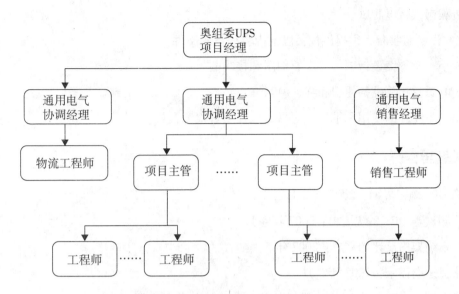

图 12 – 14 UPS 项目管理组织结构图

整个项目管理组织以奥组委 UPS 项目经理为核心，下设立三个职责团队：

- UPS 项目实施团队，由通用电气项目经理主管，负责整个奥运会 UPS 项目的设备安装，调试和赛时服务保障。
- UPS 项目协调团队，由通用电气项目协调经理主管，负责整个 UPS 项目的外部协调和所有设备的物流服务。
- UPS 销售团队，由通用电气销售经理主管，负责 UPS 设备和配套产品的销售和财务相关事宜。

2. 进度管理

奥运会 UPS 项目经理编制和建立用于记录、统计、标记、反映实际工程进度的进度控制图，以便随时对工程进度进行分析和评价，并作为控制工程进度、调整进度计划的依据。

UPS 项目实施中进度的把握主要通过两个例会监督推进，一是各个团队在每周五召开周例会，讨论本团队的项目进度状况、确认疑难问题和下周计划；二是每周一的项目例会，此例会由技术部的 UPS 项目负责人主持，三个团队的负责人参加，讨论的议题一般为三点：

- 回顾上周的项目实施进度。
- 讨论上一周中遇到的任何问题并拿出解决方案。
- 本周的 UPS 的项目具体规划。

3. 质量管理

所有 UPS 设备安装调试完毕，实施团队将结果通知奥组委技术部后，由 GE 项目经理和技术工程师随同奥组委技术部相关人员组织验收，并签署最终验收报告。验收内容主要包括：

- 电池放电带载测试。
- 自动旁路带载切换实验。
- 手动旁路带载切换实验。

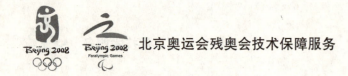

北京奥运会残奥会技术保障服务

- 假负载满载带电测试。

供货方在设备验收时，须提供包括以下内容的技术文件：

- 配电柜一次方案设计图、二次原理图和接线图。
- UPS 电源及相关设备使用和维护说明书。
- 主要设备元件的使用和维护说明书，以及质量检测报告。

六、关键里程碑

- 明确 UPS 施工界面：2007 年 3 月
- 确认测试赛 UPS 系统需求：2007 年 4 月
- UPS 系统架构设计的完成：2007 年 5 月
- 确认奥运会需求：2008 年 3 月
- 奥运会所有 UPS 设备安装并调试完毕：2008 年 5 月至 7 月
- 奥运会、残奥会结束后的全部 UPS 拆卸并运送到奥组委指定的库房：2008 年 9 月 30 日

第五节　头戴系统

一、概述

头戴系统是一种全双工通信系统，可以实现两个通话者之间或一个通话者和一组人之间的实时通信。由于其自身的特点，头戴系统在历届奥运会赛事组织上均有广泛应用，是赛事组织人员发布和接受命令的主要手段，为奥运会赛事组织、成绩系统处理、体育展示、电视转播业务口等提供了清晰、可靠和高质量的通话保障。

基于奥运会场馆通话系统的分组要求，赛事使用的头戴通话系统主要由信号调度矩阵、通话面板、通话接口、头戴式腰包和供电保障系统几部分构成。对于特殊的比赛，如赛艇、帆船等项目，还需要提供满足现场播音质量和通话距离要求的双向无线通信设备。

由于头戴系统没有奥运会合作伙伴或赞助商，因此北京奥组委通过招标程序确定了睿道公司（RIEDEL）作为设备和服务的提供商，以租赁的方式满足奥运会头戴系统的需求。

二、系统架构与设计

1. 服务客户群

对头戴系统的使用者来说，目的性是非常明确的，就是在最短的时间内将命令清晰地传达到相同分组中的每一个接收者的耳中，这些接受者包括欧米茄的成绩团队、体育展示团队、竞赛组织团队和转播商。在赛时高强度的工作压力下，错误的操作往往是由于听到了非同组用户的命令而导致的。因此在用户分组的过程中要确保将相同的用户群所接收到的声音一致，并且听不到其他分组用户的声音。

欧米茄的成绩团队是头戴系统的主要用户之一，其需求根据竞赛项目的不同而不同，因此需要和每个场馆的成绩团队逐个确认需求，确定设备使用模式和数量。在个别场馆，如进行田径比赛的国家体育场，成绩团队还有使用无线头戴终端的需求。

体育展示团队的需求比较固定，每个场馆一般配备 10 – 15 套有线头戴终端，需要提前确认的是体育展示席的播音员是通过头戴系统的麦克风播音还是通过音频系统的麦克风播音。

竞赛组织一般配备 3 – 5 套有线头戴终端。

转播商对头戴系统的需求集中在转播混合区，每个场馆的转播混合区需要 2 套头戴终端。

以下将介绍头戴系统集中常见的系统架构。

2. 单通道串联结构

单通道串联结构用主机的一个端口输出，各个节点上的终端通过线缆串联起来，连接方式如下图 12 – 15 所示。采用这种方式，工作主机只能通过一个通道向各个头戴系统的使用者发布信息和命令；各个头戴系统串联连接，如果有一个中间系统出现故障，其后续的系统都会停止工作。这种连接方式适用于完成同一个工作的团队。

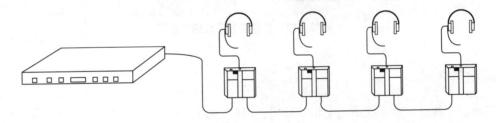

图 12 – 15　单通道串联结构示意图

3. 星型结构

星形结构使用主机的一个端口输出，在输出端采用多根线缆，每个输出线缆又连接到不同的串联终端组，连接示意图如图 12 – 16 所示。这种连接方式较串联式连接而言，具有双路或多路备份功能，在一条线缆上的头戴系统出现故障，不会影响其他线路上的系统，但是，呼叫主机也只能通过一个通道和所有的头戴系统联系。这种方式适用于完成同一个工作的比较大的团队。

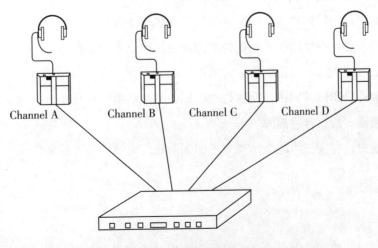

图 12 – 16　星型结构示意图

4. 多通道并联结构

多通道并联结构使用主机上不同的端口输出，每个端口上连接一个或多个头戴系统终端，连接示意图如图 12－17 所示。呼叫主机可以通过切换通道与不同的团队进行通信。这种连接方式适用于高层管理者指挥、协调各个团队的工作。

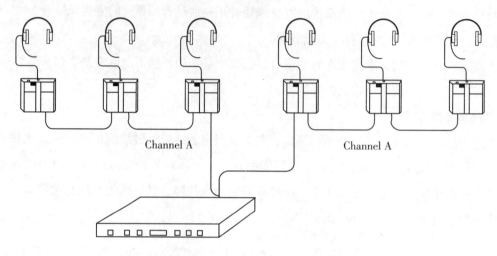

Channel A   Channel A

图 12－17　多通道并联结构示意图

三、系统实施

由于奥运会头戴通话系统采用全租赁形式，因此，供应商在提供系统设备的同时，还必须提供符合奥运赛事要求的现场技术服务。技术部对头戴系统服务的主要需求包括：系统集成和方案准备、奥运赛事经验、现场管理和应急处理、本地支持等四个部分。

在方案准备阶段，供应商工程师考察了每一个场馆，为头戴系统的布线设计做好提前准备。有的场馆的布线槽道资源比较紧张，需要和欧米茄成绩团队共用预留槽道，因此在技术设备进场前需要完成布线工作。欧米茄的成绩团队是头戴系统最主要的需求客户，而且它们对头戴系统的需求会根据场馆的实际情况随时改变，因此一个有奥运会工作经验，并且可以配合成绩团队的需求随时应变的头戴团队对这个系统的顺利运行显得尤为重要。

根据设计方案，在场馆体育展示团队使用的头戴系统还要和松下的音频系统进行连接，以便体育展示席的现场播音员可以使用头戴系统终端的麦克风向全场观众播报赛事信息，因此头戴工程师在场馆中和松下音频工程师之间也需要非常紧密的配合工作。在项目前期规划时，头戴系统项目团队也要和松下音频项目团队共同协商问题处理机制，划分清晰的责任矩阵，确保在运行期间发生问题可以第一时间明确责任，排除故障。

此外，在系统设计与实施阶段必须充分考虑到系统的灵活性与可扩展性。

四、赛时运行

1. 奥运会运行

头戴系统赛时运行期间分别由驻场工程师和 TOC 的头戴系统流动团队负责保障各场馆系统的平

稳运行。驻场工程师由一名睿道公司的德国工程师和一名中国工程师组成，直接向场馆技术经理汇报。TOC 的头戴系统流动团队由头戴系统主管和专家组成，定期巡查每个场馆并处理场馆的突发事件。

表12－13是奥运赛时头戴系统所使用的设备数量列表。

表 12－13 头戴系统设备数量一览表

序号	设备名称	数量（个）
1	Matrix	51
2	Computer	47
3	UPS	68
4	28 LED Key penal	51
5	16 LCD Key penal	51
6	12LED Key penal	98
7	16 LED Desk penal	62
8	Belt－pack station	173
9	Splitter	139
10	Belt－pack	1399
11	Announcer Headsets	149
12	Light Headsets	255
13	Meddle Headsets	1456
14	4 Channel converter	22
15	8 Channel converter	12
16	Fibre interface	198
17	BNC interface	161
18	Wireless interface	14

2. 残奥会运行

残奥会的头戴系统基本继续沿用奥运会系统，没有残奥会比赛项目的场馆在奥运会、残奥会转换期间将系统拆除并移出场馆。部分残奥会比赛项目需要进行比赛场地的重新布置，部分涉及布线的系统也需要随之改变设备的摆放位置。睿道公司的驻场工程师在较短的时间内很好地完成了设备拆除、转场和重新安装等工作。

残奥会赛时运行模式与奥运会相同，由驻场工程师完成系统设备的维护工作，TOC 头戴流动团队提供必要的技术支持并负责处理紧急事件。

五、项目管理

头戴系统项目团队由技术部项目负责人和睿道公司项目团队组成，在项目规划阶段以例会制为基础，有序地推进项目进展。在前期的项目规划中，主要任务是明确赛时各主要业务口对头戴系统

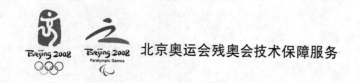
的需求和客户数量，因此对场馆的考察工作是必不可少的环节。头戴系统项目团队在对奥运会各场馆的实地考察和在测试赛期间与各业务口进行了充分沟通，听取客户的需求描述，讲解头戴系统的工作原理和操作方法，在头戴系统外籍专家的大力配合下，完成了头戴系统初步设计方案。

随着奥运会测试赛的举办，场馆各业务口在实际使用头戴系统后，提出了更加详细的需求，头戴项目团队根据细化需求对初步设计方案做了更新和改进，在与松下音视频系统接口和欧米茄系统的接口方案上进一步细化了工作流程，制定了相应的责任矩阵和客户培训文档，最终形成奥运会头戴系统实施方案。

头戴系统用户主要接触到的是头戴耳机和腰包通信设备，在场馆中分布得比较分散且设备体积较小，容易造成丢失现象，因此头戴系统项目团队在项目实施过程中严格执行了用户验收和签收制度流程，从系统建成验收后，即与客户签字确认移交设备，明确保管责任。

六、关键里程碑

- 需求征集：2006 年 8 月—2007 年 4 月
- 确定方案：2007 年 8 月—2008 年 3 月
- 系统建设：2008 年 4 月
- 系统实施：2008 年 6 月—2008 年 7 月
- 系统就绪：2008 年 8 月 3 日
- 残奥会设备撤出：2008 年 9 月 16 日

第十三章　公众信息服务

北京奥运会公众信息服务主要面向国内外公众，以北京奥运会官方网站、官方网站手机版、观众信息亭、奥运呼叫中心等途径，用多种语言，提供快捷、准确、优质和安全的北京奥运会和城市公众信息服务。信息服务内容包括了新闻、票务、成绩、火炬接力、文化活动、城市公众信息等多种类别。在国际奥委会、北京奥组委、国家科技主管部门、北京市政府主管部门、服务提供商的共同努力下，经过建设、测试、演练、赛时运行等阶段，最终顺利完成北京奥运会从筹办到赛事全历程的公众信息服务。

公众信息服务得到了国际奥委会技术部、转播商、媒体和公众的高度评价，多个新增服务首次成功应用于北京奥运会，实践了"科技奥运"理念。

第一节　公众信息服务概述

一、主要服务内容

北京奥申委在奥运申办中提出："基本实现任何人、在任何时间、任何场所都能够安全、方便、快捷、高效地获取可支付得起的、丰富的、无语言障碍的、个性化的信息服务。"公众信息服务主要包括北京奥运会官方网站，官方网站手机版，多语言综合信息服务等。

奥运官方网站，历经初级网站、中级网站、高级网站和赛时网站四个阶段，功能包括内容发布、志愿者招募、成绩发布等20多个重要子系统，储备网络带宽约90G，同时启用全球3万个监测节点进行监测。官方网站的工作内容包括：网站新闻采集、编辑、发布；新闻发布会直播；视频访谈节目制作和专题策划；赛时成绩发布系统；五种语言的新闻发布系统，基于电子地图的综合信息查询系统；注册系统建设；网站推广与品牌活动，如域名推广，媒体合作；网站运行的环境保障，包括服务器，网络设施、带宽、信息安全、全球内容发布渠道、容灾备份等。

北京奥运官方网站手机版作为奥运官方网站的子项目，是北京奥运会面向手机用户的宣传窗口，目的是充分发挥移动终端互动、随身、及时的优势，向公众和奥林匹克大家庭成员等提供方便、准确、快速、稳定的信息服务，宣传北京奥运会，弘扬和传播奥林匹克精神。

奥运会多语言综合信息服务以综合信息资源库为基础，提供奥运信息和城市信息的录入、审核、翻译、发布、查询等功能，并通过相应的接口规范和系统，为观众服务公共信息发布渠道提供

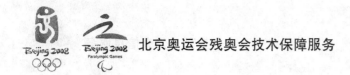

统一多语言信息数据支持。公共信息发布渠道包括：奥运观众呼叫中心、奥运场馆观众信息服务亭、城市信息服务亭、奥运官方网站观众服务频道、奥运官方网站手机版等渠道。多语言综合信息资源库提供中文、英语、法语、俄语、德语、日语、韩语、西班牙语、葡萄牙语、阿拉伯语和意大利语 11 种语言的奥运和城市信息。

二、服务团队组成

北京奥运会公众信息服务团队由奥组委及赞助商共同组成。科技部和北京市科委组织相关专家给予了多方面支持，北京市信息办领导了公众综合信息服务项目，该项目的成果之一是"北京网"在奥运会之后继续为公众提供综合信息服务。

公众信息服务各合作伙伴、赞助商和供应商的分工如下：

- 搜狐公司：负责奥运官方网站技术系统建设、维护、监测与运行；内容采集、编辑、发布；环境保障等。
- 中国移动：负责奥运会官方网站手机版建设、维护、监测与运行。通过移动通信网络向用户的移动通信终端提供奥运官方信息及其他各类信息服务。
- 首都信息发展有限公司：奥运会综合信息服务系统供应商。
- 中国网通：负责北京奥运会呼叫中心建设、维护、运行。

三、主要服务特色

1. 奥运历史上访问量最高的官方网站

北京奥运会官方网站自奥运会开幕式开始，访问量飙升，一度达到日访问独立用户数（UV）880 万，日页面访问最高 3.2 亿次，是都灵冬奥会网站访问量的 5.3 倍，雅典奥运会网站访问量的 6.4 倍，全球排名也升至 57 位（8 月 12 日 Alexa 统计数据）。在访问量如此激增的情况下，用户访问速度没有发生剧烈波动，正常访问率高于 99.99%。

2. 新增多项服务

- 首次设立奥运会官方网站手机版：通过移动通信网络向用户的移动通信终端提供奥运官方信息及其他各类信息服务。
- 多语言信息服务：北京奥运会首次通过 11 种语言提供奥运和城市信息的奥运综合信息资源库。同时，提供奥运历史上第一个 5 种语言版本的奥运官方网站。
- 电子地图服务：奥运历史上第一个采用互动电子地图技术为观众提供综合查询服务的奥运官方网站。
- 实时成绩发布：比赛项目的实时成绩发布，十个项目的比分直播。

第二节 奥运会官方网站

一、概述

1. 目标

北京奥运会官方网站的所有规划、建设、运营和维护工作。凭借成熟、稳定的技术，为北京奥组委、奥林匹克大家庭、全世界的互联网用户提供稳定、通畅、优质、安全的互联网服务。

2. 主要工作职责

技术团队在奥运会官方网站工作的主要职责是：

- 网站内容采集、编辑、发布与管理。包括网站新闻采集、编辑、发布；新闻发布会直播；视频访谈节目制作和专题策划等。

- 网站的应用系统开发。包括赛时成绩发布系统，5 种语言的新闻发布系统（CMS），基于电子地图的综合信息查询系统，注册系统等。

- 网站运行的环境保障。包括服务器，网络设施、带宽、信息安全、全球内容发布渠道、容灾备份等。

- 网站推广与举办品牌活动。包括域名推广，媒体合作和举办一些品牌活动等。

3. 面临的挑战

从项目团队建立之初，团队成员就认识到奥运会官方网站是全世界关注的焦点，面临着重大挑战，其中包括：

- 突发大流量的挑战：赛时峰值日每天页面浏览（Page View，PV）数量 3.2 亿，点击数 24.8 亿。

- 网络安全的挑战：侵入、篡改、DDOS 攻击和域名劫持风险。

- 确保全球用户通畅访问的挑战：最高 70% 来自国外用户，需保障国外用户的访问畅通。

- 质量保障的挑战：网站技术和内容的无故障率要求为 99.9%。

- 实时的比赛成绩发布的挑战：这是官方网站在赛时最受瞩目的内容。所有比赛项目实时成绩发布，同时十个比赛项目比分直播。

- 官方网站信息权威与及时性的挑战：赛时报道专业、奥运各类信息的及时准确发布。

- 外文频道建设的挑战：符合母语用户的阅览习惯；建立多语言新闻发布系统。

二、项目建设规划

整个奥运官方网站建设共分为三期，即高级网站一期建设、高级网站二期建设、赛时网站建设，如图 13 - 1 所示：

1. 高级网站一期建设目标

高级网站一期的建设目标是：

北京奥运会残奥会技术保障服务

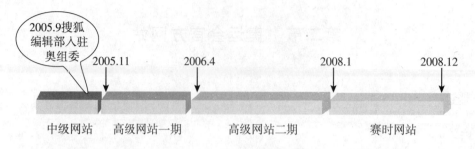

图 13 -1 奥运官方网站建设示意图

- 从中级网站到高级网站建设顺利交接。
- 满足奥组委各部门新闻发布需求。
- 完善项目相关管理制度及流程。
- 完成整体项目未来三年规划。

2. 高级网站二期建设目标

在满足奥组委各部门的新闻发布需求和宣传北京奥运会三大理念、主题口号和筹办进展情况的基础上，增加网站的趣味性、知识性，更好地满足公众的需求。相关的技术工作具体包括：

- 完成总体计划中主要及核心应用产品开发，并为赛时网站提供技术储备和应急处理能力。
- 完成为赛时网站服务的 IDC（互联网数据中心）机房建设、国内 CDN 部署及国外 CDN 部署规划，设计并实施满足赛时网站的网络架构，并在二期运行实践中提高应急处理能力。

3. 赛时网站工作目标

赛时网站的总体目标是及时发布北京奥运会相关新闻。赛时，官方网站是奥组委发布官方消息的最主要的渠道和工具，也承担着发布各类奥运活动新闻的任务，为国内外媒体、观众和公众提供奥运会信息服务。具体包括：

- 实时比赛成绩发布，发布奥运会比赛日程，即时播报比赛成绩信息。
- 直播 MPC 新闻发布会、组织嘉宾访谈。
- 实时监控官方网站所有服务器、带宽的运行状况。
- 对官方网站应用系统进行维护与故障排除。

三、网站建设与运行

1. 项目管理

2005 年，项目团队完成了中级网站服务提供商与搜狐公司的交接工作。2005 年初制定完成了《互联网项目管理指南》，作为互联网项目管理的基本指导原则和标准流程，为后期的工作奠定了基础，形成了一系列的工作模板、规范了工作流程，使互联网的复杂工作变得井然有序。此外，《互联网项目管理指南》还统一了互联网项目团队不同管理部门的规划意识、预算意识、项目管理等意识。

表 13 – 1　互联网项目管理数

总页数	流程数量	模板数量	涉及文档数量
105 页	20 个	115 个	102 个

2006 年初，起草《互联网项目总体计划》，并完成了未来三年互联网总体工作计划；2006 年 4 月，制定完成了《高级网站二期建设总体规划》；2006 年 3 月，建立了互联网项目例会和工作简报制度；2006 年 6 月，制定完成了《互联网项目外部资源整合指导管理试行办法》和《北京奥运官方网站对外链接指导管理试行办法》；2006 年 7 月，成立了北京奥运互联网项目的专家组，建立了重大项目的专家评审制度。

2007 年，项目团队启动了互联网项目质量体系建设，历经 8 个月后，顺利通过 ISO9001：2000 质量管理体系认证。这也标志着奥运互联网项目团队在应用软件设计、开发和服务，以及网站设计、运行和维护方面已经达到 ISO 质量管理体系要求，各项工作的质量管理水平已和国际水准成功对接。

2. 内容发布

（1）2005 至 2006 年

在内容发布方面，网站以中、英、法三种语言的文字发布了大量的新闻内容，截至 2006 年 12 月 31 日，中文新闻发布数量为 18988 条，英文发布 7745 条，法文发布 1922 条，发布各类图片 10797 张。在这些文章中还有大量来自于官方网站记者自采的内容，共 2017 条，并被媒体广泛转载。

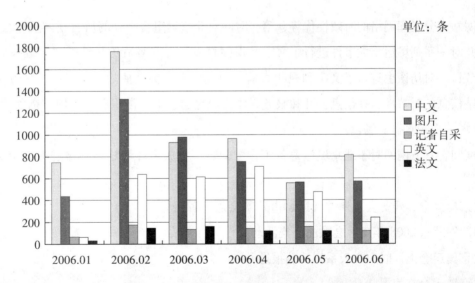

图 13 – 2　2006 年 1—6 月网站发布的新闻数

官方网站围绕北京奥运的口号、三大理念以及奥运的热点事件和话题策划制作了多个专题，从 2005 年 11 月至 2006 年 12 月，共制作中文专题 88 个，英文 24 个，法文 22 个。其中包括若干重大活动的专题报道，包括北京奥运会吉祥物发布、都灵冬奥会等。

官方网站非常关注广大网民的需求，更新了众多服务性内容和栏目，包括奥运电子地图、气象

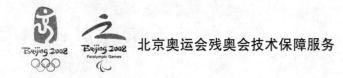

信息、签约饭店、美食广场以及大量的奥林匹克知识介绍，增强了网站亲和力。为提高知名度，扩大影响力，官方网站利用网络的互动功能，举办了许多宣传推广活动，并取得良好效果，包括北京奥运十大新闻评选、都灵冬奥会为中国体育代表团送祝福、奥林匹克歌曲征集等。

（2）2007年上半年

自2007年1月1日至6月30日，中文新闻发布数量为29585条，英文发布9391条，法文发布3902条，均比2006年下半年有了大幅的增长，其中中文新闻发布数量增长147%，英文增长96%，法文增长49%。官方网站记者自采的内容共1938条，比2006年下半年增长了75%，还发布各类图片2629张。

2007年度上半年新闻发布一览表：

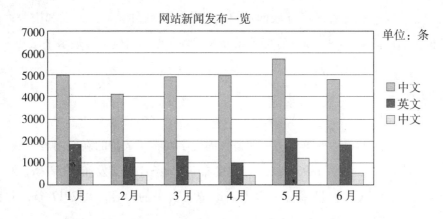

图13-3　网站发布的中英法文新闻数

官方网站充分发挥网络的时效性优势，第一时间对北京奥组委举办的所有新闻发布会进行了现场直播，并对一系列奥运重大事件进行了文字及视频直播，官方网站还开设了"走近我们的奥运"系列访谈节目，对访谈也进行了文字和视频直播。通过以上各类直播活动，丰富了官方网站内容，增强了网站信息的时效性，在信息公开和服务媒体方面也起到了非常积极的作用。在此期间共做文字直播55场，视频直播9场。

在此期间，官方网站对于北京奥运筹备工作中的若干重大事件均建立专题进行了全面的报道，包括有：

- 北京奥运会、残奥会京外省（区、市）赛会志愿者招募
- 第四届北京2008年奥运会歌曲征集活动
- 北京奥运会倒计时500天系列活动报道
- 北京奥运会奖牌揭晓
- 北京奥运会、残奥会港澳台地区及海外赛会志愿者招募
- 北京奥运会门票预定
- 北京奥运会火炬接力活动并推出了火炬接力网站
- "奥运家庭游北京"及官方网站荣誉网友征集
- 北京残奥会体育图标发布

- 第五届奥林匹克文化节
- 北京奥运会火炬手招募

除了对以上大型热点事件进行专题报道外，网站还围绕北京奥运会的口号、三大理念以及筹备中的热点话题做了多个专题策划，从2007年1月至6月，共制作各类专题中文42个，英文15个，法文10个。其中的话题包括了城市建设、奥运安保、环境保护、科技奥运、奥林匹克教育、市场开发、特许商品、媒体服务、志愿者、残奥会、体育赛事、奥林匹克人物等多方面内容。通过这些专题活动，宣传了奥林匹克精神，普及了奥林匹克知识，全面介绍了奥运筹办工作，在对内及对外的宣传工作中起到了非常积极的作用。

此外，在官方网站2007年上半年的工作中，还有两项大型的网站建设工作，分别为火炬接力网站的建设和高级网站二期改版工作。编辑部在规定的时间内均出色地完成了任务，从页面风格、网站框架以及内容的丰富程度上都达到了一个很高的标准，受到了各方的好评。官方网站改版后所做的用户调查显示，有88%以上的人表示非常满意和比较满意，表示不够满意和非常不满意的仅占2%左右。

为了满足北京奥组委各部门在互联网方面的需求，官方网站在栏目建设上也做了很多工作。包括在二期网站上新开设了奥林匹克百科、票务、培训与教育、互动专区、奥林匹克文化等栏目，新增北京著名风景的360度全景图片，推出奥运电子地图英文版、奥运图片库、奥运历史奖牌榜查询、奥运纪录查询等服务。官方网站还每周向用户发送电子杂志，有10多万网站注册用户都能收到近期的奥运新闻和热点回顾，受到了用户的广泛好评。

（3）2007年下半年

自2007年7月1日至12月31日，中文新闻发布数量为29572条、英文6989条、法文2317条。官方网站记者和编辑原创的内容中，中文共3991条、英文2205条、法文1892条。发布中文图片16994张、英文图片4938张、法文2386图片张。官方网站的稿件及图片被转载数量超过2000条。

2007年度下半年新闻发布一览表：

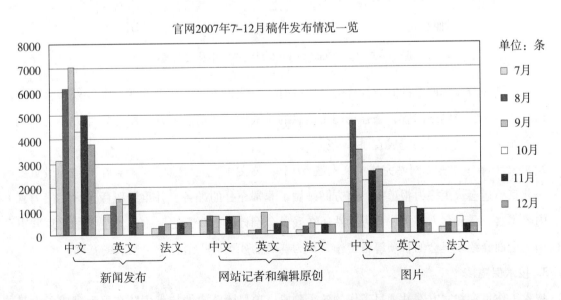

图13-4　官网2007年7—12月发布的中英法文新闻数

2007 年下半年，官方网站完成中文专题 138 个，英文 82 个，法文 20 个。在北京奥运会倒计时一周年活动报道中，官方网站做了非常充分的准备，并专门推出了倒计时一周年专题，内容丰富，受到多方好评。随着奥运会筹办工作的推进，官方网站还推出了"好运北京"系列赛事报道、北京奥运会场馆建设系列报道、北京残奥会倒计时一周年报道、北京奥运会、残奥会门票销售以及 2007 年度北京奥运十大新闻评选等专题。

为了满足北京奥组委各部门在互联网方面的需求，官方网站在栏目建设上也做了很多工作，丰富了多个栏目内容，开设了奥林匹克知识问答、跟着福娃学外语等栏目。

（4）2008 年上半年

自 2008 年 1 月 1 日至 6 月 30 日，中文新闻发布数量为 39560 条、英文 5948 条、法文 2511 条。来自于官方网站记者和编辑原创的中文内容共 4151 条、英文 2567 条、法文 2202 条。发布了中文图片 22785 张、英文 4813 张、法文 2496 张。稿件及图片被媒体转载数量超过 10000 条。

2008 年度上半年新闻发布一览表：

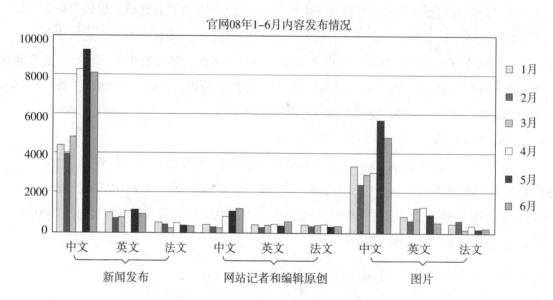

图 13 - 5　官网 2008 年 1—6 月发布的中英文新闻数

官方网站充分发挥网络的时效性优势，第一时间对北京奥组委举办的所有新闻发布会进行了现场直播，丰富了官方网站内容，增强了网站信息的时效性，在信息公开和服务媒体方面也起到了非常积极的作用，在此期间共完成直播 41 场。

2008 年上半年，官方网站完成中文专题 67 个、英文 40 个、法文 19 个。在上半年最重要的活动——北京奥运会火炬接力报道中，官方网站做了非常充分的准备，并重新改版了火炬接力官方网站，内容丰富，受到多方好评。官方网站还在残奥会倒计时 100 天之际推出了全新的北京残奥会官方网站，全面介绍残奥会的各项筹备工作，并为赛时的残奥会报道打下了坚实的基础。

3. 技术保障

技术工作贯穿在官方网站项目工作的各个阶段，项目团队中的技术团队在幕后完成了大量的技术支持和配合工作。其中包括：

（1）开发环境搭建

完成了整个奥运官方网站开发环境的搭建，新部署开发服务器6台，测试机8台；测试服务器环境搭建，部署测试服务器4台，测试客户机4台。

（2）奥运电子地图系统

奥运地图项目实现了官方网站提供电子地图服务的功能，建设奥运特色专题地图，并提供基础的地图操作功能；建设了奥运特色专题地图，包括场馆、特许专卖店、吉祥物销售点、北京4A景点（旅游信息网）等四类专题地图。在奥运电子地图2期建设中新增的英文地图是一个明显的亮点，也是科技奥运的一个体现。在地图3期建设中，官方网站主要面向观众增加了多样化的地图搜索功能，方便用户在赛时及时进行各类信息的查询。

国家和北京市相关主管部门对该项目给予了大力支持，并审核、颁发了国内第一个网上电子地图审批号。

（3）官方网站IDC搬迁

在IDC搬迁过程中，移植和部署了新的CMS系统服务器，保证了整个官方网站支持系统的稳定可靠运行。

（4）统一认证系统

统一认证系统包括中英法三种语言版本，是各个子系统开发的前提，该项目于2006年4月按时完成上线。

（5）市场开发注册系统

为了辅助北京2008年奥运会赞助计划开展和实施，针对奥组委市场部需求，技术团队开发了市场开发注册系统。该系统于2005年12月25日正式上线。

（6）网上调查系统

为了更好辅助网上推广活动的开展，技术团队开发了网上调查系统，该系统针对各种网络调查类型需求，可以通过后台定制来适应各种调查，该系统于2005年11月份上线。

（7）活动管理系统

开发完成了用于支持市场活动的后台应用管理系统。

（8）CMS3到CMS4的系统升级

完成了CMS3到CMS4的系统升级。CMS4系统能够满足官方网站5种语言版本的发布需求，功能更加强大，运行更加稳定。

（9）图片库管理系统

图片管理系统是针对CMS4系统基础上进行的图片发布管理的应用系统，更加符合目前互联网用户浏览图片习惯。

（10）站内搜索系统

站内搜索系统是针对原有搜索系统进行的优化，在互联网分布式搜索引擎基础上进行开发，该系统于2006年12月份上线。

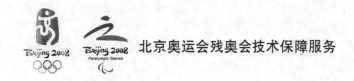

（11）网站流量统计分析系统

网站流量统计分析系统用于针对官方网站流量进行分析和统计，该系统于 2007 年 1 月底完成上线。

（12）网站监控系统

网站监控系统用于对官方网站运行状态进行监控，该项目于 2007 年 2 月完成上线。

（13）志愿者招募报名系统

该系统于 2006 年 7 月启动，8 月 28 日完成了京内志愿者招募注册系统的开发，2007 年 3 月完成京外志愿者招募报名系统的开发。

（14）eSIS 系统支持

eSIS 系统支持是对源讯开放的 eSIS 系统进行网络环境支持，并开发了前端用户注册系统。

（15）比赛日程及成绩发布系统

截至 2008 年 6 月，成绩发布系统开发工作基本完成，完成 38 个项目的 INFO 数据展示，9 个项目的 CIS 信息展示。2008 年 4 至 6 月，官方网站技术团队参加了两次技术演练、MST 综合测试等，开发人员与每个项目的成绩经理进行了面对面的沟通，进行了完善的测试，保证了项目的数据可靠性与数据展示的准确性。

4. 网站运行

（1）网站网络环境构建

2006 年 4 月 1 日，奥运官方网站 IDC 机房由北京网通皂君庙数据中心搬迁至网通土城新机房。该项目自 2006 年 2 月 22 日启动，历时一个多月。此次搬迁使得官方网站拥有了规模更大、设备环境更完善的新机房，同时还对设备和网络环境进行一次调整和优化，对官方网站向赛时网站转换打下了基础。

① 网络逻辑结构

官方网站网络按两层设计，分为核心层和接入层。外网为全千兆设计、核心层采用两台华为 S8508 核心交换机，分别上联两台 IDC 机房路由交换机，初期各使用一条 GE 链路，一主一备。两端使用静态路由。接入层采用华为 S5648P 交换机每四台为一组进行堆叠，每组交换机可作为单一设备管理，分别采用 4 条光纤上联到核心层两台 S8508。网络三层冗余协议使用 VRRP，二层冗余协议使用 MSTP。内网基本结构与外网相同，为提供更高的交换带宽，采用了万兆骨干、千兆接入设计。

② 域名系统规划

北京奥运官方网站的最终域名分别是 www. beijing2008. cn（中文）、en. beijing2008. cn（英文）、fr. beijing2008. cn（法文），官方网站首页、包括所有各级栏目都以 beijing2008. cn 对外体现。

同时保留 beijing2008. com 和 beijing‑2008. org 两个域名，并对这两个域名作跳转，比如，当用户输入 www. beijing2008. com 时会自动跳转到 www. beijing2008. cn。

③ 北京节点建设一期完成

北京节点在进行了全面测试后，奥运官方网站于 2006 年 12 月 15 日晚 10 点并入搜狐骨干网络，官方网站北京节点覆盖北京网通及海外用户，本次切换对终端用户没有任何影响。经过测试，新的节点比之前节点在海外响应速度上有明显的提高。

④ 网站系统、网络监控系统

2007 年 3 月网络监控系统正式上线运行，对所有奥运官方网站的所有服务器和网络设备进行实时监控，收集系统、网络基本状态信息。监控系统投入使用后，能在第一时间内发现问题，并能及时发出警报，通知相关运维人员，保证网站的顺利运行。

⑤ 海外 CDN 部署

2007 年 4 月为了提高海外用户的访问感受及配合火炬接力网站上线，项目团队和蓝讯公司及 Akamai 公司合作在中国境内外建立了奥运网站的镜像站点。国内外 CDN 的部署为赛时运行保障提供了有力的支持。

⑥ 奥运官方网站 CDN 建设

奥运官方网站自行建设了 4 个以上 CDN 节点机房，具备 15Gbps 的出口带宽容量。自有 CDN 网络整体的带宽容量具备扩展性，可扩展到 20Gbps。CDN 运营商为奥运网站提供了 15Gbps 的带宽容量，其中国内带宽 5Gbps，国际带宽 10Gbps。同时，CDN 运营商也提供了更高的可扩展性，容量可以超过 40Gbps 的带宽。

（2）网站安全环境

①基础建设

网络边界部署的入侵监测系统，能够实时监控网络数据传输，自动监测可疑行为，分析来自网络外部和内部的入侵信号，在系统受到危害前发布警告，实时对攻击做出反应，并提供补救措施，最大限度地为网络系统提供安全保证。对于当今比较流行的各种 DDOS 攻击方式，入侵监测系统检测到攻击时，系统能及时响应，并采取相应策略。

防火墙是当前最主要的网络隔离手段，可以实现三级网络的隔离和外部网络、内部网络隔离。通过合理配置的防火墙系统既可以防止恶意用户进入奥运网络；又可以防止非授权用户从内部网络发起对服务器的攻击。

漏洞扫描系统定期对网络系统进行安全性分析，及时发现并修正动态运行的网络系统中存在的弱点和漏洞，通过针对监测出来的问题提供安全建议和改进措施，可以帮助安全管理员控制可能发生的安全事件，最大可能的消除安全隐患。

病毒防护系统具有动态升级病毒库，定期和实时扫描计算机设备和网络服务，并且对所有可能带来病毒的信息源进行拦截，形成一个立体的、完整的网络病毒防护体系。

2007 年上半年，官方网站技术团队制定完成了《北京奥运互联网项目网络安全总体规划》。这个规划是根据《第二十九届奥林匹克运动会互联网项目战略纲要》制定的，它结合现有网站建设环境，通过借鉴往届奥运会网络建设经验，科学地分析了北京奥运会官方网站安全建设需求并制定奥运会官方网站的总体安全规划，对后期安全建设实施过程中的信息安全工作提供了有力指导。为确保奥运网站能够抵御各种恶意攻击，满足奥运网站高安全的要求，技术团队从物理安全，网络安全，系统安全，应用安全，以及安全管理上，建立了一套完备的奥运网站安全防护体系，保证了网站赛时健康、平稳的运行。

②模拟安全演练

2007 年 4 月 25 日至 27 日，技术团队在政府相关部门参与下组织社会力量进行了官方网站信息安全攻防模拟演练。模拟演练分为三个部分，一是指挥中心，由市公安局及专家组组成，负责演练的调度和处置；二是攻击组，由部分公安分局、安全公司及院校组成；三是防守组，主要由搜狐公司组成。本次模拟演练攻防双方完全不可见，完全模拟真实场景，取得了预期效果。

③建立安全监控室

2007 年 8 月 30 日，官方网站安全监控室建成投入使用。本项目覆盖了会议室建设、监控系统部署、通信部署等方面的工作。

④制定并完善了《北京奥运互联网项目安全应急响应规划》

2007 年下半年，技术团队制定了《北京奥运互联网项目安全应急响应规划》，规划内容包括建立快速的应急处理机制，合理运用资源，对各种各样的安全事故，进行快速的、标准的响应。规划的完成避免了因没有章法可能造成灾难的行为，能够及时地确认或排除是否发生了紧急事件，使紧急事件对奥运网站运行造成的影响最小化，确保奥运网站能够平稳、正常地运行。

2008 年上半年完成了 48 个应急流程的制定工作，对《北京奥运互联网项目安全应急响应规划》进行了补充和完善。科学的应急响应体系能够解决网络运行过程中出现的故障和问题、确保网络服务稳定的一个重要环节。搜狐公司根据多年实际运行经验，制定了网络运行保障体系，集中了自己的优势技术力量和技术专家，确保奥运会官方网站高效无中断地运行。

⑤奥运官方网站风险评估

奥运会开幕前，国家有关部门对奥运官方网站先后进行了等级测评及风险评估工作，分别从技术、管理两个方面对奥运官方网站进行了评定，共测评 1020 项，其中整改项 73 项。测评采取了材料审核、人员访谈、临机检验、应用测试环境模拟使用、实际运行环境现场测试等方式，通过系统设计安全性分析、配置核查和分析、应用核查、脆弱行扫描测试、安全渗透测试、无线网络安全检测、僵尸网络数据比对、漏洞数据查询分析等手段，对保护对象、威胁、脆弱性、现有安全控制措施的有效性等方面均进行了详细地分析。

（3）赛时运行人员组织架构

官方网站赛时建立内容编辑、直播和嘉宾访谈、技术支持、网站监控四个工作团队共 233 人，技术团队主要负责技术支持和网站监控两项工作。人员组成及到岗时间如下：

- 技术支持团队 67 人，其中 39 人在 TOC，4 人在奥运大厦，18 人在搜狐的奥运官方网站机房，6 人在搜狐大厦，赛时实行 7×24 小时工作制，TOC 每天三班轮岗，其他地点每天两班轮岗。

- 网站监控团队 12 人，均在搜狐大厦工作，赛时实行 7×24 小时工作制，每天两班轮岗。

5. 赛时运行情况

（1）内容发布统计数据

以下是奥运会赛时官方网站内容发布方面的统计数据：

- 中文：发稿 6050 条，图片 8500 张。
- 英文：发稿 4800 条，图片 8000 张。
- 法文：发稿 2180 篇，图片 4800 张。
- 西文：发稿 1531，图片 1976 张。
- 阿文：发稿：950 条，图片 2180 张。
- 各类专题共计 80 多个。
- 中英文图文直播 MPC 新闻发布会 48 场、中文图文直播 2008 北京国际新闻中心（BIMC）新闻发布会 64 场、发布中文稿件 176 篇、英文稿件 50 篇。
- 在奥运会期间，共完成中文访谈 31 场，英文访谈 7 场，节目总长度近 700 分钟，发布文字内容 39 万字。

上述发稿中，中文 80% 以上为官方网站原创内容，外文版 90% 以上是原创内容。专题内容包括每日综述、每日前瞻、图片故事、人物特写、盘点等。

（2）技术运行统计数据

- 成绩发布系统

官方网站成绩发布系统在奥运会赛时 16 天中共处理成绩信息 140 余万条，发布页面 500 多万次，静态页面累计近 20 万个，包括中英法三种语言。成绩数据从产生到发布至页面展示给网民，不超过 10 秒钟。10 个项目的直播系统，是网民访问的焦点。关键比赛的比分直播页面访问量超过千万次。

- 赛时成绩质量控制

质量控制团队每天工作超过 12 小时，核对了数万份成绩数据，发现并及时上报数据错误数百起。

- 安全保障

为了保证奥运官方网站运行安全，成立了单独的监控中心，设立了 10 个岗位，7×24 小时值班。针对可能发生的安全事件，技术团队补充制订了 91 个应急预案，并且每一个预案都做了演练。进入 2008 年 8 月后，奥运官方网站可统计的网络攻击、扫描共计 60 多万次，其中安全扫描 11 万次、拒绝服务攻击近 10 万次、蠕虫病毒攻击 1 万 5 千余次、DDOS（分布式拒绝服务）攻击 3296 次、网络数据库攻击 216 次、木马后门 16 次。在开赛之前的半个月中，北京奥运官方网站共受到 10 次大规模的 DDOS 攻击。在访问量激增情况下，奥运网站表现依旧非常平稳，在全球各地的监测结果显示，没有发生剧烈波动。根据第三方评测公司 Gomez 评测结果，奥运官方网站在响应时间、可靠性及稳定性方面远远领先于其他网站，可靠性达到了 100%。

（3）网站流量数据统计

- 赛时期间 PV 与 UV 趋势图

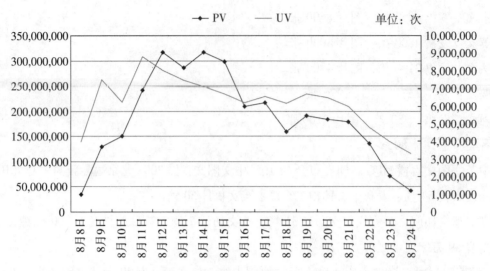

图 13-6　2008 年 8 月 8—24 日 PV 与 UV 趋势图

注：①最大峰值出现在 8 月 12 日，该日产生 19 枚金牌，包括了若干热点赛事。

　　②8 月 14 日出现第二高峰。

● 赛时期间点击数趋势图

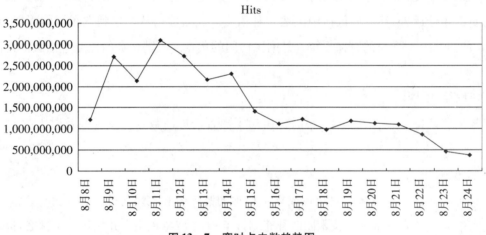

图 13-7　赛时点击数趋势图

● 平均每日时段访问趋势图

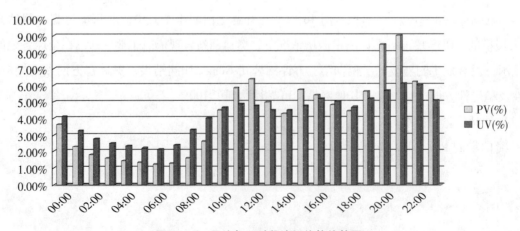

图 13-8　平均每日时段访问趋势趋势图

- 全球用户网民来源地域分析（前10位）

表 13 - 2　全球网民来源地域简况

排名	来源	数量	百分比（%）
1	中国	26, 738, 312	28. 13%
2	美国	20, 028, 111	21. 07%
3	加拿大	4, 253, 807	4. 47%
4	英国	4, 037, 181	4. 25%
5	澳大利亚	3, 867, 294	4. 07%
6	法国	3, 215, 004	3. 38%
7	韩国	1, 980, 682	2. 08%
8	德国	1, 420, 408	1. 49%
9	印度	1, 392, 336	1. 46%
10	新加坡	1, 227, 162	1. 29%

其中国外网民占71.9%。

- 国内网民来源地域分析（前10个）

表 13 - 3　国内网民来源省区简况

排名	来源	数量	百分比（%）
1	广东省	3, 024, 769	11. 31%
2	北京市	2, 952, 212	11. 04%
3	湖北省	2, 010, 951	7. 52%
4	香港特别行政区	1, 827, 962	6. 84%
5	浙江省	1, 644, 454	6. 15%
6	江苏省	1, 571, 657	5. 88%
7	台湾省	1, 462, 849	5. 47%
8	山东省	1, 397, 697	5. 23%
9	上海市	1, 325, 809	4. 96%
10	河南省	1, 028, 650	3. 85%

（4）部分用户反馈

- "我觉得你们的网站非常好，查询起来也很方便。"——一位法语国家网民留言
- "你们的网站速度绝对是一流的。"——美联社记者

四、主要经验

在官方网站项目工作中，搜狐公司与北京奥组委相关部门保持了良好工作关系，形成了稳定的组织架构及定期沟通机制。双方合作初期即明确了《互联网项目总体计划》与《互联网项目管理指

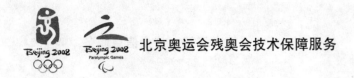

北京奥运会残奥会技术保障服务

南》，成为整个项目顺利实施的良好开端。本项目成功的经验总结如下：

- 成绩发布系统是赛时官方网站的核心系统，项目团队做到了提前两年就开始研发。
- 成绩发布系统开发人员必须与源讯、欧米茄等技术合作伙伴保持紧密的联系和合作，才能保证最终产品的品质。
- 必须选择对互联网应用系统有丰富经验的公司来负责开发工作，与传统软件相比，互联网软件开发是非常不同的。
- 信息安全是网站建设成功的保证，信息安全和互联网项目每一个环节都会有关系，需要在项目开始的设计初期就遵循信息安全的相关标准开展工作。
- 训练有素的编辑人员在赛时发挥了极大作用。
- 外语版一定使用母语编辑。
- 要建立紧急情况的处理预案并多次演练。

第三节　奥运官方网站手机版

一、概述

奥运官方网站手机版作为奥运官方网站项目的子项目，由中国移动、搜狐共同承建，是北京奥运会面向广大手机用户的宣传窗口，主要目的是充分发挥移动终端互动、随身、及时、用户群大的优势，向公众和奥林匹克大家庭成员等提供方便、准确、快速、稳定的信息服务，宣传北京 2008年奥运会，弘扬和传播奥林匹克精神。

二、项目规划

1. 建设原则

奥运官方网站手机版平台是一个不间断运行的、高可靠性、高处理能力、可扩展性强的系统。因此，该系统在应用系统设计和实施等方面应从先进性、稳定性、安全性、开放性和可扩展性等几方面进行综合考虑。本系统在应用软件设计上应遵循如下具体原则：

- 先进的系统设计：本系统采用面向对象的、构件化的系统设计和实现方法进行应用软件的设计和程序开发。
- 贯彻统一原则：本系统在全网范围内采用统一的数据字典、统一的编码体系、统一的文件格式标准和统一的数据接口标准。
- 高度的可靠性和稳定性：系统具有很强的容错、容灾能力，完善的系统纠错恢复安全机制和自动诊断告警能力。
- 可扩充、扩展性：本系统的主机平台、网络平台、数据库平台等具有良好的可扩充性（升级能力）。系统的应用软件设计方案充分考虑可扩展性，数据模型的设计充分考虑了系统可能的扩展和业务的变动，以完全适应业务的迅速发展。

- 可伸缩性：本系统在软件设计时具有伸缩性很强的体系结构，适应业务的不断发展和用户规模的扩大。
- 高安全性：系统安全是保证互联网应用正常开展和运行的必备条件，在系统设计中，从多个层次全面保证系统的整体安全。

2. 建设阶段与规模

奥运官方网站手机版整个工程分为两期进行建设

- 第一阶段：2007 年 5 月至 2008 年 6 月，官方网站手机版一期上线运行，以宣传、推广奥运为主要任务，建立稳定的用户群体。
- 第二阶段：2008 年 6 月至 2008 年 10 月，官方网站手机版二期上线运行，对奥运会、残奥会进行实时新闻报道，发布赛程赛绩，为广大手机用户及奥运大家庭提供周到细致的、一体化的综合信息服务。

两期的用户规模如下表所示：

表 13 - 4　奥运官方网站手机版平台建设规模

	当月访问用户数（万）	当月 PV（万）	日均用户数（万）	日均 PV 值（万）	峰值 PV（次/秒）
一期	525	7875	52.5	263	365
二期	500	10000	18.5	333	463

3. 第三方接口

奥运官方网站手机版主要有如下 4 个外部接口合作伙伴：

- 视频栏目：中国移动集团承建，第一时间发放奥组委授权的视频内容，包括申奥成功纪实、奥运宣传片等内容。
- 票务栏目：中国移动集团承建，通过该栏目，可以随时随地查询票务信息，了解每日赛程和场馆信息。
- 地图栏目：中国移动集团承建，通过手机地图，可以查询奥运场馆地理位置信息，并查询到目的地的最方便快捷的行车路线。
- 搜索功能：由第三方公司免费提供技术平台，可以及时查询用户感兴趣的各类信息，增加使用的便利性。

三、项目建设与运行

1. 系统性能

（1）赛时系统总体情况

奥运会赛时总体访问情况如下表所示：

表13-5　赛时系统总体访问情况

	当月访问用户数（万）	当月 PV（万）	日均用户数（万）	日均 PV 值（万）	峰值 PV（次/秒）
系统设计性能	500	10000	18.5	333	463
实际数据	462	2744	17	89	99

以上数据可以看出，赛时奥运官方网站手机版的用户数达到最大时，用户访问并没有突破系统设计容量，赛时用户正常访问的需求得到了保证。另一个原因是，根据信息安全等级保护评估中心的要求，系统对用户访问进行了 IP 鉴权，仅国内用户访问，国外手机运营商无法访问。因此实际并发量远小于最初系统设计容量。

（2）系统最大并发情况

根据二期扩容后的设计，系统承载最大并发量为 463 次/秒，增加 50% 的冗余后理论承载最大并发量为 694 次/秒。以下是奥运会期间（2008 年 8 月 8 日到 8 月 24 日）系统每日最大并发量统计：

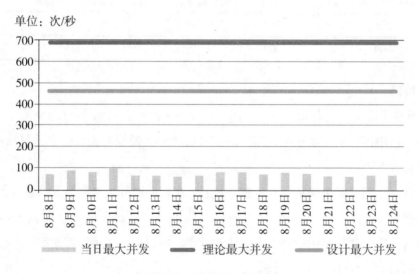

图13-9　系统最大并发情况

2. 安全保障

（1）信息安全等级

根据北京奥组委技术部的要求，国家相关管理机构对奥运官方网站手机版进行信息系统安全等级保护定级工作。2008 年 4 月 17 日，奥运官方网站手机版通过信息系统安全等级保护定级专家评审，将奥运官方网站手机版的安全等级定为三级。2008 年 7 月 8 日至 2008 年 7 月 10 日，信息安全等级保护评估中心对奥运官方网站手机版信息系统进了安全测评，测评顺利通过。

（2）奥组委委托进行的第三方测试

为保证奥运官方网站手机版在赛时期间可以稳定运作，2008 年 6 月，聘请第三方公司对奥运官方网站手机版进行全面测试。测试内容主要分为性能测试和功能测试两部分。

性能测试内容包括：

- 支持的最大并发用户数或在线用户数。
- 系统的吞吐量能力 PV（次/秒）。
- 系统的稳定运行能力。
- 系统的资源占用情况。

功能测试内容主要是针对奥运官方网站手机版的后台管理平台（PAMS）的各项功能进行测试，验证功能的有效性和准确性。

测试结果表明，性能测试完全满足系统设计预估，并且整个过程系统运行稳定。PAMS 平台没有大的功能缺陷，存在部分可用性优化潜力。

（3）安全应急演练

2008 年 3 月，技术团队实施了奥运官方网站手机版系统平台的应急系统演练，针对遭遇网络、系统或数据库等遇紧急情况时设计的系统"主备倒换"进行实战演练，演练内容主要包括：

- 网络设备倒换，包括 IPS 测试、防火墙测试、四层交换机测试和 Cisco3750 测试等。
- 服务器设备倒换，包括服务器主备电源倒换测试、服务器负载均衡测试等。
- 数据库倒换。
- 业务应用应急方案，包括应用备份恢复测试等。
- 安全应急预案测试。

奥运官方网站手机版系统顺利成功通过全部演练。

3. 运行架构

项目团队制定了赛时 7×24 小时排班表，明确了接口人，并在技术运行中心（TOC）设置了官方网站手机版经理岗位，负责协调官方网站手机版各项事务，确保赛时网站运行安全。

4. 运行情况

（1）总体用户数

奥运官方网站手机版业务在 2007 年 7 月 3 日正式上线，截止到 2008 年 8 月 31 日，累计用户数突破 940 万人，累计访问量突破 7085 万次，人均 PV 达到 7.54 次。

（2）赛时用户数

2008 年 8 月 8 日至 24 日，奥运官方网站手机版访问量达到了最高峰，日均用户数达到 22 万人，日均 PV 达到 138 万次。

5. 项目里程碑

- 2007 年 4 月 20 日：奥组委正式通过"奥运官方网站手机版立项"批复
- 2007 年 5 月：奥运官方网站手机版建设方案完成
- 2007 年 6 月：奥运官方网站手机版一期正式上线
- 2007 年 8 月：平台一期扩容完成
- 2008 年 1 月：官方网站手机版和互联网版实现数据库共享、信息同步
- 2008 年 3 月：为 12580 提供奥运信息同步接口

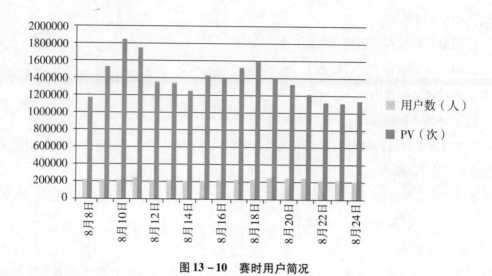

图 13-10　赛时用户简况

- 2008 年 4 月：奥组委多语言信息系统接入
- 2008 年 4 月：奥运官方网站手机版繁体版本上线运行
- 2008 年 5 月：平台二期扩容完成
- 2008 年 5 月：奥运官方网站手机版赛时方案完成并通过专家评审
- 2008 年 5 月：奥组委信息安全等级保护通过专家评审
- 2008 年 5 月：奥运官方网站平台网络应急系统演练
- 2008 年 6 月：奥运官方网站手机版增加搜索功能
- 2008 年 7 月：奥运官方网站手机版赛时版本上线
- 2008 年 7-10 月：赛时运行

四、项目主要特点

1. 奥运会首个手机官方网站

北京奥运会官方网站手机版体现了为"所有关注奥运的人群服务"的原则，设置了简体中文、繁体中文和英文三个版本，每个版本约为 13 个频道，220 个栏目，创建了奥运会历史上首个手机官方网站。

2. 项目版本规划完整

在 1 年多的运行时间里，根据奥运会的不同筹办阶段，奥运官方网站手机版在原有版本基础之上不断进行创新，有步骤、有计划地完成了网站的完整规划。一方面增加了对用户的新鲜度，一方面也满足了用户对信息的需求。在不同阶段的不同内容大致如下：

- 2007 年 7 月 3 日至 2008 年 5 月 31 日，内容以倒计时、奥运筹备工作、奥运专项产品发布、歌曲发布等内容为重点。
- 2008 年 6 月 1 日至 8 月 7 日，主要以介绍火炬传递、赛程为重点。
- 2008 年 8 月 8 日至 9 月 20 日，主要以奖牌榜、金牌榜、金牌快讯、赛程赛果为重点。

3. 建立了强大的奥运资源库

（1）与奥运官方网站互联网版的数据库实时同步

奥运官方网站手机版具有庞大的官方权威新闻和信息资源库，并且实时保障和奥运官方网站互联网版内容保持对接。与奥运官方网站的互联互通接口在 2007 年末开发完成，2008 年 1 月正式上线使用。数据库同步功能可以使官方网站手机版自动抓取信息，为数据的安全性、完整性、实时性和正确性提供了保障。

（2）与奥组委多语言综合信息服务系统的互联

为了使资源库更加完善，官方网站手机版在 2008 年 2 月与奥组委多语言综合信息对接成功。传输的信息内容包括：所有的场馆信息、比赛项目介绍、城市交通、无障碍服务、北京城市介绍等。

五、主要经验

奥运官方网站手机版的测试版自 2007 年 4 月 26 日上线，在一年多的时间里始终保持了安全稳定运行。主要经验如下：

1. 建立了系统、合理的工作流程及快速响应工作机制

奥运官方网站手机版项目运行，涉及多个部门，在该项目的推进过程中，通过进度管理、质量管理、项目流程规范管理等制度，完善了各部门协作的工作流程，消除了运行中的安全隐患，确保了项目正常筹备和运行。制定完成的流程包括：

- 需求处理流程。
- 内部故障响应流程。
- 第三方接口及故障响应流程。
- 数据异常调查流程。
- 业务监控流程。
- 客服受理流程。

2. 建立了详细的对外沟通工作规范

奥运官方网站项目团队的所有成员都承担了大量对外沟通的工作，包括新闻宣传部门、技术部门、中国移动和第三方合作伙伴等。为了保障沟通的顺畅，项目团队指定了严格的对外沟通规范，用以保证良好的客户关系。

3. 完整的项目规划

奥运官方网站手机版项目建立了完整的项目规划，包括建设规划、版本规划、人员投入方案等。即使在需求多、时间紧，且需求变化较频繁的前提下，项目团队仍然能够保证按照计划工作，始终保持了高效、有序的工作状态。

4. 中国移动集团的网管监控

在二期扩容期间，奥运官方网站手机版的系统监控纳入了中国移动网管监控系统中。在接入网管系统之后，中国移动网管中心可以对奥运官方网站手机版的服务器和网络设备状况进行实时性监控。当设备出现任何问题时，网管中心都会收到告警信息。接入中国移动网管系统使奥运官方网站

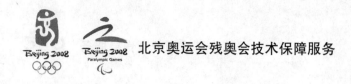

手机版的监控制度更加的立体化，提高了监控水平和服务水平。

5. 第三方公司对项目的全程监理

北京奥组委技术部委托第三方公司对项目进行了全程监理，监理的具体内容包括：

（1）项目质量管理

建立适合本项目的质量管理办法和控制流程，确保项目建设在一个完整质量体系的管理之下。协调移动项目团队接受第三方测试公司的性能和功能测试，提升系统稳定运行质量的保障能力。

（2）项目进度管理

参与每周例会，并对项目团队的重要里程碑进行控制；召开专题会，对项目进度进行评估，协调各方制定相关问题的解决方案，对进度进行动态监控和调整工作；定期向技术部领导汇报情况，协调解决难点问题。

（3）赛时应急协调

将应急管理流程与预案的制定作为官方网站手机网站赛时稳定安全运行的保障，并作为解决系统不可预见问题的补充手段；关注对系统事件的分级分类，重点参与中国移动项目团队与奥组委项目管理组间赛时协同管理与事故处理的响应流程和信息沟通方式；关注针对赛时的在线压力测试（模拟攻击等）和场景演练及人员培训等。

（4）文档资料管理

监理单位向奥组委提交监理报告 2 份；向中国移动项目团队发监理联系单或通知单 9 份；向奥组委项目管理组提交监理周报 37 份、月报 9 份、会议纪要 42 份。

第四节　奥运会多语言综合信息服务

为实现提供丰富的、无语言障碍的、个性化的信息服务这一目标，北京奥组委确定建设奥运多语言综合信息服务系统，以满足国内外公众对奥运综合信息的基本需求。奥运多语言综合信息服务系统可以为北京奥运会观众、注册人员和赛时来京的国内外旅游者提供多语言的奥运和城市方面的综合信息，方便人们观看奥运会比赛、了解北京奥运会。

一、概述

根据《北京 2008 年奥运会多语言服务供应商服务协议》，首都信息发展有限公司作为北京奥运会多语言服务供应商与奥组委技术部、志愿者部门、运动会服务部门共同组成项目团队，建设完成了奥运多语言综合信息服务平台。

该平台以综合信息资源库为基础，提供奥运信息和城市信息的录入、审核、翻译、发布和查询等功能，并通过相应的接口规范和系统，为观众服务公共信息发布渠道提供统一多语言信息数据支持。公共信息发布渠道包括：奥运观众呼叫中心、奥运场馆观众信息服务亭、城市信息服务亭、奥运官方网站观众服务频道、奥运官方网站手机版等渠道。多语言综合信息服务平台的系统结构如下图所示：

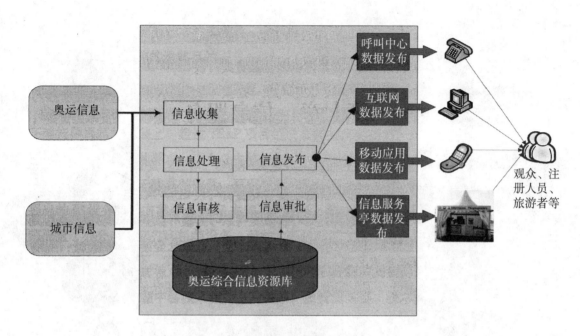

图 13 - 11　北京奥运会多语言服务平台图

多语言综合信息资源库提供中文、英语、法语、俄语、德语、日语、韩语、西班牙语、葡萄牙语、阿拉伯语与意大利语等 11 种语言的奥运和城市信息。

二、服务对象及内容

奥运多语言综合信息服务平台主要通过奥运观众服务志愿者、奥运呼叫中心座席人员、信息亭、网站以及其他外部应用系统，向奥运会、残奥会赛时的持票观众、注册人员和来京的国内外旅游者提供信息服务。服务平台提供多语言的奥运会观众服务信息和部分北京城市信息。

三、建设与运行

1. 多语言信息资源库建设

（1）系统总体架构

简言之，综合信息服务平台包括一个库和五个子系统，如图 13 - 12 所示：

"一个库"是指多语言综合信息资源库，五个子系统包括：

● 平台管理系统

平台管理系统提供了信息资源库的管理的功能界面。使用平台管理系统的用户是多语言信息服务系统的管理人员。该系统提供的功能主要是用来初始化系统。

● 信息处理翻译系统

信息处理翻译系统，是负责对信息进行录入、审批、翻译加工并最终发布的流程管理和数据管理系统，基于工作流引擎开发，嵌入机器翻译系统（863 成果）和数字证书认证系统，提供"我的任务"、"信息录入"、"信息编辑"、"信息翻译"、"信息发布"、"全文检索"、"统计报表"、"日志管理"八大功能。信息处理翻译系统的主要用户是信息编辑和翻译人员。

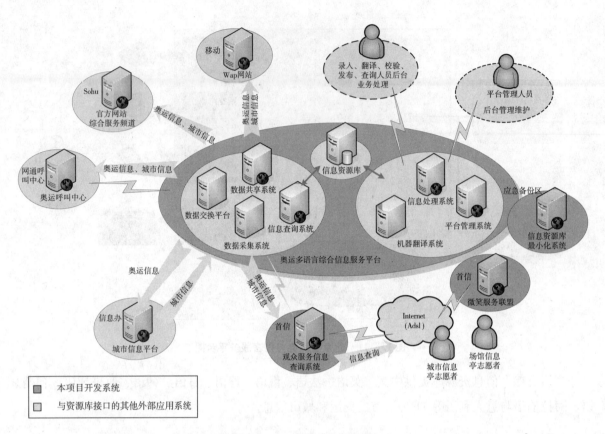

图 13 – 12　系统总体框架图

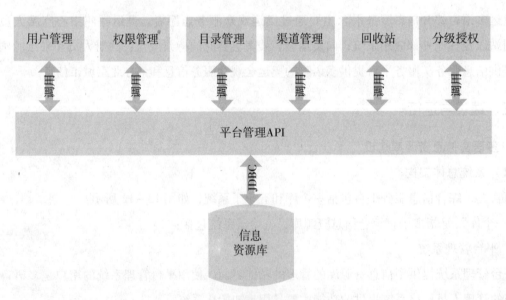

图 13 – 13　平台管理系统功能划分

● 数据交换平台

数据交换平台实现城市信息和奥运信息的统一发布，通过局域网及首都公共信息网（CPIP）与信息发布渠道应用相连，提供数据查询以及数据推送等功能。系统提供安全可靠的认证机制，在对外提供统一的数据接口的前提下，为数据使用方提供了多种接口适配技术方案。为观众服务信息查询系统、奥运观众呼叫中心等资源库外部应用系统提供了安全、稳定的数据中心和数据共享平台。

数据交换平台提供同步和异步两种数据传输方式。同步数据共享机制是通过请求/响应的方式来实现的；异步方式采用数据交换中心实现。数据交换中心采用星型拓扑结构，有效地简化了网络结构，根据交换数据内容能够方便实现一点对多点、多点对一点等多种交换流程。使用中心机制，很好地屏蔽了各应用系统直接的耦合程度，也很好地解决了相互直连的安全、认证等问题，且可以灵活地在数据交换平台上挂接新的应用系统。

- 观众服务信息查询系统

观众服务信息查询系统是辅助场馆信息亭志愿者和城市信息亭志愿者提供观众服务的系统，志愿者查询本系统获取信息后，为奥运观众提供面对面的咨询服务。

观众服务信息查询系统采用J2EE架构实现，主要功能包括多语言综合信息查询、赛时热点信息展示、电子地图信息查询、信息检索查询等。观众服务信息查询系统不负责信息的采集工作，信息的来源是奥运信息资源库。

- 微笑服务联盟（观众服务志愿者在线交流论坛）

微笑服务联盟是2万名奥运观众服务志愿者交流沟通的园地，目的是保障志愿者团队管理，提高志愿者团队的凝聚力。微笑服务联盟提供后台导入信息、自动生成账户、密码、用户激活、个人信息修改、编辑好友、站内短信、发帖与编辑、管理员发布公告、审核发帖、编辑信用度、帖子置顶、生日祝福、每月之星评选等功能。考虑到实际应用需求及奥运安保要求，微笑服务联盟主要在奥运会赛前使用，赛时关闭。

（2）工作规范

多语言信息资源库具备四项规范，包括：

- 综合信息分类方法与格式标准
- 综合信息资源库对外接口规范
- 综合信息更新和维护规范
- 平台运行与服务规范

（3）数据接口

数据结构分为数据层面接口和应用层面接口两类：数据层面接口包括在线实时数据交换接口和离线结构化数据交换接口，应用层面接口是指互联网接口。

- 在线实时数据交换接口

即数据交换平台。此接口可以使外部应用系统与综合信息资源库数据更新情况保持实时同步。连接的外部应用系统包括首信公司承建的"观众服务信息查询系统"和中国网通承建的"奥运观众服务呼叫中心"。

- 离线结构化数据交换接口

出于系统安全的考虑及奥运商业规则的限制，根据接口规范，综合信息资源库与部分外部应用系统采用的是离线交换结构化数据，由程序分别实现导入、导出的接口方式，采用这种合作接口的外部应用系统包括：北京网（由北京市信息办管理）、北京奥运会官方网站、北京奥运会官方网站手机版。

- 互联网接口

互联网接口即"观众服务信息查询系统"，奥运场馆内、首都机场及城市中设置的有人值守信息服务亭中的志愿者均可通过互联网访问"观众服务信息查询系统"，获取多语言的奥运和城市信息，为奥运观众提供信息服务。

（4）软件性能与功能测试

奥组委聘请了第三方专业软件测试机构"国家应用软件产品质量监督检验中心"以及"北京软件产品质量检测检验中心"对系统进行了功能与性能的测试。

（5）安全体系

通过由奥组委委托的第三方专业测评机构进行的安全测评，经北京奥组委组织的专家合议，本系统安全等级被确定为三级。

2. 信息收集与翻译

资源库中的奥运信息由奥组委相关部门统一整合后提供给项目团队进行编辑、整理、翻译和发布；城市信息遵循北京市信息办提出的公开、公正、真实的原则，通过信息办认可的委办局网站、北京网、团市委授权出版的《走遍北京》等渠道收集，由项目团队进行编辑、整理、翻译和发布。

截止到奥运会结束，资源库共收集奥运信息30余万字，配合奥组委《观众指南》等手册的编辑进度，进行了11个语种信息的发布；收集城市信息6200条共计50.2万字。项目团队从中选择了精彩、核心、体现北京历史文化特色的信息5万余字进行了10个外语语种的翻译，使资源库中奥运信息总量达到100万字以上，城市信息总量超过100万字。

此外，资源库还为奥运会官方网站观众服务频道外文版策划北京/中国特色自助游线路6组，收集并翻译"游在北京"信息1400条，英文55000词，法文25000词。在提供电子地图查询服务过程中，项目团队配合奥组委志愿者部门进行了所有奥运场馆的踏勘，并自行踏勘了场馆的周边信息和北京地铁信息。奥运赛前完成了北京市全部奥运竞赛场馆周边信息的踏勘，并标注在电子地图上，形成中文点信息33万条。

3. 测试赛运行维护

奥运多语言综合信息服务系统项目团队全面支持了多项好运北京测试赛的运行维护工作，确保了技术系统运行稳定无故障。具体工作包括：

- 信息编辑完成了测试赛信息的收集、翻译及实时信息的更新。
- 进行了赛时信息实时发布流程的演练。
- 配合奥组委进行了多语言志愿者的招募、培训及工作体验。
- 制定了系统应急预案。
- 制定完成《赛时运行规划方案》，并通过奥组委组织的专家评审。
- 向用户提供了10次以上的培训服务。

4. 奥运会赛时运行情况

在奥运会、残奥会赛事期间，奥运多语言综合信息服务系统为观众服务信息亭、奥运观众呼叫中心、奥运会官方网站观众服务频道和奥运会官方网站手机版等业务口提供了多语言信息服务和技术支持。所有技术系统全部运行正常、稳定，确保了相关业务部门能够可靠、高效地完成各项赛时运行工作，技术系统运行实现零故障，圆满实现了赛前的既定目标。具体情况如下：

- 实时更新中文信息 3234 条，更新多语信息 28195 条。
- 观众服务信息查询系统，共接受 75.7 万次访问点击量。
- 从 2008 年 7 月 1 日到 9 月 17 日，奥运观众呼叫中心共支持了 27 万多个呼叫，其中外语呼叫量占 9%。
- 为奥运会官方网站观众服务频道和奥运会官方网站手机版提供了多语信息服务的观众指南、无障碍服务指南等。
- 平台管理系统和微笑服务联盟两个子系统，充分发挥了管理和交流作用。
- 奥运多语言综合信息服务系统总计提供了 11 种语言多达 200 万字的详尽奥运和城市信息。

四、主要经验

（1）测试赛积累运行经验

通过 20 项测试赛的试运行，充分检验了系统功能、性能，磨合了工作流程，锻炼了一支富有经验的运维队伍。并充分了解了用户需求，改进了系统功能，使之更加适应奥运会的实际运行需要。

（2）规划细致

项目团队制定了的细致、周到的赛时运行规划方案，工作分工明确、职责清晰，并根据专家评审意见进行了改进。

（3）培训到位

对项目团队内、外部人员和用户进行了不同层次、不同内容的培训，使所有系统相关人员对系统使用和运行情况有了充分的了解。

（4）值班人员主动认真

项目团队构建了包括主机、系统、网络和安全在内的多层次监控平台，实时对系统运行情况进行监控，对系统运行参数进行记录和统计。技术值班人员每 15 分钟监控一次系统运行情况，每 1 小时进行一次手工巡检，以便及时发现故障征兆，提前采取有效的预防和处置措施。

（5）应急预案及措施到位

项目团队构建了 A/B/C 三级应急事件分级体系；编制一个总体预案，一套分项预案，一套预案操作手册，一套技术指导手册，一套值班人员日常工作技术手册，一套赛时信息更新运行方案；识别了 56 个应急事；建立 24 个应急处置方案，明确应急措施，建立运维值班和应急处置的队伍，并进行了多次内部培训和内部演练。虽然系统运行十分稳定，并未启动应急预案，但细致周到的准备工作，使所有运维、应急人员操作更加熟练，心态更加稳定。

（6）项目管理机制完备

完备的例会、周报和项目管理机制，确保了与需求方、合同商和监理方充分沟通，通过定期检查合同指标对照情况，加强专家评审，保证了系统设计和运行的完备性。

第十四章 场馆技术服务的规划和部署

本章首先介绍技术在场馆层面所需各类基础设施的规划和落实过程，描述场馆技术团队结构和人员规划，提出测试赛和奥运会在技术部署中的重要环节和关键里程碑，最后列举部分场馆在规划和部署中的一些实际发生事例以供参考。

第一节 场馆技术基础设施

本节从技术用房和空间、大屏支撑结构和安装条件、音响支撑结构、线缆通道、空调和电源六个方面介绍需求规划和落实的过程，并对需求合理性、需求落实过程中的情况进行回顾。

技术本身既是资源提供方，同时又是资源需求方。如果说，在之前的章节用不少篇幅来描述技术部如何向业务部门（FA）提供服务，那么在本节中，将更多地介绍技术需要业务部门予以支持配合的条件。

技术对场馆基础设施有着具体和明确的需求，为确保赛事成功举行和服务成功交付，这些需求应在最大限度上予以满足。严格地说，有些条件必须满足，否则将影响比赛进行。技术对基础设施需求主要集中在六个方面：

- 技术用房和空间
- 记分牌和图像屏的支撑结构和安装条件
- 音响支撑结构
- 线缆通道
- 空调
- 电源

场馆内技术基础设施的提供方包括场馆业主、奥组委工程部临时设施处、奥组委工程部能源处、奥组委物流部等。由于基础设施的提供方多，各方内部关系错综复杂。以临时设施领域为例，工程界面划分方式呈多样化，工程部与场馆业主之间有界面划分，工程部内部对不同临时设施（如电源配电箱）在不同区域内的归属都不尽相同。

一、技术用房和空间

通常指的是奥运会场馆内支持技术运行的物理空间，满足这些要求是系统实施部署的初始条件，也是顺利完成技术团队任务的关键。技术对用房和空间的要求分为两个方面：一方面是支持运行所需的用房和空间需求，另一方面是进入场馆后进行安装设备时所需的临时空间需求。

1. 需求规划

技术部从2002年底就参与各场馆设计大纲的编写，是第一批将用房需求提供给场馆业主的业务口。对于技术运行用房的需求，竞赛场馆有一份北京奥运会技术用房需求的标准文档，其内容以竞赛场馆为标准来划分的。不同的体育项目对于空间的要求有所不同，差异主要集中在计时记分及成绩处理机房上。较大的场馆需要多个房间来实现功能，如成绩复印分发、移动通信机房，这是因为提供的服务要覆盖大部分场馆内的区域或整个场馆，或者是因为场馆原有的房间面积过小，需要同时使用多个房间。

在规划技术用房时，要充分考虑其与竞赛用房、转播用房之间的位置关系，因为在有限空间内，各方都会本着最有利于自身的角度去抢占最佳位置。在垒球场馆，技术控制室的选址首先与竞赛发生矛盾，双方都需要在高层能有看见场地的用房，但因为高层用房面积有限，竞赛坚持要将仅有的一间用于国际单项联合会，技术团队坚持要用于成绩统计。在经过与国际垒球单项组织长达一年的沟通后，高层用房的使用权给了技术。临近奥运会时，该房间外搭建了转播商的主摄像机位平台，挡住房间对比赛场地的视线。在与转播商协调后，平台向房间左侧移动一些距离并且不用景观遮挡，该办法既保证比赛成绩的统计不受影响，又兼顾转播商的需求。在山地自行车场馆，成绩处理机房遮挡主转播机位的视线，当时技术设备已部署并且奥运会开幕式已临近，但最终还是调整了成绩处理机房位置。

此外，并非所有技术设备都部署在室内里。在一些项目中，部分设备就部署在比赛场地内，如计时记分和成绩处理的设备部署在场边技术控制台（Technical Table），音响的调音台和视频的切换台部署在场边的体育展示席，头戴系统的控制柜和操作人员设置在场边。因此，比赛场地设计时要考虑这些设备的安放空间。国内赛事常在比赛开始前根据经验进行场地布排；在奥运会时，运动员、裁判及工作人员、摄影记者、转播商、技术、医疗人员等都在同一个场地内工作，而且设备和人数都较多，必须事先对比赛场地的布局进行统一规划，探讨最佳布局方案，处理相关方之间视线遮挡等问题。

对于非竞赛场馆，没有体育竞赛方面的需求，技术用房的面积和布局根据场馆所服务的客户群而定，各馆之间差异较大。如主新闻中心成绩复印分发室的面积近300平方米，但注册与制服发放中心就没有该房间。

由于残奥会尽可能沿用奥运会的设施设备，因此除比赛场地设计因项目不同要重新规划外，其他技术用房需求均与奥运会相同。

进入场馆后进行技术设备安装所需的临时空间需求，一般由合作伙伴在安装前两三个月时提出，通常是欧米茄和松下有此类需求。

2. 需求落实

技术用房和空间需求汇总审核后，技术部场馆技术处从2003年7月开始督促需求的落实。2007年5月各场馆技术经理全部到位后，他们在现场更有力度地推动技术用房及配套条件的进展。

技术用房和空间的提供方是场馆业主和奥组委工程部临时设施处。前者负责永久用房的建设及其内配套线缆通道、空调、电源等条件的准备，后者负责临时用房的相关建设。因此，保持与业主和临时设施部门良好的配合是落实需求的关键。

技术临时技术用房的需求较少，主要集中在临建场馆如公路自行车起终点、五棵松棒球场、山地自行车、奥体场等，以成绩处理机房和计算机设备机房为主。

2003 年 7 月，以技术部参加第一个场馆（北京射击馆）的方案设计开始，标志着技术全方位介入场馆图纸审查工作，包括方案设计（核对技术用房布局）、初步设计（核对用房位置、房间各配套条件如防静电地板、电源、空调等）、施工图设计（核对用房位置、线缆槽道等），为落实技术用房需求创造坚实的基础。而此时，仅有技术、媒体运行、安保业务口参加全过程图纸审查。

在 2006 年场馆管理部主导的运行设计中，大量业务口开始介入，对功能用房的要求骤增。此时绝大部分场馆已开始施工并初具规模，馆内用房面积难以增加，因此运行设计只能对原有施工图中的功能用房进行调整。由于技术用房的特殊性，如管道预埋已完成、地板承重有特殊要求，因此核心技术用房的位置基本没有发生变化，但一般性技术用房如场馆技术运行中心、技术支持服务中心等，在约 1/3 的场馆发生过位置变动。各场馆用房布局调整最多的是国家游泳中心。

比赛场地设计完成后，出于物资安全地考虑，通常是在比赛开始前七天至十天才开始搭台，原因是比赛场地属于开放性领域。

3. 赛后回顾

通过测试赛和奥运会，在技术用房的规划和落实过程，有一些方面值得思考。

（1）大部分技术用房面积规划合理，但人员用房普遍偏小，赛时许多合同商和志愿者都挤在场馆技术运行中心和技术支持服务中心内。

（2）成绩处理机房的面积规划是在赛前五年完成的，但在雅典奥运会后成绩系统增加了一些新的服务（如中文显示），或因比赛规则变化而增加服务（如体操的仲裁录像系统），造成该房间设备数量的变化。但由于该房间位置特殊一般难以调整，因此各场馆成绩处理机房普遍布局局促。

（3）相较往届奥运会，北京技术用房的门类和面积都比较多。运行方为区分维护责任都自建机房，没有实现都灵冬奥会机房（即通信机房和计算机设备机房）合用的情况；另外，北京奥运会的通信服务内容较往届有所增加，为实现最可靠的服务提供，增大了对基础设施的要求，如国家体育场有七个移动通信机房。

（4）临时用房搭建完成的时间较晚，一般是在场馆技术经理多次督促后才完成。搭建完成只是物理形态的房子就绪，其内各项配套设备包括临时电源接入、UPS 安装、综合布线的完成，又占去相当时间，技术部署的时间受挤压。

（5）在测试赛时，由于某些技术服务部分提供或不提供，运入场馆的技术设备总量较奥运赛时少。在测试赛后的调整中，技术设备存储用房的面积受到质疑，有的场馆削减了技术存储用房面积。进入奥运会部署期后，各类技术物资源源不断地送到场馆，而媒体用房、转播用房和大量临时用房又不具备条件无法安装技术设备，场馆内技术存储空间明显不足，技术经理对接收技术设备非常头疼，各类技术用房包括场馆技术运行中心和技术支持服务中心内全部堆满设备，部分技术经理甚至提出要延后技术设备运行时间，理由就是没有空间存贮。

二、记分牌和图像屏的支撑结构和安装条件

支撑结构专指服务于欧米茄公司的记分牌和松下公司图像屏/大型投影仪的支撑和悬挂结构。按照赞助商与国际奥委会签订的协议，这些支撑结构由组委会和主办城市负责，欧米茄负责提供记分牌的框架及体育记分牌支架。安装条件是指在安装过程中使用的吊装、拖动类施工机械，这些条件由组委会提供。实际上，在现场配合的实施中，这项工作是协调面最广、难度最大的且必须按时完成的任务。

1. 需求规划

2003年底至2004年初，欧米茄公司开始提供记分牌安装位置和安装形式等数据资料。松下公司在图像屏/大型投影仪方面的工作启动得晚一些，2005年初安装方式才开始讨论。

在2006年5月底，奥组委技术部组织工程部、场馆管理部、欧米茄、松下、场馆业主、业主设计方、市08办等共同对竞赛场馆的记分牌和图像屏安装条件进行为期十天的勘查。这是一项极其关键的里程碑。工作成果涵盖除公路自行车、铁人三项之外全部竞赛场馆的记分牌、图像屏和大型投影仪的安装方式、位置、尺寸、承重条件，业主要配合完成的工作等等。业主和其设计方全过程参加，面对面地与两家合作伙伴直接沟通，达到很好的效果。

根据勘查后的会议纪要，欧米茄在2006年7月开始向组委会提供记分牌安装示意图，基本上确定安装方式和吊装节点等要求。从2006年5月起，松下公司开始奥运会视频系统的可行性研究，5月底勘查是研究中非常重要的一环，根据研究成果，松下于9月开始向组委会提供安装示意图。事实上，每个场馆屏体的安装方式迥异，技术必须与临时设施部门和业主密切合作，逐一场馆沟通讨论。由于安装示意图并不是安装施工图，对于支撑结构的安装施工方案和图纸，要由业主或临时设施提供方在安装示意图基础上消化和完善，经业主的设计院批准后方可成为施工图纸。看似容易的这一点，在实施过程中遇到非常多的困难。

尽管在规划时已尽可能考虑奥运会的记分牌和图像屏在残奥会的沿用，但仍然在两个场馆进行了大型的残奥会记分牌安装工作，它们分别是国家会议中心击剑馆和北科大体育馆。对于这些变化，要尽早了解需求并与业主和临时设施提供方沟通，才能确保其在转换期的实现。

2. 需求落实

随着对业主设计方案的审查，技术部也逐渐地向业主提出记分牌/图像屏的相关参数，供其进行屋面结构/平台负荷的核算和场馆内设施的布局排布。到2006年下半年，随着两个合作伙伴提供资料的详尽，实质性的需求落实工作也随之开始。技术经理与业主及其设计方沟通实施可行性，包括悬挂钢梁的承重、平台负荷是否满足等。总的来说，记分牌安装方式都得到较好的落实；在图像屏和大型投影仪方面，新建场馆比较容易实现，部分改造场馆如奥体馆和英东游泳馆则相对困难。在最初规划中，奥体馆将采用临时图像屏，由于安装条件不具备更改成大型图像投影仪；英东游泳馆投影机位置几易其稿，最后取消T型架，安装在马道上。

虽然技术部与业主确定安装方式，但并不意味着安装所需支撑结构的全部问题都已解决。相

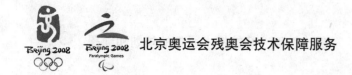

反，需求落实的工作才刚刚拉开序幕。如前所述，合作伙伴不负责提供这些安装条件，在组委会内部，哪些由场馆业主完成，哪些由工程部临时设施部门负责，以前一直都没有清晰的分界线。技术部处于两者之间，协调工作异常艰巨。因此，本着以大局为重、全力推动工作开展的想法，技术部对场馆业主做了大量的协调工作。

在落实支撑结构需求过程中，与临时设施部门的配合是无处不在的，不仅包括支撑结构、电动葫芦，还包括安装过程中所需的临时平台、施工机械（如吊车和叉车）、搬运人力，以及协调临时设施施工方获得业主设计院对其施工方案的许可。由于施工方报送的施工方案和图纸相对内容简略，业主设计院通常都要审核几次才能通过，但此时欧米茄的外籍安装人员已到场，所以施工方案的报送审查和进展督促，很多时候都是由各场馆技术经理来完成的。

3. 赛后回顾

涉及记分牌和图像屏支撑结构的需求，都是切实必要的。但是，某些需求细节提得不详细，或是记分牌尺寸发生变更，或者货到安装现场后才发现记分牌安装条件局部发生改变，都使场馆技术经理很被动，每一次变更都是对其协调能力的挑战，尤其是在临时设施和业主已按技术部原定要求完成相应配合工作后。

当然，已发生过少量特殊的情况，如英东游泳馆的大型投影仪，在事先确定的位置安装完成近二十天后，受到竞赛主任的强烈质疑，认为现有位置在比赛时会有灯光直射，影响显示效果。在此情况下，技术部不得不对其位置进行调整。

三、音响支撑结构

音响是松下的赞助门类，但本着节约预算的原则，在奥运会和残奥会上大部分场馆的主扩声系统都采用业主的音响系统，仅在七个场馆（沙排、山地自行车场、小轮车场、顺义、铁三、棒球场、射击场）有音响支撑结构的需求。

1. 需求规划

2006年5月至12月，松下公司进行了为期七个月的音频系统可行性研究，主要工作内容是根据各场馆音响设计图纸，确认其是否满足奥运会扩声系统的需求，列出需要补充主扩声系统的场馆和主要设备清单。在此基础上，2007年下半年松下公司提供了临时主扩声系统中扬声器安放位置、承重等要求。

2. 需求落实

临时设施提供方根据松下公司提出的要求，开展设计、生产和安装工作。虽然这一过程比较常见，但执行过程中却比较困难。当时临时设施施工方处在大量抢工时期，相对其他项目而言，音响支撑结构的工作量较少，施工方积极性不高；其次是临时设施设计人员少，设计图纸花的周期较长，而图纸须经过松下和业主设计方的双重确定后才能生产和施工，因此在设计阶段耽误较长时间。实际上，音响支撑结构的完成时间较以前计划有所拖延，在某种程度上影响松下公司进场后的安装。

3. 赛后回顾

回顾音响支撑结构使用情况，不得不提到奥运会的主转播商 BOB。在 7 月份，临时音响的安装位置与 BOB 摄像机位、摄像平台的位置/视线等发生矛盾冲突，音箱位置和摆放方式在部分场馆进行调整。以沙排场馆为例，松下要求在比赛场地内安装八组脚手架平台，其上安装音箱，因转播商提出场地西侧有大型摇臂摄像机和轨道摄像机，音响和平台干扰其工作。技术部只好取消西侧的两个平台，将音箱放在摄像机位后的场地上，原来制作的支撑结构只好拆除。因此，在规划期时应让松下公司与转播商的音响负责人和制作部门进行充分的沟通，减少这类事件的发生。

四、线缆通道

顾名思义，线缆通道是为各种技术线缆的铺设所预设的路由，包括管、槽、孔、洞等。技术系统门类多，覆盖范围广，线缆又是信息传递中非常重要的物理载体，因此各场馆都有大量的技术线缆通道需求。就各技术系统而言，对线缆通道的要求相差较大，有的系统如移动通信、综合布线，对线缆通道需求很大；有的系统如扩声、有线电视，对线缆通道的需求量则相对较少；有的系统如计时记分系统，虽然需求量少，但对赛事来说非常关键，在落实需求时一定要特别注意；有的系统如头戴系统和音视频系统，它的线缆要从馆内通到室外转播综合区，要跨越馆内多个分区甚至不同的业主地块，尽管线量不多但却实现困难。

1. 需求规划

奥运会的线缆通道分为永久和临时两部分，分别由场馆业主和工程部临时设施部门来实施。划分时主要考虑以下一些原则：

（1）计时记分系统所使用的通道，除比赛场地内常采用明铺方式解决外，都使用暗埋管道/桥架方式，并预留相应出墙孔洞。

（2）对于场馆赛后日常运行使用到的系统如综合布线、通信、有线电视、扩声等，在业主根据赛后运行设计的基础上留出奥运会的余量，一次建设完成。个别系统的槽道如在奥运会时确有不足，用临时建设的方式来解决。

（3）通往室外电视转播综合区的线缆通道将尽量与转播商共路由，采用临时建设的方式。

（4）媒体开放空间内的线缆通道，由于技术设备多，采用临时建设的方式，但务求整齐美观。

从上述原则可以看出，永久和临时线缆通道的需求提出时间段不同，范围也不同。在场馆初步设计审查时，技术部就对需求做了详细的描述。

（1）永久性线缆通道

从 2003 年 8 月开始，通过图纸审查的方式，向场馆业主提供线缆通道需求，范围包括计时记分、固定通信、移动通信、有线电视等。某些计时项目（如田径、游泳、赛艇/皮划艇静水、场地自行车）的路由需求非常复杂，在先期规划时要与欧米茄充分配合，要完全消化其需求。

通信系统的需求多且复杂，以移动通信为例，所涉及的线缆通道需求包括主干槽道、支路槽道、孔洞、竖井内墙面面积、灯杆、进馆管孔数、进线双路由等，可谓是种类繁多。由于赛事级别要求高，通信服务内容广泛，固定通信、移动通信、集群通信、有线电视等方面都在场馆内提出线

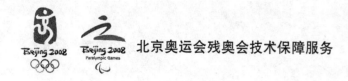

缆通道需求。对业主而言，这是一组资源占用大户。2005 年移动通信合作伙伴出于提高服务水平的考虑，优化其网络设计方案，对涉及基础设施的各方面都进行调整增加，到 2006 年 5 月其需求才基本固定下来。

（2）临时性线缆通道

临时线缆通道的需求主要包括通往电视转播综合区的大规模路由、通往媒体看台的临时路由、通往记者工作间记者桌的路由、通往室外临时孤立用房（内有技术设备）的路由、VLAN 路由、收费卡项目的路由等。其中，通往电视转播综合区的线缆通道是临时路由中份额最大的，也是技术最关注的路由，因为多条技术线缆如音视频、头戴、综合布线、计时记分图像线缆的铺设等都需要借助这一路由。媒体工作间的线缆充分借助媒体桌的线槽，保证线缆铺设后的美观。通往转播综合区的技术线缆通道需求是在 2007 年底提出，2008 年 3 月临时设施设计方将其落实在图纸上。

2. 需求落实

（1）永久线缆通道

技术线缆通道的铺设是个漫长的过程，其间几经反复。在这过程中以通信系统最为艰难。由于各通信系统的室内覆盖子系统分别建设，原则上相互间不共槽不合用（考虑到后期维护），因此消耗了大量的可支配使用资源。有的场馆虽层高 7 米，但各类管线（包括空调、水、强电和弱电）都综合考虑后，层高降至 3 米，在过廊处层高由于相对较低，管线布排就显得更加困难。由于室内覆盖系统遍及馆内各层而不仅局限于某一区域，因此在落实需求过程中，技术部和通信合作伙伴不时接到业主方的不同意见，有时业主表示出难以配合。当中国移动公司调整无线网络方案后，由于需要对场馆设施进行调整和变更，技术团队与业主单位的配合更加困难。在陷入困境后，技术部与中国移动通过每月例会，共同谋划可操作的方式，在技术部的全力推动下，2006 年底移动通信的线缆槽道需求落实开始取得实质性的进展。

永久性线缆通道需求的落实，由技术部场馆技术处和场馆技术经理负责。值得一提的是，测试赛后欧米茄应国际单项组织的要求增加某些服务项目，提出新的计时记分槽道需求。奥林匹克网球中心的鹰眼系统就是例子，欧米茄与国际网联在测试赛期间才最终达成一致意见，但此时场馆已完工，而鹰眼安放位置很特殊，每个场馆十个摄像机位置都要考虑线缆槽道。但考虑到计时记分系统的重要性，类似需求必须得到妥当处理。

（2）临时线缆通道

主要的临时线缆通道（如通往转播综合区的路由）是由组委会临时设施部门负责提供的。原计划通过场馆团队主导的各场馆详细运行设计来明确各技术系统对临时线缆通道的需求，但实际操作中发现此方式比较困难，因此改由技术部直接与工程部沟通。

实际上，临时路由完成得非常晚，基本上都在每个场馆的奥运会锁闭前才搭建好。由于测试赛时 BOB 未参与转播工作，通往转播综合区的线缆通道都是在 2008 年 5 月才开始施工的，6 月中旬时问题暴露得比较多。例如，同一路由上有转播专用槽道但缺少技术专用槽道；另外一个普遍现象就是路由不完整，临时设施合同商遇到困难的施工点后就弃难从易，造成线缆通道分成若干段，中间不连续，技术合同商无法进行穿线工作。当时临设合同商工作量非常大，难免出现顾此失彼的情况，技术部场馆技术处及时与工程部、临设合同商的核心协调人员密切沟通，采取新的措施，如每两天沟通交换一次信息、场馆技术经理现场督促等。实践证明，这些措施效果明显，临时技术槽道得以在锁闭期前完成。

有些临时槽道由技术合同商承担。通往室外临时孤立用房（内有技术设备）的路由，一般尽可能利用小市政管井，不足之处由综合布线施工方补足。奥运会时出于安全运行的考虑，对跨路特别是车辆通过之处的临时线缆通道单独保护，取得非常好的效果。

3. 赛后回顾

技术线缆通道需求很多，但由于前期准备充分，对路由的起终点都考虑得比较清楚，因此需求规划中基本没有大的漏项。在临时槽道规划中，与 BOB 的路由紧密结合，尽可能与之共路由，减少实施难度，也是规划的成功点。

技术合同商的需求众多，落实需求的难度较大。在需求正式提出后又发生变更的情况下，场馆业主容易表现出不同程度的抵触情绪。另外，场馆内永久槽道原则上由业主出资建设，但业主又想借助商业运作方式来建设，为需求落实增添协调难度。对于临时槽道，受施工时间短人员少的影响，在各方督促下，才在场馆锁闭前完成，但有些场馆的完成时间较原有计划推迟三周以上。临时线缆槽道的安全性也需要多加考虑，特别是线缆出管道井的方式以及出井后的保护，在某些场馆实现起来较困难，测试赛时发生过线碰断或损坏的现象。在奥运会部署期，技术部与工程部合作，采用一些特殊方式来处理线缆出井问题，取得了很好的效果。奥运中心区公共区的线缆出井就完成得非常出色，完全不妨碍行人和车辆通行。

五、空调

1. 需求规划和落实

在奥运会设计大纲中，技术用房的温度要求已经提出。对于一些关键技术用房如计算机设备机房、通信机房和成绩处理机房，冗余空调的要求也在大纲中予以描述。在初步设计和施工图设计时，业主及设计方都表示将对馆内技术用房的空调进行特别的考虑，房间内温度一定能满足奥运赛时技术设备运行的需求。为稳妥起见，有的场馆还在设计之初向技术部索取过该房间技术设备数量，对此技术部积极进行配合。

从上述描述可以看出，似乎只有临时技术用房的空调需要考虑。在示范场馆计划中，技术部与物流部就临时技术用房内空调配置标准达成一致意见。除此之外，考虑到部分场馆永久房间内不提供冗余空调，物流部同意对技术重要房间配备第二套空调系统。

2. 赛后回顾

在规划完成后，各方基本按此原则执行。然而，理论是需要在实践中去检验的。在测试赛、奥运会部署期及赛前运行期，场馆技术用房出现多起涉及空调系统而记录到问题管理系统中的故障。经分析，原因多种多样，如室内仅有一套空调系统，制冷效果不能满足设计大纲中技术用房的温度要求、场馆业主提供的空调系统在比赛前或比赛期间出现故障暂时无法修复或制冷效果差，该房间又没有配备冗余空调系统、场馆内采用中央空调系统，但该房间的出风口少，达不到技术用房的温

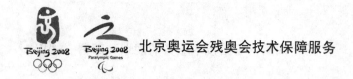

度要求，在奥运会赛前三个月技术关键用房内设备已安装并 24 小时连续运行，但此时场馆内的中央空调不开或不能 24 小时运行，造成技术用房内温度过高等。

因此，在 2007 年 8 月份测试赛时，尽管以主运行中心名义发文强调技术用房的环境要求必须予以满足，涉及空调制冷量不足的故障仍时有发生。测试赛期间，顺义激流场地的现场成绩处理机房温度高达 35℃，计算机等设备难以正常工作；2007 年 8 月 9 日晚 22 点（比赛于 21 点结束），曲棍球场现场成绩处理机房过热（室内温度为 35℃），成绩服务器停止运行，造成 9 日上午第一场比赛的数据丢失；排球测试赛时，因中央空调制冷量有限，北理工成绩处理机房温度过高……奥运会部署期，空调问题仍在延续，2008 年 5 月下旬，因天热等原因，射击馆计算机设备机房温度超过 30℃；两天后，工人体育场和北航体育馆的计算机设备机房温度也达到工作要求上限；6 月 10 日国家体育场由于业主中央空调有故障，成绩处理机房内温度已达到工作要求的上限。在这样的温度条件下工作，技术设备的损坏率会大幅提高。为避免设备损坏，技术部紧急协调物流加装空调（对正在进行比赛的场馆）或与场馆团队沟通后暂时关闭技术设备（在奥运会部署期的场馆）。

上述事件的发生反映出，在需求规划时不应该过于依靠场馆业主提供的中央空调系统以及其开放使用时间。虽然奥组委物流部愿提供独立空调来弥补技术用房制冷量不足，但同时产生了一些新问题，如加装独立空调后，空调所需电力如何解决，空调室外机安放位置如何处理，空调冷凝水排放管如何放置。在部分场馆这些问题一直没有找到较好的解决方案。

技术用房制冷量不足的问题时有发生，物流部考虑到前期安装的空调为家用空调，在满足技术用房为期四个月且每天 24 小时的不间断运行的要求方面有潜在的风险。从 2008 年 4 月起物流部开始与技术部研究这两个用房增加或更换机房专用空调的可行性。在 2008 年 7 月初，部分场馆进行了机房专用空调的安装。

六、电源

技术作为电力的重要需求方，负责汇集场馆内各技术用房/系统的用电需求，并向电力主责部门提出，场馆内电力系统（除 UPS 系统）的规划、设计和落实由工程部负责。

1. 需求规划和实施

实际上，技术用电包括范围广泛，如技术用房室内设备、比赛大厅内记分牌/图像屏、比赛场地内记分牌及各类计时记分设备、屋顶下/看台上悬挂的音箱、看台上技术设备等，还有比赛场地内末端配电系统的线缆、插座等等。这些需求，特别是比赛场地内末端配电的需求，对比赛至关重要。

北京奥组委在 2004 年底明确由工程部负责电源的归口管理工作，2005 年 6 月工程部成立能源处专门负责与电力相关的规划实施工作。

技术部以雅典相关资料为基础，在设计大纲中就提出计算机设备机房、成绩处理机房和通信机房等主要房间的电量和供电方式，场馆业主及设计方在初步设计和施工图设计中均予以考虑。

2005 年底，技术部制定技术用房/系统的供电方式，该文件得到工程部能源处认可，纳入 2006 年 4 月发布的竞赛场馆电力策略。2006 年底，各场馆技术用房/系统的准确用电量也提供给工程部。

作为需求方，技术部及场馆技术经理一直关注电力就绪情况。由于强电系统专业性强，加上其施工时间在整个施工计划中就处于比较靠后的位置，从2007年5月起强电系统才随着测试赛的来临逐步到位，技术用房/系统的电力就绪情况与技术部需求之间存在的差距也逐渐显著出来。差距主要体现在电力条件未在测试赛技术部署前就绪、比赛场地内末端配电和记分牌电缆无提供方、技术核心用房的供电方式不满足技术要求的双路需求、部分技术用房用电量不足等。为此，市08办专门召开会议分析原因，并在后续各场馆测试赛协调会上陆续解决这些问题，如比赛场地末端配电和记分牌电缆的提供、技术用房电量不足等。

然而，技术核心用房的供电方式不满足技术要求的双路供电却一直没有得到很好地解决。在拳击测试赛前，场馆计算机设备机房配电箱内ATS设备就发生故障造成场馆核心服务器因失电而关闭。2008年3月，国际奥委会电力专家组对北京奥运会场馆电力就绪情况进行考察，专家们多次提出技术核心用房的供电方式在大部分场馆与往届奥运会不同，现有的供电方式有较大的风险。此后，各馆在奥运会电力保障专家组指导下进行计算机设备机房和成绩处理机房的配电系统整改工作，实现技术要求的双路供电进房间。

2. 赛后回顾

由于电力保障对技术系统安全运行至关重要，当时场馆业主、组委会工程部以及场馆团队各承担一部分电源系统的保障工作，没有唯一的责任人。当电力出现问题时，技术团队需要临时判断故障来源，难以立即找到正确的电力提供方解决问题，这种局面对于技术系统安全运行有较大风险。2008年初各馆设置电力经理来负责电力维护和临时用电的接入。对于技术来说，电力维护责任的统一，大大减少了赛时技术用电在维护和接入上的风险，为技术系统的成功运行奠定基础。

然而，临时电力系统的建设仍分散到各相关方。对于末端配电不完整需要补充时，技术经理还是需要与多方沟通去寻找解决办法。一些技术用电的细节也需要特别注意，比如在比赛场地内，由于插座少，技术设备所使用的插头经常被打扫卫生的保洁人员拔掉而另做它用。但按技术策略要求这些设备必须24小时联网，以保证随时进行软件自动更新。尽管技术经理反复向场馆团队重申这一点，但效果不明显，拔插头之事仍时有发生。

第二节 场馆技术团队组织机构和人员规划

场馆技术团队是技术部在场馆内具体执行机构，是一个个微观的细胞。各团队的执行力和内部配合程度对于技术系统的部署和运行成功起着至关重要的作用。按奥组委的政策和流程，90%以上的故障处理是在场馆层面完成的，技术系统也不例外。

一、场馆技术团队组织机构

最初的场馆技术团队组织机构和人员计划是在示范场馆计划中制定的，虽然后期有局部调整，但模板中定义的岗位名称和人员数量，成为后续各场馆的重要参考，特别是付薪人员的岗位和数量。一般来讲，单个独立的竞赛场馆有十个左右付薪人员数量，志愿者数量为四五十人，整个技术

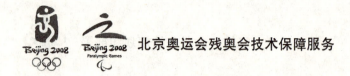

团队总人数在一百三十人至一百五十人之间。对于场馆群（如北区场馆群、五棵松场馆群、老山场馆群），有些岗位人数增加。

技术团队包括通信团队、信息团队和成绩团队，每个小团队都各有一名经理。奥运会竞赛场馆组织机构图如下。

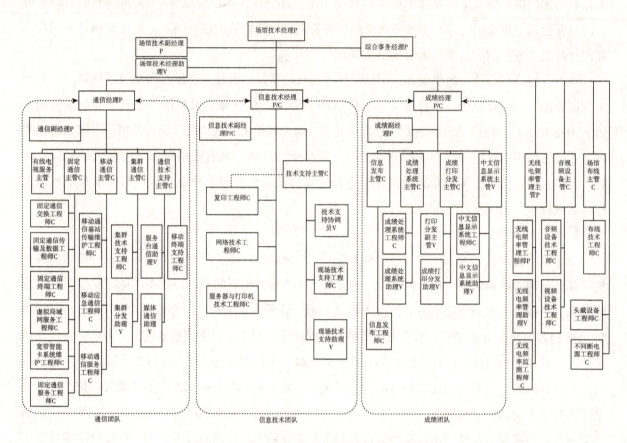

图 14 −1　奥运会竞赛场馆技术团队组织结构图

对于非竞赛场馆而言，其组织机构虽保持竞赛场馆的基本特点，但岗位设置情况随客户群的不同而调整。一般来说，非竞赛场馆技术团队中没有计时记分/成绩系统、头戴系统、图像屏、记分牌等服务提供商。通信服务和信息服务的内容在各非竞赛场馆侧重也不同，岗位设置有所差异，如在奥运村、MPC 和 IBC 设有技术咨询经理。

测试赛时根据各比赛日程，在奥运会人员计划基础上进行调整，技术团队规模通常较赛时偏小，志愿者及合同商人数也略减。

二、人员规划

场馆化后，在部署运行期间每个场馆技术团队需要上百人来开展工作。包括场馆技术经理在内的主要人员，大部分都是在 2007 年 5 月后陆续到位的。以场馆技术经理和副经理为例，2006 年 7 月总人数为 10 人，2007 年 5 月为 35 人，2008 年 4 月最终达到 92 人。其他岗位如信息经理、通信经理和成绩经理的到位情况都类似。

在场馆技术团队组织架构中，场馆技术经理作为该馆技术系统的项目经理，负责场馆运行计划的制订，对技术系统的实施进行现场项目管理，协调合同商按时完成场馆内技术服务的交付、部署和运行。场馆技术经理是场馆管理团队中负责技术交付和运行的单一联络人，每天都向场馆主任和技术运行中心汇报。

技术团队内的通信经理、信息经理、成绩经理、无线电频率主管，都执行双重汇报制度，即在场馆层面除向场馆技术经理汇报外，还向 TOC 的各业务口值班经理汇报。

就结构和付薪人员数量而言，北京奥运会场馆技术团队是比较合理并富有工作成效的。场馆技术经理是技术团队的最关键岗位，在本届奥运会中全部由主办国人员所担任，没有聘任外籍员工，这在以往奥运会历史中是没有先例的。事实上，技术部对人员的培养采取了一种"时间换空间"的方式，对于大型场馆特别是往届协调难度大的场馆，在赛前三年就开始初步确定人选，尽早熟悉情况，尽早深入现场，很好地弥补经验上的不足。

技术经理和副经理承担总协调工作，负责所有技术系统在场馆层面全部基础设施的落实工作，以及综合布线、UPS、音视频、头戴系统的建设。可以说，凡是与物理层面打交道的事情，全由技术经理及副经理完成，他们承担部署期工作量的 40% – 50%。在汇报制度中，场馆技术团队的经理层都是双向汇报，但实际工作中，汇报时更倾向纵向报告，对场馆层面的横向沟通即块块联系有所不足。如何更有效地管理和落实欧米茄来自计时记分和成绩系统的需求，是单一渠道归口管理，还是把协调工作分在技术团队的两个岗位上值得思考。

第三节　技术系统部署

技术系统部署由测试赛技术系统部署和奥运会技术系统部署两个重要部分组成，本节中举出在不同阶段技术部署遇到通用性困难，以及当时所采取的解决方法。

技术系统部署是在规划和建设后的重要环节，也是前期需求落实的延续。事实证明，技术部署的启动时间、进度控制和部署过程的组织协调是保证赛事成功运行的关键要素。为确保技术系统的安装到位和测试，技术部是组委会内最早开始在场馆内进行工作的部门。在这段时期，场馆技术经理需要与场馆团队、业主、建筑承包商和弱电承包商就基础设施和技术设备安装等内容定期进行充分沟通和讨论。

无论是测试赛还是奥运会的部署工作，最开始实施的部分是技术主要设备机房（如通信机房、计算机设备间）和临时布线系统的建设。实际上，一些现场施工如铺设线缆，经常会施工到很晚，这就需要技术团队员工在场馆中持续工作。总的来说，实施阶段对人员的需求大于奥运会运行阶段对人员的需求。

对竞赛场馆而言，大量的技术设备安装在开幕式两周前完成，不同场馆因实际情况不同，完成时间也不尽相同。在设备安装完毕到开幕式之间是场馆技术团队工作最为紧张的时间，这段时间可能会出现各种情况，包括已部署设备的维护、收费卡的部署、国际单项联合会和转播商的需求变更处理、开放区域技术设备的安装、技术承包商的管理等。这期间可能要求技术人员每天在现场工作

15 个小时以上，对技术团队来说是艰苦的挑战。

一、制订部署计划和明确各关联方角色

2006 年下半年，场馆技术经理开始着手制作场馆技术集成计划，计划中各项内容基于往届奥运会经验，并针对北京实际情况进行修改。这个计划中，时间点填写旨在让技术经理对各项任务的完成时间有概念性认识，特别是需要其他业务口配合的时间点如场馆锁闭、场馆注册中心开放等。但场馆土建工程的进展情况各时间节点会变动，因此编制计划的另一个重点是掌握各项目要素之前的关联性。通过计划的编写，技术经理清楚理解信息系统在部署中的前后顺序，以及信息和通信系统之间各要素的相关性，如数据专线的按时开通将是信息系统开始部署的前提。由于某些合同商在奥运会承担多种角色，同时向技术、安保、转播等部门提供技术服务，因此通过计划编写，在一定程度上让大家更加明确技术团队要完成的工作内容和需要协调的任务。

在技术系统部署的过程中，技术将同场馆中所有客户打交道，但同时也需要重要相关方对技术提供支持，这些相关方为场馆业主、场馆团队的物流和场馆管理业务口、临时设施承包商。按往届惯例，场馆团队的设施业务口与技术关系非常密切，但实际上，为了能更好地沟通情况，技术团队常常直接与临时设施承包商沟通。

为进入场馆，技术团队需要与场馆业主确定进场时间、技术用房交付时间、电力就绪准备等，还要在建筑设施发生漏水等情况后第一时间协调业主进行处理。与物流的配合也非常紧密，因为物流负责货物运输、签收、货到场馆后入库的搬运。考虑到场馆比较大，还需物流提供人力和工具将技术设备运抵馆内各房间内。实际上，技术设备部署之初，也是物流开始部署家具和白电的时期，物流和技术同时需要人力和工具，因此需要技术与之很好地协调。技术设备开始按房间部署时，技术就与保管钥匙的业务口联系密切。

二、测试赛技术部署

为保证奥运会的成功举行，奥组委对每个场馆的每个比赛项目都进行一次比赛，统称为测试赛。绝大部分技术系统参加了测试赛。虽然每个测试赛的时间比较短，平均在 4 天左右，但测试赛对奥运会的成功举办意义重大。

在场馆建设完工和就绪方面，测试赛起到积极地推动作用。测试赛技术部署的难度并不逊于奥运会，在某些方面可以说是更困难。从实施部署流程上讲，测试赛技术部署的流程与奥运会是一致的，信息系统和成绩系统在测试赛时的用房与其赛时用房相同。

测试赛部署难度在于场馆建设速度滞后，多个场馆在测试赛前全面完成土建及配套工程困难重重。技术部充分利用测试赛协调会的平台，为进入场馆和后续的实施部署创造有利条件。在技术部署中，各场馆技术团队克服种种困难，积极处理若干突发情况，力求各方理解和支持，通力协作，上下齐心，迎来每个测试赛部署的顺利完成。下面对测试赛技术部署过程中通常遇到的一些困难和当时采取的处理办法进行叙述。

1. 协调技术团队进场施工

从 2006 年底开始，技术各合同商进场施工提上了议程。由于绝大部分合同商是与奥组委签订的赞助合同，与业主之间无合同隶属关系，考虑到施工安全、消防等原因，以及有的施工队伍中雇用外籍员工，不能提供中资公司通常具备的施工证件等情况，场馆业主接受奥组委合同商进场施工存在困难。经市 08 办协调，2007 年 5 月由市建委、市 08 办和奥组委工程部联名下发文件，确认奥运会合同商进场施工范本，对消防安全、现场管理、施工管理费等方面的内容进行约定。在这个范本下，各合同商才得以陆续进场。

进场施工范本有效地解决了合同商进入场馆安装记分牌、移动通信和固定通信系统的问题。但在测试赛前，技术设备大规模部署时，又出现进场难的问题，主要原因是场馆工程建设无法与技术系统部署进行交叉施工。由于测试赛开始时间无法更改，因此技术部必须找出办法来进场施工。为此，技术部提出两步走的思路，即先让接收技术用房包括机房和配线间，允许综合布线队伍进场施工，然后再跟业主商议有技术设备部署的办公用房的移交时间。事实证明，这种思路是行之有效的，在技术团队调试设备机房和配线间时，业主还有一些时间对其他房间进行最后施工和清扫，灵活处理了业主一次性移交所有场馆运行房间的困难。

按场馆管理部的计划，测试赛前两个月场馆团队应进驻场馆，这就意味着技术团队可以有较宽松的时间进行施工实施和部署。当时间步入 2007 年 6 月，技术部意识到赛前两个月进场估计是难以实现，在经历第一次综合测试赛后，又深刻地体会到后续的每个测试赛进场时间估计都会比较晚，各场馆均不存在所谓的奥组委独占期。据统计，测试赛前技术团队进场时间一般为赛前一个月，赛前 25 天进场施工部署的情况比较普遍，个别场馆甚至是在赛前半个月进场。对技术团队而言，施工时间过短，部署难度和压力都很大。在进场晚的情况下，技术部尽力协调各合同商，投入 TOC 内的机动队伍，加班加点去完成部署工作。

2. 落实技术用房的电力条件

由于工程完工时间紧，技术团队进场之初在多个场馆遇到电力条件未完全就绪的情况，如开始调试技术机房设备时因场馆使用的是临时电，电源情况不稳经常发生断电的事情；使用临时电的场馆，因容量有限，机房空调不能开启；配线间没有电源插座，楼层交换机无法上电工作；有的场馆办公用房没电，技术团队只好使用临时电线辊子来调试；调试过程中，房间的供电时断时有。针对这些情况，技术部和技术经理做了大量的协调工作，争取市 08 办和场馆业主的支持，每个场馆的技术经理都很熟悉业主方的强电负责人和电工人员。在他们的配合下，电力条件准备不充分的情况慢慢得到解决。

3. 解决临时记分牌安装的各种困难

记分牌安装分四个阶段进行，与测试赛日程大致相吻合。记分牌安装过程中困难重重，涉及与场馆业主、临时设施提供方、场馆团队的合作。前两个阶段的安装工作是各方磨合期，第三阶段是安装过程中的难点，在第四阶段由于各方都具备实践操作的经验，配合得相对顺利。

在经历两个月的艰苦协调并克服办证过程中的重重困难后，欧米茄的安装队伍终于迈进场馆，但只是安装过程的第一步。安装所需支撑结构中有的是悬挂结构，需要临时设施方提供；有的是混

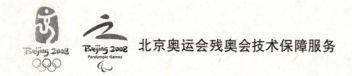

凝土地基或龙门架结构，需要业主方来完成。尽管在安装开始前两个月，技术部已将安装计划提供给场馆业主和临时设施合同商，技术经理也得到他们的回复将按此计划执行，但意外情况却时时出现。

由于总包在工期安排衔接上的原因，曲棍球场记分牌安装基础就绪工作未按计划完成；在安装顺义水上公园赛艇场地的第一块记分牌时，由于赞助商内部协调的问题，记分牌钢结构没有按时运到场馆，使得临时设施提供的吊车在场地内闲置两天；五棵松棒球场记分牌脚手架平台搭完之后，受记分牌支撑杆变化的影响，只好在现场进行平台调整。在经历第一阶段记分牌安装后，技术部场馆技术处及时召集交流会，向所有竞赛场馆技术经理介绍记分牌安装过程中要配合、要协调的工作，也强调与赞助商之间的配合方式和对外籍员工的合作态度。通过这次交流，大家对记分牌安装过程中的协调量、艰苦程度第一次有了直观的认识。

第二阶段安装的记分牌是赞助商从国内公司租赁的。按照往届奥运会的惯例，赞助商公司提出在测试赛前四天才开始安装工作。由于该时间点过于接近测试赛比赛日期，技术部曾对此安排提出过不同意见。在测试赛的安装过程中，确实也出现了临时记分牌不能按计划安装完成的情况，险些对测试赛前的演练产生影响。为此，技术部主动要求向赞助商提供支持，场馆技术经理值守安装现场提供施工保障。例如，在某场馆记分牌安装进行到凌晨两点时场地照明灯突然熄灭，技术经理马上联系电工打开灯光，为安装工作创造夜间施工条件。再如，某场馆正在安装的记分牌发生了倒塌事件。当时场馆已锁闭，TOC值班主任在向主运行中心汇报的同时马上赶赴现场，与赞助商共商对策。在新的、安全的安装方式确定后，TOC值班主任现场协调场馆安保主任保证安装所需的脚手架、混凝土块等材料能快速进入场馆。经过各方努力和配合，记分牌在赛前完成安装并参加了彩排。这起事件后，技术部与赞助商进行了及时的交流和总结，最终将此类记分牌的安装时间在原计划基础上提前了三天。

第三阶段的记分牌安装是最困难的，绝大部分记分牌都是悬挂安装在室内屋顶结构下。由于悬挂结构复杂，涉及电葫芦、转换钢梁、临时安装平台等方面，部分场馆业主方的设计单位认为记分牌与悬挂结构的总重量超过原设计预留条件，部分原确定的安装位置不适合安装；加上临时设施施工方刚更换安装队伍，多种因素共同作用下使记分牌安装工作非常困难。国家体育馆的四块记分牌分三次安装，前后历经一个月；工人体育馆因穹顶承重受限，记分牌安装方案几经修改，费时三个月才确定；国家游泳中心西侧记分牌安装前发现平台上突然增加八个直径为300毫米的空调出风口，只得重新核对调整施工方案；在游泳中心记分牌安装过程中因作业面与池岸铺砖施工冲突，场馆技术经理不得不在现场守护记分牌安装所需的作业面；国家体育场记分牌安装极为复杂，结构安装耗时三个月，模块安装花了一个月时间。在这个阶段，各相关单位本着大局为重的思想，相互理解和包容，最终按计划完成这阶段的安装工作。

在前几个阶段艰苦工作的基础上，最后一个阶段测试赛记分牌安装工作较为平稳顺畅。

4. 应对技术设备在部署后的调整

技术设备分配表中设备仅分配到房间，按往届惯例，应制作一张设备布局图，在图中标注出房间内家具和技术设备的详细位置。实际上，由于各业务口对房间的实际使用效果较模糊，按图部署设备后业务口经常提出位置调整，如同一个房间内从东墙移到西墙，或从一个房间调配到另一个房间。这种挪动，对技术团队而言，至少需要计算机工程师、网络工程师、固定通信终端工程师以及综合布线施工方等四个以上岗位人员的配合。在这种情况下，技术团队调整部署策略，在部署时先让各业务口代表来现场指出技术设备摆放位置，以减少部署后设备的挪动。

即便如此，技术系统部署完成后，某些业务口又提出用房和技术设备的位置调整。由于受进场晚工作量大的影响，技术团队难以对类似办公设备的调整这类问题做出及时响应，造成了部分用户的抱怨。因此，技术部向场馆团队反复宣讲，如有用房变化一定要在临时布线施工和技术部署之前提出。在此前的变化，技术可以响应，在之后的变化技术只能尽力去响应。通过较长时间的宣讲，场馆团队的各业务口慢慢地理解了技术的工作流程。

5. 克服比赛场地内技术设备部署时间短的困难

对技术而言，约有1/2的比赛项目需要在场地内部署成绩系统的电脑、比赛专用记分牌、体育展示用音视频设备、头戴设备等。由于FOP是开放空间，考虑到安全性，临时设施、竞赛和物流一般都很晚才开始在FOP内搭建工作台摆放家具，通常在场馆锁闭前三四天才将其移交给技术团队。而此后还要进行强电和临时布线的实施，这样留给技术部署和调试的时间就很短了，有时调试不顺利时需要加班进行。

6. 解决临时布线施工的困难

尽管业主在场馆内进行综合布线系统的建设，但赛时和赛后的布线点需求在一些房间和区域相差较大，因此必须进行临时布线施工来保证赛事开展。临时布线进场施工时通常是测试赛开始前一个月。此时，场馆大部分墙面已粉刷，吊顶已安装。而施工过程中有时需要拆吊顶穿线，有时需要打洞出线，或是原来预留的孔洞在装修时被堵上需要重新疏通等，对于这些局部施工，业主既担心污损墙面影响其完工验收，又怕拆吊顶穿线破坏其刚完成的工程，因此需要技术团队大量的沟通和协调工作。在临时布线施工中，奥体中心场馆群遇到的困难尤为明显。

对于临时用房内的布线，主要困难房间就绪时间距离比赛开始时间太近。由于临时用房一般离场馆较远，要单独进行光纤融接等工作，而用房搭建完成时间很晚造成布线一般都在场馆锁闭前两天才完成，工期非常紧张。另外，场馆前院即公共区域内的临时布线施工因缺少强有力地保护变得比较困难，但这一点在奥运会时得到较好的解决。

7. 努力加速技术团队内部的磨合

场馆技术团队中各经理到位时间是不相同，最早是技术经理和副经理，场馆信息经理和信息团队进驻场馆是在赛前一个月，通信经理实际进场时间与信息经理差不多，成绩经理则更晚。由于付薪人员和合同商都是分批次进入场馆，大家对现场情况和部署流程的理解也不尽相同，经理层之间需要磨合，各小团队内部需要磨合，信息团队和通信团队之间也需要磨合。

2007年7月至9月，是技术团队的磨合期，绝大部分经理和合同商对流程不够熟悉，处理问题时灵活性不足，数据网络全程调通时间偏长。在最初的电脑部署过程中，信息团队每天仅完成安装调试十余台办公电脑。配线间和房间钥匙找不到、缺少接线板、房间内没电、永久布线点不通、网络连接线有故障等物理层面的事情伴随着整个部署期。

时间换来熟练，10 月的测试赛部署工作开始，部署速度和质量明显提高，技术团队的配合日趋默契，技术团队各业务口经理与合同商的场馆项目负责人都越来越清楚部署流程和各自要承担的工作内容。

8. 全力确保数据专线开通

在部署期间，进入场馆后技术团队要完成的第一项任务就是开通数据专线。由于数据专线的开通是信息系统部署的起点，也是信息和通信系统之间的接口，技术部和场馆技术团队都充分认识到其重要性。因为专线开通涉及运营商内部多个部门，流程复杂环节多，从专线订单派送到网通后，技术经理就开始监督专线开通。在最初调试时，即使各方都通力配合，调试时花三天时间是比较正常的。受大市政通信管道条件不具备、重大活动封网的影响，部分测试赛的开通时间延迟，压缩了技术部署的时间，增大了技术团队的压力。在场馆技术团队各业务口的紧密配合下，所有场馆的数据专线开通时间均满足了信息系统调试的要求。

9. 应对技术用房进水或漏水

在多个测试赛期部署期间，发生过数起技术用房及机房漏水或进水事件，对技术部署和运行带来极大的风险。最严重的场馆在机房进水后，技术团队不得不拆除机柜上已安装的服务器、交换机等设备，在房间干燥后又进行再次部署。发生房屋进水或漏水情况后，场馆技术团队均在第一时间联络业主，对房屋进行维修，对技术设备进行检查维护，确保了所有测试赛的顺利进行。

三、奥运会技术部署

对于竞赛场馆，经历过测试赛磨合后，场馆业主和场馆团队普遍理解技术团队要完成的工作，认识到技术系统对赛事运行的重要性，对技术提出的实施要求和时间节点更加配合。对于非竞赛场馆来讲，因为没有测试赛，业主和场馆团队对技术承担的工作内容和重要性还不够清晰，在实施过程中技术团队遇到的困难就显得多些，相当于竞赛场馆在测试赛与奥运会部署期的总和。

竞赛场馆技术团队进场的时间普遍在奥运会前三个月。各非竞赛场馆因为运行开始时间不同，部署实施的时间也不同，没有竞赛场馆类似的共性规律可循。对于非竞赛场馆而言，收费卡产品的部署是重点，奥运村、MPC 和 IBC 的收费卡设备量占到技术设备部署总量的一半以上。下面对奥运会部署期常见的难点和解决办法进行简要介绍。

1. 临时布线工程量大，对工程质量要求高

与测试赛不同，奥运会时无论是竞赛场馆还是非竞赛场馆，都有大量的临时布线，主要集中在媒体区和转播区。对非竞赛场馆而言，大部分场馆业主仅提供场地，80% 以上用房内布线工程需要用临时方式来解决。

媒体区域是各国记者工作区，也是奥组委重要的对外展示空间，因此媒体运行部希望在这些区域内的临时布线要达到类似永久布线的效果，要美观整齐。为此，技术部与媒体运行部、BOB 共同研究布线工艺，逐一确定媒体工作间、媒体看台、评论员席的走线方式、面板位置等等。这样，各馆临时布线施工既满足美观整齐，又保持标准的统一。

在施工过程中，受临时用房搭建完成较晚、媒体区工作桌进场晚的影响，临时布线施工进度一

时遇到困难。经技术部、物流部和媒体运行部的多方协调，施工才得以顺利完成。

2. 通往转播综合区临时线缆通道就绪时间较晚

由于施工时间集中且工程量大，各施工方人力和材料都出现暂时短缺的情况，到 6 月中旬施工进展滞后于原计划；加上现场施工人员对图纸理解的不够充分，已完成的部分情况也不够理想。技术系统专用槽道缺失或不完整，有些孔洞未按图施工。由于槽道不全，BOB 与技术在线缆铺放过程中出现抢资源的情况。在发现这些情况后，6 月下旬技术部与工程部及其临时设施合同商进行积极沟通，列出问题，每两天由技术部将现场施工进展情况提供给工程部，由其督促现场施工人员按重新确定的时间来落实。在经过配合和抢工后，7 月下旬各场馆锁闭前，临时槽道最终顺利完工。

3. 技术设备部署出现新情况

在竞赛场馆的媒体区和转播区域技术设备数量较多，占设备总量近一半的比例。由于场馆还未锁闭，出于设备安全的考虑，媒体和转播商都不愿意技术设备过早部署，如果都在场馆锁闭后才部署，技术团队又没有足够多的人力同时应对如此数量的部署压力。在此情况下，技术与媒体进行协商，凡是封闭空间的设备都按原计划部署，开放空间设备等待场馆锁闭后才进行。这种方式较好地缓解部署压力也兼顾设备保全。

在部署过程中，技术团队发现评论席上的 UPS 插座无法与电脑连接。此时已是 7 月初，时间非常紧迫，技术部紧急协调工程部和通用电气公司，采购一批插座运送到场馆由通用电气完成线缆施工，评论员席电脑才得以部署和调试。

4. 收费卡设备部署、变更和撤出

收费卡设备是奥运会特有的一种服务提供方式。尽管通过往届奥运会的经验传递，技术部对收费卡部署中出现的一些情况已有所了解，但在其部署和变更中仍遇到类似问题。

收费卡部署和撤出的突发压力很大，大多数通讯社媒体到达和离开的时间通常都集中在几天内，以 MPC 为例，租用空间里的 120 家通讯社在奥运会闭幕式后的三天内全部撤出。

由于收费卡的量很大，设备部署时间和设备保全方面是个两难的抉择，这其中设备安装位置又是个关键问题。非竞赛场馆由于收费卡设备多，在设计时就对其位置有较详细的规划。以 MPC 为例，场馆团队根据往届的经验（特别是教训），很早就意识到除个别通讯社外，大多数通讯社都没有提前规划设备位置的意识，因此团队对此问题非常重视，反复地向各通讯社催要设备布局图，并整合到精装修图纸上（该图包括隔断、家具位置和技术设备位置）。技术在精装修图纸为依据进行的综合布线设计，实现了 90% 左右的准确性，是成功之笔。

进入 2008 年 6 月后，非竞赛场馆收费卡技术设备部署的压力比较大。尽管已了解到各通讯社进驻 MPC 的计划并事先准备了五个小组同时展开工作，但通讯社到达的高峰期非常集中，瞬间压力仍非常大，尤其是通讯社自带设备和收费卡设备互连情况下如租用专线开通时，遇到的困难比较多。类似的情况还发生在奥运村，因为代表团分房会议结束后才能最终确定技术设备安装位置，尽管事先有预分房安排，但正式的分房会议时房间安排发生较大变化，原来部署计划不得不调整。部署量最大时，技术团队每天派出七个小组，同时去各代表团驻地安装设备。

收费卡的需求无论在位置上还是需求上永远会有变化，个别通讯社可能反复进行变更。为此技

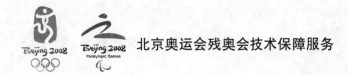

术提前做好了充分的心理准备和物资准备。以综合布线系统为例，技术采用了主干不变，水平调整的策略，即在做设计时根据不同区域特点，在主干上预留适当的余量，之后不再进行扩容。当产生新的需求时，在主干允许的前提下，增加水平布线。总体来说，这项策略是合理有效的，既最大化地满足了用户的需求，也避免了实施上的操作难度。

收费卡设备的回收是比部署更紧张的工作。赛事一结束，媒体和转播商都着急撤离，而此时是最容易丢失物品的时候。此阶段也是考验准备工作是否到位、工作组织是否有效有序的关键时刻。集群电话是收费卡部署和回收时必备工具。

收费卡撤出还要考虑物流与设备存储空间两个要素。大量的设备要先集中、清点、打包后才能运出，这就需要比正常存储大得多的空间来周转，还要充分考虑运输的便捷性和安全性。而设备运出需要物流，但此时物流业务口也面临着同样的压力，两个业务口为要抢很多资源，从存储空间、小推车到运回物流中心的货车、物流工人，此时更需要技术与物流的协作。

5. 最后一批记分牌安装遇到新困难

测试赛后，赞助商的国内记分牌租赁商为了提高记分牌的性能，对模块及安装方式进行了优化和更新。但在实际调试过程中，发生记分牌性能不够稳定，上电后模块出现工作不正常的情况，个别场馆还出现跳闸情况。技术部紧急与设施保障组协调，请他们派专家赴现场指导。根据专家组意见，赞助商和场馆团队分工合作，齐心协力处理了记分牌跳闸、模块工作不稳定等情况，保证了赛事期间记分牌正常工作。

6. 临时音响及音频布线安装比预期的困难

尽管只在八个竞赛场馆安装大型的比赛场地音响，但每个场馆还要安装比赛场地体育展示专用音频设备和若干套流动扩声。由于赞助商仅参加过山地车场测试赛，与各场馆技术团队磨合较少，配合不够顺畅；多个场馆同时展开安装工作，赞助商安装团队人力也显得有些不足。考虑到场馆未锁闭，安装在安检大棚或比赛场地内的音响设备会有丢失的风险，技术经理建议不在6月底7月初就安装设备，但赞助商安装计划受其物流配送的原因，非常僵硬无法跨馆调整。于是，具备安装条件的馆没有货无法安装，条件不成熟的场馆有货却不能装，一时间音响及线缆安装进度受阻。

在此情况下，技术部与场馆技术经理密切沟通，积极地为赞助商的安装工作创造条件，另一方面通过物流部协调松下的物流服务商，在赞助商调整配送计划后尽可能解决车辆问题。到7月底，各场馆临时音响系统按计划安装完毕。

7. 进场施工的证件

在部署初期，由于各个场馆团队的人证和车证不统一，同一批施工队伍进入不同场馆施工，要办理不同的场馆证件，而且每个场馆要求办证准备的材料还不同，手续上的烦琐影响到场馆团队各业务口的施工和部署，对技术团队的影响尤为明显。到了6月初，北京奥组委统一制作颁发的移入期通用的人证和车证开始使用，但政策宣传不够广泛，在部分场馆通用证件仍无法进入。经场馆管理部的大力协调，到了6月中旬这一问题得到较好的解决。

8. 技术团队开始新一轮磨合

随着测试赛的结束，以及大量新进人员的加入，技术部对各场馆技术团队人员配置进行调整。

除少数岗位如场馆技术经理、成绩经理外，各馆技术团队中付薪人员都发生变化，与测试赛初期大家都是新手的情况不同，这次队伍中是熟手与生手相结合。合同商队伍也类似，绝大部分场馆的合同商项目负责人是在 2008 年 2 月后才加入奥运会团队的。技术队伍开始新一轮的磨合。与测试赛相比，此次部署期长，又是新旧人员相结合，尽管在部署过程中因流程不熟发生一些不愉快的情况，但事实证明，绝大多数技术团队整体配合是出色的。

9. 集中部署期技术设备供应不足

非竞赛场馆从 2008 年 4 月初陆续进入奥运会部署期，其中 MPC、IBC 等场馆技术设备量非常大；到了 5 月初，竞赛场馆同时进入部署期，各场馆信息经理的调货单几乎同时到达物流中心。这期间，占赛时技术设备总量约 80% 的物资要在物流中心准备完成，物流中心技术团队既要负责设备灌装配置，还要完成拣货及安排物流运输的任务。尽管物流中心事先已做充分准备，但各场馆调货单在同一时间下达，依然带来很大的压力。据统计，从 5 月 5 日到 18 日，物流中心技术团队灌装 819 台管理网设备和 4705 台运动网设备。在场馆层面，由于货物不能及时运到，技术部署不能开始，场馆技术团队受到各业务口无法正常办公的压力。在这种情况下，物流中心的技术团队每天工作十三个小时以上，设备的拆箱、上架、装箱都是完全靠技术团队来完成；另一方面，技术部主动与场馆团队沟通，让其了解目前的情况是暂时。经过物流中心技术团队两线作战，在半个多月的辛苦抢工后，各场馆陆续收到技术设备开始部署。

四、沟通和汇报方式

在技术部署期，经常有一些涉及政策和流程的情况发生，为使各场馆技术团队相关人员保持相同的口径，各处室都制作了相应文档，对场馆技术团队各自业务口的工作人员予以培训。以场馆技术经理培训为例，在每个测试赛前一个月时，针对测试赛中可能出现的情况对场馆技术经理和副经理进行培训，强调以前发生的问题及可能的对应措施。在奥运会部署期开始后，每两周召开一次场馆技术经理和副经理会议，对收费卡等新内容进行培训，并给大家创造共同交流的平台。此外，场馆技术处还将涉及实施部署的问题和邮件进行汇编，定期更新后发给场馆技术经理和副经理，使其了解技术部最新的政策和流程。

在技术部署工作开展中，技术团队的各业务口经理都通过书面形式向 TOC 汇报工作进展。如测试赛时，技术经理、信息经理从赛前一个月开始提交部署期工作小结。奥运会时，从赛前三个月开始提交部署期的工作小结。来自技术经理的汇报，直接发送给技术部领导和各处负责人，以便事件处理和信息交流。另外，各处室之间也通过邮件进行场馆技术系统部署进展方面的信息交换。

第四节　关键里程碑

一、测试赛部署

受条件限制，测试赛时进场施工的时间和各关键任务的完成时间不尽相同，下表仅对大部分场馆实际部署实施时间进行概括总结。

表 14 – 1　测试赛典型竞赛场馆部署实施时间安排表

序号	项目	时间
1	场馆技术经理到位	赛前三个月
2	记分牌安装	按与欧米茄达成一致的计划
3	技术团队进场开始施工	赛前一个月
4	计算机设备机房移交给技术团队	赛前一个月
5	计算机设备机房、通信机房开始运行，技术设备开始部署	赛前二十五天
6	成绩处理机房移交给技术团队	赛前两周
7	成绩处理机房开始运行	赛前一周
8	比赛场地技术设备开始安装	赛前一周
9	临时布线完工	赛前五天
10	所有技术系统准备就绪	赛前三天

二、奥运会部署

奥运会部署分为竞赛和非竞赛两类，其中竞赛场馆的关键里程碑比较一致，非竞赛场馆则随着运行时间不同有较大的差异性。

1. 竞赛场馆

表 14 – 2　赛时竞赛场馆部署实施时间安排表

序号	项目	时间
1	技术团队进场开始施工	赛前三个月
2	计算机设备机房移交给技术团队	赛前三个月
3	计算机设备机房、通信机房开始运行，技术设备开始部署	赛前八十天
4	成绩处理机房开始运行	赛前五十天
5	参加第二次技术演练的用房内技术设备部署完毕	赛前五十天
6	媒体和转播用房/区域开始部署大量的技术设备	赛前一个月
7	临时布线完工	赛前两周
8	音视频系统准备就绪	赛前七天
9	转播综合区内技术设备安装完成	赛前七天
10	所有技术系统准备就绪	赛前五天

2. 非竞赛场馆

多数非竞赛场馆设备部署与赛时运行时间都要大大早于竞赛场馆，下面列出部分非竞赛场馆部署安排。

（1）国际广播中心：通信机房运行就绪时间为2008年2月（该馆与击剑馆合用一个机房）；临时布线在2008年3月底开始，7月底完成；技术设备部署从2008年4月底开始，7月初完成；收费卡技术设备安装开始时间稍晚，到7月底完成。

（2）奥运村：2008年2月进场开始临时布线施工，首批进行的临时布线位于国际区，4月开始居住区布线施工；技术设备部署从5月开始，代表团注册会议后开始大量设备部署，8月7日完成全部设备部署工作；有收费卡设备的团在代表团注册会议前完成设备部署。

（3）主新闻中心：2008年4月进场施工临时布线，技术设备6月初开始部署，收费卡设备于6月30日完成设备部署（不含专线），6月中旬部署音视频设备，6月底完成。

第五节　转换期工作

向残奥会过渡工作和奥运会运行结束是同时进行的。在有残奥会比赛的场馆，技术团队要完成的工作分为两部分，即根据残奥会需求进行设备部署，和残奥会期间不使用物资的回收。残奥会比赛的运行环境和奥运会基本一样，但有的场地要依据残奥会的特点进行调整。

一、基本原则

1. 因为残奥会的技术服务范围、服务水平与奥运会基本一致，仅服务规模上有所差异，因此残奥会技术设备根据实际运行需求进行分配，最大程度和奥运会标准保持一致，减少差距，从而减少转换期的工作量。

2. 遵从"注重结合，能不作调整的尽可能不作调整"的方针，除残奥会专用新增功能用房外，残奥会与奥运会复用的技术设备应保持在场馆功能用房中的位置不变。

3. 残奥会场馆内各特殊用房所使用的技术设备的配套条件需要如临时布线及电源在奥运会前均需确认并完成施工部署，在转换期中原则上将不对线缆和电源位置进行更改。

4. 原则上，能在奥运会前完成部署的技术设备尽可能不在转换期进行部署，即具备部署条件的残奥会技术设备在奥运会部署期安装到位，如仅在转换期才具备部署条件的，则在转换期中集中在场馆进行部署。

5. 转换工作从各场馆的奥运会比赛结束之后即可开展。

二、工作内容

根据转换期的基本原则，场馆技术团队督促技术合同商团队按照前期制定的转换期工作计划完成各项任务。

1. 根据残奥会场馆运行设计及功能用房的分配情况，组织技术设施设备的转换工作，结合残奥会技术设备分配计划完成部署，确保能在残奥会前开通服务，如部分场馆分级室技术设备。

2. 场馆记分牌的拆装。绝大部分场馆根据比赛规则对体育专用记分牌进行重装安装。有两个场馆工作量比较大，即击剑馆和北科大体育馆。转换期，击剑馆进行两块公共记分牌、二十九块体育专用记分牌和一块大型图像投影仪的安装；北科大体育馆则在场地内搭建龙门架，为轮椅篮球和轮椅橄榄球项目搭建两块大型的体育专用记分牌。

3. 需要进行测试的技术系统设备，根据前期制定的测试计划及时间节点在转换期中予以测试，保证赛时此项技术系统设备的正常运转。

4、在技术转换工作中，要充分考虑到奥运会与残奥会的形象景观标识的转换（如将系统中奥运会会徽更换为残奥会会徽等）。

5. 不在残奥会期间使用的奥运会信息技术设备在转换期统一回收并运回物流中心。不在残奥会期间使用的通信物资就地封存，直至残奥会结束后统一移出。

6. 场馆技术团队与物流中心、场馆物流、安保等业务口沟通落实转换期场馆设备设施的运入运出工作，确保各类物资按时抵达场馆。

第六节　部分场馆技术规划部署工作实例

北京奥组委技术部和场馆团队在各个场馆的设备规划和部署期间，以高度的责任感、务实的工作作风、灵活的工作方法，解决了大量技术问题，克服了许多难以想象的困难，确保了各个场馆技术系统按计划和要求准备就绪，为奥运会的成功打下了坚实的基础。以下列举了技术团队在规划部署阶段的一些工作实例。

一、国家体育场

1. 奥运会上最大的屏体安装工作

该场馆赛时采用两块记分牌和两块图像屏，单块屏体的面积是各场馆中屏体尺寸中最大的。2005年5月，记分牌和图像屏的安装形式最终确认为吊装，安装位置在膜结构下方。当时计时记分赞助商欧米茄公司就表示过，国家体育场记分牌是迄今为止该公司所在奥运会上提供的面积最大的记分牌，如何安装他们也未曾经历过，没有经验可借鉴。

到了2006年底，随着场馆工程进展的深入，悬挂大屏的钢梁已安装到位，膜结构预计在2007年6月底安装，因此大屏安装提上日程。工序上是先装膜再装大屏。由于膜上预留孔的尺寸并不宽裕（相对屏体尺寸而言），安装过程中容易碰到并损坏膜，膜一旦损坏就要整块更换，因此安装过程必须非常小心细致。

在安装过程中，要确定钢梁与屏体的连接方式、解决记分牌和图像屏重达数吨的钢结构如何运送到空中并组装、钢结构焊接时所需的脚手架平台如何架设、图像屏与记分牌及其结构限重是否满足最初设计条件、安装后如何维护等等。简单地说，要解决的技术问题比较多。2006年底，欧米茄、松下与业主就已开始沟通，经过近四个月交流，有了一定的工作成果，但其深度还不够。考虑到膜安装时间越来越近，而且铺设脚手架的平台还要铺装座椅等情况，在2007年5月，技术部牵头召开协调会，与工程部临时设施处、两家合同商、业主、业主总包、业主设计院等共同研究安装方案，经过两周密集性的闭门讨论，各方对安装方案基本达成一致，前述各点都有了解决方案，还

图14-2 国家体育场的图像屏和记分牌

特别考虑安装后的维护问题，修改马道与混凝土看台的连接点。此后各方还就安装细节继续沟通。到了9月初，脚手架平台开始安装，9月下旬记分牌、图像屏结构开始焊接，11月下旬开始安装模块，一个月后安装完成。

2. 开幕式转场与计时记分系统就绪的矛盾

按惯例，田径比赛的场馆通常都是开闭幕式的举办地，北京也不例外，而开幕式对历届组委会的重要性不言而知。根据开幕式运营中心的计划，开幕式前三周场地就已被其完全占用，铺上木板；开幕式结束后，要用三天的时间进行开幕式设备的拆除、闭幕式设备的安装、草坪铺设等工作。欧米茄公司为响应8月13日晚和14日下午的比赛彩排，要求在8月10日就进场部署计时记分设备。

在2008年4月竞走测试赛期间，技术部、开闭幕式运营中心、欧米茄、场馆团队就开始讨论转场衔接事项，确保仪式和比赛的顺利筹备。到6月末，各方经过艰难的协商谈判，确定在8月9日完成开幕式设备拆卸之后闭幕式设备进场安装前的工作间隙，欧米茄对场地内全部弱电井进行检查，开闭幕式团队将安排专门人员在现场负责协调工作。对于欧米茄提出在8月12日中午12点前终点摄像机支撑杆到位、其安装人员可进入场地、草坪安装完毕和跑道已清洁并干净的条件，除跑道清洁工作尚未落实，其他要求各方也同意。由于跑道清洗工作约需要8个小时，国家体育场团队原计划将在12日中午接收场地后才开始，在未清洁的跑道上欧米茄无法安装起跑器等计时记分设备，至此各方又无法达成一致意见。到了7月中旬，国家体育场团队经过再三考虑，承诺可按欧米茄要求完成跑道清洗工作。

开幕式结束后，各方按计划执行得比较顺利。但欧米茄进场安装设备时，跑道清洁工作仍在进行。现场开始新一轮协商，国家体育场团队按欧米茄要求依西侧起点、西侧终点、南侧、北侧和东侧的顺序进行清洁，欧米茄则在清洁完成的区域同步安装设备。到 13 日上午所有技术设备安装调试完成。

二、国家游泳中心

1. 运行设计对用房布局调整多

在运行设计中，各业务口大量增加用房需求，游泳中心功能用房布局较施工图中各房间布局发生比较大的调整，除核心机房和设备用房因管道预留、承重等原因无法变动外，大部分办公用房位置发生变化。业主在收到运行设计图后，表示接受全部调整有困难，同时在一些用房的性质和搭建上与奥组委发生意见分歧。经过长达一年的讨论和研究，双方重新界定场馆主体建筑内临时用房范围，并确认了临时用房的建设责任。根据各方达成一致的意见，临时用房分布在地下一层的南北两侧、一层北侧、二层南侧，媒体用房、贵宾用房、大量的办公用房是临时用房的重要组成部分。

由于临时用房的增加，房间内的布线也变为由奥组委负责建设。临时用房位于场馆内，无法与原有的消防系统进行衔接，只好把所有房间（除兴奋剂检查站外）全部建成墙高两米高且无屋顶的房间，为后期技术设备的部署、维护带来一系列的问题。

2. 临时布线施工难度大

大量临时用房的增加，造成场馆临时线布线范围和工程量不可避免的扩大。由于业主与奥组委就临时用房出资责任问题达成一致意见的时间较晚，2007 年 11 月业主提出临时用房不能一次性交付，在游泳和跳水测试赛时，只能交付 60% 的房间，一层北侧的媒体区域要到 2008 年 3 月才就绪。为保证测试赛正常进行，该场馆临时布线施工只好分三批进行。由于临时用房多，三次施工统计后，临时布线点几乎遍及场馆的所有用房，加上游泳跳水都属于奥运会热点项目，媒体区和转播区的布线工程量很大，仅场馆北侧看台的布线点就多达五百点。

由于施工涉及房间多，区域广，加上场馆铝扣板吊顶上的预留孔少，施工难度大，技术经理的协调量也大。技术经理与业主弱电总包、临时布线施工方紧密配合，利用一切现有条件，终于成功地完成场馆临时布线工程。

3. 技术设备部署困难多

虽然技术团队进场时已是 2008 年元旦后（距游泳测试赛开赛不足一个月），但这段时间正是场馆赶工期抢活的最后阶段。因为机房门口正在刷地面漆，技术团队没有其他方式可以进入机房所在区域，计算机设备机房的调试不得不推迟三天。开始部署技术设备时，发现受地面施工工艺的影响，馆内粉尘很大，在没有屋顶的临时用房内，桌面上是厚厚的一层灰。技术团队在部署完设备后，必须用随机的包装袋将其罩上，否则电脑等设备就有粉尘进入过多而损坏的风险。

在 2008 年 1 月 25 日场馆完工验收前，总包、各家分包商、技术团队及合同商都在场馆内施工。在这种混合施工中部署技术系统，设备安全是重点考虑因素，特别是游泳中心还要在大批无屋顶办公用房内部署设备。技术团队充分意识到这一点，在进场前就反复向场馆团队提出此问题，最后场馆团队与技术团队紧密配合，按技术团队的要求进场 24 小时看护设备。

技术团队带着安全帽进场完成技术部署的，面对粉尘、设备安全等问题，技术部与场馆技术团队共同面对困难，千方百计寻找解决办法，在不利的条件下完成测试赛部署。当大家摘下安全帽时，离游泳测试赛开赛仅余六天。

4. 测试赛前赞助商更换计时记分设备

在游泳测试赛前三周，在各种技术基础设施均以就绪的情况下，赞助商通知技术部要在测试赛采用国际泳联批准的新型起跳台，并且原起跳台预留条件不能满足新设备的安装要求。情况发生后，尽管大家都不愿意看到，但计时记分系统的问题还是要解决，毕竟这关系到比赛的进行。于是，技术部和场馆技术团队紧急联络业主，在池边召开现场协调会，共同勘查，业主和总包方根据赞助商提出的方案，结合池岸防水工程的施工情况，找出解决方案。第二天赞助商就在不破坏现有防水工程的情况下开始施工，重新在池岸剔槽开洞。经过各方的共同努力，符合比赛要求的起跳台终于按时交付。

图 14－3　测试赛期间的国家游泳中心

5. 餐饮的微波隧道干扰 WLAN 运行

在奥运会开始前两周，发现餐饮供货商的食品加热车也称微波隧道在加热食品时对场馆内WLAN 运行产生影响。游泳中心是膜结构外壳，微波很容易穿透，而游泳跳水项目又是记者关注度高的热门项目，WLAN 的使用必不可少。游泳中心竞赛日程安排严密，从早到晚都有，不可能每天都等比赛结束才供餐。

面对复杂的情况，TOC、无线电管理团队、场馆技术团队、餐饮合同商和中国移动积极思考解决办法。一方面中国移动通过调试 WLAN 设备提高其运行性能，另一方面 TOC 和无线电管理团队向餐饮合同商提供屏蔽建议，包括调整餐车位置、在食品加热车四周加装屏蔽墙等。在多管齐下的努力下，WLAN 运行情况趋于稳定，奥运会赛事中未收到用户的投诉。

6. 西侧大屏的二次安装

游泳测试赛时，记分牌模块最下方紧贴业主装饰板，虽不影响比赛成绩的显示，但从视觉上看边框有缺失。图像屏的实际显示面积与场馆规模和座席数相比偏小。在测试赛后，欧米茄提出在原记分牌上加装一行模块，业主也有计划扩大图像屏。

为使重新安装后两者视觉效果相一致，业主需要扩展西侧大屏的安装平台，加高记分牌基础等工作。由于原记分牌直接安装在混凝土平台上，拆后重装工程量也较大。经过近一个月的施工，记分牌和图像屏安装完成，实际运行效果很好。

三、国家体育馆

1. 固定通信机房进水，影响数据专线开通

体操测试赛前一个多月，国家体育馆进行场馆消防设施试验时发生意外，大量消防用水进入场馆东侧看台观众座席下的主风道。而主风道正好从首层的房间上方穿过，恰好在固定通信机房上方形成凹点，造成风道里的水直接浇灌到已安装好的交换机和传输设备上。虽然当时设备没有上电运行，但电子设备经过水后无法判断其是否能正常工作，重新进货安装调试时间又来不及，十天后开通数据专线的计划难以实现。技术部紧急协调网通公司高层，采用了应急方案为体操测试赛提供了通信服务，确保数据专线的开通和技术部署的如期进行。

2. 记分牌安装一波三折

国家体育馆记分牌安装非常曲折，不仅仅是装，还曾出现二次拆装。场馆内四块记分牌的安装为期一个月，分成三次安装才完成。在第三块记分牌安装时，因转换钢梁与屋面结构连接点选择出现问题，临时设施合同商现场重新修改安装方式，费时一周才完成安装。最后一块记分牌安装过程

图 14-4 国家体育馆计时记分工作座席

就更为"传奇"。记分牌安装在西北角看台的豁口上方，安装位置之下20多米才是地面。当时技术团队和临时设施团队都建议对此安装位置调整一下，以便于安装。但业主和设计方认为其他区域屋顶结构承重可能有困难，坚持在现有位置安装。于是，安装时由临时设施搭了20余米高的脚手架，将记分牌及转换钢梁挂到屋面结构下。

体操测试赛前五天，赞助商发现西北角记分牌部分模块坏了需要维修，但此时脚手架已拆除，安装工程师在尝试多种方式后仍不能到达记分牌后进行维修。经奥组委领导紧急协调，在场馆锁闭的当晚，运入脚手架等材料，现场设计方案连夜搭建。一天之后，维修工程师可以到达屏后更换了模块。等一切工作完成后，离比赛开始仅剩一天时间。

经过这番曲折后，各方通过协商，经过一轮安装方案设计和审查，2008年3月拆下该记分牌，移位后在新的位置重新安装完毕。

3. 手球比赛转场

奥运会手球比赛在奥体馆进行预赛，然后决定转场到国家体育馆进行。而国家体育馆在手球之前进行的是热点项目——体操。因此手球转场是跨馆跨项目的复杂操作。体操与手球的比赛场地完全不同，体操是搭台项目，而手球是使用地板的项目，转场时间只有17个小时。在转场过程中要完成体操设施的拆除、场地清扫、铺设手球地板、搭建手球工作台、技术系统部署等，可谓是时间紧任务重。由于体操和手球的技术控制台分别位于场地的西、东两侧，这就意味着体操技术控制台的设备全部拆除，重新搭建。不仅包括计算机等IT设备，还有音频操作系统、视频操作系统和头戴系统，还要做好计时记分设备从奥体馆到国家体育馆的迁移。

为顺利完成转场，先期技术团队制定了详细的方案。在实施奥运会部署时，事先在场地两侧预留满足体操和手球项目的各类线缆，包括临时布线系统、临时音视频系统等，将预留线缆盘起并保护好，转场时测试后即可直接使用，大大缩短转场时间。

四、顺义水上公园

1. 奥运会赛前静水场地图像大屏易址

运行设计中，静水场地图像屏、公共记分牌和西岸临时看台并排放置，图像大屏专用于向东岸观众提供比赛画面显示。当时该方案得到国际赛艇联合会的认同。到了2008年7月图像屏开始安装后，国际赛艇联合会认为该布局会遮挡临时看台观众对起点方向的视线。当时已是7月15日，距奥运会开幕还有二十多天，此时大屏支撑结构已经接近完工，更换地点就意味着需要在场馆锁闭后施工，由于锁闭后材料进出场馆流程复杂，工期难以保证；另外大屏位置虽可能遮挡西侧看台观众对起点的视线，但其视角可以保证东岸观众看台的观看效果，如移动位置又将对东岸观众产生影响。在此情况下赛艇联合会坚持要调整图像屏位置，最后在奥组委高层的协调下，工程部和技术部将图像大屏迁移到离原位置50米处的1750米计时亭北侧。

接到位置调整通知后，技术团队迅速协调松下公司当天到现场计算视角，确定该位置可行，同时重新计算工期。临时设施分包商连夜拆除了脚手架，在新址开始搭建安装平台。意外的是，第二天国际赛艇联合会又提出，大屏搬到新址之后东岸终点线处的观众可能会看不清楚图像屏的画面，

图 14 – 5　顺义水上公园静水场地的图像大屏

要求再次调整大屏的位置和角度。技术团队认为现在的位置经过松下专家计算，可以满足东岸观众的观看需要，如果再次调整角度将牺牲北侧站席观众。在技术团队的坚持下，最后国际赛联同意不再调整位置和角度。

一波三折后，图像屏开始安装，但由于安装时间太紧需要大型施工机械吊车的协作。但此时场馆已锁闭，北京市已实行奥运期间单双号管制和黄标车不得上路的限制，吊车无法到达场馆。技术部和工程部多方打听，帮助赞助商找来了吊车，又协调安保部门放行。临近比赛时，图像大屏安装调试终于完成。

2. 静水场地观众看台扩声系统回声的处理

在 2007 年测试赛时临时音箱摆放在东岸看台前方，面向看台，在使用过程中发现回声较大，特别是比赛中由于观众看台比较嘈杂，如果每个观众都能清楚地听到播报，就需要将声音调到很大，这时观众看台对岸（相隔 200 米左右）的注册人群看台上能够清楚地听到回声。当时对音箱朝向做了调整，减小了一部分回声。

在 2008 年测试赛时，临时音响方案在去年测试赛基础上进一步调整和完善，更换音箱形式，并将音箱立杆捆扎在看台前部的支撑结构上，指向与看台呈 45 度角。回声控制的效果较好，但观众仍然反映听不清楚播报，而且音柱在看台前部，遮挡部分观众的视线。

奥运会时，赞助商根据三次测试赛的经验，在看台后部的脚手架上吊挂音箱的方式，通过调整音箱的角度达到最好的覆盖效果，同时抑制回声。实际使用中，各客户群都很满意。

3. 激流比赛场地临时布线的保护问题

由于激流回旋皮划艇是打分与计时相结合的项目，场地内技术设备众多。在 280 米的赛道内，仅计时记分设备就布设在起点计时亭、7 个分段计时亭等十多处位置。此外场地内还有仲裁录像、体育专用记分牌等设备。为确保运行可靠，赛道内侧技术设备都采取有线方式连接，虽然场地内修建了管道井，但裸露在表面的线缆仍然很多，而且线缆出井没有孔洞，只能敞开井盖。

在测试赛期间，发现大量的摄影记者、运动员、教练员随着比赛在内场跑动，裸露的技术线缆经常被踩踏，也有人被绊倒。为此，技术团队临时在跨路线缆或者井盖周围设置了围挡来保护线缆。

4. 激流场地图像屏安装

激流比赛场地图像屏立于起点的小山上，四面环水，没有车辆进入的通道，激流场地大屏支撑结构高达 12 米，总重为 6 吨，吊装在支撑结构的电动卷扬机下方。受预算限制，图像屏安装较晚，而此时激流赛道已经向各国运动队开放进行训练。

图 14 – 6　激流场地的图像屏

为顺利安装图像屏，技术团队协调临时设施合同商确定了安装方案，先将图像屏支撑结构的散件运入场地后再组装成大型脚手架，然后大屏支撑结构上增加电动卷扬机的吊点，避免在场地内使用吊车，最后在不使用的训练赛道上架设临时桥，用于安装材料的运输。然后，技术与竞赛、临时设施合同商和业主协调了安装时间窗口，尽量避开运动队训练，防止对训练的影响。在实际安装过程中，各方配合紧密，顺利完成小岛上图像屏的安装。

5. 测试赛部署期技术面临巨大挑战

由于场馆的特殊性，70% 以上的技术设备部署在临时建筑内。技术设备只有在基础设施具备条件后才能进场部署，而场馆临时设施和家具白电都采取租用方式，进场较晚，留给技术的时间就更少。技术部署只能与技术基础设施建设并行。这需要精确的制订计划，并有效协调物流、电力、设施等各业务口，按照客户优先级来部署。另外，混合施工中矛盾较多，需加强现场监管。

赛艇测试赛于 2007 年 8 月 8 日开幕，场馆计划在 7 月 27 日锁闭，但 7 月 19 日场馆临设和临电才进场施工，上万平方米的临时建筑不能一蹴而就，技术临时布线只能与临设同时施工。为赶工期，临时房间还没有盖房顶，布线的施工人员就已经在安装机柜和信息面板了。开始部署技术设备

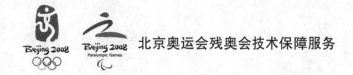

的时候，尚有一半的功能用房未完工，所有临建都没通电。为保证最先开赛的静水场地，技术协调物流先摆放有技术设备房间的桌子，然后技术设备就物理部署进房间，等着通电之后再联调。

由于十多家施工队伍同时在场馆施工，技术团队协调场馆安保加强巡视，在场馆内 1000 余名非注册人员并行施工的情况下，没有丢失一件技术物资。在静水场地开赛后，技术团队兵分两路，一路保比赛运转，另一路继续到激流场地部署临建用房的设备。

五、奥林匹克公园北区场馆群

1. 曲棍球测试赛时部署艰难

曲棍球测试赛是奥组委最早开始的测试赛之一。当技术团队进场施工时，基础设施条件仍不完全具备。

进馆之初首先遇到的难题是没电。由于业主的配电系统未通过验收，全馆只能使用有限容量的临时电。计算机设备机房内空调因功率大无法使用，在调试时只好靠风扇来降温。当时房间内温度近35℃，在此环境下调试设备实属无奈之举。面对此情况，技术经理不断联系有关部门协调解决机房用电的问题，在业主的大力努力下，7 月 23 日 5 号用房（即所有的技术机房所在地）终于迎来正式供电。

部署之初的另一个问题是数据专线不能按原计划开通。通常专线开通是在测试赛之前一个月，但由于受大市政条件尚不具备，固定通信运营商提出专线开通时间至少后延十天左右。技术部一方面将此事告知场馆团队取得其理解，另一方面协同运营商想办法连通物理路由。7 月 14 日，物理路由终于沟通，之后又解决了人员磨合、设备缺乏等许多问题后，数据专线终于按场馆团队的要求开通了。

实际上，在 2007 年 8 月进行测试赛的场馆，技术部署都进行得比较困难，但是技术团队从解决这些困难的过程中获得了大量的经验，为奥运会的技术设备部署打下了坚实的基础。

2. 曲棍球场记分牌的安装

记分牌原计划在 2007 年 5 月下旬安装。记分牌安装工艺比较复杂，首先由业主单位先完成混凝土地基工程，然后再在其基础上安装龙门架结构平台，最后记分牌坐式安装在龙门架上方。虽然记分牌安装计划得到业主的认可，但施工方在工期安排衔接上出现问题，到 5 月中旬技术经理和记分牌安装工程师冒雨踏勘现场时才发现地基尚未挖好。技术经理马上在工地现场与业主沟通，各方坦诚地交换意见，放弃 B 场记分牌的安装计划，提出 A 场记分牌安装时能实现的倒排工期表。在接下来一周内，技术团队人员四次赶赴场馆，亲眼目睹了安装基础的完成。当时受天气影响，时逢大雨，混凝土不易干，业主单位积极创造各种条件去准备基础条件，终于在 6 月 10 日记分牌安装前一天完成。

在记分牌安装过程中，意外时有发生。在安装第二块记分牌过程中，发现没有屏体最下方的基座，经赞助商紧急核对，确认基座没有从瑞士发货过来，只好在北京找厂家加工；模块到现场后第二天，发现有相当数量的模块运错，只好从物流中心重新发货；由于事先在细节上考虑不周全，现场又让业主对龙门架平台进行微调。面对这么多突发情况，技术经理得到业主的大力支持，业主协

图 14 - 7　曲棍球场的记分牌

调总包尽量配合技术经理的工作，记分牌终于在三天后完成安装调试。

3. 奥运赛时射箭场的图像屏

　　射箭场馆在奥运赛时使用车载图像屏来显示画面。根据勤俭办奥运的原则，受预算限制，车载图像屏在 2008 年 7 月 31 日才进场，与其他系统相比该时间点已经较晚。由于车载屏很重，为避免压碎已铺设的广场砖，技术与业主一道踏勘线路，确认进出馆路径。尽管如此，在进场时还是大费周折。在经过射箭场地东侧混合区灯杆时，由于其他部门借助灯杆来走线，因距离长重量大线缆垂下来挡住车载屏的必经之路。技术团队用各种方法挑高线缆（包括电力电缆）才让图像屏得以通过。射箭比赛结束后，车载屏要离场前往老山场馆群继续工作，在安保团队的支持下，技术团队借助消防车来挑高线缆打开了运输通道。

图 14 - 8　射箭场的图像屏

虽然车载屏开进场馆驻扎下来，但还有一个重要的事情即"油"还没解决。按规定，场馆锁闭后易燃易爆物品是不能在场馆贮存的，但车载屏在满油箱情况下只能工作七天，因此在场馆内至少要进行一次加油的操作。为了柴油能进馆，技术部协调市场开发部和中石化，讨论多种供油方案，最终确定专派车辆为车载屏供油。场馆技术团队协调安保，确保运油车辆能进馆。双管齐下的努力后，车载图像屏终于在开幕式前一天得到了油料供应。

4. 布线施工

由于整个北区场馆群占地大面积广，容易出现水平线超长的情况综合布线施工难度大。在网球测试赛时，外围场地就出现布线超长造成数据丢包的情况。通过现场勘查发现场地内预留有光纤但只进行部分融接，为保证成绩系统数据传递，技术经理和副经理立即协调业主，请施工方连夜融接光纤。由于夜间下雨和白天有训练，连续两天技术经理和信息团队的主要人员都工作到凌晨，在融接之后马上进行网络测试，确保了数据传送。

困难的还有奥运会时电视转播综合区内的水平线缆铺设。由于该区域没有小市政管道可借用，主转播商认为转播车会压坏线缆，不同意技术部提出的"路面铺设加盖板保护"的解决方案，最后技术经理和布线施工方借助转播车蓬顶，从空中飞线到转播用房内。

六、北科大体育馆

1. 测试赛部署难度大

该场馆先后举办柔道和跆拳道两次测试赛。在第一次测试前，进场困难表现得尤为明显。2007年10月中旬，总包方认为只有在场馆通过完工验收后方可进入。当时确定的完工验收时间是10月28日。到了10月29日，由于验收有不合格项，总包方提出技术只能在10月31日再次验收后才能进场。原本已经被压缩得很紧张的工期还得继续被挤压。此时，技术部马上联系市08工程办反映目前面临的困难和必须入场施工的原因。经市08办大力的协调，10月31日技术团队终于开始进场施工和部署，此时距测试赛开始只有半个月了。

面对如此短的工期，TOC派出有经验的人员和投入机动人力前去协助场馆技术团队，通过增加人手来减轻部署压力。例如，派遣有测试赛经验的场馆技术经理前去协助现场协调工作，派遣已经参加过两次测试赛的人员担任信息经理。加上经过前两个月技术队伍内部的磨合，技术团队内部各业务口配合得非常默契，虽然时间短，但技术团队却高质量地完成部署工作。

2. 大型投影仪的安装

最初规划中大型投影仪是不参加测试赛的，到了2007年5月赞助商提出投影仪系统最好进行一次流程测试，避免赛时大规模使用出现问题。技术部考虑到投影仪安装也是个难点，最终双方同意在跆拳道测试赛时进行测试。

安装大型投影仪需要一个15米长的T型架，一头挂幕布，一头挂投影机。当临时设施合同商将T型架方案完成时，新情况出现了。由于临设考虑到综合成本，采用钢结构来焊接，因此总重量较原来的规划重量超出近两倍。业主设计院认为新设计过重原吊点无法悬挂。虽经几轮商议和方案修改都没有结果。考虑到进料加工需要一周时间，加上2月初是春节假期，方案迟迟不定，情况万

图 14 – 9　北科大体育馆的大型投影仪

分紧急。春节前五天，技术经理、业主设计方和临设合同商一起爬上屋顶马道，在悬挂点附近开现场会。春节前一天，业主设计方终于在 T 型架的设计和安装方案上签字，赛前六天西南角的 T 型架和投影仪得以安装完成。

测试赛后，东南角的投影仪安装提上日程。由于东南角承重条件有限，T 型架重量必须控制在 1.4 吨以内，但临设合同商表示架子最轻也要 1.8 吨，一时间双方僵持不下。到了 5 月份，方案改了十几稿但还是得不到业主设计方的认可。技术部再次出面协调，请业主和设计院帮助临设合同商出点子想办法，到了 5 月底施工方案才最终得到批准。

3. 临时空调室外机安装在室内

成绩处理机房和计算机设备机房都位于场馆内侧，业主方仅提供中央空调，在两次测试赛时房间的制冷问题就摆在技术团队面前。由于测试赛都在冬季，中央空调送热风而不制冷。这两个房间属于关键技术用房，其内有大量技术设备，必须保证其工作温度。在此情况下，技术部提出加装独立空调，但室外机位置、冷凝水排放等问题接踵而来。成绩处理机房离室外距离很远，却临近贵宾区，室外机如不放在走廊上，将无处安放。无奈之下，技术团队把空调室外机放置在走廊上，冷凝水的排放只好在室内用水桶解决。条件虽然简陋，但解决了实际困难。

七、公路自行车场馆

该场馆由起点、终点、赛道沿线和八达岭四部分组成，起点在永定门，终点在居庸关。

1. 客栈里的技术机房与国道边的成绩处理机房

终点用房分为三星级古客栈宾馆的永久用房和工程部搭建的临时用房两部分。测试赛时，正值

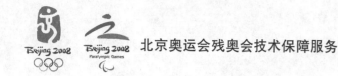

北京旅游旺季，宾馆按时把房间腾出来确实是一件不容易的事情。2007 年 7 月下旬，技术经理和信息经理就去找宾馆领导沟通，协调技术用房的准入问题。到了 8 月初，宾馆终于开始逐步腾退移交技术用房。

在居庸关有道奇特的风景，长城脚下既有古色古香的建筑，又有一片片白色的尖顶帐篷。成绩处理机房就位于帐篷中。由于终点线设置在 110 国道上，成绩处理机房为正对终点线，也就放置在国道边。测试赛时，临时设施部门只提供帐篷，工作时必须拉开门帘，此时一旦下雨即会对设备造成损坏；另外，技术团队在帐篷里提前七天安装二十多台电脑，设备的保全问题尤为突出。经过各方努力，在奥运赛时，该房间终于改成临时板房，在防雨和安全性能上得到提高。

2. 临时布线系统施工

古客栈的咖啡厅被场馆作为媒体工作间，其内装修豪华，地面是进口高档大理石。因此，宾馆经营方要求场馆团队在临时布线施工过程中不能在地面打洞和粘贴东西。然而媒体工作间内有大量布线，为解决此矛盾，最后确定在大理石地面上铺地毯，布线等工作在地毯上进行。

图 14 - 10　公路自行车终点媒体工作区域外景

3. 永定门仿古建筑内的技术机房

经技术部与场馆团队协商后，在测试赛时起点不提供数据网络服务，因此在起点基本没有机房建设的需求。在奥运赛时，BOB 要求技术部必须在起点提供评论员信息系统服务，加上媒体和其他业务口也有数据网络的需求，因此技术部决定在起点建设计算机设备机房和固定通信机房。

可是，机房选址却遇到了困难。经多次讨论后，各方确定将机房定位在永定门城楼附近唯一的古建内。既然是机房就要装空调、部署防雷系统等，协调工作也随之而来。根据规定，在古建内和外观上施工必须报文物局审批后方可开展。以安装空调为例，为打洞技术和物流团队没少动脑筋，由于窗台以下的砖体不能进行任何形式施工，最后只好用桌子将空调室内机垫高到窗户位置，再拆

图 14 −11　永定门仿古建筑内的技术机房

下一扇窗户，用类似花纹的窗户替代后再打洞，将空调管引到室外。这间独特的技术机房在赛时引起许多参观者的好奇和赞叹，也成为集计算机设备机房、网络管理间和固定通信机房为一体的综合性机房的典范。

八、马拉松比赛

马拉松仅是田径比赛的一个小项，因竞赛和转播商的需要，在赛道的每英里处和每 5 公里处分别设置一个途中计时点，全程 42.195 公里共设 35 个点。为实时、自动、准确采集运动员通过计时点的时间，将在每个计时点将安装计时线圈等设备。比赛从天安门出发，途经天坛、前门、长安街、金融街、中关村大街、知春路、奥体东门，最后到达国家体育场。由于计时点全部位于城市道路上，这些道路或是主干枢纽，或是日常较拥堵地段，部署技术设备安全和赛道封闭时间成为难点。在部署过程中，TOC、马拉松起点技术团队和国家体育场技术团队都全程参与，经过各方通力协作，克服了诸多困难，最终确保了比赛的顺利进行。

测试赛前一周，马拉松起点技术经理向技术运行中心汇报筹备中遇到的问题，一是 10 公里和 20 公里点调制解调器信号不稳定，要继续和网通去现场调试；二是为保证部署顺利和设备安全，计时记分赞助商提出要在每个计时点铺设设备前两小时封闭道路，交通管理部门表示难以满足封路要求。前一个问题通过技术内部协调得以解决，后者的处理则非常困难。以往在北京举行的马拉松项目，由于途中计时点主要通过人工读表的方式来计时，交警通常在运动员通过该路段之前 5 分钟才封路，尽最大可能减少对城市交通的拥堵。

计时记分赞助商认为，计时点的核心设备是采集运动员通过时间的感应线圈，在道路上的铺设过程中和铺设后将对社会交通产生影响（线圈铺设后车辆通过速度不得高于 50 公里/小时），为安

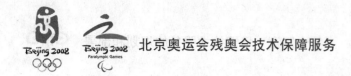

北京奥运会残奥会技术保障服务

装人员和设备的安全起见，坚持要提前两小时封路。由于比赛在即，考虑到测试赛时只在每5公里处设计时点（共10个点），技术、交通管理部门和赞助商经过协商后，同意交通管理部门建议的封路时间，并安排交警协助每个铺设小组的工作，包括路面引导、保护欧米茄施工人员安全等。

图 14 - 12　马拉松比赛计时点

由于第一次在马拉松比赛中采取自动计时方式，部署过程中协调组织难度较高，在测试赛时暴露出不少问题。比赛在2008年4月20日上午7时30分开始，从凌晨5点半开始，计时记分赞助商的五个小组上路施工。当天早上，TOC异常紧张，电话响个不停。由于道路锁闭时间较短、责任界面不够清晰等原因，只有9个点完成了感应线圈的布放任务（即数据传递到国家体育场，进入数据系统），在这9个点中，有2-3个点，设备铺设完成后还未进行充分测试，运动员就已到达。以25公里处为例，早上7时27分安装小组报告在马拉松赛程25公里处，由于沟通失误，未能按时在7时封路和清场，工程师无法按计划部署计时设备。由于该组还负责后续各计时点设备安装，在等待20分钟后，即前往30公里处安装计时设备。上午7时57分，TOC获知交警到达25公里处。此时安装小组已完成30公里处设备布设，正前往35公里处。TOC通知安装小组在完成35公里点布设工作后返回25公里处，同时协调竞赛团队在25公里处准备手工计时。但由于时间紧张、交通堵塞，上午8时40分，安装小组在返回途中发现时间已来不及，决定直接去40公里处安装设备。最后，在赛程25公里处采用了手工计时。

由于奥运会需要铺设35个计时点，如果不能够找到合适的解决办法，明确各方责任，奥运会马拉松实时计时信息的传递将有较大风险。这时，赞助商提出在路面开槽提前铺设线圈，减少赛前封路时间的方案。为探讨方案可行性，技术部多次协调竞赛指挥组、安全保障组、交通与环境保障组、工程设施保障组、调度中心、国家体育场场馆团队、马拉松场馆团队、北京市市政处、路政局、交管局、欧米茄公司、公联公司相关负责人等单位共同讨论方案。2008年7月15日，在参会各方的通力配合和支持下，终于确定中间计时点感应线圈的布放采用切路（在社会道路）与铺设计时毯（在公园和大学内）相结合的方式，并定于 7 月 27 日至 31 日凌晨 0 时到 6 时进行切路施工。会议同时还明确了各参与方在施工过程中的责任，如技术部、欧米茄、北京市路政局、国家场场馆团队和马拉松场馆团队于 7 月 16 日进行实地勘查，完成各计时点的详细点位资料的收集工作，对各点位开槽细节在施工前进行确认；7 月 21 日马拉松场馆团队对各计时点通信资源完成核查；7 月 28 日至 31 日每日凌晨 0 时到 6 时实施计时记分点布设施工，由北京市路政局负责实施切路，欧米茄负责埋入线圈；在 7 月 29 日之前制定完成比赛日安装计划；8 月 3 日由国家场场馆团队对安装队伍的司机、志愿者进行培训，熟悉路线并到现场了解情况；比赛日当天，为保证每个计时记分小组能够及时赶到每个计时点进行设备部署，交通环境保障组提供六辆警车开道引导和路面交通指挥。

会议的过程如同一场"马拉松"比赛，由于涉及两个场馆团队之间的配合，多个赛事保障工作小组的协调，能达成上述意见，技术部和场馆技术团队特别是马拉松技术团队广开思路、求同存异，本着服务于比赛的想法，做了大量的底层沟通工作。

根据事先确定的方案，比赛当天的安装从早上五时开始，分五个小组同时进行，每个点调试情况通过国家体育场技术经理向 TOC 汇报。由于马拉松起点团队还负责天安门地区临时技术设备的部署，TOC 派出值班的场馆技术经理和副经理协助两个团队巡查线路，处理突发问题。在 17 日和 24 日比赛中，除一个英里点数据因设备故障未能传送到国家体育场外，其他 34 个点全部正常工作，出现问题的数据点也通过备份系统完成了采集任务。总体而言，各方面工作进展均很顺利，达到了预期的目的，确保了比赛的顺利进行。

图 14 - 13　马拉松比赛计时点

九、奥运村

奥运村是奥运会规模最大、运行时间最长、核心服务对象最多、技术系统最复杂的非竞赛场馆。奥运会时，17000 多名来自 204 个国家的运动员、官员和奥林匹克大家庭成员居住在奥运村，为各个代表团的成员提供稳定的技术系统服务，满足他们生活、娱乐、工作上的技术系统需求是奥运村技术运行的首要责任。

1. 技术系统机房及基础设施落实

奥运村是规模最大的非竞赛场馆，占地面积 66.58 公顷，且奥运村整体分区情况和基础设施条件较复杂，既存在南区大面积公寓楼永久建筑，也存在北区全部临时建筑的情况，这给技术系统机房和基础设施落实工作造成极大的困难。

奥运村内共设置各类技术系统机房 50 多个，且 50% 的机房是采用临时板房的形式；各类技术线路管道遍布奥运村各个角落。在详细设计阶段，技术团队将所有相关的机房需求和空调、管道、消防、照明等基础设施条件一一做了确认，同时在建筑建设阶段逐个落实，并且根据项目计划按时完成技术设备的建设。这项工作对于这样一个规模大情况复杂的场馆来说非常困难。在距离预开村还有两个月的时间时，突然发现北区所有移动机房的电力没有纳入设计范畴。面对这些复杂琐碎的问题，技术团队步步紧逼，逐一落实、解决，保证了奥运赛时各个机房设备的安全平稳运行。

2. 详细运行设计和技术设备需求频繁变更

奥运村是最早开始进行详细运行设计的非竞赛场馆。在前期规划阶段，功能用房规划基本完成，运行团队各个业务口的技术设备需求已经基本确定，技术系统规划和布线设计也于 2007 年完成，并进入实施阶段。进入 2008 年，随着运行团队结构发生的重大变化和运行团队人员的不断增加，详细运行设计持续修改，运行团队的技术设备需求也发生了多次重大变更，增加技术设备超过原计划的 25%，增加临时布线点超过原计划 20%。这种情况给布线施工和技术设备部署工作造成了很大的困难。在技术部协调和技术团队的努力工作下，设计变更、申请设备、协调施工和部署设备等工作穿插进行，终于在奥运村预开村前完成运行团队的技术设备部署。

3. 收费卡技术设备需求汇总晚且变更频繁

收费卡技术设备需求是奥运村技术设备需求的重要组成部分，几乎占整个设备量的 50%，其中既包括各个代表团的收费卡需求，也包括相关赞助商的收费卡需求。由于住房方案直到代表团住房会议前还未确定，所以技术团队迟迟不能收到收费卡的技术设备需求汇总的终稿，致使相关布线设计和设备部署无法提前进行，这也是奥运村预开村阶段工作量极度激增的原因。

4. 迅速应对代表团住房会议后技术设备部署的新变化

2008 年 7 月 20 日，奥运村进入预开村阶段，各个国家代表团在短时间内集中到达，真正的挑战终于到来。在每个代表团进行住房分配会议的过程中，技术团队最不愿意看到的情况发生了。由于种种原因，多个代表团的住房分配方案发生了重大的变化，这对于技术团队来说，意味着预开村前两个月部署的各个代表团设备几乎要推倒重来，在这短短的 2 周之内，随着每个代表团的到达，所有的技术设备调整和重新部署要全部完成，这几乎是不可能完成的任务。面对困难和挑战，TOC 给予了奥运村技术团队充分的政策和人员支持，技术团队众志成城，紧急制定了应对策略。那是一段激情燃烧的岁月，无论是付薪人员还是合同商、志愿者，责任和使命给了每个人无穷的动力。技术团队在预开村至开幕 2 周的时间内，调动一切资源，针对每个代表团的变动情况，重新完成相应布线和技术设备部署。在这段时间内，技术团队几乎是 24 小时工作，尽量用最短的时间完成每个代表团入住后的设备部署。很多人超过一周没有回过家，很多人流过泪，但是确保完成任务的信念没有动摇过，辛勤的工作和高水平的服务换来了各个代表团的高度好评，也确保了赛时技术系统的稳定运行。

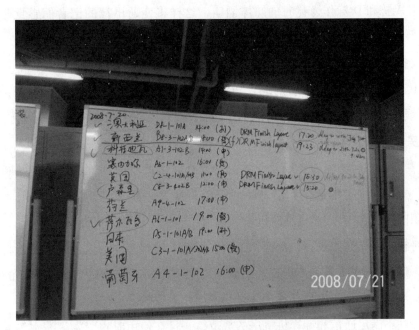

图 14 – 14　奥运村技术团队的设备部署安排

5. 转换期挑战

奥运会至残奥会的转换期，对于技术团队来说又是一个巨大的挑战，从奥运村闭村到残奥村预开村，仅有短短的 36 小时，算上残奥村的开村，也仅仅只有 1 周的时间。在这段时间内，技术团队要撤下残奥会不用的技术物资，并按照残奥会分房方案重新部署各个代表团的技术设备，形势甚至比奥运会开村时还要严峻。由于有了奥运会开村时的经验，技术团队早早做好各方面的准备，针对 70% 残奥代表团住宿位置发生了变化的情况，调动一切人力物力积极应对，奋战一周的时间，高标准地完成了任务。

十、主新闻中心

主新闻中心（即 Main Press Center）简称为 MPC，是奥运会最重要的非竞赛场馆之一，赛时文字、摄影记者和非持权转播商工作的大本营，也是北京奥运会媒体运行的总部，奥运会的新闻和图片就是通过这里传送到世界各地的。

1. MPC 选址方案易稿

2003 年 MPC 和国际转播中心（IBC）选址都确定在国家会议中心主体建筑内，安放同一个建筑的七层楼内。根据这一规划，技术等业务口参加了方案设计审查和初步设计审查，各合同商也按此布局做相应的专业设计。到了 2005 年底，国际奥委会负责媒体运行的人员认为 MPC 应是扁平化布局，将 IBC 和 MPC 放在一起不利于媒体工作。最后原方案被推翻，MPC 移到国家会议中心配套建筑内。技术只好重新开展方案设计审查等工作，一切从"零"开始。

2. 规划时辅助功能的增加影响后期技术部署

易址后的 MPC 由四栋楼的底座连通部分组成，其中 A 栋和 D 栋是酒店，B 栋和 C 栋是写字楼。最早规划中酒店在奥运赛时是不启用的，易址后媒体运行部计划将大通讯社的工作和住宿安排在一个建筑内，启用 A 栋和 D 栋作为赛时的媒体酒店，这样将使通讯社的记者们感觉非常便利，也使 MPC 有条件成为奥运会上最杰出的主新闻中心。

但是这一安排给后续的建设和运行带来很多新的课题和工作量，技术、安保、访客卡等很多业务口都牵涉其中。以技术为例，酒店的综合布线会和 MPC 的布线公用配线间资源、酒店的 WLAN 会对 MPC 内无线覆盖产生干扰等，经过艰苦的工作，技术团队终于解决了这些问题。

3. 临时机房建设的困难

由于 MPC 赛时与赛后功能迥异以及业主的特殊性，因此赛时内部的布局、隔断、装修等工作由奥组委负责。主新闻中心的通信和信息的使用量非常大，考虑到赛后运营的永久机房面积不够用，最终场馆团队决定在 MPC 建设临时机房，包括通信机房和计算机设备机房等。

由于团队对技术工作的重视，机房面积很快在图纸上得到落实，设计院也确认将按国家相关规范来设计机房。但是在 2007 年底，当技术团队借着手电筒的亮光能进入机房内部的时候，发现大部分机房上空有水管，个别机房顶部约三分之一的面积是空的。

由于现场条件不满足通信和计算机机房的规范，一旦在使用时水管发生漏水等问题，机房内设备将面临无法运行，导致全部瘫痪的局面。技术团队马上通过各种渠道反映此问题并要求采取有效措施予以解决。由于改动将涉及额外的资金投入，在一段时期内机房建设停滞不前，后来国家会议中心建设指挥部负责人下了决心才解决此事，消除了隐患。

图 14-15　主新闻中心记者工作间

4. 记者工作间

MPC 文字记者工作间和摄影记者工作间的规模在奥运会各场馆中是最大的，是凡到 MPC 工作和参观的人员的必去之处，这也是媒体服务的"脸面"。从规划到实施部署，记者工作间都是场馆团队的工作重心，里面的记者工作台、电视架都是特殊设计的，保证使用需求得到满足且与特殊设计融为一体是对技术系统建设的要求。因为工作间内有大量的技术设备和设施，技术团队为实现目标在这里花了很多心血，包括 WLAN、临时布线、纸质工作台和电视架的设计和建设等等。工作间都是大开间，仅文字记者工作间就有 971 个记者工作位，技术部在此房间完成上千点的临时布线工程。不仅如此，还要将临时布线全部"藏起来"、不能走明线，可以说记者工作间的临时布线从设计到实施都体现了技术团队的智慧和汗水。

5. 复印分发室

文字记者工作间里的复印分发室是所有场馆中规模最大，纸质的文件格（也称 Pigeon Hole）像蜿蜒的长城隔出了 300 平方米的面积，内有技术和奥林匹克新闻服务的人员在里面工作。打印出来的成绩单、运动员出场名单等材料可以从里面很快地放入 Pigeon Hole，记者从外面就可以很方便地取到。当时设计时觉得这是个亮点，但是在运行中发现很多需要关注的方面。

图 14 −16　主新闻中心复印分发文件格

复印分发室没有屋顶，是文字记者工作间内隔出的一部分，因此复印机的声音会传到同一个空间内记者工作区，而且 MPC 的复印量大，对记者工作必然产生噪声影响。复印分发室内的操作人员多是志愿者而且人数多，技术部有一半的志愿者就在这里工作。因为工作原因不可避免要说话，在相当长一段时间内，记者抱怨工作间内复印分发室声音过大，影响记者工作成为比较头疼的问题。根据这件事的经验可以看出，运行设计在规划时要充分考虑运行的因素和人的因素，而不是仅仅局限于物理位置上的因素。

十一、国际广播中心

国际广播中心（IBC）是全球最大的临时电视台，制作了长达 4000 余小时的奥运比赛节目，覆盖了全球数十亿电视观众和广播听众。相比可以有幸前往现场观看的观众来说，大多数人都是通过电视观看和了解奥运会的。转播商在这一非竞赛场馆运行中扮演着最重要的角色，向他们提供可靠稳定的服务是技术部要完成的重要职责。

1. 两场馆规划空间重叠

IBC 场馆运行团队完成房间需求列表后，遇到的第一个问题就是 IBC 与击剑馆的空间重叠。由于两个场馆都位于国家会议中心主体建筑内，同一个区域既被击剑馆使用，也被 IBC 使用，矛盾主要集中在固定通信机房和部分移动通信机房上。两个团队及相关设计方通过多次协商，明确了房间划分并最终确定通信机房成为两场馆共用房间。

但这种两个场馆共享一个建筑的模式对于技术运行在赛时通行权限和基础设施维护界面上都存在问题。为找到妥当的解决方案，在通行权限问题上，两个场馆最终议定该区域划归了 IBC，但双方都将安保线向内回缩，保证机房区域双方都能够进入。实际运行证明，这一方案有效地支持赛时技术系统运行和维护。

2. 部分技术用房布局欠合理

在部署期间，房间规划时不太合理的地方逐渐都暴露出来，如存储空间不足，配线间数量少，设备机房与办公室距离过远等。

存储空间不足，或布局不合理（主要库房集中在顶层）的问题使得技术设备移入移出时，技术团队难以独立完成，需要大量借助物流工人协助，甚至必须临时占用走廊等一些公共区域，设备保全存在隐患。建议设计时应在转播商密集的区域预留足够的存储空间。

配线间布局与临时综合布线设计直接相关。由于本届奥运会的 IBC 是有史以来面积最大的，而赛后用于布线的地下槽沟在赛时全部没有启用，这使得利用位于建筑周边的少量配线间无法覆盖面积巨大的转播商租用空间。线缆超长现象频发，技术部不得不增加大量临时机柜。实际上，规划时应在每个转播商区内（或周边）预留配线间，减小布线超长的压力，临时增加布线点也会容易一些。

3. BOB 技术需求的处理

BOB 是北京奥运会的主转播商，承担着制作赛时电视信号的责任。与此同时，BOB 也向技术部提出了很多需求，涉及通信服务、临时布线、技术设备等方面。以技术设备为例，要求北京奥组委提供的设备数量就远大于往届。尽管最后双方就设备数量等达成一致，但时间已很晚。因此在签署合同之时就要将相关条款解释清楚，包括对设备数量、基础设施的提供方进行界定，避免范围不清楚影响对实施部署工作。

4. 临时布线设计和施工

国际广播中心其实也是个技术中心，内部有大量的线缆工程，包括电源、转播线缆和技术线缆等。在设计时，主干光电缆的容量要预留充足，提供灵活扩容性以满足转播商在赛前提出的变更需求。设计时，要尽可能熟悉各房间用途，以避免错误，如绝大多数演播室要求的是漂亮的布景和摄像设备，不需要安装信息点，而设备机房和主控制室就会有大量的布线需求。

由于临时布线的槽道由临时设施部门提供，因此在布线施工前，要与其密切沟通，确保配线间及转播商区的线槽应按时到位。在布线前，要注意检查临时线槽高度，在IBC就曾发生过影响物流货车通行而被迫提高槽道的事情。

图 14-17 国际广播中心的临时布线槽道

5. 收费卡订单实现困难

由于国际转播中心内收费卡设备数量占了设备总量的大头，因此收费卡订单的实现是本场馆的部署重点。

在2008年初收费卡赛前订购期结束时，虽然国际转播中心的订单已基本收齐，但订单中附带的信息无法反映最终的设备安装位置，部分有经验丰富的用户会在订单中的备注中尽可能详细地描述安装位置，但由上百家成员组成的欧广联的图纸却缺少很大一部分。在核对图纸的过程中常发生订单上的产品数量与图纸不一致的情况。因此，建议在收集收费卡图纸之初，就与持权转播商明确图纸标识方法，并在订单中增加一些唯一标识的序列号，在图纸上体现时便于与订单对应。

另外收费卡手册中的说明描述不够具体。如手册中对于数据专线（包括互联网专线）的接口形式没有定义，众多持权转播商到达IBC后才了解到专线接口的详细情况。而此时他们难以及时购买新设备来适应收费卡专线的接口，这导致抱怨和争吵。最终接口设备中既有通信合作伙伴免费提供协议转换器，也有持权转播商自行采购的。

十二、物流中心

竞赛场馆是奥运赛时最能展现奥林匹克风采的地方，相较而言物流中心具有很强的功能性和场馆建设的特殊性，在规划和部署中遇到诸多难处。

1. 硬化地面和 4 号库技术系统路由

物流中心场馆分为 A、B 两个区域，东侧 B 区有一个大约 30000 平方米的硬地和一座 20000 平方米的 4 号仓库，需要和 A 区的计算机设备机房和固定通信机房联接。由于业主在规划时把 A、B 两个区域作为独立的库区出租，两个区域之间是一条约 40 米宽的马路和绿化带，两个区域之间并无弱电管道，4 号仓库只在东门区域留有弱点管路接口，硬化地面上没有考虑过弱电管道。这给综合布线工作带来了很大的难度，在和临时布线的设计人员踏勘和多次讨论后，最终确定硬地线路借用安装安保系统已搭建的路由，走大市政管道绕到园区北侧进入硬化地面的临建区域，然后根据临建区域上房屋布局甩飞线解决；4 号仓库走园区外侧大市政管道到东侧门口，通过预留管道进入。虽然线路距离变长近 500 米，但相比在路上重新开槽加盖板，节约了费用和施工协调量。

2. 场馆锁闭期后合同商送货车辆进入物流中心问题

物流中心于 2008 年 7 月 2 日进入赛时锁闭期，但其服务的各场馆仍处在奥运会部署期。场馆锁闭后，场馆安保要求所有进入物流中心的车辆和人员都要有移入期车证（赛时证件发放后将使用赛时证件）。非注册人员要由当地公安局内保处出具证明，提交物流中心安保备案后，方可进入。但合同商的供货车辆和人员由于不固定都没有车证和人证，不能进出物流中心，可能导致目前及赛时将无法送货，不能对设备进行更换和补充。该政策让技术团队措手不及，按照原来计划，联想和网通还有几批技术设备陆续到货，如果问题得不到解决，将影响其他场馆的部署计划。

对此，技术团队第一时间向技术部领导做了汇报，并联系场馆安保开会磋商。本着解决实际问题的态度，安保针对技术物资特殊情况提出解决方案，即剩余技术物资尽量集中送货，车辆和司机信息提前两天备案审查。通过这种特殊方案，技术物资才得以进入物流中心。

3. PC 工厂的空调

物流中心 PC 工厂于 2007 年 6 月正式运行，支持各场馆测试赛工作。但由于 PC 工厂电力改造没有落实，空调不能安装。技术团队的工作人员就在最高温度达 40℃ 的高温下工作。技术部领导得知这一消息后，迅速与物流中心场馆领导和工程部沟通。在各方努力下，空调问题最终得到了解决。

2007 年 12 月 24 日，由于空调功率与插头不匹配，导致空调插头烧焦，出现这一问题后，安保部门要求彻底解决问题后才能启用空调，就是在这种艰苦环境中，技术团队人员没有退缩，依然正常工作。

4. 锁闭期松下物资运送困难

松下公司把库区和调试工厂设在物流中心 3 号仓库，但物流配送由松下公司解决。这就涉及了松下的物流车辆频繁进出物流中心的问题，也给安保造成了压力。在松下询问物流事宜时，技术部建议松下联系奥组委物流赞助商来承担物流任务，这样可解决车辆通行问题，最终松下同德国 Schenker 公司签订了物流合同。但实际遇到的问题是，Schenker 公司本身承揽一部分奥运业务，这使得有奥运通行权限车证的车辆资源调配比较困难。松下向技术经理反映问题后，技术团队迅速和安保取得沟通，在经过探讨之后，根据现实情况，请松下要求 Schenker 公司尽量安排有证车辆完成物流运输，如不能满足，要固定车辆和人员，在物流中心安保团队备案，进出场馆时由场馆技术经理和安保负责人签字后交门区警卫人员准予放行，松下运货车辆进出物流中心的难题最终得到了解决，有效地保证了各场馆音视频系统的安装工作。

十三、奥林匹克大家庭饭店

1. 主要客户需求发生较大变更

国际奥委会（以下简称IOC）提出其位于总部饭店的技术设备和服务的需求后，又多次进行调整，最后一次是在技术设备需求冻结之后提出的。这次需求变更不仅涉及IOC赛时直接使用的技术设备，而包括对其他业务口服务内容的调整。变更直接导致技术预算的调整和临时综合布线设计方案的更改，还间接导致场馆团队相关业务口对技术设备和技术服务需求的增加，为技术规划、实施方案和部署时间表的确定带来了很大的挑战。在接到IOC的变更后，技术与之反复沟通，请IOC解释技术设备和服务变更的用途和依据。技术部根据其回复和积累的经验，对其需求进行合理估算，确保技术所提供的设备和服务满足其运行需求，又避免技术设备费用的大幅增加。通过有效沟通和协商，双方最终就技术设备等需求达成一致意见。

2. 临时布线的路由实现困难

总部饭店原有三家饭店组成，后来又增加了两家。这两家饭店与原有的三家饭店分别距离500米和2000米，其间横跨了北京的金街（王府井大街）和银街（东单大街）。考虑到赛时运行的需要，后期奥组委又将在建的北京饭店二期以及北区的交通场站纳入到场馆技术团队的管理范围。如何在七个分立的建筑中铺设奥运专网成为摆在技术团队面前的最大难题。

这五家饭店虽然都是四五星级酒店，但其中四家饭店都历史悠久，早期建筑在设计上对路由的可扩展性考虑得较少；而且由于距离遥远，连接路由需途经分属不同地段的多个业主管道或槽道，协调多方资源，这些都给综合布线的设计和实施造成了巨大困难。因此，场馆技术团队为了寻找可行的路由，在近两周的时间里，每天不断地与设计院的工程师、网通的实施人员等各相关方一起，对所有可能路由进行现场勘查，并与路由途经地段的业主进行深入沟通，探求各种解决方案，最终找到了可行的解决方案，并顺利完成了综合布线工作。

3. 奥运有线电视专网的建设和维护

总部饭店不同于新建场馆，其中四家饭店的有线电视系统建设时间都比较早，特别是IOC核心办公和住宿区所在的北京饭店，其有线电视系统已有10年以上历史，线路和接口均存在老化现象；北京饭店有线电视系统图纸保留也不全。考虑到奥运有线电视专网对线路质量和传输性能都有严格的要求，如果利用现有系统，会为赛时的维护带来很大风险，最理想的解决方案就是对现有有线电视网络进行大规模维修和重建。但考虑到时间、成本、饭店已有精装修等诸多因素的限制，技术、歌华和业主经过多次沟通和协商，最终确定了奥运有线电视专网的建设维护方案，即基于饭店现有的有线电视网络，由歌华主导、业主配合对整个系统进行排查、检修，并重新绘制系统布局图的解决方案。同时还明确赛时有线电视维护保障团队由歌华和业主共同参与构成，这样既包括熟悉奥运专网的歌华公司专业人员，又有对现有系统非常熟悉的饭店技术人员。实际证明，这个方案是行之有效的，奥运赛时没有发生过有线电视系统相关的问题和用户投诉。

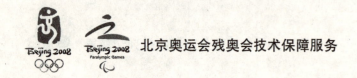

4. 部署过程中与临建和物流的协作

总部饭店设备总量约三千余件，在部署阶段各家饭店仍在正常营业，为了减少对业主的影响，经过各相关方多次商讨，最终确定的实施方案把部署的工期压缩到了最短，并充分应用统筹方法来合理安排和协同作业。

考虑到技术和物流均须依照临建的时间表来制订自己的工作计划，而技术和物流之间的工作顺序又是相互交错，互相依赖的。因此，将具体的实施方案制定为：临建每搭完一个房间，技术团队就要进行相应的布线工作；待物流将家具物资摆放到位后，技术团队将该房间内的技术设备摆放好，并通电、进行联网调试等。当然，这样环环相套的紧密实施也会给项目带来一定的风险，如果其中的任何一个环节出了问题，那么业务口的工作均会受到影响，不仅造成物资的浪费，也会对工期造成拖延。技术团队充分意识到这一点，按计划严格执行，实时与临建、物流和业主进行沟通，最终顺利完成了部署任务，并通过验收测试。在后续的使用中得到了各方用户的好评，还被 IOC 的技术人员当作样板介绍给下届伦敦奥运会组委会的观摩人员。

第十五章　残奥会技术服务

　　在北京奥运会后举行的第 13 届残奥会的运动项目总计有 20 个大项，471 个小项，比往届增加了赛艇项目以及作为表演项目的武术比赛，共计 4000 多名参赛运动员参加了比赛，为历届残奥会中规模最大的一届。

　　技术团队既要完成奥运会技术保障，还要高标准地完成残奥会技术保障。根据残奥会筹办工作的要求，技术部于 2005 年初即指派专人负责残奥会的项目协调工作，专门团队于 2006 年形成。残奥会项目团队制订了明确的残奥工会作计划，在奥运会前完成了大部分残奥会技术准备工作，奥运会后又紧锣密鼓在短时间内完成了技术转换，保证了残奥会技术系统的顺利平稳运行，为最终实现"两个奥运，同样精彩"的目标作出了重要贡献。

第一节　概述

一、工作难点

与奥运会相比，历届残奥会的关注度和标准要求都比较低。为了体现"人文奥运"的理念，北京奥运会和残奥会提出了"两个奥运，同样精彩"的要求，对残奥会技术保障工作提出了更高的标准。然而，残奥会的技术筹备工作也面临着很大的挑战，具体包括：

- 残奥会成绩和信息服务（PRIS）在北京残奥会前尚未确定，一些残奥单项协会的需求确定较晚。
- 残奥会现场成绩系统的开发团队与奥运现场成绩系统开发团队是不同的团队。
- 残奥会涉及的系统和服务开发测试的周期较短。
- 奥运会和残奥会之间的转换期只有十二天，其间大量的残奥会技术系统需要进行部署和现场测试。
- 为残奥会观众提供了特殊技术设备和服务。

二、残奥技术工作的主要原则

1. 服务范围及水平
残奥会技术服务范围与奥运会服务范围相同，服务水平与奥运赛时服务水平大致相同，但服务规模小于奥运会的规模。

2. 主要工作原则

除个别新增项目外，为切实降低残奥会转换期及赛时技术工作运行风险，技术团队以"注重与奥运结合，能不作调整的尽可能不作调整"为总体原则，尽量复用奥运会的系统、设备及场馆功能用房，减少不必要变更，确保残奥赛事顺利进行，具体原则包括：

- 残奥会技术设备根据赛时运行实际需求进行分配，最大程度和奥运会标准保持一致。各场馆按照实际情况，尽可能地统一奥运会和残奥会的技术服务标准，减少差距，从而减少转换期的工作量。
- 残奥会赛时场馆中各个功能用房所使用的技术设备需要的数据线缆、通信线缆及电源设备等所在位置在奥运会前均需确认并完成施工部署，在转换期中原则上将不对线缆和电源位置进行更改。
- 残奥会技术需求冻结时间为 2008 年 4 月 30 日，包括技术系统等软件需求和技术设备等硬件需求及有关的涉及技术范畴的新项目立项需求。
- 冻结时间后发生的变更或提出的新需求，必须执行技术部的变更流程。变更申请通过审核获得批准后将予以实施。

三、残奥会技术工作团队

在前期准备阶段，技术部残奥会工作团队很好地完成了各项残奥会技术筹备及运行计划的制订工作、与部分关键技术服务提供商就为残奥会提供技术服务的协议谈判、签署和执行监督工作、与委内其他业务部门及部门各业务口的信息沟通工作、两项残奥会特殊技术服务的牵头组织实施工作。

当技术运行进入赛时阶段，筹备期间的残奥会技术工作团队转换为技术运行中心的转换期经理（Transition Duty Manager）岗位人员，专职协调各场馆技术转换工作的计划落实及跟踪解决技术转换中产生的有关问题。转换期经理岗位人员由四人构成，在奥运会前、奥运会赛时、转换期中和残奥会赛时均实行 24 小时轮岗制度。每班人员对轮岗中的工作内容均在工作日志中予以记录，以便做好交接班工作及更好地保证工作的持续性。在奥运会赛前，小组成员针对技术转换工作存在难点和转换工作量较大的 8 个竞赛场馆重点进行了实地勘查，并制定出涵盖各场馆的技术待解决问题及解决进展追踪列表，对问题进行了追踪并协调有关资源对解决问题提供了支持；在转换期中，转换期经理赴奥运村、残奥总部饭店和主新闻中心等主要非竞赛场馆对技术转换工作提供支持，协助解决了大部分的技术转换疑难问题。

从奥运会的 34 个竞赛场馆到残奥会的 20 个竞赛场馆，技术运行团队人员数量有所减少。但为了保证实现"两个奥运，同样精彩"的目标，各场馆的技术团队核心人员均无重大变化，各主要非竞赛场馆的技术团队保持原有人员结构及数量不变，并且继续实行 24 小时运行工作制度。技术运行中心及各场馆技术团队的日常工作流程在残奥会期间均与奥运会期间保持一致。

四、工作里程碑

表 15 – 1　残奥会工作里程碑

任务名称	执行部门	完成时间
残奥会技术 MASTERPLAN1.0	技术部	2006 年 3 月
确定残奥会信息系统集成商	技术部	2006 年 12 月
分析并初步确认残奥会技术需求	各相关部门	2007 年 3 月
残奥会 TOC 及场馆岗位设置	人事/技术部	2007 年 5 月
制订测试赛技术相关计划	残奥部/技术部	2007 年 6 月
测试赛 – 盲人门球	TOC + 北理工	2007 年 9 月
确定残奥会技术服务提供方	市场部/技术部	2007 年 11 月
分析并确认残奥会技术预算	财务/技术部	2007 年 12 月
测试赛 – 轮椅篮球	TOC + 国体馆	2008 年 1 月
残奥会志愿者岗位设置	人事/技术部	2007 年 2 月
制订场馆技术运行计划	技术部/场馆部	2008 年 3 月
确认冻结残奥会 TEAP	各场馆/技术部	2008 年 3 月
制订场馆技术转换计划	各场馆/技术部	2008 年 4 月
残奥会人员注册信息上报	合同商/各场馆/技术部	2008 年 5 月
测试赛 – 田径	TOC + 国体场	2008 年 5 月
残奥会信息成绩系统交付使用	合作伙伴/技术部	2008 年 6 月
残奥会信息无障碍设备部署完毕	合作伙伴/技术部	2008 年 8 月
残奥会工作人员注册卡激活	合同商/场馆/技术部	2008 年 8 月
转换期	TOC + 各场馆	2008 年 8 月 25 日 – 9 月 5 日
残奥会	TOC + 各场馆	2008 年 9 月 6 日 – 9 月 17 日

第二节　主要服务内容

残奥会各项技术服务涵盖共六大类 34 项具体任务，每一项工作均与奥运会存在较大需求差异。表 15 – 2 比照奥运会技术服务详细列出了残奥会的具体服务内容：

表 15 – 2　残奥会主要服务内容

服务项目	服务提供方	说明
运动会管理系统（GMS）	源讯	源讯以奥运会及往届残奥会的系统为基线，在分析本届具体需求的基础上开发
系统基础架构	联想、网通	以奥运会架构为基础
体育管理信息系统/注册数据管理信息系统	网通	延用奥运会软件
运动员报名资格审查系统	源讯	延用奥运会软件
桌面电脑及服务器	联想	延用奥运会设备

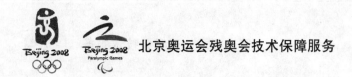
续表

服务项目	服务提供方	说明
系统软件/办公软件	微软	延用奥运会软件
数据库管理系统	Oracle/SUN/微软	残奥会信息专用数据库
信息安全	相关厂商	延用奥运会信息安全策略
残奥会网站	搜狐	残奥会专用系统
信息无障碍	盲文出版社等	残奥会特殊需求
计时记分系统	欧米茄	残奥会专用系统
现场成绩处理系统	欧米茄	残奥会专用系统
信息发布系统	源讯	以奥运会系统为基础
中文显示	新奥特	以奥运会系统为基础
成绩转换系统/远程打印	北京体育科技公司	残奥会专用系统
实时显示	欧米茄	残奥会专用设备
电视图像输出	欧米茄	残奥会专用设备
记分牌	欧米茄	残奥会专用设备
固定网络基础设施和服务	网通	延用奥运会系统及设备
数字集群通信系统网络和服务	三星	延用奥运会系统及设备
移动网络基础设施和服务	移动	延用奥运会系统及设备
CATV 系统（传输除外）	歌华	延用奥运会系统及设备
移动通信终端	三星	延用奥运会系统及设备
数字集群电话	三星	延用奥运会系统及设备
WLAN	移动	延用奥运会系统及设备
桌面打印机及其相关服务	联想	延用奥运会系统及设备
图像大屏及电视机、服务	松下	延用奥运会设备
音/视频会议系统	松下	延用奥运会设备
公共扩声系统及服务	松下	延用奥运会设备
场内综合布线	网通	延用奥运会设备，部分专门部署
头戴设备	睿道	延用奥运会设备
不间断电源（UPS）	GE	延用奥运会设备
无线电资源频率保障	相关无线电管理局及全军无委等	残奥会专用频率资源

一、信息与成绩信息服务

残奥会信息系统与成绩信息系统主要包括 6 大项、34 小项具体任务，其中核心为 GMS 系统、IDS 系统（包括 INFO）、现场成绩系统和计时记分系统。

2007 年 1 月至 10 月，源讯公司和北京体育科技公司完成了残奥会信息系统的主要定制开发工作。2007 年 11 月，在集成实验室中搭建完成 4 个残奥测试单元并投入使用，后期扩展至 12 个。

残奥会的成绩系统是整个残奥会信息系统的核心组成部分。以往历届奥运会和残奥会的成绩系统的水平和重视程度相差悬殊。往届奥运会有标准 ORIS（奥运会成绩信息服务），而对于残奥会成绩系统来说，却没有需求信息服务标准 PRIS。根据"两个奥运，同样精彩"的要求，在 IPC 的主导下，经过 IF、奥组委技术部的多方面努力，第一次在北京残奥会形成了残奥会成绩和信息服务标准的文档 PRIS，成为国际残奥会成绩信息服务的宝贵遗产。

技术部非常重视残奥会成绩系统的测试工作。在测试初期，由于历届残奥会沿袭下来的习惯，大多数技术合作伙伴还是用原有思路来对待本届北京残奥会，对残奥会成绩系统的测试工作重视不够。技术部进行了多次沟通，从组织建设、流程梳理和资源协调等方面，将责任细化，对时间规划、质量标准，风险识别、定性、定量控制都作了精心部署，逐步扭转了合作伙伴以及其他相关业务部门沿袭往届残奥会的习惯作法，使残奥会成绩测试的效果得到了极大改善。2008 年 5 月底，技术部与体育部共同协调残奥会各 IF 技术代表专程来北京参与了 8 个主要技术项目的系统验收工作，这在历届残奥会的技术筹备工作中是第一次。

二、通信与场馆技术服务

残奥会通信系统全部复用奥运会的通信系统和服务，包括固定通信、移动通信、有线电视、音视频、头戴系统、呼叫中心、电话会议、数字集群通信系统和服务、数据专线服务、WLAN 等服务。

三、信息无障碍服务

为实现"两个奥运，同样精彩"的承诺，经报请奥组委领导批准，正式确定了在奥运会、残奥会期间提供信息无障碍服务项目。经过技术部及各项目团队的共同努力，信息无障碍项目在奥运会和残奥会赛时正常运行并为残障人士提供了方便、满意的服务。

信息无障碍项目主要是通过为残障人士提供专用信息终端（PC＋读屏软件＋手语软件、盲文刻印机、盲文点字显示器及其他相关配套软件），使残障人士可以便捷地获取奥运赛事信息。提供服务的场馆涉及京内 18 个竞赛场馆和 6 个主要非竞赛场馆，并面向全球网民提供符合 W3C（WAI）标准的网站无障碍服务。

表 15－3 详细列出了信息无障碍服务的类别：

表 15－3　信息无障碍服务的类别

项目类别	服务内容	服务对象	总数	配置方案
视残人信息终端（编码：NB-SPW）	通过配置了盲人专用电脑输入输出设备和支持信息转化为声音软件及支持专门输入输出设备软件的信息终端提供奥运会和残奥会有关信息服务	视力残疾的中外参赛运动员、官员和工作人员	141 台	18 个京内竞赛场馆共 74 台，奥运村 22 台，其他 5 个非竞赛场馆共 21 台，备用 24 台（使用联想电脑设备）

项目类别	服务内容	服务对象	总数	配置方案
盲文办公打印设备（编码：NBSBP）	通过配套盲文办公软件支持，为懂盲文的使用者提供专用办公及打印设备服务	视盲、视弱并懂盲文的中外参赛运动员、官员和工作人员	10套	奥运村超级服务中心3个商务中心各1套，4个网吧各1套，残奥总部饭店1套，媒体中心1套，奥林匹克公园公共区观众信息亭1套
盲文点字显示设备（编码：NBSFO）	通过配套软件支持，可将电脑屏幕信息转换为盲文点字输出信息供盲人用手触摸浏览的服务设备	视力残疾的中外参赛运动员、官员和工作人员	42台	京内8个视障项目竞赛场馆共16台，奥运村10台，其他5个非竞赛场馆共12台，备用4台
符合W3C–WAI标准的残奥会官方网站	符合W3C–WAI标准的残奥会赛时官方网站信息服务	所有通过互联网了解残奥会信息的视盲、视弱用户群体		1版符合W3C–WAI标准的残奥会赛时官方网站，支持用服务器及网络等设备资源由搜狐公司提供
无线助听	提供辅助设备	弱听人群	180套	在5个场馆提供

第三节　残奥会技术服务部署和运行

一、测试赛

技术团队先后完成了2007年9月的盲人门球、2008年1月的轮椅篮球测试赛及2008年5月的残奥田径项目的三项残奥测试赛技术支持工作。技术部和技术运行中心累计参加了皮划艇、山地车、游泳、马拉松、盲人门球等50多项奥运会/残奥会测试赛赛事，其中2007年8月和2008年4月分别参加了综合测试赛。测试赛期间残奥会技术服务运行正常。通过测试，进一步完善了残奥会技术服务运行的流程和策略，发现了一部分系统中还存在的问题和风险。

二、信息系统与成绩信息服务

1. 残奥会信息系统与成绩信息服务赞助商的确认

由于源讯与IOC签订的关于北京奥运会的合同中并未包括残奥会相关的内容，经多方努力，源讯公司于2005年8月正式提交了《北京2008残奥会信息技术产品服务建议书》，表示愿意成为北京2008年残奥会信息系统合作伙伴。

技术部经过多次内部讨论及专家评审，引入了竞争机制，向多家国内软件厂商、集成商征求残奥会信息系统建设意向。其后，国家体育总局信息中心和首都信息股份发展有限公司进行了正式回应，并于2006年专门成立了北京体育科技公司，同时提交了《十三届残奥会信息系统建设方案书》。

在确定残奥会信息系统赞助商的过程中，技术部作为牵头部门协同市场、财务、法律等部门，根据奥组委领导的指示精神，经过近 1 年的艰苦谈判，终于完成了信息系统赞助商的谈判签约工作。2006 年 12 月 20 日，北京奥组委与源讯公司的正式签订残奥信息系统主合同，源讯公司也于 12 月 21 日与北京体育科技公司签署了分包合同。通过引入竞争机制，该项目不仅在现金支出部分减少了 1000 多万元人民币，也引入了国内技术力量参与，为国内体育信息产业发展留下了宝贵遗产。

2. 系统部署

成绩系统是保障各项比赛顺利进行的根本条件之一。残奥会与奥运会完全不同的竞赛项目有硬地滚球、盲人门球和轮椅橄榄球，另外，轮椅击剑、轮椅篮球、坐式排球等残奥会竞赛项目也与奥运会的相关竞赛项目存在较大差异。因此，同一场馆中奥运会成绩系统向不同的残奥会成绩系统的转换工作也就成为整体技术转换中的核心工作内容之一。

成绩系统有两个重要组成部分，包括欧米茄公司提供的现场成绩系统 OVR 和由源讯公司提供的信息发布系统 IDS。对于残奥会比赛项目与奥运会比赛项目一致的场馆，OVR 系统的硬件设备及网络连接均可以不做改变，场馆成绩团队仅需更新及调测成绩系统软件即可；而对于同一场馆中残奥会比赛项目与奥运会比赛项目有差异或完全不同的场馆，则场馆成绩团队要在根据残奥比赛需求完成 OVR 系统的硬件环境搭建后再更新成绩系统软件并完成调测工作。软件方面，残奥会各项目 OVR 系统已于赛前在集成测试实验室中充分进行了测试，而残奥会的 PDC 搭建工作也在奥运会赛前完成，因此，各竞赛场馆在转换期中直接通过与 PDC 服务器连接的 OVR 设备完成了 OVR 系统的远程灌装和更新；硬件方面，根据技术部前期制定的统一政策，需要调整硬件环境的场馆在前期均已制订了详细的转换计划，并提前对比赛所需设备进行了下单调拨，因此转换期中均顺利完成了 OVR 系统硬件环境的转换任务。

由于 IDS 系统面向媒体和公众提供服务，并承担着将赛事信息及时准确发布的重要使命，因此技术运行中心和源讯方面均高度重视 IDS 系统的转换工作。由于前期系统开发阶段合作伙伴对系统间数据接口标准认识存在差异及残奥会竞赛信息的不完整，造成了系统中文翻译的几个遗留问题。对此，技术运行中心积极协调源讯及其分包商北京体育科技公司等有关方面，并在奥运会结束后即刻召集各残奥会项目成绩经理碰头，以商讨解决成绩系统转换中的各种问题。由于解决问题及时有效，残奥会 INFO 2008 系统按计划于 2008 年 9 月 2 日正式上线，而残奥会的两个新开发应用——成绩转换系统 RCS 和成绩打印系统 RPS 也于转换期中在各场馆完成了部署和调测工作，在残奥会比赛过程中承担起成绩信息的中文翻译及成绩信息打印发布的任务。

三、场馆技术准备工作

1. 新增场馆技术部署

根据 IPC 要求，本次残奥会的非竞赛场馆没有完全复用奥运会的非竞赛场馆。其中，由于对无障碍设施要求较高，残奥总部饭店设在了港澳中心瑞士酒店（港澳中心瑞士酒店不是奥运会的非竞赛场馆），另外在主新闻中心原所在场馆内专门设立了残奥接待中心。技术部前期对此进行了充分准备，及时从残奥会部获得了明确新增的场馆技术需求，并在筹备阶段即确定了这两个场馆 VTM 的岗位人员，因此这两个新增场馆的全面技术实施工作得以顺利地开展，并按时间要求在场馆正式开放前完成了全部的技术准备工作。

竞赛场馆方面，在国家会议中心击剑馆举行的硬地滚球和轮椅击剑两个项目是针对脑瘫和下肢残疾人士的残奥会项目，考虑到方便运动员使用轮椅，奥组委决定将奥运会时位于四层的比赛场地在残奥会期间转为一层。因此，全部场馆的技术设备也需随之改变位置。击剑馆技术团队 VTM 的带领下制订了详细的转换计划并多次进行了实际演练，因此虽然击剑馆是技术转换工作任务最重的场馆之一，但也很好地在转换期中完成了场馆各项技术转换工作。

其他竞赛和非竞赛场馆也按计划完成了转换的准备工作。

2. 新增需求

为减少转换期中各场馆的技术转换工作任务，在赛事筹备前期，技术部已明确制定出各场馆残奥会赛事要求的各项布线布点工作要在奥运会赛前完成的政策。根据残奥会 TEAP 工作要求，各场馆技术团队认真履行了此项政策，在奥运会赛前即完成了场馆残奥会赛时所需的各数据线、通信线路和电源的准备工作，减少了技术转换期的工作压力。对于转换期中场馆提出的个别新增布线布点需求，技术运行中心也进行了快速响应，本着"有条件满足需求的予以实施"原则对需求进行了及时审核批复，并在场馆层面完成了实施工作。

残奥会筹备期间，两个新增残奥会非竞赛场馆增加了部分集群通话设备；专门针对轮椅使用者配置的低位公用电话设备由中国网通按时完成了设备部署工作，并在残奥会期间全面投入使用。

无线电频率方面，对于针对残奥会的特殊服务项目——无线调频助听服务所使用的无线电传输信号，技术部于奥运会赛前为此申请到了三路无线电频率资源，完全满足了项目运行需要。

四、信息无障碍服务

1. 设备部署及人员服务

为满足信息无障碍项目和无线调频助听项目在场馆的顺利运行，技术团队在设备部署的重点区域，如文字记者工作区、运动员接待处、运动员休息区、贵宾休息室、观众服务处等指定专职工程师和志愿者提供咨询及讲解服务。其中，专职信息无障碍服务工程师 49 名，无线助听服务工程师 12 名，各场馆专（兼）职志愿者共计 100 余名。

2. 视残人专用 PC 终端

技术部在奥运会赛时和残奥会赛时提供了 141 台视残人专用 PC 终端。视残人专用 PC 终端包括完整工作站硬件设备（包括声卡、网卡等），终端操作、网页浏览、声音播放、视频播放系统等必要软件，安装了支持文字转换语音的系统软件（Text - to - Speech System）、屏幕图像放大软件及配备高质量耳机、麦克风、盲人专用输入输出等配套设备，其中有 42 台专用 PC 终端配备点字显示设备，10 台专用 PC 终端配备盲文打印办公设备。

3. 盲文打印办公设备

技术部在奥运会赛时和残奥会赛时提供了 10 套盲文打印办公设备。盲文打印办公设备主要指可与视残人专用 PC 终端配套使用的，可支持中、英、法等多国语言盲文输出的点阵打印系统，包括盲文打印机、打印支持软件、配套打印用耗材等。盲文打印办公设备需要与点字显示设备配套使用。

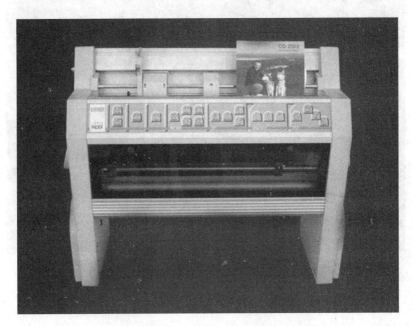

图 15 – 1 国外盲文打印机

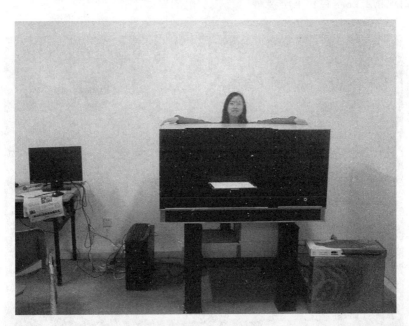

图 15 – 2 国产盲文打印机

4. 盲文点字显示设备

技术部在奥运会和残奥会赛时提供了 42 台盲文点字显示设备。将盲文点字显示设备与视残人专用 PC 终端连接后，通过专门的配套软件支持，可将电脑屏幕信息转换为盲文点字输出信息以供盲人用手触摸浏览。

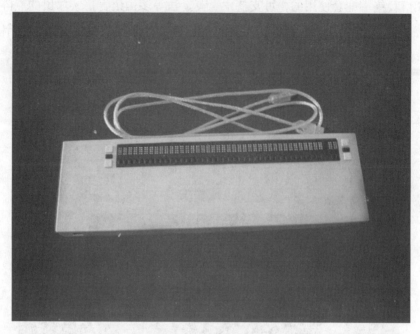

图 15 - 3　盲文点字显示器

5. 聋哑人手语和语音翻译软件

在残奥会赛时官方网站视频中及电视节目中提供的实时数字手语服务，可以让聋人和健全人一样实时"听"到现场解说内容和了解赛事信息，示范图例如下：

图 15 - 4　可手语播报网页的插件

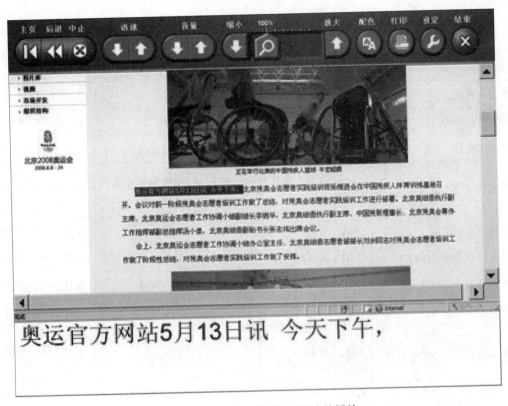

图 15 – 5　可语音播送网页内容的插件

五、残奥会技术转换期规划

北京奥运会于 8 月 24 日结束全部竞赛项目，第 13 届残奥会各项赛事于 9 月 7 日全面开始，这是历届残奥会转换时间最短的一届。在前期筹备阶段及在奥运会赛事运行阶段，各场馆对转换工作进行了重点部署。其中技术运行转换作为场馆转换中的一项重要工作内容，各技术团队均予以高度重视。根据奥组委统一规定，各竞赛场馆的转换期定义为此场馆奥运会最后一项比赛项目（国家体育场为奥运会闭幕式）结束当日的晚 24 时起至此场馆残奥会第一项比赛项目当日凌晨 0 时止的时间段；各非竞赛场馆的转换期则根据场馆各自的奥运会和残奥会具体运行时间要求确定。各场馆转换期信息如表 15 – 4 所示：

场馆技术团队针对转换期的主要工作内容包括：

- 根据残奥会场馆运行设计及功能用房的分配情况，组织技术设施设备的转换工作。
- 各业务口的主要工作是结合残奥会 TEAP 完成场馆技术设备设施的部署并确保在残奥会前开通服务。
- 督促场馆技术合同商团队按照前期制定的转换期工作计划或运行计划完成转换期工作任务。
- 如需进行测试的技术系统设备，必须根据前期制定的详细测试计划及完成测试时间点在转换期中予以测试，保证赛时此项技术系统设备的正常运转。
- 场馆技术业务口各团队应根据残奥会竞赛运行实际需要在转换期中对调整后的技术工作流线做好充分准备，以便残奥会赛时技术工作的顺利开展。

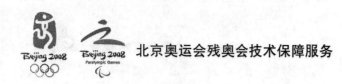

表 15 - 4　各场馆转换信息简况

场馆中文名称	英文代码	奥运会比赛项目	残奥会比赛项目	转换期时间
国家体育场	NST	田径、足球	田径	8 月 25 日 - 9 月 7 日
国家游泳中心	NAC	游泳、跳水、花样游泳	游泳	8 月 24 日 - 9 月 6 日
国家体育馆	NIS	竞技体操、蹦床、手球	轮椅篮球	8 月 25 日 - 9 月 6 日
国家会议中心击剑馆	FCH	击剑、现代五项（击剑和射击）	硬地滚球、轮椅击剑	8 月 23 日 - 9 月 6 日
奥林匹克射箭场	OGA	射箭	射箭	8 月 16 日 - 9 月 8 日
奥林匹克公园曲棍球场	OGH	曲棍球	五人/七人制足球	8 月 24 日 - 9 月 6 日
奥林匹克公园网球中心	OGT	网球	轮椅网球	8 月 18 日 - 9 月 7 日
北京大学体育馆	PKG	乒乓球	乒乓球	8 月 25 日 - 9 月 6 日
北京航空航天大学体育馆	AAG	举重	举重	8 月 20 日 - 9 月 8 日
中国农业大学体育馆	CAG	摔跤	坐式排球	8 月 22 日 - 9 月 6 日
北京科技大学体育馆	STG	柔道、跆拳道	轮椅篮球、轮椅橄榄球	8 月 24 日 - 9 月 6 日
北京理工大学体育馆	TIG	排球	盲人门球	8 月 19 日 - 9 月 6 日
北京射击馆	BSH	射击	射击	8 月 18 日 - 9 月 6 日
老山自行车馆	LSV	自行车	环绕自行车	8 月 24 日 - 9 月 6 日
北京工人体育馆	WIA	拳击	盲人柔道	8 月 25 日 - 9 月 6 日
顺义奥林匹克水上公园	SRC	赛艇、皮划艇、游泳（公开水域）	赛艇	8 月 24 日 - 9 月 8 日
铁人三项赛场	TRV	铁人三项	公路自行车	8 月 20 日 - 9 月 11 日
青岛国际帆船中心	QDM	帆船	帆船	8 月 22 日 - 9 月 7 日
香港马术赛场	HKS	马术	马术	8 月 22 日 - 9 月 6 日

（竞赛场馆）

续表

	场馆中文名称	英文代码	运行时间	转换期时间	备注
非竞赛场馆	奥林匹克公园公共区	OCD	和奥运村的政策一致	和奥运村的政策一致	
	残奥会大家庭总部饭店	PFH	9月1日-9月17日	8月25日-8月30日	
	主新闻中心	MPC	7月8日-9月20日	8月26日-9月1日	
	国际广播中心	IBC	7月8日-9月26日	8月25日-9月1日	
	奥运村/残奥村	OLV	7月20日预开村28日正式开放-8月27日　8月30日-9月20日（残奥村）	8月28日-8月29日	
	首都国际机场	AIR	7月8日-9月30日	没有明确规定转换期时间	
	残奥会接待中心	PHC	9月6日-9月17日	8月26日-9月1日（和MPC一样）	
	技术运行中心	TOC	8月30-9月24日	8月27日-8月29日	9月17日-24日为撤出期

- 在场馆技术转换工作中，还应充分考虑到奥运会与残奥会的形象景观标识的转换（如将系统中奥运会会徽更换为残奥会会徽等）。
- 与注册、安保、交通等场馆业务口沟通落实完成转换任务的必要条件，做好人员、车辆制证相关工作，确保承担转换期任务的合同商，尤其是临时施工人员、相关车辆顺利进入场馆开展工作。
- 与物流中心、场馆物流、安保等业务口沟通落实转换期场馆设备设施的运入运出工作，确保各类物资按时抵达场馆。

1. 竞赛场馆 FOP 的技术转换

FOP 指各竞赛场馆的比赛区域。在 FOP 区域及周边部署的设备是竞赛核心技术系统，全部比赛数据即来源于此。各竞赛场馆技术团队只有在明确 FOP 设备部署需求的前提下才可制定出本场馆具体的技术转换计划。有鉴于此，残奥会技术工作团队在筹备阶段即协调欧米茄公司的相关人员制作出各残奥竞赛场馆的 FOP 设备规划图纸，并提供给各竞赛场馆技术团队。各场馆技术团队在为奥运会比赛项目准备的工作中也充分考虑到了残奥会比赛项目的技术需求，并在筹备阶段完成了大部分基础实施工作。

2. 信息技术设备

按照"两个奥运，同时筹办"的工作开展机制以及存在新增残奥会场馆的实际情况，残奥会所使用的IT设备并非100%复用奥运会的设备，而是要求有额外的技术设备及人员服务支持。因此，在前期筹备阶段初期，技术部与联想方面进行了协商，并达成了联想成为残奥会的IT设备独家技术服务供应商的协议。这为残奥会系统测试环境搭建、PDC残奥会技术环境搭建、新增场馆的IT设备部署、信息无障碍服务项目的IT设备部署和残奥会赛时的技术支持服务等工作的顺利开展奠定了基础。

3. 官方网站的转换

经过搜狐团队和源讯技术团队的通力合作并对残奥会赛时官网及IDS系统中的INFO内容管理系统（ICMS）系统等的全面测试，残奥会赛时官方网站中的成绩信息发布页面按计划如期于9月5日（残奥会开幕前一天）正式上线运行。互联网技术团队也于9月2日完成了www.beijing2008.cn网址向残奥会赛时官网自动跳转的设定工作。

4. 标识的转换

作为残奥会举办的要求和惯例，由合作伙伴开发及提供的各项残奥会技术系统和打印报表中均配置或显示的是残奥"天地人"标识，替代了奥运会的"中国印"标识。

5. 技术物资封存

为了减少转换期中各场馆的技术转换工作任务，对于残奥会还需继续运行的场馆中的奥运会技术物资回收政策，技术部在筹备阶段也予以明确，即"对于场馆中在奥运会使用而残奥会不继续使用的技术物资，原则上予以就地封存，残奥会结束后统一进行物资回收。有条件的场馆可以在转换期中对相关物资进行回收工作"。各场馆均很好地执行了此项政策，没有因为物资回收工作而影响了转换期中的残奥会各项技术准备工作的开展。

六、残奥会技术运行中心

残奥会技术运行中心基本复用奥运会技术运行中心的场地、设备、系统及人员。在人员配置上，针对残奥转换期工作，增加了残奥会转换经理，其他架构与奥运保持一致。各场馆技术团队除增加信息无障碍服务助理、无线调频助听服务工程师和无线调频助听服务助理外，人员结构同样基本保持不变。与奥运会相比，技术团队人员数量保持基本稳定，但根据工作量、工作内容和工作时间的变化进行了适当调整。

第四节　主要经验

一、对残奥会的正确认识

"能办好奥运会，就能办好残奥会"，这通常是奥运会和残奥会组织工作中的一个认识误区。残奥会有其自身特点，与奥运会有许多不同。在技术领域，残奥会专有竞赛用成绩系统、GMS/IDS/OVR 中的残奥会运动员分级功能、残奥会专用 INFO 系统、残奥会特殊技术服务项目等都与奥运会存在差异。对残奥会筹备工作复杂性的正确认识，使残奥会技术工作团队可以协调各方专注于分析、辨别残奥会与奥运会在技术领域中的差异部分，归纳出差异部分的各项工作内容，制订计划，提前准备，使各项残奥技术工作有序推进。

二、沿用奥运技术系统、机制和工作流程

奥运会技术系统、机制和工作流程在残奥会期间继续得以沿用，确保了人员的稳定和工作的顺畅。

大部分奥组委、合同商员工和志愿者组成的技术团队继续参加了残奥会技术运行支持工作。有残奥会任务的场馆技术团队人员编制和岗位不变。没有残奥会任务的场馆技术团队付薪员工集中在技术运行中心注册，作为应急团队支持残奥会的技术运行。

三、做好计划并监督落实

完善的项目实施计划是技术项目顺利运行的基础。在残奥会的技术筹备阶段，经过与各方充分沟通了解残奥会技术运行需求，综合考虑各类残奥会技术服务项目，并与合同商多次开会讨论，最终形成了各项残奥会技术筹备及运行的项目计划，为之后技术工作的开展提供了指导文件。具有代表性的项目计划包括：《残奥会技术工作方案》、《IT Master Plan of Paralympics》、《Integration Quality Assurance Plan》、《系统集成责任矩阵》、《盲人门球测试赛问题及解决方案表》和《残奥会场馆技术转换（转换期）工作指导意见》等。

有了计划，还需逐项落实。通过定期工作会议、每月项目进展评估、季度工作报告审核、系统阶段性测试、系统用户使用反馈情况了解、第三方测试、引入第三方监理、问题解决情况追踪等方式，合同商根据计划要求组织实施各项技术系统及技术服务。技术部在实施过程中协调相关资源以保证实施的顺利开展，同时监督项目开展进度，及时解决发现的各种问题。残奥会各项技术筹备工作的顺利完成，证明设置专人对各项筹备工作的开展负责协调监督是必要的，残奥技术工作开展模式是有效的。

四、与奥运同步甚至提前部署实施

"能在奥运会前完成的技术转换工作要尽量在奥运会前完成"成为残奥会筹备工作的主要原则之一。由于转换期时间有限，如将技术转换工作全部安排在转换期中实施，则会产生技术转换的巨大压力，进而为残奥会的技术运行带来风险。因此，各场馆均按照上述转换工作原则在奥运会前部署落实了有关工作，其中最重要的一项就是场馆的布线工作和技术物资的提前调拨。做好场馆布线，转换期中各场馆仅需将技术设备部署到新位置安装调测即可，大大节约了时间，并且不会对场馆景观造成影响。

五、充分的测试和演练

残奥会成绩系统作为竞赛的核心组成部分，于2008年5月开发完成，所有成绩团队在完成奥运成绩系统的同时，对残奥会系统又进行了实验室测试及现场测试。同年6月，技术部专门邀请了IPC的技术代表到技术运行中心进行了为期四天的技术系统测试，并由技术代表对各项目技术文档进行了签字确认，这是以往任何一届残奥会都没有做过的工作。完善的测试、管理流程确保了赛时成绩系统的稳定、无故障运行。

运动员报名、注册、住宿、交通、医疗、抵离、报表、人事系统8个残奥会管理子系统在奥运会前即已上线运行，为各业务部门提供了稳定的技术服务，也为残奥会的运行积累了宝贵的经验。

通过在筹备阶段对服务于残奥会的各类技术系统进行全面而系统的测试，包括系统开发商自检、用户适用性测试、第三方测试等，找到了系统中存在的各种问题。系统开发商进而修正升级系统软件或硬件设备，由此保证了技术系统赛时稳定运行的可靠性，也减少了技术转换中再测试的工作压力。

不仅如此，各场馆还在筹备阶段开展了技术转换的实战演练活动。通过场馆技术团队参与到残奥会测试赛、技术演练和实战演练活动中，在真实的比赛环境下操作技术系统和提供技术服务，各场馆技术团队更好地了解和熟悉了残奥会的技术工作流程，为赛时正式的技术运行工作提前做好了准备。下表总结了在筹备阶段组织的针对于残奥会的三项测试赛和一次技术演练。

表15-5　三项测试赛和一次技术演练

测试类型	比赛项目	举办场地	时间	完成情况
测试赛	盲人门球	北理工体育馆	2007年9月13日至16日	按期完成
测试赛	轮椅篮球	国家体育馆	2008年1月20日至26日	按期完成
测试赛	田径	国家体育场	2008年5月22日至25日	按期完成
技术演练	田径/游泳 坐式排球/射击	集成测试实验室 技术运行中心	2008年6月27日	按期完成

六、认真、周密、细致的技术转换工作

根据北京奥组委的工作安排，所有场馆的技术团队针对奥运会向残奥会的转换工作制订了严密、细致的转换期工作计划，部分转换工作较重的场馆（如击剑馆）还专门在奥运赛前进行了转换演练。

为确保转换工作的顺利进行，技术运行中心专门增设了转换经理岗位，专门跟踪各场馆的技术转换工作，协调解决相应问题。奥运会后，及时为没有残奥项目的场馆技术团队34名付薪人员进行注册，并将其及时补充至残奥场馆和技术运行中心急需的关键岗位，有力地保障了转换工作的进行。

对于转换期间的新增技术需求，技术部本着"全力支持，努力满足"的原则，为IPC及各业务

口提供了周到细致的服务。在残奥总部饭店及设在主新闻中心的残奥接待中心，技术团队派遣专人进行需求跟踪，配合协调相关业务部门完成了大量的技术保障工作，确保了残奥会赛时提供优质的服务。

七、提供信息无障碍服务

北京奥组委首次在残奥会服务过程中提供了"信息无障碍"技术服务，为残障人士提供了多样化的信息获取渠道。北京残奥会不仅做到了建筑设施无障碍，同样在信息无障碍方面，做了有益的尝试和最大的努力，并受到了运动员、观众、媒体的赞誉。

9月17日，伴随闭幕式上伦敦残奥会会旗的徐徐升起，技术部胜利完成了全部残奥会技术支持工作，为残奥会的技术保障工作又书写了精彩的一笔。

第十六章 技术支持服务

自 2001 年北京奥组委成立伊始，技术支持服务工作就伴随着奥运筹办和举办工作的推进不断成熟和发展。

奥运技术支持服务旨在整合各类技术资源，通过客户服务与技术支持平台，为奥运会的参与者（公众除外）提供包括信息、通信及其他技术类产品服务和使用方面的帮助和支持。

奥运技术支持服务建立过程中，充分参考了行业标准和规范，借鉴了往届奥运会技术服务运行管理的经验，在与各类技术产品服务的使用客户和合同商交流、沟通的基础上，在实践中不断的摸索、改进和完善，最终建立了适合北京奥运会的技术支持服务管理模式和运行体系，制定了一系列管理规程，为北京奥运会筹办和举办工作的顺利进行，提供了高效、稳定、可靠的技术支持保障。

第一节 概述

奥组委技术支持服务中心（Helpdesk），受理并处理客户在使用奥组委提供的技术产品或服务的过程中，通过电话、邮件及公文提出的咨询、故障报修、投诉和其他技术相关求助，是提供技术支持服务的机构，受奥组委技术部直接领导。技术支持服务中心按照"统一与分散相结合"的运行管理模式，统一纳入所有参与奥运技术运行的合作伙伴，建立了基于信息技术基础设施库（ITIL）的三级技术支持服务管理体系。同时，制定了问题管理、事件管理、配置管理、服务水平协议管理、服务可持续性管理等管理活动的标准。

一、目标

技术支持服务的工作目标是"完整记录、全程跟踪、快速响应、有效解决"。在服务水平规定范围内以最短时间响应并处理用户对于技术事件的申告；确保用户申告的技术事件被准确记录和有效跟踪；保证用户对于技术支持中心的满意度。

二、服务对象

奥林匹克大家庭，包括 IOC、IF、NOC、媒体、转播商和奥组委工作人员。

三、范围

服务范围包括奥组委技术部提供的各类技术服务和产品（含收费卡产品）。包括：

- 信息技术类：计算机、网络、打印机、复印机等软硬件设备和应用系统。
- 固定通信类：固定电话、互联网接入、数据专线、传真等产品或服务。
- 移动通信类：SIM 卡、无线局域网接入、移动终端等产品或服务。
- 其他技术类：集群通信服务、有线电视 CATV 服务、电视机终端、无线电频率服务、不间断电源、音响、扩声系统、记分牌、图像大屏、体育展示、仲裁录像系统、头戴、同声传译、投影机等。

四、规划与建设

奥运技术支持的规划与建设分为办公技术支持、赛前技术支持和赛时技术支持三个阶段：

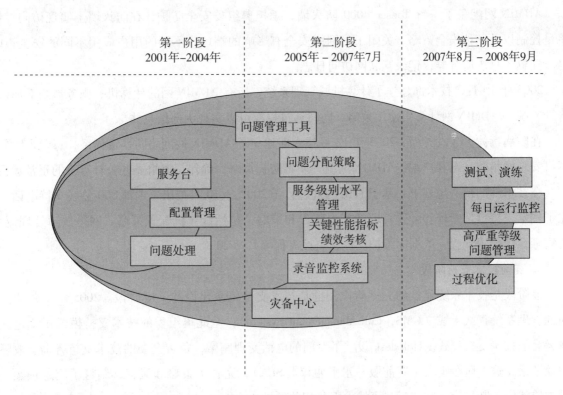

图 16 - 1　奥运技术支持规划与建设示意图

1. 办公技术支持阶段

办公技术支持是技术部技术支持工作中非常重要的阶段，它肩负着支持队伍的建设、基本流程的建立以及保障筹办工作正常进行的使命。技术部借鉴往届奥运会的经验，自奥组委成立后技术支持采用了外包的服务模式，"让专业的人做专业的事"，为奥运会残奥会技术支持工作的成功打下了基础。

奥组委信息技术系统的建设随着筹办工作逐步地深入，经过 3 年的发展，已经形成奥组委办公网络、基础应用系统、基本安全体系等。

（1）办公网络

在本阶段奥组委办公建有 2 套网络系统：组委会管理信息系统（ADMIN）网和政务专网，两套网络物理上完全隔离。

ADMIN 网采用 Cisco 3640 路由器接入，核心交换机是 Cisco 6509，接入层采用的是十二台 Cisco 3550 – 48 SMI 和三台 Cisco 2924，一台 Cisco 1924 交换机组成。

政务专网接入北京市电子政务专网，用来与市政府进行公文无纸化传输。政务专网采用 Cisco 2600 路由器接入，核心层交换机是 Cisco 4006 – s3，接入层采用的是十台 Cisco 3550 – 48 SMI。

（2）基础应用系统

该阶段支撑奥组委办公的应用系统包括 OA、物资管理系统、BBS、财务及会计系统、P3 项目管理系统等。

（3）基础安全体系

基础安全体系包括防火墙、计算机域管理系统、网络防病毒系统和简单系统监控等。

ADMIN 网配备了一台 Topsec 4000 防火墙，承担奥组委安全防护，在防火墙上实现访问控制、流量控制以及其他安全策略，关闭了对网络安全有影响的端口，不同的用户应用不同的安全策略。另外配置了日志服务器，记录互联网访问日志。

2003 年 10 月，技术部建立了计算机域管理系统，所有 ADMIN 网的计算机、服务器全部加入域管理，统一 ADMIN 网计算机使用策略，同时通过授权可以实现内部信息共享。

在防病毒体系建设方面，2003 年 12 月技术部建立了 ADMIN 网网络防病毒体系，每台入网的计算机安装网络防病毒客户端，ADMIN 网统一病毒防护策略，确保了奥组委办公计算机的正常运行。

在技术部的统一规划下，基于 ITIL 的理念，于 2002 年 10 月推出了内部 800 热线支持电话，建立了技术支持事件管理和配置管理的基本流程和策略，包括计算机配置策略、网络故障处理流程、防病毒系统配置流程、数据库维护流程、监控流程等共计 20 个。

2. 赛前技术支持阶段

该阶段是技术系统建设的关键阶段，也是技术支持体系建设的关键阶段。2005 年 2 月 28 日，问题管理系统正式上线（CMS，Call Management System），至此奥组委的技术支持模式正式过渡到奥运会的技术支持模式。Helpdesk 设立了专门的电话受理座席，负责全委的技术支持咨询、故障受理及记录，这个阶段定义了赛前服务水平协议（SLA），完善了策略和流程，制订了应急预案，技术支持队伍不断扩大，基本涵盖了技术服务相关领域。

CMS 是奥运会技术支持体系中基础支撑平台，前期信息系统处全面的研究分析了奥组委办公技术支持的特点，编写了技术支持框架（Helpdesk Outline），确定了当时的技术支持组织架构、支持范围、问题分类、严重等级定义和服务水平规定（SLA）以及问题处理流程等。图 16 – 2 为 CMS 初期的设置：

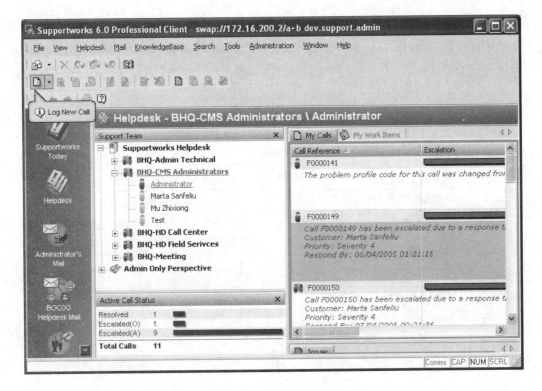

图 16 – 2　CMS 初期的设置

本阶段技术支持基本流程如图 16 – 3 所示：

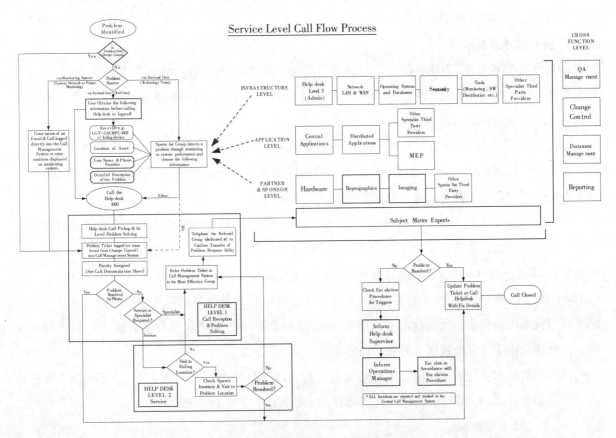

图 16 – 3　赛前技术支持基本流程图

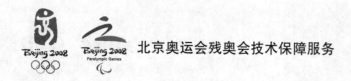

同时，为了规范奥组委工作人员使用技术系统，Helpdesk 团队制订了技术注册流程，保证员工可以正常使用计算机、邮件、OA、访问互联网以及申请固定电话和 SIM 卡，注册流程如图 16 – 4：

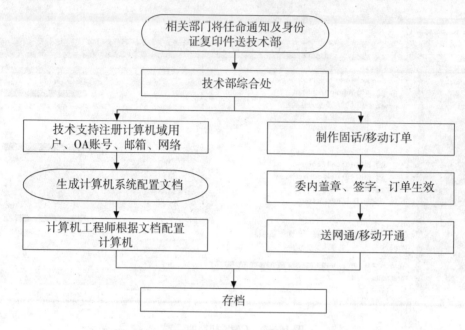

图 16 – 4　技术注册流程图

随着筹备工作的不断深入，技术支持队伍的建设也日臻完善，首信、联想、网通、源讯等合同商已经按照技术部岗位要求进行了人员的配备。

3. 赛时技术支持阶段

2007 年 8 月 8 日至 27 日进行了"好运北京"第一次综合测试赛，共有 9 个场馆 12 个项目参加。为此，技术运行中心（TOC）与 2007 年 7 月 16 日正式启动，这也标志着奥运会技术支持体系正式进入赛时支持的运行阶段。

"好运北京"测试赛期间，各场馆技术团队陆续到位，测试赛时由本地团队按照奥运赛时的流程和策略提供技术保障，同时建立了技术支持巡检团队（Roaming Team），负责场馆和委外办公的日常办公技术支持，保证了各业务口工作的不断深入展开。

北京奥运大厦作为 ADMIN 网的核心服务设施参加了本次及后续的全部 42 场测试赛的技术支持。奥运大厦技术团队负责了奥运会 ADMIN 网的技术保障，负责为京内全部场馆提供后台支持，内容包括 22 个 ADMIN 网应用系统以及 ADMIN 网计算机账号、邮箱的注册和管理等，其中赛时邮箱 7500 个、OA 账户 3300 个、计算机账户 7700 个。奥运会残奥会赛时各场馆现场的技术支持工作由本场馆技术团队负责，所有技术团队按照 TOC 发布的统一的策略和流程为各业务口提供技术支持，出色地完成了奥运会残奥会的技术保障任务。

技术部的技术支持工作团队自奥组委成立之初至残奥会结束，共受理了 11.7 万次技术支持申请，全部如期完成，至残奥会结束没有遗留任何未处理的技术支持申请。

第二节　技术支持架构

一、服务管理体系

奥运技术支持服务管理是基于 ITIL 服务管理标准建立的，由一项职能和两大流程组组成。一项职能是指服务台职能，集中受理并处理用户提出来的故障申报和服务申请。两大流程组是服务支持流程组和服务提供流程组，它们之间通过服务台职能互相支持、紧密配合。

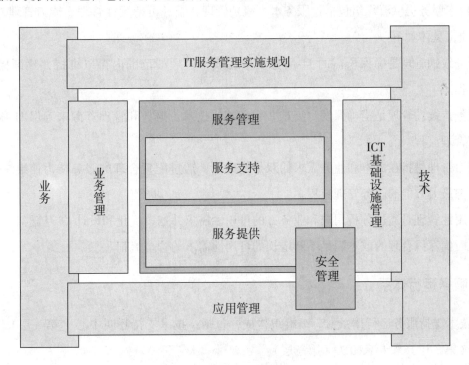

图 16－5　服务管理体系结构图

1. 服务台职能

服务台是 IT 服务提供者与使用者之间的单一联系点，例如：呼叫中心、一站式服务台。其主要目标是协调服务提供者与使用者之间的联系，为技术服务运作提供支持，从而提高客户的满意度。

2. 服务支持流程组

奥运技术服务支持流程组包括：事件管理、问题管理、配置管理、变更管理、发布管理等活动项，具体如下：

- 事件管理负责记录、归类和安排技术团队处理事件并监督整个处理过程直至事故得到解决和终止。

- 问题管理是指通过调查和分析 IT 基础架构的薄弱环节、查明事故产生的潜在原因，并制定解决事故的方案和防止事故再次发生的措施，将问题和事故对业务产生的负面影响减小到最低的服务管理流程。

- 配置管理是识别和确认系统的配置项，记录和报告配置项状态和变更请求，检验配置项正确性和完整性等活动构成的过程。
- 变更管理是指为在最短的中断时间内完成基础架构或服务的任一方面的变更而对其进行控制的服务管理流程。
- 发布管理是指对经过测试后导入实际应用的新增或修改后的配置项进行分发和宣传的管理流程。

3. 服务提供流程组

奥运技术服务提供流程组包括：服务水平级别管理、服务可持续性管理、能力管理、可用性管理等活动项，具体如下：

- 服务级别管理是确保所需的 IT 服务质量在成本合理的范围内得以维持并逐渐提高的管理流程。
- 服务持续性管理是指确保发生灾难后有足够的技术、财务和管理资源来确保 IT 服务持续性的管理流程。
- 能力管理是指在成本和业务需求的双重约束下，通过配置合理的服务能力使组织的 IT 资源发挥最大效能的服务管理流程。
- 可用性管理是通过分析用户和业务方的可用性需求并据以优化和设计 IT 基础架构的可用性，从而确保以合理的成本满足不断增长的可用性需求的管理流程。

二、服务运行体系

奥运技术支持服务运行体系由 3 级组织构成，包括：技术支持呼叫中心（第一层）、场馆技术支持团队（第二层）和专家团队（第三层）。

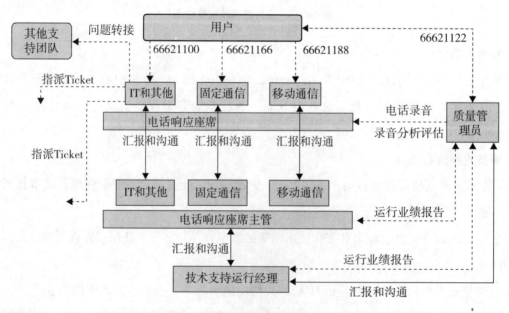

图 16-6　技术支持服务运行流程图

418

1. 技术支持呼叫中心

对应服务管理模式的服务台职能，奥运技术支持服务中心采用呼叫中心的受理形式。呼叫中心平时由技术部负责直接管理，赛时由技术运行中心（TOC）负责直接管理。

按照技术支持的服务范围，参照"统一与分散相结合"的原则，呼叫中心由信息及其他技术、固定通信技术、移动通信技术三组电话响应座席组成。呼叫中心作为服务使用用户与技术支持服务的直接接口，接受奥组委技术支持服务中心的直接领导，通过响应用户的电话申告，回答业务咨询并解答一些基本问题。

2. 场馆技术支持团队

场馆技术支持团队由现场技术支持团队组成。包括：信息技术支持团队（负责计算机设备、运动会网系统、ADMIN 系统、打印机、复印机等）、通信技术支持团队（负责固定通信、移动通信、集群、有线电视、无线频率、传真等）和场馆技术支持团队（大屏、音视频、扩声系统、记分牌、图像大屏、综合布线等）。

3. 专家团队

专家团队由提供各类技术产品和服务的原厂专家和驻守技术运行中心的专家组成，他们通过远程技术手段，为用户提供技术产品和服务使用方面的帮助和支持，同时，他们也是与各系统网管运行中心联系的接口。根据技术产品特点和应用形式的不同，专家团队按工作方式的不同划分为：驻守 TOC 专家团队和流动专家团队。

三、业务管理流程

技术支持服务的过程主要是围绕用户的技术请求和故障申报来展开的。技术支持服务业务管理流程如下图所示：

1. 信息及其他技术类问题的处理流程

（1）问题受理

技术支持呼叫中心电话响应座席首先判断用户的咨询或问题申告是否为其受理范围，如果是固定通信和移动通信问题，则将用户电话直接转到固定通信或移动通信的呼叫中心受理，如果是其他非技术支持呼叫中心受理的范围，则按照相关口径告知用户相关信息。

在转接过程中，为用户接通相应的电话响应座席人员后才能挂机；如果转接电话无法成功，需要受理用户的申告，之后将问题通过 CMS 系统转给固定通信、移动通信团队。

对于响应座席受理范围内的问题，如果是咨询类问题（这类问题不是实际的产品故障，主要由于用户对产品或服务缺乏了解，导致使用困难）或者在其解决范围之内的问题，电话响应座席进行解答。对于所有受理的问题，电话响应座席必须根据要求将问题信息记录到 CMS 系统中。电话响应座席受理问题流程详见《技术支持呼叫中心受理问题流程》。

（2）问题派发

对于技术支持呼叫中心电话响应座席不能解决的问题，应通过 CMS 系统将问题分配给相应的各场馆技术支持团队（第二层）或 TOC 专家（第三层）处理。针对不同的受理问题类型，响应座

北京奥运会残奥会技术保障服务

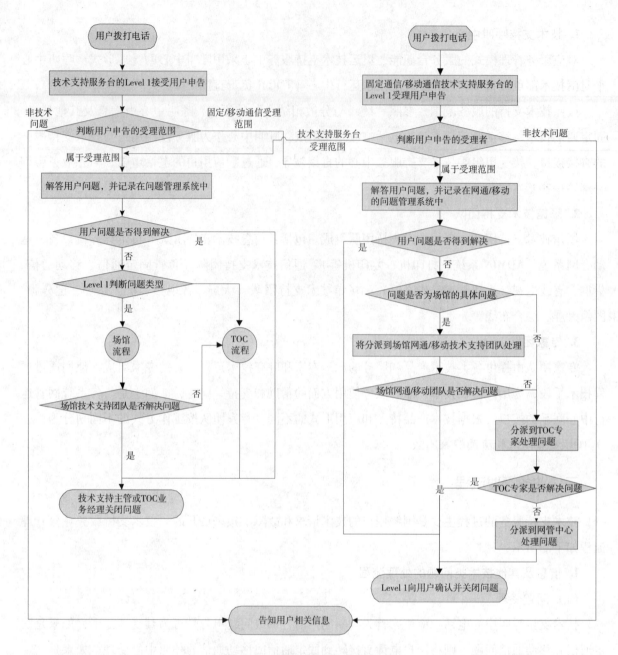

图 16 - 7　信息及问题的处理流程图

席需要采取对应的处理流程, 具体如下:

- 对于信息类问题, 响应座席将把问题分派到场馆信息技术支持团队处理。
- 对于集群通信、CATV、音视频等问题, 电话响应座席将把问题分派到场馆通信技术支持团队处理。
- 对无线频率方面的问题, 电话响应座席将问题通过 CMS 系统分配到 TOC 的无线频率组。由 TOC 无线频率组对问题进行初步的干扰分析和干扰级别分类, 并将问题单通过专线发给北京奥运会无线电管理指挥中心。指挥中心对干扰通知单进行干扰分析判断, 确定干扰等级并给场馆群的监测组下达查处干扰任务。监测组查处干扰并将结果报指挥中心, 指挥中心将问题处理结果反馈给 TOC 无线频率组在 CMS 系统中进行更新。

- 对 UPS 方面的问题，电话响应座席将问题通过 CMS 系统分配到 TOC 的 UPS 组处理。如场馆未设 UPS 技术支持团队，TOC 的 UPS 组视情况远程或派人到场馆解决问题。
- 对于未能转接的网通/移动通信问题，由电话响应座席将问题派发给 TOC 网通、移动组，再由网通/移动技术支持接口人将问题单录入各自的问题管理工具中进行处理。

（3）问题处理

场馆信息技术支持主管负责将信息类问题分配到打印机、服务器、现场工程师等信息技术支持团队解决。场馆通信技术支持主管负责将集群、有线电视、传真、扩声、布线问题分配到相关的场馆技术支持团队解决。

如果场馆技术支持团队在现场无法解决问题，需要 TOC 远程解决，则通过 CMS 系统把问题分派给 TOC 相关专家组解决。

2. 通信技术类问题处理流程

（1）问题受理

固定通信/移动通信电话响应座席收到用户的电话申告后，可先判断用户的咨询或问题申告是否为其受理范围，如果是信息及其他类技术问题，可将用户电话直接转到信息及其他组受理，如果是其他非技术支持范围的问题，则按照相关口径告知用户相关信息。

如接到其他组转入的用户电话，无论其范围，要求必须先受理，然后在后台判断该问题的解决范围，进入后续问题处理。

对于其受理范围的问题，如果是咨询类问题或者在其解决范围之内的问题，固定通信/移动通信电话响应座席进行解答。对于所有受理的问题，电话响应座席需要根据要求将服务申告信息记录到网通/移动的 CMS 系统中。

对于未能转接成功的技术支持呼叫中心信息和其他技术组负责的问题，由固定/移动通信电话响应座席先受理用户申告，之后通过 CMS 系统将问题派发给呼叫中心信息和其他技术组，再由该组按流程进行处理。

（2）问题处理

根据问题类型，固定通信/移动通信电话响应座席将问题单分派给 TOC 内网通、移动的故障管理人员。故障管理人员根据问题类型，通过其内部问题处理系统将问题派发给场馆内的网通/移动技术团队或 TOC 内的网通/移动专家。对于非奥运专用通信设施引发的问题，由网通、移动等合作伙伴的后台网管中心技术专家解决。

（3）传真类问题处理

对于用户申告的传真机故障，如果网通判断是传真线路问题，电话响应座席将问题转发给网通相关技术团队处理，场馆技术人员给予解决；如果非传真线路问题，则将问题提交给 TOC 网通技术支持接口人，TOC 网通技术支持接口人将此问题录入 CMS，并将问题转给场馆通信技术支持主管，同时关闭网通 CMS 系统中的问题。场馆通信技术支持主管将问题分派给传真机技术人员解决。

（4）移动通信终端类问题处理

对于用户申告的手机故障，如果移动判断是网络问题，则将问题分派给相关移动技术团队给予

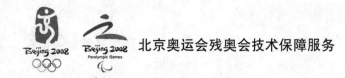

解决；如果是手机本身的问题，则需要将问题提交给 TOC 移动技术支持接口人，TOC 移动技术支持接口人将此问题录入 CMS，并将问题转给场馆通信技术支持主管，同时关闭移动 CMS 系统中的问题。场馆通信技术支持主管将问题分派给相关技术人员解决。

3. 其他渠道受理问题的流程

（1）场馆直接受理问题的处理流程

对于某些用户直接找到场馆技术支持申告问题的情况，技术支持主管可以直接派遣相关技术支持人员进行处理，同时问题需要根据规定要求记录进入 CMS 系统中。

（2）监控巡检问题的处理流程

技术支持团队通过监控、巡检等方式发现的问题需要在问题管理工具中直接录入 CMS 系统，并分派给相关团队解决。

4. 涉及多方接口的问题处理

当信息类问题在解决过程中，如果发现问题需要固定、移动通信团队解决，则需要将问题通过 CMS 系统转发给 TOC 固定、移动通信团队；如果问题需要场馆固定、移动通信团队解决，则需要将问题通过 CMS 系统转发给通信技术支持主管，由通信技术支持主管将问题派发给场馆固定、移动通信团队。

对于严重程度为 1、2 级的问题，由 TOC 相关业务口经理协调技术团队共同解决。

第三节　问题分配策略

制定问题分配的基本策略原则的目的是明确问题分配方向，确定相关问题的技术归口责任人和问题解决人。

奥运技术支持问题分配策略的原则是结合技术支持工具（CMS），按照功能区制定的。其中，每一个竞赛和非竞赛场馆都被定义为一个单独的支持群，TOC 组织结构中的不同领域也都被分别定义为单独的支持群。每个支持群内有若干支持组，承担不同的职责。相关支持群和支持组实例，如图 16-8 所示：

下面分别就呼叫中心、场馆团队和技术运行中心处理问题的标准分配流向进行说明。

一、呼叫中心

对于呼叫中心能够远程处理的问题，问题将保留在呼叫中心团队进行处理直至解决。对于无法远程解决的问题，呼叫中心电话响应座席将根据问题所属的技术领域分配给问题所在的场馆团队。通用的问题分配方向是：

- 信息类问题要分配到对应场馆支持群中的"HD IT Management"支持组，该场馆 IT 技术支持团队负责处理该支持组中的问题。
- 固定通信、移动通信和其他技术类问题要分配到对应场馆支持群中的"HD Telecom Management"支持组，该场馆通信技术支持团队负责处理或分配该支持组中的问题。

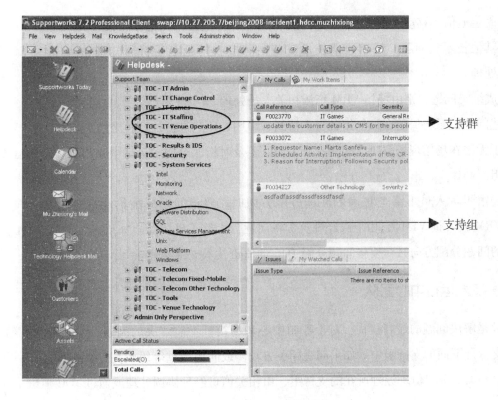

图 16-8 相关支持群和支持组实例

- 成绩类问题要分配到对应场馆支持群中的"Results"支持组，该场馆的成绩团队负责处理该支持组中的问题。
- 但是对于如下问题，分配方向比较特殊，需要注意：
  ◎ 对于运动会网系统账号和访问权限申请需求，电话响应座席负责处理此类问题；
  ◎ 对于 ADMIN 域、OA 或邮箱账号和密码问题，TOC 的 ADMIN 网经理负责处理此类问题；
  ◎ 对于不间断电源问题，TOC 不间断电源主管将负责处理此类问题。

当呼叫中心电话响应座席不清楚正确的问题分配方向时，要将问题分配给上级经理，即呼叫中心技术支持主管（信息和其他组、固定通信组、移动通信组各一人），由上级经理负责将问题分配给正确团队。如果中心技术支持主管也不能确认正确的问题分配方向时，要将问题分配给 TOC 值班技术支持经理。

二、场馆团队

对于场馆能够现场处理的问题，问题记录将保留在 CMS 中该场馆支持群中的相应支持组进行处理直至解决。

- 对于信息类问题，场馆 IT 技术支持团队要根据具体系统或设备的类型进行问题的再分配。例如，场馆服务器问题要分配给场馆支持群中的"Server"支持组，场馆服务器 Specialist 负责进行处理；场馆打印机问题要分配给场馆支持群中的"Printer"支持组，场馆打印机 Specialist 负责进行处理等。

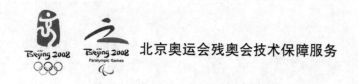

- 固定通信和移动通信类问题，则由场馆通信技术支持团队指派相关人员处理。
- 其他技术类问题，场馆通信技术支持团队接收问题之后将通知场馆 VTM 协调资源进行处理。
- 成绩类问题，则由场馆 VRM 指派相关人员处理。

上述问题记录将保留在该场馆各自支持组，由归口团队进行处理直至解决。

对于无法在场馆现场解决的问题，场馆团队要及时指派给技术运行中心相关技术领域支持群中的支持组。

当场馆团队人员不清楚正确的问题分配方向时，要将问题分配给相应的上级经理（VITM/VTCM/VRM 或咨询 VTM），由上级经理负责将问题分配给正确团队。如果场馆团队 VTM 也不能确认正确的问题分配方向时，要将问题分配 TOC 的值班技术支持经理。

三、技术运行中心团队

TOC 是解决问题的最高机构。对于呼叫中心和场馆都不能解决的问题，要及时分配给 TOC 中适当的支持群下面的支持组中。如果问题相关方较多或问题严重等级较高，影响重大，则问题应该被分配给相关业务口值班经理所在的支持组，由相关值班经理协调处理或通过 TOC 值班主任会议讨论。

第四节　问题归口管理策略

技术支持服务运行管理体系分为：呼叫中心、场馆、技术运行中心三个层次。在具体技术支持服务过程中，不同技术支持问题的类别，分别有不同技术支持团队归口管理，并负责解决。图 16-9 说明了整个技术支持体系的工作流线。

以下按照问题归口的不同，分别说明各团队的组织结构、责任岗位和问题管理领域。

一、呼叫中心

奥组委技术支持呼叫中心由三个电话响应座席团队组成，从技术领域分类上看，三个团队分别负责信息及其他技术类、固定通信类和移动通信类问题受理和支持；从组织结构上看，每个团队分设电话响应座席岗和呼叫中心技术支持主管岗。

信息及其他技术类的呼叫中心使用 CMS 系统进行问题的受理和处理。固定通信类和移动通信类的问题受理，使用相关合作伙伴提供的问题管理系统，CMS 系统不直接提供工具支持。

呼叫中心的组织结构、责任岗位如表 16-1 所示：

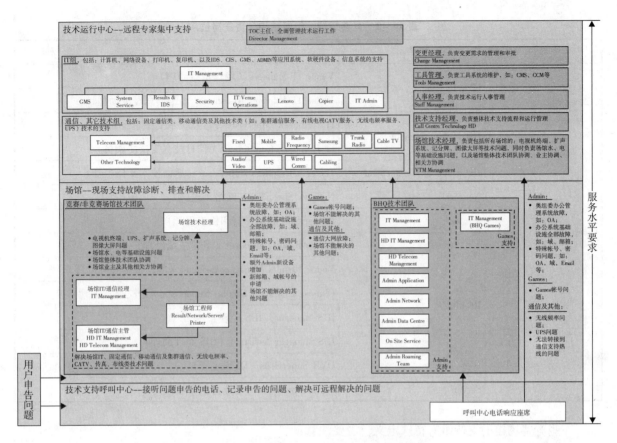

图 16-9 整个技术支持体系工作流程图

表 16-1 呼叫中心的组织结构、责任岗位

支持群	支持组	岗位
TOC – IT Helpdesk Call Centre	Management	IT Helpdesk DM（信息技术支持主管）
	Access GAMES Services	IT Helpdesk L1（信息技术支持 L1）
	CCM	Back Office Support（后端支持）
	CMS	Back Office Support
	DMS	Back Office Support
	FISH	Back Office Support
	ITEM	Back Office Support
	TD/WR/LR	Back Office Support

二、场馆团队

在 CMS 系统中每个场馆都有一个以场馆名称缩写命名的支持群，各场馆支持群中的支持组划分主要依据其组织结构进行划分，竞赛场馆的分组结构基本一致，非竞赛场馆则根据每个场馆的功能特点不同在分组结构上存在较大差异。

1. 竞赛场馆

竞赛场馆的组织结构、责任岗位如表 16-2 所示：

表 16 – 2 竞赛场馆的组织结构、责任岗位

支持群	支持组	岗位
Comp Venue × × ×	IT Management	Venue IT Manager（场馆信息经理）
		Venue IT Manager Assistant（场馆信息经理助理）
	HD IT Management	IT Helpdesk Supervisor（信息技术支持主管）
		IT Helpdesk Coordinator（信息技术支持协调员）
	HD Telecom Management	Telecom Helpdesk Supervisor（通信技术支持主管）
	Network	Network Specialist（网络工程师）
	Printer	Printer Specialist（打印机工程师）
	Results	Venue Results Manager（场馆成绩经理）
		Venue Results Manager Assistant（场馆成绩经理助理）
		Chinese Character Display Supervisor（中文显示主管）
		IDS Manager（IDS 经理）
		IDS Manager Assistant（IDS 经理助理）
		OVR Supervisor（OVR 主管）
	Server	Server Specialist（服务器工程师）

一些竞赛场馆的支持组有特殊定义，需要注意：

如果在某一个竞赛场馆有两个或更多比赛项目，该场馆支持群中的成绩相关支持组会依据比赛项目数量定义，场馆中每个成绩相关的支持组都会专门负责一个比赛项目。

对于京外竞赛场馆，在 CMS 的各京外场馆支持群中会额外增加一个支持组"IT HD Call Centre"对应场馆本地的呼叫中心。

2. 非竞赛场馆

非竞赛场馆运行结构相比竞赛场馆，较为复杂。每个非竞赛场馆功能特点、技术设施部署都不完全相同，内部运行特殊，组织结构独立。由于非竞赛场馆不涉及成绩相关的系统，所以在组织结构中没有成绩团队。

（1）总部大楼（BHQ）

总部大楼（BHQ）的现场支持团队其形式上采用场馆团队的组织模式，职能上承担 ADMIN 网数据中心和总部大楼办公支持的双重职能。由于其所负责的系统众多、复杂性强、办公支持范围广，所以团队组织结构分支较多，支持组定义也与其他场馆大有不同。总部大楼（BHQ）的组织结构、责任岗位如表 16 – 3 所示：

表 16-3 总部大楼的组织结构、责任岗位

支持群	支持组	岗位
None Comp BHQ ADMIN Building A，C	ADMIN Application	BHQ ADMIN Application Manager（BHQ ADMIN 网系统及应用经理）
	ADMIN Data Centre	BHQ ADMIN Data Centre Team Leader（ADMIN 网数据中心组长）
	ADMIN Network	BHQ Network Team Leader（ADMIN 网网络组长）
	ADMIN Roaming Team	BHQ Roaming Team Leader（BHQ 流动团队组长）
	HD IT Management	BHQ Helpdesk Supervisor（BHQ 信息技术支持主管）
	HD Telecom Management	Telecom Helpdesk Supervisor（通信技术支持主管）
	IT Management	Venue IT Manager（场馆信息经理）
		BHQ AVITM（BHQ L2 Manager）（场馆信息经理助理）
	On Site Service	BHQ On Site Service Team Leader（BHQ 现场服务组长）
None Comp BHQ GAMES + ADMIN Building B	HD IT Management	IT Helpdesk Supervisor（信息技术支持主管）
	IT Management	Venue IT Manager（场馆信息经理）
	Network	Network Specialist（网络工程师）
	Printer	Printer Specialist（打印机工程师）

（2）数字北京大厦（DHQ）

数字北京大厦（DHQ）的现场支持团队其形式上采用场馆团队的组织模式，职能上承担主数据中心、集成实验室、技术运行中心、备份技术运行中心和本大厦办公五个机构的支持工作。在数字北京大厦支持团队结构中，有五个 VITM 岗位分别专职负责这五个机构，每个 VITM 在 CMS 的 DHQ 场馆支持群中都有一个支持组。数字北京大厦的组织结构、责任岗位如表 16-4 所示：

表 16-4 数字北京大厦的组织结构、责任岗位

支持群	支持组	岗位
None Comp DHQ （ATC - PDC - TOC - LAB - Office）	DHQ Roaming Team	
	HD IT Management	IT Helpdesk Supervisor（信息技术支持主管）
	IT Management（ATC）	Venue IT Manager（ATC）（备份 TOC 信息经理）
	IT Management（LAB）	Venue IT Manager（LAB）（实验室信息经理）
	IT Management（Office）	Venue IT Manager（Office）（大厦办公信息经理）
	IT Management（PDC）	Venue IT Manager（PDC）（主数据中心信心经理）
	IT Management（TOC）	Venue IT Manager（TOC）（技术运行中心信息经理）
	Network	Network Specialist（网络工程师）
	Printer	Printer Specialist（打印机工程师）
	Server	Server Specialist（服务器工程师）
	Technician ADMIN	IT Technician（技术员）

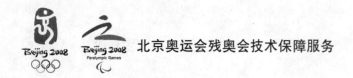

（3）其他非竞赛场馆

除了奥运大厦、数字北京大厦以外的其他非竞赛场馆在 CMS 系统中的支持组结构与竞赛场馆较为相似。但考虑到每个非竞赛场馆系统设备部署的不同，支持组定义略有不同。

部分场馆除了台式机、笔记本、打印机之外还部署有服务器设备，那么在该场馆的 CMS 支持群中即定义有"Server"支持组，如：IBC、MPC、OLV 和 UAC。部分非竞赛场馆没有部署服务器设备，故在 CMS 中该场馆支持群中就没有定义支持组"Server"，如：AIR、MVN – MVH、OCD – OHC 和 OFH – PFH。支持组定义比较特殊的非竞赛场馆还有 OLC 和 PCF。OLC 场馆在 CMS 的支持群中只有两个支持组："HD IT Management" 和 "IT Management"。PCF 场馆在 CMS 的支持群中只有一个支持组："IT Management"。

对于京外的非竞赛场馆，如：HKA、HKM、HKO 和 HKV，组织结构、责任岗位如表 16 – 5 所示：

表 16 – 5　京外非竞赛场馆的组织结构、责任岗位

支持群	支持组	岗位
None Comp × × × (Outside BJ)	HD IT Management	IT Helpdesk Supervisor（信息技术支持主管）
	IT Management	Venue IT Manager（场馆信息经理）
	Network	Network Specialist（网络工程师）
	Printer	Printer Specialist（打印机工程师）

三、技术运行中心（TOC）

TOC 是各技术领域专家和支持管理的汇聚中心，其组织结构主要是按照业务领域进行架构，所以在 CMS 系统中的群组也是结合组织结构、按照业务领域进行划分的。技术运行中心的群组包括管理岗位类、各领域技术专家岗位类、通用工具岗位类，其组织结构、责任岗位如表 16 – 6 所示：

表 16 – 6　中心群组的组织结构、责任岗位

支持群	支持组	岗位
TOC – Management	TOC Director	TOC Director（TOC 值班主任）
		TOC Director Assistant（TOC 值班主任助理）
	Paralympic Transition	Olympic/Paralympic Transition DM（残奥会转换期经理）
	Change Control	Change Control and Tech Asset DM（变更控制/技术资产经理）
	Staffing	Staffing DM（人事经理）
	Report	Report DM（汇报经理）
TOC – Technology Helpdesk	Management	Technology Helpdesk DM（技术支持经理）
	Quality Control	Quality Control Manager（质量监控经理）

支持群	支持组	岗位
TOC – IT	Management	IT DM（信息经理）
		IT DM Assistant（信息经理助理）
	CNC	CNC Network DM（网络运行经理）
	Copier	Copier Provider DM（复印主管）
		Copier Expert（复印专家）
	Internet	Internet DM（互联网经理）
		WAP Website DM（官方网站手机版经理）
		Internet Security DM（互联网安全经理）
		Multi – language Service Manager（多语言服务经理）
	Lenovo	Lenovo DM（联想经理）
		Lenovo Service Operation Manager（联想运行服务经理）
	Printer	Intel Printer Expert（打印专家）
TOC – BOCOG IT Security	Management	Information Security DM（信息安全经理）
		Information Security DM Assistant（信息安全经理助理）
TOC – IT ADMIN	Management	ADMIN DM（ADMIN 网主管）
	Monitoring	ADMIN Software Distribution & Monitoring Manager（软件分发/系统监控主管）
	Network	ADMIN Network Manager（网络主管）
		ADMIN Network Expert（网络专家）
	Windows	ADMIN Windows/Intel Manager（Inter/Windows 主管）
TOC – IT GAMES	Management	IT GAMES DM（GAMES 信息经理）
	Change Control	IT Change Control DM（信息变更控制经理）
	Staffing	IT Staffing DM（信息人力资源主管）
	Technical Situation	Technical Situation Manager（技术协调经理）
	Venue Implementation	Back Office Support
	Venue Operations	IT Venues DM（场馆信息主管）
TOC – IT GAMES Common Codes	Management	
TOC – IT GAMES GMS	Management	GMS DM（GMS 经理）
	Applications	GMS Expert（GMS 专家）
	FA Coordination	GMS Coordinator（GMS 协调主管）
	Kodak	Kodak DM（柯达主管）

支持群	支持组	岗位
TOC – IT GAMES Results & IDS	Management	Results & IDS DM（成绩信息发布经理）
		Results & IDS DM Assistant（成绩信息发布经理助理）
	CRS/MDW	CRS/MDW Team Lead（CRS/MDW 主管）
		CRS/MDW Expert（CRS/MDW 专家）
	CIS	CIS Team Lead（评论员信息系统主管）
		CIS Expert（评论员信息系统专家）
	IDF/RDF	IDF/RDF Team Lead（IDF/RDF 主管）
		IDF Monitoring Operator（IDF 控制操作员）
		IDF/RDF Expert（IDF/RDF 专家）
	INFO	INFO Team Lead（INFO 主管）
		INFO Expert（INFO 专家）
	New Auto	NewAuto DM（新奥特主管）
		NewAuto DM Assistant（新奥特主管助理）
	Omega	Omega DM（欧米茄主管）
	OVR	OVR1 DM（现场成绩主管 1）
		OVR2 DM（现场成绩主管 2）
		OVR3 DM（现场成绩主管 3）
	PRD	PRD Team Lead（打印分发主管）
		PRD Expert（打印分发专家）
	Results Book	Results Book Expert（成绩册专家）
	Results QA	Results QA Team Lead（成绩质量保证主管）
		Results QA（成绩质量保证员）
	Timing and Scoring	T&S DM（计时计分主管）
	Translations	IDS Translation（IDS 翻译主管）Coordination
TOC – IT GAMES Security	Management	Security DM（网络安全经理）
	Information Security	GAMES Security Analyst（GAMES 安全分析专家）
		GAMES SIM Expert（GAMES SIM 专家）
		GAMES Incident Response Analyst（GAMES 事件响应分析专家）

支持群	支持组	岗位
TOC – IT GAMES System Services	Management	System Services DM（系统服务经理）
	Data Centre	Data Centre DM（数据中心经理）
	Intel	Intel Team Lead（Intel 主管）
		Intel Laptop Expert（便携电脑专家）
		Intel Server Expert（服务器专家）
		Intel Desktop Expert（台式机专家）
		Intel SAN Storage Expert（存储器专家）
	Monitoring	Monitoring Expert（监控专家）
	Network	Network Team Lead（网络主管）
		Network Expert（网络专家）
	Oracle	Oracle DBA Team Lead（ORACLE DBA 主管）
		Oracle DBA Expert（ORACLE DBA 专家）
	Software Distribution	Software Distribution Team Lead（软件分发主管）
		Software Distribution Expert（软件分发专家）
	SQL	SQL DBA Team Lead（SQL DBA 主管）
		SQL DBA Expert（SQL DBA 专家）
	Unix	Unix Team Lead（Unix 主管）
		Unix Expert（Unix 专家）
	Windows	Windows Team Lead（Windows 主管）
		Windows Expert（Windows 专家）
	Web Platform	Web Platform Expert（页面平台专家）
TOC – Radio Frequency	Radio Frequency	Radio Frequency Coordination DM（无线电频率主管）

北京奥运会残奥会技术保障服务

支持群	支持组	岗位
TOC – Telecom	Management	Telecom DM（通信经理）
		Telecom Deputy DM（通信副经理）
	Cable TV	Cable TV DM（有线电视主管）
		Cable TV Network Management Assistant（有线电视网络管理助理）
	Fault Management	Fault Manager Assistant（障碍管理助理）
	Telecom Fixed	Fixed Telecom DM（固定通信经理）
		TCC – Fixed Telecom（固定通信运行中心）
	Telecom Mobile	Mobile Telecom DM（移动通信经理）
		TCC – Mobile Telecom（移动通信运行中心）
	Samsung	Samsung DM（三星项目管理经理）
		Samsung Service Manager（三星产品经理）
		Samsung Technique Service Manager（三星技术服务经理）
		Samsung Technique Service Engineer（三星技术服务工程师）
	Trunk Radio	Trunk Radio Service DM（集群通信主管）
		Trunk Radio Network Management Assistant（集群网络管理助理）
		Trunk Radio Coordination Assistant（集群通信调度助理）
		Trunk Radio Handset Management Assistant（集群终端设备助理）
		Trunk Radio Specialist（集群通信专家）
TOC – Venue Technology	Management	VTM DM（场馆技术经理）
	Audio/Video	Audio/Video DM（音/视频主管）
		Audio Expert（音频专家）
		Video Expert（视频专家）
	UPS	UPS DM（不间断电源主管）
		UPS Monitoring（不间断电源监控经理）
		UPS Expert（不间断电源专家）

第五节　问题严重等级定义

　　问题的严重等级是衡量故障类问题对技术运行和赛事支持影响程度大小的指标，严重等级的标准定义即分别描述了不同严重等级所代表的故障问题影响程度。奥运会技术问题的严重等级分为四个等级，具体如下：

- 1 级故障：某关键系统运行不正常，影响比赛或大量用户的使用；用于比赛或技术运行的某至关重要的应用发生故障或存在威胁生命安全的情况。

- 2 级故障：关键系统运行面临风险，当前并没有发生故障或产生影响，但是一旦发生可能会影响比赛或大量用户使用；或者某系统存在故障，但是此系统不是至关重要的或已经采取了暂时的解决方案。

- 3 级故障：某系统中的某一部分运行不正常或存在问题，但不影响正常使用，需要及时调整和解决。

- 4 级故障：单一用户的某一部分运行不正常或存在问题，但不影响正常使用，需要及时调整和解决。

技术团队各业务口分别按照上述规则定义各自业务领域内的故障分级细则。

一、信息技术类

1. 运动会网系统（GAMES）

- 1 级故障：
  - ◎ 场馆运行后，GMS 各子系统不能提供服务，包括 ACR、SIS、ACM、TRS、MED、ADP、RGM；
  - ◎ 运动员报名期间，SEQ 系统不能提供服务；
  - ◎ 场馆运行后，ACR 系统证件激活的功能不可用；
  - ◎ 在场馆运行后赛时运行期间，SSC 系统不可用；
  - ◎ eSIS 系统受到黑客攻击，网页被篡改等；
  - ◎ 网络问题导致大量用户无法访问 GMS 各子系统。

- 2 级故障：
  - ◎ 场馆运行前，GMS 各子系统中不能提供服务，包括 ACR、SEQ、SIS、ACM、TRS、MED、ADP、RGM；
  - ◎ 证件制作期间，ACR 系统证件打印功能不可用；或背景审查的接口或者专线故障，导致背景审查数据无法正常传输；或 VSIA 的接口出现故障，导致 VISA 数据无法正常传输；
  - ◎ 场馆运行前人员配岗期间，SIS 系统不能提供服务；
  - ◎ 因为专线故障或者网络设备问题，导致 eSIS 系统无法正常运转并提供服务；
  - ◎ 运动员报名期间，SEQ 系统信息录入功能不可用；
  - ◎ 网络问题导致某个业务口的用户无法访问 GMS 各子系统。

- 3 级故障：
  - ◎ 场馆运行前，GMS 各子系统中有部分功能不可用，包括 ACR、SEQ、SIS、ACM、TRS、MED、ADP、RGM；
  - ◎ GMS 终端故障，导致业务部门部分终端无法正常访问 GMS 各子系统。

- 4 级故障：
  无 4 级故障定义。

2. 管理网系统（ADMIN）

- 1 级故障：

核心交换机双机故障造成全部服务中断（办公服务中断，所有用户均不能使用 OA 及邮件等系统，影响所有用户的办公服务的网络故障）。

- 2 级故障：

◎ 核心交换机存在单机瘫痪；

◎ ADMIN 内网服务无法使用（所有内网用户无法使用内网系统服务）；

◎ 某区域场馆发生无法使用 ADMIN 系统的情况，竞赛场馆及非竞赛场馆（包括 BHQ、DHQ、MPC、MOC、IBC）中任意一个场馆的所有人无法访问 ADMIN 网；

◎ 全部互联网接入中断服务，两条专线故障。

- 3 级故障：

◎ 某一场馆无法接入互联网，场馆一定范围出现无法接入网络故障；

◎ 部分设备无法接入办公系统，核心交换机存在风险、单一汇聚或接入交换机存在故障；

◎ 某一用户服务或应用系统无法使用，例如：人事、财务、FTP（OA 除外）；

◎ 合作伙伴接入区设备故障导致合作伙伴无法接入；

◎ 场馆互联网专线其中一条专线故障。

- 4 级故障：

单一用户的网络访问故障。

3. 奥组委官方网站

- 1 级故障：

◎ 绝大多数用户访问受到影响，北京奥组委网站基础运行网络故障，系统各个节点瘫痪，发布源站点页面被篡改，Globe 域名被劫持；

◎ 重点页面严重变形（如空白页等），页面出现严重乱码问题，无法浏览；

◎ 因内容更新导致页面出现长时间卡住无法下载及花屏现象。

- 2 级故障：

◎ 部分用户访问受到影响，北京奥组委网站局部节点瘫痪，个别节点页面被篡改，局部域名被劫持；

◎ 2 级页面变形，链接错误，及所有新闻标题和内容错误（页面及字体样式）；

◎ 因图片及内容问题而导致页面下载时间偏长。

- 3 级故障：

核心网络及关键业务系统存在某些问题、风险，但不影响服务的提供，问题是可修复的。

- 4 级故障：

非核心网络设备及服务器硬件故障，不影响服务的提供，问题可修复。

4. 残奥会信息无障碍设备

- 残奥会信息无障碍设备无 1、2 级故障定义。

- 3 级故障：

群体用户的信息无障碍设备或应用不可用：包括重要场馆的信息终端、视障人士网站访问工具、场馆无线助听系统的发射器故障。

- 4 级故障：

单一信息无障碍设备不可用：包括盲人打印设备、点字显示设备、盲人电话、场馆无线助听设备接收器、聋哑人手语翻译软件。

二、固定通信类

- 1 级故障：

◎ 场馆固定电话服务全部阻断；

◎ 场馆超过两个方向（含两个方向）长途通信阻断（国内或国际）；

◎ 场馆到某个运行中心（如奥运大厦或 TOC）电话或专线通信全部阻断；

◎ 场馆 GAMES/ADMIN 网络全部数据专线发生阻断；

◎ 场馆互联网接入（ADSL/专线）全部阻断。

- 2 级故障：

◎ 场馆 80% 以上固定电话服务发生中断；

◎ 场馆的一个方向长途通信阻断；

◎ 场馆 GAMES/ADMIN 网络 50% 的数据专线发生阻断；

◎ 场馆互联网接入（ADSL/专线）80% 中断。

- 3 级故障：

◎ 场馆某部门全部固定电话故障；

◎ 场馆到本地非奥运场馆超过一个方向（含一个方向）通信阻断；

◎ 场馆某个应用部分数据专线发生中断，但不影响通信；

◎ 场馆固定通信收费卡产品故障；

◎ VIP/IF/NOC 固定通信产品故障。

- 4 级故障：

◎ 场馆某固定电话通信故障；

◎ 媒体工作间付费电话/奥运宽带 IC 卡故障；

◎ 其他固定通信故障。

三、移动通信类

- 1 级故障：

◎ 场馆全部用户无法登记移动网络；

◎ 场馆移动通信通话发生全面阻断；

◎ 场馆数据服务（GPRS 或 WLAN）服务发生全面阻断；

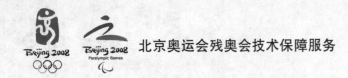

◎ 场馆到其他电信运营商的网间通信（通话或数据）全阻断；

◎ 场馆超过两个方向（含两个方向）长途通信阻断（包括国内或国际）。

- 2 级故障：

◎ 场馆 50% 以上用户无法登记或发生通话或数据通信阻断；

◎ 场馆的一个方向长途通信阻断；

◎ 场馆总体移动通信通话接通率小于 50% 或数据服务速率低于额定速率的 50%。

- 3 级故障：

◎ 场馆某局部的移动通信服务（通话或数据）发生故障；

◎ 场馆到本地非奥运场馆超过一个方向（含一个方向）通信阻断；

◎ 场馆某个移动通信应用服务部分发生故障，应用未中断，但带宽受影响。

- 4 级故障：

◎ 场馆某用户移动通信（通话或数据）发生故障；

◎ 场馆某个移动通信应用服务部分发生故障，应用未中断，带宽未受影响。

四、其他技术类

1. 集群通信

- 1 级故障：

场馆全部数字集群终端不能联网通信。

- 2 级故障：

◎ 场馆某房间失去数字集群信号覆盖；

◎ 场馆部分数字集群终端不能联网通信。

- 3 级故障：

◎ 场馆某房间数字集群信号大大减弱；

◎ 某用户数字集群终端不能联网呼叫。

- 4 级故障：

◎ 场馆某房间数字集群信号不稳定，在基站间不断切换；

◎ 某用户数字集群终端通话质量差。

2. 有线电视

- 1 级故障：

◎ 1 个或多个场馆全部有线电视终端出现缺台或"马赛克"现象；

◎ 1 个或多个场馆全部有线电视终端信号中断。

- 2 级故障：

◎ 1 个场馆内 50% 以上有线电视终端出现缺台或"马赛克"现象；

◎ 1 个场馆内 50% 以上有线电视终端信号中断。

- 3 级故障：

场馆内部分或单一有线电视终端信号中断。

- 4 级故障：

场馆内部分或单一有线电视终端出现缺台或"马赛克"现象，但有线电视信号并未中断。

3. 无线频率

- 1 级故障：

◎ 用于比赛或技术运行的至关重要的应用被干扰或存在威胁生命安全的情况，如现场成绩系统无线频率应用受干扰；

◎ 场馆核心应用（如：奥运会的安保、消防、医疗、交通、民航等指挥调度和通信、开闭幕式等重大活动的无线电通信、竞赛部门直接应用的无线电通信）的受保护的无线电设备收到干扰，没有临时解决方案；

◎ 场馆供媒体使用的无线频率系统发生问题或故障问题被媒体获知，如：BOB、NBC 等媒体使用的无线频率系统；

◎ 场馆核心服务受到干扰全面阻断，完全瘫痪，如：WLAN、集群等；

◎ 场馆无线频率使用受到恶意插播和故意干扰。

- 2 级故障：

◎ 用于比赛或技术运行的至关重要的应用存在被干扰的风险，如现场成绩系统无线频率应用存在被干扰的风险；

◎ 用于比赛或技术运行的至关重要的应用被干扰或存在威胁生命安全的情况，但是已经采取了暂时的解决方案，如现场成绩系统无线频率应用受干扰，已经采取了暂时的解决方案；

◎ 场馆关键应用（如：媒体、竞赛、指挥、贵宾、国际奥委会和北京奥组委等部门）的受保护的无线电设备受到干扰，或存在受干扰风险，影响服务的提供；

◎ 某场馆的干扰存在被媒体或公众获知的潜在风险。

- 3 级故障：

◎ 某场馆单一用户的受保护的无线电设备受到干扰，工作无法继续，且没有临时解决方案；

◎ 重要组织和部门（主要包括各国奥委会、国际体育单项组织，以及直接服务奥运的水、电、气、热等部门）的受保护的无线电设备及关键业务系统受到干扰或存在受干扰的风险，但不影响服务的提供，问题可修复。

- 4 级故障：

◎ 某场馆单一用户的受保护的无线电设备收到干扰，但是其工作可以继续，或有应急解决方案；

◎ 非核心部门或用户（主要包括奥运会的后勤保障部门、其他无线通信用户）的受保护的无线电设备收到干扰，不影响服务的提供，问题可修复。

第六节　服务水平定义与问题严重等级管理

问题管理是技术支持服务管理范畴的重要组成部分之一。问题的严重等级是衡量问题对技术运行和赛事支持影响程度大小的指标，不同等级的问题必须遵循服务水平协议的统一要求，在不同的时间要求范围内响应和解决，严重等级的定义同时也影响到对问题投入资源的多少和关注的程度。

一、服务水平定义（SLA）

所有故障/请求/问题都需要在规定的、有限的时间内落实到问题责任人，并被有效解决。不同等级的问题在不同时期内由于对技术运行和赛事支持的影响程度不同，所以定义的响应和解决时间限也不同，如表16-7所示：

表16-7　问题类型的响应和解决时限规定

问题类型	时期	严重等级	响应时间时限规定	解决时间时限规定
故障	赛前	等级1	1 小时	4 小时
		等级2	2 小时	8 小时
		等级3	4 小时	24 小时
		等级4	8 小时	40 小时
	赛时	等级1	5 分钟	1 小时
		等级2	5 分钟	2 小时
		等级3	30 分钟	4 小时
		等级4	60 分钟	8 小时
请求/咨询	赛前/赛时	BHQ 新员工注册	4 小时	16 小时
		BHQ ADMIN 办公设备部署	1 小时	8 小时
		GAMES 服务访问	1 天	3 天
		服务中断	1 天	3 天
		IT 设备管理	3 天	30 天
		一般请求	3 天	30 天

二、问题严重等级选择策略

当新的问题出现并被记录到CMS系统中时，其严重等级的选择将给相关的技术团队人员下一步工作重点提供参考。因此严重等级的初始选择需要谨慎且适当，遵循如下原则：

- 新建问题的严重等级一定要根据问题状况、影响程度以及严重等级定义进行选择。
- 针对高严重等级的问题，一定要在记录前与相关上层经理岗位人员进行沟通，确保相关管理团队了解问题情况。

- 问题记录一定要信息详细清晰，尤其是1、2级故障尽可能减少问题情况的反复确认。

1. 场馆问题严重等级选择

（1）1、2级故障类问题

场馆要录入1、2级故障类问题之前，应该向VTM汇报。确认VTM了解故障情况后，场馆相关业务口岗位人员即可直接录入1、2级故障类问题。

（2）3、4级故障类问题

场馆相关业务口岗位人员可以直接录入3、4级故障类问题。

2. TOC问题严重等级选择

（1）1、2级故障类问题

TOC相关岗位人员应按照问题的严重等级录入1、2级故障类问题，同时，应向TOC值班主任、主任助理或相关业务口值班经理汇报。

（2）3、4级故障类问题

TOC相关岗位人员应按照问题的严重等级录入3、4级故障类问题，并与相关人员保持沟通。

三、问题严重级别调整策略

问题故障在分析和解决过程中，对赛事支持和技术运行的影响会逐步明晰或发生变化，由此对资源的需要和对问题的关注程度也会相应发生变化，为保证问题解决的资源充足或者避免资源的浪费，有必要对问题的严重等级进行调整。但同时也应慎重对待，尤其是高严重级别的故障问题。因此，涉及问题严重级别调整时应遵循以下原则：

- 严重等级的调整要根据问题处理情况以及严重等级定义，即问题当前的实际情况对赛时支持和技术运行的影响程度。
- 慎重处理问题的严重等级调整，尤其是涉及1、2级故障问题的调整。
- 严重等级调整前必须与相关团队和人员进行沟通并达成共识。
- 调整时应说明当前问题的情况、已采取的措施、问题的影响程度、调整的原因。
- 调整后应告知问题直接干系人。

1. 场馆问题严重等级调整策略

VTM是技术运行团队在场馆的负责人，因此也是场馆问题管理的主责人，场馆各业务技术经理是场馆相关业务归口的问题管理责任人，问题应尽量在场馆解决。场馆技术支持团队对问题的严重等级调整策略如下：

（1）1级故障类问题

1级故障类问题的降级，不能由场馆团队独立决定，必须由场馆技术经理向TOC值班主任（或主任助理）汇报，之后根据问题情况，由TOC值班主任（或主任助理）或其授权人员对1级故障类问题进行降级。

（2）2级故障类问题

2级故障类问题的升级和降级之前应该与VTM保持沟通，确认VTM了解故障情况。

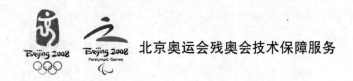

（3）3、4 级故障类问题

在场馆 3、4 级故障类问题严重等级的调整可以由相关岗位人员直接进行。如果严重等级需要升级到 1、2 级，那么相应岗位人员应该保持与 VTM 的沟通。

2. TOC 问题严重等级调整策略

TOC 既是技术支持服务的管理机构，也是技术运行的总部，TOC 值班主任是问题管理的决策人，各业务口值班经理是相关问题处理的责任人。TOC 问题的严重等级调整策略如下：

（1）1 级故障类问题

对 1 级故障类问题的严重等级进行降级调整前，TOC 相关业务口值班经理必须确认问题处理情况，并向 TOC 值班主任（或主任助理）汇报问题状况和处理情况；经过 TOC 值班主任（或主任助理）确认后，由 TOC 值班主任（或主任助理）或授权 TOC 相关业务口值班经理调整严重等级。

非 TOC 相关业务口值班经理不能调整 1 级故障类问题严重等级，有调整需要时，必须向 TOC 相关业务口值班经理汇报。

如经过严重等级调整的问题涉及场馆，则由 TOC 值班场馆技术经理通知相关场馆的 VTM。

（2）2 级故障类问题

相关岗位可对 2 级故障类问题的严重等级进行调整，调整之前应与相关业务口值班经理保持沟通。

如经过严重等级调整的问题涉及场馆，则由 TOC 值班场馆技术经理通知相关场馆的 VTM。

（3）3、4 级故障类问题

TOC 相关岗位人员可对 3、4 级故障类问题严重等级进行调整。如果严重等级需要升级到 1、2 级并且涉及场馆，那么调整严重等级的业务口岗位应通知相应场馆的相关业务技术经理（VITM、VTCM、VRM），TOC 值班场馆技术经理通知相应场馆的 VTM。

四、严重等级问题关闭策略

CMS 系统是技术运行和问题管理的基础平台和重要工具，其中所有的问题记录是问题处理和管理过程的重要信息。轻易地关闭其中的问题将有可能造成未彻底解决的问题被遗漏。因此，涉及问题的关闭时应遵循如下原则：

- 问题被关闭之前必须经过双重确认，Resolve（解决）时与用户确认服务确实恢复，Close（关闭）时由值班经理确认问题确实得到了解决而不只是表面上的恢复。
- 只是采取了临时措施恢复服务，而没有找到故障根本原因并排除时，不能关闭问题，而只能 On Hold（挂起）。
- 不确认解决问题的方法为最终解决方案，需要继续观察的问题不能关闭，只能 On Hold（挂起）。
- 问题关闭前一定要在 CMS 中记录问题解决情况和确认情况。

1. 场馆各严重等级问题关闭策略

（1）1 级故障类问题

1 级故障类问题的 Resolve 可由场馆有 CMS 访问权限的各技术岗位人员操作，问题的 Close 必须由 TOC 值班主任（或主任助理）或其授权的人员进行。场馆各岗位人员未经过 TOC 值班主任（或主任助理）授权，不得关闭 1 级故障类问题。

（2）2 级故障类问题

2 级故障类问题的 Resolve 可以由场馆相应岗位人员操作，Close 可以由场馆有相应权限的技术支持主管、VITM 或 VTCM 操作，建议在问题关闭之前，与场馆 VTM 和 TOC 相应业务口值班经理进行沟通。

（3）3、4 级故障类问题

3、4 级故障类问题的 Resolve 可以由场馆相应岗位人员操作，Close 可以由场馆有相应权限的技术支持主管、VITM 或 VTCM 操作。

2. TOC 问题严重等级关闭策略

（1）1 级故障类问题

1 级故障类问题的 Resolve 可以由 TOC 相应岗位人员操作，但是问题的关闭必须由 TOC 值班主任（或主任助理）或授权的人员进行。TOC 各岗位人员未经过 TOC 值班主任（或主任助理）授权，不得关闭 1 级故障类问题。

关闭问题前 TOC 相关业务口值班经理必须确认问题确实已经解决，完成《1、2 级故障问题分析报告》并经过相关专家评估，同时并向 TOC 值班主任（或主任助理）汇报问题处理情况。

（2）2 级故障类问题

2 级故障类问题的 Resolve 可以由 TOC 相应岗位人员操作，Close 可以由 TOC 有相应权限的 DM 操作，建议在问题关闭之前，与 TOC 相应业务口值班经理进行沟通。

关闭问题前 TOC 相关业务口值班经理必须确认问题确实已经解决，完成《1、2 级故障问题分析报告》并经过相关专家评估，并向 TOC 值班主任（或主任助理）汇报问题处理情况。

（3）3、4 级故障类问题

3、4 级故障类问题的 Resolve 可以由 TOC 相应岗位人员操作，Close 可以由 TOC 有相应权限的值班经理操作。

第七节 技术设备编码策略

设备编码是指在技术功能实现时，提供相应服务的配置系统所使用到的设备标识号，通常其涉及的设备主要是直接面向使用客户的终端技术设备。设备编码具有唯一标识作用，也是技术支持过程中标示故障性质的关键性参数。

一、设备编码通用策略

设备编码通用策略，定义了由 15 位字符组成的标识符，其结构为：VVV－GGEEEEE－NNN。标识符按字段区分含义是：

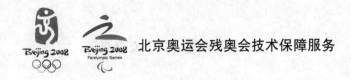
- VVV：场馆代码
- GG：功能组代码
- EEEEE：产品代码
- NNN：设备序号

1. 场馆代码

场馆代码显示了所标识的设备所在场馆的三位缩位代码。

2. 功能组代码

如果相关设备是与网络相关的设备，功能组代码的目的就是显示所标识的设备在网络连接方面所处的网段。

3. 产品代码

产品代码标识区分不同类型的技术设备，原则与 TEAP 产品代码保持一致，并根据新设备的加入不断补充。

4. 设备序号

设备序号是从 001 开始的连续编号，是设备在前面各类型定义范围内的排序号码。主要是标识需要对每一个产品进行编码的设备。按类别编码的设备可以不使用该字段。

如果设备序号超过 999 时，可以将设备序号 NNN 之前的 "–" 替换为数字位，变成四位数字编码使用。

二、固定通信类设备

1. 编码设备类型

根据 TEAP 目前涉及的固定通信类终端设备，其设备清单列表 16 – 8 所示：

表 16 –8　固定通信类设备清单列表

设备	设备描述
普通话机	普通电话 + 普通话机通信服务
高级话机	高级电话 + 高级话机通信服务
头戴式话机	头戴式耳机，主要提供给新闻媒体、医疗服务、交通管理、竞赛管理等使用者使用
付费电话	付费电话服务主要用于新闻工作区、工作人员休息区、运动员休息区，同时也用于那些没有奥组委雇员却有电话和网络需求的区域

2. 编码规则

固定通信类设备编码规则根据终端电话号码的分配号可以唯一确定，因此相关编码参照分配号码。

3. 标签规则

根据固定通信类设备编码，制作标签，具体如下：

- 标签颜色：绿色标签。

- 标签字体：统一标识编码字体为中文宋体、英文 Arial 体，加粗、黑色、二号。
- 标签内容：根据终端设备编码规则制定标签。标签由两部分组成：本机号码标签粘贴在话机正面上方；故障报修标签粘贴在话筒正面中央。

三、移动通信类设备

1. 编码设备类型

根据涉及的移动通信类终端设备，其设备清单列表 16 - 9 所示：

表 16 - 9　移动通信类设备清单列表

设备	设备描述
三星手机1（普通）	提供三星手机终端服务，终端型号为普通型号
三星手机2（高级）	提供三星手机终端服务，终端型号为高级型号
三星手机3（VIP）	提供三星手机终端服务，终端型号为 VIP 型号

2. 编码规则

移动通信类设备编码规则按照通用编码规则制定。

3. 标签规则

按照移动通信类设备编码，制作标签，具体如下：

- 标签颜色：蓝色标签。
- 标签字体：统一标识编码字体为中文宋体、英文 Arial 体，加粗、黑色、二号。
- 标签内容：根据终端设备编码规则制作标签。故障报修标签粘贴在设备背面。

四、信息技术类设备

1. 编码设备类型

根据目前涉及的信息技术类终端设备，其设备清单列表 16 - 10 所示：

表 16 - 10　信息技术类设备清单列表

设备	设备描述
客户端 PC	部署于竞赛场馆或者办公区域，用于指定项目的应用访问 PC，包括成绩相关系统（CIS/CRS/PRD/INFO/OVR）、运动会管理信息系统（GMS）、其他服务类（CMS/软件分发）、奥组委管理信息系统（ADMIN）以及其他配置、监控、跟踪、管理类系统用机
服务器	部署于场馆或 LAB、PDC、ADC 等服务器区域，用于部署和运行指定项目的应用服务器，包括成绩相关系统（CIS/CRS/PRD/INFO/OVR）、运动会管理信息系统（GMS）、其他服务类（CMS/软件分发）、奥组委管理信息系统（ADMIN）以及其他配置、监控、管理类系统用机

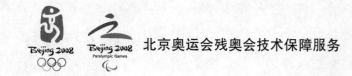

北京奥运会残奥会技术保障服务

续表

设备	设备描述
笔记本	用于办公、配置、监控、管理、赛事支持的笔记本
核心交换机	由技术部管理的分布层、接入层、核心网络设备
入侵检测系统	由技术部管理的网络设备
路由器	运动会网和 ADMIN 网使用的网络设备
网络控制台服务器	由技术部管理的网络设备
网络管理用交换机	由技术部管理的网络设备
光纤交换机	由技术部管理的网络设备
WNPA Cisco 终端服务器	由技术部管理的网络设备
切换器	2 口或 4 口显示器切换器
Intel 服务器机柜	42U 服务器机柜，包括 16 口切换器，显示器，鼠标，键盘，托盘等
UNIX 服务器机柜	
Network/配线机柜	42U 服务器机柜
记分牌控制用 PC	OMEGA 提供的记分牌控制用 PC
工具箱	
8 口 KVM（包括显示器，鼠标，键盘和切换器）	8 口 KVM（包括显示器，鼠标，键盘和切换器）

2. 编码规则

（1）IT GAMES 设备编码

IT GAMES 设备编码规则参照通用编码规则制定。

（2）IT 设备编码

以 IT ADMIN 终端设备为例，编码的标识符由 15 位字符组成，其结构为 VVV – GGDDDUT – NNN。标识符按字段区分含义是：

- VVV：场馆代码。显示了所标识的设备物理所在的场馆，对于位于 BHQ 的 ADMIN IT 终端设备，其场馆代码将根据北京奥组委统一编码规则对应为"BHQ"或"MOC"。
- GG：功能组代码。功能组代码显示了所标识的设备在网络连接方面所处的网段。根据网络划分，BHQ ADMIN IT 终端设备网段划分和代码如下：AN—内网终端设备；A0—外网终端设备不可以访问互联网；A1—外网终端设备可以访问互联网。
- DDD：部门代码。部门代码显示了所标识的设备在组织结构上隶属的部门，其中奥组委重要领导，包括主席、秘书长，其部门代码使用"MGR"。其他部门代码将对应奥组委网上资料中心的奥组委各部门代码。
- U：用户类型代码。用户类型显示了所标识的设备的使用人的类型，类型分类和代码如下：V—VIP 用户，包括奥组委各部门领导；G—普通用户，包括除 VIP 以外的奥组委正式员工和合作伙伴以及志愿者。
- T：设备类型代码。设备类型代码显示了所标识的设备的硬件设备类型名称。

- NNN：设备序号。设备序号是从 001 开始的连续编号，是设备在前面各类型定义范围内的排序号码。对于用户类型代码为 G 的，如果设备使用人是合作伙伴，则设备序号从 999 向前倒排，其他用户都从 001 开始连续编码。

五、其他类设备

1. 编码设备类型

不属于信息技术类、固定通信类、移动通信类及相关终端设备范畴之外的终端设备，其设备清单列表 16 - 11 所示：

表 16 - 11　编码设备类设备清单列表

设备	设备描述
CATV/RTDS/STAND ALONE	不同区域使用的视频信号接收设备
摄像机	用于仲裁录像（用于摔跤与体操等项目）
DVD	用于 VIP 与奥运村（用于摔跤与体操等项目）
录像机	在需要察看录像带的地点使用
不间断电源	用于不可断电的设备
手持集群话机	集群电话服务，供奥组委各个功能区使用
车载集群话机	车载集群电话服务，供奥组委有集群通信需求车辆使用
直通双向对讲机（手提）	直通双向对讲机（手提）服务，供奥组委各个功能区使用
直通双向对讲机（车载）	直通双向对讲机（车载）服务，供奥组委有对讲机需求车辆使用

2. 编码规则

其他设备类设备编码规则按照通用编码规则制定。

3. 标签规则

根据设备编码，制作标签，具体如下：

- 标签颜色：白色标签。
- 标签字体：统一标识编码字体为中文宋体、英文 Arial 体，加粗、黑色、二号。
- 标签内容：根据终端设备编码规则制作标签。

第八节　奥运村技术支持服务管理

奥运村技术运行结构相比竞赛场馆，较为复杂，其内部运行机制也相对独立。因此，奥运村技术支持服务管理主要是依托于奥运村村内统一设置的后勤服务中心开展的。

居民服务中心是奥运村各种问题的受理窗口，其主要职责是：协助 NOC 服务中心内的收费卡柜台确认技术类收费卡订单和技术类收费卡产品维修；帮助 NOC 等用户向后勤服务中心申报技术故障。

一、服务范围

奥运村技术支持的服务范围是奥组委技术部提供的相关技术服务和产品（含收费卡产品），具体包括：

- 为奥运村的运行提供大屏幕、扩声、对讲等所需的技术支持和保障。
- 在奥运村内向各代表团及运动员、新闻媒体、场馆运行等关键用户提供 INFO 2008，CIS，PRD 等奥运会相关的信息终端服务与保障。
- 在奥运村内向各代表团及运动员、新闻媒体、场馆运行等关键用户提供固定电话、移动电话、传真、集群电话、有线电视、数据通信等奥运会通信终端服务与保障。
- 在奥运村内向各代表团及运动员、新闻媒体、场馆运行等关键用户提供打印复印、场馆技术支持等奥运会其他的技术服务与保障。
- 向进入奥运村的各个业务领域提供运动会管理系统（GMS）、奥组委办公系统（ADMIN）等技术服务支持和保障。

不包括在奥运村技术支持团队服务范围的服务有：

- 安保、票务系统。
- 中国网通和中国移动及其他业务领域合作伙伴向用户单独提供的技术产品和服务。
- 在设备部署交付之前发生的技术问题，由部署实施的相关技术团队负责解决。

二、运行管理结构

奥运村技术支持团队由技术运行中心统一管理。运行管理结构如图 16 - 10 所示：

1. 后勤服务中心

奥运村后勤服务中心是位于奥运村北部运行区物流中心办公楼，赛时统一受理村内后勤服务需求，生成工作单并派发到相应的后勤服务团队，同时负责工作单的生成、反馈和整理汇总，以及工作单系统的管理维护等。

2. 后勤服务中心技术接口人

奥运村后勤服务中心与技术支持团队的技术接口人负责接受奥运村后勤服务中心转交的技术问题工单，根据问题类型将问题分发到相应奥运村技术支持团队。同时负责在技术问题处理完毕后，将处理结果反馈给奥运村后勤服务中心以确保达到服务水平。

3. 奥运村技术支持团队

奥运村技术支持团队是技术部设在奥运村的技术支持人员，负责将从奥运村后勤服务中心的技术接口人接收到的问题工单录入到 CMS，并进行现场技术支持。人员包括 IT 技术支持团队（负责计算机设备、GAMES 系统、ADMIN 系统、打印复印等）、通信技术支持团队（负责固定通信、移动通信、集群、有线电视、综合布线等）和其他技术系统支持团队（大屏、音视频、扩声系统、记分牌等）。奥运村出现的所有技术问题都应该记录在 CMS 系统中，奥运村后勤服务中心技术接口人对问题实时跟踪和报告。

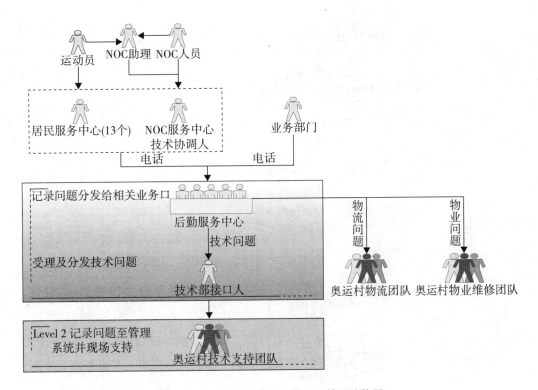

图16-10 奥运村技术支持运行管理结构图

4. 技术运行中心专家

TOC专家负责对奥运村技术团队进行远程支持，是与各系统网管运行中心联系的接口。本层人员包括TOC专家团队和部分流动专家团队。

三、业务管理流程

奥运村问题的记录和跟踪也必须通过统一的技术支持工具CMS系统实现。对于问题处理管理策略，按照技术运行中心统一的场馆问题处理和TOC处理流程进行响应和解决。对于奥运村技术支持服务问题的处理的工作模式描述如下：

1. 后勤服务中心受理问题

奥运村后勤服务中心调度首先接听电话受理后勤服务需求及服务问询，判断用户的咨询或问题申告是否为技术问题，并在奥运村后勤服务工作单系统中录入信息生成工单。如果不是技术问题，按照奥运村后勤服务中心问题处理流程进行处理；如果是技术问题，则将工单打印三份，并转交后勤服务中心技术接口人。在转交工单过程中，需要登记工单转交时间，并双方签字，互留备案。

工单将作为与技术部为奥运村提供技术支持服务的统一单据，后勤服务中心技术接口人将作为技术部为奥运村提供技术支持服务的统一接口。

2. 后勤服务中心技术接口人派发问题

技术接口人接到后勤服务中心转发的纸制工单后，首先根据问题分类在CMS或固定、移动通信CMS系统中查找当前处理中的问题。如果当前问题已在CMS中记录并在处理中，且当前问题处理人明确，则接口人联系当前处理人告知当前用户状态，同时在CMS系统中更新问题内容。如果

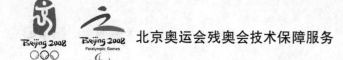

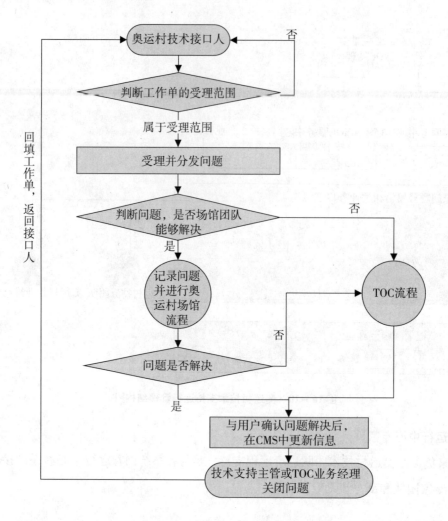

图16－11　后勤服务中心问题受理示意图

当前问题为新申告问题，没有在CMS系统中记录，则根据问题分类传真至将问题指派到相应的支持团队进行支持。

针对不同的受理问题类型，技术接口人需要采取对应的处理流程，具体如下：

- 对于信息类问题，技术接口人需要将问题分派到奥运村信息技术支持团队处理。
- 对于固定、移动通信、SIM卡，技术接口人应把问题分派到奥运村通信技术支持团队处理。
- 对于集群通信服务、有线电视服务、电视机终端、无线电频率服务、不间断电源等其他技术类问题，技术接口人应把问题分派到奥运村通信技术支持团队处理。

3. 技术支持团队处理问题

奥运村信息技术支持主管负责把信息类问题按签收时间记录入CMS系统，分配到相关的信息技术支持团队解决。

通信技术支持主管负责把固定、移动通信类问题按签收时间记录入CMS系统，分配到相关通信技术支持团队解决。奥运村通信技术支持主管同时负责将集群通信服务、有线电视服务、电视机终端、无线电频率服务、不间断电源等其他技术类问题记录入CMS系统并标记为其他技术类，同时通知奥运村VTM，由奥运村VTM负责协调相关技术支持团队解决。

对于 UPS 的问题，奥运村通信技术支持主管需要将问题通过 CMS 系统分配到 TOC 的 UPS 组处理。由于 UPS 业务在场馆没有技术支持团队，UPS 组将视情况远程或派人到场馆解决问题。

如果奥运村技术支持团队在现场无法解决问题，需要 TOC 远程解决，则通过 CMS 系统把问题分派给 TOC 相关专家组解决。奥运村的问题处理的工作流程图如下所示：

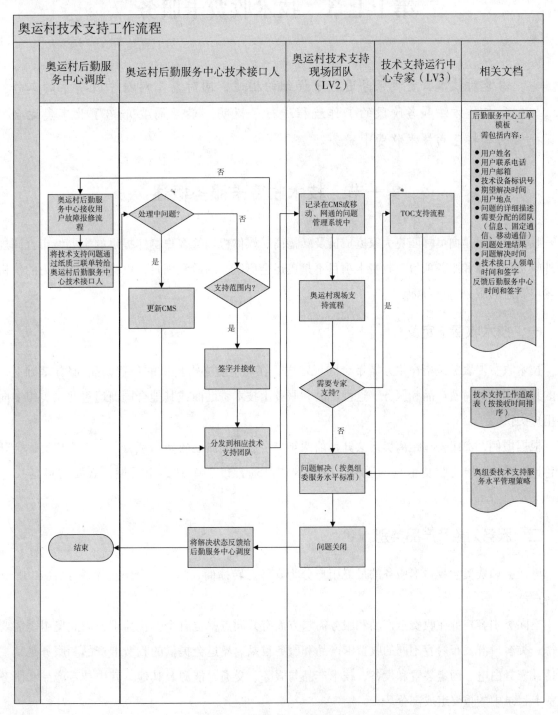

图 16 – 12　奥运村技术支持问题处理流程图

第十七章 技术收费卡服务

本章对技术收费卡服务进行了详细的描述，同时着重对技术收费卡的工作机制和工作方法和各阶段的工作流程进行了说明。最后简要介绍了北京奥运会提供的有特色的技术收费卡服务。

第一节 技术收费卡服务概述

收费卡项目是向奥林匹克大家庭成员及转播商、媒体机构等客户群体提供的主办城市合同规定以外收费的产品和服务项目。收费卡项目不是奥运会奥组委的盈利项目，以提供有竞争力的价格及令客户满意的服务为总目标。

一、技术收费卡定义

技术收费卡服务是指在主办城市合同规定内，在奥组委必需提供的免费物品/服务基础上，提供的其他相关的付费产品和服务。这种产品和服务由技术赞助商或其他合同商通过北京奥组委向最终用户提供。

根据惯例，奥组委在距离奥运会开幕前两年半左右开始启动收费卡项目，并在距离奥运会开幕1年半左右开始接受收费卡订购服务。收费卡产品通常以1个月为租赁期，必要时可延长7至15天。

二、服务对象及产品类别

奥运会和残奥会收费卡服务的最终用户分为媒体、转播商、NOC、合作伙伴/赞助商和IF五大类客户群。

不同类别客户群在收费卡产品和服务需求方面有共同点，也有个性化需求，因此奥组委需要针对每一类客户群发布内容不同的收费卡产品和服务目录。奥运会提供的收费卡产品和服务类别主要包括：家具白电、固定装置和设备、技术产品与服务、交通、能源及其他。其中技术产品和服务是收费卡目录中的重要组成部分。

三、收费卡产品规划原则

历届奥运会在规划收费卡产品和服务时，都遵循以下原则：

- 在产品服务内容、服务水平上保持一致性并结合最新科技发展成果提供更新更优质的产品。
- 根据当地市场环境等因素，参考往届奥组委收费卡项目价格水平，提出最为合理的价格。
- 与产品和服务的提供者保持良好的沟通协调，在产品提供、价格制定、支持服务、产品回收等方面进行良好的合作。
- 合理利用 VIK 产品。
- VIK 产品的价格合理性及维护服务保证。
- 合理的工作人员结构，包括收费卡项目的工作人员及各主要相关部门负责协助收费卡工作的工作人员。
- 与 IOC 的良好沟通，保证所有收费卡产品目录得到 IOC 的批准及支持。

四、北京奥运会技术收费卡产品

1. 固定通信

包括奥运五位电话、普通商用电话、ISDN、电话机、Leased line 专线、HDSL 专线、普通电话接入互联网、ISDN 接入互联网、ADSL 接入互联网、专线接入互联网、奥运宽带 IC 卡等。

2. 移动通信

包括预付费通话包、后付费通话包、手机终端、GPRS 无线上网、无线局域网（WLAN）互联网接入、无线 INFO 接入等。

3. 打印/复印设备

包括复印传真一体机、复印机、激光打印机、INFO 打印机等。

4. 信息设备

包括 INFO 终端、桌面电脑等。

5. 音视频设备

包括数字有线电视端口、电视机、电视录像一体机、DVD 机等。

6. 其他服务

包括 IDF 系统、RDF 系统、Remote CIS 系统、临时布线、集群通信、VLAN/WLAN 照片传输等。

第二节　技术收费卡服务规划

一、建立技术收费卡项目工作机制

1. 技术收费卡工作小组

为及时、妥善处理技术收费卡项目推进过程中可能出现的各种问题，奥组委技术部及各相关合同商派出各自职能部门的工作人员，共同组成了技术收费卡项目工作小组。该小组成员作为技术部与各合同商的直接接口人，按照收费卡整体项目计划协调技术合同商落实各阶段工作任务，并跟踪

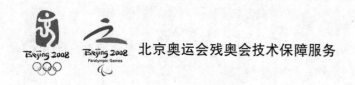

和监督该任务的按时、按需实现。

2. 工作例会

技术收费卡工作小组视具体任务和项目进度需要召开工作例会，其主要目的是对项目的进展情况进行及时交流和总结，并就进展过程中遇到的问题及时协商解决。

二、关键里程碑及阶段性成果

技术合同商在技术收费卡项目总体进度计划下，结合本公司相关业务流程，向奥组委提交了收费卡工作时间安排进度表，并经相关各方协商达成一致后遵照执行。

技术收费卡项目关键里程碑及阶段性成果如下：

表 17 - 1 技术收费卡阶段性成果

时间安排	工作内容	阶段性成果	责任方
2005.9.30	完成技术收费卡项目的项目规划	收费卡工作计划技术收费卡需求说明书	技术部
2005.11.30	提交技术收费卡产品和服务目录第一稿初版	技术收费卡产品和服务目录（第一稿初版）	技术部、合同商
2005.12.30	确定第一稿	技术收费卡产品和服务目录（第一稿终版）	技术部、合同商
2006.2.28	提交技术收费卡产品和服务目录第二稿	技术收费卡产品和服务目录（第二稿）	技术部、合同商
2006.4.28	完成技术收费卡产品和服务目录第三稿	技术收费卡产品和服务目录（第三稿）	技术部、合同商
2007.1	技术收费卡产品和服务目录定稿	技术收费卡产品和服务目录定稿	技术部、合同商
2007.8	测试赛收费卡服务	在"好运北京"综合测试赛中提供收费卡服务，测试、推广产品和服务流程	技术部、合同商
2007.10	收费卡系统内部测试	收费卡定购系统上线开始内部测试，完成最终调整	技术部
2008.3	收费卡发布，定购系统上线	收费卡目录最终版正式发布，收费卡网上订购系统正式上线，开始接受用户订购	技术部、合同商

三、技术收费卡目录编写工作

1. 技术收费卡目录初稿

技术收费卡目录第一稿旨在参照往届奥运会收费卡产品目录，初步确定合同商为北京奥运会提供的技术收费卡产品和服务种类，并完成产品描述初稿。

（1）收费卡基本技术产品和服务

合同商应参考往届奥运会的技术收费卡产品情况，并结合自身的综合实力，确定北京奥运会技术收费卡基本产品和服务，每项技术收费卡产品与服务都包括产品和服务名称、描述、产品规格、接口类型，需匹配使用的终端设备及其连接方式，并根据需要采用示意图的形式加以说明。

（2）收费卡新产品与服务

技术收费卡新产品与服务是指往届奥运会收费卡目录中未提供过的，合同商拟在北京奥运会收费卡项目中提供的技术产品与服务。合同商在推荐往届奥运会未提供过的技术产品和服务时，应充分考虑推荐产品与服务的目标客户、产品定价、实用性、可靠性及对已有产品的替代影响等相关因素。

合同商拟提供的新产品和服务首先通过奥组委技术部和相关客户代表部门的审核，并报 IOC 批准。经 IOC 正式批准后，纳入北京奥运会技术收费卡目录。

2. 技术收费卡目录定稿

技术收费卡目录第二、三及定稿是对初稿的修订和补充，包括进一步明确前稿中已涉及的产品和服务的业务特性，视具体情况对列入收费卡目录的技术产品和服务进行调整，并标明每一项产品和服务的建议价格及测算依据。

3. 技术收费卡相关条款

技术收费卡相关条款是指奥组委在向目标客户提供收费卡产品和服务时，就产品和服务定价、订购、安装、维护等服务细节，需在客户订购前，向客户说明的相关条款。该部分内容主要由收费卡主管部门完成，如合同商认为有必要向技术收费卡客户说明的其他相关内容，则一并包含在此类条款之中。

第三节　收费卡技术服务的运行保障

一、收费卡技术产品和服务的订购流程

1. 赛前流程

（1）赛前京内场馆流程

由技术部指定的收费卡接口人登录收费卡网上订购系统，将技术订单转给技术部各业务处室收费卡联系人。正常订购期内，鉴于资源情况必须完全满足客户需求，各业务处室收费卡联系人可直接确认订单，并经收费卡接口人统一反馈收费卡管理部门。滞后订购期内，各业务处室收费卡联系人可根据各技术产品具体情况向合作伙伴确认资源满足情况，最终评估是否接受订单，并经收费卡接口人统一反馈收费卡管理部门。

收费卡管理部门确认用户已付费后，各业务处室收费卡联系人负责组织合同商实施订单，根据场馆物资移入期时间安排，统一进行集中安装和配送，并向收费卡接口人反馈实施情况，由收费卡接口人最终向收费卡管理部门反馈。

部分技术产品，包括固定通信、有线电视端口、电视机及临时布线等，需要合同商直接将产品部署到指定场馆位置，各业务处室收费卡联系人根据需要定期向合同商传递订单，以使合同商及时

北京奥运会残奥会技术保障服务

了解订单位置信息，在场馆施工阶段即有针对性的预留资源。

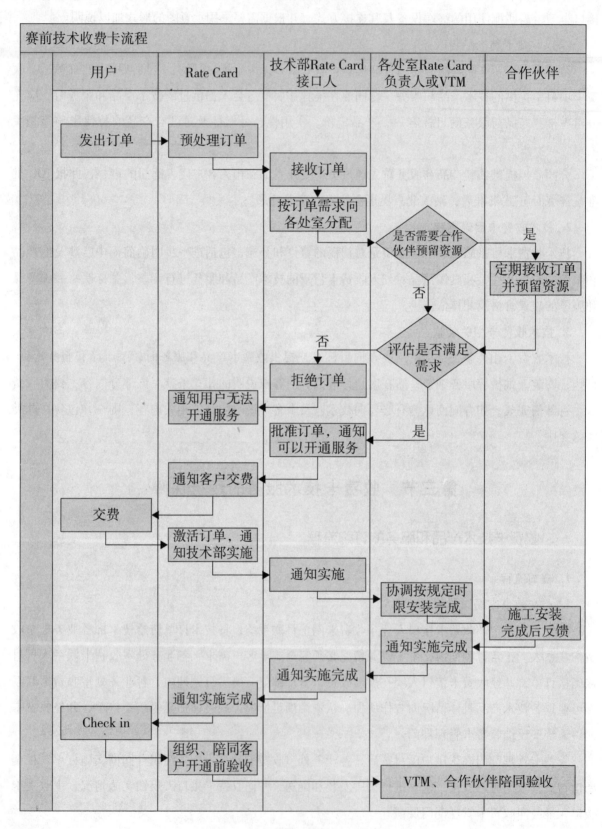

图 17－1　赛前技术收费卡流程图

（2）赛前京外场馆流程

对于京外场馆非通信类技术产品收费卡订单而言，赛前流程与京内场馆均相同。

对于固定通信产品订单中，某些产品需京内外共同对资源情况进行核查后方可确认，如连接两地的数据专线等。其他仅需当地核实资源的产品与服务，包括本地普通商用电话、ISDN、ADSL、本地专线和互联网接入服务等，则由收费卡管理部门将订单直接发送给京外机构收费卡接口人，由其协调当地归口管理部门及合同商分支机构核实资源并督促配送和安装。京外协办城市收费卡接口人每周均向财务部及技术部反馈订单落实情况。

移动通信产品类订单均由财务部直接发送给京外机构收费卡接口人，由其协调当地归口管理部门及合作伙伴分支机构核实资源并督促配送和安装。当地收费卡接口人定期向财务部及技术部反馈订单落实情况。

以上通信产品的京外订单，均抄送奥组委技术部收费卡接口人，以使技术部了解奥运会和残奥会技术收费卡项目订购、实施及使用的整体情况。

2. 赛时流程

鉴于 MPC 等重要非竞赛场馆于 2008 年 7 月 8 日即开始对媒体开放，因此为配合收费卡赛时订购工作，技术部赛时收费卡流程于同日开始启用。

（1）赛时京内场馆流程

根据不同技术产品类别的特点，奥运会赛时采用了区域式与集中式相结合的技术收费卡工作流程。

通信类技术产品具有通信资源本地化、通信服务需部署到需求场馆、现场协调工作量大、移动 SIM 卡需现场开卡等特点，为贯彻尽量在场馆层面解决问题的原则，提高工作效率，技术团队制定了区域式赛时流程，即根据赛时收费卡工作整体安排，在 MPC、IBC 和奥运村分别设立技术咨询经理岗位。技术咨询经理现场接收本场馆收费卡订购台转来的客户赛时需求，现场向合同商核实需求场馆资源情况，评估是否同意实施，并向收费卡订购台反馈意见。对于经评估确认可实施的需求，在收费卡订购台确认客户付费后，由技术咨询经理协调合同商开通服务，并通知相应场馆团队配合，同时每日将收费卡工作情况向 TOC 汇报。

此流程中，位于 MPC、IBC 和奥运村的技术咨询经理可以被视为 TOC 的远端分支，可以批准赛时收费卡需求并下达订单，完成技术部的区域式赛时收费卡流程。合同商在收费卡订购台现场配置的工作人员也同样有权统一协调自身内部资源。

非通信类收费卡技术产品与服务，包括成绩系统，信息设备、打印复印设备及音视频设备等，因需要统一采购，统一配送安装，为统一接口、统一进行赛时订单评估，因此采用集中式工作流程。集中式工作流程是指：在 TOC 设立收费卡配合岗位（TOC 变更控制经理），位于 MPC、IBC 和奥运村的技术咨询经理接到本场馆收费卡订购台转来的非通信类客户需求后，立即转到 TOC，由 TOC 统一向合同商接口人核实资源、进行需求评估，并将评估结果通知场馆技术咨询经理。对于经 TOC 确认可实施的需求，场馆技术咨询经理负责通知收费卡订购台向客户收费。收费卡订购台确认客户付费后，场馆技术咨询经理即通知 TOC 客户已付费，TOC 负责下达订单，协调合同商提供服

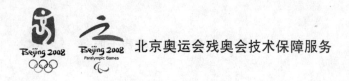

务，并通知相应场馆技术团队配合。服务提供完毕，场馆技术团队向 TOC 反馈实施结果后，TOC 即通知场馆技术咨询经理，最终由场馆技术咨询经理向收费卡订购台反馈结果。

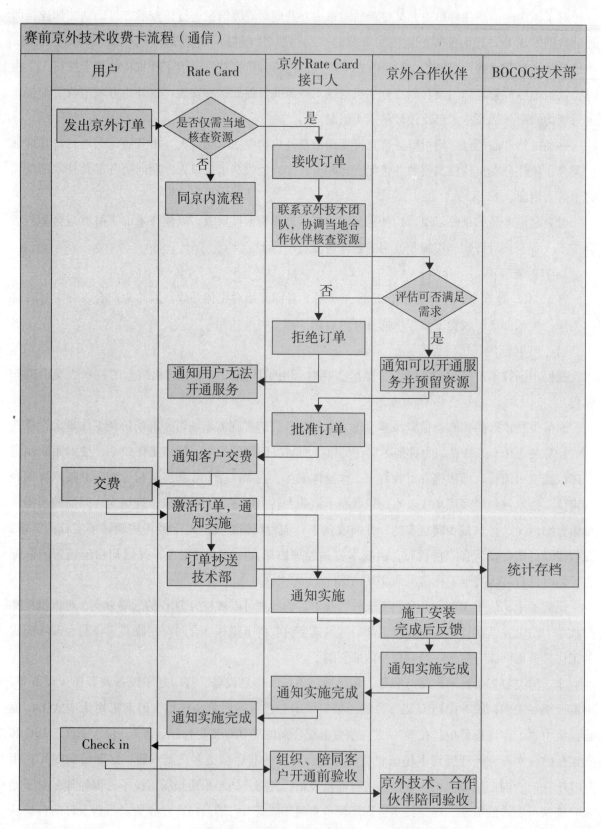

图 17－2　赛前京外通信技术收费卡流程图

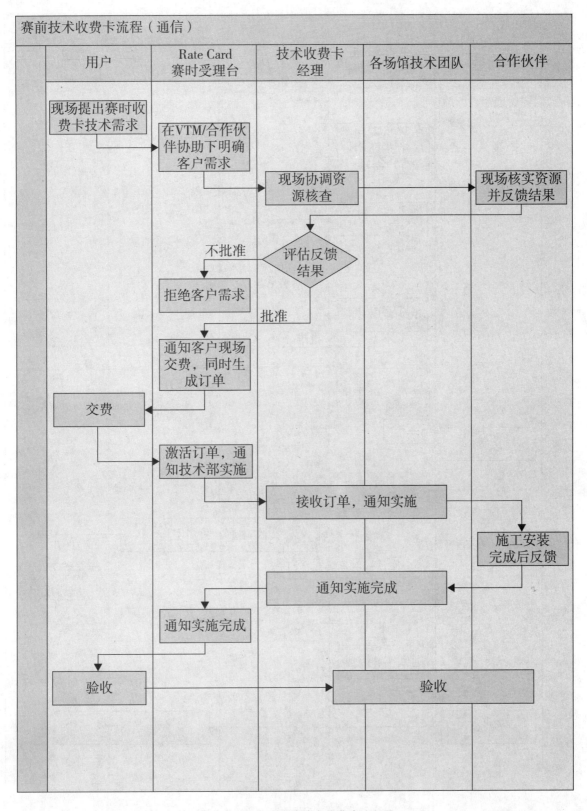

图 17－3 赛前通信技术收费卡流程图

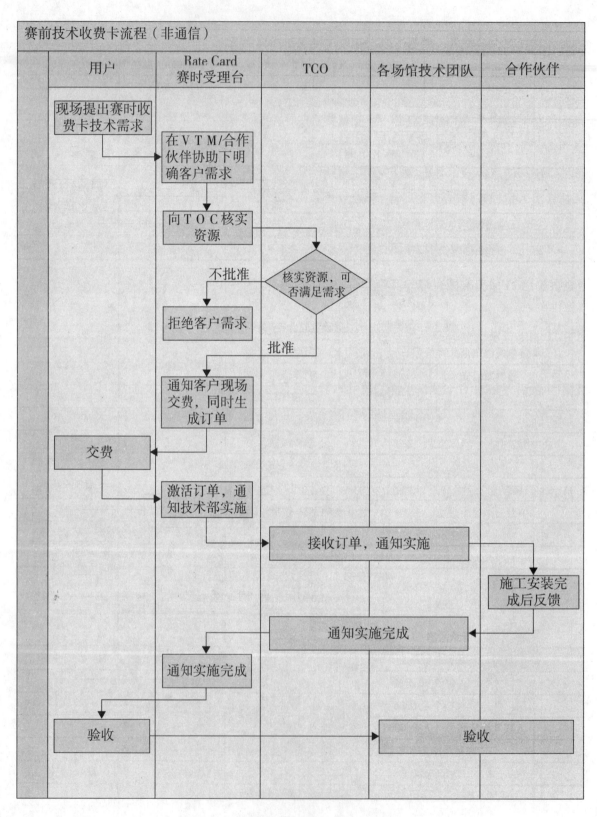

图 17－4　赛前非通信技术收费卡流程图

（2）赛时京外场馆流程

根据收费卡项目总体计划安排，赛时京外场馆不设收费卡服务台。依据往届经验及赛程设置等，预计赛时协办城市技术收费卡订单数量较少，因此赛时技术收费卡服务由京外场馆团队直接协调合同商处理。

二、收费卡技术服务实施流程

1. 订购

北京奥运会收费卡项目共分四个订购期：即正常订购期、滞后订购期和两个赛时订购期。一般情况下，客户在正常订购期内成功提交的订单需求，技术合同商应完全满足客户需求；客户在滞后订购期和赛时订购期提出的技术产品和服务需求，技术合同商应尽力满足客户需求。

对收费卡目录之外的特殊收费卡技术产品和服务需求，合同商应尽力满足客户需求并提供合理的报价。各订购阶段的主要工作包括：

表 17 - 2　收费卡各订购阶段的简况

阶段	起止时间	技术部工作及时限要求	合作伙伴工作及时限要求
正常订购期	2007 年 7 月 1 日 – 12 月 31 日	接受技术订单，并每周汇总需求以传真及电子邮件方式发送给合同商	接受技术订单需求，并每周以传真及电子邮件方式向技术部确认已接收
滞后订购期	2008 年 1 月 1 日 – 3 月 31 日	接受技术订单，评估后每日汇总需求以传真及电子邮件方式发送给合同商，合同商反馈资源核查结果后每日反馈收费卡处	每日接收技术订单需求，于五个工作日内完成资源核查并向技术部反馈结果
赛时订购期一	2008 年 4 月 1 日 – 5 月 31 日		
冻结期	2008 年 6 月 1 日 – 6 月 30 日	不再接受订单；协调合同商集中配送和安装	集中配送和安装收费卡产品
赛时订购期二	2008 年 7 月 1 日 – 8 月 24 日	接受技术订单，实时评估并汇总需求以传真及电子邮件方式发送给合同商，合同商反馈资源核查结果后通知技术团队，得知用户交费后实时通知合同商实施	实时接收技术订单需求，于四个小时内完成资源核查以及工期（报价）预估，并向技术部反馈结果；用户交费后在工期时限内完成配送或安装

电话类技术产品，包括奥运五位电话、普通商用电话和移动 SIM 卡类等，在订购阶段需提供电话号码清单，以方便客户印刷名片、通讯录等。

由于赛前订单对时效性要求不高，技术收费卡团队采用纸介订单提交给合同商，技术部与收费卡管理部门需共同签字并盖章确认；赛时订单时效性要求较高，为提高效率，技术收费卡团队主要采用现场联合服务方式与合同商共同接受用户订单，并由技术部与收费卡管理部门现场经手人共同签字确认。

由于订单信息全部为英文，对订单中不确定的信息，由收费卡管理部门与技术部共同负责向客户澄清。

2. 安装

通信类产品由场馆技术团队协调网通、移动和歌华根据收费卡订单信息，将产品安装至场馆内客户指定地点。电话类产品在安装并测试开通后应及时闭锁相关功能。

电脑（含 INFO 和 CIS 系统）和打印机由技术部信息系统处和场馆技术处根据订单数量协调联想、松下等合作伙伴将产品统一配送至 PC 工厂进行初始配置后，经奥组委物流系统统一配送至场馆，并由场馆技术团队协调合作伙伴将产品安装至场馆内客户指定地点。

复印机和电视机、DVD 机等音视频设备由松下公司负责统一配送并安装到客户指定地点。

赛时订单由场馆技术团队协调合同商依照赛时流程，在预先与客户确认的时间内将产品安装至指定地点。

3. 客户签收

客户到达后，由客户代表部门组织场馆技术团队参与技术收费卡产品的签收工作，签收过程中出现的问题由场馆技术团队协调合同商解决，签收结果由客户和客户服务部门签字确认。使用过程中发生的问题统一归口至技术支持服务中心（Helpdesk）受理。

通信类产品由通信合作伙伴提供使用指南及功能开通密码。

4. 赛时运行及现场服务

事实证明，根据往届奥运会经验和对赛时运行工作预期设立的收费卡现场服务台是非常必要的。虽然按规划收费卡现场服务台的主要工作职责是受理用户提出的临时需求和变更，但由于语言、文化以及对新业务不熟悉等原因，产生了大量的用户咨询需求。由于大量重要客户均集中在MPC、IBC、OLV 等核心场馆，因此大部分需求变更和咨询工作在现场服务台的协调下得以快速解决。

为达到预期目标，还需要在现场服务台配备熟悉各项收费卡业务和流程的工作人员和志愿者，以及来自通信合作伙伴的专职工作人员，为用户提供从咨询、受理到开通的全流程服务。

5. 客户退租

客户退租时，场馆技术团队协助客户服务部门当场回收技术设备，并负责确认设备是否完好。如设备出现丢失和损坏等情况，需在客户退租单上详细注明，作为返还或扣除客户使用押金的依据。客户及客户服务部门（如媒体运行部门）均要在客户退租单上签字确认。

6. 拆除和回收

奥运会结束后，场馆技术团队协调相关技术合同商及时终止提供收费卡技术产品和服务，并在转换期内迅速拆除和回收残奥会不再继续使用的技术设备。

残奥会结束后，场馆技术团队协调相关技术合同商及时拆除所有技术收费卡产品。

7. 结算

奥组委与技术合同商的结算及发票开具工作在奥运会和残奥会结束后进行，以订单作为结算依据，优先以实物赞助（VIK）的方式进行结算。

三、收费卡技术服务标准（SLA）

场馆技术咨询经理协调技术合同商为收费卡客户提供包括产品咨询、使用帮助、现场服务、运行维护、计费预警及账单提供等环节在内的端到端服务。

收费卡产品和服务具有服务提供时间短、服务质量高，服务提供及时率高等特点，技术合同商根据收费卡产品和服务的特点，提供不低于往届奥运会标准的服务。同时，技术部协调技术合同商充分考虑设备故障、网络拥塞、突发意外等紧急情况下应采取的应急措施，以保证提供高质量的收费卡技术产品和服务。

赛时收费卡技术服务统一由技术支持服务台提供，SLA 标准遵循技术运行中心统一制定的技术支持服务台的服务标准。

第四节 北京奥运会收费卡技术服务创新

随着科学技术的不断进步，历届奥运会均会在收费卡技术服务中提供一些新的服务。在北京奥运会上，技术部会同合作伙伴中国网通和中国移动一起，推出了主要面向媒体客户的 VLAN 图片传输、WLAN 专网（包括无线 INFO）以及奥运宽带 IC 卡等三项全新技术服务。这些服务均是第一次在奥运会上使用，并获得了极大的成功，为广大媒体提供了全新的奥运报道工作模式，为把一届"无与伦比"的精彩奥运呈现在世界面前做出了杰出贡献，集中体现了"科技奥运"的理念。

一、VLAN 图片传输服务

北京奥运会的新闻图片报道工作主要由美联社，路透社，法新社，盖帝图片社组成的国际奥林匹克摄影队（IOPP），以及新华社组成的国家奥林匹克摄影队（NOPP）负责，五家通讯社在各竞赛场馆和主新闻中心之间存在大量的图片即时传输的需求。

往届奥运会中，各大通讯社主要采用临时布线辅以自建 WLAN 的手段传输图片。临时布线需要大量的路由规划和协调工作，为场馆布线增加了极大的工作量，而通讯社自建 WLAN 与奥组委提供的 WLAN 及无线 INFO 服务存在频率冲突。

鉴于以上情况，技术部会同媒体运行部门协调中国网通向各大通讯社推出了虚拟局域网（VLAN）图片传输服务方案。通过在各竞赛场馆和 MPC 指定位置放置交换机，构建了广域的虚拟局域网（VLAN）。各竞赛场馆与 MPC 间采用光纤直联，每五个竞赛场馆预备一台冷备份的骨干交换机，并对从 MPC 通信设备机房到各通讯社租用空间的布线进行备份。

VLAN 服务总体架构如图 17-5、17-6 所示：

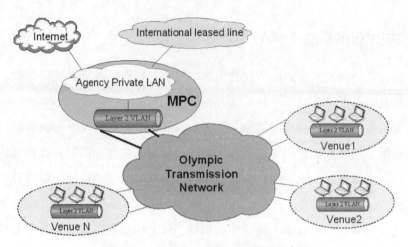

图 17 – 5　VLAN 服务总体结构图

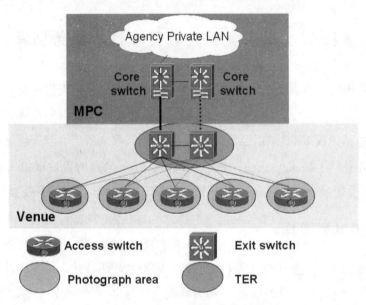

图 17 – 6　VLAN 服务设备结构图

　　通过使用 VLAN 业务，极大地提高了五大新闻社奥运图片报道的时效性和便利性。在场馆的摄影位置上，摄影记者在拍摄的同时可以立即将照片传送给编辑人员，从技术上保证了编辑前置，使得采、编、签的工作均在场馆内完成，有些图片从签发、上星直至正式发布所需时间不到 1 秒。据统计，奥运期间整个 VLAN 网络累计传送的数据量达 66TB，五大通讯社共传送照片 400 余万张，将奥运会的精彩以最快的速度呈现在了世界面前。

二、WLAN 和无线 INFO

　　无线局域网（WLAN）互联网接入服务在往届奥运会上已经有过小规模的应用，但由于 WLAN 接入技术本身存在易受干扰、服务区内并发用户数量有限等局限性，因此在往届奥运会中出现过 WLAN 服务系统瘫痪等情况，引起了大量投诉。北京奥运会的 WLAN 服务在规划阶段就对这些因素充分加以考虑，通过使用小增益天线，采用 a/b/g 全频段覆盖，以及实施大规模压力测试等一系列技术和服务措施，建成了北京奥运会覆盖所有竞赛场馆和 5 个非竞赛场馆的 WLAN 专网，覆盖区域包括文字记者工作间、摄影记者工作间、场馆媒体看台、场馆新闻发布厅等区域。

在此基础之上，技术部还首次提供了无线 INFO 服务。这是一个基于 WLAN 无线网络接入的媒体信息服务平台，奥运注册媒体在奥运期间可以在 IOC 总部饭店、主新闻中心、场馆媒体工作间、媒体村公共区域等热点区域，通过 WLAN 方式无线接入 INFO 2008 系统，第一时间获取奥运官方信息，了解赛事最新进展情况，及时获得 INFO 文字信息并进行编辑，进而迅速通过无线网络发送稿件，极大提高媒体办公效率。无线 INFO 突破了往届奥运会仅为媒体提供固定 INFO 信息终端的服务模式，为注册媒体提供了全新的，更加高效的奥运会报道工作模式。

整个奥运会期间，媒体记者使用无线 INFO 业务的次数达到 3 万多次，访问 INFO 系统的数据量近 100GB，累计访问互联网的流量近 30TB。第一次实现了奥运会历史上 WLAN 网络的高品质服务，受到了媒体的一致好评。

三、奥运宽带 IC 卡

奥运宽带 IC 卡是专为方便媒体用户上网推出的宽带接入互联网产品，通过布放在各场馆媒体工作区域桌面上的插卡式宽带接入终端，用户可以使用特定的预付费 IC 卡，在任何场馆的媒体工作区域享受不限流量的有线宽带互联网接入服务。此服务基于局域网技术，自动分配动态 IP 地址，无须对用户终端进行任何设置，即插即用。奥运宽带 IC 卡的上、下接入带宽可以保证至少 1 兆/秒，能更好地满足媒体发送稿件和图片的使用需求。奥运宽带 IC 卡是通过场馆预置服务设施提供的公共服务，持卡用户不仅可以在北京的奥运场馆漫游使用，还可以在青岛、上海、天津、沈阳、秦皇岛等协办城市场馆使用，突破了传统有线接入方式对用户的局限性，实现了高速、稳定、灵活的互联网接入。奥运宽带 IC 卡的推出不但为报道北京奥运会的媒体记者提供了极大的便利，也为今后大型体育赛事中互联网接入服务提供了新的操作模式。

图 17-7　奥运宽带 IC 卡接口

第五节　技术收费卡服务的关键环节

一、计费

对于按时长和流量计费的通信产品，技术部要协调技术合作伙伴做好收费卡产品和服务的计费工作，并实时监测客户使用的时长和流量。在客户使用金额达到押金预警线时（押金金额的75%），合同商要向奥组委及客户提供资费预警信息。

通信服务账单的格式由合作伙伴提供，技术部配合收费卡管理部门审核该账单格式是否符合往届奥运会惯例和客户需求，是否已包含必要信息。在奥运会/残奥会结束一周内，通信合作伙伴根据计费数据向奥组委提供纸介和电子版的英文账单。

二、物流

场馆技术团队需要充分考虑收费卡技术产品和服务涉及的设备、原材料、终端及工具等物品的物流相关事宜，协助技术合同商确保做到安全、准确、及时地提供收费卡产品和服务。具体流程应服从物流部对各业务口物资运送需求的统一安排。

三、工具

技术部收费卡项目接口人和各业务处室联系人均使用收费卡服务系统完成技术收费卡订单的受理、审批和统计汇总等工作。

根据收费卡订购情况，技术部非常注意收费卡产品和服务所需工具的准备工作，包括为完成产品订购、实施、流程跟踪、查询检索、立即计费、账单处理等相关工作可能需要的软件系统平台，并充分考虑了系统安全性、兼容性等问题，并预留充分的测试时间。

四、人力资源

设置技术收费卡项目接口人和各业务处室收费卡项目联系人对技术收费卡项目的成功至关重要。

此外，技术部还协调技术合同商尽早确定了收费卡技术产品和服务所需的人力资源计划，包括咨询人员、协助订购人员、安装实施人员、运行维护人员、账务处理人员及客户服务人员等。在场馆现场服务的人员应列入场馆技术团队。

五、测试赛

根据收费卡管理部门的工作计划，技术收费卡项目参加了2007年8月的综合测试赛。

测试赛的重点是测试常用通信类产品和部分新产品，如奥运宽带IC卡、WLAN等。技术部协调合作伙伴提供上述收费卡产品参与了测试赛，在满足客户需求的同时，了解了客户使用习惯，检验了产品性能，从而保证了奥运会赛时产品与服务的安全可靠。

　　测试赛中另一个重要的测试重点是流程测试。通过在测试赛中提供收费卡服务，可以测试技术部、场馆技术团队、收费卡工作团队以及技术合同商的配合流程是否合理通畅，并可以培训技术团队和合作伙伴收费卡支撑团队的工作人员，为赛时运行积累宝贵经验。

第十八章 技术配合服务

本章所列内容均为北京奥组委内各相关业务口主责的重大项目，是奥运会成功与否的关键环节。在这些项目的实施过程中，应主责部门的要求，技术部都提供了咨询、审核等服务，并派遣专人参加了部分项目的规划和运行工作。

第一节 安保

按照北京奥组委的安保总体规划，安保工作涉及的技术系统由安保部主责，涉及预算统一纳入安保总体预算之内。在系统部署和运行过程中，技术部应安保部要求，在两个方面予以配合：

一、注册系统数据与赛时安检系统数据的同步更新

基于部门职能分工和安全策略，技术部不介入安保技术系统的具体环节。在临近开赛时，在多个场馆注册人员安检口发现安检系统数据与注册系统数据不同步，影响了注册人员正常出入。

问题出现后，指挥中心领导在 2008 年 7 月 29 日主持了专题会议，研讨问题的解决方案。会后，技术部按照运行指挥部的指令，配合安保部和注册中心迅速找到问题所在，提出了加强数据同步频次的解决方案，在保证安检系统自身安全的前提下，达到了数据实时同步更新的水平，同时提出在不能实时同步的情况下，用补充识别手段验证放行的建议，最终妥善解决了问题。

2008 年 8 月 14 日，在奥运会尚未结束时，技术部又对残奥会可能产生的相同问题提前做出了建议和安排，其中包括：

1. 残奥会注册系统与安保系统的数据同步问题

- 残奥会注册系统与安保系统的数据更新仍沿用奥运会的流程和方式执行，不对技术系统进行调整和变更，更新的数据类型和频率与奥运会保持一致。
- 第一次从残奥会注册系统向安保电子查验系统导出数据的时间点需要安保部与注册中心另行确认，初步定在 8 月下旬。
- 安保、注册和技术部应尽可能确保注册人员数据的准确性，以减少因数据不准确或者数据频繁变更而导致的风险。

2. 残奥会注册系统中数据更新对成绩系统的影响

残奥会的运动员数量约为 5000 人，相比奥运会减少了一半，从注册部门得到的信息看，残奥会申请注册人员基本信息错误的比例也少于奥运会。同时，残奥会运动员村开村时间和绝大部分残

奥成绩信息初始化时间（2008 年 8 月 31 日）的间隔仅为四到五天，相比奥运会的时间更加紧凑，继续沿用奥运会注册号更改的方式也将更为简单、有效。因此，残奥会运动员、官员注册信息修改将继续沿用奥运会注册号更改的业务流程，即注册中心按照残奥会成绩信息初始化的时间表以竞赛项目为单元删除和增加人员信息。

二、RFID 注册卡

为了提升安保水平，北京奥组委批准采用 RFID 技术作为注册卡防伪手段之一。

技术部在 2006 年 10 月决定，由信息系统处邀请有关专家和相关部门，对实施 RFID 技术所产生的技术与财务风险进行全面的、客观的论证，明确底数，形成了正式意见，向领导报告。

项目批准后，技术部应安保部的要求，派专人参与制定技术路径、评审备选方案、供应商招标、项目开发管理、测试、安装调试和验收交付使用等全过程，保证这项新技术首次用于奥运会获得成功。

第二节 开闭幕式

出于保密的需要，任何与开闭幕式有关的工作一直处于封闭状态，仅限于开闭幕式工作部和主管领导知道，与其有关的技术系统也如此，由开闭幕式部主责。但是由于开闭幕式在国家体育场举行，这里同时也是竞赛场馆，开闭幕式所用技术系统和所需技术保障条件不可避免地与场馆技术系统有关联。

一、保障工作原则

在 2008 年 1 月 24 日的技术部专题会上，技术团队领导要求：技术运行中心和国家体育场技术团队要高度重视竞赛技术保障与开闭幕式技术保障业务接口问题，强化技术保障综合集成机制，提高技术运行整体效能，进一步明确与开闭幕式技术运行团队的相关责任界面划分。同时，会上提出了如下工作原则：

- 技术部的无线电频率管理工作要统筹考虑竞赛需求和开闭幕式需求，以开闭幕式为核心，进行人员、设备的配置和运行整合，形成精干、统一、高效的运行团队。
- 涉及国家体育场通信保障，要统筹考虑与开闭幕式通信保障的衔接，尤其做好具有可操作性的无线网络、集群通信的应急预案。
- 国家体育场技术设施、设备、人员配置在满足基本需求之外，应保有足够的余量满足应急需求，应急需求由 TOC 直接承担。
- 技术部成立国家体育场技术保障工作协调小组，统筹协调解决超出场馆 VTM 职责并难以推进的工作。协调小组名单、职责和工作机制由总体规划处、场馆技术处研究提出，报部长批准后执行。

二、保障工作内容

技术团队对开闭幕式的技术支持工作主要包括以下三个方面：

1. 无线电频率协调

技术部在规划初期即建议开闭幕式工作部，如果开闭幕式期间要使用无线收发设备，我们将尽全力保障。无线电波无影无踪，不受空间环境的限制，开闭幕式期间，除了开闭幕式工作团队在使用无线收发设备，其他团队如安保、媒体、场馆管理、观众服务也在使用，城市保障部门也在使用。为此，经与开闭幕式团队商定，技术部专派一名无线电频率协调高级工程师协调开闭幕式所需无线电频率资源，统筹制订开闭幕式期间国家体育场无线电频率分配计划。同时，技术部还针对国家体育场周边的具体情况，扩大了无线电频率的管控力度，保证了开闭幕式的顺利进行。

2. 音视频系统

出于对节目的保密，开闭幕式一直没有明确是否在国家体育场使用技术部为竞赛和观赛服务搭建的音视频系统。技术部根据经验判断，开闭幕式期间将一定会使用国家体育场内的显示大屏，并至少部分使用音频系统作为扩声补充。临近开幕式前，这一判断得到证实。由于技术部早有准备，在音视频系统安装部署时就已经预留了若干接口，在保证系统安全的情况下具有充分的灵活性，满足了开闭幕式的要求。

3. 集群通信保障

集群通信系统是大型活动中不可或缺的指挥调度工具。由于国家体育场空间有限，集群系统所能支持的用户终端数量也有限，因此，在开闭幕式当天，集群通信终端变成了最为紧缺的资源。为了满足开闭幕式的需要，同时减少资源占用，技术部帮助开闭幕式工作团队优化集群通信终端配备方案，指导制定使用规则，取得了双赢的效果。

4. 现场保障

技术团队 2008 年 7 月 28 日召开了会议，讨论了对开幕式彩排和正式演出的技术保障工作的问题。根据会议的具体安排，技术部指派由副部长任组长的技术保障现场指挥组，邀请开闭幕式团队、国家体育场、安保团队等有关团队参加，重点保障开幕式彩排和正式演出期间的无线电频率、音视频系统、通讯系统和评论员信息广播系统的正常运行。彩排和正式演出期间，TOC 值班主任在技术运行中心监控彩排和开幕式期间的技术保障工作情况，及时解决出现的问题。

第三节　火炬接力

火炬接力所需技术系统和服务均由火炬接力中心主责。在境外传递即将开始前，火炬接力管理部门向技术部提出了支持和配合要求，其中包括配备一批笔记本电脑、专业对讲机和海事电话。同时要求派专人随行提供技术保障，工作任务是每到一地临时搭建局域网，提供对讲调度指挥服务等。

468

一、技术保障方案

根据火炬接力部门提出的要求，技术部立即组织了各专家讨论，就随行搭建局域网、对讲机频率设定问题等确定了解决方案。会议明确：火炬接力技术保障工作的主要任务是以现代技术和现有条件为基础，为火炬接力运行团队的传递运行提供顺畅可靠的通信联络保障和满足办公基本需要的技术服务，核心任务是保障团队运行的通信畅通，会议同时确定技术部派遣一名专家随火炬接力运行团队提供现场支持。会后技术团队提出了详细技术保障方案，具体如下：

1. 境外技术保障

（1）通信保障

- 鉴于专业技术支持人员无法随队出境，境外对讲通信采用单频点对讲方式。手持对讲机有16个信道，在出发之前由国内专业技术人员分别写入16个城市的频点，车载电台亦同。为了确保通信的顺畅可靠，境外传递过程中不进行改频工作。香港地区由设备供应商派人实施通信保障，火炬接力中心将依采购合同有关条款，提前与设备供应商落实具体安排。

- 各国可用频率由火炬接力中心城市联络官抓紧协调解决，应于2008年3月28日前落实，以避免火炬接力团队在境外非法使用频率，造成与当地政府的纠纷。

- 对于不准许火炬接力团队自带对讲机的国家，由火炬接力中心城市联络官在3月28日前落实当地所提供对讲机的技术方案，技术部将协助分析该方案的可行性，并提出运行配置建议。

- 设备供应商提供出境前技术培训，主要内容有：对讲机日常维护、编程、车载对讲机安装和拆卸等。火炬接力中心在现有运行团队内选一名同志作为随队技术专家的兼职助手，参加培训，协助实施境外技术保障。

（2）IT系统保障

- 各先遣组技术保障人员已经落实，由其按计划搭建运行办公室（RON）的技术系统。

- 出境前，由联想公司先负责为所有先遣组技术保障人员提供培训。

2. 境内技术保障

（1）通信保障

- 由对讲机设备供应商派专家随火炬接力团队提供保障，火炬接力中心依采购合同有关条款，提前与设备供应商落实具体安排，将专家编入团队。

- 由技术部协调信息产业部无线电管理局落实火炬传递城市的无线电管理部门，满足对讲通信频率需求。

（2）IT系统保障

由联想公司派1人总负责，联想各地维修站支持火炬传递先遣组搭建RON办公室技术系统；如果传递城市没有联想维修站点，则按境外办公办法，由火炬团队派人接受联想培训后自行负责搭建，联想各地维修站对其提供困难问题的技术支持服务。在此过程中技术部提供技术协调。

3. 加强测试

在技术小组组成人员到位后，所有 IT 和通信设备都应在出发之前在北京进行必要的测试。

二、技术保障运行工作

在境外火炬传递期间，技术专家都提前到达传递城市，在驻地搭建局域网，根据当地批准的使用频点修改所有对讲机的通话频率。火炬传递开始后在现场保驾，传递完成后马上返回驻地拆除局域网，为对讲机充电，并准备启程飞往下一个城市，周而复始。尽管工作任务繁重、强度高，但是技术保障始终非常到位，没有发生任何因技术因素影响火炬传递的情况。

第四节 交通指挥调度及交通场站

在技术需求冻结后，北京奥组委交通部在与国际奥委会、北京市各有关方面讨论并经委办公会批准，确定了新的交通指挥调度方案，决定在奥运大厦建立交通调度指挥中心，在北京市建立六个交通场站，分别是奥体中心、奥林匹克森林公园、总部饭店、西郊机场、老山停车场和首都机场 T3 航站楼，虽然所需预算由交通部单独向奥组委领导报批，但是技术资源需要紧急调整分配，工作量巨大，而此时调度中心场地尚未确定，多数交通场站尚不具备进场条件。

一、工作思路

接到任务后，技术团队领导的任务：根据往届惯例，交通保障及技术支持问题是奥运工作人员与公众关注的热点，应始终予以高度关注，迅速解决相关问题。在已确定交通场站技术代表的基础上，加快工作进度、解决问题。会议确定了如下工作思路：

- 技术代表要抓紧沟通协调相关各方，对交通场站技术系统建设存在的问题要一一列出，统筹考虑，逐一落实。技术部各业务口也要做好配合工作。
- 关于管道设计及施工费用问题，要尽快与工程部门及网通沟通，明确具体费用金额。
- 协调各业主及交通部明确交通场站的机房设计。
- 控制好各方需求，一般不再接受新增需要。凡新增需求不涉及费用的，可走变更程序做局部调整。
- 提出交通技术保障倒排期工期计划。根据交通运行时点排出技术设施、设备到位时间，并据此落实技术相关业务口责任。
- 在做好交通场站技术设施建设的同时，还要做好技术运行准备，要参考往届相关模式，充分调研并与各方协商后制订详细可行的技术支持运行计划，并推进实施。

二、服务部署

为了更好地完成交通场站技术支持服务，技术部指定了交通场站技术经理，并从场馆技术处、信息处和通信处临时抽调人员组成工作小组，迅速配合交通团队明确了技术需求，采用特殊流程协调合同商出具了各种技术方案。在技术部的大力协调下，在交通场站安保封闭前确定了布线方案、物资调配计划、专线开通计划和赛时运行保障计划，同时逐一与业主谈判落实进场施工事宜，在时间特别紧张的情况下倒排工期，将施工部署周期压缩到正常条件下的十分之一，在小组成员和各合同商的鼎力支持下，终于按时开通了各项技术服务，保证了交通调度指挥中心和各交通场站按计划投入赛时运行。

三、服务保障

技术部根据交通场站的运行特点和需求，确定了赛时技术支持保障方案：

- 交通场站技术经理负责协调运行中的相关问题。
- 技术支持呼叫中心负责受理赛时交通场站的故障申告。
- 交通场站不设驻场技术服务团队，北京奥运大厦技术支持团队作为交通场站的保障责任人，负责处理场站发生的技术故障。
- TOC 技术支持应急团队作为后备支持团队确保交通场站技术问题的解决。

第五节　票务

根据北京奥组委的运行政策，票务中心与歌华特玛捷公司签署了服务协议，开发并运行票务网站。技术部高度重视票务的技术保障工作，认真、主动地承担相关技术支持和配合责任。

一、前期技术配合工作

1. 电子票务

为了提高北京奥运会门票的防伪能力，北京奥组委决定在门票中加入 RFID 技术，实现观众购票的准实名制，即"电子票务"，电子票务是"科技奥运"的亮点之一，也是北京奥运会观众服务工作的重要体现，技术部应要求派专人参与制定技术方案并全程参与项目实施。

2. 票务呼叫中心

技术部协调中国网通为奥组委票务部门提供了票务呼叫中心服务。为提高服务质量，改善工作满意度，票务呼叫中心配备了备用座席，并制定了备用座席的启用按照预案。同时制定一套技术上可靠并切实可行的限制呼入策略，提高了呼叫接入工作质量。由于票务呼叫中心的运行工作，影响面大，因此技术部做到了精心准备，留有余地，并加强了网通的协调工作，做好票务呼叫中心技术应急预案的准备工作。

3. 票务网站运行保障

技术部对票务网站的运行保障工作包括：

- 技术部信息系统处针对票务网站的功能、受访负荷能力进行了压力测试，并制定了相应的应急预案，应对突发情况。
- 由于票务网站亦可通过奥运官方网站进行访问，因此奥运官方网站也做好了应急准备。

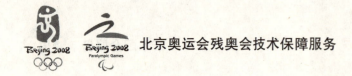

- 技术团队加强了票务网站的安全措施并请技术部副部长牵头与市网络监管等部门进行协调，予以保驾护航。

二、应急支持保障

第二阶段售票开始后的第一天上午，技术部通过官方网站发现票务网站访问瞬间流量异常增高，通过票务呼叫中心发现座席员已基本上无法通过票务处理系统为观众正常订票，便立即启动应急流程，通过内部渠道发出告警，为奥组委领导决策赢得宝贵时间。在以北京奥组委的名义发出暂停售票公告后，按照奥组委领导的要求，技术部全面介入售票系统和票务网站的升级改造工作，组织专家组对票务处理系统和票务网站提出改造建议，随后对改造后的系统和网站组织实施压力测试，同时提出将第二阶段售票"先到先得"的政策修改为登记后抽签，以减小售票系统和票务网站的瞬时压力，提高系统和网站的安全运行能力。经过上述努力，重新启动第二阶段售票后，售票系统和票务网站保持了较为平稳的运行态势，技术部专业人员实时监控流量，为售票保驾护航。

三、后期配合

根据票务系统的前期运行情况，技术部确定票务问题处理协助工作由一位副部长牵头，信息系统处、通信系统处相关人员参加，依靠专家进行。同时，技术部要求：

- 各处要注意认真吸取奥运售票系统问题的经验教训，对奥运全部技术系统的建设与运行策略、流程查找漏洞，举一反三，预防为主，要有可靠的应对预案，确保绝对避免重大失误。
- 技术部要积极配合票务中心，按照各自职责分工，做好包括人员、物资方面的协助工作。

临近奥运会开幕时，票务网站连续遭到攻击，由于不是登录高峰期，因此其正常运行未受大的影响。票务部门及技术部信息安全处积极协调了安保部门和通信合作伙伴采取了相应措施，确保了网站的稳定运行。2008 年 8 月 1 日前，技术团队对票务网进行了赛前最后一次安全性检查测试。

第六节　奥运观众呼叫中心

为满足奥运赛时观众以及北京市民随时获取公共信息服务的需求，提升北京市国际化大都市的形象，实现北京申奥时提出的"任何人、在任何时间、任何奥运相关场所，使用任何信息终端设备都能够安全、快捷地获取可支付得起的、无语言障碍的、个性化的信息服务"的承诺，北京奥组委志愿者部主责组建了观众呼叫服务中心，技术部开发了多语言综合信息服务系统，作为该中心提供服务的工具。该系统提供中、英、法、西班牙、俄、阿拉伯、日、韩、德、意大利、葡萄牙 11 个语种、超过 200 万字的信息，涵盖奥运及城市服务领域。除奥运观众呼叫中心外，系统终端还分布于场馆信息服务亭、机场欢迎中心、奥运官网观众服务频道、手机官网观众服务频道等，赛时实时更新各语种信息，并实现技术系统零故障。

技术部对观众服务呼叫中心的支持工作主要体现在以下几个方面：

- 协助制定奥运观众呼叫中心服务指标及服务流程的标准。

- 协助制定奥运呼叫中心整体培训规划并监督培训实施。
- 协助制定应急预案（包括灾备预案、突发事件预案、疑难问题处理预案）。
- 协助进行数据库与知识库的建立与管理。
- 协调合作伙伴实施奥运观众呼叫中心上线运行及现场管理。

为了完成上述配合工作任务，技术部选派了通信处处长兼任奥运观众呼叫中心运行团队副主任，直接参与了技术管理和运行工作，为观众呼叫中心的成功运行作出了贡献。

第十九章 数字北京大厦和技术运行中心

本章描述了数字北京大厦和技术运行中心的规划建设情况，以及奥运会、残奥会赛时期间以技术运行中心为核心的技术运行的组织结构、功能及运行流程，包括日常运行流程、问题管理流程、变更管理流程和危机管理流程。

第一节 数字北京大厦和技术运行中心概述

北京奥运会、残奥会技术运行中心设在数字北京大厦。数字北京大厦是北京奥运会、残奥会的非竞赛场馆之一，主要包括技术运行中心，主数据中心，集成实验室和开发中心（员工办公区）四个功能区域。技术部作为数字北京大厦场馆的主责部门，负责筹办和赛时各阶段的规划，建设和运行管理工作。

一、数字北京大厦简介

数字北京大厦位于奥林匹克中心区 B16 号地，国家体育馆西侧，国家游泳中心北侧，南临的成府路，东侧为景观西路，西侧为北辰西路。数字北京大厦主体工程共 13 层，地上 11 层，地下 2 层，楼高 56.35 米，工程总建筑面积 96518 平方米，其中地上 74104 平方米，地下 22414 平方米。

数字北京大厦建设单位是北京市政府信息化办公室、中国网通北京分公司、中国联通北京分公司、中国电信北京分公司、北京移动通信公司和首都信息发展有限公司。工程施工单位为中建三局股份公司数字北京大厦项目部。

数字北京大厦的地理位置如图 19-1 所示：

数字北京大厦是为 2008 年奥运会和残奥会信息通信提供技术保障的重要设施，奥运会期间 24 小时运行，其中用于奥运会服务的主要有北京奥组委技术运行中心（TOC）、集成实验室（LAB）、主数据中心（PDC）、办公区域等四个功能区域。同时，作为北京奥运会的通信合作伙伴，中国网通和中国移动在数字北京大厦内设置了奥运通信中心局，因此，数字北京大厦是奥运会赛时奥林匹克中心区的通信核心枢纽。

2006 年 9 月 20 日奥组委专题会确定技术部及技术运行中心整体搬迁至数字北京大厦后，在市信息办和奥组委内各部门的大力支持下，2006 年 10 月 10 日技术部会同委内相关部门及市信息办组建了数字北京大厦工作小团队，全面启动了数字北京大厦的各项筹备工作。

数字北京大厦工程于 2005 年 5 月开工，2006 年 7 月 30 日封顶，2007 年 6 月底具备使用条件。

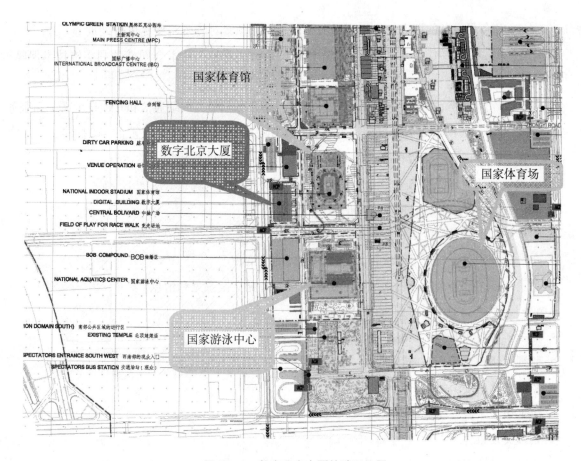

图 19 - 1 数字北京大厦的地理位置

数字北京大厦是由北京奥组委根据奥运管理和主办城市合同的规定设立的非竞赛场馆，是北京市政府比照竞赛场馆的使用模式在赛时无偿提供给北京奥组委使用的。数字北京大厦在奥运会和残奥会中的场馆代码为 DHQ。运行时间从 2007 年 7 月 13 日至 2008 年 9 月 30 日。

二、技术运行中心及附属设施的功能

1. 技术运行中心

技术运行中心（TOC）是北京奥运会最核心的技术系统运行中枢，全面负责运行和管理奥运会的关键技术系统与服务。在 2008 年奥运会和残奥会期间，技术管理人员和技术专家团队在这里对所有奥运场馆的技术系统进行 24 小时全天候监控。

技术运行中心就像综观全局的"监控眼"一样，要对每个奥运场馆出现的任何技术问题做出快速反应。技术运行中心凭借最先进的技术和监测手段，并配合高水平、经验丰富的团队，使各种技术隐患得以预防，而一旦出现问题亦能得到及时解决。在紧急情况发生时，技术运行中心协调各技术合作伙伴及相关方，准确有效地处理危机和各类问题，向高层管理者和用户提供技术运行状况报告。

奥运会的技术系统由多家合同商提供的大量复杂和集成度极高的技术产品组成的。技术运行中心负责所有与奥运会相关的技术系统以及技术人力资源的运行和管理。具体实施手段包括网络监控系统、对冗余和备份设备的调度、专家现场支持以及按照预案对障碍和变更进行处理等。

技术运行中心的主要任务是支持场馆技术团队的运行，为每个技术合同商顺利实施技术保障做好协调和服务工作。

技术运行中心的服务范围是北京奥组委技术部负责提供的信息、成绩通信和其他技术系统和服务，不包括安保、开闭幕式和电视转播（BOB）所使用的专用技术系统。技术运行中心的主要职能是：

- 确保所有奥运场馆的所有技术系统和服务安装到位并且能按规划正常运行。
- 监视奥运通信和信息网络的运行状况，参与和协调技术系统核心层面的障碍。
- 确保所有的障碍和问题能在规定的时间内解决。
- 管理和调配技术系统运行期间所有的技术设备、设施和人力资源。
- 在运行期间负责与技术系统相关的待定问题的决策。
- 负责与场馆和上级管理机构就技术系统的运行情况交换意见和信息。

从操作层面而言，TOC 的具体功能是：

- 监视各种应用的运行状况
- 监视网络的运行状况
- 监视网络的安全状况
- 第 1 级技术服务的受理职能
- 处理突发事件
- 执行各种流程的升级程序
- 变更管理
- 协调各个合作伙伴和合同商的工作

2. 集成实验室

集成实验室的主要功能是为赛时部署在场馆的运动会信息系统提供一切必要的测试环境。被测试的信息系统包括：运动会管理系统（GMS）、现场成绩系统（OVR）、信息发布系统（IDS）以及其他需要提供的信息源（气象信息、互联网等）。集成实验室的另一个重要功能是测试每个场馆内信息系统的部署及调整策略。集成实验室位于大厦 10 层 A 座。

3. 主数据中心

主数据中心是运动会管理系统、信息发布系统等奥运会信息系统的核心技术设备机房。主数据中心与所有竞赛场馆和主要非竞赛场馆以数据专线连接。主数据中心位于大厦 10 层 B 座。

三、数字北京大厦项目进度

自 2006 年起，技术部和后来成立的数字北京大厦场馆团队先后已经编制完成了一系列数字北京大厦场馆运行设计和运行计划，包括：

- 2006 年 9 月，完成了《数字北京大厦运行纲要》，确定了数字北京大厦的功能、项目计划、用房分配、技术运行组织结构和基本流程。
- 2006 年 11 月，完成了数字北京大厦初步运行设计，确定了奥组委用房设计图纸、安保方案、交通流线、物资计划、技术设备分配计划和项目概算。11 月 24 日，奥组委领导批准了数字北京大厦初步运行设计。12 月 30 日，奥组委领导批准了数字北京大厦项目预算。

- 2007 年 6 月，在市信息办、市 08 工程建设指挥部办公室和总包单位中建三局的大力支持和配合下，奥组委用房的临时装修、临时配电、物资和技术设备部署工作顺利完成。
- 2007 年 7 月迁入数字北京大厦，技术部及后来成立的场馆团队对所有测试赛进行了全面的技术支持和服务。期间，陆续完成了作为场馆运行核心流程的《测试赛技术运行中心运行策略与流程》，以及《技术运行中心工作人员值班制度》；安保团队优化并完善了赛时安保方案和人员及车辆流线；餐饮团队完成了《奥运会期间数字北京大厦餐饮运营计划》；交通团队完成了《第 29 届奥林匹克运动会数字北京大厦交通运行计划》等。

数字北京大厦各项工作的完成具体情况如表 19 - 1 所示：

表 19 - 1　数字北京大厦各项工作的完成情况表

时间	任务
2006 年 9 月至 11 月	数字北京大厦初步运行设计阶段
2006 年 11 月 24 日	北京奥组委领导批准数字北京大厦初步运行设计
2006 年 12 月 30 日	北京奥组委领导批准数字北京大厦项目预算，数字北京大厦项目正式启动
2007 年 1 月至 3 月	完成数字北京大厦各功能用房和技术系统详细设计
2007 年 3 月 3 日	数字北京大厦奥组委用房装修和技术设备安装工程正式启动
2007 年 3 月至 6 月	数字北京大厦奥组委用房装修和技术设备安装工程完成
2007 年 7 月 13 日	奥组委技术部及合作伙伴（合同商）工作人员正式迁入数字北京大厦开始工作
2007 年 8 月 3 日	测试赛技术运行中心正式运行
2007 年 8 月至 2008 年 6 月	数字北京大厦和技术运行中心为 44 项测试赛提供了技术保障服务
2008 年 3 月 28 日	奥运会残奥会赛时技术运行中心技术系统部署就绪
2008 年 4 月 30 日	完成数字北京大厦赛时场馆运行计划
2008 年 4 月 30 日	赛时技术运行应急预案完成修订
2008 年 6 月 5 日	奥运会赛时形象景观临时设施布置就绪
2008 年 7 月 20 日	启用奥运会赛时注册证件
2008 年 7 月 25 日	技术运行中心开始奥运会、残奥会赛时运行
2008 年 8 月 8 日	北京奥运会开幕
2008 年 8 月 24 日	北京奥运会闭幕
2008 年 8 月 25 日	启用转换期证件
2008 年 9 月 6 日	北京残奥会开幕
2008 年 9 月 17 日	北京残奥会闭幕
2008 年 9 月 18 日	启用移出期证件
2008 年 9 月 18 日	场馆移出期开始
2008 年 9 月 18 日	志愿者和无工作任务的受薪人员及合同商离馆
2008 年 9 月 30 日	场馆移出期结束，北京奥组委将数字北京大厦移交给场馆业主单位

四、数字北京大厦场馆团队

数字北京大厦场馆团队于2007年10月正式成立，负责在奥运会和残奥会期间为所有使用技术系统的参与者提供技术服务支持，对所有场馆（竞赛与非竞赛）技术系统运行进行统一指挥、调度和管理，参与信息安全的组织协调工作。根据实际工作需要，参照往届奥运会的经验，团队编制了北京奥运会数字北京大厦的人员计划。

场馆团队的业务口包括技术、人事、设施管理、安保、交通、物流、餐饮、形象景观、志愿者及监察审计办公室。场馆团队组织结构如图19-2所示：

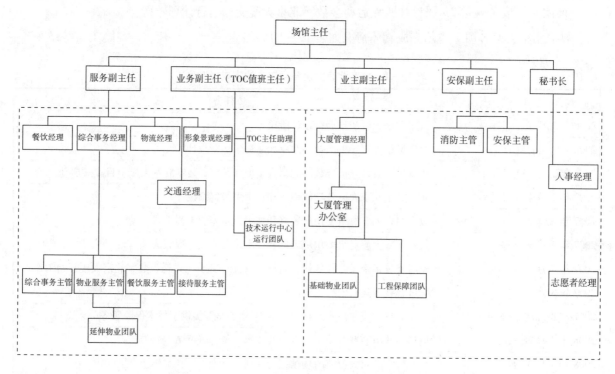

图 19-2　数字北京大厦场馆团队组织结构图

经人事部批准，场馆团队赛时人员计划为：付薪人员155人；志愿者150人；合同商共740人。此人员计划不包括技术支持应急团队的1025人，及物业、工程保障团队人员。截止到2008年5月，场馆团队付薪人员全部到位。

数字北京大厦场馆团队成立后，既承担团队职责，又承担技术部、技术运行中心职责，"三位一体"，财务管理实行的是奥组委统一核算和管理，财务预算、支出审核、审批方式等均按奥组委制定的财务管理制度和流程办理，场馆团队未设财务部门和财务人员。

数字北京大厦场馆团队的平稳运行是奥运会技术保障工作的重要基础和前提条件。团队的运行经验总结如下：

1. 制订计划

对于场馆运行服务保障工作，在各方面均制定了全面的规划和赛前部署工作，包括项目、内容、责任者、起止时间和要求。规划和计划在奥组委统一要求部署下，结合了本场馆实际情况，做到有条不紊、切实可行。

2. 紧密配合

多团队紧密配合是奥运会技术工作成功的关键。数字北京大厦各业务口在"同一个任务、同一个团队"的指导思想下，密切合作，秉承一切服从奥运成功，一切为奥运服务的精神，始终保持着顺畅的沟通机制和良好的合作关系。工作中的充分沟通和相互信任保证了所有问题都能得到合理有效的解决。

3. 政府支持

各级政府和主管部门的大力支持是做好场馆运行服务工作的基础。工程保障方面，为确保奥运前各项工作的到位和奥运期间各设备设施稳定运行，成立了由北京市信息化工作办公室、奥组委技术部、数字北京大厦管理办公室、北京网信物业管理有限公司、中建三局、中国建筑标准设计研究院等25个单位组成的工程运行保障团队，保障了数字北京大厦工程设备的平稳运行。

交通服务方面，在中心区各场馆交通团队的大力支持下，保障了数字北京大厦餐饮、物流、物业、技术等车辆的顺利出行。

场馆安保方面，在公安、武警等部门领导的大力支持下，在场馆安保团队的努力下，实现了数字北京大厦的安全、平稳运行。

数字北京大厦的运行服务得到了各级政府和主管部门对场馆运行的全面支持。体制优势和集中力量办大事的方针在奥运会筹备工作中得到了充分的体现。

4. 应急预案

根据前期"好运北京"系列测试赛的实际运行，场馆各运行服务团队根据自身运行情况制定了相关应急预案。预案分别对各个场景进行了描述，明确了保护和预防措施，以及预测和预警的指标、应采取的措施和方法、应急资源和问题解除及影响恢复。虽然在奥运会期间这些应急预案大部分都没有实际实施，但是预案制定、修订和演练的过程对整个运行服务的平稳运行及提高团队服务保障水平起到了特殊的作用。

5. 团队精神

全体工作人员办好奥运的责任感和使命感，以及团队的凝聚力和战斗力是做好技术保障的决定性力量。所有团队的人员都发扬了连续作战的工作作风，发扬了鞠躬尽瘁、不辱使命的团队精神，上下齐心、全力以赴、日夜奋战，始终以技术系统的平稳运行和用户满意为宗旨，按时完成了各项工作任务。在筹办过程中，每个工作人员都克服了各种各样的困难，顶住了巨大的工作压力和体力透支的工作负荷，不完成任务誓不罢休。这种高度的责任感和使命感，顽强的凝聚力和战斗力形成了技术团队战无不胜的工作作风，这种精神和作风是技术运行成功的决定性力量，将会使团队中的每个人都受益终生。

第二节　技术运行中心及附属设施的规划

技术运行中心及附属设施的规划设计工作中，基础规划设计包括空间规划、用房装修、供电系

北京奥运会残奥会技术保障服务

统、空调、家具布局和综合布线等，专业技术系统设计包括不间断电源系统、通信系统、信息网络系统、图像显示系统和公共扩声系统等。

一、空间规划

数字北京大厦主要建筑分为 A、B、C 三座，A 座为办公区、B 座为机房楼，北京奥组委主要使用 A 座和 B 座的 10 层和 11 层。北京奥组委使用的区域约占整个大厦面积的 10%。

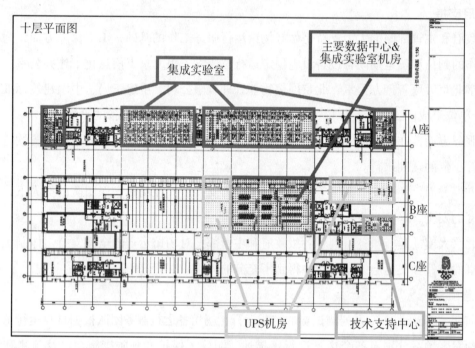

图19-3 大厦 10 层平面图

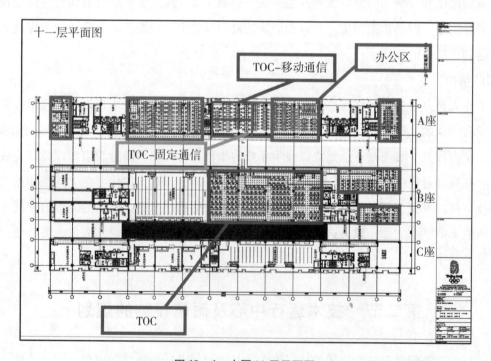

图 19-4 大厦 11 层平面图

480

针对北京奥运会的实际需求，技术部对数字北京大厦的北京奥组委用房进行了详细规划。规划的原则既参照了往届奥运会的惯例，又综合考虑了北京奥运会的实际情况。规划各个功能区域的面积和位置时，充分结合了人员规划、测试赛/奥运会赛时保障任务，以及各专业处室和业务口的工作模式。例如，办公区域的面积应满足 2008 年 4 月间人员达到最高峰且尚未进入场馆工作的要求，从员工办公区应可以方便快速地到达技术运行中心、领导办公室等区域等。表 19 - 2 列举了数字北京大厦主要功能区域的功能和使用面积。

表 19 - 2　数字北京大厦主要功能区域和使用面积

房间编码	房间中文名称	功能描述	使用面积（m²）
10 - B - 1 - 1	主数据中心	奥运会信息系统中心机房	460
10 - B - 1 - 2	集成实验室机房	集成实验室设备机房	
10 - B - 5	技术运行中心设备机房	技术运行中心设备机房	19.5
10 - B - 6	技术支持呼叫中心	技术支持呼叫中心	72
10 - B - 7	UPS 机房	UPS 机房	168
10 - B - 9	UPS 机房	UPS 机房	136.5
10 - A - 1 - 1	集成实验室会议室	用于集成实验室工作人员会议	105
10 - A - 1 - 2	集成实验室会议室	用于集成实验室工作人员会议	
10 - A - 1 - 3	集成实验室	场馆信息系统模拟环境和测试环境	
10 - A - 3	集成实验室	场馆信息系统模拟环境和测试环境	385
10 - A - 5	集成实验室	场馆信息系统模拟环境和测试环境	525
10 - A - 7	集成实验室	场馆信息系统模拟环境和测试环境	113
11 - B - 1	技术运行中心	奥运会技术系统运行中心和管理中心	800
11 - B - 3	视音频设备间	存放技术区域需使用的视音频设备	11
11 - B - 6	办公区	合作伙伴工作人员工位	92
11 - B - 7	办公区	技术工作人员工位	150
11 - A - 1 - 1	领导办公室	场馆主任、副主任办公室	105
11 - A - 1 - 2	领导办公室		
11 - A - 1 - 3	领导办公室		
11 - A - 1 - 4	领导办公室		
11 - A - 3	办公区域	技术部工作人员工位	385
11 - A - 4	办公区域	技术运行中心固定通信/移动通信管理中心，技术部/合作伙伴工作人员工位	578
11 - A - 6	会议室	会议室	113
5	餐厅	员工用餐地点	578

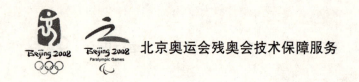

二、各类用房电力及技术设备需求

　　根据已确定的功能区域和面积，下一步工作是确定每个区域的装修要求、电力需求、综合布线点位要求等工程需求。在已完成的技术运行中心、集成实验室和主数据中心设计的基础上，列举出了每个房间每种设备的数量和耗电量，从而确定了电源容量、电源插座和综合布线的要求。同时，确定了技术运行中心每个座席一部电话、员工办公区域每4人一部电话等设计原则。在上述工作的基础上，数字北京大厦用房电力及技术设备需求得以最终确定，如表19－3所示：

表 19-3　大厦技术设备及用房用电力表

房间编号	面积(m²)	承重(kN/m²)	设计功能	地面要求	用电要求	PC机数量	PC机额定功率	信息点数量			固定电话	
10-B-1	460	8	PDC	钢制无边防静电地板，地面荷载满足计算机机房设计规范，地板离地净高30cm	提供两路独立电源，分别来自不同的变压器，每路需要431kW（UPS），共需862kW	Intel 服务器1：360 Intel 服务器4：20 Intel 存储：5 Unix 服务器1：95 Unix 服务器2：10 PDC，ADMIN：交换机数量及型号略	675W 1180W 200W 1120W 3200W 35kW	1300	6	0	4	
10-B-5	19.5	6	备用机房	钢制无边防静电地板，地面荷载满足计算机机房设计规范，地板离地净高30cm	提供两路独立电源，分别来自不同的变压器，每路需要10kW（UPS），共需20kW	大交换机：2 交换机：2 服务器：8	1400W 675W 675W	4	2	4	1	
10-B-6	72	6	/	一般办公室	共需8kW（6kW市电）。提供2kW市电，独立电源，分别来自不同的变压器	工作站：33 传真机：1 打印机：2		25	40	9	28	4
10-A-1	105	6	集成实验室	钢制无边防静电地板，地面荷载满足计算机机房设计规范，地板离地净高30cm	85kW（11kW UPS，74kW市电）	工作站：134 服务器：15 打印机：10 电视转播测试设备：2	330W 730W 850W 4000W		10	6	6	1
10-A-3	385	6	集成实验室	钢制无边防静电地板，地面荷载满足计算机机房设计规范，地板离地净高30cm	276kW（53kW UPS，223kW市电）	工作站：532 服务器：72 打印机：18 电视转播测试设备：8	330W 730W 850W 4000W	1904	30	20	20	2
10-A-5	525	6	集成实验室	钢制无边防静电地板，地面荷载满足计算机机房设计规范，地板离地净高30cm	351kW（74kW UPS，277kW市电）	工作站：659 服务器：85 打印机：27 电视转播测试设备：9 接入层交换机（4510）：4	330W 730W 850W 4000W —		50	30	30	2

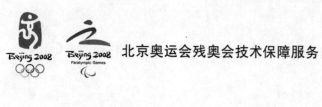

北京奥运会残奥会技术保障服务

房间编号	面积 (m²)	承重 (kN/m²)	设计功能	地面要求	用电要求	PC机数量	PC机额定功率	信息点数量			固定电话	
10-A-7	57	/	集成实验室	钢制无边防静电地板,地面荷载满足计算机机房设计规范,地板离地净高30cm	25kW（5kW UPS，20kW 市电）	工作站：50 服务器：6 打印机：4	330W 730W 850W		8	3	3	1
10-A-8	48	/	讨论室	一般办公室	每个讨论室 3kW，共 6kW	工作站：12 投影仪：1	330W 1000W		8	8	4	1
11-B-1	890	6	技术运行中心	钢制无边防静电地板，承重按一般办公室来考虑	共需 185kW（170kW UPS，15kW 市电）（不含 TCC 电量）。提供两路独立电源，分别来自不同的变压器	工作站：450 打印机：10 PL42V：25 投影仪：3 复印机：3 PA：1 VA：1	330W 850W 350W 1000W 1500W 8800W 1000W	400	240	150	180	20
11-B-5	19.5	6	备用机房	钢制无边防静电地板，地面荷载满足计算机机房设计规范				2	50	6	30	4
11-B-6	72	6	/	钢制无边防静电地板，地面荷载满足计算机机房设计规范				2				
11-B-7	31	6	计算机机房	钢制无边防静电地板，地面荷载满足计算机机房设计规范								
11-B-8	37	7	空调机房					2	80		50	6
11-A-1	105	6	/	一般办公室				5	10	5	3	3
11-A-3	385	4.5	开发中心	一般办公室				20	50	110	30	4
11-A-4	578	4.5	开发中心	一般办公室				20	60	140	40	6
11-A-6	113	6	/					2	10	2	2	2
合计								4234	654	499	431	56
语音点合计									654			
数据点合计									4733			

三、空调设计

根据每个区域设备的耗电量可以进一步确定空调的设计。部分大厦区域已设置了中央空调系统，因大部分用房使用性质特殊，需单独设置空调机组，在中央空调系统故障时后备运转。

根据建筑物实际情况及用户需求，设计选用分体单元式恒温恒湿机组作为 B 座 10 层主数据中心、集成实验室机房的冷热源；选用全变多联中央空调作为 A 座 10 层集成实验室、B 座 11 层技术运行中心及 B 座 10 层不间断电源设备机房的冷热源。

1. 室内计算参数

表 19-4　数字北京大厦室内环境参数

主要房间名称	夏季/冬季		备注
	温度	相对湿度	
	℃	%	
技术运行中心	21-24	40-50	除设置集中空调外，单独设置两组独立空调系统，后备运转能提供整个 TOC 所需制冷量的 75%；考虑通风设计和新风的需求能满足 250 人同时工作
集成实验室	21-24	40-50	除集中空调外，还应设置独立空调
主数据中心和集成实验室机房	21-24	40-50	除设置集中空调外，单独设置两组独立空调系统，后备运转能提供整个 TOC 所需制冷量的 75%

2. 空调设计方案

对于 B 座 10 层主数据中心和集成实验室机房，采用分体式恒温恒湿机组，室内机组采用落地形式放置，气流组织采用侧出风的形式，室外机组统一设置在同层空调室外机平台。

对于 A 座 10 层集成实验室、B 座 11 层技术运行中心和不间断电源设备机房，选用嵌入式室内机（制冷量 14kW），室外机统一放置于楼顶。

四、技术运行中心的设计规划

1. 技术运行中心布局

北京奥运会技术运行中心共设置工位约 230 个，岗位类别包括技术运行管理人员、信息技术、竞赛成绩、信息安全、无线电频率协调、互联网、通信以及其他技术系统。总体布局如图 19-5 所示：

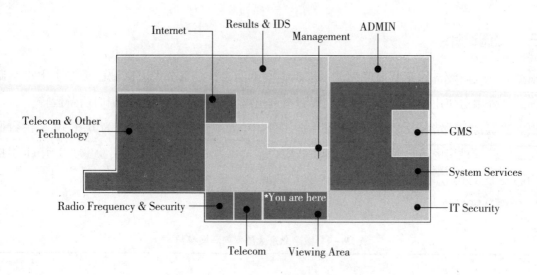

图 19 – 5　技术运行中心总体布局图

　　根据技术部各业务处室提供的技术运行中心岗位名称及人员数量，经与相关各业务口协商，最终确定了技术运行中心座席布局。如图 19 – 6 所示：

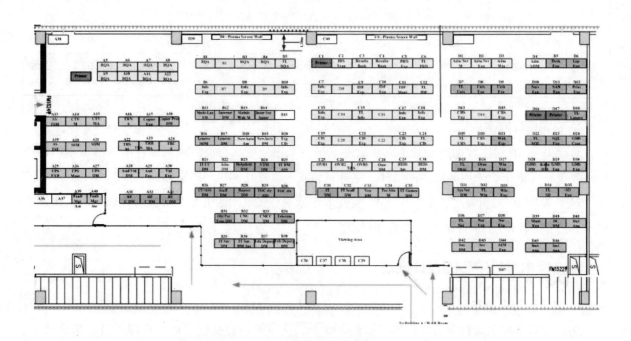

图 19 – 6　技术运行中心座席布局图

2. TOC 图像显示屏设置

技术运行中心共设置 50 英寸等离子图像屏 20 块，屏幕布局如下图 19 – 7：

1	3	5	7	9	11	13	15	17	19
2	4	6	8	10	12	14	16	18	20

图 19 – 7　技术运行中心屏幕布局图

上述 20 块屏幕上显示的内容如下：

- 1-2：固定通信网络监控。
- 3-6：奥运有线电视专网信号。
- 7-10：奥运会当日各竞赛场馆赛程。
- 11-14：CMS 系统。
- 15：GMS 系统服务监控。
- 16：ADMIN 系统服务监控。
- 17：场馆信息系统设备状态监控。
- 18：信息系统设备部署实施状态监控。
- 19-20：移动通信网络监控。

所有显示屏由视频切换矩阵统一控制，可以自由切换。

3. 备份技术运行中心

根据往届奥运会的惯例，为了确保万无一失，技术部设置了备份技术运行中心，简称 ATC。

ATC 的设计指导思想是：一旦技术运行中心发生突发事件，完全不具备使用条件时，启用备份中心。备份中心应尽可能减少座席数量，但可以承担主技术运行中心 90% 以上的职能。根据上述原则，备份中心的座席主要以管理人员、信息技术和成绩系统工作人员为主。一旦出现突发事件，技术运行中心职能应予以分解，人员前往备份地点，如表 19-5 所示：

表 19-5　技术运行中心的备份安排

技术运行中心岗位类别	备份地点
技术运行管理人员	ATC
信息技术	ATC
竞赛成绩	ATC
信息安全	北京奥运会信息安全监控中心
无线电频率协调	无线电频率管理指挥部
互联网	合作伙伴网管中心
通信	合作伙伴网管中心
其他技术系统	ATC

根据上述安排，最终确定 ATC 距离技术运行中心约 40 公里，面积 140 平方米，共设置座席 44 个，所有设施设备在 2008 年 3 月部署就绪。技术团队分别于 2008 年 3 月 25 日和 5 月 27 日进行了两次灾难演练，模拟技术运行中心不可用的情况发生，人员按计划转移到备份中心。演练取得了成功，技术运行中心的管理职能于 3 小时内在备份中心得到全面恢复。

第三节　技术运行中心运行策略与流程

北京奥运会、残奥会技术运行的总体目标是：充分利用可用资源，实行科学管理，提供满足标

487

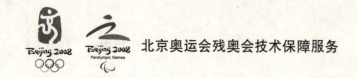

准与客户需要的有效服务，确保赛时技术运行平稳、安全和可靠。奥运会的技术产品与服务由多合同商提供，结构复杂，集成度高。技术团队的服务范围是北京奥组委技术部负责提供的技术产品与服务，不包括安保和电视转播所使用的专用技术产品与服务。

技术运行中心的具体任务是组织赛时技术运行，负责对赛时提供的全部技术产品与服务以及技术人力资源实施管理，包括网络监控、对冗余和备份设备的调度、专家现场支持、按照流程对问题、变更和危机事件进行处理等。

场馆技术团队的任务是在竞赛和非竞赛场馆部署技术设备，并对已部署的技术设备进行运行和维护。

应急技术支持团队的任务是在突发情况下，或场馆技术团队的资源无法在规定时间内完成技术故障的处理时，经技术运行中心指派进入场馆解决技术问题。

一、技术运行的策略

技术运行的总体策略是：规范日常运行，高效解决问题，谨慎对待计划外变更，动态应对危机。

90% 以上的工作与问题应在场馆技术团队层面得到解决，无需 TOC 的参与，但是要把相关信息通过各种渠道（日报、CMS 等）报 TOC，以便跟踪管理。

在运行过程中，TOC 的可调配资源按以下优先级原则分配：危机应对优先于问题处理，问题处理优先于变更管理，变更管理优先于例行工作。

在资源分配上，遵循竞赛和媒体业务口优先原则。在技术资源受限条件下，技术支持服务坚持竞赛与媒体优先原则。

TOC 中对事件的处理，原则上不出现流程交叉的情况，走问题管理流程的事件，不走变更管理流程；走变更管理流程的事件不走问题管理流程。

各技术运行岗位要充分考虑交接班所可能产生的影响，充分保证同一岗位工作的一致性、连续性、规范性、系统性。

在岗与非在岗人员同处于赛时状态。如遇突发情况或 TOC 进入危机状态，非在岗人员有责任承担场馆技术经理或 TOC 指派的应急工作，并确保在不影响本岗位工作的前提下，顺利完成应急工作。

岗位责任承担原则。在规定的技术运行时段内，各业务口、各岗位应随时保证本领域当班人在岗，不能到岗时，除履行请假手续外，还需指定替岗人，并保证替岗人有能力履行该岗位职责、保证替岗人在岗。值班时如需离开座位，应保持处于电话畅通，座机呼叫转移状态。

信息安全问题处置原则。根据信息安全的特殊情况以及可能产生的重要影响，信息安全问题的识别、上报和处理主要由奥组委信息安全团队统筹管理。其中相关 GAMES 网安全问题，由 TOC 内部所设的 GAMES 信息安全团队进行处理，其他非 GAMES 网的信息安全问题，由奥组委信息安全团队直接管理。

二、技术团队的职能

1. 场馆技术团队

场馆技术团队的职能是：

- 确保本场馆的技术产品和服务按计划提供，对本场馆技术运行工作向本场馆主任和技术运行中心主任负责。
- 赛时负责本场馆相关技术设备和设施的日常运行维护工作。
- 在职责权限范围内监控本场馆通信、信息、成绩和其他技术系统运行状况。
- 确保本场馆所有的障碍和问题在规定的时间内得到解决。
- 与本场馆各业务口之间、与技术运行中心之间就技术产品与服务进行沟通。
- 负责赛后场馆设备的安全回收。

2. 技术运行中心（TOC）

技术运行中心（TOC）的职能是：

- 管理和调配所有技术设备、设施和人力资源（含合同商、技术志愿者）。
- 确保所有场馆的技术产品和服务按计划提供。
- 监控奥运通信、信息、成绩和其他技术系统运行状况。
- 确保所有的障碍和问题在规定的时间内得到解决。
- 向 MOC、技术及网络保障组报告技术运行情况，请示重大、异常事件的处理，就应急与危机事件的处理及时与竞赛、媒体宣传、体育展示、IOC 技术部及场馆之间进行沟通，协调一致，有效处置。

技术运行中心的上述职能是通过以下的日常工作实现的：

- 监控网络、应用系统、信息安全的状况。
- 受理 Helpdesk L1 技术服务。
- 对上报的问题、变更、突发事件及突发事件进行决策和处理。
- 运行和管理奥运会技术核心系统、设施和设备。
- 协调各个技术合作伙伴管理技术资产和人力资源。

3. 技术支持应急团队

技术支持应急团队的职能是：

- 直接接受 TOC 领导，处理场馆不能解决的障碍和问题申告。
- 协助场馆技术团队，将障碍和问题在规定的时间内解决。
- 定期向 TOC 相关应急团队主管汇报相关工作。
- 负责本业务口应急技术物资、备机备件的管理。

三、技术团队组织结构与人员安排

1. 技术团队人事策略

场馆技术团队与 TOC 的岗位设置与往届夏季奥运会基本一致，并结合了北京奥运会的实际情况。技术运行团队由技术部、技术合同商和志愿者构成，统一流程、统一运行。

整个技术支持体系由场馆技术团队、技术运行中心团队和技术支持应急团队组成。TOC 设置集中技术支持呼叫中心，提供技术产品与服务的问题申告和咨询。技术支持应急团队以技术合同商人员为主，由技术运行中心各业务口负责调配，主要处理场馆团队无法解决的技术问题。应急团队人员在 TOC 集中注册，部分应急团队不在 TOC 设置固定座席。

2. 场馆技术团队组织结构

场馆技术团队人员结构如图 19 - 8 所示：

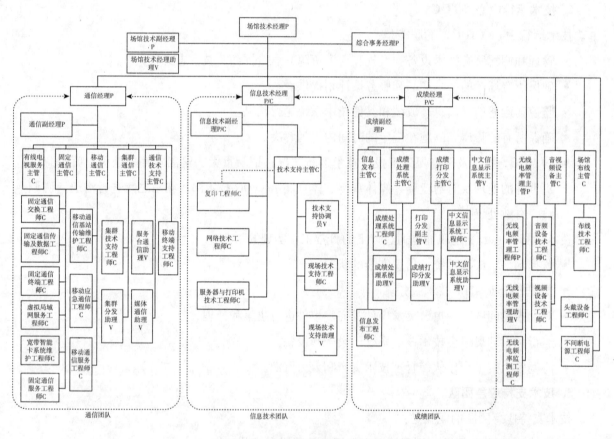

图 19 - 8　场馆技术团队人员结构图

3. TOC 组织结构

（1）TOC 在奥运会指挥管理体系中所处的位置

在 2008 北京奥运会、残奥会指挥管理体系中，技术运行中心对外为主运行中心（MOC）下的业务分中心，对内为北京奥运会、残奥会运行指挥部技术及网络保障组赛事保障组，具体承担赛事技术保障的全部职能。

（2）TOC 详细组织机构

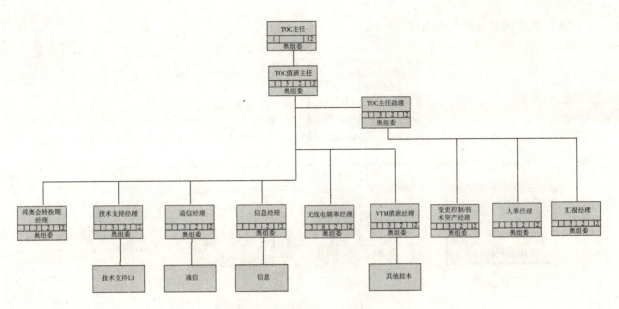

图 19-9　TOC 详细组织结构图

（3）信息技术系统部分的组织机构

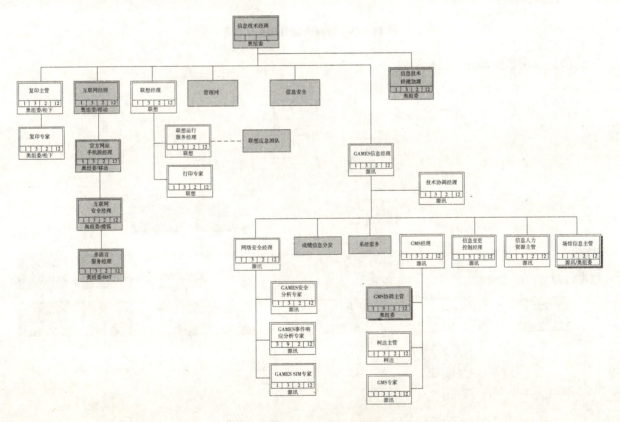

图 19-10　信息技术系统部分组织结构图

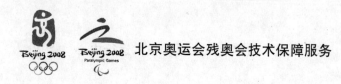

北京奥运会残奥会技术保障服务

（4）管理网部分的组织结构

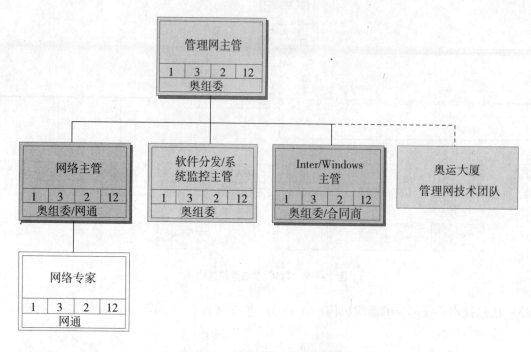

图 19-11　管理网部分组织结构图

（5）成绩系统部分的组织结构

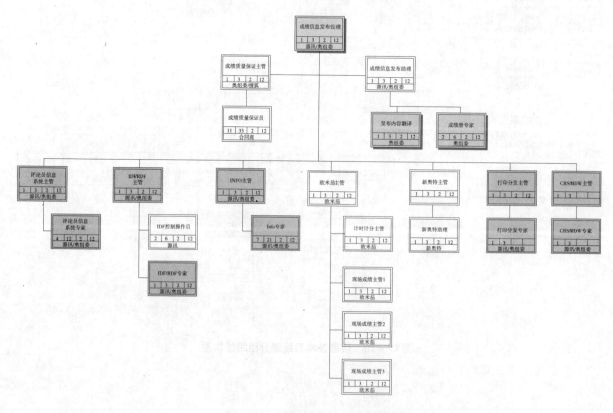

图 19-12　成绩系统部分组织结构图

492

（6）信息系统架构部分的组织结构

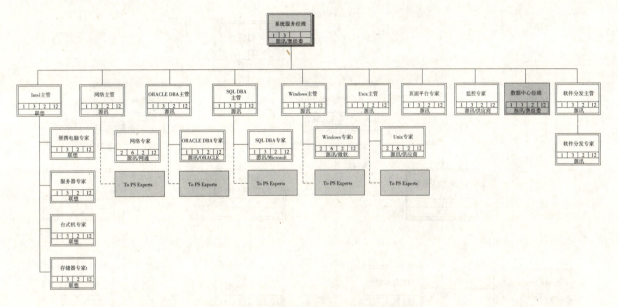

图 19－13 信息系统架构部分组织结构图

（7）通信服务的组织结构

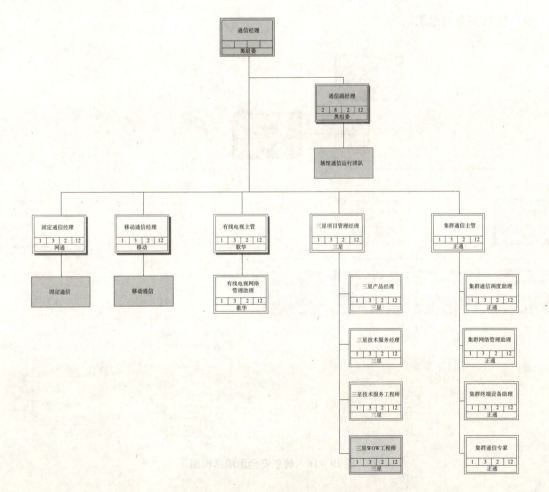

图 19－14 通信服务组织结构图

北京奥运会残奥会技术保障服务

（8）技术支持服务的组织结构

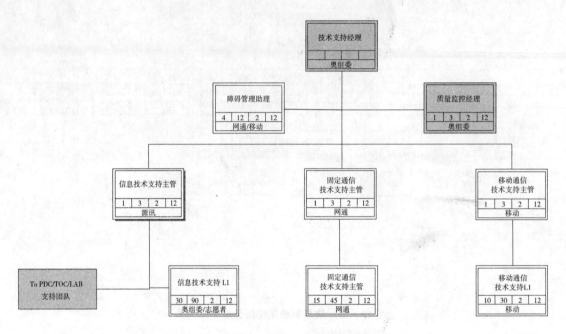

图 19-15　技术支持组织结构图

（9）信息安全的组织结构

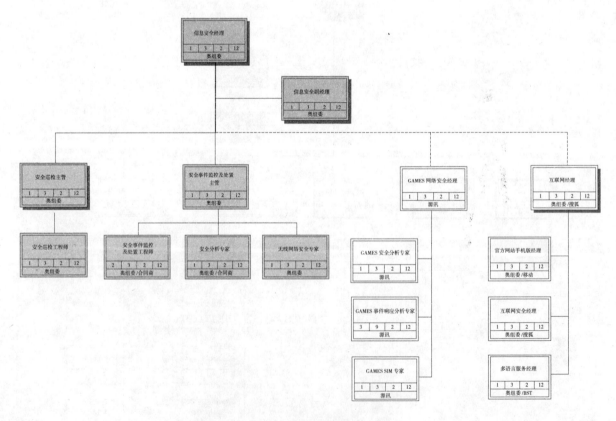

图 19-16　信息安全组织结构图

494

（10）其他技术系统的组织结构

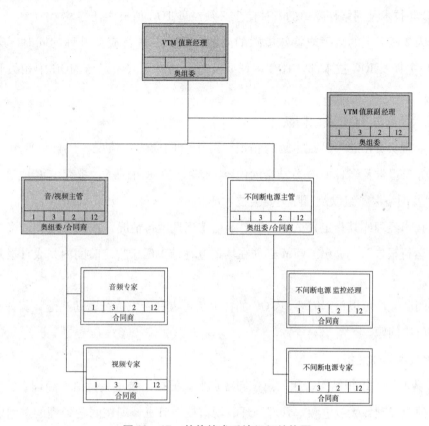

图 19－17　其他技术系统组织结构图

四、报告关系与原则

技术团队对问题的响应和解决的效率取决于场馆技术团队内部、TOC 内部以及 TOC 与场馆间的反应速度、沟通效率、执行流程的力度，场馆技术团队和 TOC 的工作能力以及上级指挥机构指令的传达途径等诸多因素。

为了保证场馆和 TOC 对问题的响应和解决，相关岗位通过多向汇报机制对问题的记录、跟踪、分析和解决进行管理。

技术问题管理流程中的具体汇报内容通过相关格式化报告体现。

1. TOC 与上级指挥机构

TOC 主任（同时兼任技术及网络保障组执行组长）对奥运会赛时技术运行工作向运行指挥部（技术及网络保障组）负责；TOC 值班主任对值班期间的技术运行向 TOC 主任负责；TOC 各业务口经理和各场馆 VTM 对本业务口和本场馆技术运行向 TOC 值班主任负责。TOC 主任助理协助 TOC 主任及值班主任负责赛时技术运行具体事务的协调和管理。

TOC 每日向 MOC 进行技术运行例行汇报的同时，抄报技术及网络保障组。并接受 MOC 和技术及网络保障组的指示。

严重等级为 1 级的故障，以及影响重要客户群或影响范围较大的故障，在进行应急处理同时立即上报 MOC，同时抄报技术及网络保障组，并提出决策建议，制定相关技术口径给相关职能部门。TOC 上报 MOC 和技术及网络保障组的各种信息必须经过 TOC 值班主任签发。

严重等级为 2 级以上的故障或特殊敏感的问题，TOC 在进行应急处理的同时，应立即报告在 MOC 中的 TOC 主任及 IOC 技术部。TOC 主任要及时反馈意见并做好与 MOC 中相关业务口的沟通协调。

2. 场馆技术团队与 TOC 技术团队

TOC 汇报经理负责汇总当日技术运行情况、各个合同商工作情况、当日重要事件和主要问题等，根据各业务口报告及当日 TOC 总结会的内容，编写"TOC 日报"，提交 TOC 值班主任，审核后报 MOC、技术及网络保障组以及国际奥委会技术部。

TOC 场馆技术经理或其指定人员负责汇总本场馆当日运行情况，按照标准文档格式整理成当天的"每日场馆运行报告"。各场馆 VTM 必须在场馆竞赛结束后于规定时间内完成日报并发送给 TOC 场馆技术经理。

场馆技术团队人员可以根据需要与 TOC 的技术负责人和专家进行密切沟通，保证在规定时间内使用合理资源解决问题。

3. TOC 团队内部的汇报

根据 TOC 赛时岗位组织结构，相关岗位向各自上级汇报。技术支持值班经理、信息技术值班经理、通信技术值班经理、无线电频率管理经理、场馆技术值班经理在问题处理的过程中必须保持沟通，向 TOC 值班主任汇报。

4. 场馆技术团队的多向汇报

场馆技术团队主要岗位由场馆技术经理、信息技术经理、通信技术经理、成绩经理、无线电频率管理经理组成。

场馆技术经理对场馆技术运行全部工作向场馆主任（或分管副主任）负责，同时向 TOC 汇报。

在场馆技术运行工作中，信息技术经理、通信技术经理、成绩经理、无线电频率管理经理向场馆技术经理和 TOC 对应相关岗位经理汇报。场馆成绩经理同时应与场馆竞赛主任、单项组织代表保持密切沟通。

在标准问题处理流程的范畴内，场馆技术支持团队与 TOC 的沟通体现在 CMS 中问题状态的更新上。

5. 呼叫中心的管理与汇报

TOC 技术支持值班经理在呼叫中心的日常运行工作和汇报关系中起主导作用。呼叫中心座席向相关座席主管汇报；信息和其他技术座席主管向 TOC 技术支持值班经理汇报；通信技术座席主管就呼叫中心日常工作首先向 TOC 技术支持值班经理汇报并接受其指令，就通信技术领域的具体工作向固定/移动通信值班经理汇报。

技术支持值班经理向 TOC 值班主任汇报；同时与 TOC 的场馆技术值班经理、通信值班经理、信息技术值班经理等业务口经理沟通。

五、技术团队日常管理流程

1. 目的

技术团队日常管理流程的目的是保证场馆技术团队和 TOC 对赛时期间出现的任何技术产品与服务相关的事件、问题和隐患做出及时和有效的反应；规范各个岗位的职责、职权与工作内容，确保各种问题、变更得到快速反应、有效处理；将场馆和 TOC 岗位工作系统化，保证及时、准确、规范地向上级汇报，保证任何问题可以得到直接跟踪反馈和有效解决。

2. 原则

权限分层原则：场馆和 TOC 各业务口经理必须承担相应职责，对自己权限范围内的工作，及时做出决策。超出场馆技术经理和 TOC 各业务口经理职责范围、协调能力和技术服务范围的工作，应迅速上报 TOC 值班主任协调。

日常工作流程分层原则：在场馆技术团队/TOC 层面的日常工作流程的基础上，场馆技术团队各业务口/TOC 各业务口也要按照场馆技术团队/TOC 的日常管理流程制定本业务口内部的日常工作流程，组织本业务口内的工作。

交接班原则：交接班是技术团队日常运行中的重要环节，各个岗位以接班为起点，以交班为终点，保证技术团队工作的正常无缝衔接。技术运行中心交接班要点记录单如下：

表 19-6 中心交接班要点记录单

岗位名称			
交班日期/时间		接班日期/时间	
交班人员		接班人员	
上一班重点工作要点（变更、系统参数变化等）			
上一班重点问题和故障			
上一班遗留问题			
其他需要说明的问题			

交班人员（签字）　　　　　　　　接班人员（签字）

3. 内容

场馆技术团队和 TOC 各个岗位工作分为例行工作、问题及变更处理工作。

（1）场馆技术团队例行工作

表 19 - 7 是赛时场馆技术团队每日例行工作模板，各竞赛和非竞赛场馆将根据本场馆的实际运行情况编制本场馆的每日工作计划。

表 19 -7　赛时场馆技术团队每日例行工作模板

活动/任务
集群主管和分发助理到达
场馆技术经理到达
绕场馆检查一遍
场馆技术团队成员到达
向工作人员发放集群电话
验证是否可与技术运行中心保持连接
IT 技术支持团队会议
开始每天例行检查
成绩系统团队到达并进行内部会议
向 VTM 报告有关布线的问题，以进行判断/解决
Helpdesk 正式运行（并通知 TOC&VTM）
解决所有待处理单子
通信内部会议，了解场馆内部通信相关情况，并检查场馆与 TOC 之间的通信网络系统能否正常工作
技术团队会
计时记分和现场成绩处理系统开始测试
检查 FOP 和计时区的设备
计时记分系统内部测试
PRD 开始测试
OVR 和记分牌之间、OVR 和 BOB 之间的数据传输就绪
通知 TOC 场馆成绩团队到达信息，计时记分和现场成绩处理系统 IDS 系统，中文显示系统开始连接测试
成绩经理呼叫 TOC，确认启动最终的成绩系统测试
记分牌启动并运行
启动比赛准备工作
完成比赛前所有准备工作
确保所有 CIS 客户端和 INFO2008 终端能启动并运行
填写场馆技术运行检查表，并发 E - mail 到 TOC
成绩团队所有人员准备工作完成，一切就绪
PRD 团队会议
发布最终的出场名单

续表

活动/任务	
CIS 系统进入工作状态	
比赛开始	部分成绩发布
	监控并解决问题
	分派/建议有技能的技术人员来解决问题
	所有涉及应用的问题的解决和监控
	现场技术支持
	部分成绩发布
	例行检查
	监控所有问题的解决
	与 TOC/网络支持人员/技术支持人员交流，保证问题的确认和解决
比赛结束	根据 ORIS 要求，进行正式及非正式成绩发布
	根据 ORIS 要求，发布正式成绩
	T&S，OVR 内部会议 T&S
	搬走需要维护的设备（如需要）
	完成每日比赛结束步骤
	向 VTM 提交当日问题报告
	Helpdesk 关闭，通知 TOC
	技术支持人员离开场馆
	技术团队会（15－20 分钟）
	场馆每日报告生成并递交给 TOC
	成绩经理通知 TOC 成绩团队离开场馆
	回收集群终端
	场馆各职能部门经理总结会

（2）TOC 例行工作

TOC 例行工作指在 TOC 运行期间各岗位人员的日常工作，用以保证 TOC 业务的正常运行，强调规范性和系统性，其内容主要包括：

• 工作交接

TOC 各岗位人员排班设置 1 小时（交接班时间点前后各半小时内）重叠时间用于交接班，根据各岗位的《交接班要点记录单》（以下简称交接单），与下一班同岗人员交接班。交接单系纸质或电子文档，以书面形式在同岗之间交接、记录。交接单的主要内容包括：本岗位的关注要点、当班期间发生问题及遗留问题、当班期间发生变更、某系统重要参数等。交班人员须根据关注要点记录

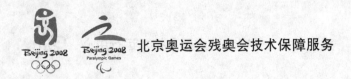
当班工作中的情况及在下一班中可能出现的问题。接班者须对交付信息进行确认。由各业务口经理或主管确定本业务口的交接班工作是否最后完成。

- 上一班次遗留问题检查

每班到岗人员根据交接单、问题管理记录、变更管理记录等文件，对上一班遗留问题进行检查，有问题应及时与上一班人员沟通。

- 各业务口系统检查

每班到岗人员根据自己的岗位职责对自己负责的领域做相应的检查。

- 其他日常工作

各业务口根据自己岗位工作的实际情况确定其他日常工作，例如：场馆系统运行情况实时监控，场馆技术经理到岗报告等。

- 各业务口当日工作总结

比赛结束后，各业务口经理组织当班工作人员总结今日工作。并形成总结报告。

- 当日工作总结会

赛时期间，赛后半小时后召开 TOC 当日工作当日总结开会。TOC 值班主任主持，TOC 主任助理和各业务口经理（包括汇报、通信、信息、技术支持、场馆技术、无线电、IT GAMES DM，欧米茄公司 DM，Lenovo DM，Fixed/Mobile Telecom DM）参加，每日总结会时间不超过 30 分钟，会议包括如下议题：

- 由技术支持经理汇报当日技术产品与服务运行情况（汇报时间小于 5 分钟），各业务口经理做相应补充。
- 次日重要问题、事件提醒及相关安排。每日总结会后由汇报经理编写当日"TOC 日报"。

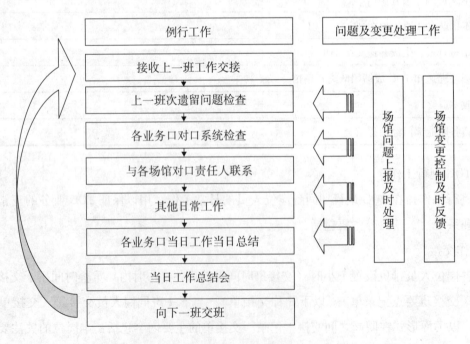

图 19-18　TOC 岗位日常工作流程

六、变更管理流程

1. 目的

为保证赛时期间技术产品与服务正常提供和技术运行的安全可靠，规范变更管理流程及相关人员的职责与权限，而制定该流程，对变更实行跟踪、评估、审核、实施，达到减少变更发生及减小其影响范围、降低奥运会技术系统运行风险的目的。

2. 原则

- 尽量减少变更的产生，尤其要避免非计划性变更的出现。
- 所有变更事宜必须遵循变更管理流程。
- TOC 有决定是否变更的最终权力。
- 场馆内所有变更必须通过 VTM，并进行记录。
- 在 VTM 权限范围内决策的非变更性改变，要报场馆物资经理修改相应记录，同时报 TOC 变更经理备案。

3. 范围

- 此变更管理办法原则上适用于技术冻结及技术服务和产品的基线基础上发生的改变。
- IT 类变更通过 CCM 管理系统作为工具进行变更管理，不需要 TOC 变更控制经理直接参与。涉及费用、涉及技术风险的 IT 类变更，需经变更经理审核、批准后，通过 CCM 管理系统进行变更。非 IT 类变更通过 TOC 变更流程作为工具进行变更管理。两类变更都属于 TOC 变更管理的内容，除管理工具不同以外，在其他方面均遵从 TOC 运行流程。
- 在不涉及费用产生、不涉及技术安全风险的情况下，设备与设施改变，可以由场馆 VTM 决定，此类改变不属于 TOC 变更流程管理范围。改变实施后，由 VTM 做相应记录并告知场馆物资经理修改相应记录，并报 TOC 备案。
- 固定通信、移动通信的收费卡服务不列入变更管理流程。其他收费卡变更遵从本流程中针对收费卡而规定的流程。

4. 变更相应时间

TOC 接到变更申请后，TOC 变更经理在 2 小时内做出变更响应。

5. 赛时技术变更管理流程

见图 19 – 19

6. 变更角色与职责

（1）变更需求人（用户，例如媒体、场馆团队等）

- 角色：

    指提出变更需求的一方，是变更的直接影响对象。

    如变更需求人系场馆主任（含）以上级别人员时，系 VIP 变更需求人。

- 职责：

    ◎ 根据自身需求向场馆技术团队提出变更需求。

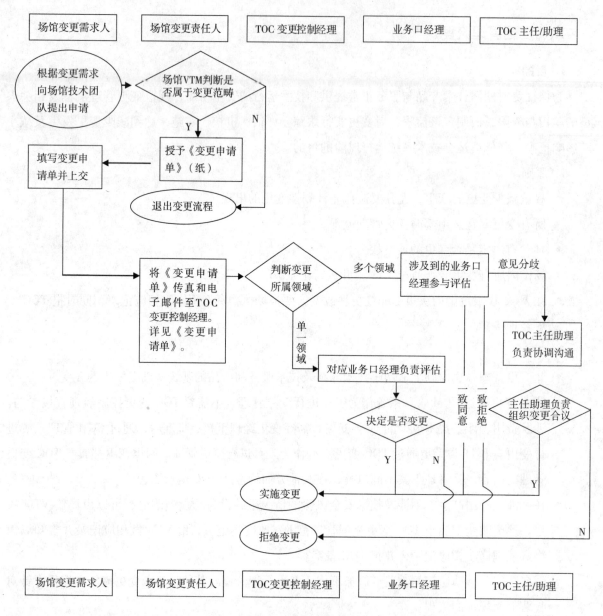

图 19-19　赛时技术变更管理流程图

◎ 如实填写变更申请单，并及时反馈给场馆技术团队。

◎ 完成变更后签署确认。

（2）变更责任人（VTM）

• 角色：

场馆的技术变更的责任人是各场馆的 VTM。

• 职责：

◎ 尽可能协调变更需求人避免变更的发生。

◎ 对变更需求人的变更申请负审核、接收、上交、及在 TOC 指示后反馈的责任。

◎ 确保一切变更申请得到有效的记录。

◎ 执行 TOC 对变更申请的决定。

（3）TOC 变更控制/技术资产经理

• 角色：

由 TOC 中指定专人担任此工作，变更控制/技术资产经理（以下简称：变更经理）是变更工作的联系人、协调者和组织者，同时负责记录变更。

变更经理的工作原则是在有效避免变更发生的前提下，尽量以技术运行的全部可用资源，在综合平衡之后，对特定场馆技术团队的工作进行支持。变更经理应帮助场馆技术经理拒绝场馆层面不合理的技术需求，以支持场馆技术团队的工作；如同意场馆层面的变更需求，经与场馆技术团队协商，变更经理应把该批准作为资源交给场馆技术团队进行处理。

• 职责：

◎ 将变更申请按照涉及领域分类。

◎ 组织 TOC 中相关领域负责人以会议的形式对变更进行讨论。

◎ 将 TOC 变更会议的结果反馈给变更责任人。

◎ 即时在 TEAP 中对产生的变更进行修改。

◎ 如 VIP 变更需求人提出变更。变更经理不能直接对其变更申请进行拒绝，而必须向 TOC 值班主任进行请示。

（4）TOC 业务口经理

• 角色：

TOC 各业务口经理，包括：TOC 的信息经理（DM IT）、通信经理（DM Telecom）、场馆技术经理（DM VTM）、无线电频率经理，负责处理本业务口内的变更。

• 职责：

◎ 组织资源（包括 TOC 和场馆）对与本业务口相关的变更进行评估，对是否变更提出意见。

◎ 将结果反馈给变更经理。

（5）TOC 值班主任

• 角色：

对 VIP 变更需求人的变更需求进行决策。

• 职责：

◎ TOC 值班主任协调各业务口对无法达成一致意见，跨多个业务口，涉及影响面较广的变更进行共同决策，确定是否批准变更。

◎ TOC 值班主任决定是否接受或最终拒绝 VIP 变更申请人提出的变更申请，确需拒绝的，并由 TOC 值班主任拒绝对方。

7. 赛时期间收费卡增加变更流程

该流程是变更流程中的主要特殊情况，用户请求不通过场馆业务口经理，而是通过 Rate Card 赛时受理台上报变更申请，收费卡经理核实终端设备库存情况，在资源审核单上签字并转发给技术咨询经理，技术咨询经理通过传真向 TOC 变更经理核实资源，TOC 变更经理根据资源情况填写资源核实单，组织由合作伙伴参与变更的评估，决定是否添加收费卡，并将结果反馈技术咨询经理

（时间控制在 1 小时内）。如变更被批准，用户交费后技术咨询经理通过传真通知 TOC 变更经理，TOC 变更经理通知场馆 VTM 实施变更。（固定通信、移动通信的收费卡服务不列入变更管理流程）

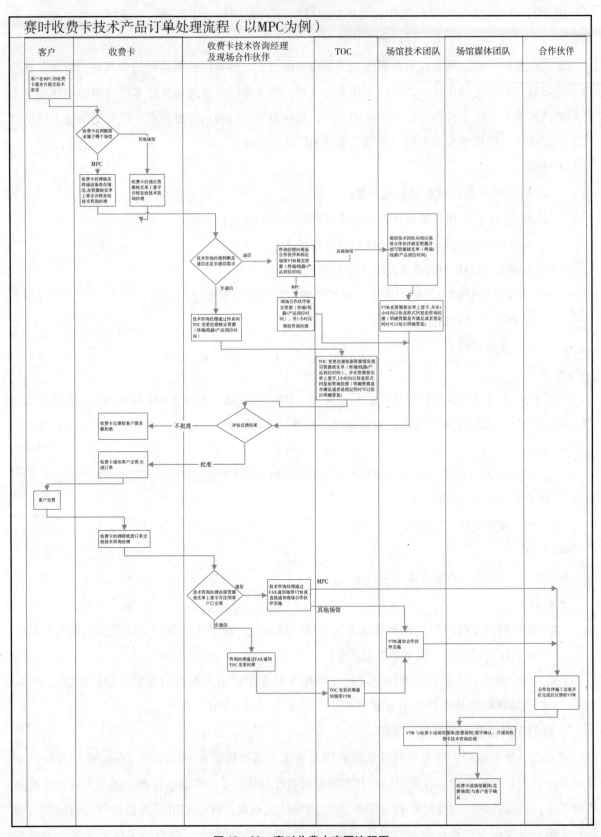

图 19－20 赛时收费卡变更流程图

8. 变更申请表格

场馆团队的变更申请单据如下表所示：

表 19 – 8　变更申请表

变更申请表				
提交日期和时间：		变更申请编号：		
	姓名	职务	公司/组织	电话
变更申请人				
变更责任人				
变更申请名称(变更申请人填写)：				
场馆（变更申请人填写，英文代码）：				
描述(变更申请人填写)：				
场馆技术经理意见（请说明场馆布线配额能否满足需求，如不能，请填写第二页的布线变更详表）				
附件【变更申请人填写】：				
TOC 业务口负责人意见				
预计反馈日期：		预计执行日期：		
相关确认	姓名	职务	公司/组织	签字
变更申请人				
变更责任人				

说明：

1. 变更申请表，经由变更申请人和变更责任人共同确认后，由变更申请人和变更责任人共同填写。

2. 变更责任人应及时将该表格传真并以电子邮件形式发至 TOC 变更控制经理处。

3. 变更责任人应根据变更类型（增加或移动）和房间的不同填写变更详情，并连同申请表一起传真并以电子邮件形式发至 TOC 变更控制经理处。传真：66621206　TOC 变更经理电话：66621640

变更详情（变更责任人填写）

表 19－9　变更责任人填写增加设备表

【增加设备填写此表，请按房间填写】				
位置信息	业务口：		房间名称：	
设备信息	设备名称：		设备数量：	
	设备名称：		设备数量：	
	设备名称：		设备数量：	
	设备名称：		设备数量：	
布线信息	设备总共需要：	＿＿个语音点	＿＿个数据点	
	房间需要新增：	＿＿个语音点	＿＿个数据点	
	房间所属配线间：			
	如增点，是否具备路由条件：	［　］是，需要保护	［　］是，不需要保护	［　］否
	如增点，是否具备垂直资源：	［　］是，需要增加垂直电缆容量	［　］是，需要增加交换机	［　］否

变更详情（变更责任人填写）

表 19－10　变更责任人填写移动设备表

【移动设备填写此表，请按房间填写】				
原位置	业务口：		房间名称：	
新位置	业务口：		房间名称：	
设备信息	设备名称：		设备数量：	
	设备名称：		设备数量：	
	设备名称：		设备数量：	
	设备名称：		设备数量：	
布线信息	设备需要：	＿＿个语音点	＿＿个数据点	
	新房间需要新增：	＿＿个语音点	＿＿个数据点	
	新房间所属配线间：			
	如增点，是否具备路由条件：	［　］是，需要保护	［　］是，不需要保护	［　］否
	如增点，是否具备垂直资源：	［　］是，需要增加垂直电缆容量	［　］是，需要增加交换机	［　］否

七、危机管理流程

1. 目的

危机往往是指采用常规方法难以摆脱的困境。为消除危机，急需迅速决策并得到专业化力量的快速介入，故而制定危机管理流程。以便在最短的时间内，采取最有效的手段迅速解决危机，尽可能将影响最小化。

2. 定义

危机是指一个或一系列对奥运会的正常进行有严重影响的事件，这种影响包括但不限于：

- 比赛进程受到严重影响。
- 大范围内的用户同时受到影响。
- 媒体容易察觉的，在报道后会产生严重负面影响的事件。
- 对人员构成安全威胁等。
- 可能导致信息网络瘫痪的大范围的电脑病毒侵入或人为破坏（DDOS 攻击）。
- 可能造成严重负面影响的音视频与网络插播、篡改等。

原则上只有严重度 1 级的问题才有可能被定义为危机。另外，根据实际情况，TOC 值班主任有权将其他等级的事件确定为危机事件，例如，随着时间的推移，事件的严重性会增加；多个低等级事件的关联叠加有可能形成危机状况。

3. 原则

- 优先调用事先制定的预案应对危机。
- TOC 值班主任是危机状态的总指挥，调配和组织所有可用资源处理危机，制定危机应对策略。相关业务口经理和专家作为危机管理团队人员参与制定应对方案。
- 按照危机状态响应周期，不间断地更新问题的处理状态。
- 采取一切必要的手段在最短的时间内解决危机。
- 处理问题如需变更，则在问题解决之后，由危机发起人按照变更管理流程补报变更管理手续。
- 在危机处理过程中确保所有技术合作伙伴的沟通渠道畅通。
- 通知 MOC 和技术及网络保障组危机的发生和进展，并按照危机状态响应周期向 MOC 和技术及网络保障组汇报处理情况。
- 将相关情况通知所有受到危机事件影响的场馆，并在危机出现最迟半小时内向媒体宣传服务提供所需的技术口径。

4. 场馆危机状况处理原则

场馆突发事件/危机包括技术和非技术类型的。原则上，1 级技术问题属于突发事件/危机状况的范畴。非技术类型突发事件包括人员受伤、食物中毒等。场馆处理突发事件/危机的原则包括：

- 在第一时间内汇报
- 在第一时间内记录

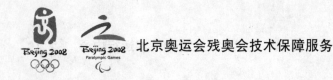
- 保持与场馆相关业务口和 TOC 之间信息的充分沟通和交流
- 按照与 TOC 就问题达成一致的对外口径进行信息公布
- 从场馆层面尽最大可能寻找解决或替代方案

5. 危机状态

危机状态由 TOC 值班主任宣布，在危机状态中 TOC 内部应按照以下原则运行：

- TOC 中所有与危机相关的当班人员必须回到本岗位。
- 在危机状态解除前，所有与危机相关的岗位原则上不进行交接班。
- 所有与危机相关的业务口经理和技术岗位的负责人如需离岗必须向 TOC 值班主任请假。
- 由 TOC 或数字大厦人事经理，通知 TOC 中所有与危机相关的非在岗人员"进入危机状态，随时待命"。
- 汇报经理在最短时间内完成危机状态动态报告。
- 危机状态中，与危机相关的各汇报岗位每 5 分钟向汇报对象汇报一次，直至危机状态解除。

八、突发重大事件上报与沟通流程

当奥运会技术运行中遇到突发重大事件时，应与奥运会指挥与相关运行机构保持密切沟通和联系，主要上报与沟通对象包括：

- 上级指挥机构——MOC 和技术及网络保障组
- 其他工作机构——竞赛指挥组、宣传文化组、IOC 技术部等

遇到重大事件/危机状态时，TOC 将根据事件涉及的范围成立危机小组（包括 IOC 技术部和相关合同商），及时向 MOC 和技术及网络保障组报告详细情况，同时告知 IOC 技术部；小组内部起草编写对外宣传口径（外宣口径应该在应急小组内部得到各方认可）交 MOC 和技术及网络保障组，如 MOC 和技术及网络保障组对宣传口径内容作出修改，需将修改内容反馈危机小组，小组成员知晓后方可发布。TOC 不就事件单独接受媒体采访。

1. 竞赛中断或延迟

因技术系统原因导致竞赛中断或延迟（例如：现场计时记分系统出现故障；直接用于比赛的音频系统出现故障）。

（1）问题发生时的汇报和沟通

①问题出现后，由主任助理以电话方式向 MOC 和技术及网络保障组进行精炼、准确和完整的首次汇报。内容包括：问题发生的地点、时间，问题的现象，影响的范围，已经采取的措施（如有应急预案，则汇报已经启动应急预案）。

②问题出现后，由主任助理以电话方式向竞赛指挥组、宣传文化组通报问题发生的地点、时间，问题的现象，影响的范围，已经采取的措施，预计恢复的时间。

（2）问题处理过程中的汇报和沟通

汇报经理收集问题处理的最新进展，由主任助理以电话方式向 MOC 和技术及网络保障组不断汇报问题处理的最新进展情况；向竞赛指挥组、宣传文化组适时通报问题进展情况。

（3）问题处理完毕后的报告和沟通

①问题处理完毕后，由主任助理以电话方式向 MOC 和技术及网络保障组汇报处理结果。同时汇报经理在 1 小时内，完成问题发生、处理过程和结果的书面专项报告，加盖公章或由值班主任签发后，传真至 MOC 和技术及网络保障组；汇报经理在给 MOC 和技术及网络保障组每日运行报告中将重要问题的摘要信息报送 MOC 和技术及网络保障组。

②向竞赛指挥组、宣传文化组通报问题解决的结果。如需要，请示 MOC 和技术及网络保障组后，向宣传文化组提供对外信息发布口径。

2. 媒体技术服务中断

因技术系统原因导致某项重要媒体技术服务中断（例如：场馆 WLAN、付费宽带、ADSL、INFO、CIS、有线电视系统无法使用；某场馆的主、备 GAMES 专线全部中断）。

（1）问题发生时的汇报和沟通

①问题出现后，由主任助理以电话方式向 MOC 和技术及网络保障组进行精炼、准确和完整的首次汇报。内容包括：问题发生的地点、时间，问题的现象，影响的范围，已经采取的措施（如有应急预案，则汇报已经启动应急预案）。

②问题出现后，由主任助理以电话方式向媒体运行组通报问题发生的地点、时间，问题的现象，影响的范围，已经采取的措施，预计恢复的时间。

（2）问题处理过程中的汇报和沟通

汇报经理收集问题处理的最新进展，由主任助理以电话方式向 MOC 和技术及网络保障组不断汇报问题处理的最新进展情况；向媒体运行组适时通报问题进展情况。

（3）问题处理完毕后的报告和沟通

①问题处理完毕后，由主任助理以电话方式向 MOC 和技术及网络保障组汇报处理结果。同时汇报经理在 1 小时内，完成问题发生、处理过程和结果的书面专项报告，加盖公章或由值班主任签发后，传真至主运行中心；汇报经理在给 MOC 和技术及网络保障组每日运行报告中将重要问题的摘要信息报送 MOC 和技术及网络保障组。

②向媒体运行组通报问题解决的结果。如需要，请示 MOC 和技术及网络保障组后，向宣传文化组提供对外信息发布口径。

3. 观众技术服务中断

因技术系统原因导致服务于观众的技术服务中断（例如：公共记分牌、图像大屏、音频系统发生故障）。

（1）问题发生时的汇报和沟通

①问题出现后，由主任助理以电话方式向 MOC 和技术及网络保障组进行精炼、准确和完整的首次汇报。内容包括：问题发生的地点、时间，问题的现象，影响的范围，已经采取的措施（如有应急预案，则汇报已经启动应急预案）。

②问题出现后，由主任助理以电话方式向宣传文化组通报问题发生的地点、时间，问题的现象，影响的范围，已经采取的措施，预计恢复的时间。

（2）问题处理过程中的汇报和沟通

汇报经理收集问题处理的最新进展，由主任助理以电话方式向 MOC 和技术及网络保障组不断汇报问题处理的最新进展情况；向宣传文化组适时通报问题进展情况。

（3）问题处理完毕后的报告和沟通

①问题处理完毕后，由主任助理以电话方式向 MOC 和技术及网络保障组汇报处理结果。同时汇报经理在 1 小时内，完成问题发生、处理过程和结果的书面专项报告，加盖公章或由值班主任签发后，传真至 MOC 和技术及网络保障组；汇报经理在给 MOC 和技术及网络保障组每日运行报告中将重要问题的摘要信息报送 MOC 和技术及网络保障组。

②向宣传文化组通报问题解决的结果。如需要，请示 MOC 和技术及网络保障组后，向宣传文化组提供对外信息发布口径。

4. 技术系统面临重大风险

技术系统面临重大风险，且超出 TOC 控制范围（例如：计时记分系统已切换到 B 或 C 系统；外电源中断，重要设备由 UPS 提供服务；主用 GAMS 专线中断后，备用专线也有中断的风险；INFO 或 CIS 系统的访问速度越来越缓慢）。

（1）风险发生时的汇报和沟通

①问题出现后，由主任助理以电话方式向 MOC 和技术及网络保障组进行精炼、准确和完整的首次汇报。内容包括：风险发生的地点、时间，可能影响的范围，已经采取的措施（如有应急预案，则汇报已经启动应急预案）。

②涉及竞赛、观众、媒体的重大风险，分别向竞赛指挥组、宣传文化组通报情况，并提供风险转化为重大问题时，可能造成影响的对象和影响的范围。

（2）风险消除后的汇报和沟通

①风险消除后，汇报经理收集问题处理的最新进展，由主任助理以电话方式向 MOC 和技术及网络保障组不断汇报问题处理的最新进展情况。同时汇报经理在 1 小时内，完成问题发生、处理过程和结果的书面专项报告，加盖公章或由值班主任签发后，传真至 MOC 和技术及网络保障组；汇报经理在给 MOC 和技术及网络保障组每日运行报告中将重要问题的摘要信息报送 MOC 和技术及网络保障组。

②涉及竞赛、观众、媒体的重大风险消除后，分别向竞赛指挥组、宣传文化组通报情况。

第二十章　测试赛和技术演练

测试赛和技术演练是技术系统赛时平稳运行的前提和基础。测试赛是按奥运要求正常举行的体育赛事，是技术筹备进程的重要里程碑。技术团队在测试赛中可以对预先设计的运行模式、组织管理以及技术系统运行支持体系的合理性和有效性进行全面的检验，对各种技术系统进行实战测试。技术演练同样是奥运会筹备工作中的关键环节，旨在确保技术团队、系统和程序最为有效地运行。通过模拟奥运会最为忙碌的三天赛事进程，模拟大量难以在测试赛中出现的各种技术和非技术问题场景，用以测试技术团队的运行准备情况、团队内各业务口及成员之间的协作能力，赛事进程中可能出现的各种复杂问题的处理能力。

第一节　测试赛

自 2007 年 8 月至 2008 年 6 月，技术团队为 46 项好运北京体育赛事（奥运会和残奥会测试赛）提供了技术支持和保障服务。在保障测试赛正常进行的同时，应用在奥运会的成绩系统、信息系统、通信系统和其他技术系统均投入了测试。其中计时记分和现场成绩处理系统、奥组委管理信息系统和运动会管理系统的软件和硬件、通信系统和大部分其他技术系统均全程参与了测试。作为奥运会重要的信息服务，INFO 2008 系统和评论员信息系统在所有测试赛期间进行了全程后台测试，测试的结果对系统的开发起到了至关重要的作用。测试中发现的问题得到了全面的解决，为奥运会技术运行的平稳可靠打下了坚实的基础。

一、概述

测试赛是检验奥运会（残奥会）筹备工作成效的重要载体，其目的是：

- 检验设施。以竞赛组织为中心，测试、检验和优化场馆设施和技术系统运行所需的硬件条件。
- 锻炼团队。以锻炼场馆运行团队为主，检验团队运行能力和北京奥组委与政府相关部门的保障能力。
- 摸清规律。以探索办赛规律为重点，有效落实遵守惯例、标准统一、尊重个性、注重细节的

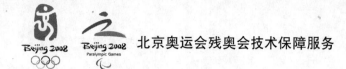

服务原则。

- 磨合机制。以满足国际单项体育联合会办赛要求为落脚点，建立良好合作关系，健全服务保障工作机制。
- 落实保障。以测试场馆运行与城市运行结合为着力点，促进场馆建设、场馆运行和城市运行的无缝衔接。
- 测试指挥。在综合测试赛中按照奥运会（残奥会）赛时指挥体系进行测试，检验指挥能力和工作机制。

为保障测试赛场馆运行筹备工作顺利展开，在"好运北京"体育赛事组委会中设立场馆运行、竞赛指挥、工程环境、人财物保障、新闻宣传、安全保卫、场馆外围保障、交通组织、技术支持、文化活动、接待服务、市场开发等支持与保障机构，负责制定场馆运行所需的工作标准和服务规范、提供专业培训和业务指导以及进行计划监控和工作协调，协助"好运北京"体育赛事组委会指挥中心开展工作。机构组成人员由北京奥组委与北京市委市政府、国家体育总局、中国残疾人联合会等国家和地方有关部门分别派出。

奥帆委、奥马公司、足球项目运行团队（天津、上海、沈阳、秦皇岛赛区办和北京工人体育场场馆团队）分别负责相关测试赛的筹办工作，并与"好运北京"体育赛事组委会建立报告制度和应急机制。

北京奥运会的测试赛分为单项测试赛和综合测试赛两个部分：

1. 单项测试赛

单项测试赛是以测试奥运会（残奥会）赛时运行的部分工作内容为主的测试赛。单项测试赛由竞赛场馆团队牵头组织，相关场馆或团队配合完成，包括大部分国际单项体育联合会赛历赛事和北京奥组委组织的邀请赛。主要测试场馆设施、竞赛场地和计时计分及成绩处理系统、单项赛事组织流程与服务规范、场馆团队运行能力及与场馆外围保障团队的协调配合、北京奥组委职能部门与市政府相关部门的配合保障能力等。

2. 综合测试赛

综合测试赛是模拟奥运会（残奥会）赛时运行状况，同时在多个场馆中举办的赛事。2007 年 8 月组织第一次综合测试赛，包括皮划艇激流、棒球、沙滩排球、公路自行车、射箭和帆船等赛事。2008 年 4 月组织第二次综合测试赛，包括马拉松、竞走、排球、篮球、花样游泳和击剑等赛事。

综合测试赛按照奥运会运行模式进行组织。主要测试奥运会（残奥会）赛时指挥运行体系；竞赛场馆、非竞赛场馆、服务场所、专项工作团队之间及场馆运行与城市运行之间的指挥机制、服务规范和工作流程；场馆设施、竞赛场地与技术系统；奥运会（残奥会）单项赛事组织流程与服务规范；场馆团队运行能力及与场馆外围保障团队的协调配合；北京奥组委职能部门与政府相关部门的保障能力。

其中，安排 3 项奥运会水平测试赛，即完全按照奥运会服务标准运行的赛事，包括 2007 年 8 月的帆船和射箭比赛、2008 年 4 月的花样游泳比赛。通过奥运会水平测试赛，对奥运会服务标准进行全面测试。

二、技术参与测试赛的策略

根据北京奥组委关于测试赛工作的统一安排，技术部于 2006 年 12 月底制定完成了《好运北京体育赛事技术战略》。制定此战略的目的是：为好运北京体育赛事项目的技术组织、协调和管理提供依据；为进一步确定工作进度、人员需求、物资需求及分配等提供依据；为制订详细计划提供依据；为合作伙伴和赞助商制定其好运北京体育赛事的产品和服务供应计划提供帮助；为与组委会其他职能部门协调、配合完成技术总体目标提供帮助。

《好运北京体育赛事技术战略》作为奥组委技术部参与好运北京体育赛事的主要工作指南，其作用是：明确测试赛的技术目标；明确赛事中技术管理模式和工作原则；明确技术部与合作伙伴及赞助商、与组委会其他部门、与场馆管理相关机构之间的工作关系；明确技术系统在好运北京体育赛事期间参与测试的范围、内容和服务水平。

好运北京体育赛事是测试奥运会技术系统的重要的环节，它与其他测试过程的根本区别在于提供了一个真实的比赛场景、真实的用户，从而能够进行端到端的真实测试。为此在好运北京体育赛事中，技术部提出基本原则如下：

- 奥运会所有大项的所有分项，在所有场馆中的所有技术系统都应至少参加一次测试。
- 至少选择一个好运北京体育赛事，在这项好运北京体育赛事中所有技术系统均要参加测试（如射箭和花样游泳）。
- 最终用户（包括体育、媒体等）应尽可能地参与到测试中。
- 提供技术产品与服务的奥运会合作伙伴、赞助商和供应商都要参与测试。
- 尽量使用与奥运会相同的场馆、相同的物理位置、技术设施、地点、线缆，如 PDC、PC 工厂、TOC 等，尽管规模可能较小。
- 好运北京体育赛事的场馆技术运行团队尽量与赛时相同。人员数量可能不同，但组织架构应相同。

三、技术参与测试赛的目标

好运北京体育赛事将涵盖奥运会所有大项的所有分项，其中各竞赛场馆全部分项的技术系统都得到了测试。

在测试中，技术部与组委会其他职能部门及合作伙伴、赞助商合作，为竞赛、运动员、官员、国际单项体育协会、媒体、组委会各职能部门等提供技术支持，主要测试以下四个方面：

- 在场馆中所有项目的全部技术系统中，重点测试在赛时环境下各技术系统间协同工作的能力。
- 在赛时环境中，测试并完善相关技术运行策略、流程及文档。
- 测试场馆技术基础设施。
- 在赛时环境中培训并测试奥运会赛时场馆团队，包括付薪人员、合同商员工和志愿者等。

1. 运行测试目标

好运北京体育赛事除规模外，运行模式和奥运会相同，包括场馆技术团队的组织结构、所有技术策略和流程等，只是规模小些。所有的运行和技术管理及支持将由组委会技术部和合作伙伴共同提供。

好运北京体育赛事的运行测试目标是培训并测试奥运会赛时场馆团队，包括付薪人员、合同商员工和志愿者。测试各团队内、团队间的协同工作能力，及与场馆其他相关部门的配合能力，从而逐渐建立赛时技术团队。

同时，在好运北京体育赛事中对相关技术运行策略、流程及文档进行测试并逐渐完善。

在好运北京体育赛事中主要测试以下技术运行：

- 技术运行中心和场馆技术管理的运行
- 技术支持中心（含现场支持）的运行
- 技术运行管理的各项策略及流程
- 技术系统培训，包括集中和场馆的员工培训、志愿者培训、用户培训等
- 与合同商及组委会其他职能部门的协作和沟通

2. 系统测试目标

在好运北京体育赛事中，技术系统的测试目标是在真实环境下测试各技术系统的运行情况，重点是各技术系统协同工作的能力，及为最终用户提供端到端服务的能力。

奥运会赛时需要的技术系统，包括运动会管理系统、竞赛成绩系统、成绩信息发布系统、固定和移动通信系统、组委会办公系统等，均须得到测试。

3. 基础设施测试目标

在好运北京体育赛事中，基础设施的测试目标主要是测试场馆设施是否符合技术要求，包括空间要求、设施部署、设备容量、综合布线等。

在好运北京体育赛事中，尽量使用与奥运会相同的技术设施，如 PDC、PC 工厂、Helpdesk、TOC 等，规模可以和奥运会不同，但位置、种类等尽量保持一致。技术部将利用好运北京体育赛事的机会安装和调试赛时水平的基础设施，包括：

- 综合布线
- 固定语音和数据网络基础设施
- 无线语音和数据网络基础设施
- 电子系统布线（音频、视频、CATV）

对于所有的好运北京体育赛事，技术部希望场地完全按照奥运会赛时要求配备下列空间，并在好运北京体育赛事后保留：

- 计算机设备用房
- 场馆成绩用房
- 通信设备用房等

如果需要，其他技术空间也应尽可能保持奥运会配置，如技术支持中心、场馆技术运行中心、

集群分发间、设备存放间等。

四、技术测试范围

1. 技术系统

（1）竞赛成绩

- 计时记分服务

计时记分服务在所有的好运北京体育赛事中以奥运会模式和水平提供。

测试目标：可靠而准确地获取运动员的比赛成绩，同时把相关信息及时由大屏幕设备显示出来。

参与方：主要包括欧米茄、体育竞赛人员和成绩处技术人员。

- 现场成绩服务

现场成绩服务在所有的好运北京体育赛事中以奥运会模式和水平提供。

测试目标：准确地提供比赛相关成绩信息，保障比赛进行。

参与方：主要包括欧米茄、体育竞赛人员和成绩处技术人员。

- 记分牌及记分牌控制

记分牌及记分牌控制参与所有的好运北京体育赛事，并以奥运会模式和水平提供相关服务。

测试目标：在记分牌上准确地提供比赛相关成绩信息。

测试内容：根据赛事的类型和要求有所区别。

参与方：主要包括欧米茄、体育竞赛人员和成绩处技术人员。

- 比赛现场中文信息显示服务

根据奥组委领导批准的"现场中文信息显示"的范围，对奥运会期间计划采用公共记分牌显示中文信息的体育项目/分项的赛事，提供"公共记分牌中文信息显示"服务。

测试目标：公共记分牌正确显示中文成绩信息，并且符合 ORIS、体育竞赛及体育展示的需求。

测试内容：根据赛事的类型和要求有所区别。与奥运会相同形式的内容，提供与奥运会时相同的内容服务；与奥运会组织形式不同的赛事，可能无法提供相关服务。

参与方：主要包括新奥特、源讯、欧米茄和成绩处技术人员。

用户：现场观众，体育展示部门和体育部。

说明：由于在好运北京体育赛事中没有图像大屏（射箭项目除外），因此在对奥运会期间计划采用图像大屏显示中文信息的体育项目/分项的赛事中不提供这一服务，但参加后台测试。

（2）成绩信息发布服务

赛事中提供的成绩信息发布服务仅作为对服务流程的测试，可能有一些错误。

- 成绩打印分发服务

成绩打印分发服务为 2007 年 8 月以后的赛事提供服务。

测试目标：是否满足 ORIS 打印分发要求。

测试内容：根据赛事的类型和要求有所区别。

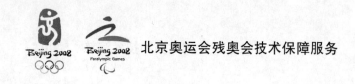

参与方：主要包括体育、媒体、成绩处、源讯和欧米茄。

用户：打印分发服务在赛事期间提供给体育和媒体用户。

说明：用户的数量比奥运会小，用户对服务水平的要求比奥运会低，并且每个赛事针对的只是某一个体育项目的用户；用户对于报告的种类，内容和数量的需求与奥运会需求有所不同。

- 新闻创建服务

新闻创建服务为 2007 年 8 月后的赛事提供服务。

测试目标：新闻编稿、审稿、发稿流程及服务分发流程是否需要调整。

测试内容：根据赛事的类型和要求有所区别。用户通过 Microsoft Word 软件编辑稿件，定稿后可将新闻以打印分发方式或其他方式提供服务。

参与方：主要包括媒体、成绩处和源讯。

用户：媒体运行部。

- 互联网成绩数据服务

互联网成绩数据服务为 2007 年 8 月后的赛事提供服务。

测试目标：数据格式和提供方式是否满足互联网用户要求

测试内容：根据赛事的类型和要求有所区别。与奥运会相同形式的赛事，将提供与奥运会时相同的内容；与奥运会组织形式不同的赛事，将仅提供与比赛成绩相关的内容。

参与方：主要包括互联网、成绩处和源讯。

用户：官方网站及其他 IDF 客户。

- 官方网站成绩结果发布

组委会官方网站只进行 IDF 相关接口测试，不提供对外服务。

测试目标：与相关系统的协调。

测试内容：官方网站通过 IDF 与 GMS、IDS 相接，测试官方网站成绩结果发布的流程及内容。

参与方：搜狐、信息处、中国网通、源讯。

说明：与 IDF 时间进度进行相同。

- 其他系统

IDS 中的其他系统（包括 INFO 2008、评论员信息系统 CIS、成绩数据输出 RDF、无线 INFO 等）在赛事期间仅进行实验室测试，不对外提供服务。

测试目标：提供方式和提供内容是否满足相关业务要求。

参与方：主要包括源讯、相关职能部门人员和成绩处、信息处技术人员。

（3）运动会管理系统（GMS）

所有的 GMS 系统参加并且仅参加 2007 年 8 月的赛事。技术部与相关部门就其他赛事的信息系统需求进行协商。

测试目标：提供方式和提供内容是否满足相关业务部门要求。

参与方：主要包括源讯、相关职能部门人员和信息处技术人员。

说明：SIS、SEQ、ACR 系统必须同时进行测试。

（4）组委会办公系统

组委会办公系统参加所有的赛事。

测试目标：提供方式和提供内容是否满足要求。

参与方：主要包括系统开发商、相关职能部门人员和信息处技术人员。

（5）通信

• 固定语音网络

固定语音网络参加所有赛事。

测试内容：网络测试和流程测试。其中，网络测试主要包括固定语音网络容量、性能测试及流程测试，主要包括网络运行维护、业务变更、场馆人员配置及物流需求等。根据情况，每项业务只测试一次。

测试前提条件：奥运固定语音网络延伸到赛事所在场馆；部分服务，如 ISDN，需配合固定通信终端测试。

参与方：中国网通、相关设备厂商。

• 固定数据网络

固定数据包括 ADSL、ISDN、数据专线等。根据 GMS 网络和 ADMIN 管理网的数据网络需求进行部分测试。

测试内容：网络性能测试和流程测试。

参与方：中国网通、源讯。

• 付费电话

付费电话参加所有赛事。

测试内容：系统测试和流程测试。系统测试包括付费桌面电话终端与奥运专用固定电话网的兼容性，反极计费功能的实现、通过调制解调器端口上网功能的实现、付费桌面电话终端及售卡机数量配备、位置分布的合理性。流程测试包括付费电话开通、维护流程。

测试前提条件：奥运固定电话网延伸到赛事所在场馆。

参与方：中国网通、相关设备厂商。

• 固定通信终端

固定通信终端参加所有赛事。

测试内容：系统测试和流程测试。系统测试包括固定通信终端与固定通信网络的兼容性，业务功能的实现。流程测试包括终端安装、迁移及维护流程。

测试前提条件：固定通信网络延伸到赛事所在场馆。

参与方：中国网通、相关设备厂商。

• 移动网络服务

移动网络服务参加所有赛事。

测试内容：业务测试主要包括语音业务、无线数据服务以及语音信箱等移动增值服务。

测试前提条件：参加测试的具体业务与赛事有关；部分增值服务，如 POC，需配合移动通信终

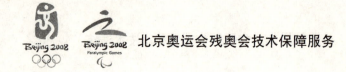

端测试。

参与方：中国移动、三星。

- 移动通信终端

移动通信终端参加部分赛事。

测试内容：用户使用测试。

参与方：中国移动、三星。

- 无线局域网

无线局域网测试参加所有赛事。

测试内容：网络性能测试。主要包括网络覆盖能力、网络容量测试。

测试前提条件：WLAN 网络覆盖赛事所在场馆的室内业务热点。

参与方：中国移动。

- 集群通信网络服务和终端

有室内覆盖的场馆参加所有赛事以检验集群室内覆盖能力。无室内覆盖的场馆，根据集群设备分发间是否具备及场馆通信中心（VCC）是否运行等因素参加部分赛事，以测试通话组设计合理性和集群设备分发流程。

测试内容：集群网络覆盖能力、集群通话组设计合理性及集群设备分发流程。

测试前提条件：有室内覆盖的场馆需在室内覆盖工程完成后；网络覆盖根据赛事结果推动集群网络建设；集群通话组的测试要求场馆通信中心（VCC）同时参与。集群设备分发流程的测试要求集群设备分发间及志愿者具备。

参与方：正通公司、三星（提供集群终端）。

- 有线电视系统

北京赛区参加除铁人三项及公路自行车以外的所有赛事。京外赛区将根据实际情况制定策略。

测试内容：为赛事提供有线电视服务。2008 年 4 月前的赛事仅提供有线电视信号（模拟信号），并满足基本的运行保障要求。2008 年 4 月（含 4 月）后的赛事按赛时标准进行运维流程测试及系统测试，包括数字电视系统及机顶盒的相关测试。

系统测试主要测试系统的稳定性，系统对终端功能的支持及终端功能的实现等。机顶盒主要测试稳定性及实用性。流程测试主要测试开通服务流程和运行维护流程。

在奥运村、MPC、IOC 总部饭店、残奥大家庭饭店及奥组委总部五个非竞赛场馆还需着重进行GVOD 服务的测试。

测试前提条件：2008 年 4 月前：场馆中有线电视分配系统的竣工验收，光缆网络的连通，光传输系统的安装调试。2008 年 4 月（含 4 月）后：场馆中有线电视分配系统的竣工验收，光缆网络的连通，光传输系统的安装调试。奥运有线电视专网前端系统的安装调试，机顶盒的开发完成，系统联调。

BOB 提供测试信号。IBC 机房内压缩编码系统搭建完成。

参与方：歌华有线、松下（提供电视机）、BOB（提供 ITVR 信号源）、OMEGA（提供 RTDS 信号源)。

(6) 无线电频率

• 无线电频率申请和审批

无线电频率申请和审批以奥运会服务水平参加部分赛事。

测试内容:频率申请和批复流程。

参与方:信息产业部无线电管理局、北京市无线电管理局等其他相关政府管理部门。

• 无线电频率设备准入和监测

无线电频率设备准入和监测为所有赛事提供无线电频率保障,并以奥运会服务水平参加部分赛事。

测试内容:无线电设备检测、电磁环境测试和干扰排查流程等。

参与方:信息产业部无线电管理局、北京市无线电管理局等其他相关政府管理部门。

(7) 其他技术系统

• 场馆布线

场馆布线参与所有赛事。

测试目标:满足场馆内的语音和数据服务(支持 GMS 和 ADMIN 系统)需求。

测试内容:完成场馆布线、技术设备的安装、测试、培训和拆除。

测试前提条件:考虑到布线的工期,至少应在赛事前4周进入场馆,并于赛前2周完成场馆临时布线。

参与方:布线工程交付使用后,赛事期间,由奥组委委托进行布线工作的建设单位负责维护所有的布线,包括业主建设和奥组委建设的数据、语音布线。

说明:仅安装赛事基础设施的赛时骨干光缆和分配线间设备,临时布线应尽量为赛时保留。临时布线如拆除,应将布线回收至安全的地方。

• 音频系统

音频系统参加全部的赛事,包括临时音频系统,并将尽量使用场馆内已有的音频系统。由于音频系统为租赁,会采用与奥运会不同的产品。

测试内容:比赛扩声、背景音乐等。

参与方:业主或者其他承租公司。

• 视频系统

视频系统只参加部分的赛事,并将尽量使用场馆内已有的视频系统。

测试内容:图像大屏系统、仲裁录像等。主要用于现场比赛播放、比赛录像回放、开闭幕式、颁奖仪式、体育展示(为烘托气氛所播放的内容)等。

参与方:松下

• 文件处理

文件处理系统包括打印、复印、传真机及相关服务。

测试内容:与其他系统的连接,相关服务流程,设备可用性等。

参与方：联想、松下。

- 头戴系统

头戴系统参加部分赛事。

测试目标：是否满足体育展示、计时记分及成绩系统和竞赛管理的需要。

参与方：北京体育科技公司。

- 不间断电源（UPS）

技术用 UPS 设备参加所有赛事。

测试内容：大部分技术用房/设备要求配备 UPS 电源以支持其房间内的所有技术设备或特殊设备负载，通信设备机房（TER）的 UPS，按照通信行业标准和规范来配备，由通信合作伙伴自行提供。

参与方：通用电气。

说明：根据实际情况，分别配备主电源或主电源和备用电源。所有 UPS 电源采用在线式；备份电源持续时间为 20 分钟。

2. 技术运行

赛事技术运行应基于统一组织与场馆化运行相结合的原则，协调好集中指挥与场馆指挥，集中支持与场馆支持的关系。这样：

- 可有效的组织、协调总体资源，更好的和组委会其他职能部门合作
- 符合奥运技术系统本身集中部署、集中控制、分散运行的特点
- 避免各场馆各自为战、只考虑自身场馆、某次赛事的因素，而看不到整体因素
- 建立通畅的技术部内汇报机制等

（1）团队组织

在赛事中，通过培训及测试，逐渐建立起奥运会赛时技术团队（含场馆技术团队）。测试各团队内、团队间的协同工作能力，及与场馆其他相关部门的配合能力；建立双重汇报制度，并测试问题及危机解决能力。

让尽可能多的来自各业务口的骨干参与到系列赛事的比赛中来，他们所处的位置能够影响场馆团队的结构和方向，以及他们在其间的角色。

为更好的组织、协调技术相关各方（含奥运会合作伙伴、技术部内各业务处室等）参与赛事，成立好运北京体育赛事技术协调小组。

（2）技术指挥与技术支持

- 技术运行中心（TOC）

技术运行中心参加 2007 年 6 月之后的所有赛事。赛时，场馆技术经理应每日向 TOC 相应负责人汇报。

测试内容：运行流程，指挥模式及各类应急预案，包括"双重汇报体制"和决策权向低操作层的移交；TOC 和场馆间的接口及汇报体系；TOC 决策流程等。

参与方：所有合作伙伴、技术部。

说明：TOC 组织结构与赛时完全一致，人员数量比赛时要少，并且有些岗位可能不参加。如：GMS 相关的岗位只有在 GMS 系统参加好运北京赛事时，才在 TOC 设置相应的岗位。其他系统相关岗位也是如此。TOC 中的相关支持团队应包含 IT、通信、互联网、办公管理网、场馆技术、Helpdesk 团队。

- 技术支持（Helpdesk）

Helpdesk（含场馆技术支持）参加所有赛事。

测试内容：运行流程。包括问题电话相应流程；现场相应流程；问题升级流程等。

参与方：相关合作伙伴、Helpdesk 支持人员。

（3）培训

人员培训参加所有赛事。

测试目标：培训流程是否有效，培训内容是否合理，接受岗位培训的人员是否胜任岗位指定工作。

测试内容：岗位细则培训及特殊岗位培训。所有参加好运北京赛事的技术志愿者都要接受岗位细则培训；服务于竞赛场地计时记分和成绩运行岗位的人员要求具备体育项目的专业知识（如比赛规则等）。

参与方：技术部统一负责组织和协调。技术合作伙伴、合同商需提供相关支持。

用户：付薪工作人员及志愿者（普通志愿者和特殊志愿者）。

（4）策略与流程

各项技术运行策略、相关流程及运行文档将在 2008 年 7 月 1 日前冻结，在此之前的赛事中，将不断测试并完善此类文档，并及时通知相关人员。

将遵循"制定－测试－完善－固化－变更"的原则，2007 年 5 月形成版本 1.0；2007 年 12 月形成版本 2.0；2008 年 5 月形成版本 3.0。

这些文档应包括：

- 技术策略。包括各种通用规则，由业务处室制定，奥组委各部门及合作伙伴均须遵循，如安全策略。
- 技术流程。详细定义了相应人员在什么时间、什么地点、应该做什么事情。
- 工作说明文档。详细定义如何完成一个具体的任务。
- 规格说明文档。
- 其他文档。如汇报文档等。

这些策略和流程包括以下几个类型：

- 需要技术部和其他部门协调的策略和流程，如信息安全策略；设备管理策略；设备发放和回收流程；成绩系统的运行流程（与体育部门的协作、成绩簿的分发等）；互联网访问策略等。
- 需要技术部内协调的。信息安全响应策略，如 Helpdesk 相应流程、设备部署变更流程等。
- TOC 与场馆间。如 TOC 汇报流程等。

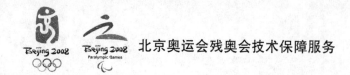

- TOC 内部。如 TOC 运行流程等。
- 场馆内部。如场馆信息技术服务策略；场馆技术运行流程等。
- 各技术系统间。如软件部署流程等。
- 各技术系统内部。
- 后勤相关。如技术部好运北京赛事制证需求及分发流程、技术部停车需求及分发流程、技术部餐饮需求及分发流程、技术部制服需求及分发流程等。
- 其他文档。如流程类文档的格式要求；编制、批准及变更流程。

3. 技术参与测试赛的前提条件

（1）文档

2007 年 1 月前，完成通用的好运北京体育赛事计划。计划包括预算、人员、后勤及关键时间点要求等。单项赛事开始前 6 个月，开始制定各技术系统详细的赛事测试计划。每个赛事举行前 2 个月，应完成本赛事详细测试计划。

在举办每一个赛事前，应保证：

- 制订完成此次赛事的详细测试计划
- 按照相关服务水平协议，提交并部署在此次赛事中需要测试的技术系统
- 更新完成技术相关策略与流程，并分发给所有的相关人员

（2）技术系统的到位

各技术系统参加好运北京体育赛事的前提条件是：

- 开发并部署完毕，通过技术部组织的用户验收，并满足服务水平协议
- 相关开发或部署方，参加赛事并提供支持服务

（3）其他

为成功完成赛事并达到本文档中提出的目标，技术部有一些重要的条件取决于组委会内其他部门和组委会外的机构。

特别要提出的是，技术部与组委会的其他职能部门（如下所示）共同协作，一起协助场馆业主和属地政府管理场馆建筑设施。

关键的技术相关条件如下：

- 技术空间交付：根据要求在赛事前移交重要技术空间。
- 技术支持基础设施：光缆路由、记分牌的支撑结构。如槽道、支撑钢架及支撑杆等。
- 竞赛格式：体育部门需清楚定义每一次赛事的格式和范围，特别是单项组织的需求、训练、演练和竞赛日程等。
- 体育部：体育部门确保赛事中赞助商提供的计时记分系统及硬件与奥运会中使用的一致。
- 媒体＆广播运行：定义媒体和可能涉及的广播媒体的新闻支持需求。
- 体育展示：定义体育展示支持需求。
- 电力支持基础设施：满足技术系统需要的容量及要求的供电系统及配电系统。
- 物流支持：在前运行、运行及拆除期间，提供设备运送服务，包括根据需要将技术存储配件

递送到指定位置（如电脑）。

- 仓库：有足够的可用空间用于存储纸盒、纸张、集装箱和备用技术设备。

- 安保：确保场馆内人员和设备的安全。在好运北京体育赛事后至奥运会前这一阶段，保证技术用房和设备的安全。

- 财务/采购/预算：需要考虑一些未包含在技术系统预算中的赛事运行费用，如：需要额外租用时间、运行支持人员费用、临时提出升级服务及相关人力、耗材等。

- 志愿者配备：打印分发、技术支持和其他一些领域有大量志愿者需求。通过与相关职能部门协调，确定志愿者的需求并组织招募、聘用和培训。

- 场馆内安装设备所需要的各种专用工具、特种车辆，包括叉车、吊车、电平车等。

- 人力资源：以赛时场馆技术团队的人员组织结构为基础，结合交付场馆的配备种类和数量，详细制定赛时人员岗位设置、人员数量、工作时间、协调及报告、培训等。

- 注册证件：给予场馆技术团队工作人员和技术运行中心工作人员足够的场馆以及场馆分区通行权限。

五、评估及改进策略

应建立好运北京体育赛事统一的标准，包括评估及改进策略，把好运北京体育赛事当成一个整体来运行，避免各场馆团队各自为战。同时，在好运北京体育赛事后，及时组织技术系统的评估，提出改进措施。

在好运北京体育赛事后，技术系统用户常常会提出变更或建议，应及时收集并分析这些变更或建议。

从好运北京体育赛事中学到经验教训应整合到下一次的测试计划中，某些情况下，对赛场和临建进行调整，以尽量避免在好运北京体育赛事中重复犯相同的错误。

主要评估内容应包括：

- 赛事计划完整性、合理性

- 团队组织、机构设置合理性、有效性

- 技术运行策略和流程的可执行性

- 技术系统接口（interface operational）

- 后勤相关流程满足及时运行需要

- 其他需要汇报的内容

六、测试赛的风险

1. 变更及风险

若发生以下变更，应及时通知好运北京体育赛事所有相关方，并进行风险评估。

- 好运北京体育赛事日程

- 参加测试赛的系统未按时提供

- 参加好运北京体育赛事的系统未按服务水平提供
- 参加好运北京体育赛事的人员/团队，不能参加好运北京体育赛事
- 好运北京体育赛事内容的其他调整

2. 好运北京体育赛事的局限性及其应对

好运北京体育赛事是最接近真实场景的测试，是技术运行成功的重要保证，但与奥运会相比，还有其局限性：

- 规模：用户数量、设备数量、部署范围等规模都较小
- 范围：好运北京体育赛事常常是单项赛事的测试，覆盖范围有限
- 运行：赛时运行的有些方面可能在一系列规模相对小、互不关联的好运北京体育赛事中永远测试不到

因此，应采取以下应对措施进行补充：

- 专业测试（如技术演练、集成测试等）
- 在举行好运北京体育赛事时，同时在集成实验室中模拟举行其他赛事，并模拟进行压力测试
- 其他非赛事活动（如研讨会等）
- 桌面演练
- 模拟演练
- 参加/观摩其他主要活动（特别是有一定观众规模的活动）

这些活动尽管不是好运北京体育赛事项目的责任，但与好运北京体育赛事有明显的联系且有利于整个项目的测试和运行。

3. 京外赛区好运北京体育赛事

北京外的各赛区好运北京体育赛事纳入组委会好运北京体育赛事统一计划，好运北京体育赛事技术策略应与北京一致。好运北京体育赛事计划由所属场馆团队做出，北京协助。如有不同策略，应先进行变更及风险评估。

4. 残奥会好运北京体育赛事

好运北京组委会举办两个残奥会好运北京体育赛事（盲人门球和轮椅篮球），测试残奥会技术运行的不同方面。

此外，在某些好运北京体育赛事中，同时测试残奥会项目。

5. 奥运会到残奥会的转换

在某些好运北京体育赛事中，重点考虑奥运会到残奥会的转换。

七、测试赛项目管理

技术团队通过测试赛关键里程碑、任务矩阵明确了关键时间点、技术部各业务口在每项测试赛中每个技术系统的测试程度、服务水平等要素。

1. 测试赛工作的组织

（1）技术部关于测试赛工作的总体安排

技术部关于测试赛的工作总体上由总体规划处牵头组织。总体规划处负责牵头制定测试赛工作的战略和实施纲要，明确各个处室在测试赛工作中的总体任务和分工。确定各个技术系统在测试赛的服务水平。

在战略和实施纲要的基础上，由总体规划处牵头，场馆技术处及其他专业处室紧密配合，以场馆为单位，结合赛时详细运行设计的内容确定每项测试赛的详细运行计划，包括技术系统规划设计、TOC 及场馆技术运行、预算、人力资源、后勤保障等方面的内容，并制定每项赛事的倒排时间表。

各业务处确定负责运行规划的人员，作为测试赛工作联系人。

（2）各处室的分工

技术部各处室在测试赛工作的分工如下：

表 20－1 技术部各处室的分工

处室	任务
总体规划处	• 牵头汇总测试目标和测试水平、技术服务范围 • 确定测试赛工作团队的组织结构 • 配合场馆处确定 TEAP • 组织制定测试赛预算 • 组织测试赛期间 TOC 的运行 • 总体协调与场馆技术工作团队（包括志愿者招募）培训相关的工作 • 协调测试赛期间各种技术服务的技术支持 • 会同制定测试赛通用策略及流程
综合处	• 负责测试赛期间收集汇总注册信息 • 协助场馆技术团队解决停车、餐饮
场馆技术处	• 作为技术部的接口参与测试赛场馆工作团队的组织工作 • 制定场馆技术系统实施计划（VTIP） • 制定 TEAP • 牵头落实场馆技术系统的部署 • 组织赛时场馆技术运行 • 负责测试赛临时布线、音视频、打印复印、头戴、UPS 等技术系统的规划、实施和运行支持
信息系统处	• 负责测试赛奥运会管理信息系统、组委会管理信息系统的规划、实施和运行支持 • 负责信息系统硬件、数据网络的规划、实施、监控、管理与技术支持
通信处	• 负责固定通信、移动通信、集群通信的规划、实施、终端部署、运行管理和技术支持 • 负责各类通信终端的安装及技术支持 • 负责有线电视网络的规划、实施和赛时维护
成绩系统处	• 负责测试赛期间计时记分和成绩处理系统的技术支持和运行 • 根据竞赛需要，参考 ORIS 规范制定成绩公报打印及分发策略及流程并组织实施
无线电频率管理处	• 负责无线电频率的规划、申请、批准、设备检测及认证 • 在比赛期间对频率进行监测、干扰排查及处理相关投诉

（3）测试赛工作小组

技术部成立了成立测试赛工作小组，由测试赛工作小组组长、副组长、专职主管、相关业务处室代表、场馆技术经理（特定测试赛时）、人事主管、后勤主管组成，统一组织、协调资源，完成测试赛技术总体目标。

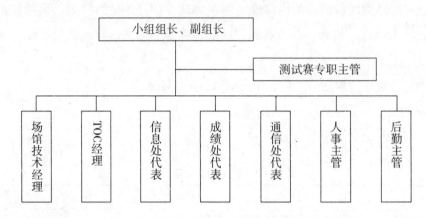

图 20-1　测试赛工作小组结构图

- 工作小组组长：1人，来自总体规划处。
- 工作小组副组长：2人，场馆技术处和源讯公司各一人。
- 测试赛专职主管：2人，来自总体规划处。主要任务是：参加测试赛组委会的日常工作；与测试赛组委会其他职能部门协调、沟通相关问题；组织制定测试赛运行相关的各项策略、流程；赛前协调确认测试赛测试计划；协调测试赛运行；评估测试赛结果；督促赛后相关改进等。
- 人事主管：1人，来自总体规划处。负责协调人力资源；合同商、志愿者培训等工作。
- 后勤主管：1人，来自综合处。负责证件、餐饮、交通、物流等工作的需求确认及落实。

各处代表为负责运行工作的人员。

2. 关键里程碑

根据北京奥组委总体安排，技术部制定的测试赛技术工作关键里程碑如下：

表 20-2　测试赛关键里程碑

序号	任务名称	完成时间	主责处室
1	明确各技术系统可以提供服务的种类和水平	-6m	各处
2	明确测试赛的用户需求	-5m	场馆处
3	制定场馆技术系统 VTIP	-5m	场馆/VTM
4	技术团队核心人员确定并开始工作	-6m	总体/各处
5	汇总用户对各种技术服务的种类、需求地点和数量	-4m	各处
6	制定测试赛技术团队的组织结构、来源和数量	-4m	各处
7	确定测试赛技术预算	-3.5m	总体/各处
8	收集汇总测试赛工作人员的注册信息	-2m	综合

续表

序号	任务名称	完成时间	主责处室
9	收集汇总测试赛停车位和停车证需求	－3.5m	综合
10	确定技术团队的餐饮方案	－3.5m	综合
11	确定测试赛 TEAP	－2m	TEAP 小组
12	提供测试赛场馆团队前期技术服务	－3m	信息处
13	确定技术支持模式	－3m	总体/各处
14	确定测试赛技术团队所有岗位的人员	－3m	各处
15	确定技术团队人员注册需求并与注册部门沟通	－3m	综合
16	完成技术设备 VIK/现金采购流程	－3m	各处
17	完成技术团队人员注册工作	－2m	总体
18	完成临时布线施工	－0.5m	场馆
19	扩声系统安装到位	－7d	场馆
20	打印复印设备安装到位	－7d	场馆
21	信息合作伙伴/合同商进场施工	－7d	信息
22	数据网络设备安装到位	－7d	信息
23	计时记分合作伙伴进场施工	按计划	场馆
24	记分牌安装到位	按计划	场馆
25	计时记分系统安装到位	按计划	场馆
26	通信合作伙伴进场施工	－3m	通信
27	测试赛赛时通信服务安装到位	－7d	通信
28	集群通信终端到位	－0.5m	通信
29	无线电频率申请受理工作截止	－1m	频率
30	技术系统测试结束	－5d	场馆处
31	技术支持服务启动	场馆锁闭	各处
32	测试赛技术运行中心开始运行	2007 年 8 月 3 日	总体
33	测试赛技术总结	＋2m	

m：月，d：天

3. 测试赛任务矩阵（节选）

测试赛任务矩阵的作用是按照技术战略确定的总体原则，根据测试赛赛事的保障需求，结合每个技术系统的测试计划，综合考虑成本，确定每种技术系统参与每项测试赛的水平和方法。

表 20-3　测试赛任务矩阵（节选）

项目	计时记分系统	电视图像	中文成绩显示	ACR	互联网官方网站	信息安全	技术支持中心 Helpdesk	Payphone	数据专线	电视机	图像显示屏
足球	GS/GB	GS/TB	GS/GB	N/A	TS/TB	GS/GB	GS/TB	TS/TB	GS/TB	GS/PB	TS/TB
马术	GS/GB	GS/TB	TO	N/A	TS/TB	GS/GB	GS/TB	TS/TB	GS/TB	GS/PB	TS/TB

续表

项目	计时记分系统	电视图像	中文成绩显示	ACR	互联网官方网站	信息安全	技术支持中心Helpdesk	Payphone	数据专线	电视机	图像显示屏
赛艇	GS/GB	GS/TB	TO	N/A	TS/TB	GS/GB	GS/TB	TS/TB	GS/TB	GS/PB	TS/TB
曲棍球	GS/GB	GS/TB	GS/GB	N/A	TS/TB	GS/GB	GS/TB	TS/TB	GS/TB	GS/PB	TS/TB
帆船	GS/GB	GS/TB	TO	GS/GB	TS/TB	GS/GB	GS/TB	TS/TB	GS/TB	GS/PB	TS/TB
沙滩排球	GS/GB	GS/TB	TO	N/A	TS/TB	GS/GB	GS/TB	TS/TB	GS/TB	GS/PB	TS/TB
皮划艇激流	GS/GB	GS/TB	TO	GS/GB	TS/TB	GS/GB	GS/TB	TS/TB	GS/TB	GS/PB	TS/TB
公路自行车	GS/GB	GS/TB	TO	GS/GB	TS/TB	GS/GB	GS/TB	TS/TB	GS/TB	GS/PB	TS/TB
棒球	GS/GB	GS/TB	N/A	GS/GB	TS/TB	GS/GB	GS/TB	TS/TB	GS/TB	GS/PB	TS/TB
射箭	GS/GB	GS/TB	TO	GS/GB	TS/TB	GS/GB	GS/TB	TS/TB	GS/TB	GS/PB	TS/TB
小轮车	GS/GB	GS/TB	TO	N/A	TS/TB	GS/GB	GS/TB	TS/TB	GS/TB	GS/PB	TS/TB
摔跤	GS/GB	GS/TB	GS/GB	N/A	TS/TB	GS/GB	GS/TB	TS/TB	GS/TB	GS/PB	TS/TB
皮划艇静水	GS/GB	GS/TB	TO	GS/GB	TS/TB	GS/GB	GS/TB	TS/TB	GS/TB	GS/PB	TS/TB
盲人门球	N/A	N/A	N/A	N/A	TS/TB	N/A	N/A	TS/TB	GS/TB	GS/PB	TS/TB
现代五项	GS/GB	GS/TB	TO	N/A	TS/TB	GS/GB	GS/TB	TS/TB	GS/TB	GS/PB	TS/TB
山地自行车	GS/GB	GS/TB	TO	N/A	TS/TB	GS/GB	GS/TB	TS/TB	GS/TB	GS/PB	TS/TB
铁人三项	GS/GB	GS/TB	TO	N/A	TS/TB	GS/GB	GS/TB	TS/TB	GS/TB	GS/PB	TS/TB
网球	GS/GB	GS/TB	GS/GB	N/A	TS/TB	GS/GB	GS/TB	TS/TB	GS/TB	GS/PB	TS/TB
羽毛球	GS/GB	GS/TB	GS/GB	N/A	TS/TB	GS/GB	GS/TB	TS/TB	GS/TB	GS/PB	TS/TB
场地自行车	GS/GB	GS/TB	GS/GB	N/A	TS/TB	GS/GB	GS/TB	TS/TB	GS/TB	GS/PB	TS/TB
柔道	GS/GB	GS/TB	GS/GB	N/A	TS/TB	GS/GB	GS/TB	TS/TB	GS/TB	GS/PB	TS/TB
体操	GS/GB	GS/TB	GS/GB	N/A	TS/TB	GS/GB	GS/TB	TS/TB	GS/TB	GS/PB	TS/TB
蹦床	GS/GB	GS/TB	GS/GB	N/A	TS/TB	GS/GB	GS/TB	TS/TB	GS/TB	GS/PB	TS/TB
拳击	GS/GB	GS/TB	TO	N/A	TS/TB	GS/GB	GS/TB	TS/TB	GS/TB	GS/PB	TS/TB
艺术体操	GS/GB	GS/TB	GS/GB	N/A	TS/TB	GS/GB	GS/TB	TS/TB	GS/TB	GS/PB	TS/TB
乒乓球	GS/GB	GS/TB	GS/GB	N/A	TS/TB	GS/GB	GS/TB	TS/TB	GS/TB	GS/PB	TS/TB
手球	GS/GB	GS/TB	GS/GB	N/A	TS/TB	GS/GB	GS/TB	GS/TB	GS/TB	GS/PB	TS/TB
举重	GS/GB	GS/TB	TO	N/A	TS/TB	GS/GB	GS/TB	TS/TB	GS/TB	GS/PB	TS/TB
轮椅篮球	N/A	N/A	TBD	N/A	N/A	N/A	N/A	GS/TB	GS/TB	GS/PB	TS/TB
游泳	GS/GB	GS/TB	TO	N/A	TS/TB	GS/GB	GS/TB	GS/TB	GS/TB	GS/PB	TS/TB
跳水	GS/GB	GS/TB	TO	N/A	TS/TB	GS/GB	GS/TB	GS/TB	GS/TB	GS/PB	TS/TB
跆拳道	GS/GB	GS/TB	GS/GB	N/A	TS/TB	GS/GB	GS/TB	GS/TB	GS/TB	GS/PB	TS/TB
水球	GS/GB	GS/TB	TO	N/A	TS/TB	GS/GB	GS/TB	GS/TB	GS/TB	GS/PB	TS/TB
花样游泳	GS/GB	GS/TB	TO	N/A	TS/TB	GS/GB	GS/TB	GS/TB	GS/TB	GS/PB	TS/TB

项目	计时记分系统	电视图像	中文成绩显示	ACR	互联网官方网站	信息安全	技术支持中心 Helpdesk	Payphone	数据专线	电视机	图像显示屏
击剑	GS/GB	GS/TB	TO	N/A	TS/TB	GS/GB	GS/TB	GS/TB	GS/TB	GS/PB	TS/TB
竞走	GS/GB	GS/TB	TO	N/A	TS/TB	GS/GB	GS/TB	GS/TB	GS/TB	GS/PB	TS/TB
马拉松	GS/GB	GS/TB	TO	N/A	TS/TB	GS/GB	GS/TB	GS/TB	GS/TB	GS/PB	TS/TB
篮球	GS/GB	GS/TB	TO	N/A	TS/TB	GS/GB	GS/TB	GS/TB	GS/TB	GS/PB	TS/TB
射击	GS/GB	GS/TB	N/A	N/A	TS/TB	GS/GB	GS/TB	GS/TB	GS/TB	GS/PB	TS/TB
排球	GS/GB	GS/TB	GS/GB	N/A	TS/TB	GS/GB	GS/TB	GS/TB	GS/TB	GS/PB	TS/TB
田径	GS/GB	GS/TB	GS/GB	N/A	TS/TB	GS/GB	GS/TB	GS/TB	GS/TB	GS/PB	TS/TB
游泳（马拉松）	GS/GB	GS/TB	TO	N/A	TS/TB	GS/GB	GS/TB	GS/TB	GS/TB	GS/PB	TS/TB

对上述表格的具体说明如下：

- N/A：某技术系统在某赛事不提供服务
- GS/GB：某技术系统在某赛事提供的服务与奥运会赛时相同，同时无需为测试赛单独提供预算
- TS/TB：某技术系统在某赛事提供的服务与奥运会赛时不同，所有费用需测试赛单独预算
- GS/TB：某技术系统在某赛事提供的服务与奥运会赛时相同，但所有费用需测试赛单独预算
- GS/PB：为某赛事提供的服务的技术系统为提前采购的赛时设备，赛时可重复利用，但服务为测试赛单独预算
- TO：测试赛期间技术系统进行后台测试，但不对赛事提供服务

八、测试赛技术运行

技术团队为46项奥运会和残奥会测试赛赛事提供了技术支持和保障服务，即将应用在奥运会的成绩系统、信息系统、通信系统和其他技术系统均投入了测试。其中计时记分和现场成绩处理系统、奥组委管理信息系统和运动会管理系统的软件和硬件、通信系统和大部分其他技术系统均全程参与了测试。作为奥运会重要的信息服务，INFO 2008系统和评论员信息系统正处于开发阶段，因此在所有测试赛期间进行了全程后台测试，测试的结果对系统的开发起到了至关重要的作用。

1. 总体运行情况

整个测试赛期间，技术系统运行的总体情况良好，在测试技术系统的同时确保了赛事的正常进行。由奥组委技术部、合同商和志愿者共同组成的技术运行团队，按照已确定技术运行工作方案、策略和流程共同工作、相互配合，为好运北京各项赛事提供了有力的技术保障。总体而言，技术运行整体工作平稳有序、工作流程执行得力、问题反应迅速有效、工作人员尽职尽责。

自2007年8月起至2008年7月测试赛运行期间，技术运行中心在总部大楼和数字大厦日常技术支持的基础上，同时完成三十二场测试赛的赛事技术支持保障工作。运行期间，总计受理问题

25881 个。其中，S1 级问题 5 个，S2 级问题 92 个，S3 级问题 1664 个，S4 级问题 12085 个，请求类问题 12035 个。相关问题涉及 11 个合作伙伴，IT ADMIN 问题 11887 个，IT GAMES 问题 8720 个，固定通信问题 416 个，移动通信问题 31 个，其他技术问题 563 个，非技术类问题 4264 个。

2. 主要经验和收获

测试赛技术运行保障工作的主要经验和收获包括：

（1）基础设施和技术服务按时到位。以场馆技术经理为首的场馆技术团队，在测试赛筹备期间，出色地完成了场馆技术基础设施到位的任务。VTM 在用房交付、记分牌安装、供电设施、管线槽道、空调保障等方面做了大量的工作，协调解决了大量问题，确保了设备服务和部署工作按计划完成。在部署期间，VTM 及信息、通信、成绩等业务口经理组织各自合同商，在一些条件不完全具备的情况下，牺牲假日和休息日，加班加点，以高度的责任感和专业精神，出色地完成了技术设备的部署任务。

（2）技术团队人员相互配合，完成了测试赛技术运行任务。场馆技术团队的人员是临时组成的，合同商人员来自十几家公司，付薪人员来自各处室，就是这样一个团队，在短时间内完成了队伍的磨合，形成了一支有战斗力的队伍，处理解决了场馆 90% 以上的技术问题，获得了场馆团队领导和各业务口的好评。在测试赛运行期间，技术运行中心对场馆运行工作起到了充分的协调作用，场馆出现的历次重大技术问题，都得到了技术运行中心及时有效的支持。技术运行中心伴随着每一项测试赛，是技术领域运行时间最长的一个团队，为测试赛的技术运行工作作出了重要贡献。

（3）培训到位。每次测试赛开赛前，技术部各处室都组织了场馆团队的培训，做到了标准统一、纪律统一、任务明确、责任明确，为场馆技术运行打下了基础。同时，TOC 也组织场馆各业务口经理进行了技术运行的专项培训，对场馆运行工作、场馆与 TOC 的工作配合提出了建议和要求。

（4）问题处理及时，应急反应迅速有效。在 2008 年的测试赛运行过程中，场馆技术系统出现较大问题后，技术运行中心（技术部）值班领导均在第一时间到达现场，组织场馆技术团队查找问题原因，现场采取应急措施保障后续比赛的正常进行。同时协调技术运行中心和场馆的工作配合。测试赛的运行经验证明，技术团队双向汇报机制、技术运行中心和场馆技术运行的流程是合理有效的。

（5）制定《测试赛技术运行策略与流程》，明确了技术运行的组织结构、功能及运行流程。技术运行策略和流程的主要内容包括：技术运行的角色与运行策略，组织结构与报告关系，日常工作管理流程，问题管理流程，变更管理流程和危机管理流程。上述工作流程在测试赛前已全部下发到参与测试赛运行工作的合同商和场馆技术团队，在测试赛期间得到了认真执行和实地检验，总体运行情况良好。

3. 主要问题

同时，在场馆技术和技术运行中心的运行工作中也陆续发现了一些问题，主要包括：

（1）技术系统运行不稳定造成的问题

游泳测试赛第二天发生了不间断电源运行不稳定造成的技术用房停电事故；在跳水和跆拳道比赛中，分别发生了计时记分系统故障导致比赛延误和中止，造成了较大影响；在水球测试赛中，也发生了笔记本电脑网络连接中断的情况，对竞赛成绩系统的运行产生了一定影响；2008年1月份开始，用于技术故障申告和记录的工具 CMS 系统多次发生服务中断事故。

（2）场馆基础设施造成的问题

在游泳测试赛期间，业主单位人员误操作导致头戴系统电力供应中断。

主数据中心和集成实验室全部9台空调因室外温度低于空调设置的保护温度零下15度，9台空调室外机全部停止工作，造成主机房和集成实验室温度升高，技术运行中心主数据中心温度监控设备发出机房温度异常告警，收到告警信息的数字大厦值班人员、主数据中心管理员等相关人员及时赶到现场，组织协调空调的提供商维修人员对设备进行抢修，最终确保了测试赛正常进行。

（3）技术团队在运行过程中的问题

2008年1、2月测试赛期间，计时记分系统数次出现故障，问题发生后，技术团队内部汇报、故障记录机制的执行过程中也存在一定问题，具体表现为汇报不及时、记录不完整，故障级别定义不准确等等。应特别注意的是，某些发生在场馆的技术问题没有得到记录，也没有得到相应的问题更新，为技术运行工作造成了风险。

在问题记录生成后，有些工作人员做简单的降级或关闭处理。根据 TOC 运行流程的相关原则，任何对问题的降级处理要慎重，如果只是故障消失而不清楚原因，原则上不应关闭问题记录。

4. 成果和意义

技术团队很好地遵循了各种既定流程，奥组委技术部与合作伙伴之间的沟通较为顺畅，技术运行中心和场馆技术团队配合紧密，运行工作良好。测试赛结果表明：技术系统总体而言是稳定可靠的，技术保障组织体系和运行机制设计是适合的，技术运行的策略和流程是可行的，技术设备、系统与网络的配置可以满足赛事需要。

同时，在场馆和技术运行中心的运行工作中也陆续发现了一些问题。在测试赛中出现问题是正常现象，出现的问题往往比来自各方的赞扬更有价值。技术系统运行不稳定造成的问题通过二次开发和整改得到了改正，基础设施造成的问题通过奥组委相关部门和场馆业主的努力得到了根本的改善，技术团队在运行过程中出现的问题通过完善工作流程、强化培训及制定工作制度得到了根本性的解决。改正和解决测试赛中出现的各种问题，是技术团队逐步达到奥运会要求的不可缺少的、至关重要的环节。

技术团队的付薪人员、合同商员工和志愿者的场馆技术保障骨干人员均全程参与了测试赛，技术团队很好地遵循了各种既定流程，奥组委技术部与合作伙伴之间的沟通较为顺畅，技术运行中心和场馆技术团队配合紧密，运行工作良好。通过测试赛的运行，技术部工作人员和合作伙伴工作人员都获得了宝贵的运行经验，处理各种问题和突发事件的能力有了明显提高，为奥运会的技术运行工作奠定了坚实的基础。

第二节　技术演练

技术演练是奥运会筹备工作中的关键环节，旨在确保技术团队、系统和程序最为有效地运行。

通过模拟奥运会最为忙碌的三天赛事进程，测试技术团队的运行准备情况、团队内各业务口成员之间的协作能力以及他们对奥运会中可能出现的各种状况的处理能力。如果说测试赛是正向测试，目的是检验各技术系统是否可以平稳运行，那么技术演练则是反向测试，目的是检验处理各种问题和突发事件的能力。

一、技术演练概述

技术演练是由奥组委技术部组织，全体技术团队和主要用户参与的实地演练。技术演练使用赛时设施、技术设备和系统，模拟真实的比赛环境，由技术演练官员按编制好的赛程触发模拟场景，通过评价对演练场景的响应，全面测试技术团队的应急处置能力，发现技术运行中存在的问题，检验场馆与 TOC 之间、场馆内不同技术部门之间、TOC 各业务口之间以及 TOC 与其他指挥机构之间的配合协调能力，从而反映出赛前各项技术系统的就绪情况。

演练类似于军队的军事演习，采取"考官"和"考生"的"考试"方式：

- 由奥组委指定"考官"，即技术演练官员，"考官"按照设定的演练场景投放到各个奥运场馆和相应支撑单位、媒体中心等相关部门。
- "考生"（主要是由奥运会技术运行维护人员和部分志愿者组成）对演练场景故障进行响应和处理。

在奥运会的技术准备中，为了确保赛时运行正常、服务可靠，所有的技术设备和系统事先都经过了综合测试、压力测试和多项目测试，大部分运动项目还分别举办了单项测试赛。但是，技术系统全面运行的水平，技术团队特别是技术运行中心（TOC）在很大压力下执行流程和应对复杂突发情况的能力，却无法得以验证。为此，按照奥运会惯例，每一届组委会在奥运会前应安排两次技术演练。

概括地说，举行技术演练的目标是：

- 测试所有的技术政策和流程
- 测试技术团队使用技术设备、信息系统的能力
- 测试技术团队与其他业务领域协调能力
- 在技术团队各岗位间建立成熟的工作联系，测试 TOC 与 MOC、场馆间的沟通能力
- 评估为技术团队准备的培训材料和培训效果
- 测试并评估应急预案
- 测试并评估启用备份系统的流程
- 测试并评估技术团队在危机状态下的响应

北京奥运会第一次技术演练安排在赛前约 100 天，第二次技术演练安排在赛前约 50 天进行。考虑到测试赛日程和技术设备部署进度，经征求技术合作伙伴等各方意见，2008 年 3 月 31 日到 4 月 4 日举行了第一次技术演练，2008 年 6 月 9 日到 13 日举行了第二次技术演练。每次技术演练历时 5 天。第 1 天培训，2、3、4 天实施，第 5 天总结。

以第二次技术演练（TR2）为例，前期的准备工作包括确定技术演练的范围、编制模拟赛程、

组织编制演练场景、组织技术演练官员和观察员、编制技术团队人员计划和提供安保、餐饮、交通、电力支持等。

1		□ Technical Rehearsal
2	✓	Project Kick-Off
3		⊞ Define TR Strategy and Participation Scope
8		⊞ Obtain Scenarios
13		⊞ TR1
41		□ TR2
42	▦	Compile TR1 Competition Schedule
43	▦	Accept TR1 Competition Schedule
44	▦	Determine Customers participation
45		□ TR Officials
46	▦	Define Job Description
47	▦	Determine TRO Name List
48	▦	Invite the TRO
49	▦	TRO Attendance Confirmed
50	▦	Send Welcome Letter to TRO
51	▦	Training Material Ready for TRO Prepared
52		□ TR Observers Program
53	▦	Define Job Description
54		Other Tasks
55		□ TR Support Preparation
56	▦	Define Requirements for TR Coordination Team
57	▦	Define Support Schedule (Venue, LAB and TOC)
58	▦	Define Support Team (Venue, LAB and TOC)
59	▦	TR Support Ready
60	▦	Build TR2 Execution Plan
61		□ TR2 Execution
62	▦	TR2 Kick-Off and TRO Training
63		TR2 Competion Simulation
64		TR2 Debriefing
65		□ TR2 Wrap Up
66	▦	Review TR2 and Gather Learnt Lessons

图 20 - 2　第二次技术演练工作计划（部分）

1. 先决条件

考虑到技术演练的目标，在实施技术演练前，需要确认参演的场馆技术团队已做好准备，需要确认技术设备、系统已经过测试，需要确认场馆、交通、物流和安保等部门提供必要的支持。具体来说，经过充分准备后，必须满足以下先决条件：

- 技术运行中心及所有场馆的人员和技术系统都准备就绪，进入试运行期

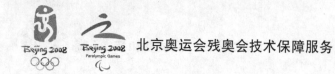

- 技术系统的体系结构、设备配置以及软件系统均已全部确定，软件中没有未解决的严重等级的故障
- 应用系统的集成测试、端到端测试以及故障切换测试均已完全通过
- 制订了详细的赛时技术运行计划
- 确定各场馆技术演练官员和观察员的人选
- 编制完成技术演练场景
- 场馆技术用房基础设施可以使用，技术设施部署到位
- 80%以上的运动会赛时技术工作人员可参与

2. 原则

技术演练要覆盖所有技术服务，组织工作必将花费大量的时间、人力和资源，有必要制定一些原则。要按照确定的原则，来确定演练要覆盖的测试项，另外，对于演练的执行、演练的时机选择以及对技术系统和组织管理方面出现的问题，也给出一些原则，作为演练实施的指导。

（1）演练设计原则

- 由于单个赛事的测试赛已经测试了比赛过程的组织管理和技术支持，因此比赛场馆内的一般技术支持不作为演练的重点
- 由于测试赛未能全面测试比赛场馆、IBC、MPC 与 TOC 之间的管理流程和技术支持模式，因此应将宏观管理与集中监控作为演练的重点
- 由于测试赛未能全面测试信息发布、INFO 系统的使用、电视转播，因此将测试、评估发布的信息和为 INFO、电视转播系统提供信息的及时性和正确性作为测试的重点
- 由于测试赛未能全面测试基础设施，因此将基础设施的功能、性能、应急措施的测试和评估作为演练的重点

（2）演练执行原则

- 尽可能利用奥运会实际使用的全部竞赛场馆、赛时软件、硬件、设备和人员。做不到的地方，使用临时设备、试验室、仿真器和其他选择进行演练
- 组建一个统一的技术运行团队，按赛时保障模式参与演练
- 集中与分布相结合，在技术运行中心集中解决全局性问题和场馆解决不了的问题，在场馆解决本场馆问题
- 严格区分技术演练的组织与执行演练的组织
- 预先进行演练指挥组成员的指挥演练和技术服务人员的桌面演练
- 在每次演练结束后，进行问题分析与系统和组织模式评价，改进系统和组织结构、流程、规程，维护测试场景、案例和检查点

（3）时机选择原则

为了达到测试组织结构、操作流程、规程和训练人员的目的，技术演练安排在技术系统已经过单个赛事的实际考验，并经过多赛事测试，被认为已达到技术系统就绪，可以用来测试系统的综合使用的阶段。

（4）问题跟踪原则

问题是指技术演练中发现的组织管理、技术系统使用等方面表现出来的明显或潜在不足，由组委会负责解决。在演练中记录出现的问题，并在 TOC、MOC 和场馆安排专人负责每类问题的跟踪，建立问题跟踪体系。

（5）缺陷跟踪原则

缺陷是指发现的技术系统本身表现出来的明显或潜在的不足，由承包商负责解决。在演练中记录技术系统出现的缺陷，并按照缺陷跟踪过程提交给承包商。提交后还要跟踪承包商对缺陷的处理。

3. 参与团队

为达到真实赛时运行效果，应该尽可能多地邀请相关部门和人员参与，包括：

（1）技术团队。由组委会和技术合作伙伴员工组成，每场馆 60－80 人。在技术演练中，技术团队按赛时岗位、工作职责和流程参加演练、汇报工作。包括：

- 组委会技术部门信息、成绩、通信、场馆等各处室所有相关人员
- 技术合作伙伴、赞助商和系统提供商，包括源讯、欧米茄、联想、网络设备提供商、网络及硬件设备服务提供商、打印服务提供商、互联网运营商、组委会管理信息系统的提供商、非源讯提供的 GMS/IDS 系统提供商（如兴奋剂控制）、互联网信息服务提供商代表等
- 技术志愿者，体育志愿者

（2）主要的技术用户和支持团队。包括：

- 场馆电力部门、竞赛、媒体运行和物流业务口，以及主要的转播商，如 BOB、NBC 等
- 组委会相关职能部门，包括 MOC（与技术相关的部分）、场馆运行，物流，媒体运行，新闻宣传，NOS 编辑部门、安保，餐饮等
- 主转播商及转播商代表如中央电视台、NBC 等

（3）技术演练官员和观察员。在两次技术演练中共有 100 人以上的技术演练官员被安排到各场馆，发动技术演练场景。他们主要来自奥组委技术专家、源讯公司和伦敦奥组委技术部。技术演练官员的工作职责是：

- 触发技术演练场景
- 实时观察技术团队运行情况，记录日志，完成每日报告
- 监控技术演练时间进度，包括场景时间和竞赛时间进度
- 参加每日技术演练总结会
- 执行被安排的其他任务

在第二次技术演练中，国际奥委会邀请了包括伦敦、温哥华和索契奥组委的技术代表作为观察员到北京观摩学习。

二、技术演练的范围

确定技术演练范围是组织编制演练场景、制订人员计划和制订执行计划的前提。原则上，技术

演练会尽量使用所有的竞赛场馆设施、赛时应用软件、硬件，测试所有可用的技术领域。

概括地说，北京奥运会技术演练的范围包括：所有技术系统操作和管理；系统和网络的监控；技术支持；信息安全事件处置流程；灾难恢复方案；重大通信系统障碍恢复（双路由）流程；无线电管理保障方案；启用 UPS 后的技术操作；人事管理；变更控制等。

描述技术演练的范围涉及三个基本的维度，即比赛项目、技术服务和技术用房间，可以用两个图表来描述。下面图 20 - 3 表示了体育项目与技术服务的对应关系。用 X 来表示"参加"，用 NP 表示"不参加"，用 NA 表示"条件不具备"。例如，表中被点击选择的"X"表示：在国家游泳中心（NAC）举办的跳水比赛（DV）的成绩处理系统（OVR）参加第二次技术演练。

Sport	Ven. Code	TR Location	IT Admin		IT Games														
			Admin	Internet	CIS	Remote CIS	INFO	Wireless INFO	IDF	RDF	PRD Application	Printed Results Distribution	Chinese Display	OVR	TV Results Graphics	TV Timing Graphics	RTDS	PSCB	T&S
AR	OGA	OGA	X	X	X	X	X	X	X	X	X	X	X	X	X	NP	NP	NP	NP
AT	NST	NST	X	X	X	X	X	NP	X	X	X	NP	X	X	X	NP	NP	NP	X
BB	WKB	WKB	X	X	NA	NA	X	NP	X	X	X	X	NP	X	NP	NP	NP	NP	NP
BD	BTG	BTG	X	X	NA	NA	X	NP	X	X	X	X	NP	X	NP	NP	NP	NP	NP
BK	WIS	WIS	X	X	X	X	X	NP	X	X	X	X	X	X	NP	NP	NP	NP	X
BV	CBV	CBV	X	X	X	X	X	X	X	X	X	X	X	X	NP	NP	NP	NP	NP
BX	WIA	WIA	X	X	X	X	X	X	X	X	X	X	X	X	NP	NP	NP	NP	NP
CB	LSX	LSX	X	X	X	X	X	NP	X	X	NP	X	X	NP	NP	NP	NP	NP	NP
CF	SRC	SRC	X	X	X	X	X	NP	X	X	NP	X	X	NP	NP	NP	NP	NP	NP
CR	CRC	LAB	NP	NP	X	X	X	X	NA	X	NA	X	NA	NA	NA	NA	NA	NA	NA
CS	SRC	SRC	X	X	X	X	X	NP	X	X	NP	X	X	NP	NP	NP	NP	NP	NP
CT	LSV	LSV	X	X	X	X	X	X	X	X	X	X	X	NP	NP	NP	NP	NP	X
DV	NAC	NAC	X	X	X	X	X	NP	X	X	X	X	X	X	X	NP	NP	NP	X
EQ	HKS	HKS	X	X	X	X	X	NA	X	X	X	X	X	NP	NP	NP	NP	NP	NP
FB	QHD	QHD	X	X	NA	NA	X	X	X	X	NP	NP	X	NP	NP	NP	NP	NP	NP
FB	SHS	SHS	X	X	NA	NA	X	X	X	X	NP	NP	X	NP	NP	NP	NP	NP	NP
FB	WLH	WLH	X	X	NA	NA	X	X	X	X	X	NP	NP	X	NP	NP	NP	NP	NP
FB	TJS	TJS	X	X	NA	NA	X	X	X	X	NP	NP	X	NP	NP	NP	NP	NP	NP
FB	WST	WST	X	X	NA	NA	X	X	X	X	NP	NP	X	NP	NP	NP	NP	NP	NP
FE	FCH	FCH	X	X	X	X	X	X	X	X	X	NP	X	NP	NP	NP	NP	NP	NP
GA	NIS	NIS	X	X	X	X	X	NP	X	X	X	NP	X	NP	NP	NP	NP	NP	NP
GR	BTG	BTG	X	X	X	X	X	NP	X	X	X	X	X	NP	NP	NP	NP	NP	NP

图 20 - 3　技术演练范围矩阵（节选）

另一张图描述了体育项目与技术用房的对应关系。例如，图表中被点击选择的"X"表示：在国家游泳中心（NAC）举办的跳水比赛（DV）的成绩处理机房（OVR Room）参加第二次技术演练。

Sport	Venue Code	TR Location	TOC				Venue			Venue IT										
			TOC	IT CC	Telecom Mobile CC	Telecom Fixed CC	VTO	VHD	Venue Local CC	CER	LMR	OVR Room	PRD Room	TV Graphics	Broadcasters Tribune	Press Tribune	ONS Workroom	Media Workroom	FOP	Sports Presentation
AT	NST	NST	X	X	X	X	X	X	NA	X	X	X	NP	X	NP	NP	X	X2	NP	NP
BB	WKB	WKB	X	X	X	X	X	X	NA	X	X	X	NP	NP	NP	NP	X	X2	NP	NP
BD	BTG	BTG	X	X	X	X	X	X	NA	X	X	X	NP	NP	NP	NP	X	X2	NP	NP
BK	WIS	WIS	X	X	X	X	X	X	NA	X	X	X	NP	NP	NP	NP	X	X2	NP	NP
BV	CBV	CBV	X	X	X	X	X	X	NA	X	X	X	NP	NP	NP	NP	X	X2	NP	NP
BX	WIA	WIA	X	X	X	X	X	X	NA	X	X	X	NP	NP	NP	NP	X	X2	NP	NP
CB	LSX	LSX	X	X	X	X	X	X	NA	X	X	X	NP	NP	NP	NP	X	NA	NA	NP
CF	SRC	SRC	X	X	X	X	X	X	NA	X	X	X	NP	NP	NP	NP	X	X2	NP	X3
CR	CRC	LAB	X	X	X	X	NA	X1	NA	NA	X1	X	NA	NA	NA	NA	NP	NA	NA	NA
CS	SRC	SRC	X	X	X	X	X	X	NA	X	X	X	NP	NP	NP	NP	NP	NP	NP	X3
CT	LSV	LSV	X	X	X	X	X	X	NA	X	X	X	NP	NP	NP	NP	X	X2	NP	NP
DV	NAC	NAC	X	X	X	X	X	X	NA	X	X	X	NP	NP	NP	NP	X	X2	NP	X3
EQ	HKS	HKS	X	X	X	X	X	X	X	X	X	X	NP	X	NP	NP	X	X2	NP	NP
FB	QHD	QHD	X	X	X	X	X	X	X	X	X	X	NP	NP	NP	NP	X	X2	NP	NP
FB	SHS	SHS	X	X	X	X	X	X	X	X	X	X	NP	NP	NP	NP	X	X2	NP	NP
FB	WLH	WLH	X	X	X	X	X	X	X	X	X	X	NP	NP	NP	NP	X	X2	NP	NP
FB	TJS	TJS	X	X	X	X	X	X	X	X	X	X	NP	NP	NP	NP	X	X2	NP	NP
FB	WST	WST	X	X	X	X	X	X	X	X	X	X	NP	NP	NP	NP	X	X2	NP	NP
FE	FCH	FCH	X	X	X	X	X	X	NA	X	X	X	X	NP	NP	NP	X	X2	NP	NP
GA	NIS	NIS	X	X	X	X	X	X	NA	X	X	X	X	NP	NP	NP	X	X2	NP	NP
GR	BTG	BTG	X	X	X	X	X	X	NA	X	X	X	NP	NP	NP	NP	X	X2	NP	NP

图 20 – 4　技术演练用房矩阵（节选）

　　图 20 –4 中的每一项都经过了与技术服务提供商、技术业务处和场馆团队的反复、多方确认。从启动技术演练项目那一天开始，技术演练范围就随着场馆建设和技术设备的部署进度而不断被更新，到技术演练的前一周，已经被更新到 2.1 版本，其中较大的改动有 11 次。确定后的技术演练范围随时被分发到所有技术团队，是执行技术演练项目的基本文件。

三、选择赛程及准备演练数据

　　为达到检验技术团队能力的目标，技术演练选择赛程最紧张、比赛项目最多和涉及场馆最多的三个竞赛日，尽可能对所有体育项目、所有竞赛场馆、所有技术领域进行演练。

　　下面这张图表是 2008 年奥运会竞赛日程表。可以看到，从 8 月 6 日开始（足球预赛）到 8 月 24 日一共 18 个比赛日中，竞赛日第 5 天、第 6 天和第 8 天是赛事最多的三天。

COMPETITION SCHEDULE (By Day)

#			6	7	8	9	10	11	12	13	14	15	16	17	18	19	20	21	22	23	24	Events
			-2	-1		1	2	3	4	5	6	7	8	9	10	11	12	13	14	15	16	
11	WIS	BK				6	6	6	6	6	6	6	6	6	6	4	4	2	2	2	2	76
12	CBV	BV				12	12	12	12	12	16	8	8	4	4	2	2	2	2			108
13	WIA	BX				26	24	24	24	28	24	24	24	12	12	12	8	22		5	6	275
14	LSX	CB															4	9				13
15	SRC	CF											6	6	6		6	6	6			36
16	LSC	CM																1	1			2
17	CRC	CR				1	1			2												4
18	SRC	CS						4	6	4	6											20
19	LSV	CT									6	10	9	8	23							56
20	NAC	DV					1	1		1	1		1	1	1	2	1	2	1	2		16
21	HKS	EQ								1	1											4
22	HKB	EQ						2														2
23	HKS	EQ				2	1		2													5
24	HKS	EQ									1		1	1		2						5
25	NST	FB																		1		1
26	QHD	FB	2	2		2	2			1	1		1	1								12
27	SHS	FB		2		2	2			1	2		1	1				1				12
28	TJS	FB	2	2		2	2			1	1		1									12
29	WLH	FB	2	2		2	2			1	1		1									12
30	WST	FB								2	1		1	2	1			2				9
31	FCH	FE				8	8	8	8	14	7	7	7	7								74
32	NIS	GA				3	4		1	1	1	1		4	4	4						23
33	NIS	GR																2	2	1	1	6
34	NIS	GT										4										4
35	NIS	HB																4	4	4	4	16
36	OSG	HB				6	6	6	6	6	6	6	6	6	6	6	6					72
37	OGH	HO				6	6	6	6	6	6	6	6	6	6	4		4	4	4		76
38	STG	JU				16	16	16	16	16	16	16										112
39	FCH	MP																2	2			4
40	OSS	MP																2	2			4
41	YTN	MP															1	1				2
42	SRC	RO				25	19	15	11	14	23		16	7								130
43	QDM	SA				4	7	15	12	15	15	11	18	9	6	6	6	2				126
44	BSH-BSH	SH				5	4	4	4	2	4	4	4	2								33
45	FTS	SO						4	4	4	4	4	4	4	3			1				32
46	NAC	SW				6	12	11	11	12	12	11	5	4								84
47	SRC	SW															1		1			2
48	NAC	SY												1	1	1		1	1			5
49	OGT	TE					8	8	8	4	4	4	5	2								43
50	STG	TK															14	14	14	14		56
51	TRV	TR												1	1							2
52	PKG	TT								24	24	6	5	3	18	48	48	36	8	4		224
53	CAS	VO				4	4	4	4	4	4	4	4	4	4	4	4	2	2	2	2	56
54	TIG	VO				2	2	2	2	2	2	2	2	2	2							20
55	AAG	WL				1	4	4	4	4	4	1	2	2	2							28
56	YTN	WP					2	1	2	1	2	1	2	1	2	1	2	2	2		2	23
57	CAG	WR										12	12		12	12		18				66
58	CAG	WR								12	12	18										42
60	Events		6	8	1	141	166	160	176	215	214	169	184	124	115	162	139	133	94	55	19	2281
62	Venues		3	4	1	21	25	19	27	30	23	28	28	23	22	21	18	18	17	12	6	37
64	Sports		1	1		18	22	20	24	27	23	25	25	24	22	22	19	20	18	14	7	38

图 20 - 5 2008 年奥运会竞赛日程

在图 20 - 5 奥运会竞赛日程安排中，按照赛程最紧张、竞赛项目最多和涉及场馆最多的原则，选择三个竞赛日，可以得到如下图的 5 种组合。

	日期	涉及项目	
Option 1 - Potential Dates TR	5 6 7	CB, CF, CM, GR, GT, MP, SY, TK, TR	HKB, LSC, LSX, OSS, TRV
Option 2 - Potential Dates TR	5 6 8	CB, CF, CM, GR, MP, SY, TK, TR	HKB, LSC, LSX, OSS, TRV
Option 3 - Potential Dates TR	5 7 8	CB, CF, CM, GR, MP, SY, TK, TR	HKB, LSC, LSX, OSS, TRV
Option 4 - Potential Dates TR	5 8 13	CM, TR	HKB, LSC, TRV
Option 5 - Potential Dates TR	11 12 13	AR, BD, CR, CS, FE, GT, JU, RO, SH, TE	BSH-BSF, BTG, CRC, HKB, OGA, OGT, QHD, TIG, TJS, WLH

图 20 - 6 选三个竞赛日可得到的 5 种组合

图 20 – 6 中，第 4 种组合选择了奥运会竞赛的第 5、第 8 和第 13 个竞赛日，即 8 月 13、16、21 日三天。在这 3 天里，山地自行车和铁人三项两个比赛项目没有比赛安排，香港双鱼河马术场、老山山地自行车赛场和铁人三项赛场没有比赛安排，符合赛程最紧张、比赛项目最多和涉及场馆最多的要求，因此，这一组合在北京奥运会的技术演练中被选为第二次技术演练的模拟赛程。第一次技术演练选择了赛程最紧张的三天——第 5、第 6 和第 8 个竞赛日，即 8 月 13、14、16 日三天。

技术演练毕竟不同于真实奥运会，工作时间仍然为朝九晚五，所以需要按照已公布的竞赛时间表来编制技术演练的赛程。下面的图表是部分已编制好的赛程，表示模拟奥运会第 5 天，即 8 月 13 日皮划艇和羽毛球两项比赛的时间安排。

Competition Event Schedule by Day 3.20				Day5
				Wednesday(13/8)
RO			**Rowing**	
Session RO05	Start: 14:50	End: 17:10	Shunyi Olympic Rowing-Canoeing Park	
	14:50-15:00		Women's Single Sculls Semifinal C/D - Race 01	
	15:00-15:10		Women's Single Sculls Semifinal C/D - Race 02	
	15:10-15:20		Men's Single Sculls Semifinal C/D - Race 01	
	15:20-15:30		Men's Single Sculls Semifinal C/D - Race 02	
	15:30-15:40		Women's Single Sculls Semifinal A/B - Race 01	
	15:40-15:50		Women's Single Sculls Semifinal A/B - Race 02	
	15:50-16:00		Men's Single Sculls Semifinal A/B - Race 01	
	16:00-16:10		Men's Single Sculls Semifinal A/B - Race 02	
	16:10-16:20		Men's Pair Semifinal A/B - Race 01	
	16:20-16:30		Men's Pair Semifinal A/B - Race 02	
	16:30-16:40		Men's Double Sculls Semifinal A/B - Race 01	
	16:40-16:50		Men's Double Sculls Semifinal A/B - Race 02	
	16:50-17:00		Men's Four Semifinal A/B - Race 01	
	17:00-17:10		Men's Four Semifinal A/B - Race 02	
BD			**Badminton**	
Session BD10	Start: 10:00	End: 13:30	Beijing University of Technology Gymnasium	
	10:00-13:30		Women's Singles Quarterfinals	
	10:00-13:30		Men's Doubles Quarterfinals	
	10:00-13:30		Women's Doubles Semifinals	
Session BD11	Start: 14:30	End: 18:00	Beijing University of Technology Gymnasium	
	14:30-18:00		Women's Doubles Semifinals	
	14:30-18:00		Men's Doubles Quarterfinals	
	14:30-18:00		Women's Singles Quarterfinals	

图 20 – 7　部分已编制好模拟奥运会第 5 天的赛程

确定了比赛日和模拟赛程后，需要在测试赛和往届奥运会比赛数据的基础上，准备演练数据库，主要的数据项包括：

- 准备一定的数据样本（如历史成绩、历史记录、奖牌数、背景等）
- 运动员信息、对应的比赛成绩以及成绩记录
- 比赛期间模拟日程安排
- 其他背景信息

四、技术演练场景

演练前预先设定的在奥运期间可能出现的各种故障情况、应急情况，称为演练场景，技术演练场景即技术演练引发事件，属于高度保密内容。

在两次技术演练中共执行了 600 多项技术演练场景。技术演练官员按照规定的时间、地点，触发设定的演练场景。技术团队对演练场景进行响应，技术演练官员全程监控处置过程，记录技术运行的问题和不足，并在演练后报告。

场景的产生基于竞赛和场馆运行时所有技术系统的运行规则，基于前期测试赛中收集的信息和数据，基于真实的赛程并遵循竞赛规则。

从演练目的来讲，场景可分为以下几类：

- 考察对故障的判断、定位和修复能力

- 考察备份方案、故障切换等流程的通畅性：通过对某个压力点实施压力、突然中断等方法考察旁路和应急反应。例如，对 Helpdesk 发起压力测试，观察 Helpdesk 座席全忙时的其他解决方案处理话务分流问题

- 考察岗位间的沟通和协调能力：例如在场馆发现的故障是否能够及时反映到 TOC；在 TOC 发现的影响全局的故障及其解决方案是否能够及时通报到各个相关场馆的相关负责人；需要多个部门、多个岗位协调时是否能够迅速找到解决问题的有效途径等等

从场景的内容上看，包括以下方面：

- 基础设施失效，例如：
  ◎ 计算机（客户机/服务器）故障、失效
  ◎ 计算机网络故障、失效
  ◎ 计时记分设备和记分板故障、失效
  ◎ 打印机故障、失效
  ◎ 通信设备及其连接故障、失效
  ◎ 存储技术故障、失效
  ◎ 电力故障、失效
  ◎ 失效切换

- 变更管理
  ◎ 赛会日程变更
  ◎ 竞赛时间表变更
  ◎ 参赛名单变更
  ◎ 竞赛取消
  ◎ 竞赛资格取消
  ◎ 用户临时要求的变更
  ◎ 配置变更

- 安全防范
  - ◎ 意外（如起火）疏散
  - ◎ 非法侵入
  - ◎ 病毒、黑客攻击
  - ◎ 备份
- 信息失误
  - ◎ 数据不一致
  - ◎ 信息错误
  - ◎ 数据供应缺失
- 其他
  - ◎ 人员缺席
  - ◎ 设备不足
  - ◎ 设备被盗

一个标准的技术演练场景包含的要素有：编号、日期、触发时间、场馆、运动项目、题目、简单描述、触发方式和正确的执行方式。

以下面这个场景为例来说明：这是一个编号为 322 的场景，计划于 6 月 10 日上午 10 时 45 分在北航体育馆举重比赛中触发。场景的题目是：在成绩打印分发中增加一个新的客户。技术演练官员将扮演一个媒体用户，要求场馆成绩经理增加一个打印分发用户（即要求及时得到一份比赛成绩报告）。正确的处理结果是：场馆成绩经理在变更处理系统中新增一个变更申请，打印分发团队在新增用户前要得到确认。

Saturday, June 07, 2008　　　　　　　　　　　　**Page 1 of 510**

Execution Plan　　　　　　　　**Technical Rehearsals 2 - June 2008**

Scenario Id:	Start Date:	Trigger Time:	Venue:	Sport/Cell:
322	08-06-10	10:45 AM	AAG	WL

Title
Request to add new PRD client for report distribution

Description
Request to add new PRD client for report distribution

TRO Instructions
TRO acts as a press customer, and request to VRM to add a new client for report distribution at the venue.

Expected Results
VRM should open the CR for the additional client. PRD team should validate the request before adding the new client.

图 20 - 8　演练场景示例

五、第一次技术演练

2008 年 3 月 31 日到 4 月 4 日，在技术运行中心、首都体育馆、击剑馆、五棵松体育馆、射击场（馆）和集成实验室，模拟奥运会第 5、6、8 比赛日，举办了第一次技术演练。对排球、击剑、篮球和射击进行了实地演练，其余 26 个体育项目被分为 6 组在集成实验室进行了演练。技术团队共 653 人参加。

来自国际奥委会、北京奥组委和源讯公司的 16 位技术演练官员，在 4 月 1 日至 4 月 3 日三天里，按照规定的时间地点触发了 109 项演练场景，他们认真记录了技术团队的响应动作，对技术运行的准备情况给出了详细的评价。在被执行的 109 项场景中，有 26 项有关场馆成绩处理，14 项有关场馆技术，13 项有关信息发布系统，12 项有关信息安全。

来自青岛、香港、上海、沈阳、天津和秦皇岛等京外城市的 16 名观察员观摩了技术演练的全过程，为举行第二次技术演练打下基础。

在实施技术演练的三天中，技术团队共申报故障 1315 起，解决了 1292 起。严重等级的一、二级故障 58 起，解决了 43 起。在这 58 起严重等级故障中，第一天申报发生的接近一半，结合现场情况，可以看出技术团队在面对很大压力的技术故障时缺乏经验，后面两天情况显著好转。在技术演练官员记录的报告中看出，绝大部分技术团队在规定的时间内，对技术演练场景做出了正确的响应。

六、第二次技术演练

2008 年 6 月 9 日至 6 月 13 日，技术部组织了第二次技术演练，模拟了 8 月 13 日、16 日及 21 日奥运会的赛事进程。在 39 个场馆，包括 33 个竞赛场馆（其中包括 6 个京外场馆）和 6 个非竞赛场馆对 35 个奥运会比赛项目及武术比赛进行了模拟演练，技术团队参与人数超过 2500 人。

来自国际奥委会、北京组委会、伦敦和温哥华组委会以及源讯公司的 78 名技术演练官员，在 6 月 10 日到 6 月 12 日的三天中，按照事先编制的计划，在规定的时间和地点触发了 508 个演练场景。其中，有 152 项场景内容有关场馆信息技术，105 项有关场馆成绩处理和信息发布，98 项有关通讯。

在演练的过程中，技术演练官员记录日志、问题和缺陷报告。每天都进行小结，演练结束后进行问题分析，并做出测试报告。

七、问题和收获

在奥运会技术演练中发现的问题和需要改进的地方包括：

1. 技术运行中心

- 变更申请流程过于复杂，且没有时限控制。
- 危机发生时，需要及时通过场馆技术团队向主要的受影响的用户通报进展情况。
- 对场馆成绩经理来说，每次故障发生时（甚至是最低级的故障），按流程都需要向技术运行中心的成绩经理报告。赛时，技术运行中心的成绩经理可能会成为瓶颈。

2. 技术支持中心

- 要提高语言沟通能力和对运动会技术运行的理解，可以准备一些常见问题的模板。

- 用户申告受理的登记号码，有利于双方跟踪处理进程。
- 不同技术服务的呼叫中心之间受理问题的流转机制不顺畅。

3. 技术系统

- 成绩显示屏系统当前没有检查英文显示和中文显示一致性的流程。
- 故障管理系统的可靠性需要提高。在故障管理系统不起作用时，应该有一套手工（纸质）的工作流程来记录故障，并通过电话来沟通信息，这一备份流程在赛前应得到演练加强。场馆团队不能只是等故障管理系统起作用后才去处理技术故障。

在第二次技术演练结束后，技术部组织了全部技术团队代表参加的总结会，分析了技术演练中发现的各类问题，确定了整改的意见。国际奥委会技术部部长戈蒂埃先生评价说，"第二次技术演练是奥运会筹备过程中一项重要的里程碑，能够确保团队及系统完全准备就绪。本次演练证明，由技术运行中心和场馆技术团队组成的奥运技术团队，已经为奥运会的技术运行做好了充分的准备。"

第二十一章　技术运行

奥运会赛时技术运行工作的总体目标是为有特色、高水平的 2008 年北京奥运会提供稳定、可靠、全面的技术运行保障服务。具体任务是在所有竞赛及非竞赛场馆，为国际奥委会、国家奥委会、北京奥组委、媒体、运动员等奥林匹克大家庭成员等客户群提供必要的、高效的技术服务和技术保障。

第一节　运行就绪

一、赛事技术运行保障的结构体系

北京奥运会技术保障工作，参照往届惯例，结合北京实际，实行统一规划设计、统一预算、统一设备部署，统一技术支持服务和运行管理。

1. 赛事技术运行保障体系

奥运会赛事技术系统的运行由技术运行中心、场馆技术团队和场馆外技术支持应急团队三部分组成。

技术运行中心的具体任务是组织赛时技术运行，负责对赛时提供的全部技术产品与服务以及技术人力资源实施管理，包括网络监控、对冗余和备份设备的调度、专家现场支持、按照流程对问题、变更和危机事件进行处理等。

场馆技术团队负责技术设备在场馆的部署、运行管理和技术支持服务工作，并负责处理技术运行中出现的90％以上的问题。

场馆外应急支持技术团队根据技术运行中心的指令，负责解决场馆技术团队难以解决的突发技术事件。

2. 技术及网络保障组

根据《关于完善北京奥运会、残奥会"战时"运行指挥系统框架方案》的要求，2008 年 6 月 1 日正式建立了以北京市政府相关领导为组长的赛时技术指挥体制，统一协调与奥运会技术保障相关的各单位和各种资源，该机构的名称是技术及网络保障组。内设赛事保障组、通信保障组、无线电管理保障组、政务保障组、社会领域信息安全保障组 5 个专业保障组和综合协调组。其主要职责是：保障重大仪式、赛事通信网络和信息系统的安全运行，保障奥运无线电频率使用环境良好，保障城市运行的相关系统和网络正常运行，协调处置现场发生的技术和网络安全问题等。技术及网络

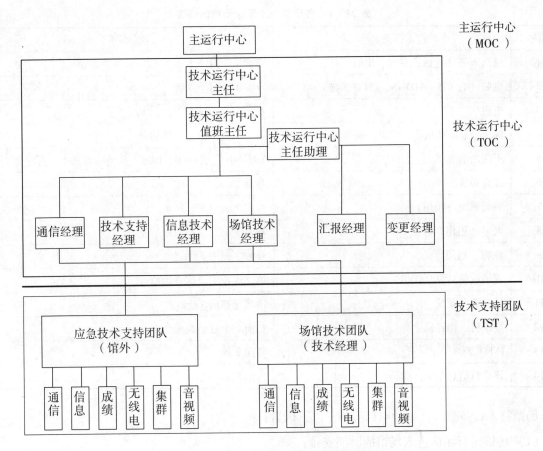

图 21 - 1 奥运赛事技术运行组织结构图

保障组成员来自北京奥组委和中央、地方的十几个部门，包括国家工业和信息化部电信管理局、无线电管理局、北京市公安局、北京市信息化工作办公室、北京市通信管理局、北京奥组委技术部和北京市无线电管理局等。

在此项机制中，北京奥组委的奥运会、残奥会技术运行中心作为赛事保障组开展工作。

二、赛前技术系统就绪情况

1. 各场馆技术系统就绪情况

在第二次技术演练（2008 年 6 月 9 日至 13 日）之前，包括通信系统、信息系统和成绩系统在内的奥运会核心技术系统已经在所有场馆全部到位。根据竞赛和非竞赛场馆的场馆化进度不同，针对电脑、电话等面向大多数客户的且数量巨大、分布广泛的技术服务，技术部制订了详细的技术服务就绪进度计划。场馆技术团队严格按照计划完成了技术设备的部署工作，确保了场馆各项工作的顺利进行。不同的场馆具体的时间安排会有所不同，如表 21 - 1 所示：

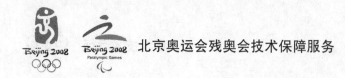

表 21 - 1　各场馆技术系统就绪时间表

编号	技术系统名称	就绪时间
1	通信服务（电话、专线、集群等）	赛前 1 个月至 5 天
2	电脑（含 CIS、ADMIN、INFO 系统）	赛前 1 个月至 5 天
3	电视	赛前 1 个月至 5 天
4	场馆信息设备机房（CER）安装	第二次技术演练开始前
5	不间断电源	6 月 9 日完成 OVR、CER。其他于赛前 1 个月至 2 周
6	综合布线	赛前 15 天
7	头戴系统（租用）	赛前 7 天
8	大屏（租用）	赛前 7 天
9	音响（租用）	赛前 7 天
10	现场成绩系统（OVR）	第二次技术演练开始前
11	计时记分系统	单项比赛前 7 天
12	复印机、传真机	赛前 1 个月至 5 天
13	INFO 2008	赛前 2 周
14	评论员信息系统（CIS）	赛前 5 天

场馆技术设备就绪计划的制订应基于以下因素：

（1）场馆运行团队进入场馆的时间安排；

（2）外部客户进入场馆的时间安排；

（3）尽可能将大量技术服务终端的部署时间延后，以降低技术设备遗失和损坏的风险；

（4）收费卡订单中的服务交付时间；

（5）场馆技术设备的部署计划应与技术运行中心的运行时间安排统一考虑。

2. 人员就绪情况

技术团队赛时投入的工作人员（含付薪员工、合同商员工和志愿者）总数约 8800 人，其中付薪人员总数约 570 人，主要包括技术部工作人员、各场馆团队从属地借调进入技术团队工作的人员，以及数字北京大厦（技术运行中心）场馆团队各业务口工作人员。合同商人员约 5600 人，志愿者约 2630 人。根据北京奥组委和各场馆团队的统一安排，付薪人员将最迟在赛前三个月到岗，合同商人员在赛前一个月至两周内到岗，志愿者在赛前两周左右到岗。

第二节　奥运会、残奥会赛时技术运行

一、场馆技术运行

赛时场馆运行阶段是指从场馆所有技术系统部署完成、运行就绪开始计算，到场馆交还给业主为止。在设备安装完成后，各场馆通常进行一系列的彩排和演练，即有成绩系统、打印分发系统、记分牌和音视频等系统参加的体育比赛和颁奖仪式的彩排。

随着技术系统的部署和测试完成，技术团队转向场馆内所有与技术运行相关的维护和管理工作。技术合同商负责各自的专业技术系统的日常维护工作。场馆技术经理管理技术团队和场馆层面的技术运行工作，负责重要问题的处理。

1. 运行时间和排班

奥运赛时，竞赛场馆从开幕式前五天开始正式技术运行，测试赛时从比赛开始前五天开始技术运行，但上述时间点中不包括计时记分和成绩处理系统的就绪。大多数非竞赛场馆的赛时运行时间要大大早于竞赛场馆，尤其奥运村、媒体村、国际广播中心和主新闻中心在开幕式前数周就进入了赛时运行阶段。例如奥运村在 7 月 20 日预开村，7 月 25 日正式开村；国际转播中心和主新闻中心在 7 月 8 日开始试运行，7 月 25 日开始 24 小时运行。

场馆运行期内，竞赛场馆技术团队通常在比赛开始前两个半小时进入场馆就位，比赛结束后一至两小时离开。场馆技术团队是技术团队中最早到达场馆最晚离开的。对于非竞赛场馆，没有统一的标准，因场馆而异。某些非常重要的非竞赛场馆，如奥运村、IBC 和 MPC 是需要 24 小时运行，因此需要安排三班轮岗。

场馆技术团队设置了综合事务经理，其职责是安排技术团队人员每天的排班，根据每天比赛时间的长短，决定付薪人员的班次。按北京奥组委的统一规定，志愿者每天工作不超过 8 小时。综合事务经理还负责制作技术团队的每日运行时间表，并上报场馆团队。MPC 每日运行安排如下：

表 21 - 2　MDC 每日运行时间安排

8:00 - 8:30	交班和技术早例会（两个班次人员都参加）
9:00	开始早晨的技术巡检，技术经理向 TOC 提交早报告
15:00	技术经理参加场馆每日例会
17:00	如有需要，技术经理参加场馆主任办公会
19:00	向注册办公室提交一日卡需求
20:00	技术团队换班
20:00 - 21:00	技术团队晚例会（两个班次人员都参加），技术经理向 TOC 提交晚报告
该日最早进行的比赛开始前 1.5 小时	打印分发室开始运行
新闻发布会前 1 小时	无线电频率主管在新闻发布厅检查无线电频率使用情况
任何时间	更换集群终端的电池
任何时间	配合 TOC 按流程对新增收费卡订单核对现有技术资源等；如订单获批准将负责具体实施

2. 工作任务

无论是竞赛场馆还是非竞赛场馆，运行期间技术团队例行工作任务有集群终端设备的分发和回收、技术设备巡检、故障处理、参加每日技术团队例会、向 TOC 和场馆主任提交工作报告等。在竞赛场馆，还有成绩系统运行这项关键任务。

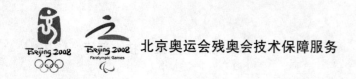

在竞赛场馆，团队各业务口每天到达场馆后就会去集群设备分发间领取终端，因此集群通信主管和集群分发志愿者是技术团队中最早投入运行的。每天比赛结束后，各业务口开始归还终端。在24小时运行的非竞赛场馆，业务口在场馆运行的第一天领用集群终端，直到在闭幕式结束当晚归还，但每天业务口会根据需求去集群分发间换电池。对于试运行期间的非竞赛场馆，终端分发的原则与竞赛场馆相同，即早发晚收。

技术团队工作人员每天要进行设备巡检工作，团队中信息、通信、UPS、音视频系统的巡检频率各不相同。一般情况下，信息团队每日巡检两次，通信团队每日巡检三次，不间断电源每两小时一次，音视频系统通常是在每天比赛开始前检查一次。技术巡检是在不影响用户正常使用的前提下进行的。当用户提出意见要求减少对某区域巡检时，技术团队会考虑其要求。最初，MPC 的租用空间是早晚各巡检一次，但很快有些通讯社就表现出对技术巡检的不理解，认为设备没问题不需要频繁地检查。基于此情况，在向用户提供有保障服务的同时也要减少用户的抱怨，技术团队对租用空间内的新闻社进行调查，了解用户可接受的每日巡检次数。在收集信息后，技术团队调整巡检安排，提高用户满意度。

在每个场馆都部署了问题处理系统（CMS），通过技术支持服务中心内的终端，技术支持主管和协调员可以及时了解到技术设备故障信息，并将其分发给相应人员去现场处理。在测试赛和奥运会运行期间，3 级和 4 级的故障数量较多，占故障中的绝大多数。一旦出现 1 级和 2 级的故障，技术支持主管在通知工程师去现场处理的同时，也会向场馆技术经理汇报。场馆技术经理向 TOC 电话汇报，并与 TOC 保持联系，直至问题解决。

在竞赛场馆，技术团队到场后会召开早例会，在每天比赛结束后召开晚例会。对于 24 小时运行的非竞赛场馆，通常在早、晚 8 时各召开一次技术例会。例会一般由场馆技术经理或值班副经理主持，信息经理、通信经理、成绩经理、无线电频率主管、技术咨询经理等参加。技术例会非常必要，它是技术团队内部通报情况和交换信息的重要渠道，技术经理通常在例会上传达场馆团队例会布置的工作。

在竞赛场馆还有一项较为特殊的工作任务，这就是不同比赛项目之间的转场。例如奥运会期间，北工大体育馆进行羽毛球与艺术体操的转场、奥体馆进行手球与武术的转场等。残奥会时也有转场工作，如北科大轮椅篮球与轮椅橄榄球的转场、击剑馆进行硬地滚球和轮椅击剑的转场等。由于转场工作涉及场地转换、技术控制台位置变化，导致成绩系统、计时记分系统、音视频系统需重新搭建和拆装。另外，在乒乓球比赛中，由于比赛台子数量在团体赛和个人赛时不断变化，计时记分设备、记分台、技术控制台及其设备都随场地调整而移动，是另一种形式的转台工作。

无线电频率干扰是运行期间常遇到的一种情况。尽管无线电发射设备的使用需经过申请和审批，但实际运行中由于私带运行无线设备、或业主/用户自建无线网等原因，无线电频率干扰时有发生。在MPC 的新闻发布厅，遇到过三类无线电频率干扰的事情：新闻发布厅上方是媒体酒店，业主也部署了无线局域网并对媒体提供服务，对新闻发布厅内无线信号产生了干扰；租用空间与新闻发布厅在同一层，通讯社在租用空间出现违规架设 WLAN，干扰新闻发布厅信号的情况时有发生；经常会有记者私自带着无线话筒进入新闻发布厅，对发布厅内的音频设备产生干扰，而且隐蔽性大，不容易定位，在运行前期类似的干扰经常发生，甚至有人将话筒夹到了主席台话筒上产生啸叫。场馆无线电频率工程师定时在场馆内流动监测无线电频率环境，凡是侦测到违反规定使用的无线电发射设备或接到任何关于无线电频率干扰的投诉，都按照有关规定处理，保障赛事和媒体报道不受影响。

3. 变更处理和执行

即使在场馆运行期间，仍然会有用户提出需求的变更，变更来源于场馆团队各业务口、国际单项组织和收费卡订单。

对于各业务口和国际单项组织提出的变更要求，首先用户要填写需求变更单。场馆技术经理根据变更单对布线资源和实施的可行性进行核查，并将核查结果填写在纸质变更单上传真给技术运行中心。在接收到技术运行中心批准的指令后，通知技术合同商予以实施。如在五棵松棒球场，由于比赛中发生意外，竞赛主任立即申请增加两台硬盘录像机，申请迅速得到 TOC 批准并迅速由场馆团队落实到位，保障了比赛的顺利进行。

还有一类变更来自于非竞赛场馆的现场收费卡订单。奥运村、MPC 和 IBC 的技术咨询经理收到订单后，也要通过技术经理和技术合同商的场馆负责人去核查资源。只有资源满足的情况下才可能批准新订单。

4. 汇报方式

场馆技术经理每天都向场馆主任和技术运行中心汇报。技术团队内的通信经理、信息经理、成绩经理、无线电频率主管，都执行双重汇报制度，即在场馆层面除向场馆技术经理汇报外，还向 TOC 的各业务口值班经理汇报。

5. 后勤问题处理

在运行期间，除保障技术系统和设备正常运行外，技术团队还要处理后勤问题（如证件、餐饮和车证），一般由技术团队的综合事务经理负责。

赛时期间，为满足技术设备巡检的需求，技术经理从各分区主管处领取一定数量的蓝、4 区、6 区的升级卡。一日卡的申请也需要每天提交给注册办公室，以满足各合同商进入场馆的需求。升级卡的管理和一日卡申请由综合事务经理处理。

餐饮是运行期必须解决的问题。通常技术团队协助合同商在场馆餐饮业务口购买餐票，但有可能因餐食口味单一遭到合同商的抱怨，在这种情况下，场馆技术团队都会为合同商提供帮助，尽力解决问题。车证也是技术运行必需的资源，由于奥运期间实行为期两个月单双号限制，没有车证就意味着有一个月的时间无法上路行驶，对于家住远处的团队成员或团队成员前往地点较偏的场馆而言极为不便。但场馆内车证数是依据停车位数量来确定，资源有限。场馆技术团队要尽量合理分配车证，保证团队成员都能够按时到岗，同时保证紧急情况下有足够的交通便利。

二、技术运行中心的赛时运行

1. 运行时间安排

确定 TOC 的运行时间安排主要是基于三个因素，一是各竞赛和非竞赛场馆的运行时间；二是各业务口使用技术部提供的各技术系统的实际需求；三是外部客户（例如国际奥委会、媒体、各国代

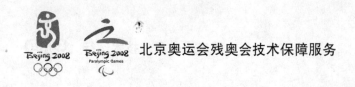

表团等）的需求。考虑到上述因素，北京奥运会技术运行中心的运行工作分为以下四个阶段：

（1）赛前运行阶段：2008 年 6 月 16 日至 7 月 24 日

从本阶段起，技术运行中心开始了全面运行。本阶段技术运行中心的重点任务是：根据需求的变化，管理和调配所有相关技术设备、设施和人力资源（含合作伙伴、技术志愿者）；确保所有场馆的技术产品和服务按计划提供；监控奥运通信、信息、成绩和其他技术系统运行状况；处理各种技术变更。

根据往届奥运会的惯例和北京奥运会的实际情况，从 6 月 16 日至 7 月 7 日，TOC 的运行时间是每天早 9 点到晚 18 点；从 7 月 8 日至 7 月 16 日，每天运行时间是早 8 点至晚 20 点；7 月 17 日至 7 月 24 日，每天运行时间从早 8 点至晚 24 点。

（2）奥运会赛时运行段：2008 年 7 月 25 日至 8 月 24 日

本阶段技术运行中心的重点任务是：处理赛前最后可能出现的各种技术变更；监控奥运通信、信息、成绩和其他技术系统运行状况；确保所有的障碍和问题在规定的时间内得到解决；向 MOC、技术及网络保障组报告技术运行情况，请示重大、异常事件的处理，就应急与危机事件的处理及时与竞赛、媒体宣传、体育展示、IOC 技术部及场馆之间进行沟通，协调一致，有效处置。

从本阶段开始，TOC 开始了 24 小时运行。8 月 3 日以前，大部分岗位的运行时间是全天 24 小时，少数不参加 24 小时运行的岗位主要包括现场成绩、评论员信息系统等。从 8 月 3 日开始直至奥运会结束，所有岗位均为 24 小时运行。

（3）转换期：2008 年 8 月 25 日至 9 月 1 日

本阶段技术运行中心的重点任务是：完成核心技术系统从奥运会到残奥会的转换；支持有残奥会任务的场馆技术团队按时完成奥运会到残奥会的转换工作；支持没有残奥会任务的场馆技术团队将所有技术设备按计划妥善撤离场馆；监控奥运通信、信息、成绩和其他技术系统运行状况；确保所有的障碍和问题在规定的时间内得到解决；向 MOC、技术及网络保障组报告技术运行情况，请示重大、异常事件的处理，就应急与危机事件的处理及时与竞赛、媒体宣传、体育展示、IOC 技术部及场馆之间进行沟通，协调一致，有效处置。

本阶段开始 TOC 每天运行 12 小时，时间从早 8 点至晚 20 点。个别有任务的岗位适当延长运行时间。

（4）残奥会赛时运行阶段：2008 年 9 月 2 日至 9 月 17 日

本阶段 TOC 的运行任务和时间安排与奥运会基本一致。

赛时技术运行中心人员分为 A、B、C 三个班次不间断运行，24 小时运行阶段开始后，每个班次每班工作 12 小时，每 6 天工作 4 个班次。对于部分不需要 24 小时运行的岗位，可由 A、B 两个班次承担，共准备两组人，每班每天工作 16 小时，每天 1 班，每个班次人员隔天值班。

由于值班人员分属不同的业务处室，具有各自不同的业务领域，因此每班的人员组合安排应综合考虑，确保任何一个班次的管理人员的业务背景和经验都能涵盖所有的技术领域。

技术运行中心奥运会、残奥会赛时运行时间表

6月

6月	1	2	3	4	5	6	7	8	9	10 (TR2)	11	12	13	14	15	16	17	18	19	20	21	22	23	24	25	26	27	28	29	30
8:00–18:30																														
9:00–18:00																A	B	C	A	B	A	C	C	A	B	C	A			B

（9:00–18:00）

7月

7月	1	2	3	4	5	6	7	8	9	10	11	12	13	14	15	16	17	18	19	20	21	22	23	24	25	26	27	28	29	30	31
9:00–18:00	C		B	C												A															
8:00–20:00							A	B	C	A	B	C	A	B	C		B	A	C	B	A	C	B	A							
8:00–16:00																	A	B	A	B	C	B	C	A							
16:00–24:00																	C	B	A	C	B	A	C	B							
7:00–19:00																									C	C	B	B	A	A	C
19:00–7:00																									A	A	C	C	B	B	A

8月 （7×24）

8月	1	2	3	4	5	6	7	8	9	10	11	12	13	14	15	16	17	18	19	20	21	22	23	24	25	26	27	28	29	30	31
7:00–19:00	B	B	A	A	C	B	B	B	A	A	C	C	B	C	A	A	C	C	B	B	C	A	C	C		C	A	A	C		
19:00–7:00	C	C	B	B	A	A	C	C	B	B	A	A	C	C	B	B	A	A	C	C	B	B	A	A		A	B	B	A		B
9:00–13:00																									B						
8:00–20:00																															

9月 （7×24）

9月	1	2	3	4	5	6	7	8	9	10	11	12	13	14	15	16	17	18	19	20	21	22	23	24	25	26	27	28	29	30
8:00–20:00	C																													
7:00–19:00			A	C	C	B	B	A	A	C	C	B	B	A	A	C	C			C	A	A	C							
19:00–7:00			B	B	A	A	C	C	B	B	A	A	C	C	B	B	A													
9:00–13:00																		B												
9:00–18:00																			C	A	B	S	S	S	S	S	S	S	S	S

图 21-2　技术运行中心赛时运行时间安排

2. 运行情况概述

（1）赛前运行阶段（2008 年 6 月 16 日至 7 月 24 日）

在本阶段，TOC 按照赛前制定的各项工作流程，对场馆技术团队的工作给予了有力的支持。其间技术运行中心处理的主要问题包括：

①协调处理部分场馆基础设施存在的隐患

国家体育场成绩处理机房温度较高一直不能得到彻底解决，TOC 就此事于 6 月 12 日正式报送 MOC。经 MOC 协调，场馆团队已经要求业主开放中央空调，并为该房间安装独立空调，以满足技术运行需要。

由于大雨，老山小轮车场两个现场成绩处理机房进水。山上机房因雨水管排水不畅，屋顶积水浸泡吊顶，导致吊顶板破碎掉落，大量进水致使多套成绩处理设备损坏（包括三台主机，五台显示器，四套键盘鼠标）。山下机房挡土墙与房间接合处渗漏，机房地面进水。场馆技术团队已关闭所有机房 UPS 不间断电源及电脑设备，已用毡布遮盖山上机房屋顶，用塑料布覆盖山上及山下机房电脑设备。TOC 即刻启动了备机更换流程和受损设备评估流程。施工单位在雨停后进行了维修。最终问题得到了妥善处理，没有影响比赛的进行。

②处理注册系统上线后存在的个别问题

用户报告 RGM 系统生成的报告和注册系统中的数据不一致。经 TOC 相关专家分析，造成此问题的原因是 RGM 的数据库没有及时同步。初步判断可能原因是注册中心向 CRS 系统导入运动员的注册信息。此工作生成了大量的 SQL 命令并产生了巨量的日志，可能造成了从 ACR 数据库到 RGM 数据库的同步工作被阻塞。最后经 TOC 相关专家分析，造成此问题的原因是向 CRS 系统导入运动员注册信息时，存储过程存在缺陷，产生大量备份命令，导致数据库的同步工作被阻塞。问题原因确认后，巴塞罗那源讯研发中心已将系统补丁发送过来，对系统进行补丁升级后恢复正常，问题得到了妥善解决。

③调配人力资源解决奥运村的部署压力

由于前期奥运村各代表团房间分配不明确，造成收费卡订单无法准确落实具体位置。从 7 月下旬开始，各个代表团在较为集中的时间段内到达，DRM 会议陆续开始。会议开始后各代表团才能确定房间，进而确定技术设备在各个房间的准确位置，这种情况造成技术设备调整工作量很大，从房间分配确定到技术设备部署到位，需要一定的工作周期，奥运村各代表团的技术设备部署、就绪工作面临巨大压力。

根据上述情况，技术运行中心紧急召开了专题会，安排技术运行中心不当班人员和技术支持应急团队支持场馆工作，协助场馆团队完成部署任务。经过各方的努力，奥运村技术团队按时保质完成了技术设备部署任务，得到了奥运村团队领导和各国代表团的一致好评。

④处理 TOC 前期运行阶段遗留的各种问题

各业务口有许多专业性的工作，在测试赛、集成测试、一致性测试和技术演练的过程中，各专业技术领域都出现了各种问题。这些问题有的已经解决了，有的还没有找到原因。对于遗留的问题，TOC 领导要求各业务口必须死死盯住，抓紧时间一个一个解决，绝不能把问题留到奥运会，同时要求项目工作人员、项目负责人和处长要层层抓落实，列出问题清单，主管副部长要一一过问，不能有丝毫放松。并提出了几项措施：一是清理问题管理系统（CMS）中已经解决但未关闭的问题记录（Ticket）。二是要求各业务口值班人员着重清理遗留未解决问题。三是请 Helpdesk 经理每天排出遗留未解决问题、解决但未关闭问题和接收 Ticket 超时最多的三个业务口，写入每日运行报告。

经过各处室和业务口的努力，各种遗留问题均得到了妥善解决，为技术系统运行的绝对可靠、万无一失打下了坚实的基础。

（2）奥运会赛时运行段：2008 年 7 月 25 日至 8 月 24 日

在技术运行中心和各场馆技术团队出色工作的基础上，奥运会赛时各场馆技术系统运行正常，没有对场馆运行产生较大影响、对外部客户群造成较大不良影响的问题发生，保障了奥运会各项赛事的顺利进行。

随着各项赛事的进行，技术运行中心领导未雨绸缪、举一反三，根据个别场馆出现的个别问题，在妥善处理的基础上，利用《技术运行情况通报》的形式，把场馆处理问题的经验和 TOC 的要求在第一时间通知各场馆运行团队，确保了各项技术保障工作的顺利开展。归纳如下：

①反复要求各场馆注意设备防雨

北京奥运会顺利开幕，各项赛事已经展开。各露天竞赛场馆已按照技术需求为露天技术设备提供了防雨罩，因北京 8 月为多雨季节，TOC 提请各场馆注意防雨罩的使用状况，对破损防雨罩及时进行更换，保障技术设备安全。

然而因为大雨，部分场馆室外大屏依然出现了故障。TOC 要求各场馆加强露天设备的检查。雨后设备加电开机前，对设备受潮情况进行检查，按流程确认无安全隐患。大雨情况下，场馆电力团队可能会采取临时停电措施，为确保比赛，请各场馆技术团队及时与电力团队沟通，在比赛前留出充足的时间恢复技术服务，尽量减少因停电给技术运行带来的影响。

TOC 同时要求请各场馆团队还是要对已采取的遮盖进行一次检查，主要是确保不要被风将遮盖布吹走。

②注意加强场馆技术团队与场馆团队各业务口及合作伙伴的沟通

奥运会期间老山自行车馆、北区射箭馆和丰台垒球场分别报告了 2 级故障，内容是网管中心发现场馆 VLAN 服务的交换机脱网。经查原因均为：由于大雨，场馆团队关闭了场馆室外看台技术设备的电源。针对上述情况，TOC 请场馆技术团队加强与电力团队和网通等技术合作伙伴的沟通，如果得知停电，应尽快与合作伙伴团队沟通，避免发生由于沟通不畅造成的故障报告。

TOC 同时指出，赛事正紧张进行，各种突发情况时有发生，协调工作量大且紧急，难免会出现意见冲突。望大家在工作中进一步本着"同一个团队、同一个任务"的理念，大局为重、精诚合作，克服急躁情绪，保证奥运会技术保证任务圆满完成。其中要注意加强与合同商的沟通，对于提出的需求尽量给予最大限度的保障。

③保持场馆技术设备的正确配置

2008 年 8 月 9 日早晨，某场馆场地内的扩声系统不能工作，整个场地没有声音。经 TOC 音频专家现场检查，认为是扩音系统连线被私自改动，导致系统线路故障不能正常工作。TOC 提示各场馆不可以在没有音频工程师在场或未经音响工程师许可的情况下私自改动系统的连线和设置。

④加强场馆集群终端的管理

有场馆发生集群通信终端丢失的情况，为工作开展带来不便，TOC 提请各场馆技术团队加强集群终端等技术设备保全，明确每台终端的使用人，一旦丢失要立即上报 TOC，以便及时采取措施。

⑤要求各场馆技术团队严格按照既定流程开展工作

针对个别场馆出现的问题，TOC 要求：对于场馆内发生的涉及竞赛和媒体的问题，场馆团队应及时在 CMS 中记录问题，并立即上报 TOC，说明问题情况。同时，再次强调严格按照规定的流程完成技术保障，发生技术故障必须向主管业务口经理汇报情况。

⑥对奥运会残奥会转换期的工作提前做出部署

随着奥运赛事的陆续结束，各场馆在赛事结束后开展了卓有成效的技术物资回收工作，确保了技术物资的及时回收，但在技术物资的回收过程中也出现了个别问题，包括：在 IT 设备回收过程中误插拔仍在运行的集群系统电缆导致场馆指挥调度系统中断、在比赛结束后立即切断媒体客户仍在使用的 VLAN 服务，导致媒体客户投诉。

鉴于以上问题，特对各场馆在赛事结束后的技术物资回收工作中需要注意的事项提醒如下：

一是为避免设备回收过程中误插拔还需继续使用的其他技术系统，有残奥会运行任务的场馆，原则上应在残奥会后统一进行技术物资回收。

二是无残奥会运行任务的场馆，应在比赛结束后进行设备回收，但回收前必须与用户确认该服务已不再需要。特别是要保障 WLAN、VLAN、IC 卡等媒体服务的正常、稳定运行，直至媒体报道等工作结束后方可终止服务并进行相关技术物资的回收工作，避免技术物资回收过急造成媒体投诉或场馆其他客户群的不满。

TOC 要求各场馆技术团队、各业务口应统筹兼顾，在保障奥运会服务的同时，做好残奥会的准备工作。

（3）转换期和奥运会赛时运行段：2008 年 8 月 25 日至 9 月 17 日

总体而言，奥运会残奥会转换期以及残奥会期间的工作平稳有序，没有出现影响竞赛、媒体和观众的问题。其间技术团队面临的最大的挑战是国家体育场从残奥会开幕式到残奥会田径比赛的转场问题。

9 月 6 日残奥会开幕式结束后，国家体育场即转入开幕式设备拆除以及场地准备工作。国家体育场团队表示由于开幕式设备拆除及安装的工作量巨大，转换期至少需要约 30 个小时，可以供技术团队残奥会田径场地计时记分设备的安装时间最早为 9 月 8 日凌晨 5 点，当日 9 点将开始举行田径比赛。此前技术团队建议需要场馆团队在 9 月 7 日下午 4 点清空跑道及相关场地，以供进行设备安装。双方一时无法达成一致。

经过各方的沟通与协调，技术团队同意从 7 日开始部署，与场馆开幕式设施拆除工作同步进行，请国家体育场团队确保在 9 月 8 日 5 点之前提供就绪、清洁的场地及跑道以配合计时记分设备安装，同时请国家体育场团队提供一名有经验的电力保障人员全程配合欧米茄安装工作。

在各方的共同努力下，技术团队于 7 日晚完成了主要设备现场布放和初步调试工作，从 8 日早晨 5 点开始，技术团队利用近两小时的时间完成了主要包括设备就位和系统联调在内的后续工作，确保了残奥会的田径比赛于 8 日上午 9 点顺利开始。技术团队的工作得到了北京奥组委领导的高度赞扬。

三、技术运行中心工作人员值班制度

制定本守则的目的是规范北京奥运会技术运行中心（简称 TOC）的日常运行工作，明确参与技术运行中心工作的付薪人员、合同商、志愿者和实习人员在工作期间的规范和要求。

1. 值班基本要求

（1）TOC 的排班表由 TOC 人事经理负责制定、安排。

（2）工作人员必须按时到岗并签到。各业务口经理应在值班开始后检查本业务口人员的到岗情况，出现缺岗的情况应及时向人事经理汇报。

（3）TOC 非 24 小时运行期间，原则上每日值班开始后 30 分钟召开晨会，每日值班结束前 30 分钟召开总结会。会议由 TOC 汇报经理召集，值班主任主持。会议内容应完整记录。每日值班结束前各业务口经理将本业务口每日报告交 TOC 汇报经理。

（4）当班工作人员在工作时间内应在 TOC 相应岗位就座，负责接听值班电话，无故不得离开。因故需要离开座位时，必须将值班电话转移至手机。

（5）工作人员在技术运行中心值班期间如因故需离开数字北京大厦，应向上一级经理请假并得到许可，通报当班人事经理后方可离开。

（6）当班工作人员在工作期间应随时注意故障管理系统中问题记录的更新情况。

（7）TOC 值班主任按照运行规程对技术运行中全部需要解决和上报的问题，在征询各业务口意见的基础上及时做出决定。

（8）重大变更或 2 级故障以上问题在按规程采取应急措施的同时，业务口值班经理须立即报告 TOC 值班主任，涉及全局的问题报 MOC 批准。TOC 业务口经理和汇报经理必须完整记录重大问题的处理过程。

2. 交接班

（1）如交接班时下一班工作人员未按时到岗，当班工作人员应立刻向当班人事经理报告，在得到进一步指示前应坚守岗位。

（2）能在本班次内解决的问题，不能遗留到下一班。

（3）TOC 各岗位人员应在交接班之前半小时到岗，根据各岗位的《交接班要点记录单》（以下简称交接单），与下一班同岗人员交接班。交接单系纸质文档，以书面形式在同岗之间交接、记录。交接单的主要内容包括：本岗位的关注要点、当班期间发生问题及遗留问题、当班期间发生变更、某系统重要参数等。交班人员须根据关注要点记录当班工作中的情况及在下一班中可能出现的问题。接班者须对交付信息进行确认。

（4）如果未解决问题需要交班人员继续留在现场处理，则交班人员须得到上一级经理同意后，

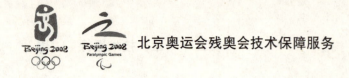
在问题处理完毕后方可离开。

3. 其他

（1）值班人员在值班期间不得从事与工作无关的活动。

（2）临近岗位电话无人接听时，应主动接听、记录并汇报相关情况。

（3）需要调整班次的工作人员，双方认可后必须向 TOC 人事经理通报备案。否则按未到岗情况处理。

四、赛时技术运行数据统计

1. 奥运会技术运行数据

自 2008 年 8 月 8 日至 2008 年 8 月 24 日，奥运会赛时运行（含开幕式）的 17 天内，共计发生技术支持问题 10023 个，其中故障类问题 5704 个，请求类问题 4319 个。所有故障类问题中，涉及信息技术类问题 4681 个，固定通信类问题 465 个，移动通信类问题 51 个，其他技术类问题 419 个，非技术问题 88 个。

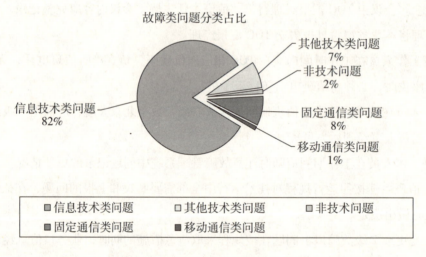

图 21 - 3　奥运会故障问题分类占比

在这些故障问题当中，没有 1 级严重等级问题，2 级严重等级问题 37 个，3 级严重等级问题 1001 个，4 级严重等级问题 4660 个，服务中断请求问题 6 个。主要的故障问题类型包括：打印机故障，PC 硬件故障，固定通信障碍，GAMES 系统 INFO/ICMS 故障，复印机故障。具体如下：

表 21 - 3　主要故障类型简况

故障类型	主要故障描述	故障数量	整体占比
打印机故障	打印机无墨、卡纸等	784	13.7%
PC 机硬件故障	键盘、鼠标无法使用，显示器无图像显示等	625	11.0%
固定通信障碍	座机无法使用、使用 ADSL 无法连接互联网等	457	8.0%
GAMES 系统 INFO/ICMS 故障	INFO 系统显示信息错误、更新速度慢、运行异常等	301	5.3
复印机故障	复印机无墨、卡纸等	220	3.9%

赛时期间，技术支持各团队共计解决问题9068个，问题解决率98.5%。赛时期间高严重等级的问题，均及时地得到相关团队的关注和解决，未对赛事运行造成实质性的影响。同时，在服务水平承诺范围内问题的平均解决率达到90.5%，大大高于测试赛和技术演练等赛时准备期间的SLA解决率。

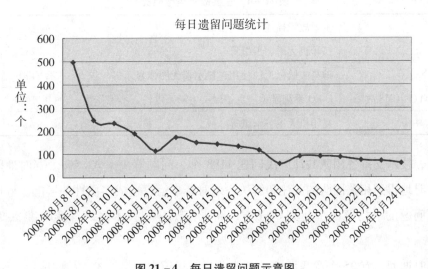

图 21 - 4　每日遗留问题示意图

赛时期间有40个竞赛场馆，19个非竞赛场馆设立了场馆技术支持团队，为奥运会赛事支持、媒体服务和技术运行提供服务保障工作。从整体来看，场馆技术团队共计处理问题5148个，问题的解决率达94.4%。

2. 残奥会技术运行数据

自2008年9月6日至2008年9月17日残奥会赛时运行（含开幕式）的11天内，共计发生技术支持故障类问题1434个。其中，信息技术类问题1246个，固定通信类问题96个，移动通信类问题7个，其他技术类问题129个，非技术问题34个。

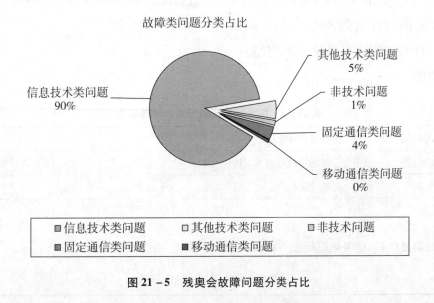

图 21 - 5　残奥会故障问题分类占比

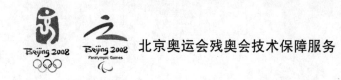

在这些故障问题中，无 1 级严重等级问题，2 级严重等级问题 5 个，3 级严重等级问题 225 个，4 级严重等级问题 1209 个。涉及的故障类问题的主要类型包括：打印机故障，PC 硬件故障，GAMES 系统 INFO/ICMS 故障，复印机故障。具体如下：

表 21 - 4 　主要故障类型简况

故障类型	主要故障描述	故障数量	整体占比
打印机故障	打印机无墨、卡纸等	232	16.1%
PC 硬件故障	键盘、鼠标无法使用，显示器无图像显示等	170	11.8%
GAMES 系统 INFO/ICMS 故障	INFO 系统显示信息错误、更新速度慢、不工作等	145	10.1%
复印机故障	复印机无墨、卡纸等	73	5.1%

赛时期间，技术支持各团队共计解决问题 1188 个，问题解决率 82.5%。赛时期间高严重等级的问题，均及时地得到相关团队的关注和解决，未对赛事运行造成实质性的影响。同时，在服务水平承诺范围内问题的平均解决率达到 87.6%，高于测试赛和技术演练等赛时准备期间的 SLA 解决率。

残奥会赛时期间，有 25 个竞赛场馆，17 个非竞赛场馆由现场技术支持团队提供服务保障工作。共计处理问题 1189 个，问题的解决率 89.4%。

五、应急预案

根据前期系统测试及技术演练中出现的重大故障以及往届奥运会的经验教训，技术团队汇总了涉及成绩系统、信息系统、通信系统、信息安全管理、无线电频率管理、通用及其他等 6 个方面共 35 项应急预案。主要包括：电力故障、场馆失火、机房进水、核心服务器连接中断、无线电设备频率干扰和场馆计算机遭受大规模病毒感染等。分别对各个场景进行了描述，明确了保护和预防措施，以及预测和预警的指标、应采取的措施和方法、应急资源和问题解除及影响恢复。

技术应急预案示例：电源断电

关键词：OVR；断电；C 系统；延迟比赛

1. 情景描述

表 21 - 5 　电源断电应急预案：情景描述

突发事件发生的时间	A. 比赛过程中
突发事件发生的位置	B. 竞赛场馆核心技术用房
对赛事的影响	B. 高风险运行
具体描述 在临近比赛或比赛过程中，OVR 电源断电，自动切换到 UPS 供电。周边各机房运转正常。	

2. 保护与预防措施

表 21-6　保护与预防措施

措施号	措施运行状况	措施名称	责任人
1	运行良好	每日 OVR 巡查	VRM

措施描述
1. VRM 应在每日对 OVR 进行巡查，检查供电、温度、数据等，临近比赛进行测试，如在巡查过程中发现问题，应走问题处理流程。

措施号	措施运行状况	措施名称	责任人
2	运行良好	每日电力系统检查	场馆物业

措施描述
2. 场馆物业应保证电力系统正常运行，如出现问题应在场馆层面立即进行维修，并告 VTM。

3. 预测与预警

表 21-7　预测与预警

	预警指标名称	正常运行区间	故障区间	危机区间	检测人
指标 1	OVR 功率	X kW – Y kW	[0-X] U [Y-2Y]	(2Y，+∞) kW	VRM
指标 2	OVR 温度	[12-18]℃	[0-12] U [18-26]	(26，+∞)	VRM

备注：		
标志突发事件已经发生的事件		
事件 1	UPS 自动切换标志 OVR 电源断电	检测人：UPS 主管

4. 目标

表 21-8　目标

TOC 层面核心目标	确保比赛正常进行	
TOC 分目标	描述	正常指标区间
1. 准确推断故障点	根据场馆团队汇报，召集并派出专家，确定故障点	
2. OVR 故障恢复	调集物资恢复 OVR 运行	
场馆层面核心目标	确保比赛不因此停止	
场馆层面分目标	描述	正常指标区间
1. 电源顺利切换	场馆团队进行电源切换，切换到 Backup C。故障排除后再切换回来。	
2. 排除电源故障	协调场馆团队进行电力检查	

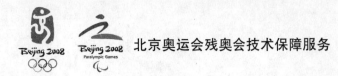

5. 基本方案

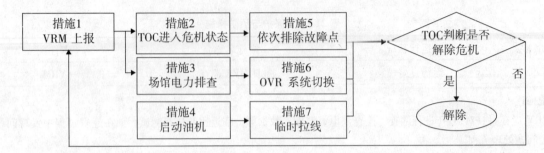

图 21-6　基本方案：7 种措施

表 21-9　二轮循环解决问题

	耗时	成本	第一轮循环解决问题的概率	第二轮循环解决问题的概率
方案评价	30 分钟	无	80%	100%
关键路线	VTM 上报 - 场馆电力排查 - OVR 系统切换 - 危机解除			
备选方案描述： 直接全手动输入完成。				

6. 措施

表 21-10　措施

措施名称	紧前工作	措施内容	方法	责任人
1. VRM 上报	无	按照危机管理流程，进行双向汇报，CMS 视为正式的汇报渠道。	1. CMS	VRM
2. TOC 问题处理	措施 1	视情况，TOC 主任决定 TOC 是否进入危机状态，TOC 主任助理按预案处理问题，TOC 主任对预案中未涉及的问题进行决策。		TOC 主任
3 场馆电力排查	措施 1	由 VTM 协调场馆电力管理团队，在第一时间（UPS 支持时间）发现关键故障点，并修复故障。		VTM
4. 启动油机（视场馆）	措施 3	如在 UPS 支撑时间内未能发现故障，立即由 VTM 协调场馆团队启动油机。如果有效则以油机供电运行，如果无效，准备切换到 Backup C。	2. 油机操作	VTM
5. 依次排除故障点	措施 2	在 UPS 供电支持的同时，TOC 根据掌握的情况，在专家会议上，依次排除故障点，指挥现场行动，同时派出专家。		TOC 助理
6. OVR 系统切换	措施 3	场馆团队如不能解决问题，立即切换到 Backup C。组织志愿者按照事先演练的切换流程，进行数据手工录入。	3. Backup C 切换流程	VRM
7. 临时拉线	措施 4	若油机不起作用，或无油机，VTM 协调电力业务口直接从最近的可用机房或配电箱拉电到 OVR（使用电滚子）。	4. 拉线路径与工具	VTM
TOC 判断	措施 5、6、7	TOC 判断 OVR 是否恢复供电，是否切换回 A 系统，是否使用临时布线。		

7. 方法

表 21 - 11　方法

方法名称	方法描述	实施单位
1. CMS	VRM 要求 VITM 在 CMS 终端上详细描述故障。	VITM
2. 油机操作	由 VTM 协调场馆团队到油机控制室，在确保油料充足的情况下，按油机使用说明启动油机，注意观察油机参数，关闭不必要的耗电设备。	场馆团队
3. Backup C 切换流程	输入终端由 OMEGA 准备就绪，关闭 OVR 中全部计算机与服务器。志愿者进行手工录入。调临时场馆志愿者从事信息传递工作。	OMEGA
4. 拉线路径与工具	VTM 用电滚子从有电的插座上拉电。	场馆团队

8. 应急资源

表 21 - 12　应急资源

资源名称	资源类型	资源位置	物流方式	资源责任人
柴油发电机	实物机械	场馆柴油机房	原地	场馆电力团队
电滚子	实物机械	场馆技术杂物间	原地	VTM

9. 问题解除及影响恢复

表 21 - 13　问题解除的措施

技术系统恢复运转措施	措施内容	责任人
1. 由 C 系统切换回 A 系统	先启动 OVR 房间供电，开启全部设备，计时记分系统切换进行。	OMEGA
2. 临时拉线现场保护	如果采用临时拉线的方法，提供 OVR 电力，派专人每20 米一人，沿布线现场保护，直到比赛结束。	志愿者经理
同场馆其他业务口衔接措施	场馆团队保障电力供应直至比赛结束。	场馆团队
媒体默认口径	成绩系统正常切换。	TOC 主任

第三节　技术支持呼叫中心运行

一、技术支持呼叫中心概述

1. 定义和职责

奥组委技术支持呼叫中心（简称 Call Center）作为服务提供者与服务使用者的直接窗口，是为奥运会提供信息技术、通信技术和其他相关技术产品和服务支持的组织；奥组委技术运行中心是技术支持呼叫中心的领导机构，领导、监督和检查技术支持呼叫中心的管理工作。

技术支持呼叫中心的主要职责是：受理并处理客户在使用奥组委提供的技术产品或服务的过程中，通过电话、邮件及公文提出的咨询、故障报修、投诉和其他技术相关求助。

2. 客户接口

技术支持呼叫中心设置服务申告受理电话和邮箱受理竞赛和非竞赛场馆客户申告的技术事件，为固定通信、移动通信和信息及其他技术类单独设置了座席人员，同时设立服务质量监督组。

（1）技术支持呼叫中心电话包括：

- 信息及其他技术支持呼叫中心的电话为 66621100。
- 固定通信呼叫中心电话为 66621166。
- 移动通信呼叫中心电话为 66621188。
- 技术支持投诉电话为：66621122。

（2）技术支持呼叫中心邮箱包括：

- 受理邮箱：helpdesk@ beijing2008. cn，负责受理用户技术故障或咨询申告。
- 投诉邮箱：support@ beijing2008. cn，负责受理用户投诉。

（3）技术支持呼叫中心电话和邮箱通过多种方式向用户进行公布，包括：

- 主要的公布渠道

在所有的技术设备上贴签，其中绿色标签标识固定通信设备，蓝色标签标识移动通信设备，白色标签标识信息及其他类设备，所有标签标明相应的技术支持团队呼叫中心的电话号码，引导用户拨打相应的电话。

- 其他公布渠道

通过电子邮件、海报、手册等方式进行策略宣传，将三个技术支持服务台的电话号码都公布出去：信息和其他技术支持电话请拨打 66621100，如果您是关于固定通信（如话机、互联网接入等）服务的问题可以拨打 66621166 寻求更快的服务，如果您是关于移动通信（如手机、无线接入）服务的问题可以直接拨打 66621188 寻求更快的服务。

通过场馆技术经理等技术支持团队人员在场馆进行宣传，引导用户拨打相应的技术支持呼叫中心电话。

3. 建设依据

在筹建方面，参考了呼叫中心行业标准和规范；在管理方面，制定了一系列管理规程以及绩效考评目标；为北京奥运会技术支持工作的顺利进行，提供了高效、稳定、可靠的支持保障，同时展现了标准、专业的服务风范。

二、服务目标、对象与范围

1. 服务目标

技术支持呼叫中心工作目标是"快速响应、完整记录、全程跟踪、有效解决"；即在服务水平规定范围内以最短时间及标准言语响应并处理用户对于技术事件的申告；确保用户申告的技术事件被完整记录和准确分发；从而保证用户对于技术支持呼叫中心服务以及支持服务生命周期的整体满意度。

2. 服务对象

媒体、转播商、IOC、IF、NOC、运动员和奥组委各业务口。

3. 服务范围

包括奥组委技术部提供的各类技术服务和产品（含收费卡产品），具体包括：

- 信息技术类：含计算机、网络设备、打印机、复印机等硬件设备，以及 IDS、CIS、GMS、ADMIN 等应用系统、信息系统。
- 固定通信类：互联网接入、点对点数据专线服务、传真等固定通信产品或服务。
- 移动通信类：SIM 卡、无线局域网接入、移动终端等移动通信产品或服务。
- 其他技术类：集群通信服务、有线电视 CATV 服务、电视机终端、无线电频率服务、不间断电源、音响、扩声系统、记分牌、图像大屏、体育展示、仲裁录像系统、头戴、同声传译、投影机、无线电通信等。
- 不包括的服务范围：安保、票务系统。网通公司和移动公司向用户单独提供的产品和服务。在设备部署交付之前的技术问题由相关的技术实施团队负责。

三、主要里程碑

呼叫中心的实行统一式电话接入，奥运技术支持分为办公技术支持、赛前技术支持和赛时技术支持三个阶段：

- 2005 年 7 月起，设立 66699999 作为奥运筹备期办公支持的技术热线电话。
- 2007 年 7 月 16 日，启动测试赛技术支持热线电话（66621100、66621166、66621188）。其中：66621100 主要负责信息及其他类技术支持；66621166 主要负责固定通信类技术支持；66621188 主要负责移动通信类技术支持。
- 2008 年 8 月 8 日–2008 年 9 月 18 日，正式启动赛时技术支持运行。
- 2008 年 9 月 19 日，恢复启用 66699999 热线，提供赛后技术支持。
- 2008 年 9 月 30 日，赛时技术支持热线正式停止运行。

四、组织人员结构

技术支持呼叫中心根据功能划分主要分为两部分：电话响应和质量监督。

1. 赛前

赛前奥组委技术部信息系统处对技术支持服务台进行管理，负责领导、监督和检查技术支持服务台的管理工作。

技术支持呼叫中心由电话响应座席、质量监督组成。其人员包括但不限于奥组委工作人员、志愿者、临时雇用人员和相关国际组织、奥组委合作伙伴等外部机构派驻到技术支持服务台工作的人员。

技术支持呼叫中心人员按照组织结构向上级经理汇报。固定通信技术支持电话响应座席主管和移动通信技术支持电话响应座席主管同时向通信处汇报固定通信和移动通信的电话响应座席所处理

的通信问题。

其他单位派遣到技术支持呼叫中心的人员根据其派遣单位的要求，可以告知工作情况，但其派遣单位对于业务相关的申请没有审批权。

2. 赛时

赛时奥组委技术运行中心是技术支持呼叫中心的领导机构，负责领导、监督和检查技术支持呼叫中心的管理工作。

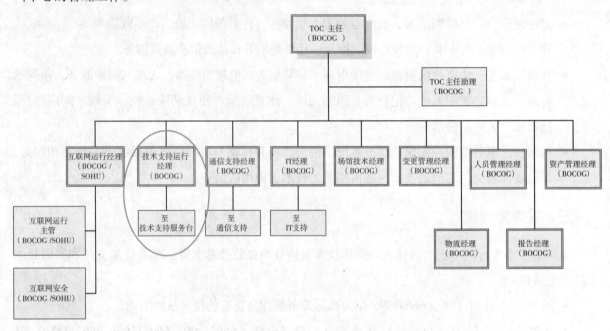

图 21-7　赛时领导机构

技术支持呼叫中心由电话响应座席、质量监督组成。其人员包括但不限于奥组委工作人员、志愿者、临时雇用人员和相关国际组织、奥组委合作伙伴等外部机构派驻到技术支持服务台工作的人员。其中：

- 信息及其他技术支持呼叫中心的电话响应座席人员主要由奥组委提供，部分由源讯公司、首信公司提供。
- 固定通信呼叫中心的电话响应座席人员来源于网通公司。
- 移动通信呼叫中心的电话响应座席人员来源于移动公司。

组织结构图如下图 21-8 所示：

技术支持呼叫中心人员按照组织结构向上级经理汇报。固定通信和移动通信的技术支持电话响应座席主管同时向技术运行中心的故障经理（Fault Manager）汇报，汇报内容是固定通信和移动通信的电话响应座席所处理的通信问题

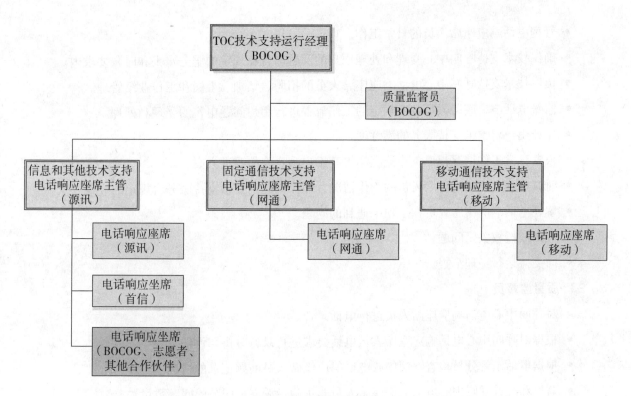

图 21 – 8　赛时组织机构

五、岗位职责

1. 技术支持责任经理

- 负责管理和协调技术支持呼叫中心的运行，保证达到规定的业绩要求。
- 协调其他相关部门推进技术支持工作的进行，解决用户问题。
- 管理座席主管的日常工作。
- 组织制定技术支持呼叫中心的政策、策略和流程。
- 确保技术支持呼叫中心受理和处理用户的问题申告在规定的服务水平和时限要求内。
- 监控技术支持呼叫中心电话响应座席人员的招聘、培训、上岗和工作业绩管理。
- 负责信息及其他技术支持经理、固定通信技术支持经理、移动通信技术支持经理的培训、上岗和工作业绩管理。
- 保证用户对技术支持呼叫中心服务的满意度。
- 根据日常工作情况和组委会对技术支持呼叫中心的要求改进工作流程和方法。
- 时时检查技术支持服务台人员的工作情况，确保其达到技术支持呼叫中心规定的业绩要求。
- 解答技术支持呼叫中心人员在工作中遇到的问题。
- 对于严重等级 1 和 2 的问题，随时向 TOC 主任汇报问题在整个技术支持团队的处理情况。
- 赛前向技术部、赛时向 TOC 主任汇报。

2. 电话响应座席主管

- 负责管理和协调信息和其他/固定通信/移动通信座席组的运行，保证技术支持达到规定的业绩要求。

- 管理电话响应座席人员的日常工作。
- 确保技术支持呼叫中心受理和处理用户的问题申告在规定的服务水平和时限要求内。
- 负责技术支持呼叫中心电话响应座席人员的招聘、培训、上岗和工作业绩管理。
- 监督电话响应座席人员按照规定的工作流程进行用户问题申告的受理和处理。
- 保证用户对本组支持服务的满意度。
- 根据日常工作情况提出工作流程和提高用户满意度的改进方案。
- 时时检查电话响应座席人员的工作情况，确保其达到技术支持服务台规定的业绩要求。
- 解答电话响应座席人员在工作中遇到的问题。
- 关闭或授权关闭问题。
- 向支持运行经理汇报。

3. 质量监督员

- 对呼叫中心电话响应座席人员进行电话录音。
- 根据对呼叫中心电话响应座席人员电话要求进行录音分析和评估。
- 根据电话录音分析检查呼叫中心电话响应座席人员问题记录的情况。
- 监控和统计呼叫中心电话响应座席人员非正确指派支持团队的问题数量。
- 对呼叫中心电话响应座席人员受理的用户问题申告进行用户满意度调查和统计。
- 统计呼叫中心电话、邮件受理和问题记录的业绩数据。
- 汇总技术支持运行所有的相关数据生成业绩评估表，报告给信息技术支持经理、固定通信技术支持经理、移动通信技术支持经理和技术支持运行经理。
- 中英文受理和处理用户投诉。
- 向技术支持运行经理汇报。

4. 电话响应座席

- 受理用户通过电话、邮件及公文申告的问题，提供中英文支持服务。
- 在问题管理系统中正确记录用户申告问题内容和更新信息。
- 对于记录的用户申告问题选择适当的问题类型和严重等级。
- 帮助用户在线解决问题。
- 对于不能在线解决的用户问题，将问题记录指派到适当的支持团队。
- 对于非技术支持呼叫中心受理的问题，提供正确的出口。
- 保证客户对于技术支持呼叫中心所提供服务的满意度。
- 保证达到技术支持呼叫中心规定的业绩要求。

六、人员规划和技能培训安排

1. 人员规划

基于测试赛的安排及雅典奥运会的运行数据进行的大量分析，技术团队进行了详细赛时人员规划，确保人力资源能够提供不同竞赛日，以及同一竞赛日峰、谷话务量的支持。

表 21 - 14　赛时人员规划

年月	2008 - 1	2008 - 2	2008 - 3	2008 - 4	2008 - 5	2008 - 6	2008 - 7	2008 - 8	2008 - 9	总计
呼叫中心预估总人/月	17	17	18	31	39	51	84	84	43	384
信息和其他组预估需要人/月	9	9	10	13	19	23	38	38	19	178
固定通信组预估需要人/月	4	4	4	9	10	14	23	23	12	103
移动通信组预估需要人/月	4	4	4	9	10	14	23	23	12	103

2. 技能培训安排

为了能够提供给用户更佳的用户体验，确保呼叫中心正常运行，呼叫中心各岗位人员必须完成相应的培训课程。同时为保证赛时支持的顺畅和有效，呼叫中心还在赛前集中进行了详细的技能培训，以确保用户得到高水平的技术支持。各岗位培训课程安排如下：

表 21 - 15　各岗位人员培训安排

课程＼岗位	技术支持运行职责经理	电话响应座席主管	质量监督员	电话响应座席
竞赛系统运行概览	√	√	√	√
竞赛系统安全培训	√	√	√	√
竞赛系统架构概览		√		
运动会管理系统概览		√	√	√
ADMIN 系统概述		√	√	√
通信系统和设备概述		√	√	√
其他技术系统和设备概述		√	√	√
信息分发系统概览		√	√	√
服务中断流程	√	√	√	√
呼叫中心入职手册				
事件管理流程	√	√	√	√
呼叫中心电话处理流程	√	√	√	√
人员管理制度	√	√	√	√
呼叫中心考核体系		√	√	√
问题管理系统使用培训	√	√	√	√
客户意识与服务理念		√	√	√
客户服务技巧		√	√	√
呼入服务艺术与技巧 - 话务基础			√	√
如何处理投诉			√	√

七、工作流程

呼叫中心的工作流程以用户的电话申告开始，以问题被解决或者正确地指派到现场团队或 TOC 专家团队为结束。工单流转流程如图 21 - 10 所示：

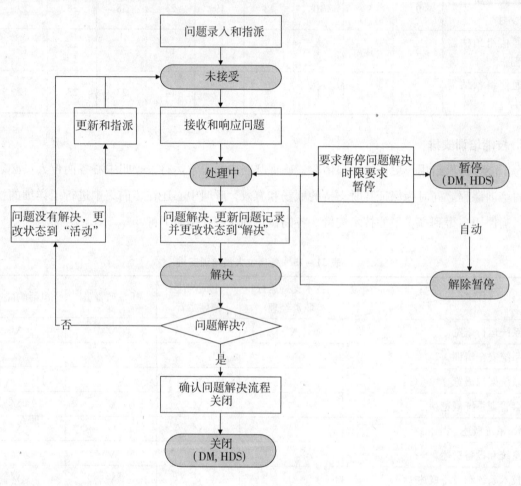

图 21 - 10　工单流转流程

1. 信息及其他技术类问题的处理流程

（1）问题受理

技术支持呼叫中心电话响应座席首先判断用户的咨询或问题申告是否为其受理范围，如果是固定通信和移动通信问题，则将用户电话直接转到固定通信或移动通信的呼叫中心受理，如果是其他非技术支持呼叫中心受理的范围，则按照相关口径告知用户相关信息。

在转接过程中，为用户接通相应的技术支持呼叫中心电话响应座席人员后才能挂机；如果转接电话无法成功，需要受理用户的申告，之后将问题通过问题管理系统转给固定通信、移动通信团队。

技术支持呼叫中心电话响应座席对于其受理范围的问题，如果是咨询类问题（这类问题不是实际的产品故障，主要由于用户对产品或服务缺乏了解，导致使用困难）或者在其解决范围之内的问题，电话响应座席进行解答，对于所有受理的问题电话响应座席需要根据要求将问题信息记录到问题管理系统中。

（2）问题派发

技术支持呼叫中心电话响应座席对于其不能解决的问题，需要通过问题管理系统将问题分配给相应的各场馆技术支持团队（第二层）或TOC专家（第三层）处理。针对不同的受理问题类型，技术支持呼叫中心电话响应座席需要采取对应的处理流程，具体如下：

对于信息类问题，技术支持呼叫中心电话响应座席将把问题分派到场馆信息技术支持团队处理。

对于集群通信、CATV、音视频等问题，技术支持呼叫中心电话响应座席将把问题分派到场馆通信技术支持团队处理。

对无线电频率方面的问题，技术支持呼叫中心电话响应座席需要将问题通过问题管理系统分配到TOC的无线电频率组。由TOC无线电频率组对问题进行初步的干扰分析和干扰级别分类，并将问题单通过专线发给北京奥运会无线电管理指挥中心（朝阳区和平街砖角楼南里16号）。指挥中心对干扰通知单进行干扰分析判断，确定干扰等级并给场馆群的监测组下达查处干扰任务。监测组查处干扰并将结果报指挥中心，指挥中心将问题处理结果反馈给TOC无线电频率组在问题管理系统中进行更新。

对UPS方面的问题，技术支持呼叫中心电话响应座席需要将问题通过问题管理系统分配到TOC的UPS组处理。UPS业务在场馆没有技术支持团队，UPS组将视情况远程或派人到场馆解决问题。

对于未能转接的网通/移动通信问题，由技术支持呼叫中心电话响应座席将问题派发给TOC网通、移动组，再由网通/移动技术支持接口人将问题单录入合作伙伴的问题管理工具中进行处理。

2. 通信技术类问题处理流程

（1）问题受理

固定通信/移动通信电话响应座席收到用户的电话申告后，首先判断用户的咨询或问题申告是否为其受理范围，如果是信息及其他类技术问题，可将用户电话直接转到信息及其他组受理，如果是其他非技术支持呼叫中心受理的范围，则按照相关口径告知用户相关信息。对于技术支持呼叫中心信息和其他组转接来的用户电话，进行受理。

对于其受理范围的问题，如果是咨询类问题或者在其解决范围之内的问题，固定通信/移动通信电话响应座席进行解答，对于所有受理的问题电话响应座席需要根据要求将服务申告信息记录到网通/移动的问题管理系统中。

对于未能转接的技术支持呼叫中心信息和其他组负责的问题，由电话响应座席将问题派发给TOC固定通信、移动通信业务团队组，再由相关技术支持接口人将问题单录入CMS系统中的相关组进行处理。

（2）问题处理

根据问题类型，固定通信/移动通信电话响应座席将问题单分派给TOC内的网通、移动的故障管理人员。故障管理人员根据问题类型，通过问题处理系统将问题派发给场馆内的网通/移动的技术团队或网通/移动 TOC 专家。对于非奥运专用通信设施引发的问题，由网通、移动等合作伙伴的后台网管中心的技术专家解决问题。

（3）传真类问题处理

对于用户申告的传真机故障，如果网通判断是传真线路问题，电话响应座席将问题转发给网通相关技术团队处理，场馆技术人员给予解决；如果非传真线路问题，则将问题提交给 TOC 网通技术支持接口人，TOC 网通技术支持接口人将此问题录入 CMS，并将问题转给场馆通信技术支持主管，同时关闭网通问题管理系统中的问题。场馆通信技术支持主管将问题分派给传真机技术人员解决。

（4）移动通信终端类问题处理

对于用户申告的手机故障，如果移动判断是网络问题，则将问题分派给相关移动技术团队给予解决；如果是手机本身的问题，则需要将问题提交给 TOC 移动技术支持接口人，TOC 移动技术支持接口人将此问题录入 CMS，并将问题转给场馆通信技术支持主管，同时关闭移动问题管理系统中的问题。场馆通信技术支持主管将问题分派给相关技术人员解决。

八、呼叫中心的技术系统

1. 热线电话系统

本着勤俭办奥运的原则，技术支持呼叫中心没有单独建立呼叫中心话务系统，而是在数字北京大厦程控交换机华为 128 模交换机上，开通了几个虚拟号码（21100、21166、21188、21122 四条热线电话），用来作为信息及其他技术支持呼叫中心、固定通信呼叫中心、移动通信呼叫中心以及投诉热线。通过电话轮循方式平均分配呼入电话到虚拟热线的各座席终端，并通过交换机数据统计功能实现热线电话话务量统计。

2. 工单管理系统

技术支持工单系统采用了源讯公司提供的 CMS（Call Management System）（网通和移动使用本公司的系统，故障工单实时导入 CMS 系统中统一追踪和管理直至解决）。CMS 系统提供族和组级别的分类，并且设置了 4 级故障严重等级。

3. 录音系统

采用北京金创时代 SCR8000 电话录音系统，此系统通过与所需录音电话线路高阻复接实现对呼叫中心需要录音的电话终端呼入呼出通话进行全程录音。

（1）SCR8000 系统拓扑图

参见图 21 – 11

（2）系统基本功能

- Windows 98/NT/2000/XP 操作环境。
- 单机系统最多 128 线电话同时录音。
- 采用全新的 PCI 接口的即插即用录音卡。
- 录音、监听对通话双方没有任何影响。

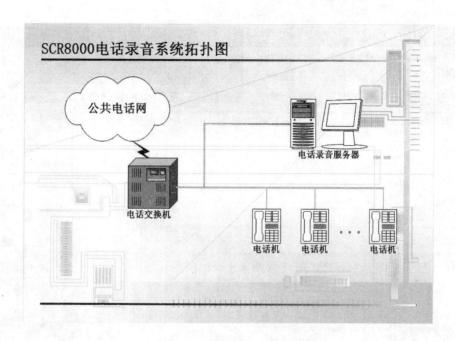

图 21 –11　SCR8000 系统拓扑图

- 可实时监听每一条线路的通话内容。
- 可以根据任意给定的条件对录音、备份资料进行快速、简洁的回放查听。
- 系统具有自动同步双备份功能。也可以通过系统手工备份到您想要保存的目录或磁带转录。
- 可以完整的检测并记录所有外拨电话号码与来电显示号码。
- 强大的电话管理功能，可以对所有的拨入、拨出电话进行清单列表、打印、汇总、分组等。
- 系统具有自动增益功能，可以自动调节通话双方的音量，而不至于声音太小。
- 所有谈话内容录为 wav 格式，可以在任意 WINDOWS 电脑中播放。
- 可以设置多达 6 个盘（可以是硬盘、分区或网络映射盘）自动循环录音。
- 录音启动方式灵活，具有压控、键控、声控三种启动方式。
- 录音起始时间可以灵活设置，可以是一段时间内录音，也可以是每天 24 小时录音。
- 提供不同的压缩率，满足不同用户的需要，20G 的硬盘最多可以保存 3500 多个小时。
- 线路适用于电话外线、分机内线、ISDN 引出的模拟线等。
- 当系统的硬盘将满时，系统将自动清除最先录音的资料，以保证系统可以常年不间断运行。
- 方向判别。可以判别出呼叫方向，如呼入还是呼出。
- 系统具有 16 种权限，可以满足多用户的需要。
- 系统具有完整的操作日志，可以记录对系统的所有操作。

（3）系统主界面

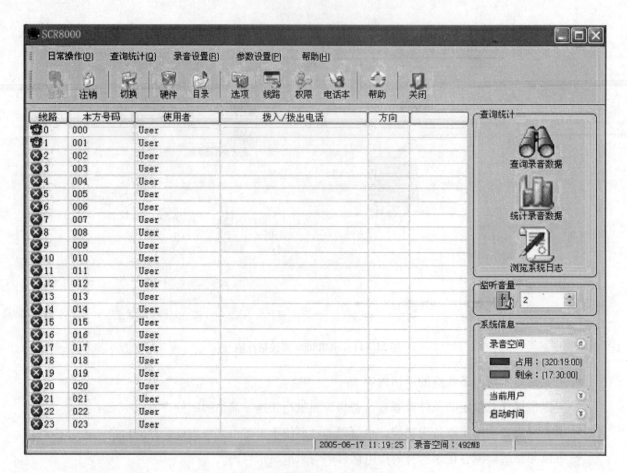

图 21-12 SCR8000 系统主界面

九、质量规范及管理制度

1. 服务质量监控

呼叫中心的监控手段主是针对真实的录音回放进行过程评估以及对问题管理系统（CMS）进行监控以确保问题流正确流转从而获得较高的问题解决率和用户满意度（网通/移动内部设置相关岗位）。此项工作由技术支持质量监控经理负责实施。评估比例不低于30%电话量。

评估标准如下：

表 21-16 呼叫受理评估标准

权重	分数	100-90	90-70	70-40	40-0
	技术	超出期望值	达到期望值	有待改进	令人不满意
	收集问题症状/实际情况	有礼貌地向客户收集所有的相关信息,系统并有逻辑地获取问题发生实际情况。	收集所有相关信息以全面了解问题并有效地进行诊断。	能收集部分诊断所需信息,但仍有更多信息有待收集以进行全面的诊断。	没有收集任何诊断所需信息。
	为判断问题发生原因作出足够的诊察		通过作出相关的诊断步骤来确定问题发生的原因。		没有作出所有应该做的诊断步骤来确定问题发生的原因,或假定问题发生的原因。
	准确断定问题发生的原因	充分理解所有可能导致问题发生的可能因素并准确确定问题发生的原因。	能够准确确定问题发生的原因。	无法完全确定问题发生的原因。	错误判断问题发生的原因,真正的原因没能被确定。
	准确判断问题转发目的地		能够准确判断问题所应转发的目的地。		错误判断问题所应转发的目的地。
20%	通过准确的步骤解决问题		通过/提供适当的诊断步骤解决问题。		没有使用适当的方法和步骤解决问题。
	准确的解决方案		提供准确的,可行的信息/解决方案给客户。		向客户提供不正确的技术方案或不正确的解决步骤信息。
	确认问题被解决	通过一步步引导客户解决问题以消除客户心中的疑惑,并确认问题被解决。	确认所有问题被完全解决。	没有确认所有问题是否被解决。	工程师没有确认问题是否被解决。
	匹配客户的理解水平	有效的定位客户的理解水平并因而调整指导用语。调整的语言能完全匹配客户水平。工程师确定客户能理解这些信息,并全力清除客户的疑惑/不解。	所进行沟通能匹配客户的理解水平。	使用超出客户理解水平的用语跟客户沟通,但没有立即引起客户疑惑/不解。	在匹配客户理解水平的过程中沟通有困难,而且由于缺乏这种灵活性或知识导致无法有效的使客户理解。

权重	分数	100－90	90－70	70－40	40－0
	对客服务/软技能	超出期望值	达到期望值	有待改进	令人不满意
	标准的问候语		使用标准的完整的问候语，问候客户的来电。		部分问候语没说或没有问候语。
	聆听的技能	展示优秀的聆听技巧，确认信息并积极发现客户的"隐藏性"信息。从来没有不恰当的打断客户的说话。	积极聆听客户，正确确认信息并从来没有不恰当的打断客户。	展示聆听的动作，但无确认信息，或无法正确确认信息，或偶尔有不恰当的打断客户。	假装聆听/忽略客户，完全无法确认信息，或经常非正常的打断客户。
	有效的表述（遣词造句/表达/自信）	充满自信的、清晰地表达，用适合客户的语言和方式来沟通，且客户完全理解工程师的意愿/意思。	充满自信的、清晰地表达且客户完全理解工程师的意愿/意思。	没有使用积极的词句并没能有效地进行表达，客户偶尔会感到不解/疑惑。偶尔表现出不自信。	使用负面词句；客户无法理解工程师表达的意思；工程师完全不自信。
50%	对话控制/处理生气的客户	工程师由始至终有效的控制对话的方向，并在一个与客户齐心协力的氛围中通话；通过清晰有效表达，充满自信地向客户解释整个流程及解决方案，有效地缓解生气的客户的情绪。	能控制住整个通话过程；通过清晰有效表达，充满自信地向客户解释整个流程及解决方案。	偶尔无法控制通话的走势；工程师不够自信或不能自信地向客户解释整个流程或相关解决方案。工程师对通话过程或生气的客户控制能力较弱，无法稳定生气客户的情绪。	工程师对通话缺乏控制能力；工程师使客户更加生气。
	同理心/礼貌/承诺/激情	能有效地估计客户的真实需求并对此作出回应。恰当的表现同理心，并真诚地表达对客户的热情，使客户放心。对话过程充分使用礼貌用语表达工程师的礼貌及热诚。	在恰当的时候表达同理心使客户放心。在整个对话的过程中有效使用礼貌用语。对帮助客户充满热情。	不够充分地表现工程师的同理心/礼貌。对客服务不够热情和诚恳。很少使用礼貌用语。	未能展示对客户的同理心/礼貌，缺乏对客服务的热情。根本不使用任何礼貌用语。
	使用专业的服务语言		没有任何冒犯，触怒，不尊重或是挑衅客户的用语。		工程师出现冒犯，触怒，不尊重或是挑衅客户的用语。
	语气语调	整个对话过程中，都是欢快愉悦的音调。	亲切。	疲惫，漠不关心或吞吞吐吐。	冷漠/不耐烦。

权重	分数	100－90	90－70	70－40	40－0
	对客服务/软技能	超出期望值	达到期望值	有待改进	令人不满意
	发音/文化意识		发音准确，并在通话过程中意识到文化间的差异。	对话过程中偶有发音问题。未能有效引导客户转移对地区文化的敏感话题。	发音严重不标准，导致客户无法理解工程师所表达的意思。工程师在对话过程中谈及地区文化的敏感问题。
	Hold/Mute/转接流程		恰当使用 Hold/Mute 和转接流程，并完整使用标准的用语。		未能恰当使用 Hold/Mute 或转接流程，并未能完整使用或使用标准的用语。
	标准的结束语		用标准的结束语结束通话。		使用非标准的结束语结束通话。工程师唐突的，粗鲁的结束通话。
30%	收集客户信息		收集客户的姓名、电话号码、所在地、设备编码等信息，跟客户核实信息的准确性。		未能收集到完整客户信息或未与客户核实确认。
	业务电话记录/信息准确		业务电话被记录在要求的系统/软件中，且所记录的信息完全正确。		没有进行业务电话记录或未把业务电话记录录入到相关系统或软件。记录的内容出现错误信息。
	所有相关信息均被记录		所有相关的信息均被完整的记录下来。如设备编码，症状等。		在通话过程中，对客户/事实有主要负面影响的内容，未能被完整记录下来。如症状。
	遵循相关运作流程		工程师了解并遵守相关的运作流程。		工程师不遵守/不熟悉相关的运作流程。

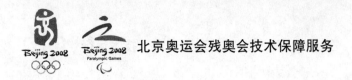

2. 考核体系

技术支持呼叫中心采用数字化考核工作业绩，直观体现技术支持呼叫中心人员工作的情况。考核分为对电话响应座席的考核和对呼叫中心热线组的考核。考评标准由两大部分组成，包括对运行相关要求的七个指标计量。其数据来源包括：固网交换机数据、电话录音系统数据、员工考勤记录、客户反馈和质量监控绩效。

3. 激励机制

技术支持呼叫中心的激励机制只针对于呼叫中心三个技术支持热线组及其电话响应座席成员。在 2008 年 8 月至 2008 年 9 月分别对突出的呼叫中心热线组和电话响应座席人员进行激励。具体激励阶段为：

对于呼叫中心热线组的工作业绩评估和激励分两阶段进行：

- 2008 年 8 月 4 日至 31 日
- 2008 年 9 月 1 日至 28 日

根据每阶段各热线组的业绩情况，选出一个突出团队作为"奥运会/残奥会优秀呼叫中心团队"。

十、测试赛、奥运会赛时阶段的运行工作

自 2005 年 7 月技术支持呼叫中心成立起，就为整个奥运会筹办提供技术支持服务，到 2008 年 10 月底，呼叫中心作为技术支持团队中的重要组成部分，成功完成了奥运技术支持服务保障工作。期间，共计受理并处理了数以万计的技术支持问题申告。尤其是为"好运北京"测试赛、北京奥运会赛事、北京残奥会赛事提供了圆满的技术支持服务。

1. "好运北京"测试赛运行

自 2007 年 8 月起至 2008 年 6 月测试赛运行期间，技术支持呼叫中心在完成日常办公、赛事筹备的技术支持工作基础上，同时完成三十二场测试赛的赛事技术支持保障工作。运行期间测试赛运行情况见表 21 - 17：

表 21 - 17 测试赛运行情况

	Aug-07	Sep-07	Oct-07	Nov-07	Dec-07	Jan-08	Feb-08	Mar-08	Apr-08	May-08	Jun-08	Total
拨入电话量	4200	3635	3079	3366	2630	3140	2757	3910	5011	4624	6529	42881
拨出电话量	4117	2462	2048	2149	1955	1151	777	1411	3007	2654	5999	27730
接听热线量	3810	3195	2753	2984	2253	2926	2534	3468	4727	4404	6346	39400
非工作时间接听热线量	22	22	12	9	29	28	68	19	401	103	345	1058
未接电话量	390	440	326	382	377	536	223	421	298	221	242	3856
非工作时间未接电话量	94	217	140	156	170	294	105	258	140	124	54	1752
工作时间内振铃 2 声以上未接的电话量	173	184	121	101	106	104	20	69	27	21	39	965
等待大于 10 秒的掉线率	4.1%	5.1%	3.9%	3.0%	4%	3%	1%	2%	1%	0%	1%	0%
振铃 4 声内接起的电话量	3792	3179	2747	2978	2249	2891	2463	3222	3805	4280	5995	0
振铃 20 秒内接听的比例	100%	99%	100%	100%	100%	99%	97%	93%	100%	100%	100%	0%
被接听的电话在接听前平均振铃次数	1.35	0.58	1.2	0.99	0.81	0.50	0.38	0.51	1.29	1.04	1.03	0.88
被接听的电话在接听前最长振铃次数	9.00	11.00	10.0	6	9.00	7.00	10.00	9.00	9.00	9.00	12.00	9.18
被接听的电话在接听前最短振铃次数	1	1	1.0	1	0	0	0	0	1.00	1	1.00	0.64
拨入电话平均通话时间	0:01:37	0:01:21	0:01:26	0:01:27	0:01:02	0:00:51	0:00:44	0:01:06	0:02:09	0:01:40	0:03:17	0:01:31
拨出电话平均通话时间	0:00:34	0:02:50	0:00:38	0:00:31	0:00:23	0:00:26	0:00:24	0:00:42	0:03:42	0:02:07	0:03:57	0:01:29

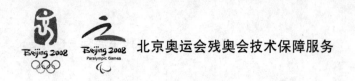

北京奥运会残奥会技术保障服务

2. 奥运会赛时运行

自 2008 年 8 月 8 日至 2008 年 8 月 24 日，奥运会赛时运行（含开幕式）的 17 天内，拨打呼叫中心的热线电话共 7329 通，其中呼叫中心受理 6582 通，总体掉线率 6.8%。其中信息及其他技术支持呼叫中心共计受理热线电话 4743 通，总体掉线率 6%；固定通信呼叫中心共计受理热线电话 1080 通，总体掉线率 7.5%；移动通信呼叫中心共计受理热线电话 759 通，总体掉线率 6.1%。

3. 残奥会赛时运行

自 2008 年 9 月 6 日至 2008 年 9 月 17 日，残奥会赛时运行（含开幕式）的 11 天内，拨打呼叫中心的热线电话共 1957 通，其中呼叫中心受理 1829 通，总体掉线率 5.6%。其中信息及其他技术支持呼叫中心共计受理热线电话 1340 通，总体掉线率 6.7%；固定通信呼叫中心共计受理热线电话 204 通，总体掉线率 1.7%；移动通信呼叫中心共计受理热线电话 285 通，总体掉线率 2.4%。

附录一　技术团队付薪人员名录

北京奥组委技术部领导		
杨义春	部长	
侯欣逸	副部长	
林融	副部长	
贾胜文	副部长	
何志敏	副部长	
贾力	部长助理	
姓名	场馆职务	北京奥组委技术部职务
数字北京大厦（DHQ）/技术运行中心（TOC）		
杨义春	场馆主任/TOC 主任	部长
侯欣逸	场馆业务运行副主任/TOC 值班主任	副部长
贾胜文	场馆业务运行副主任/TOC 值班主任	副部长
淡欣	场馆业务运行副主任/TOC 值班主任	总体规划处二级项目专家
孙福元	场馆服务副主任	
王立平	场馆设施副主任	
陈文兴	场馆安保副主任	
李淼源	场馆监察审计办公室主任	
郑欣	场馆秘书长/TOC 业务运行主任助理	总体规划处副处长
尹宝才	TOC 业务运行主任助理	总体规划处二级项目专家
陈泓婕	TOC 业务运行主任助理	特聘专家
白晓颖	TOC 业务运行主任助理	特聘专家
沈丽霞	场馆综合事务经理	综合处处长
陈云波	场馆综合事务经理	综合处副处长
徐睿	TOC 信息技术经理	成绩系统处处长
郭建军	TOC 信息技术经理	信息系统处处长
许超	TOC 信息技术经理	信息系统处项目主管
李雪云	TOC 通信经理	通信处副处长
刘波	TOC 通信经理	通信处四级项目专家
葛毅	TOC 通信经理	通信处项目主管

续表

林恒	TOC 场馆技术经理	场馆技术处处长
王定坤	TOC 场馆技术经理	场馆技术处副处长
杨磊	TOC 场馆技术经理	场馆技术处项目主管
陆恭超	TOC 无线电频率经理	无线电频率管理处处长
赵子元	TOC 无线电频率经理	特聘专家
程继航	TOC 无线电频率经理	
张晓军	TOC 无线电频率经理	
陈樱	TOC 无线电频率经理	无线电频率管理处项目主管
陈钢	TOC 无线电频率经理	无线电频率管理处四级项目专家
曾黎燕	TOC 无线电频率经理	
段洪涛	TOC 无线电频率经理	
索贞	TOC 无线电频率经理	
赵宏志	TOC 信息安全经理	信息安全管理处处长
王惠林	TOC 信息安全经理	信息安全管理处副处长
刘云	TOC 信息安全经理	信息安全管理处项目主管
艾有为	TOC 技术支持经理	信息系统处项目主管
刘洋	TOC 技术支持经理	
马辉	TOC 技术支持经理	信息系统处五级项目策划
蒋慧	TOC 成绩信息发布经理	成绩系统处副处长
刘晨虎	TOC 互联网经理	信息系统处副处长
李峥	TOC 互联网经理	信息系统处五级项目策划
骆守忠	TOC 通信副经理	总体规划处副处长
周园	TOC 通信副经理	通信处四级项目专家
廖军	TOC 通信副经理	
朱江	TOC 通信副经理	通信处项目主管
张珍珍	TOC 通信副经理	通信处项目助理
王海滨	TOC 系统服务经理	信息系统处项目主管
王熙	TOC 汇报经理	总体规划处项目主管
郭华	TOC 汇报经理	总体规划处项目主管
徐波	TOC 汇报经理	
黄刚	TOC 汇报经理	
鲍志华	TOC 变更控制经理	总体规划处项目主管
王茜	TOC 变更控制经理	总体规划处项目助理
侯青	TOC 变更控制经理	
沈玲	TOC 变更控制经理	
王欣	TOC 场馆技术副经理	场馆技术处项目主管

续表

林森懋	TOC 场馆技术副经理	场馆技术处五级项目策划
赵祥伟	TOC 场馆技术副经理	场馆技术处项目员
高杨	TOC 音视频主管	场馆技术处项目主管
蒋南珂	TOC 音视频主管	场馆技术处六级项目策划
于晓兵	TOC 综合布线应急主管	
周云峰	TOC 音频系统应急主管	场馆技术处四级项目专家
曹爱东	TOC 视频系统应急主管	
李博旭	TOC 头戴应急主管	场馆技术处四级项目专家
简余良	TOC 信息安全副经理	
杨晓	TOC 信息安全副经理	
顾玮	TOC 信息安全副经理	
张洁宇	TOC 人力资源经理	总体规划处项目主管
苏楠	TOC 人力资源经理	总体规划处项目助理
郑小琴	TOC 人力资源经理	总体规划处项目助理
徐志强	场馆志愿者经理	
王小龙	场馆物流经理	
刘淑琴	场馆物流副经理	
沈悦	场馆餐饮经理	
赵凯	场馆形象景观经理	
呼啸	TOC 转换期经理	信息系统处项目主管
石聪慧	TOC 转换期经理	
任景武	TOC 转换期经理	成绩系统处四级项目专家
汪霞	TOC 转换期经理	信息系统处项目员
周丹	TOC 官方网站手机版经理	信息系统处项目助理
王韬	TOC 综合信息服务经理	信息系统处项目主管
杨建栋	TOC 管理网信息技术经理	
付贵森	TOC 管理网信息技术经理	
白宇	TOC 管理网信息技术经理	信息系统处项目主管
马林	TOC 管理网网络经理	信息系统处项目主管
胡到海	场馆电力经理	
李泽华	场馆电力经理	
孔祥龙	场馆电力经理	
刘强	场馆电力经理	
刘凤辉	场馆电力经理	
吴健祥	场馆交通经理	
李祥	场馆交通经理	

师威	TOC 数据中心经理	
李培军	TOC 管理网微软系统经理	特聘专家
李晖	TOC 技术支持质量监控经理	
马强	TOC 技术支持质量监控经理	信息系统处项目员
李璐	TOC 技术支持质量监控经理	
王卓	TOC 成绩信息发布经理助理	成绩系统处项目主管
石慕杰	TOC 安全事件监控及处置主管	
任丽娟	TOC 安全事件监控及处置主管	
林均	TOC 安全事件监控及处置主管	
隗功晋	场馆综合事务主管	综合处项目主管
于宏梅	场馆综合事务主管	
李京辉	TOC 互联网安全主管	
康健	场馆消防主管	
徐飞	场馆消防主管	
张凤和	场馆物业服务主管	
史文军	场馆物业服务主管	
冯斌	场馆物业服务主管	综合处项目员
薛福第	场馆安保主管	
李士臣	场馆安保主管	
谢佳林	TOC 安全巡检主管	信息安全管理处项目主管
黄正勇	TOC 安全巡检主管	
李航	TOC 安全巡检主管	
师少帅	TOC 管理网软件分发和监控主管	信息系统处项目主管
黄李平	TOC 管理网软件分发和监控主管	
王子琛	TOC 管理网软件分发和监控主管	
章广敏	TOC 运动会管理系统协调主管	信息系统处项目主管
赵沛丰	TOC 运动会管理系统协调主管	信息系统处五级项目策划
史毅	TOC 运动会管理系统协调主管	
王莘	TOC 成绩质量保证主管	
方蔓萝	TOC 成绩数据输入系统团队主管	成绩系统处项目主管
李玥	TOC 成绩数据输入系统团队主管	成绩系统处五级项目策划
李博云	TOC 中央存储及中间件系统主管	成绩系统处五级项目策划
锁延峰	TOC 安全分析专家	
郭晋峰	TOC 安全分析专家	
刘威	TOC 安全分析专家	
朱雄虎	TOC 无线网络安全专家	

张炎红	TOC 无线网络安全专家	
刘美亮	TOC 无线网络安全专家	
董文武	TOC 成绩册专家	
刘梅芳	TOC 成绩册专家	
严先有	TOC 成绩册专家	
李子木	TOC 网络专家	
刘东	TOC 成绩系统服务器供应商专家	信息系统处四级项目专家
叶上铭	TOC 安全事件监控及处置工程师	
刘晓凯	TOC 安全事件监控及处置工程师	
常佳鑫	TOC 安全事件监控及处置工程师	
李玉梅	TOC 安全事件监控及处置工程师	
阎婷	TOC 安全事件监控及处置工程师	
梁科杰	TOC 安全事件监控及处置工程师	
韩锋	TOC 评论员信息系统主管	成绩系统处五级项目策划
孙建新	TOC 信息系统团队主管	成绩系统处四级项目专家
陈钦	TOC 信息系统团队主管	成绩系统处五级项目策划
施丽强	TOC 安全巡检工程师	
赵学明	TOC 安全巡检工程师	
祝海慧	TOC 安全巡检工程师	
王华辉	TOC 信息技术经理助理	
张栋	TOC 信息技术经理助理	
李杰	TOC 信息技术经理助理	信息系统处项目员
王茹	TOC 信息技术经理助理	
刘红	TOC 成绩质量保证助理	成绩系统处四级项目专家
刘秋峰	TOC 成绩质量保证助理	
王书葆	场馆监察审计工作人员	
钟华		
奥运大厦（BHQ）		
王劲松	技术经理	
张鹤鹏	技术副经理	
周琼	技术副经理	信息系统处五级项目策划
张继伟	主运行中心技术经理	信息系统处三级项目专家
陈兴忠	火炬接力技术支持代表	总体规划处三级项目专家
钱成	信息技术经理	信息系统处四级项目专家
胡端英	综合事务经理	
贾晓博	综合事务经理	

北京奥运会残奥会技术保障服务

续表

李福帮	技术支持主管	
李歆霞	信息技术经理	信息系统处五级项目策划
刘洋	技术支持主管	
田永鸿	多语言服务系统专家支持	
许鹏	技术支持主管	
徐沁	交通场站技术经理	
谯华	信息安全保密	
朱广远	信息安全保密	
陈枫	通信经理	通信处项目助理
唐涓	主运行中心场馆技术副经理	特聘专家
李斌锋	物流系统支持	
白玉	无线电频率经理	
刘斌	无线电频率经理	
田伟光	无线电频率经理	
孟健	无线电频率经理	
钱肇钧	无线电频率经理	
杨勇	无线电频率经理	
陈旭彬	无线电频率经理	
马子健	无线电频率经理	
张志兴		
张爱新		
国际广播中心（IBC）		
雷萍	场馆副主任	通信处处长
张焱嘉	技术经理	通信处项目主管
殷岳	技术副经理	场馆技术处项目助理
程亮	技术副经理	场馆技术处项目助理
梁福成	技术副经理	
朱昆	技术副经理	
邓红兰	信息技术副经理	
叶军玲	通信经理	通信处项目主管
陈卓	通信副经理	通信处四级项目专家
张晟	通信副经理	通信处三级项目专家
刘文博	技术咨询经理	通信处三级项目专家
路康	技术咨询副经理	通信处项目助理
宋鹏	技术咨询副经理	通信处项目助理
张莎	无线电经理	

584

续表

付百灵	无线电经理	
富尧	无线电经理	
陈国成	无线电经理	
李炜	无线电经理	
李颖雄	无线电经理	
梁苏磊	综合事务经理	
主新闻中心（MPC）		
周国琳	技术经理	场馆技术处副处长
李丙立	技术副经理	通信处项目主管
李海蛟	技术副经理	场馆技术处项目助理
祺云凯	技术副经理	
赵盈	信息技术经理	信息系统处项目主管
公备	成绩打印分发主管	
李洁	成绩打印分发主管	
张峥	通信经理	通信处五级项目策划
杨晶	通信副经理	通信处项目主管
张春进	通信副经理	通信处项目助理
师璇	通信副经理	通信处项目助理
吉伟威	技术咨询经理	通信处项目主管
刘锋	技术咨询经理	通信处四级项目专家
赵征	无线电频率主管	
刘佳	无线电频率主管	
宋薇	综合事务经理	综合处项目主管
奥运村（OLV）		
付飞	技术经理	场馆技术处项目主管
张姗	技术副经理	综合处项目主管
段德华	技术副经理	场馆技术处四级项目专家
何一闻	技术副经理	
齐金亮	信息技术副经理	
张权毅	通信经理	通信处项目助理
陈玙路	通信副经理	通信处项目助理
王申	通信副经理	通信处项目员
王永轶	通信副经理	通信处项目助理
孙林	技术咨询经理	通信处四级项目专家
王纪涵	技术咨询经理	通信处四级项目专家
张钰	技术咨询经理	通信处项目助理

张丽娟	技术咨询经理	通信处四级项目专家
唐燕	无线电频率主管	
王连钢	无线电频率主管	
邓汉磊	技术综合事务经理	
沙楠	村长办公室工作人员	曾任综合处项目员
汇园公寓媒体村（MVH）		
颜亮	技术经理	场馆技术处四级项目专家
闵勤学	通信经理	通信处项目助理
陆晓辉	通信副经理	通信处项目主管
尚颖	通信副经理	通信处四级项目专家
绿色家园媒体村（MVN）		
盛鹏远	技术经理	
贺吉乙	技术副经理	场馆技术处六级项目策划
郝利强	技术副经理	场馆技术处项目助理
唐兰贵	信息技术经理	
廖奇	通信经理	通信处项目助理
陈晓宇	通信副经理	通信处项目主管
宋晓鹏	通信副经理	通信处项目主管
马行远	综合事务经理	综合处项目员
注册和制服发放中心（UAC）		
马鸿雁	场馆技术经理	
姜志	技术副经理	场馆技术处项目助理
奥林匹克公园公共区（OCD）		
曹秦峰	技术经理	通信处副处长
胡奕	技术副经理	
石宇飞	技术副经理	场馆技术处项目助理
郑重雨	信息技术副经理	
黄望川	通信经理	
郭强	通信副经理	通信处项目主管
郭瑞峰	通信副经理	通信处项目助理
赵达	无线电频率主管	
周然	无线电频率主管	
物流中心（OLC）		
贺晶	技术经理	
谢渝	技术副经理	通信处项目主管
南江	技术物资经理	

续表

苏文彬	通信经理	通信处三级项目专家
徐倩倩	技术综合经理	

奥林匹克接待中心（OHC）

林恒（兼）	技术经理	场馆技术处处长
丁大勇	技术副经理	场馆技术处项目助理

奥林匹克大家庭饭店（OFH）

王平	技术经理	场馆技术处五级项目策划
岳文斌	技术副经理	场馆技术处项目员
韩业飞	技术副经理	场馆技术处项目主管
李守超	信息技术经理	
王作涪	通信经理	通信处三级项目专家
李晓亮	通信副经理	通信处项目主管
谭管军	通信副经理	通信处项目助理
张璋	通信副经理	通信处项目助理
崔媛媛	综合事务经理	

残奥大饭店（PFH）

栾绍涛	技术经理	
熊伟	技术副经理	场馆技术处项目助理
李守超（兼）	信息技术经理/综合事务经理	
雷毅	通信经理	
穆森	通信副经理	通信处三级项目专家
杨征	通信副经理	通信处项目助理

首都国际机场（AIR）

黄斐	技术经理	总体规划处项目主管
管松俊	技术副经理	场馆技术处项目主管
夏维	技术副经理	
余盛立	技术副经理	
吴成瑞	通信经理	通信处项目助理
郝春晖	通信副经理	通信处四级项目专家
蔡挺	通信副经理	通信处四级项目专家
宋彦斌	通信副经理	通信处项目助理
常若艇	无线电频率主管	
万美贞	无线电频率主管	
陈科	无线电频率主管	
苑克龙	无线电频率主管	
谢文杰	无线电频率主管	

北京奥运会残奥会技术保障服务

苏青	无线电频率主管	
宋国伟	无线电频率主管	
庞玲	无线电频率主管	
国家体育场（NST）		
宫浩	场馆通信中心经理兼综合办公室副主任	曾任综合处项目主管
翁智勇	技术经理	通信处项目主管
赵童	技术副经理	信息系统处项目员
周后权	技术副经理	通信处四级项目专家
范军	技术副经理	通信处三级项目专家
魏晓萌	信息技术副经理	
沈信生	成绩经理	成绩系统处二级项目专家
李琳	成绩副经理	特聘专家
周珂	成绩副经理	
潘奕君	成绩打印分发主管	
张伯宏	成绩打印分发主管	
要金宝	通信经理	通信处项目助理
朱颖	通信副经理	通信处项目主管
刘晓明	无线电频率主管	
孙进	无线电频率主管	
王飞	无线电频率工程师	
黄海亮	无线电频率工程师	
赵娜	综合事务经理	综合处项目主管
国家体育馆（NIS）		
潘珠丽	秘书长	曾任场馆技术处专家
李汝来	技术经理	场馆技术处五级项目策划
杨旸	技术副经理	
阙岚华	技术副经理	场馆技术处项目主管
赵洪伟	信息技术副经理	
涂加乐	成绩经理	成绩系统处六级项目策划
肖丽媚（兼）	成绩经理	成绩系统处项目助理
张岚	成绩副经理	成绩系统处六级项目策划
王海燕	成绩副经理	
王文娟	通信经理	通信处项目主管
侯光辉	通信副经理	通信处项目助理
尹虎	无线电频率主管	
李川	无线电频率工程师	

姚春虹	综合事务经理	综合处项目助理
奥林匹克公园北区场馆群（OGN - OGH，OGT，OGA）		
潘楠	技术经理	场馆技术处项目主管
张炀	技术副经理	
李放	技术副经理	场馆技术处三级项目专家
王贝	技术副经理	场馆技术处项目助理
尤飞	信息技术副经理	
胡铁军	成绩经理	成绩系统处五级项目策划
李庆有	成绩经理	成绩系统处三级项目专家
王炼	成绩经理	成绩系统处项目助理
王杉	成绩副经理	成绩系统处六级项目策划
唐文志	成绩副经理	
郑小静	成绩副经理	
葛起鸿	通信经理	通信处四级项目专家
董羽光	通信副经理	通信处项目助理
刘志松	通信副经理	通信处四级项目专家
岑嘉明	无线电频率主管	
孙爻	无线电频率工程师	
高春晓	综合事务经理	通信处项目员
奥体中心场馆群（OSC - OSS，OSG，YTN）		
李宇奇	秘书长	曾任通信处处长
周帆	技术经理	信息系统处项目主管
彭遥	技术副经理	场馆技术处六级项目策划
师楠	技术副经理	场馆技术处六级项目策划
刘德杰	技术副经理	场馆技术处项目助理
徐超	信息技术经理	
朱平香	信息技术副经理	
张金良	成绩经理	成绩系统处五级项目策划
涂加乐（兼）	成绩经理	成绩系统处六级项目策划
张扬（兼）	成绩副经理	成绩系统处五级项目策划
孙旭	成绩副经理	
苗建廷	成绩副经理	
王海燕（兼）	成绩副经理	
李华丽	成绩副经理	
宗平	武术成绩经理	
杨泽	通信经理	通信处项目助理

杨子威	通信副经理	通信处项目助理
郭俊峰	通信副经理	通信处项目助理
罗序增	无线电频率主管	
黄光荣	无线电频率主管	
张华	无线电频率主管	
赵耀	无线电频率主管	
刘亚玲	综合事务经理	
五棵松场馆群（WKS，WKB）		
胡焱	技术经理	场馆技术处五级项目策划
杨晓宇	技术副经理	
马硕	技术副经理	
薛攀	信息技术经理	信息系统处五级项目策划
沈琳琳	信息技术副经理	
林峰	成绩经理	成绩系统处五级项目策划
Giampaolo Reiter	成绩经理	
赵利峰	成绩经理	成绩系统处五级项目策划
于忆	成绩副经理	
张超	通信经理	
周丽	通信副经理	总体规划处项目主管
丁方乐	无线电频率主管	
夏显竹	无线电频率主管	
卢乐兵	无线电频率工程师	
李志农	无线电频率工程师	
荣秀萍	综合事务经理	
国家游泳中心（NAC）		
杜丹	技术经理	场馆技术处四级项目专家
郑大伟	技术副经理	
马万礼	技术副经理	场馆技术处项目主管
廖敏	信息技术经理	信息系统处四级项目专家
王睿	信息技术副经理	
侯德文	成绩经理	成绩系统处三级项目专家
信景瑜	成绩经理	成绩系统处四级项目专家
程榕	成绩副经理	成绩系统处项目助理
何冰慧	成绩副经理	
汤军	通信经理	通信处项目主管
黄睿	通信副经理	通信处项目员

590

续表

王华建	无线电频率主管	
黄嘉	无线电频率工程师	
李卫华	综合事务经理	
老山自行车场馆群（LSB，LSV，LSC）		
李博韬	技术经理	场馆技术处四级项目专家
镡凌博	技术副经理	通信处项目助理
高玉滚	技术副经理	场馆技术处三级项目专家
王志远	技术副经理	场馆技术处四级项目专家
沈迎君	信息技术副经理	
何瑜	成绩经理	成绩系统处四级项目专家
韩强	成绩副经理	
周培	成绩副经理	
金卫振	成绩副经理	
张倪	通信经理	
董怀军	通信副经理	通信处三级项目专家
张国平	通信副经理	通信处项目主管
罗辉	无线电频率主管	
毕存强	无线电频率工程师	
段玉凤	综合事务经理	
顺义水上公园（SRC）		
谷岩	技术经理	场馆技术处五级项目策划
刘大伟	技术副经理	场馆技术处六级项目策划
周继旺	技术副经理	
张航	信息技术副经理	
金绍辉	成绩经理	成绩系统处四级项目专家
Tassos Koutsogiannis	成绩经理	
张鹏	成绩副经理	成绩系统处五级项目策划
于亚琼	成绩副经理	成绩系统处项目员
张云青	成绩副经理	
张强	通信经理	通信处六级项目策划
柴云青	通信副经理	通信处项目助理
郭宝臣	无线电频率主管	
翟文浩	无线电频率工程师	
赵元敏	综合事务经理	
北京工业大学体育馆（BTG）		
雷佳	技术经理	总体规划处项目主管

北京奥运会残奥会技术保障服务

续表

轷建	技术副经理	
于永庆	信息技术经理	
肖丽媚	成绩经理	成绩系统处项目助理
李谧	成绩经理	成绩系统处六级项目策划
赵奕	成绩副经理	
张岚（兼）	成绩副经理	成绩系统处六级项目策划
赵益	成绩副经理	
瞿丽萍	通信经理	通信处项目助理
朱宁	通信副经理	通信处项目主管
孙迎强	无线电频率主管	
李勇	无线电频率工程师	
王佳	综合事务经理	
北京理工大学体育馆（TIG）		
喻红	场馆服务副主任	总体规划处二级项目专家
张治国	技术经理	
曹鹏	技术副经理	场馆技术处六级项目策划
李国东（兼）	成绩经理	成绩系统处项目主管
梁志军	成绩经理	成绩系统处四级项目专家
胡铁军（兼）	成绩经理	成绩系统处五级项目策划
樊永华	成绩副经理	
葛玲（兼）	成绩副经理	
王杉（兼）	成绩副经理	成绩系统处六级项目策划
刘鹤峰	通信经理	通信处四级项目专家
孙建民	无线电频率主管	
吴光新	无线电频率工程师	
聂继文	综合事务经理	
北京科技大学体育馆（STG）		
王浩	秘书长	曾任信息系统处项目主管
高妍	技术经理	场馆技术处五级项目策划
李燕豫	技术副经理	
王宝国	信息技术副经理	
李仁松	成绩经理	成绩系统处四级项目专家
张扬	成绩经理	成绩系统处五级项目策划
陈志强	成绩副经理	
赵佳宾	成绩副经理	成绩系统处项目员

592

续表

关鹏	通信经理	通信处项目主管
孙华	无线电频率主管	
洪治	无线电频率工程师	
吴钰重	综合事务经理	
铁人三项（TRV）		
张雷	技术经理	
何力	技术副经理	总体规划处四级项目专家
王维沂	成绩经理	成绩系统处六级项目策划
张臻	成绩副经理	
万军志	通信经理	通信处项目主管
赵宏宇	通信副经理	通信处项目助理
代军	无线电频率主管	
高霞霞	无线电频率工程师	
崔红英	综合事务经理	
射击场馆群（BSH，SHT）		
李斌	技术经理	
陈宝良	技术副经理	场馆技术处四级项目专家
白军华	成绩经理	成绩系统处四级项目专家
刘珍	成绩副经理	
王立光	通信经理	
刘恒	通信副经理	通信处项目助理
王志峥	无线电频率主管	
罗振华	无线电频率工程师	
王润生	综合事务经理	
击剑馆（FCH）		
李文涛	技术经理	
王靖	技术副经理	通信处项目助理
王宏图	信息技术副经理	
李华丽（兼）	成绩副经理	
孙彦	成绩副经理	成绩系统处四级项目专家
晏振宇	通信经理	通信处项目主管
毛群	通信副经理	通信处项目主管
彭涛	无线电频率主管	
王志欣	无线电频率工程师	
何静	综合事务经理	

北京奥运会残奥会技术保障服务

首都体育馆（CAS）		
成栋	技术经理	总体规划处项目主管
佟栋	技术副经理	
王华	信息技术经理	信息系统处项目主管
李国东	成绩经理	成绩系统处项目主管
葛玲	成绩副经理	
陈志强	通信经理	通信处项目助理
闫震	通信副经理	通信处项目助理
田伟	无线电频率主管	
李晓波	无线电频率工程师	
张之宇	综合事务经理	
工人体育馆（WIA）		
赵明	技术经理	
朱小骏	技术副经理	
林志强	信息技术副经理	
张鹏	成绩经理	成绩系统处五级项目策划
邵温	成绩副经理	
张锐	通信经理	通信处项目助理
高东升	通信副经理	通信处三级项目专家
刘绪兵	无线电频率主管	
徐伟	无线电频率工程师	
杨则怀	综合事务经理	
北京航空航天大学体育馆（AAG）		
王丽宏	技术经理	信息系统处项目主管
崔焕耀	技术副经理	场馆技术处项目助理
韩佳	信息技术经理	
钟晓良	成绩经理	成绩系统处四级项目专家
郭云嵩	成绩副经理	
郭瑞丰	通信经理	通信处项目助理
吴凯峰	通信副经理	通信处项目助理
李德航	无线电频率主管	
王孟均	无线电频率工程师	
祝贺	综合事务经理	
田瑶	综合事务经理	
工人体育场（WST）		
杨平	秘书长	曾任信息系统处副处长

594

续表

赵力	技术经理	场馆技术处项目主管
李彦波	技术副经理	场馆技术处项目员
孟申	成绩经理	成绩系统处六级项目策划
吴涛	成绩副经理	
刘佳畅	通信经理	通信处项目助理
周敏	无线电频率主管	
吉善兵	无线电频率工程师	
于福麟	综合事务经理	
沙滩排球（CBV）		
孙琳	技术经理	场馆技术处项目主管
方东	技术副经理	
王红英	成绩经理	成绩系统处三级项目专家
刘冰	成绩副经理	成绩系统处四级项目专家
宋伟奇	通信经理	通信处项目员
王贤	通信副经理	通信处项目助理
裴士清	无线电频率主管	
常伟伟	无线电频率工程师	
乐非	综合事务经理	
城区自行车公路赛场（CRC）		
刘宇	技术经理	
冯孟华	技术副经理	
张佳	成绩经理	成绩系统处六级项目策划
王维沂（兼）	成绩经理	成绩系统处六级项目策划
付晓	通信经理	通信处四级项目专家
聂宏斌	无线电频率主管	
李小平	无线电频率主管	
宋文姝	无线电频率主管	
杨继军	综合事务经理	
农业大学体育馆（CAG）		
廖铮	技术经理	场馆技术处项目主管
葛弋	技术副经理	场馆技术处六级项目策划
Laura Denham	成绩经理	
于湛	成绩副经理	
薛清	通信经理	通信处项目员
尚建平	无线电频率主管	
郭利军	无线电频率工程师	

续表

丰台垒球场（FTS）		
邱培刚	秘书长	曾任场馆技术处项目主管
郑岭	技术经理	
李永	技术副经理	
胡涛	信息技术副经理	
李小黎	成绩经理	成绩系统处七级项目策划
顾江锋	成绩副经理	
陈茜	通信经理	
计同钟	无线电频率主管	
万军	无线电频率主管	
任杰	综合事务经理	
马拉松（MAR）		
刘宇（兼）	技术经理	
吉佳盛	技术副经理	场馆技术处四级项目专家
孙洪博	通信经理	
张荣宝	无线电频率主管	
李书亮	无线电频率工程师	
北京大学体育馆（PKG）		
周然	技术经理	总体规划处项目主管
谭日鑫	技术副经理	场馆技术处三级项目专家
崔平军	信息技术副经理	
赖勇辉	成绩经理	成绩系统处三级项目专家
李佳	成绩副经理	
李楠	通信经理	通信处项目主管
周兴	通信副经理	通信处项目主管
冯培文	无线电频率主管	
柯慧	无线电频率工程师	
陈虎	综合事务经理	
香港马术（HKS）		
汪亚丽	成绩经理	成绩系统处七级项目策划
张乾	成绩副经理	
原技术部工作人员		
姓名	调离后职务	原技术部职务
姚辉	北京奥组委场馆管理部副部长	曾任综合处处长
张旭	北京奥组委志愿者部项目主管	曾任信息系统处工作人员
安二玲	北京奥组委志愿者部项目主管	曾任信息系统处工作人员

罗峰	北京奥组委抵离中心四级项目专家	曾任成绩系统处工作人员
李金良	北京奥组委场馆管理部项目主管	曾任信息系统处工作人员
杜宏民	北京奥组委工程部项目主管	曾任场馆技术处工作人员
刘剑	北京奥组委开闭幕式工作部项目主管	曾任场馆技术处工作人员
陈晓龙	北京奥组委体育部项目主管	曾任场馆技术处工作人员

附录二　技术主要合同商和合作单位名录

公司（单位）中文全称	奥运会期间提供的服务
源讯信息技术（北京）有限公司	信息系统总集成商
通用电气（中国）有限公司	不间断电源系统设备及运行维护
联想（北京）有限公司	PC 机和服务器设备及技术支持服务
欧米茄公司	计时记分及现场成绩处理服务
松下电器（中国）有限公司	音视频系统设备和运行维护
三星（中国）投资有限公司	移动通信终端和服务
中国网通（集团）有限公司	固定通信服务
中国移动通信集团公司	移动通信服务
搜狐公司	官方网站服务
首都信息发展股份有限公司	多语言综合信息服务/提供奥组委管理信息系统技术支持服务
微软（中国）有限公司	信息系统操作系统及服务
北京新奥特集团有限公司	现场中文翻译及显示服务
北京市信息化工作办公室	集群通信网络协调管理、数字北京大厦场馆基础设施管理
信息产业部无线电管理局	无线电频率管理
国家无线电监测中心	无线电频率管理
北京市无线电管理局	无线电频率管理
北京正通网络通信有限公司	集群通信网络服务
北京维信通广通信科技有限公司	集群通信终端服务
北京歌华有线电视网络股份有限公司	有线电视专网服务
澳大利亚电讯公司	通信等奥运会技术咨询服务
新华通讯社北京分社	信息系统中文翻译服务
擎天科技有限公司	武术项目计时记分及现场成绩处理服务
北京莱特思科技有限公司	设计、制作奥运成绩手册电子版页面
太阳计算机系统（中国）有限公司	Unix 服务器及服务
甲骨文（中国）软件系统有限公司	Oracle 数据库系统及服务
中国软件与技术服务股份有限公司	OA 系统开发及技术支持服务
北京神州数码有限公司	Unix 服务器集成商
北京文化体育科技有限公司	残奥会信息系统服务

续表

公司（单位）中文全称	奥运会期间提供的服务
太极计算机股份有限公司	OA 等信息系统建设和监理
中国残疾人联合会信息中心	信息无障碍项目合作方
中国盲文出版社	信息无障碍项目设备及运行维护
卓望信息技术（北京）有限公司	官方网站手机版开发及技术支持服务
明复信息技术有限公司	官方网站手机版搜索引擎服务
青岛赛维家电服务产业有限公司	消费类电子产品运行维护
德国睿道通讯国际有限责任公司	内通系统运行维护
北京东方中原数码科技有限公司	大型数字投影仪运行维护
北京信美佳华科技发展有限公司	MPC 等场馆投影仪运行维护
大连世纪长城光电科技有限公司	户外图像大屏运行维护
国家体育总局体育信息中心	仲裁系统运行维护
深圳市台电实业有限公司	同声传译系统运行维护
中国大恒（集团）有限公司	文件处理系统设备及运行维护
北京第七九七音响股份有限公司	会议系统运行维护
北京中恒兴业科技集团有限公司	体育展示视频系统运行维护
法国汤姆逊草谷公司北京代表处	体育展示视频系统提供方
北京卓越创新科技发展有限公司	音视频线缆布设及运行维护
中国华云技术开发公司	场馆技术基础设施防雷工程
中科软科技股份有限公司	场馆技术设备管理技术系统开发及技术支持服务
中国软件评测中心（赛迪信息技术评测有限公司）	第三方软件测试服务
北京航空航天大学	第三方软件测试服务
北京中百信工程咨询有限公司	第三方项目监理服务
北京网景盛世技术开发公司	官方网站流量监测服务
中国泰尔实验室	无线局域网功能及安全性测试服务
工业和信息化部电信研究院	有线宽带网功能及安全性测试服务
中国建筑第三工程局有限公司	数字北京大厦场馆永久及临时设施建设及运行维护
北京网信物业管理有限公司	数字北京大厦场馆物业管理

附录三　技术运行保障大事记

2001 年 12 月 13 日——北京奥组委技术部成立

2003 年 8 月——北京奥组委管理信息系统上线运行

2004 年 5 月——北京奥组委技术部派遣工作人员赴雅典奥组委实习

2004 年 7 月 21 日——北京奥组委与中国移动签订了《北京 2008 移动通信服务合作伙伴赞助协议》

2004 年 7 月 22 日——北京奥组委与中国网通签订了《北京 2008 固定通信服务合作伙伴赞助协议》

2004 年 11 月——运动会管理系统的项目开始

2004 年 12 月——制定初步技术战略

2005 年 12 月——完成固定通信系统技术战略

2005 年 4 月——成立北京奥运会无线电管理联席会议办公室

2005 年 6 月——ORIS 项目启动会在北京奥组委举行

2005 年 6 月——北京奥组委执委会确定奥运会现场中文显示方案

2005 年 9 月——完成奥运会技术收费卡项目规划

2005 年 10 月——2008 北京奥运会官方网站手机版上线

2005 年 10 月——完成示范场馆技术设备分配规划

2006 年 3 月——集成实验室正式在奥运大厦建成并投入使用

2006 年 11 月——《奥运会文件复印服务采购合同》签署

2006 年 11 月 23 日——北京奥组委与北京歌华有线电视网络股份有限公司签署《北京奥运会有线电视服务协议》

2006 年 12 月——制定场馆通用技术运行计划

2007 年 1 月——奥运会无线电频率申请网站正式开通并受理频率申请

2007 年 1 月——技术收费卡产品和服务目录定稿

2007 年 5 月——UPS 系统架构设计的完成

2007 年 5 月——集成实验室搬迁至数字北京大厦

2007 年 5 月——主数据中心建成并投入使用

2007 年 7 月——《奥运会传真机采购及租赁合同》签署

2007 年 7 月 13 日——技术部迁至数字北京大厦办公

2007 年 8 月——测试赛技术运行中心开始运行

2007 年 8 月 18——北京奥组委领导视察数字北京大厦

2007 年 9 月——成绩与信息发布系统试运行

2008 年 3 月——头戴系统方案确定

2008 年 3 月——音视频系统方案确定

2008 年 3 月——收费卡目录最终版正式发布，收费卡网上订购系统开始接受用户订购

2008 年 3 月 31 日—4 月 4 日——第一次技术演练

2008 年 4 月——完成奥运会和残奥会技术设备分配规划

2008 年 4 月——完成集群通信服务项目采购招标工作

2008 年 5 月——北京奥组委和三星公司签订了 SA 协议

2008 年 6 月 9 日—6 月 13 日——第二次技术演练

2008 年 6 月 15 日——运动会管理系统进入赛时运行

2008 年 7 月——有线电视专网通过验收，开始运行

2008 年 7 月 25 日——奥运会技术运行中心开始 24 小时运行

2008 年 8 月 8 日——第 29 届奥运会开幕

2008 年 9 月 6 日——第 13 届残奥会开幕

2008 年 9 月 28 日——技术部撤离数字北京大厦

2008 年 11 月 20 日——北京奥运会技术总结会在伦敦举行

附录四　中英名词对照

英文	中文
ACM	住宿信息管理系统
ACR	注册与制证系统
ADMIN	组委会管理信息系统
ADP	抵离和礼仪信息管理系统
ADSL	非对称数字用户线环路
AMS	资产管理系统
AO	源讯公司
AP	无线访问节点
ASON	无线光网络
ATC	备份技术运行中心
BOB	北京奥林匹克转播有限公司
BOCOG	北京奥组委
CAD	计算机辅助设计
CATV	有线电视
CCF	综合布线配线间
CCR	评论员控制室
CDN	内容分发网络
CER	计算机设备机房
CIS	评论员信息系统
CMCC	中国移动
CMS	问题管理系统
CNC	中国网通
COCOM	国际奥委会协调工作组会议
COR	通用代码管理系统
CRS	中央存储系统
CRT	阴极射线管
DDOS	分布式拒绝服务
DLP	数字投影系统

续表

DRM	代表团注册会议
EBU	欧洲广播联盟
EMC	电磁兼容
EPG	电子节目指南
eSIS	志愿者管理系统
FA	奥组委业务部门
FOP	竞赛场地
GAMES	运动会网系统
GMS	运动会管理系统
GSM	全球移动通信系统
GVOD	赛事视频点播
HDTV	高清晰度电视
Helpdesk	技术支持服务中心
IA	英特尔架构
IBC	国际广播中心
ICMS	INFO 内容管理系统
IDC	互联网数据中心
IDF	国际互联网数据输入
IDS	信息发布系统
IF	国际体育单项协会
INFO 2008	奥运专用信息系统
IOC	国际奥委会
IPC	国际残奥委会
ISDN	综合业务数字网
IT	信息技术
ITVR	国际标准电视信号
JC	日本广播协会
LAB	集成实验室
LED	发光二极管
LMR	网络管理间
MDS	主配送进度安排
MED	医疗信息管理系统
mINFO	我的信息服务
MOC	主运行中心
MPC	主新闻中心
MST	多项目测试

MSTP	多业务传送平台
NBC	美国全国广播公司
NOC	国家奥委会
NPC	国家残奥委会
OA	办公管理信息系统
OCM	奥运社区信息服务
OMEGA	欧米茄公司
ONS	奥林匹克新闻服务
ORIS	奥林匹克成绩和信息服务
OVR	现场成绩处理系统
PA	国际奥委会合作伙伴落地协议
PDC	主数据中心
PMS	采购管理系统
POC	手机对讲（一键通）
PR	技术项目评审会
PRD	打印分发
PRIS	残奥会成绩和信息服务
PV	网页浏览
QA	质量控制
RBK	奥运成绩册
R – CIS	远程评论员系统
RDF	成绩数据输入
RFID	无线射频识别技术
RGM	报表生成系统
RHB	授权转播商
RTDS	实时比赛信息
SCBD	记分牌
SDC	备份数据中心
SEC	权限管理系统
SEQ	运动员报名和资格审定系统
SIS	人事和志愿者信息管理系统
SLA	服务水平协议
SNG	卫星新闻采集设备
SRMC	国家无线电监测中心设备检测处
T&S	计时记分
TD – SCDMA	时分同步的码分多址技术

TEAP	技术设备分配计划
TER	通信设备机房
TETRA	数字集群通信标准之一
TOC	技术运行中心
TOK	知识传递
TOP	国际奥委会全球合作伙伴
TR	技术演练
TRS	交通信息管理系统
TVG	电视图像
UPS	不间断电源
VCG	视频信号发生器
VEM	场馆技术设备管理信息系统
VIK	现金等价物
VITM	场馆信息经理
VLAN	虚拟局域网
VMIS	场馆管理信息系统
VRM	场馆成绩经理
VTCM	场馆通信经理
VTIG	场馆技术基础设施小组
VTM	场馆技术经理
W – INFO2008	无线 INFO2008
WLAN	无线局域网
WMS	仓储管理系统
WNPA	世界文传电讯联盟
WOW	无线奥林匹克工程
WPNA	世界文传电讯联盟
P 类工作人员	付薪人员
P1 类工作人员	北京奥组委招聘人员
P2 类工作人员	借调人员
P3 类工作人员	赛时实习生
C 类工作人员	合同商工作人员
V 类工作人员	志愿者

图书在版编目（CIP）数据

北京奥运会残奥会技术保障服务/杨义春等编著．
北京：同心出版社，2009
ISBN 978 - 7 - 80716 - 894 - 2

Ⅰ．北…　Ⅱ．杨…　Ⅲ．①夏季奥运会—工作报告—北京市
②世界残疾人运动会—工作总结—北京市　Ⅳ．G811. 211 G811. 228

中国版本图书馆 CIP 数据核字（2009）第 161837 号

北京奥运会残奥会技术保障服务

出版发行：同心出版社

地　　址：北京市东城区朝阳门南小街 6 号楼 303

邮　　编：100010

电　　话：发行部：(010) 65255876　65251756

　　　　　总编室：(010) 65252135

网　　址：www. bjd. com. cn/txcbs/

电子邮箱：tongxinpress@ gmail. com

印　　刷：北京市耀华印刷有限公司

版　　次：2009 年 9 月第 1 版

　　　　　2009 年 9 月第 1 次印刷

开　　本：880×1230　1/16

印　　张：43

字　　数：920 千字/彩图 81 幅

定　　价：160. 00 元